扬中县志

修订版

（2016）

扬中市史志办公室

方志出版社

图书在版编目(CIP)数据

扬中县志 / 扬中市史志办公室编. — 修订本. — 北京:方志出版社,2016.12

ISBN 978-7-5144-2306-8

Ⅰ. ①扬… Ⅱ. ①扬… Ⅲ. ①扬中—地方志 Ⅳ. ①K295.34

中国版本图书馆 CIP 数据核字(2016)第 320531 号

扬中县志(修订本)

编　　者:扬中市史志办公室
责任编辑:陈　菁　王笃银
出 版 人:冀祥德
出 版 者:方志出版社
地址　北京市朝阳区潘家园东里 9 号(国家方志馆 4 层)
邮编　100021
网址　http://www.fzph.org
发　　行:方志出版社发行中心
电话(010)67110500
经　　销:各地新华书店
印　　刷:扬中市人民印刷有限公司
开　　本:889×1194　1/16
印　　张:45.5
字　　数:837 千
版　　次:2016 年 12 月第 1 版　2016 年 12 月第 1 次印刷
印　　数:0001~3000 册
ISBN 978-7-5144-2306-8　**定价**:500.00 元

《扬中县志》修订版编纂人员

顾　问：孙金林

主　编：冯鸿鸣　赵纪福

副主编：朱怀林　陆永生　马　群

编　辑：冯鸿鸣　朱怀林　石馥苓　郭洪智　唐华龙

　　　　张　彦　严荣国　朱务清　黄寿年

编　务：丁云娟　李冬冬　姚　艳

再版前言

扬中县地方志编撰委员会组织编写、文物出版社于1991年出版的《扬中县志》(以下简称县志)，是扬中有史以来的第一部政府部门主修的地方志书。志书全面记载扬中从1904年建置至1985年之间的发展历程和概况,上溯东晋成洲,跨越时空千年。她的问世,为扬中人民、特别是青少年,提供了一部较好的乡土历史教材,也填补了我国县级地方志的一个空白。

县志出版发行后，在推进社会发展、服务经济建设中发挥了应有作用,社会效益日益彰显。但由于印数有限,加之出版距今已有20余载,时至今日,全市已一书难求。不少单位、部门为查询县志中的相关史料而颇费周折。特别是续志《扬中市志(1985—2006)》于2014年出版发行后,人们在拥有新市志后,为与之配套而多方求索老县志,以满足学志用志之需求和完整地收藏扬中地方志书,《扬中县志》更显稀缺和珍贵。为满足社会需求,《扬中县志》亟待再版,这成了市史志部门一项刻不容缓的工作。

庄子曰:“始作甬者,其形必陋。”毋庸讳言,《扬中县志》也存有缺憾。诚如县志主编李名方在该志后记中所言：由于扬中建置历史不长,“解放前的资料又很少”,“无前车之可鉴，无旧牍之可稽”,“疏漏谬误之处”难免。随着群众性学志、用志活动的开展和单位、部门志编修工作的推进,县志中存在的一些问题与不足相继被发现。虽白璧微瑕,难掩其辉,但按照志书编写必须坚持的“实事求是、存真求实”的原则和“客观、全面、系统、准确”的记叙要求,有必要予以修订。真实是志书的生命。一部好的志书,首先必须是信史,信今方能传古。匡正谬误,弥补缺憾,维护县志的信史地位，这也是我们进行《扬中县志》再版的重要原因。

经中共扬中市委、市政府批准同意，我们决定对《扬中县志》予以修订再版。此次修订，以保持原有风貌、不“伤筋动骨”为原则，即体例、架构和文风基本保持不变，主要针对“硬伤”和记载模糊、表述不规范之处作了“修”“补”“改”，约 1000 多处。概括起来，有以下几个方面。

一是对某些重大历史事件作了尽可能详细的记载。如《经济编》第一章第一节中的“土地改革”目（《扬中县志》P.107）。修订时，在目下设 3 个子目，即“土改运动的准备和试点”“土改运动的全面推开”和“土改运动的成果”，将土改运动的过程作了较为具体的反映。

二是根据相关要求，规范和统一了称谓。如对民国时期政权机构，按《江苏省地方志行文规范》予以改正：1921—1927 年称“民国政府”“县民国政府”，1928—1948 年 4 月称 “国民政府”“县国民政府”（其间 1940—1945 年 8 月称“汪伪政府”“县汪伪政权”），1948 年 5 月—1949 年 4 月称“南京政府”。再如，根据市（县）志行文一律用过去式和县、公社、大队、乡、镇、村等均按记事当时名称书写的要求，将 P.6 的“县府”改为“县知事公署”、P.80 的“县政府”改为“县革命委员会”、P.206 的“各公社、大队”改为“各乡、社”、P.328 的“国务院”改为“政务院”、P.406 的“民政局”改为“民政科”、P.514 的“村保健员”改为“大队保健员”等等。

三是纠正了一些错讹之处。如“贾桂珍”（P.389）改为“严桂珍”，王勇的籍贯改为“山东掖县”，“丹阳县王里桥”（P.219）改为“丹徒县王里桥”，“1965 年洪（指洪康燮）在四川成都病逝”（P.547），改为“……在上海闸北病逝”，等等。

四是表述虽不为错，但由于情况发生变化而需要修改之处。如对镇江市的表述，多处为“市”，这在 1994 年之前是可以的，但 1994 年扬中撤县设市，扬中市一般也称为“市”，这就容易引起概念混淆。为避免后人误解，凡涉及“镇江市”之“市”，在“市”前加“镇江”二字，或注明为地级市，以与“扬中市”相区别。如“市劳动模范”（P.384）改为“镇江市劳动模范”，“受省、市表彰”(P.217)改为“受省、地(市)表彰”等等。

此外，为增强志书的直观性、可读性和资料性，修订时，除对志首图照予以翻新，还增补了一些具有存史价值的图照，以多角度反映扬中地域特色、人文景观和经济社会发展历史。同时，还根据原文信息和市统计局相关资料，增添了若干示意图和统计表。对一些内容较多、体量较大的节，按节下设目的体例要求，在不改变内容的前提下分项设置隐目，并用不同字体与正文相区别，达到醒目、突出的效果。

地方志是一地之地情书、工具书、百科全书，具有地方性、权威性、系统性、科学性和资料性。修志为用，服务现实；借鉴历史，发展未来。相信《扬中县志》的修订和再版，能更好地帮助大家了解扬中的地情和人文历史，以激发热爱家乡、建设家乡的热情，为“扬帆‘十三五’、开启新征程”，建设“强富美高”新扬中做出新贡献。

扬中市史志办公室

2016年9月

扬中县地方志编纂委员会
暨《扬中县志》编纂人员名单

（《扬中县志》1991 年版）

主任委员：李名方

副主任委员：奚华鹏

委　　员：（以姓氏笔画为序）

丁启国　丁秀明　丁昌根　丁基宏　马恩富　于盛道
王永贵　王灿生　王桂生　方道生　左朝晖　孙忠礼
刘明华　刘殿才　朱广宇　朱昌法　朱善祥　陈　奎
沈元庆　沈成凤　严志云　吴金宝　李和顺　张立坤
张茂荣　杨忠明　杨巧云　杨传明　杨学武　周龙玉
金国桢　季盛余　施文治　姚　烽　姚盛昌　顾大才
顾志坚　梁学忠　常永根　郭邦洪　郭春华　童国祥
蔡少山　戴则忠　瞿怀林

顾　　问：王代文　王　坚

办公室副主任：姚　烽

主　　编：李名方

副 主 编：姚　烽

编　　辑：田向珊　孙　甫　孙为山　陈荣坤　陈继麟　周龙才
韩秀亭　戴　曙

摄　　影：陈继麟　汤德胜

审　　稿：吉　祥　田　崇　叶祥苓　吕武进　朱锡通　吴调公
李　明　陈敦平　杨积庆　官锦宁　胥明章　徐　复
徐　徐　缪小咏　蒋文野　奚永照　戴国林

工作人员：王明谦　朱务清　陆爱琳　赵小月　徐成荣

撰稿人员名单

（《扬中县志》1991 年版　以姓氏笔画为序）

丁龙章　丁正瑜　丁昌根　丁基章　于有林　马耿良　韦恩烈　王　平
王允龙　王中顺　王永华　王正友　王正朝　王成龙　王成澜　王仲宝
王中连　王笃礼　王荣林　王济龙　王春泉　王春福　王恒建　王浩君
王隆福　左承德　叶锦春　田明龙　田明芝　任纪根　冯广友　冯大年
冯加昌　孙立军　孙冬林　孙明荣　孙春华　孙祖烈　孙倬平　许凤英
许良大　许明才　许学龙　许金棣　许国富　朱庆根　朱纪堂　朱沪生
朱志杰　朱怀林　朱陈根　朱荣贵　余　兵　佘广琴　杜建华　狄圣林
沈元庆　沈松海　严　峰　严荣义　吴元云　吴室珍　吴斌仁　陆　云
陆厚国　陆荣彬　李荣福　李润元　李德才　李德荣　何世平　何光华
何金芳　何幸若　何润生　何家忠　陈太林　陈太昌　陈启文　陈廷章
陈国富　陈秋生　陈锦根　陈德怀　张　林　张　威　张　峰　张　德
张大恒　张三根　张开林　张立成　张立武　张克生　张学广　张明华
张岭秀　张铁军　张跃东　张真红　张维政　张敦勤　张德良　金小平
范公成　郑金义　林纪龙　林菊芳　季广森　季成华　季盛余　周元华
周中尧　周中林　杨　军　杨正林　杨怀林　杨国祥　杨恒茂　杨春圃
杨鸿生　南凯军　洪纪宝　赵国华　施文治　施祝生　姚　岗　姚广元
姚安东　唐发周　唐法道　唐明伦　高　潮　凌京育　顾　群　顾其荣
陶元伦　陶生甫　陶有宇　奚彩亭　奚彩瑜　奚楚珩　徐洪明　徐新女
徐福心　倪有春　倪荣保　倪富仁　耿太山　耿红英　耿昌福　耿春生
耿适今　郭永洪　郭兰彪　郭邦洪　郭荣芳　郭朝书　郭道友　郭廉城
鄂明春　常荣生　曹义芳　曹凝冰　黄克新　黄裕文　童贞海　童国祥
韩传林　韩传其　薛义龙　薛加明　薛昌林　薛德宝　缪士文　裴志顺
潘圣仪　蔡少山　蔡建国　鞠钧华　戴少华　戴则忠　戴道荣　魏　新
瞿　然　瞿小红

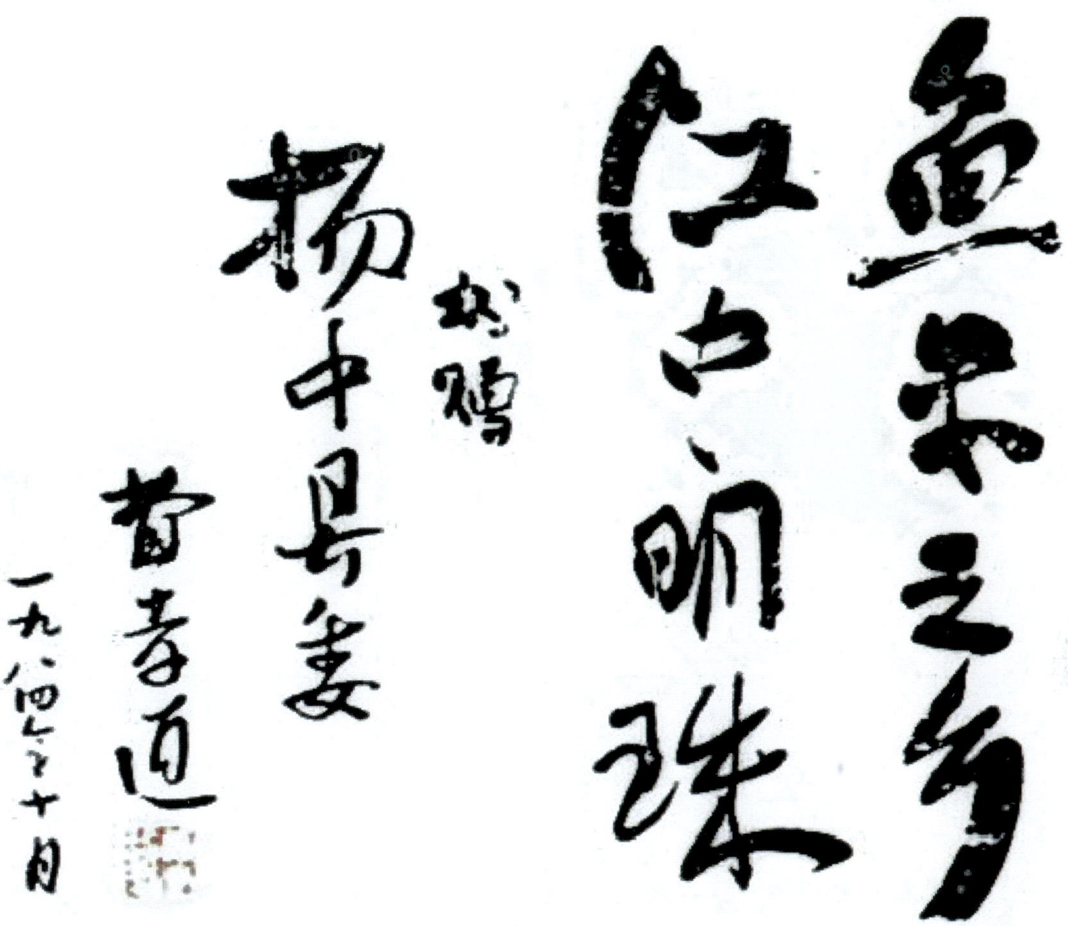

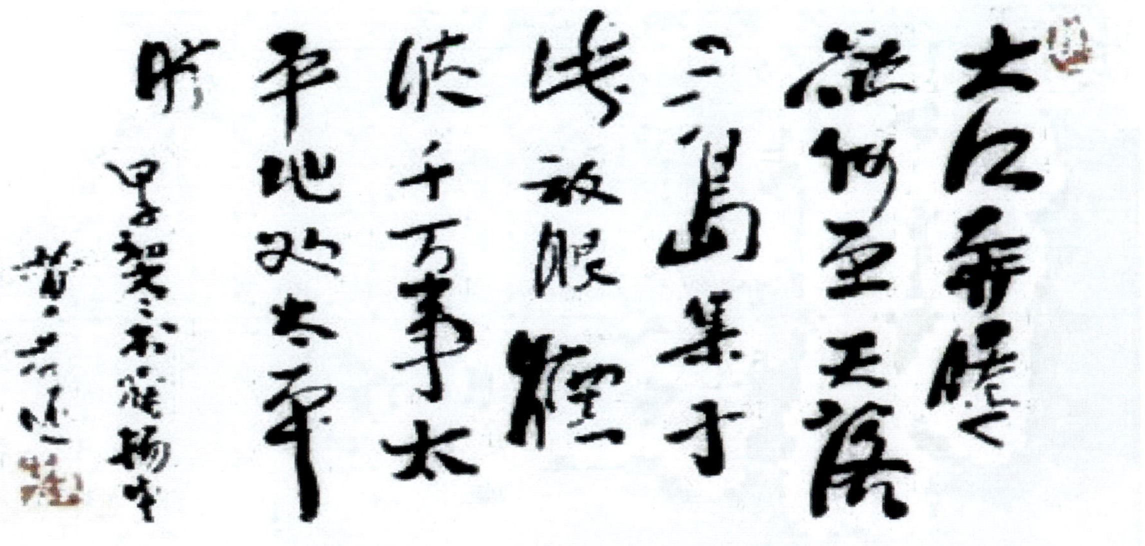

著名社会学家 全国政协副主席 费孝通 题词并书

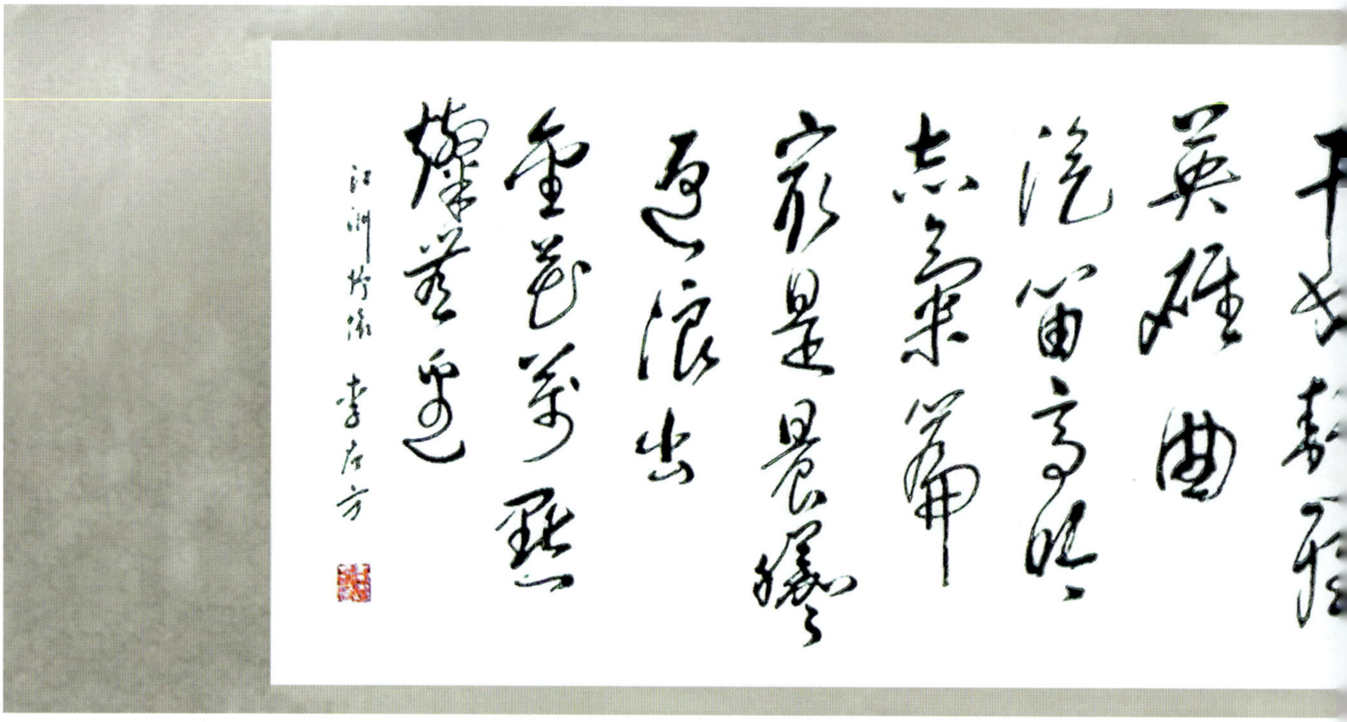

《江洲抒怀》

20世纪80年代县委 县政府　　1986.9 永荣 摄

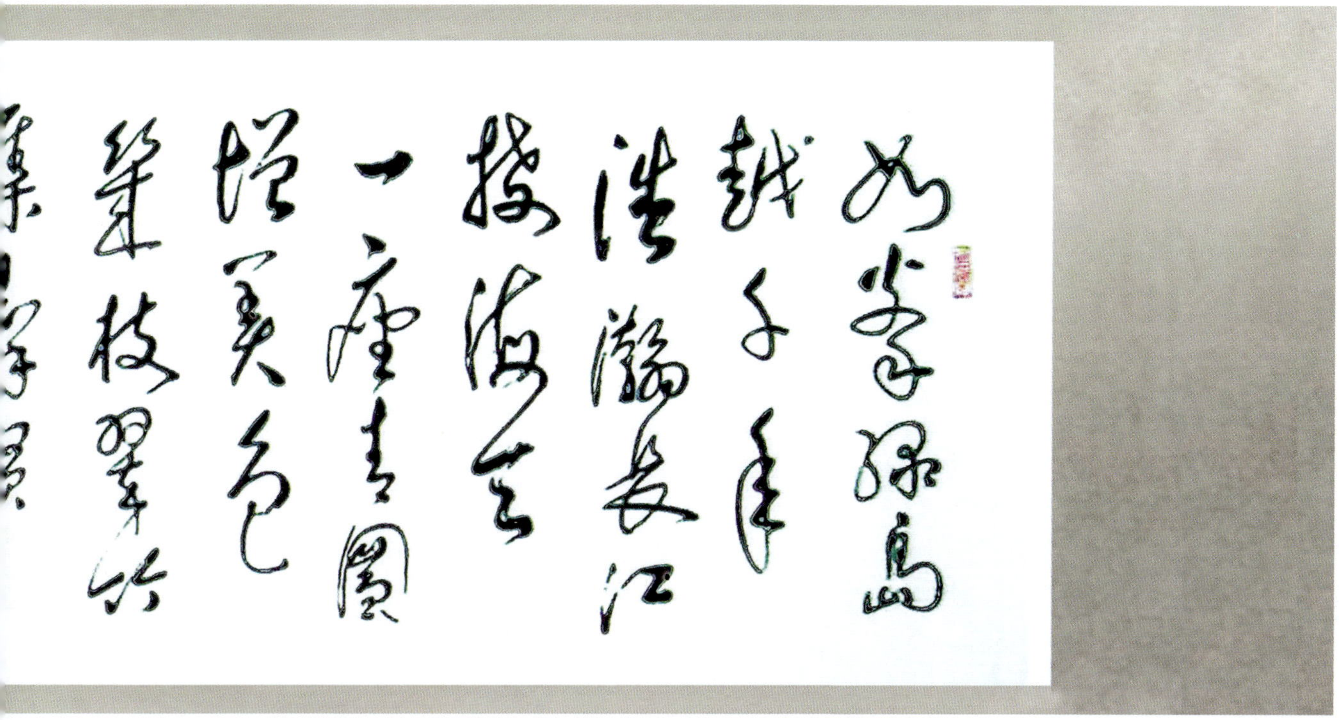

李明方 撰文并书

20世纪60年代县委 县政府　　　　1963.8 功业 摄

20世纪80年代扬中新城区

20世纪80年代扬中县城——三茅镇鸟瞰图

1985.8 东虹 摄

1985.5 江航 摄

县城港东南路　　1984.12 正彬 摄

县城前进路　　1984.12 正彬 摄

县城江洲西路　　1984.11 贞根 摄

建设中的三茅大港两岸道路　　1984.11 贞根 摄

三沙公路　　1971.6 贞根 摄

三栏公路和联合桥　　1979.10 刚直 摄

三八公路　　1982.5 杨璐 摄

三茅大桥 1985.11 正彬 摄

扬中汽车站 1985.11 老奚 摄

东新港码头　　1985.4 江林 摄

栏杆桥汽渡码头　　1984.11 江流 摄

220 千伏跨江输电线路　　1985.11 新月 摄

县自来水厂　　1984.4 吴禹 摄

百货商场　　1984.5 吉林 摄

县影剧院　　1984.10 杨波 摄

县外经贸公司　　1984.黎姿 摄

中国人民银行扬中支行

县邮电局 1984.10 继林 摄

江洲宾馆 1985.9 清风 摄

1985.12 杨银 摄

利民市场 1983.10 成富 摄

20世纪50年代草房　　1956.5 祝新 摄

20世纪60年代瓦房　　1966.5 朱礼 摄

20世纪70年代瓦房　　1976.5 于蓝 摄

20世纪80年代农民新居　　1983.4 李新 摄

20世纪80年代农民别墅楼　　1985.10 欣雨 摄

20世纪90年代建设中的扬子新村　　1990.4 老陈 摄

20世纪80年代港东南路居民区　　1985.5 希望在前 摄

县老干部活动中心　　1985.8 贞根 摄

联合乡敬老院　　1983.8 聂刚直 摄

20 世纪 70 年代改田治水　　　　1970.12 志刚　摄

联合公社王三套围滩造田　　　　1967.11 志刚　摄

车水灌溉 1957.10 老奚 摄

水牛耕田

罱河泥积肥 1971.6 老季 摄

脱粒扬麦

1961.12 老奚 摄

稻田耘耥　　1971.10 老季 摄

1971.7 老季 摄

喜卖蚕茧　　1972.10 老季 摄

拉绳定点插秧

喜割丰收稻 1980.11 杨农 摄

机械插秧试验

1969.7 老季 摄

1978.06 柏霖 摄

拖拉机耕田

1979.6 禾蔚 摄

小麦丰收在望　　1971.6 唐山 摄

水稻丰收在望　　1975.10 木子 摄

扬中县农业技术推广中心　　1985.4 老陈 摄

长旺水产养殖场　　1982.4 天霖 摄

奶牛养殖　　1985.10 石雷 摄

联合养鸡场　　1985.10 章文 摄

山羊养殖　　1985.10 舒文 摄

刀鱼

鮰鱼

河豚

鲥鱼

鲥鱼

河豚

县农机厂　　1976.11 老陈 摄

镇江市塑料九厂　　1984.10 老季摄

联合儿童食品厂包装车

北京东风电视机厂镇江分厂　　1985 年 许生 摄

1982.10 老王 摄

恒平地毯厂验收车间　　1983.4 林紫 摄

县化肥厂生产车间　　1972.6 正彬 摄

县电子仪器厂　　1986.10 云峰 摄

县水泥厂　　1978.10 吉隆 摄

镇江冷气机厂部分产品　　1982.10 吴宇 摄

红胜糖果厂　　1983.4 定忠 摄

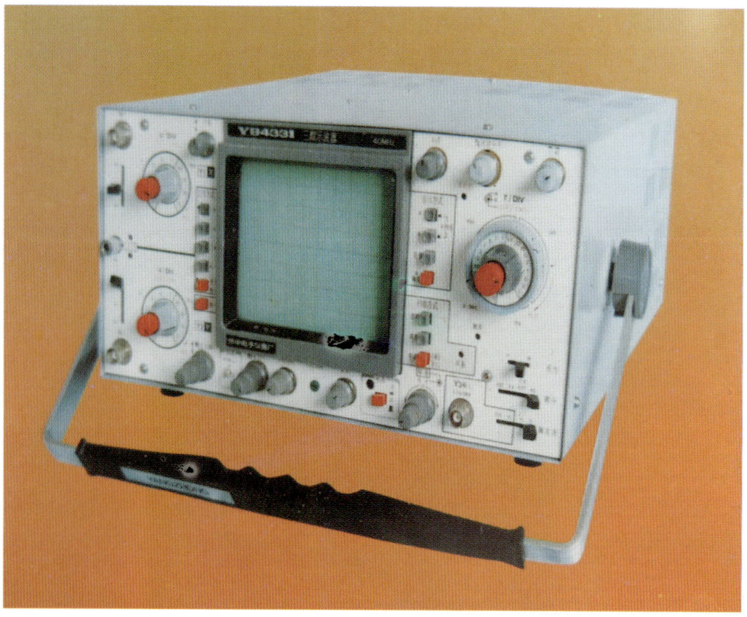

电子仪器厂产品示波器　　1980.5 云峰 摄

扬子实验厂产品高速复录机　　1987.7 顾跃 摄

镇江永发鬃刷有限公司　　1984.4 致远 摄

化工仪表配件厂

玉雕厂产品　　1980.5 秦伟 摄

第一皮鞋厂产品　　1978.5 紫韵 摄

1985.11 杨清 摄

油坊箱包厂　　1985.3 榆林 摄

扬中八桥中学　　1980.11 李利　摄

扬中高级中学

扬中高级中学云超实验楼　　1985.5 义皋　摄

营房港小学　　1985.5 青宇　摄

1985.5 义皋 摄

城镇中学　　1980.11 振国 摄

三茅小学(实验小学前身)　　1962.10 华为 摄

县级机关幼儿园　　1986.10 伟丽 摄

县人民医院病房楼　　1984.5 益民 摄

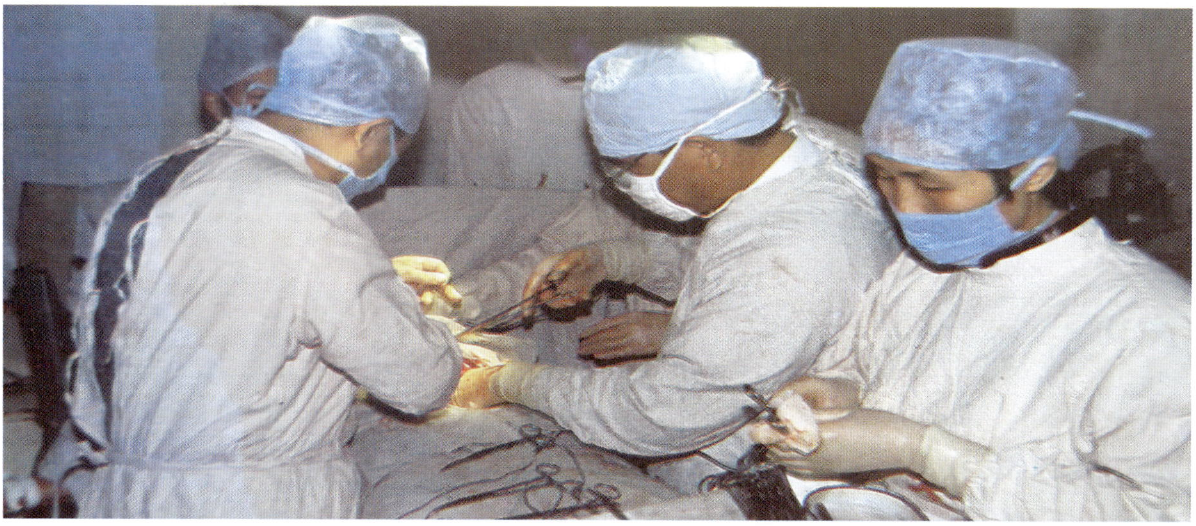

县人民医院手术室　　1984.5 益民 摄

三茅镇卫生院　　1964.4 老奚 摄

同德大队农民运动会　　1969.4 同心 摄

万人横渡长江　　1970.8 杨武 摄

县灯光球场　　1979.10 成富 摄

县溜冰场　　1980.11 老陈 摄

县电视发射塔　　1985.11 鸿鸣 摄

庆祝国庆　　1950.10.1 江山 摄

庆祝粉碎“四人帮”场头文艺演出　　1976.10 红雨 摄

九狮舞　　1985.5 清风花语 摄

國務院獎狀
獎給農業社會主義建設先進單位
江蘇省揚中縣
總理 周恩来
一九五八年十二月三十一日

国务院发给扬中县的奖状(存于县档案馆)

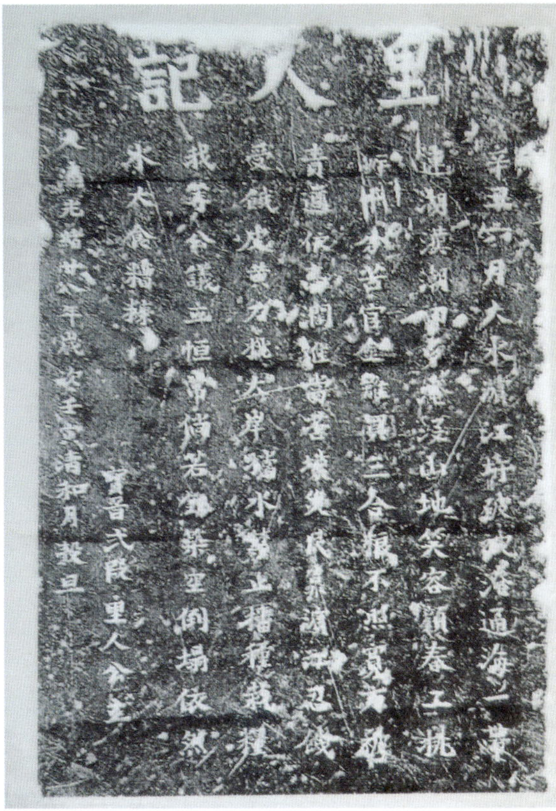

1919年扬中人筑堤防洪记事“里人记”石碑

1924年记事石碑

揚中報
試刊号
1957.1.1.創刊
五天一張 每張二分
各地郵局代辦所均可訂閱
一九五六年 十一月 27 星期二
本縣二屆一次人民代表大会開幕
会議將審查本縣人民委員会过去的工作
選舉縣長付縣長和縣人民委員会全体委員
（縣人委辦公室通訊組）
中共揚中縣委緊急指示
"人人下田 个个動手"進行抗旱保苗
全黨全民一致行動起來，戰勝天旱！
中共揚中縣委 1956.11.25.
共同努力办好"揚
天乾抗旱勁头大
本縣有了一批新社医
本縣的藍靛遠銷山東省
可怕的火災要警惕

《扬中报》1956.11.27 试刊号　　成云摄

羣衆導報
陳毅
挺進縱隊揚威江南
我戰團襲擊石橋鎮
手溜彈發揮極大威力
我軍之意外收穫
新四軍挺進

1939.1.7《群众导报》　　成立摄

王龙烈士纪念亭　1985.4 利民 摄

革命烈士纪念碑　1985.4 志强 摄

会师纪念碑　1985.10 利民 摄

红星中学内的古银杏树　　1983.11 季华摄

民间收藏的古钱币　1985.1 公明 摄

1933 年史料　1984 老季 摄

清建民宅张家门楼　　1985.5 洪流 摄

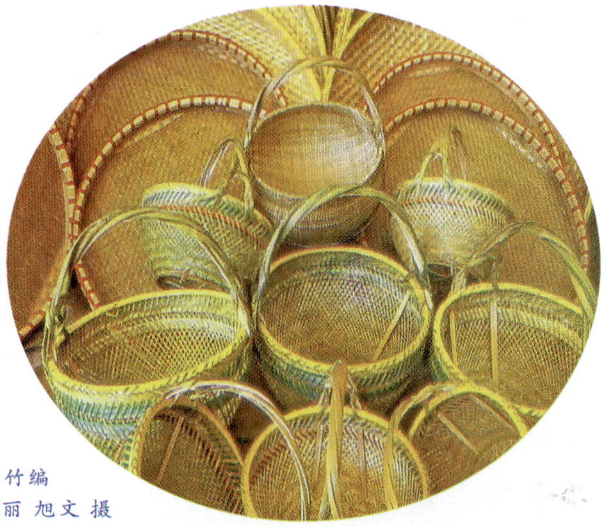

竹与竹编
1985.10 苏丽 旭文 摄

柳与柳编
1985.10 林宇 旭文 摄

芦荡 1980.10 林宇 摄

序言一

《扬中县志》,经过四年多时间的努力,编纂工作终于完成了。这是我县有史以来的第一部县志。它的诞生,是我县人民的一件大事,也为我县地方史志填补了一个空白。

扬中县面积小,人口少,建置历史不足百年。然而,中国近代的沧桑变化,现代的风风雨雨,当代的曲折升腾,无不在这里打下深深的印记。

扬中人民富有革命的传统,在土地革命时期,在抗日战争和解放战争时期,扬中人民在中国共产党领导下进行艰苦卓绝的斗争,创造了许多可歌可泣的业绩。陈毅、粟裕、叶飞等老一辈无产阶级革命家亦曾在扬中土地上留下光辉的足迹。

扬中人民具有勤劳俭朴的美德,他们与洪水抗争,在沙滩上围田耕种,谋求生存;他们不停息地建设小岛,营造家园。特别是党的十一届三中全会后,扬中人民坚持以工业为主体、农林牧副渔协调发展的方针,更加励精图治,奋发努力,经济建设迈开了前所未有的步伐,由农业型迅速向工业型转变,1988年全县工业产值已占工、农、副三业总产值的90%以上。农民人均收入1058元,职工平均工资1504元,外贸收购额占工业总产值的比重达到6.93%,社会主义精神文明建设也取得了显著成绩。

《扬中县志》真实地记录了扬中的昨天和今天。它的出版必将教育和激励扬中人民,特别是扬中的青少年,加倍努力,继往开来,创造更加美好的明天。

中共扬中县委书记　王家骏

扬　中　县　县　长　陆朝银

1989年6月

序言二

1989年年底，我来到扬中县担任县委书记。扬中县地处长江下游，由四岛组成，总面积332平方公里，现有人口27.4万。这样一个四面环水的江中小县，在党的十一届三中全会以后，依靠改革开放的春风焕发人民的聪明才智，经济建设和社会事业都以巨人的步伐前进，昔日贫困的小岛逐步变成了繁荣文明的绿洲。1990年，全县社会总产值22.03亿元，工农业总产值为18.42亿元，国民生产总值为8.17亿元，国民收入7.35亿元，全县职工年平均工资1881元，农民人均年收入1147元，农村自来水普及率达98%以上，社会主义精神文明建设也硕果累累。人们称誉的“江中明珠”正放射着越来越夺目的光彩。

现在出版的这部《扬中县志》，真实地记录了扬中建置至1985年间的发展概况，特别是扬中人民在中国共产党的领导下，几十年艰苦奋斗，勇于奉献，开拓进取的艰难历程和光辉业绩。1985年到今天，又已过去了整整六个年头，扬中的面貌又有了较大的改观。然而，这只能等待以后续编时去写了。

这里需要说明的是，县委对“八五”期间扬中的经济建设和社会各项事业的发展蓝图，已有了明确目标。这就是坚持党中央提出的一个中心两个基本点的基本路线，从扬中的实际出发，继续执行“七五”期间县委提出的“提高农业，主攻工业，突破副业，开拓外向，搞活流通”的战略。在大力发展生产的同时，尽快建造跨江大桥，实现“南桥北渡”；尽快完成现代化的通讯设施建设,增加国际国内的通讯线路;抓好城乡规划建设,尽快把扬中建成独具特色的江上城市,力争提前成为“小康县”。我们计划到1995年,全县社会总产值、工农业总产值、国民生产总值和国民收入四大指标(按1990年不变价)分别为44.70亿元、42.10亿元、14.74亿元和13.35亿元。我们相信这个目标是能够达到的,也一定会达到的。那时的扬中,将是更加繁荣文明,更加令人神往的江中绿洲了。

《扬中县志》正式出版,我们应该感谢文物出版社的同志和省、市地方志办公室的同志以及许多专家学者的帮助和审订;感谢《扬中县志》全体编纂同志的辛勤劳动,为扬中人民,特别是扬中的青少年一代,提供了一部较好的乡土历史教材,为国内外的朋友们提供了一部全面了解扬中的百科全书。

中共扬中县委书记　康正平

1991年8月

凡　例

1. 本志以马克思列宁主义、毛泽东思想、邓小平理论、“三个代表”重要思想为指导，贯彻落实科学发展观，坚持实事求是原则，力求全面、系统、准确地记述扬中县的历史与现状。

2. 本志叙事上限始自成洲开始，下限一般止于 1985 年。

3. 本志采用编、章、节的编写体系。全志分地理、经济、政治、文化、人物、社会 6 编，共 43 章、192 节，前置概述、大事记。

4. 本志中的“解放前”“解放后”，指 1949 年 4 月 22 日扬中县解放前、后；“新中国成立前”“新中国成立后”，指 1949 年 10 月 1 日中华人民共和国成立前、后。中国共产党第十一届中央委员会第三次全体会议，本志中均简称为“中共十一届三中全会”。

5. 本志遵循生不立传的通例，立传人物均为已故者。立传对象为本县著名的革命烈士和各界知名人士以及极少数有影响的反面人物。

6. 本志记事立足当代，着重记述扬中解放以来的史实，详今略古。各种统计数据，一般采用统计部门的有关资料。

7. 本志解放初期发行的人民币称为旧币，1953 年 3 月发行的人民币称为新币。时旧币值与新币值的比率为 10000:1。本志中的旧币值一律加“旧币”注明，未加注的币值为新币值或折算所成的新币值。

8. 本志大事记以编年体为主。对内容联系紧密、时间相距不远的事件，适当采用纪事本末体。

目　　录

地　理　编

经　济　编

政 治 编

文 化 编

人　物　编

社　会　编

概　述

扬中县位于北纬32°00′~32°19′,东经119°42′~119°58′,为长江三角洲冲积平原的一部分。东晋时期(317—420),有若干小沙洲露出扬子江水面。隋唐时期(581—907),逐步形成带状沙洲群,面积约10平方公里。宋代(960—1279),有人以“小沙”“新沙”指代。元、明以后,各沙洲正式命名,如太平洲、细明洲等。

清代晚期,扬中地域有洲50余个,统称太平洲。长期分属夹江以南的丹徒、丹阳、武进,大江以北的江都、泰兴等县管辖。清光绪三十年(1904)建置,设太平厅。宣统三年(1911)改太平厅为太平县,民国3年(1914)改名扬中县,因地处扬子江中而得名。抗日战争时期,是新四军茅山抗日游击根据地的一部分。1949年4月22日解放。

1985年全县设6乡6镇,总人口260794人,总面积332平方公里,人口密度为每平方公里786人,耕地面积16.66万亩,主产稻、麦。

抗日战争和解放战争中,扬中是革命的“江心跳板”,在战略进攻和战略转移中发挥了巨大的作用。陈毅、粟裕、叶飞等无产阶级革命家均在此留下光辉足迹。解放后,扬中县加强水陆交通建设。1985年全县有渡口20处,汽渡2处,长途汽车每日有开往上海、南京、无锡、常州、宜兴、镇江、丹阳等地的直达班车。扬中至镇江的汽车每日达34班次之多。长江航运申高(上海—高港)线客轮每日往返均在东新港码头停靠。

扬中,犹如镶嵌在长江上的一块晶莹璀璨的宝石。全县沿江滩涂22320亩,盛产芦、柳,芦苇年产1000万公斤以上,杞柳年产900万公斤左右;居民几乎家家都有竹园,全县竹园总面积12889亩,年产竹子1000万公斤以上。芦、柳、竹素称“江洲三宝”。扬中人民有植树造林的良好习惯,宅前屋后,绿树成荫,翠竹成林。1985年,全县有桑田1604亩,果树2817亩(含散生果树),其他树木1435.2万株,占地面积11.96万亩,街道、庭院绿化面积1500亩;林木覆盖率33%,为全国林木覆盖率平均数的2.5倍。扬中地形为单一圩区,江水环抱,四周有江堤围绕,境内地势平坦,土地肥沃。

解放以后,扬中人民大力兴修江港堤防,发展农田机电排灌,逐步实现农业机械化。1956年粮食总产5546.5万公斤,比1949年的3726万公斤增长49%。中共十一届三中全会后,农业生产发展较快,1985年粮食总产11714万公斤,是1949年的3.14倍。水稻高产稳产,三麦亩产在全省居于前列。

20世纪80年代,县委、县政府贯彻执行改革、开放、搞活的方针,大力发展乡镇工业。1985年,全县有工厂2892家。产品门类繁多,外销产品39种。柳制品是扬中传统的出口产品,年出口额400万元以上,占全省柳制品出口总额的四分之一,自1979年起享有"产品质量出口免检"信誉。1985年,全县工业总产值61013万元,国民收入人均1230元。

扬中县是江苏省基础教育先进县之一,1985年学龄儿童入学率达99.9%。全县有小学158所,完中、初中33所,职业中学2所。扬中有电视转播台1个,广播站(含乡镇扩大站)13个,文化馆(站)13家,电影队23个,影剧院(场)14个,1981年被评为全国农村文化艺术工作先进县,受到文化部的表彰。县、乡镇医院共13所,肿瘤研究所1家,医疗保健所22家,卫生防疫站1家,共有病床537张。全县85%的人口饮用自来水。

扬中县水产资源丰富。盛产菱角、鱼、虾、鳗、鳝、螃蟹等。鲫鱼、鲥鱼、河豚是有名的"江上三鲜",加上特有的烹调方法,为闻名遐迩的佳肴。1984年10月,著名社会学家、全国政协副主席费孝通到扬中视察,题词赞美扬中是"鱼米之乡,江中明珠"。

大 事 记

明正统十四年(1449)

佛教信徒集资于今长旺乡积善村建兴隆庵(俗称老庙)。

清顺治年间(1644—1661)

驻京口八旗营在德兴洲北部(今丰裕乡)围地3800亩,为养马之地,设营驻军。

清康熙年间(1662—1722)

泰兴县知县宋生在太平洲建“义学”1所,门楼镌刻“太平义学”。

清雍正年间(1723—1735)

朱锦霞(住青龙桥,今油坊镇六墩村)出海贸易,获利致富,曾九次运粮至江西赈济灾民,雍正皇帝赐“存心施济”匾,予以褒奖。

清乾隆三十六年(1771)

丹阳县将鸣凤洲沙滩3573亩拨归鸣凤书院,滩地收益作书院士子膏火之费。

清嘉庆十年(1805)

邑人姚炳荣等创建中心沙至江南惜字洲渡口。

清道光二十二年(1842)

7月,英舰侵入长江,慑于圌山要塞炮火威力,不敢前进,舰上部分士兵登上育婴洲骚扰抢掠。

清咸丰年间(1851—1860)

丹阳县人许德元、许子清在青龙镇(今兴隆镇)开设松柏堂药店。

清咸丰十年(1860)

洲人组织团练,自保身家。

太平洲设保婴局收养弃婴(镇江城内育婴堂因战被毁)。

清同治四年(1865)

清政府设水师衙署于太平洲之团沙。

清同治五年(1866)

太平洲在长江之中,分属江都、甘泉(今邗江)、泰兴、武进、丹阳、丹徒六邑,太守李仲良请设太平书院于龙王庙(今长旺乡中心校所在地),获准。院内有横匾题曰"六邑观摩"。

清光绪六年(1880)

邑人何士俊乡试中举。

清光绪七年(1881)

太平洲增设千总1员,士兵13人。

清光绪十年(1884)

省沙漫洲义渡总局在三滧、育婴洲等渡口设义渡分局。

清光绪二十三年(1897)

邑人李若根、李德仁父子贩运竹器至日本、新加坡、缅甸等国贸易。

清光绪二十七年(1901)

8月(农历七月)大水,太平洲江堤半数以上溃决,水灾严重。

清光绪二十八年(1902)

上海内河招商局设支局于武进荫沙,经营常州至上海、小河至镇江、常州至沙家港等班轮。

清光绪三十年(1904)

因海门厅坍没,两江总督端方奏准设太平厅,单独建置,设太平厅抚民府治太平洲。将丹徒、丹阳、江都、泰兴四县所辖太平洲老额田滩划归太平厅。

富绅田佩绅于太平禅院(院址在今新坝镇新宁村)创设蒙学堂。

清光绪三十二年(1906)

太平厅同知钱锡林于三茅宫设抚民府。

丹阳县将鸣凤洲、抵额里洲、抵额外洲、团洲外沙老额、团洲外沙升科、大泡子、小泡子等地划归太平厅。

丹徒县将乐生洲、宝晋洲、育婴洲、德兴洲、细民洲、永安洲、请佃洲、蒋家沙、轮船沙等地划归太平厅。

江苏省许多县遭受水灾,太平洲受灾严重。

清光绪三十三年(1907)

泰兴县将复生洲、复德洲、在我洲、太中洲划归太平厅。

江都县将补漕洲、益寿洲划归太平厅。

清光绪三十四年(1908)

太平厅同知蒋育芬迁厅治于下八桥镇。民国2年(1913)10月,扬中县知事迁县治于三茅宫。

清宣统二年(1910)

下八桥镇始设官办邮寄代办所。

清宣统三年(1911)

8月(农历七月)大水,太平洲江堤多处溃决,农田遭淹,秋熟严重歉收。

是月,江苏省水上警察第一厅第二区二分署进驻镇海庵,与水师营共管沿江水域安全。

10月,改太平厅为太平县,抚民府改称民政长公署。

是月,太平县设警务长1员,警察24人。

民国元年(1912)

太平县实行市乡制,全县划设1市7乡,其中有城区市(今老郎街)、三茅乡等。

东新港始辟轮船码头,大达、大通轮船公司往返上海、扬州霍家桥间之客轮停靠东新港。

民国2年(1913)

8月29日(农历七月二十八日),下八桥太平县知事公署被抗税群众焚毁。

10月,县知事秦汇生迁县治于三茅宫。

是年,太平县民政长公署改称太平县知事公署,民政长改称县知事。

是年,新坝李天祥、蔡恒登等率农民进行抗租斗争,焚毁金山寺在新坝的浮玉山庄庄房。

民国3年(1914)

1月,太平县改称扬中县,隶属金陵道。

是月,三茅乡改称三茅市(1929年又改称三茅镇)。

是年,扬中所产柳箱、夏布、凉席畅销新加坡等地。

民国7年(1918)

江苏省警察队1团4营左队驻扬中。

扬中县改学务课为劝学所,受知事公署监督。

全县创办12所初级小学堂。

民国8年(1919)

11月17日,江苏省省长齐耀琳奖励扬中县江堤建设有功人员,张宽、王渊泉、杜宝善、张友云、唐清源、王国宾获一等奖章;冯有典、李培、徐凤翔、黄子宽、潘漱清获二等奖章。

民国 10 年(1921)

三茅市附近民众开展抗税斗争,捣毁县公署。

县公署在三茅市建成县民众体育场 1 座,场址在今江洲西路县政府大院内西侧。

农历七月大水,新坝、中心沙等地农田全被淹没。

县设公安科,在新坝、老郎街、油坊街、下八桥设公安分局。

民国 11 年(1922)

创办扬中县高级小学堂 1 所,校址在三茅市鱼巷弄。

民国 13 年(1924)

春,扬中文士朱宝鎏、朱琴、祝尧三等创办"存粹文社"于达兴庙。1927 年停办。

民国 14 年(1925)

县改组劝学所,设教育局。

民国 15 年(1926)

三茅市邮寄代办所升格为三等局。

创建农民教育馆,馆址在龙王庙。1934 年改名为民众教育馆。

民国 16 年(1927)

5 月,江苏省废金陵道,扬中县知事公署改称扬中县政府,直属江苏省政府。县知事改称县长。

5 月,国民革命军十七军司令委派梁廷琛为扬中县县长。

是年,废除市乡议事会及董事会,改设新坝、三茅、乐善、永安、城区、永胜、三义、南阳 8 个行政局。

是年,孙传芳部梁鸿恩师白宝山旅溃军经过县境,骚扰居民。

是年,中国国民党江苏省党部派特派员到扬中组成中国国民党江苏省扬中县特别委员会。

民国 17 年(1928)

7 月 19 日(农历六月初三)大水,全县堤岸倒塌数十处,淹没稻田近万亩。

7月，中国国民党江苏省党部派特派员到扬中，组成中国国民党江苏省扬中县党务指导委员会。

县建立保安队。

下洲三千多农民，为索取二五库券，冲击县政府，焚毁政府文卷及县长茅乃封的住所。

民国18年(1929)

3月，国民党扬中县党务指导委员会改称中国国民党扬中县执监委员会。

8月，国民革命军陆军新编步兵第三旅五团一营二连到扬中驻防。

是年，新坝金山寺庄房的佃农数百人到县政府要求减租，因政府不允而捣毁县政府大门。

是年，废县行政局，设太平、丰乐、永成、永胜、三阳5个区。

是年，废行政村制，实行闾邻制，全县划分为113乡、8镇，1219闾、6287邻。

是年，县区两级建立保卫团。

民国19年(1930)

1月，国民党扬中县区党务整理委员会主办的《扬中民报》创刊。该报抗日战争爆发后停刊，1947年复刊，刊行至扬中解放前夕。

是年，全县学产、公产实行化佃为粮。

是年，第四区(永胜区)农民林志瑞等人拒缴购枪捐，捣毁第四区保卫团团部。

是年，县建立盐务缉私队，队长卢松年，有职员10余人，枪10余支。

民国20年(1931)

8月，大水，全县江港堤决口32处，受灾面积约100平方公里，淹死119人。

是年，全县农民愤于扬中县建设事务所不修圩堤，将该所的器具全部捣毁。

是年，保婴局改为救济院。

是年，"九一八"事变后，县保安队扩编为1个中队。

民国21年(1932)

县公安局、教育局改名第一科、第三科。

全县121个乡镇合并为53个乡镇。

民国 22 年(1933)

3 月,扬中县隶属于江苏省第一督察专区。

7 月,朱春晖等人抗拒大通轮船公司征用土地,捣毁大通公司在东新港的房屋。

秋,蝗虫成灾。

秋,扬中试行保甲制。

11 月,下洲万余农民拒缴田赋附加税,火烧国民党县党部常务委员张子诚、区保卫团团长刘焕章、大地主杜三(杜楚卿)等 7 家的房屋,后称之为"火案"。

12 月,扬中县隶属于江苏省溧阳督察专区。

民国 23 年(1934)

春,扬中县长冯沛三因"火案"一事受到各方压力,在镇江焦山投江自杀。

夏,大旱,秧苗无法移栽。

是年,江苏省农民银行在扬中设立办事处。

是年,废闾邻制,实行保甲制,全县划为 53 个乡镇、348 个保、3583 个甲。

是年,县长洪康燮鼓励发展蚕桑。是年,全县蚕茧产量达 4495 担,省政府命名扬中县为"蚕桑模范改良区"。

是年,张献之在鸣凤乡创设"江东蚕种制造场",年产寿字牌蚕种 6000 余张。

是年,实施义务教育,举办塾师讲习班 5 期,受训塾师 430 人,检定合格 328 人,分派到全县各地改良私塾任教。

民国 24 年(1935)

夏,江苏省国民政府在扬州举办"公民训练师资养成所",李培根、左光华、冷瑞麟、陈岗等 20 余人前往受训,回扬中后训练壮丁。

12 月 5 日,由省拨款架设的镇江至扬中长途电话线路竣工,开始通话。

是年,县政府成立"戒烟委员会",强制吸毒者戒烟。

全县增设国民义务小学 25 所。

推行成人识字教育,全县各地办"强迫识字班",16 至 35 岁不识字者均须参加。

因扬中滩外接涨、突涨之土地逐年增多,勘丈放领手续繁多,特设扬中县沙田分局主管此事,属省沙田局。

扬中县图书馆在三茅镇建立。1938 年 2 月,日军侵略扬中时图书散失。

民国 25 年(1936)

1 月,成立县地政局,清丈土地。8 月,完成土地清丈及土地呈报等工作。

3 月,民众教育馆改为中心民众学校。

是月,建成直贯全县的土公路。

农历五月,中心沙的双三、胜利等地遭受雹灾,麦子损失严重。

是年起,扬中县根据国民政府《征兵令》开始征兵,采用抽签方式,确定应征对象。

民国 26 年(1937)

"七七"事变后,江苏省政府北迁淮阴,省政府令各地停止壮丁训练。李培根隐蔽训练用的枪支,准备组织抗日武装。

10 月 8 日,日本侵略军飞机 1 架被圌山要塞炮火击中,坠落轮船乡,日军驾驶员 2 人被当地群众击毙,飞机残骸交国民党江南驻军。

秋,在龙王庙办一年制师资训练班,学生 72 人。

10 月 10 日"双十节",三茅小学师生举行抗日示威游行。

11 月,李培根到丹阳参加江南抗日自卫总团后,积极筹建扬中青年抗日自卫团。

民国 27 年(1938)

1 月,爱国青年王子清等在八桥组织八桥镇商会联防队。

2 月 6 日,日本侵略军第一次入侵扬中,驻三茅镇,扬中县国民政府解散。数日后日军撤去。

是日,死囚吴老九、顾秉琪等乘日本侵略军侵犯扬中之机越狱,后抢夺地方枪支,拼凑土匪武装。

2 月 21 日,顾仙痴等组成伪扬中县地方治安维持会。

3 月,李培根、赵良斌等在泰兴县成立苏南抗日同盟会。

4 月,进驻扬中的国民党江苏省义勇军第一路第一纵队三团团长贾长富与伪军周广发及土匪武装田锦章等合流。

7 月,扬中县青年抗日团成立。

8 月,扬中县青年抗日团创办《青年》半月刊,积极宣传抗日,王德文、袁明福等具体负责。该刊 1939 年夏停刊。

9 月,王子清、陈广德、王详、陈履仁、陈寒、梅苑等 10 余人,参加国民党苏鲁皖边区游击指挥部张公任在泰兴举办的抗日宣传训练班学习后，经中共地下党员介绍，至丹阳县参加抗日游击队。

10月6日，江南抗日义勇军挺进纵队首次攻占扬中，贾长富团主力躲藏乡间。

10月9日，江南抗日义勇军挺进纵队主动转移江南，贾长富部在观音庵(油坊七墩子)、老郎街西义冢地杀害抗日青年20余人。

10月，江南抗日义勇军挺进纵队政治部战地服务团在镇江县姚家桥成立中共党支部，王子清任支部书记。

秋，清初新涨的玉带沙(在今永胜乡东)全部坍入江中。

民国28年(1939)

1月9日，日本侵略军夜袭三茅镇，县国民政府用房三茅宫被焚。

4月11日，挺进纵队战地服务团团长王子清遭叛军方钧部参谋长倪健杀害。月底，李培根接任团长。

4月15日，挺进纵队平定叛军方钧部。

4月，江南抗日义勇军挺进纵队再次攻占扬中，全歼贾长富团。挺进纵队司令部设老郎街。

是月，陈毅在老郎街视察工作时对管文蔚说："你们打得好，有了扬中，我们过江就容易了。这块跳板你们一定要守住，不能丢失。"

5月，挺进纵队同意国民政府委派潘炳英为扬中县县长，县政府机关设在龙王庙。

是月，国民党江苏省党部委虞清为国民党扬中县党部书记长。

是月，组成国共两党联合的扬中县抗日动员委员会。

是月，扬中县农民抗日联合会、青年抗日联合会、文教抗日联合会、妇女抗日联合会相继成立。

夏，江南抗日义勇军挺进纵队创办《群众导报》，陈毅题写报头，后改名《中流报》《前进报》，1945年10月停刊。

夏，恢复扬中县师资训练班，地址在高兴桥庆善公所。成立中共师训班支部，陈寒任支部书记。

8月10日，挺进纵队某部一连战士用步枪击落日机1架，飞机坠于板儿沙江边，日机驾驶员2人被击毙。11日，日本侵略军前去报复，烧毁民房70多间。

8月13日，下八桥镇广善堂广场(今八桥中学校内)召开各乡儿童团纪念抗日两周年大会。

8月，中共扬中地区工作委员会成立，隶属于中共挺进纵队党委。

是月，陈毅、吉洛(姬鹏飞)到扬中视察，1周后离扬。

秋，县政府在镇海庵创办中学生补习团。

10月底，叶飞率领江南抗日义勇军二路从江阴到扬中休整，与管文蔚领导的江南抗日义勇军挺进纵队在下八桥镇广善堂广场(今八桥中学校内)会师，合编为新四军挺进纵队，下辖4个团。

11月中旬，中共扬中地区工作委员会改称中共扬中县工作委员会。

12月28日，扬中县抗日动员委员会决定：禁放高利贷，劝谕减息；发动全民加强冬防；扩大干部队伍，举办青训班；疏浚河道。

民国29年(1940)

1月初，挺进纵队大部分转移至苏北，由参谋长张开荆率少数战士留扬中坚持斗争。

1月11日(农历腊月初三)，日本侵略军第二次侵犯扬中，上岸后大肆烧、杀、抢，3天内共杀害干部群众100余人，设在龙王庙的县国民政府办公用房被焚毁。

1月，汉奸顾仙痴等组成伪政权“扬中县自治委员会”。

是月，顾仙痴兼任汪伪国民党扬中县党部主任委员。

2月，中共扬中县工作委员会改称中共扬中县委员会，李中任书记，属丹北中心县委领导。

是月，扬中县抗敌委员会(又称后援会)成立。

3月9日，日伪军由三茅镇下乡抢粮，挺进纵队四团一营三连在青龙桥伏击，毙日伪军3人，俘伪军7人，缴步枪3支。

3月，国民党江苏省党部委安霖生为国民党扬中县党部书记长。江苏省政府委刘际唐为扬中县政府县长。

4月，扬中县抗日民主政府成立，李培根任县长。县政府设6个科，全县划分5个区，均委派区长，领导群众开展抗日斗争。

5月，扬中县抗日民主政府颁布减租减息命令。

6月，丹北中心县委决定，将原属武进县的中心沙划属扬中县，改为扬中县第六区。

6月28日，陈毅经扬中渡江北上。

8月17日，县抗日武装在徐家墩子歼灭第一别动大队薛德裕部，薛德裕被击毙。

夏，大旱，栽秧缺水。

12月，李培根调任镇江县政府秘书长。

民国 30 年(1941)

年初,抗日民主政府县长王龙发动群众兴修水利,开挖港道。

5 月,沙家港一带流行霍乱,7 日内死亡 16 人。

7 月,王龙调任山南县县长,施光前接任扬中县县长。

7 月,扬中县抗日民主政府建警卫营,共 100 余人。

是月,久旱无雨,飞蝗成灾。抗日民主政府发动群众扑灭蝗虫。

8 月上旬,扬中县抗日民主政府副县长王言率部镇压中心沙黄旗会会长张玉槐发动的反革命暴动,张玉槐被活捉后处决。

9 月 4 日,伪十九师连长董瑞龙率部伙同泰兴县大刀会袭击驻中心沙的中共扬中县委、县政府机关,县委书记杨明被捕,11 日在泰兴县城壮烈牺牲。

9 月 16 日,扬中、武进警卫营配合新四军苏南第四保安司令部五十一团、五十四团及第四保安司令部特务大队,在荫沙口、黑木桥、中心沙,歼灭扬中县伪警察大队 2 个中队,缴获机枪 1 挺,长短枪 100 余支,大队长周广发被活捉后枪决。

民国 31 年(1942)

1 月 5 日,新四军苏南第四保安司令部五十一团一连,在扬中县武装配合下,夜袭东新港伪据点,捣毁碉堡,俘伪警察 30 余人,缴获全部枪支弹药。

5 月 25 日,中共路北特委敌工委员会主任王龙与扬中县县长施光前巧施反间计,借日本侵略军之手枪杀汪伪扬中县警察大队长季广根。

8 月 28 日,王龙率部在扬中县警卫营配合下袭击二墩子港伪据点,炸毁敌汽艇 1 艘,击毙艇长,俘 20 余人,缴获枪 20 余支。

8 月,汪伪扬中县政府成立,直属伪江苏省政府,顾仙痴任伪县长。

是月,汪伪扬中县政府建立县保安中队。

9 月,扬中县抗日民主政府将全县 6 个区合并为 3 个区。中心沙的中共组织暂由武进县委代管。

民国 32 年(1943)

1 月,汪伪扬中县政府在三茅镇建一小型发电厂,电力主要供三茅镇日伪机关照明。

3 月,汪伪扬中县政府改称扬中特别区公署,丁雨霖为署长。同年 6 月,恢复原称。

是月,汪伪县政府封砍民间树竹,强迫 7 万多民众沿江堤岸扎篱笆障,作为封锁线，长达48.5公里。同时扩大城区封锁线，环绕三茅镇加挖壕沟，并筑土城。

是月，汪伪县政府扩建保安大队。

是月，汪伪在扬中开始全面“清乡”，投入兵力1000余人。其中日军警备队100余人，伪江苏省保安大队1个中队，清乡警察1个中队，伪第一方面军三师2个加强连，县保安大队及警察400多人，特工站侦缉队79人。抗日民主政府开展反“清乡”斗争。9月，中共丹北中心县委宣告反“清乡”胜利结束。

5月1日，汪伪扬中县警察局侦缉组改组扩建为侦缉队。警察局由204人增至308人。

5月21日，汪伪扬中特别区公署成立县自卫总团。

8月(农历七月)大水，江港堤多处决口，仅永胜乡即被水冲毁房屋83间，淹死13人。

民国33年(1944)

年初，中共中心沙组织复归中共扬中县委领导。

11月19日，丹北独立团与扬中县警卫营在伪三师八团三营十连连长罗云高率部起义配合下，一举拔除下洲兴隆、老郎街、油坊桥、八桥、大泡子5个日伪据点，击毙日本侵略军20余人、伪军3人，俘伪军官兵200余人，缴枪200余支。

民国34年(1945)

5月12日，新四军苏中五分区部队在扬中县抗日民主政府武装配合下，围攻新坝伪据点，伪军中队长乐晓东率部投诚。

5月17日，新四军苏中五分区司令员韦永义指挥特务一团，在扬中、武进警卫营配合下，攻克北泡子、南泡子、西来桥3处日伪据点，俘伪军100余人，缴获枪支近100支。

5月25日，苏中五分区司令员韦永义率部在扬中县警卫营配合下攻打伪县政府，活捉伪县长章谋。

6月28日，苏中五分区特务一团和扬中县警卫营在思议港同日军遭遇，并在公济桥和唐家桥展开激战，毙敌25人，生俘1人。

6月，扬中县青年剧团和八桥话剧团成立。

7月15日，经扬中县抗日武装连续作战，日本侵略军退出扬中，抗日军民消灭日伪政权，伪县长郭占祺潜逃，扬中县光复。

9月19日，扬中县抗日民主政府在龙王庙召开公审大会，宣判汉奸顾秉琪、顾秉良、缪永宏3人死刑，当场执行。

9月26日，中共扬中县委、扬中县抗日民主政府在龙王庙举行追悼王龙烈士大会。

秋，扬中县抗日民主政府在下八桥镇创办八桥初级中学。在高兴桥办“培根简师”，培训革命干部。

11月5日，中共扬中县委、扬中县抗日民主政府党政干部奉命北撤，由特派员张恒柏（方正鹄）负责留守工作。行前，县独立团发布《告扬中同胞书》。

11月上旬，八桥初级中学改称“私立八桥初级中学”。

12月15日凌晨，中共扬中县委书记吴翼、县长施光前奉命率党政军干部40余人回扬中坚持斗争，在封头坝和国民党部队四十九军二十六师七十八团发生遭遇战。吴翼、施光前等转移到泰兴永安洲。

12月20日，国民党扬中县党部、县政府成员及武装人员进入县境。

12月下旬，扬中县国民政府颁布“自首、自新”办法，强迫中共党员、干部和民兵“自首”，搜捕革命干部、群众，杀害63人。

民国35年(1946)

1月22日，中共扬中县委书记吴翼和县长施光前派吴中等到扬中下八桥地区侦察国民党党政军情况，历时5天，完成任务后返回泰兴七圩港驻地。

2月，原抗日民主政府第三区助理吴一飞被捕叛变，供出扬中留守情况，并帮助国民党县保安队队长申炳权等到处搜捕中共地下党员。

5月5日，中共留守人员张建新、刘晓阳等在德云乡遭国民党扬中县保安队包围，张建新、李茂富当场牺牲，刘晓阳等突围。

5月，扬中县国民临时参议会组成，戴中闳任临时议长。

10月，扬中县国民政府根据《兵役法》征兵，沿用抽签法，适龄青年不肯应征，政府采用强制性的“抓丁”办法完成征兵额，强抓壮丁100名。

是年，扬中县国民政府在三茅镇开办县立师资训练班，学生50余人。

是年，扬中县民国政府在三茅镇设“感训所”，强迫中共党员和革命干部“自首、自新”，分批“感训”。

是年，私人集资在三茅镇开设民办官管的扬中县卫生院1所，医护人员3人，病床2张。

民国36年(1947)

2月上旬，朱尊华、刘晓阳等，分别在中洲活动，均遭国民党扬中县保安队包围，朱尊华、刘晓阳等被捕。

2月,扬中县民国政府将私立八桥初级中学收为公办,更名为扬中县立初级中学。

3月,江苏省民国政府决定将中心沙划属扬中,西来镇改名兰陵镇。

春,扬中县民国政府在雷观乡试办农民投股形式的“生猪合作社”。

4月,张子诚等以私人名义创办《扬中正气报》。

7月,扬中县民国政府撤区并乡,全县分新坝、油坊两个区署,将原52个乡镇合并成14个大乡,第六区中心沙(后改称五沙区署)所属乡镇未合并。

7月,扬中县国民参议会正式成立,张子诚任议长,陆如模任副议长。

8月24日,中国三民主义青年团扬中县分团成立。

秋,扬中县民国政府强抓壮丁100余名。

12月,民国政府筹备召开“行宪国民代表大会”,扬中县举行国民代表大会代表竞选,赵友培当选为代表。

民国37年(1948)

春,扬中县民国政府撤销区署,实行县直接领导乡。

春,扬中县成立党团合并委员会,办理国民党员、三青团员登记手续,进行党、团合并事宜。

6月19日,扬中县民国政府县长卢甲三下令将朱尊华、刘震东、刘晓阳、陈金保、高天赐等5名革命干部杀害。

秋,冬,扬中县民国政府两次强行抓丁。

10月22—25日,在县立初级中学(今八桥中学)举行全县中小学生体育运动会。

12月8日,中心沙发生抗丁暴动,扬中县民国政府被迫取消五沙区署。

民国38年(1949)

春,船民陈广发、徐官福等驾驶10数条木船,突破敌封锁线开往苏北参加渡江作战,运送中国人民解放军渡江。徐官福受到部队奖励。

4月上旬,中共扬中县委员会在江都县嘶马区鲍家庄成立,陈寒任书记。

4月上旬,扬中县人民政府在江都县嘶马区鲍家庄成立,陈寒任代县长,陈忠廉任副县长,属苏南行政区镇江专员公署。

4月21日,扬中县部分北撤干部、战士参加中国人民解放军“三野”二十军的渡江战斗。

4 月 22 日，扬中解放。

4 月下旬，全县中小学相继复课，原扬中县立初级中学改名扬中县初级中学。

5 月 1 日，建立扬中县金库，即中国人民银行扬中县支行前身。

5 月，全县开展支前运动，筹借粮食 154.85 万公斤，柴草 101 万担，马料 1.2 万公斤。

是月，建立扬中县武装总队，各区建区中队。

7 月 25—31 日，大水，全县决堤 65 处，淹没农田 6.5 万余亩。

1949 年(新中国成立后)

10 月 1—3 日，召开扬中县第一届各界人民代表会议第一次会议，通过剿匪、征粮等决议。

10 月，开展民主改革，废除保甲制，建立村组制。全县划分为 4 个区、58 个乡镇、527 个村、3654 个行政小组。

11 月，扬中县人民政府设司法科。

是月，成立扬中县农民协会。

12 月，全县各乡、村举办冬学民校，开展农民业余教育。

是月，中国新民主主义青年团扬中县工作委员会成立。

1950 年

1 月，成立扬中县供销合作总社，各乡相继建立基层供销合作社。

3 月，建立扬中县人民教育馆。10 月改名扬中县人民文化馆。1953 年改名扬中县文化馆。

4 月，建立中国人民银行扬中县支行。

6 月，成立扬中县人民检察署。

是月，东新港水上派出所干警抓获水上武装匪特周富广、王小二等 7 人。

7 月，兴建县发电厂，厂名为“公私合营扬中县电厂”。1951 年改为地方国营。

9 月，成立中共扬中县纪律检查委员会。

10 月 23—25 日，召开县第二届各界人民代表会议第一次会议，通过有关土地改革、征收秋粮等工作决议，选举成立扬中县土地改革委员会。

11 月 10 日，成立扬中县人民法庭，设正副审判长。

12 月，县公安机关破获反革命组织“东南人民反共救国军镇、丹、常、扬行动纵队”,抓获 28 人。

是年,于县城东三茅乡板沙村境内创建县农场,1963 年更名为县良种繁育场。

是年,建立百货公司营业所,土产公司批发处等 7 家国营商业机构。

1951 年

1 月 6 日,召开县第一届妇女代表大会,成立扬中县民主妇女联合会。

1 月,成立扬中县爱国卫生运动委员会。

3 月,成立中国保卫世界和平反对美国侵略委员会扬中县分会。

4 月,建立中国人民保险公司镇江支公司扬中特约代理处。

5 月 6—8 日,在民众体育场举行第一届人民体育运动会。

6 月,常州市人沈国荃在长旺乡创办扬中火柴梗片厂。

8 月,建立扬中县血吸虫病防治站。1958 年改名扬中县卫生防疫站。

秋,三茅区厚生乡试办第一个临时互助组。

10 月,实行邮电合一,成立扬中县邮电局。

11 月 10 日,全县土改发证完毕,宣告土地改革运动结束。

11 月 13—16 日,召开县第三届各界人民代表会议第一次会议,讨论开展大生产、镇压反革命、抗美援朝等事项。

11 月 17—19 日,召开扬中县第一届工商业者代表大会,成立扬中县工商业联合会。

11 月,成立扬中县人民武装部。

11 月,在三茅乡夹江套滩围垦团结圩,面积 200 余亩。

12 月,全县开展反贪污、反浪费、反官僚主义的“三反”运动。

冬,成立扬中县轻工业建设委员会。

1952 年

2 月 19—22 日,召开中国新民主主义青年团扬中县首次代表大会,选举产生青年团扬中县第一届工作委员会。

2 月,全县开展反行贿、反偷税漏税、反盗窃国家财产、反偷工减料、反盗窃经济情报的“五反”运动。

3 月 27—29 日,召开扬中县第一届工人代表大会,成立扬中县总工会。

8 月,扬中县初级中学迁至中八桥,在三茅镇南关帝庙兴建校舍,位于下八桥的原校改为县中分部。

10月17—19日，在三茅镇举行扬中县第一次物资交流大会，参加贸易者28000余人，成交总额25716万元(旧币值，即第一套人民币币值)。

11月1—4日，举行扬中县第二届人民体育运动会。

11月，全县掀起农业互助合作化热潮。

1953年

3月，八桥乡成立全县第一个农业生产合作社，黄美善任社长。

是月，青年团县工委改称中国新民主主义青年团扬中县委员会。

5月1日，成立扬中县人民法院。

5月6日，中心沙遭受严重雹灾，夏粮基本失收，倒房压死1人。

5月25日，成立扬中县选举工作委员会，实行全民普选。

6月，各乡相继建立农村信用合作社。

8月，八桥乡幸福农业生产合作社创办扬中县第一个信用互助小组。

11月，成立扬中县妇幼保健所。

是年，国家对粮食油料实行统购统销，全县粮油由粮食公司统一经营。全县7户私营粮店、40户粮行、250个油饼摊贩均停业或转业。

1954年

7月10—13日，召开扬中县第一届人民代表大会第一次会议，出席代表157人。

8月17日，江水猛涨，全县决堤140处，19个整乡和8个乡的部分地区遭灾，被淹农田10.76万亩，受灾19574户、72660人；淹死30余人。

11月13—18日，召开中共扬中县第一次党员代表会议。

11月，中共扬中县委撤销农会，成立农村工作部。

12月31日—1955年1月1日，大雪，积雪深30—40厘米。

12月，扬中县人民检察署改称扬中县人民检察院。

是月，县制定《粮食计划收购细则》，全面实行粮油统购统销。

冬季，全县群众全面修建江港堤，加强加固，共完成土方485.74万立方米。

是年，国家实行棉布、棉花统购统销。扬中县的棉花由县土产公司经营；全县77户棉布商店，改为经销代销的14户，转业的63户。

1955年

春，政府组织沿江困难农户459户、2068人移居溧阳、句容、金坛等县；400多户、

1600 多人移居武进、丹阳、昆山等县。

5 月 1 日,扬中县人民政府改称扬中县人民委员会。

夏,扬中县人民委员会决定将全县 59 个乡镇合并为 25 个乡镇。

9 月,扬中县初级中学分部改为扬中县下八桥初级中学。

10 月 29—31 日,举行扬中县第三届人民体育运动会。

10 月,成立扬中县新扬京剧团。

是年,评出县级农业劳动模范 18 名、水利劳动模范 17 名。

是年,设立肃清反革命办公室,开展肃清反革命运动(简称肃反)。

是年,中共扬中县委成立党员训练班。1958 年改称党校。

1956 年

2 月,扬中县改属扬州专员公署,11 月复归镇江专员公署。

3 月,创办县小学教师业余进修学校。

4 月 21—25 日,召开中共扬中县第一次代表大会。

4 月,创办江苏省新华书店扬中支店。

5 月 6 日,成立扬中县体育运动委员会。

5 月 10 日,成立扬中县商业局。

夏,连遭数次台风袭击,沿江 471 户居民倒坍房屋 963 间,大水破圩 24 个。

8 月 27 日,扬中县人民委员会决定,将全县 25 个乡镇合并为 15 个乡镇。

8 月,建立中国农业银行扬中县支行。

9 月,县初级中学增设高中班,改名扬中县中学。兴建新坝、老郎(后改名兴隆)初级中学 2 所。

10 月 29 日,沙家港铺设过江电缆竣工,对民众开办长途电话。

11 月 10—12 日,举行县第四届人民体育运动会。

11 月 26—30 日,召开第二届人民代表大会第一次会议,出席代表 123 人,听取审议政府工作报告、法院工作报告和财政工作报告等,选举正副县长。

11 月 28 日,扬中县复归镇江专员公署。

12 月 1 日,成立扬中县种子站。全县发展种子田 1.3 万余亩。

是年,兴建沙家港升降式栈桥码头。

是年,完成对农业、手工业和私营工商业的社会主义改造。

是年,全县建高级农业生产合作社 185 个,入社农户占全县总农户的 99.3%。

是年,全县 454 名手工业者参加合作组织。

是年，全县私营工业企业组成集体所有制工厂 18 家；

是年，全县私营商户组成公私合营商店 18 家，合作商店 62 家，经销代销店 23 家。398 户个体商贩未参加集体组织。

是年，成立扬中县渔业生产合作社。

1957 年

元旦，中共扬中县委机关报《扬中报》创刊。1961 年停刊。

5 月 4—5 日，在扬中县中学举行县首届中小学生体育运动会。

6 月 1 日，三茅至沙家港砂石公路建成通车；同日，建立扬中县汽车站。

8 月，成立扬中县红旗锡剧团。

9 月 20 日，开始整风运动。

10 月 30 日，扬中县人民委员会决定撤区并乡，实行县乡两级制，将全县 15 个乡镇合并为 12 个乡镇。

11 月 2—3 日，举行第五届人民体育运动会。

11 月，成立扬中县法律顾问处。一个月后撤销。

是年，农业劳动模范张茂德、黄美善去北京出席全国劳动模范代表大会。

1958 年

年初，建成扬中县图书馆。

3 月，县文化馆主办的《扬中文艺》创刊。

4 月 10 日，通西来桥的过江水下电缆工程竣工。

5 月 8—11 日，召开县第三届人民代表大会第一次会议，出席代表 127 人。

6 月，中共扬中县委机关刊物《干劲》创刊。1959 年停刊。

7 月，创建县砖瓦厂，厂址在丹徒县大港乡祝赵村。

8 月，建成扬中县烈士纪念塔。

9 月 19 日，扬中县改属常州专员公署。1959 年 9 月，又改为镇江专署。

9 月，县民政科在三茅镇港东十七圩埭创办全县第一家敬老院。

是月，创办县农业大学，有学员 38 人。1960 年撤销。

春至 9 月，中学教育贯彻两条腿走路方针，全县创办农业初中 32 所，农业高中 1 所，计 33 个班级，学生 1851 人。

10 月 1 日，建立扬中县气象站。

10 月 26 日，成立县社合一的扬中县人民公社。撤销乡建置，全县划分为 9 个人民公社分社。年底，撤销县人民公社，恢复县人民委员会，改分社为人民公社。

10月，成立扬中县科学委员会。1959年改称扬中县科学技术委员会。

11月13—19日，召开中共扬中县第二次党员代表大会。

12月4—6日，举行县第六届人民体育运动会。

12月，全县掀起大办工业的高潮，并开展全民大炼钢铁运动。

是月，取消粮食"三定"，实行大购大销。因受"浮夸风"影响，虚报产量，农民自留口粮不足，造成严重后果。

是年，全县掀起大办土农药、土化肥、土水泥的"三土"高潮，浪费大量人力、物力、财力。

是年，县民政科创办扬中县烈军属社会福利厂。

1959年

3—4月，进行第一次全县土壤调查。

4月22日，成立中共扬中县委劳动工资部。1962年10月撤销。

5月3日，八桥中学学生赵桂兰参加扬中县第三届青少年田径运动会，在女子少年组60米径赛中，以8秒6的成绩破省女子组纪录，平全国纪录。

6月16日，中共扬中县委副书记雍立信奉命支援西藏。1961年12月在日喀则市委书记任内去世。

夏，引种甘薯成功。推广种植红花草、苕子、田菁和水花生、水浮莲、水葫芦、绿萍(称"三水一萍")等绿肥新品种。

7月21日，建立扬中县档案馆。

8月，何家大港水闸建成。

8月29日，经县人民委员会批准，1019名支边人员启程赴新疆参加社会主义建设。

是月，三茅镇至八桥镇砂石公路建成通车。

10月1日，成立扬中县戏剧学校。后改名扬中县京戏团。1979年6月撤销。

11月6—15日，举行县第七届人民体育运动会。

12月9日，县公安局在雷公嘴创办建新芦篌厂，收容"难以管教人员"。该厂恣意虐待收容人员，发生打死、饿死、冻死人事件。翌年4月，县委进行查处，逮捕法办相关责任人。

是年，建立扬中县农业科学研究所。

是年，根据中华人民共和国主席特赦令，县人民法院特赦在押犯11人。

1960 年

1 月 15 日，镇江专署将镇江市姚桥、儒里、大路 3 个公社划属扬中县。1961 年 6 月复归镇江市。

2 月，成立扬中县防治病虫害指挥总部，开展防治农作物病虫害工作。

3 月，成立扬中县文工团。

7 月 18 日下午 7 时许，三茅、八桥、联合、大路等 8 个公社受台风、暴雨、冰雹袭击，受灾 1275 户，倒塌房屋 3018 间，死 4 人，伤 85 人。

9 月上旬，举行县第八届人民体育运动会。

秋，疟疾流行，全县有 4 万多人患间日疟。

是年，栏杆桥码头置备载渡船 1 艘，一次可载载重 5 吨的卡车 1 辆。

1961 年

6 月 1 日，姚桥、儒里、大路 3 个公社复归镇江市。

6 月 6 日上午，丰裕、新坝公社一带遭龙卷风袭击，最大风力达 11 级，吹倒房屋 703 间，伤 39 人；雷击重伤 1 人，烧毁房屋 9 间。

6 月，沙家港水闸建成。

8 月，全县 16 万亩中稻，有 5.93 万亩遭受螟虫灾害，新坝、丰裕、联合、三茅、幸福 5 个公社受害严重。

10 月 4—5 日，26 号台风影响县境，阵风 10 级，降大暴雨，水稻 9 万余亩受涝。

10 月，县发电厂竣工投产，装机容量 750 千瓦。

是年，成立县物资局。

是年，镇江水文站在沙家港设水文观测点，配专职水文观测员 1 人。

1962 年

1 月 11—14 日，召开县第四届人民代表大会第一次会议，出席代表 125 人。

1960—1962 年，群众因营养不良而发生浮肿、消瘦、青紫等病症者为数甚多。

1963 年

1 月 15—17 日，召开中共扬中县第三次党员代表会议。

1 月 1 日—3 月 1 日，全县发生火灾 34 起，被烧 121 户，损失约 7.7 万元。

4 月中旬—5 月中旬，连续降雨 219.3 毫米，全县三麦受灾面积达 15 万亩。

12 月 25—28 日，召开县第五届人民代表大会第一次会议，出席代表 142 人。

1964 年

4 月 13 日，成立扬中县人民委员会安置领导小组。

4 月 17 日下午，联合、丰裕、西来桥等地遭 8 级阵风袭击，伴有雷雨，毁坏房屋 524 间，伤 6 人。

夏，油坊公社新六墩大队(县级样板)八队，改种晚粳农垦 58 号，是年亩产达 410.5 公斤，推动了全县水稻品种的改良工作。

10 月中旬，全县开展农村社会主义教育运动，县委抽调 110 名干部组成工作组，进驻各公社。

是年，各公社相继建立家畜配种站。

是年，开始动员知识青年上山下乡。

1965 年

3 月，县召开第一次贫下中农代表会议，成立扬中县贫下中农协会筹备委员会。

6 月，架设丹徒姚桥王宗变电所至扬中兴隆镇 35 千伏输变电线路 12.7 公里，电线在长旺乡头墩子跨江，过江塔高 58 米。

是月，建成兴隆变电所。

是年，成立县农机公司。

是年，县玉雕厂工人雕琢的“二龙戏珠”由上海贸易公司向外商换得轿车 6 辆，价值人民币 20 万元。

1966 年

4 月 9—11 日，召开县第六届人民代表大会第一次会议，出席代表 177 人。

5 月 16 日，“文化大革命”开始，学校出现“停课闹革命”，工厂发生“停产闹革命”的混乱局面。

8 月 2 日，中共扬中县委成立“无产阶级文化大革命领导小组”。

冬，在外地上学的部分扬中籍大专院校学生回乡“串连”，纷纷建立“造反”组织，“打倒、横扫、夺权”之风遍及全县，致使各级党组织陷于瘫痪或半瘫痪状态，各级干部普遍被“靠边”、批斗。

1967 年

1 月，县级机关造反派成立“红色造反司令部”，部门工作处于混乱状态。

3 月 27 日，中国人民解放军江苏省扬中县军事管制委员会成立，取代扬中县人民委员会。

3 月，县公、检、法由中国人民解放军 6410 部队军管。

4 月，由县计委、物资局、商业局、供销合作社、工业局、手工业局、煤炭石油公司等部门组成扬中县煤炭办公室，统一负责全县煤炭的计划、调运、节约、供销等工作。

5 月，南京军区司令部、省军区训练处、八十一师，共派干部 11 人到扬中，加强扬中县军事管制力量。

1968 年

3 月 14 日，扬中县结束军管，撤销扬中县军事管制委员会。在县体育场召开群众大会，成立扬中县革命委员会，代替第七届人民代表大会。

11 月，县百货公司、糖烟酒公司、食品公司、水产购销站、酒厂合并成立扬中县生活资料社革命委员会。

1969 年

5 月，重建思议港水闸，拓浚思议港港道。

6 月，县革命委员会内建立党的核心领导小组，行使县委职权。

上半年，在电厂内建供水车间，向城区部分单位供给自来水，日供水能力为 400 吨。

秋，扬中县火葬场建成。1984 年改称扬中县殡仪馆。

秋，撤销扬中县中学，兴办扬中县农机厂“五七”学校。原县中校舍改作工厂厂房，课桌凳、图书、仪器等被分光。

11 月 17 日，成立扬中县革委会上山下乡办公室，动员干部下放，并接受外地下放干部和知识青年回乡落户。

是年，全县农村公社普遍实行合作医疗，分半保健、全保健两种形式。

1970 年

2 月，在油坊公社光华大队（今振华村）建立烈士纪念碑，纪念因飞机失事，为保护群众生命财产而坠机牺牲的解放军 9027 部队王振华、王玉堂和姚发 3 位烈士。

3 月，县人民医院妇产科医师符大玲派至非洲坦桑尼亚的桑给巴尔地区奔巴医院任妇产科医师。1973 年 3 月回国。

7 月 26 日下午，长旺、兴隆、永胜、油坊等公社遭受 11 级暴风和雷雨袭击，毁坏房屋 200 间，伤 7 人。

7月，建成二墩子港水闸。

10月，创建扬中县电子仪器厂。

1971年

2月15—17日，召开中共扬中县第四次代表大会，选举产生中共扬中县委员会。

4月，交通局成立联合运输指挥部，承办铁路、公路、水路的联合运输业务。

8月，成立县计划生育办公室。

11月，八桥公社新农大队下放教师李名方、蒋同宁夫妇试养河蚌培育珍珠成功，并向全县推广。

是年，兴建扬中县化肥厂。

是年，建立扬中县农业大学。1973年撤销。

是年底，恢复扬中县中学。

1972年

5月，成立县农业技术推广站。

6月21—22日，降水227.9毫米，7月3日，降水277.3毫米，全县15万亩低田受涝。

是年，开沙(中心沙东)因洗坍全部坍没。该沙洲为清末涨成，民国20年(1931)后有田滩5000余亩，住农民700余户，4000多人。

1973年

10月1日，县商业局新建百货公司大楼开张营业。

10月1—4日，举行县第九届人民体育运动会。

是年，创建扬中县线材厂。后改名为扬中县轧钢厂。

1974年

2月，在三茅公社金星大队征地，兴建自来水厂。设计规模为日产水5000吨。

4月22日8时29分，溧阳县上沛、上兴一带发生5.5级地震，扬中全县均有震感，历时二三分钟，无损失。

6月9日傍晚，三茅公社受10级以上狂风袭击，刮倒电线杆800余根、房屋39间、工厂烟囱20多个，触电死亡2人。

7月,兴隆港水闸建成。

11月,创建扬中县色织厂,后改名扬中县染织厂。

1975年

2月,拓浚新坝大港。

3月,成立扬中县对外贸易公司。

5月30日下午5时,县境南部地区遭冰雹袭击,6个公社47个大队受灾,损失严重。

6月6日,幸福公社新升大队鞭炮厂发生严重爆炸事故,死2人,伤2人,经济损失逾万元。

6月21—24日大雨,总降雨量480.4毫米。早稻受灾12万亩,倒塌房屋2377间,死1人。

11月30日,东新港轮船停靠码头建成。

是年,县玉雕厂大型玉雕“杭州六和塔”在日本“中国传统工艺展览会”上展出,受到观众高度评价。

是年,架设丹徒县石桥头至扬中县三茅镇110千伏输变电线路14.5公里。

1976年

6月,幸福中学教师姚烽赴西藏农牧学院附中(八一中学)任教。1978年7月回镇江。

10月,全县开展揭批江青反革命集团运动。

是年,农业局先后7次派人分别到广东省湛江市郊、海南岛陵水县、广西壮族自治区来宾县,进行繁殖杂交水稻不育系及种子纯度的鉴定工作。

1977年

4月23日下午7时,兴隆、三滧、长旺等公社遭受雹灾,最大雹块重达3.3公斤。

4月,八桥医院医师殷良智赴西藏拉萨工人医院工作。1979年4月返回。

7月16日,县游泳领导小组组织数百人在沙家港横渡夹江。

夏,恢复县教师进修学校。

是年,在八桥公社轮船套建立国营种猪场,占地118亩。

是年,县成立肿瘤防治领导小组。

1978 年

1—3 月，全县 7 万多民工突击加修江堤，江堤高 9~9.41 米，顶宽 4~5 米，共完成土方 473 万方，投入劳力 215 万余工日。

2 月，县无线电厂研制成功 TL-1 激光粘结机，为国内首创。1980 年获省重大科技进步四等奖。

6 月 30 日—7 月 9 日，持续高温，温度 35℃以上。

夏，麦熟获特大丰收，全县 79 个高产单位代表出席省农业授奖大会，获奖品价值 40 万元。

11 月 8 日，恢复扬中县人民检察院。

12 月，恢复中共扬中县纪律检查委员会。

是年，县落实政策办公室对历次政治运动和“文化大革命”中的冤、假、错案进行纠错平反，全县共纠错平反 4787 人。

是年起，开始对尚在农村的下放知识青年分期分批召回安排就业。

1979 年

1 月，县教师进修学校附设的镇江师范专科学校扬中数学大专班开学。

2 月，根据中央 5 号文件精神，成立县、社两级“摘帽小组”，给全县地、富、反、坏、右分子摘帽。

10 月，县文教局与文化馆创作组联合编印的《江洲》创刊。

是月，扬中县化工仪表配件厂建成，厂址在长旺集镇。

11 月，邮电局安装准电子交换机 600 门，县城电话改为自动拨号。

是年，建县人民体育场，占地 31.25 亩。

是年，8 个公社先后建成自来水厂，全县 11.5 万余人饮用自来水。

是年，建立家畜人工授精总站，对全县育种母猪实行统一供精。

是年，用尼龙筛绢粪检耕牛血吸虫卵，提高阳性检出率的试验成功，获省农林厅科技成果三等奖。

是年，省、地、县三级政府共拨款 34 万元，在县城金星路东侧，新建扬中县中学教学大楼，总面积 3084 平方米。

是年，县落实政策办公室复查政治案件 2600 件，其中平反纠正“反革命案件”400 余件。

1980 年

2 月 29 日上午，城镇纸盒电器厂用电不当，引起火灾，损失 6.8 万元。

4 月 17 日，成立中共扬中县委统战部。

4 月，重建六圩港大闸，新开港道 650 米。

5 月 1 日，扬中县影剧院建成。

7 月，教师黄翔、耿兴伟赴西藏，分别在加查县、扎朗县中学任教。1982 年 8 月返回。

8 月 1 日，县购置 50 瓦电视差转机 1 台，为全县转播电视节目。

8 月，成立扬中县侨务办公室。

9 月 6 日，成立扬中县档案局。

1981 年

1 月 22 日，成立扬中县司法局。

2 月，成立扬中县劳动服务公司。

是月，扬中县加油站建成，占地面积 2100 平方米。

4 月 28 日—5 月 7 日，召开首届中国人民政治协商会议扬中县委员会第一次会议，选举产生常务委员会。

4 月 30 日—5 月 6 日，召开县第八届人民代表大会第一次会议，出席代表 183 人。审议、通过政府工作报告，选举产生人大常务委员会，选举正副县长、县人民法院院长、县人民检察院检察长。

4 月，全县进行第二次土壤普查。

5 月 1 日傍晚，兴隆、三 渲、联合、三茅、新坝等公社遭受雹灾，最大雹块 2.9 公斤。

5 月 8 日，扬中县革命委员会改称扬中县人民政府，仍属镇江地区行政公署。

6 月，成立扬中县老干部局。

7 月，恢复扬中县法律顾问处。

是月，成立扬中县公证处。

是年，县电子仪器厂研制成功 SR-101 示波器，填补国内空白，获省科技成果三等奖。

年底，扬中县被评为群众文化先进县，县文化馆受到文化部表彰。

1982 年

1—3 月，举行县第十届人民体育运动会，比赛项目有田径、篮球、排球、乒乓球、中国象棋、射击。

7月19—20日，夜降暴雨109毫米，23日降雨50.9毫米，9号台风袭击，全县受重灾54户，房屋倒塌93间；稻田受涝82580亩，被淹棉花地2050亩，西瓜地616亩。

9月，联合公社红胜大队创建扬中县儿童食品厂。

10月，根据卫生部《关于淘汰127种药品的通知》，全县各医疗单位、医药公司和商店清理淘汰药品近百种，原标价3万多元，当众销毁。

1983年

1月，建成县环境监测站，进行环境监测工作。

3月1日，江苏省实行市管县体制，扬中县属镇江市。相继成立乡、镇人民政府（全县1镇11乡），取代人民公社的行政权。各乡镇成立经济联合委员会，管理工农业生产。原生产大队改称村民委员会，生产小队改称村民小组。

4月15日，县科委、科协主办的《扬中科技报》创刊。

7月，县供销合作社更名为扬中县供销合作联社。

9月21日，省长顾秀莲到扬中视察。

是年，镇江市塑料九厂（原名扬中县塑料纺织厂）研制的“PP、PE圆筒形一次性双层涂膜新工艺”通过省级鉴定，获镇江市重大科技成果进步一等奖，并获轻工业部颁发的新产品荣誉证书。

是年，试验稻田养鱼获得成功。

是年，八桥中学学生蓝习凤参加在南京市举行的中日友好城市田径赛。

年底，全县普及农村集镇文化中心，成为全省第一个普及文化中心县。

年底，全县下乡知识青年的就业安置工作基本结束。

是年，推行“利改税”第一步改革 。

1984年

1月6日，县个体劳动者协会成立。

1月17—19日，连降大雪，积雪深27厘米，全县倒塌房屋97间，公路交通中断2天。

2月24日，成立扬中县审计局。

3月，原基本建设局和环境保护局合并为城乡建设环境保护局。

是年，原劳动局和人事局合并为劳动人事局。

春,在三茅乡同心村一组,建成广播楼780平方米,电视楼560平方米,竖广播电视发射铁塔1座,高53米。

5月7—14日,召开县第二届政协委员会第一次会议。

5月8—13日,召开县第九届人民代表大会第一次会议,出席代表221人。会议审议、通过政府工作报告,选举产生人大常务委员会及其正副主任,选举正副县长、县人民法院院长、县人民检察院检察长。

5月21日23时37分44秒,如东县东北100公里左右海域发生6.2级地震,扬中境内震感明显,震前有地声,震时房屋摇动。

7月,根据中共中央指示精神,全县各级党组织开展整党。

8月21—26日,召开中共扬中县第五次代表大会。

8月,举行县首届职工体育运动会。

9月,成立扬中县农业技术推广中心,设栽培、植保、土肥、良种繁育、情报5个组。

10月1日,由中百、糖烟酒、五交化、食品等公司联合经营的县商业贸易中心开业。

10月26—31日,著名社会学家、全国政协副主席费孝通到扬中视察,题词赠中共扬中县委:“鱼米之乡,江中明珠。”

10月,扬中县地方志编纂委员会成立,李名方任主任委员。

是月,县职工体育代表队参加镇江市第二届职工体育运动会,获金牌30枚,占金牌总数的60%。

12月30日,召开首届归侨、侨眷代表大会,成立扬中县归侨、侨眷联合会。

12月,全县12个乡镇普建派出所。

是年,推行“利改税”第二步改革。

是年,县人民政府获省颁“普及初等教育合格证”。

年底,全县开展文物普查,共查出文物2130件。

年底,建立中国人民保险公司扬中县支公司。

1985年

2月,县人民政府决定将县人民大会堂改称扬中县人民剧场。

5月1日,新建轮船港通幸福乡汽渡码头竣工通航,配钢质8吨汽渡1艘。

6月15日,撤销新坝、兴隆、油坊、八桥、幸福5个乡政府,分别改建为新坝、兴隆、油坊、八桥、西来桥5个镇政府。全县共设6镇6乡。

7 月 1 日，扬中县老干部活动室建成开放。

8 月 14 日，县人民政府公布首批县级文物保护单位 7 处。

10 月 22 日，电子工业部对扬中县与北京东风电视机厂联营，联合生产、经营“昆仑牌”电视机事发表公告，予以认可。

12 月，中共中央顾问委员会委员江渭清到扬中视察，并为“利民市场”题字。

地　理　编

目　录

丹徒县光绪五年(一八七九年)岁次三月重修县志图

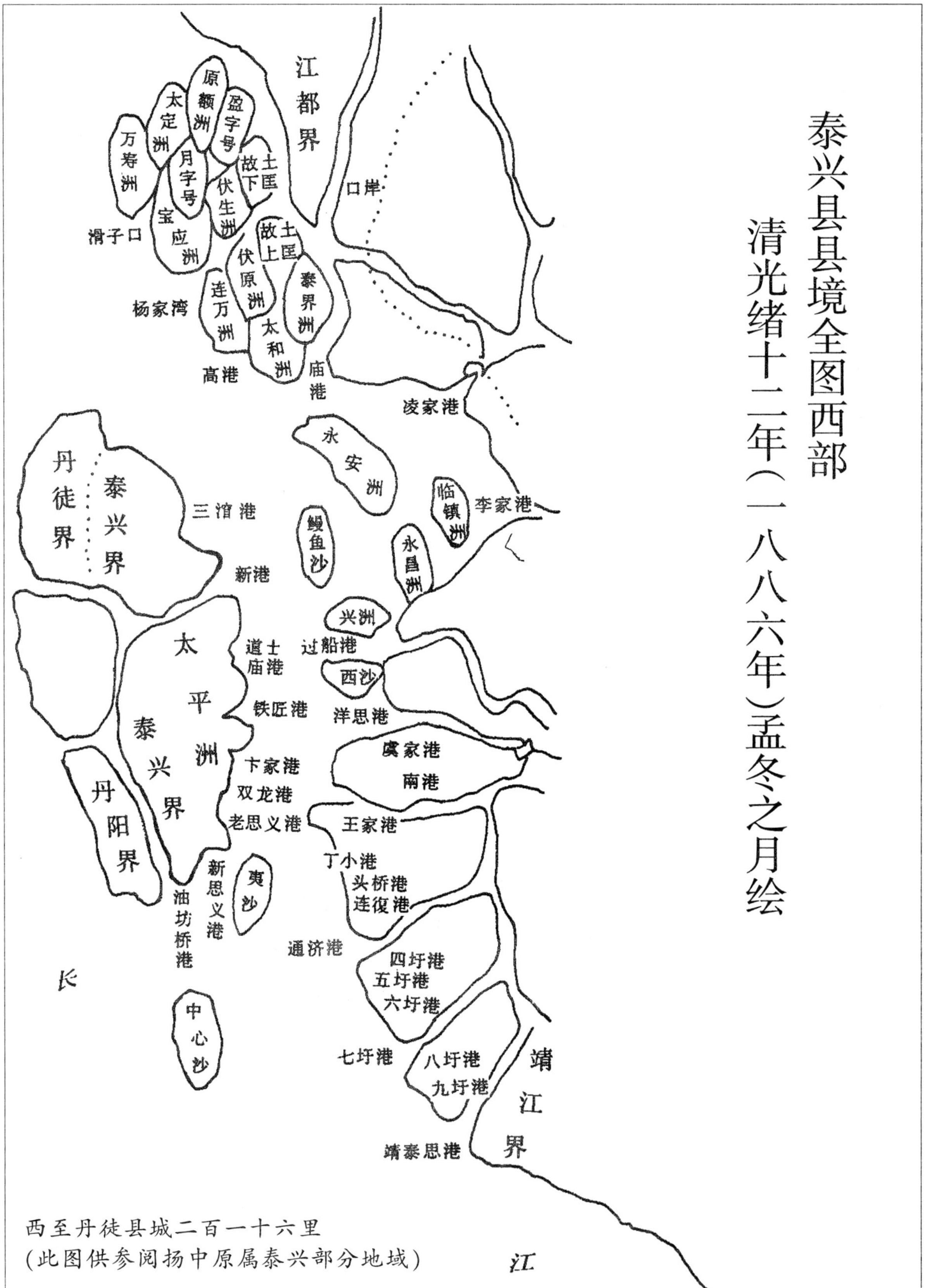

泰兴县县境全图西部
清光绪十二年(一八八六年)孟冬之月绘

西至丹徒县城二百一十六里
(此图供参阅扬中原属泰兴部分地域)

第一章 建 置

第一节 区域位置

扬中县地处北纬 32°00′~32°19′,东经 119°42′~119°58′,位于丹徒县圌山东侧的扬子江中。由长江主航道南侧的雷公嘴、太平洲、西沙、中心沙 4 个沙洲组成,为长江三角洲冲积平原的一部分。县境呈西北—东南走向,南北长约 40 公里,东西平均宽约 7 公里。东北与泰兴、江都、邗江县隔大江相望,西南与丹徒、丹阳、武进县依夹江为邻。

1985 年,扬中全境总面积 332 平方公里。除长江水域外,陆地面积为 228.7 平方公里,其中耕地面积为 16.66 万亩。

东晋时期(317—420),长江之中扬中地域已有若干小沙露出水面。正如晚清秀才姚湘所编《太平洲始末记·疆域志》云:“古润之东,圌峰之侧,坟起渚沚,一沙之聚耳。”江流变化无常,沙洲也时涨时坍,但总趋势是淤涨快于坍塌。新的沙洲不断出现,原有沙洲面积扩大,沙洲之间相距愈来愈近,筑一小坝或搭一小桥就能相通。隋唐时期(581—907),逐步形成带状沙洲群,面积约 10 平方公里。宋代(960—1279),有人以“小沙”“新沙”指代。岳飞抗金兵驻柴墟(今泰兴县口岸),有“岳飞扬鞭指小沙”之说。宋代卢宪纂《嘉定镇江志》(嘉定:1208—1224 年)记载,“新沙,居民颇众”。这表明,宋,甚至宋之前,就有众多先民到“小沙”或“新沙”落脚谋生。

至“新沙”定居者,有的是为垦滩田,有的是为避战乱。为方便交往,人们给这些小沙命名,称为某洲或某某洲。姚湘认为:“考肇斯邑,实始宋代。”清咸丰六年(1856),武进县候铨儒学费伯雄撰《在我洲福善、仁寿二桥碑记》有云:“溯太平洲起自宋绍兴年间”(1131—1162 年)。时太平洲在今三茅、兴隆、永胜一带,为沙洲群中较为稳定的沙洲之一。

钱氏忠顺堂族谱中有子孙“迁太平洲”的记载，其时在元晚期。这说明，至迟在元代，太平洲已颇闻名。这一结论也得到云阳县令鲁南氏张彬的佐证，其为《马氏族谱》撰写的《鸣凤洲地志》中云，“当宋元兵戈扰攘时，马氏贤人君子，相聚于江皋蔓草中”。后“取鸣凤朝阳之意以名之”。并云：“鸣凤洲，昔在大江之中，迤逦圌山之阳，至今历数百载，其以洲名者，因之太平洲也。”

每个洲名都有一个故事。姚湘所编《太平洲始末记》云，“有明崛兴，真人斯起，其时海防扼要，中山（徐达）统兵于前，麻督（麻贵）镇守于后”。今之县境中部，为徐达（明开国右丞相）之封地。达相庄房与民争田，于是发生乡民王福兴告御状一案。有帝示徐氏后裔（另一说是洪武帝示达相）：“宁加卿千石禄，莫与我细民争”。洲上乡民建达兴庙纪念，此处沙洲称为“细民洲”。

清代晚期，扬中地域有洲50余个，后统称太平洲。据清光绪五年(1879)《丹徒县志》载：太平洲分属四府六县，即通州府之泰兴，扬州府之江都、甘泉(今邗江)，镇江府之丹阳、丹徒，常州府之武进，故清同治五年(1866)建立的太平书院横匾题曰“六邑观摩”。

第二节　历史沿革

清光绪三十年（1904），两江总督端方奏准设太平厅，管辖原丹徒、丹阳、泰兴、江都四县在太平洲之属地。太平厅隶属镇江府。太平洲之独立建置，即始于此。

清光绪三十二年（1906），丹阳县将鸣凤洲、抵额里洲、抵额外洲、团洲外沙老额、团洲外沙升科、大泡子、小泡子等地划归太平厅。

同年，丹徒县将乐生洲、宝晋洲、育婴洲、德兴洲、细民洲、永安洲、请佃洲、蒋家沙、新涨轮船沙划归太平厅。

清光绪三十三年（1907），泰兴县将复生洲、复德洲、在我洲、太中洲划归太平厅。

同年，江都县将补漕洲、益寿洲划属太平厅。

清宣统三年（1911），太平厅改名太平县，太平厅抚民府改称太平县民政长公署。

民国2年（1913），太平县民政长公署改称太平县知事公署。

民国3年（1914）1月，为避免与安徽、浙江等省之太平县同名，改称扬中县，取扬子江中之意。属金陵道。

民国16年（1927），扬中县知事公署改称扬中县政府，直属江苏省政府。

民国22年（1933）3月，扬中县隶属江苏省第一督察专区；12月，改属江苏省溧阳区督察专区。

民国27年（1938）2月，日本侵略军侵占扬中，县国民政府解散，汉奸顾仙痴等组成伪政权,称扬中县地方治安维持会。

民国28年(1939)4月,江南抗日义勇军挺进纵队进驻扬中,击溃贾长富部。4月11日,平定叛军方钧部。5月,成立扬中县国民政府,县府设在老郎街西北之龙王庙。

民国29年(1940)1月,日伪军再次侵占扬中,县国民政府解散,顾仙痴等又组成伪政权,称扬中县地方自治委员会。

日伪军侵占扬中后,扬中人民在中国共产党领导下,积极开展抗日游击活动,扬中县成为江南抗日游击根据地之一。

同年2月,扬中县抗敌委员会成立。4月,扬中县抗日民主政府成立,属镇(江)、丹(阳)、武(进)、扬(中)四县抗敌委员会领导。

同年6月,原属武进县的中心沙,归扬中县抗日民主政府管辖。中心沙成立新六区。

民国30年 (1941)1月, 扬中县抗日民主政府改属镇澄区行政督察专员公署;4月,又改属江南第四行政督察专员公署。

民国31年(1942),汪伪扬中县政府成立,直属汪伪江苏省政府。

同年9月,日伪“清乡”前夕,中心沙归属武进县。

民国32年(1943)3月,日伪合谋“清乡”,改汪伪县政府为扬中特别区公署(属镇江清乡专员公署)。6月,恢复伪扬中县政府名称。

民国33年(1944)年初,中心沙复归扬中县抗日民主政府管辖。

同年12月,扬中县抗日民主政府改属苏中第五行政专员公署。

民国34年(1945)7月,中国共产党领导抗日军民消灭日伪政权,扬中县全境光复。

同年11月5日,扬中县抗日民主政府奉命北撤。12月,扬中县民国政府进入县境,原县抗日民主政府留守人员,在中国共产党江南留守处的领导下转入地下斗争。

抗日战争期间,扬中县民国政府属淮南行署;抗战胜利后,属江苏省第五行政督察专署管辖,直至1949年4月扬中解放。

1949年4月上旬,扬中县人民政府在江都县嘶马区鲍家庄成立,隶属于苏南行政公署镇江专员公署。4月22日,中国人民解放军横渡长江,扬中解放。县人民政府组成人员随军至三茅镇开展工作。

1955年5月1日,扬中县人民政府改称扬中县人民委员会。1956年2月改属扬州专员公署。是年11月28日,扬中县人民委员会复归镇江专员公署。

1958年9月, 扬中县人民委员会改属常州专员公署。1959年9月改回镇江专员公署。

1960年1月17日,原属镇江市的姚桥、儒里、大路3个公社划归扬中县;1961年6

月 1 日,复归镇江市。

1967 年 3 月 27 日,成立中国人民解放军江苏省扬中县军事管制委员会。1968 年 3 月 14 日,撤销扬中县军事管制委员会,成立江苏省扬中县革命委员会。

1981 年 5 月 8 日,扬中县革命委员会改称扬中县人民政府,仍属镇江地区行政公署。

1983 年 3 月 1 日,实行市管县体制,扬中县属镇江市。

第三节　行政区划

一、解放前行政设置与区划

六邑分治时期　扬中县是江中沙洲,习惯称三茅镇以北至雷公嘴为上洲,三茅镇以南至中心沙为下洲。设立太平厅前,沙洲分属丹徒、丹阳、武进、江都、甘泉、泰兴 6 县管辖。全境计有 3060 个圩,2745 个埭(自然村)。

各小洲设有洲总(又称洲头)1 人,由地方耆老担任,调解民事纠纷。洲民遇有重大事件,则至所属县署诉理。另设洲书 1 人,掌管田赋;洲保(即地保)1 人,掌管地方治安。圩有圩排(又称圩头),管理本圩公益等事。

独立建置初期　清光绪年间设立太平厅,太平厅抚民府设在三茅宫,管理全境行政事宜。另设保甲总局,掌管全境治安工作。各小沙洲的行政设置,仍沿旧制。

清朝末年,行政建制有所改革。1911 年 10 月,太平厅改称太平县,太平厅抚民府改称太平县民政长公署。

民国初年至抗日战争前夕　1912 年民国成立,江苏省暂行市乡制。太平县设 1 市 7 乡,设有议事会和董事会,为市(乡)自治机构。市、乡以下设村,村有村长和副村长各 1 人,管理全村行政事务。各洲地保和圩头设置仍旧。

民国元年(1912)至民国 2 年(1913),各市、乡相继成立自治机构,并选出自治职员议长、副议长、乡董、乡佐。

民国初年太平县市、乡自治机构职员情况表

表 1

市乡名称	选任时间	职别	姓名	办公地点
城区市	民国元年(1912)1 月 16 日	议长	戴宝璜	何宗祠
		副议长	黄郁文	
	民国元年(1912)2 月 3 日	总董	王锦	

续表 1

市乡名称	选任时间	职别	姓名	办公地点
三茅乡	民国元年(1912)1 月 28 日	议长	陆平	保婴局
		副议长	蒋仁本	
	民国元年(1912)2 月 12 日	乡董	吴宝仁	
		乡佐	施仁山	
新坝乡	民国元年(1912)1 月 31 日	议长	孙嘉宾	张宗祠
		副议长	杨忠传	
	民国元年(1912)3 月 4 日	乡董	田廷缙	
		乡佐	孙自栋	
乐善乡	民国元年(1912)4 月 20 日	议长	任蓝田	下东岳庙
		副议长	傅月儒	
	民国元年(1912)5 月 4 日	乡董	杜宝善	
		乡佐	姚明仁	
永胜乡	民国元年(1912)5 月 24 日	议长	施仁本	玉皇庙
		副议长	金建甫	
	民国元年(1912)6 月 11 日	乡董	刘显忠	
		乡佐	施雨人	
三义乡	民国元年(1912)6 月 17 日	议长	吴鸿逵	三义阁
		副议长	祝见知	
	民国元年(1912)7 月 2 日	乡董	黄载廷	
		乡佐	徐席珍	
永安乡	民国元年(1912) 7 月 25 日	议长	耿鼎峙	斗姥阁
		副议长	徐子清	
	民国元年(1912)5 月 4 日	乡董		
		乡佐	王承志	
南阳乡	民国 2 年(1913)12 月 5 日	议长	姚桂森	观音庵
		副议长	陈中美	
	民国 2 年(1913)12 月 20 日	乡董	戴世清	
		乡佐	马子仪	

民国2年(1913),袁世凯篡政,县政制度变更,“县民政长公署”改为“知事公署”,“民政长”改称“县知事”。各市乡和村的区域划分未变。

民国16年(1927),县政制度变更,“知事公署”改为“县政府”,“县知事”改称“县长”。废除市、乡议事会和董事会,改设行政局。全县划为8个行政局(2市6乡),分别为三茅(市)、城区(市)、新坝(乡)、乐善(乡)、永安(乡)、三义(乡)、永胜(乡)、南阳(乡)。各行政局的辖区及村区域划分,仍与市、乡制时期相同。

民国18年(1929)8月,8个行政局划并为5个区:三茅市行政局为第一区,又称太平区,由三茅市与乐善乡北面6村合并而成;新坝乡行政局为第二区,又称丰乐区,即原新坝乡;城区市行政局为第三区,又称永成区,由永安乡与城区市合并而成;永胜乡行政局为第四区,又称永胜区,由永胜乡与乐善乡南面6村合并而成;南阳乡行政局为第五区,又称三阳区,由三义乡与南阳乡合并而成;撤销乐善、三义、永安三乡行政局。

区以下重新划分乡镇,全县划为113乡8镇。民国20年(1931),扬中县政公报载所划分的(部分)乡名:第一区有荩忠、从善、立本、秉义、大同、安仁、由义、依仁、元善、鼎新、居仁、辅仁等;第二区有崇礼、双晋、南江,西滨、太和、丙北等;第三区有莲子、乐道、西固、邻滨、长安等;第四区有五滧、恒兴、来源等;第五区有开夷、公济、九圩、十圩、庆成、庆善、兴隆等。

乡镇以下分设闾、邻,代替过去的村、圩基层行政组织。全县共划为1219闾,6287邻。

民国21年(1932),各区乡镇区划重新调整,划为53个乡镇(3镇50乡):

第一区辖1镇10乡,分别为三茅镇,中正、博爱、厚生、圌东、南屏、三滧、德润、钟灵、毓秀、北固乡;

第二区辖15个乡,分别为新坝、治安、养性、太平、永平、敦厚、万太、民众、三阳、南阳、新民、宝善、公信、四教、和气乡;

第三区辖8个乡,分别为兴隆、普济、定和、积善、长旺、邻丰、长乐、德云乡;

第四区辖9个乡,分别为万福、德隆、庆隆、雷观、在我、恒平、乐源、永胜、福德乡;

第五区辖2镇8乡,分别是油坊、八桥镇,鸣凤、齐家、阳泰、和合、六墩、同德、如意、轮船乡。

民国23年(1934),新坝、兴隆乡改称新坝、兴隆镇,并废除乡镇下的闾邻制,实行保甲制,全县(5镇48乡)共分348保、3544甲。

民国23年(1934)扬中县乡镇辖保情况表

表2

区序(区名)	乡镇(括号内为所辖保的个数)
第一区 (1镇10乡共69个保)	三茅镇(5) 中正乡(10) 博爱乡(5) 厚生乡(5) 圌东乡(4) 南屏乡(6) 三滧乡(6) 德润乡(5) 钟灵乡(8) 毓秀乡(6) 北固乡(9)
第二区 (1镇14乡 共104个保)	新坝镇(4) 南阳乡(5) 和气乡(9) 民众乡(7) 四教乡(8) 三阳乡(4) 宝善乡(5) 新民乡(7) 敦厚乡(8) 万太乡(9) 永平乡(6) 公信乡(10) 治安乡(10) 养性乡(6) 太平乡(6)
第三区 (1镇7乡共52个保)	兴隆镇(5) 定和乡(5) 普济乡(6) 积善乡(8) 长旺乡(8) 邻丰乡(6) 长乐乡(6) 德云乡(8)
第四区 (9乡共57个保)	万福乡(7) 德隆乡(6) 庆隆乡(8) 雷观乡(6) 在我乡(5) 恒平乡(6) 乐源乡(7) 永胜乡(7) 福德乡(5)
第五区 (2镇8乡共66个保)	油坊镇(5) 八桥镇(7) 鸣凤乡(7) 齐家乡(10) 阳泰乡(5) 和合乡(7) 六墩乡(6) 同德乡(8) 如意乡(8) 轮船乡(3)

抗日战争时期 日伪军侵犯扬中,只占领了部分地区。被占地区成立伪政权,区乡划分及名称沿袭旧制。

1940年2月,中国共产党领导的扬中县抗敌委员会成立。4月,县抗敌委员会改称扬中县抗日民主政府,区乡划分及名称不变。6月,原属武进县的中心沙(今西来桥镇)改属扬中县抗日民主政府,成立新六区,全区划分为东进、西来、南阳、北胜、开沙5个乡,并将第五区的轮船乡划入新六区。至此,全县有58个乡镇。

1941年4月,扬中县抗日民主政府将原第一区改称新二区,原第二区改称新一区,各区所属乡镇名称不变。

1942年9月,日伪"清乡"前夕,扬中县抗日民主政府对区乡进行调整,将全县6个区合并为3个区。原属新二区的钟灵、毓秀、北固、厚生4乡划属新一区;原二、三区合并为新二区;原四、五、六区合并为新三区。

1945年7月,抗日军民消灭日伪政权。抗日民主政府建立三茅市,辖1镇3乡,即三茅镇和中正、钟灵、厚生乡。

解放战争时期 1945年11月5日,扬中县抗日民主政府随江南新四军北撤。12月,国民党控制的扬中县国民政府进驻县境,区乡划分袭用抗日战争前的旧制,重新编组保甲,全县划分为5个区、52个乡、345个保、3544个甲。

民国36年(1947)3月,江苏省国民政府决定将中心沙划属扬中,改称第六区,并对乡镇区域重新调整。西来镇改称兰陵镇,北为永治乡,西南为永宁乡,南为明治乡,东为东陵乡。

同年7月,扬中县国民政府撤区并乡,对区乡划分进行大调整:全县分新坝、油坊两个区署,52个乡镇合并成14个大乡,第六区所属乡镇未合并,轮船乡划归第六区。

民国36年(1947)扬中县乡镇合并情况表

表3

	合并前(乡)	合并后		合并前(乡)	合并后
新坝区署	新坝、民众、万太、敦厚	乐德乡	油坊区署	兴隆、普济、定和、长乐	乐和乡
	治安、太平、养性、永平	治平乡		德云、积善、邻丰、长旺	善邻乡
	四教、和气、公信	三民乡		德隆、万福、永胜、雷观	永德乡
	南阳、三阳、新民、宝善	召南乡		福德、乐源、在我、恒平	恒乐乡
	三茅、圌东、厚生、南屏	中兴乡		油坊、阳泰、如意	油坊乡
	中正、三滀、博爱、德润	正德乡		六墩、同德、和合、鸣凤	镇海乡
	钟灵、毓秀、北固	北屏乡		八桥、庆隆、齐家	八桥乡

说明:第六区(中心沙)所属乡镇未合并,轮船乡划归第六区

民国36年(1947年冬,第六区改称五沙区署,撤销兰陵镇和东陵乡,全区合并为西来、永治、永宁3个乡。

民国37年(1948)春,扬中县民国政府撤销新坝、油坊两个区署,实行县乡两级体制。同年冬,扬中县国民政府撤销五沙区署,成立福星镇,辖西来乡、永治乡、永宁乡和轮船乡。

解放战争时期,扬中县抗日民主政府留守人员坚持地下斗争,区乡划分仍沿袭抗日时期旧制,直至解放。

二、解放后的行政设置与区划

1949年4月上旬,扬中县人民政府成立。4月22日,扬中解放。解放后,县人民政府废除国民党统治时期的大乡建制,恢复抗日民主政府时期的区乡制,同时废除保甲制,改称村组(1953年村又改称选区)。撤销三茅市,全县划分4个区。中正乡改称大众乡;增设板沙乡,撤销开沙乡。全县仍为58个乡镇(1镇57乡)、527个村。三茅镇直属县人民政府。一区辖新坝等19个乡,区政府驻和尚庄房;二区含1镇19乡,有三茅镇、大众乡等,区政府驻姚家祠堂;三区辖油坊、八桥等14个乡,区政府驻三义阁;四区辖西来等5个乡,区政府驻西来桥集镇。

1950 年 1 月，县人民政府撤销一区和二区，建立新坝、三茅、兴隆 3 个区，原第三区改称八桥区，原第四区改称福星区。随后三茅区增设民主乡和建设乡。翌年，新坝区的三阳和南阳乡合并为联合乡。

1951 年，全县分新坝、三茅、兴隆、八桥、福星 5 个区、59 个乡镇(1 镇 58 乡)。新坝区辖 12 个乡，区政府先后驻浮玉山庄和新坝集镇；三茅区含 1 镇 14 乡，区政府驻观音庵；兴隆区辖 13 个乡，区政府驻姚家宗祠；八桥区辖 14 个乡，区政府驻三义阁；福星区辖 5 个乡，区政府驻西来桥集镇。

1952 年 5 月 7 日，县人民政府将新坝乡、兴隆乡、八桥乡、油坊乡、西来乡分别更名为新坝镇、兴隆镇、八桥镇、油坊镇、西来桥镇。连同原有的三茅镇，全县有 6 个镇。三茅镇为县政府直属镇，其余 5 个镇均属原区管辖。

1955 年夏，县人民政府将全县 59 个乡镇(6 镇 53 乡)合并为 25 个乡镇(1 镇 24 乡)。

新坝区：新坝镇、民众乡合并为新坝乡；太平、养性乡合并为太平乡；敦厚、万太乡合并为万太乡；治安、联合乡合并为联合乡；永平、公信乡合并为公信乡；四教、和气乡合并为和气乡。

三茅区：三茅镇辖区不变；钟灵、毓秀、北固乡合并为北固乡；新民、宝善乡合并为新民乡；厚生、建设乡合并为建设乡；圌东、南屏乡合并为南屏乡；博爱、德润、民主、大

1951—1956 年扬中县各区所属乡镇情况表

表 4

<table>
<tr><th>年份</th><th>1951</th><th>1955</th><th colspan="2">1956</th></tr>
<tr><td rowspan="6">新坝区</td><td>新坝、民众</td><td>新坝乡</td><td rowspan="2">新坝乡</td><td rowspan="7">新坝区</td></tr>
<tr><td>太平、养性</td><td>太平乡</td></tr>
<tr><td>敦厚、万太</td><td>万太乡</td><td>万太乡</td></tr>
<tr><td>治安、联合</td><td>联合乡</td><td rowspan="2">联合乡</td></tr>
<tr><td>永平、公信</td><td>公信乡</td></tr>
<tr><td>四教、和气</td><td>和气乡</td><td rowspan="2">丰裕乡</td></tr>
<tr><td rowspan="7">三茅区</td><td>钟灵、毓秀、北固</td><td>北固乡</td></tr>
<tr><td>三茅镇</td><td>三茅镇</td><td>三茅镇</td><td rowspan="6">三茅区</td></tr>
<tr><td>新民、宝善</td><td>新民乡</td><td rowspan="3">建设乡</td></tr>
<tr><td>厚生、建设</td><td>建设乡</td></tr>
<tr><td>圌东、南屏</td><td>南屏乡</td></tr>
<tr><td>博爱、德润
民主、大众</td><td>大众乡</td><td rowspan="2">大众乡</td></tr>
<tr><td>板沙</td><td>板沙乡</td></tr>
</table>

<table>
<tr><th>年份</th><th>1951</th><th>1955</th><th colspan="2">1956</th></tr>
<tr><td rowspan="4">兴隆区</td><td>在我、恒平、三渞</td><td>三渞乡</td><td>三渞乡</td><td rowspan="4">兴隆区</td></tr>
<tr><td>长乐、定和
普济、兴隆</td><td>兴隆乡</td><td rowspan="2">兴隆乡</td></tr>
<tr><td>德云、福德、乐源</td><td>乐源乡</td></tr>
<tr><td>长旺、邻丰
积善、老六墩</td><td>长旺乡</td><td>长旺乡</td></tr>
<tr><td rowspan="6">八桥区</td><td>如意、阳泰、油坊</td><td>油坊乡</td><td>油坊乡</td><td rowspan="8">八桥区</td></tr>
<tr><td>和合、鸣凤</td><td>和合乡</td><td rowspan="2">同德乡</td></tr>
<tr><td>新六墩、同德</td><td>同德乡</td></tr>
<tr><td>雷观、永胜、万福</td><td>永胜乡</td><td>永胜乡</td></tr>
<tr><td>庆隆、德隆</td><td>双隆乡</td><td rowspan="2">八桥乡</td></tr>
<tr><td>齐家乡、八桥</td><td>八桥乡</td></tr>
<tr><td rowspan="2">福星区</td><td>轮船</td><td>轮船乡</td><td rowspan="2">幸福乡</td></tr>
<tr><td>东进、南阳、西来、
北胜、西来桥</td><td>幸福乡</td></tr>
</table>

众乡合并为大众乡；板沙乡辖区不变。

兴隆区：长旺、邻丰、积善、六墩（老六墩）乡合并为长旺乡；长乐、定和、普济、兴隆镇合并为兴隆乡；德云、福德、乐源乡合并为乐源乡；在我、恒平、三滧乡合并为三滧乡。

八桥区：雷观、永胜、万福乡合并为永胜乡；庆隆、德隆乡合并为双隆乡；和合、鸣凤乡合并为和合乡；齐家乡、八桥镇合并为八桥乡；油坊镇及如意、阳泰乡合并为油坊乡；六墩（新六墩）、同德乡合并为同德乡。

福星区：轮船乡辖区不变；东进、南阳、西来、北胜乡及西来桥镇合并为幸福乡。

1956 年 8 月 27 日，县人民委员会决定：将 25 个乡镇合并为 15 个乡镇。

新坝区：太平、新坝乡合并为新坝乡；万太乡辖区不变；联合、公信乡合并为联合乡；和气、北固乡（原属三茅区）合并为丰裕乡。

三茅区：三茅镇辖区不变；新民、建设、南屏乡合并为建设乡；板沙、大众乡合并为大众乡。

兴隆区：长旺、三滧乡辖区不变；乐源、兴隆乡合并为兴隆乡。

八桥区：油坊乡辖区不变；永胜乡和双隆乡的德隆片合并为永胜乡；和合、同德乡合并为同德乡；八桥乡和双隆乡的庆隆片合并为八桥乡。

福星区：幸福、轮船乡合并为幸福乡。撤销福星区，幸福乡划归八桥区。

1957 年 10 月 30 日，县人民委员会决定，撤销区的设置，实行县乡两级制，并将万太、新坝合并为新坝乡；建设、大众、三茅镇合并为三茅乡；将幸福乡的轮船片划归八桥乡。全县共 12 个乡，即新坝乡、联合乡、丰裕乡、三茅乡、三滧乡、兴隆乡、长旺乡、油坊乡、同德乡、永胜乡、八桥乡、幸福乡。

1958 年 10 月 26 日，成立政社合一的“扬中县人民公社”，撤销乡的设置，成立 9 个人民公社分社。年底，撤销扬中县人民公社，恢复扬中县人民委员会。各人民公社分社更名人民公社。全县有新坝、三茅、联合、丰裕、兴隆、油坊、永胜、八桥、幸福 9 个人民公社（以下简称公社）。其中兴隆公社由原三滧、长旺、兴隆乡合并而成；油坊公社由原同德、油坊乡合并而成。

1959 年 4 月 1 日，县属各公社下设管理区。1961 年，管理区改称生产大队。

1959 年，将兴隆公社划分为三滧、长旺、兴隆 3 个公社。

1962 年，从三茅公社划出三茅镇，成立三茅镇公社，后又更名为城镇公社。

1965 年，三茅公社的东片成立大众公社，西片仍称三茅公社；新坝公社分为新坝、万太两个公社；油坊公社分为油坊、同德两个公社。1972 年 4 月，大众、三茅两个公社合并为三茅公社；新坝、万太两个公社合并为新坝公社；油坊、同德两个公社合并为油坊公社。

1956—1976 年间，部分大队（选区、社）所属公社（乡）有所调整。1956 年 6 月，联合乡将治安片的5—10选区(即现在新坝镇的治安、治联村)划属新坝乡;1957年10月,丰裕乡四教片的6—8选区(即新坝镇的新春村)划属新坝乡,钟灵片的建中、建宁二社划属三茅乡。1958年2月,三茅乡新宝片的新扬、新联、新胜、新民、联盟5个农业高级社划属联合乡,德润片的四、五两社划属三滧乡。1965年钟灵、友好两个大队划属三茅公社,联合公社的新扬、新联两个大队亦划属三茅公社。1976年,三茅公社划出英雄、民主、建宁、建设4个大队归城镇公社。

1983年3月1日,江苏省实行市管县体制,扬中县属镇江市管辖。1983年相继成立乡镇人民政府,取代人民公社的行政权。全县建立1镇11乡,各乡镇成立经济联合委员会,管理工农业生产。原生产大队改称村民委员会,生产小队改称村民小组。三茅乡的金星村划属三茅镇,其他区域划分未变。1985年,市政府批准原新坝、兴隆、油坊、八桥、西来桥5个乡为建制镇。至此,全县共6镇6乡和1个良种繁育场。

1956—1985年扬中县乡镇(人民公社)区划情况表

表5

<table>
<tr><th colspan="2">乡　镇</th><th colspan="5">人　民　公　社</th><th colspan="2">乡　镇</th></tr>
<tr><th>1956</th><th>1957</th><th>1958</th><th>1959</th><th>1962</th><th>1965</th><th>1972</th><th>1983</th><th>1985</th></tr>
<tr><td>新坝乡</td><td rowspan="2">新坝乡</td><td colspan="3" rowspan="2">新坝公社</td><td>新坝公社</td><td rowspan="2">新坝公社</td><td rowspan="2">新坝乡</td><td rowspan="2">新坝镇</td></tr>
<tr><td>万太乡</td><td>万太公社</td></tr>
<tr><td colspan="2">联合乡</td><td colspan="5">联合公社</td><td colspan="2">联合乡</td></tr>
<tr><td colspan="2">丰裕乡</td><td colspan="5">丰裕公社</td><td colspan="2">丰裕乡</td></tr>
<tr><td>建设乡</td><td rowspan="3">三茅乡</td><td colspan="2" rowspan="3">三茅公社</td><td rowspan="2">三茅公社</td><td>三茅公社</td><td>三茅公社</td><td colspan="2">三茅乡</td></tr>
<tr><td>大众乡</td><td>大众公社</td><td rowspan="2">城镇公社</td><td colspan="2" rowspan="2">三茅镇</td></tr>
<tr><td>三茅镇</td><td colspan="2">城镇公社</td></tr>
<tr><td colspan="2">三滧乡</td><td rowspan="3">兴隆公社</td><td colspan="4">三滧公社</td><td colspan="2">三滧乡</td></tr>
<tr><td colspan="2">兴隆乡</td><td colspan="4">兴隆公社</td><td>兴隆乡</td><td>兴隆镇</td></tr>
<tr><td colspan="2">长旺乡</td><td colspan="4">长旺公社</td><td colspan="2">长旺乡</td></tr>
<tr><td colspan="2">油坊乡</td><td colspan="3" rowspan="2">油坊公社</td><td>油坊公社</td><td rowspan="2">油坊公社</td><td rowspan="2">油坊乡</td><td rowspan="2">油坊镇</td></tr>
<tr><td colspan="2">同德乡</td><td>同德公社</td></tr>
<tr><td colspan="2">永胜乡</td><td colspan="5">永胜公社</td><td colspan="2">永胜乡</td></tr>
<tr><td colspan="2">八桥乡</td><td colspan="5">八桥公社</td><td>八桥乡</td><td>八桥镇</td></tr>
<tr><td colspan="2">幸福乡</td><td colspan="5">幸福公社</td><td>幸福乡</td><td>西来桥镇</td></tr>
</table>

说明:1960年1月,镇江专署将镇江市姚桥、儒里、大路3个公社划属扬中县,1961年6月复归镇江市

三、乡镇(场)

1985 年,扬中乡镇建置有 6 个镇:三茅、新坝、兴隆、油坊、八桥、西来桥镇;6 个乡:联合、丰裕、三茅、三淯、长旺、永胜乡;1 个良种场:县良种繁育场。

1.三茅镇　三茅镇被三茅乡环绕,总面积 4.10 平方公里。镇政府驻镇西文化路。全镇有 2 个居民委员会,建宁、建设、英雄、民主、金星 5 个村,64 个村民小组,31 个自然埭,7704 户、18391 人,其中市镇居民 13679 人。

全镇计有 10 个村民小组种植蔬菜,54 个村民小组种植粮食,耕地面积 2820 亩。其中水田 2474 亩,旱田 346 亩。1985 年粮食总产 138.25 万公斤,蔬菜总产 6900 万公斤;镇村企业 35 家,企业人员 2354 人,工业总产值 1637.43 万元。

三茅镇为县政府驻地,三茅乡政府亦驻该镇。镇东建有革命烈士纪念塔 1 座。

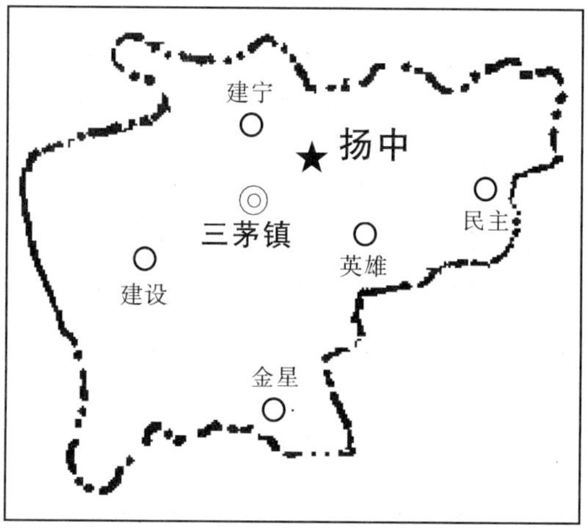

1985 年三茅镇辖村位置示意图

2. 新坝镇　新坝镇南、西、北三面濒江,东连联合、丰裕两乡,总面积 29.54 平方公里,镇政府驻新坝集镇。辖治安、治联、新桥、立新(曾名养性)、新江、新宁、金龙(曾名红卫)、敦厚(曾名新华)、丰乐(曾名曙光)、新安、秋登、星星、向阳(曾名万福)、新坝、新生、建新、民众、五一、新春 19 个村,288 个村民小组,244 个自然埭(包括 1 个集镇),8267 户、29577 人,其中非农业人口 4178 人。

全镇土地肥沃,耕地面积 21204 亩,其中水田 19495 亩,旱田 1709 亩,以种植稻麦为主。1985 年粮食总产 1411.09 万公斤,为解放初期产量的 3 倍。镇村企业 79 家,企业人员 6206 人,工业总产值 5540.7 万元。全镇有 1000 多亩柳滩,近 500 亩芦滩,芦、柳产量和制成品居全县首位,副业总收入 1106 万元。

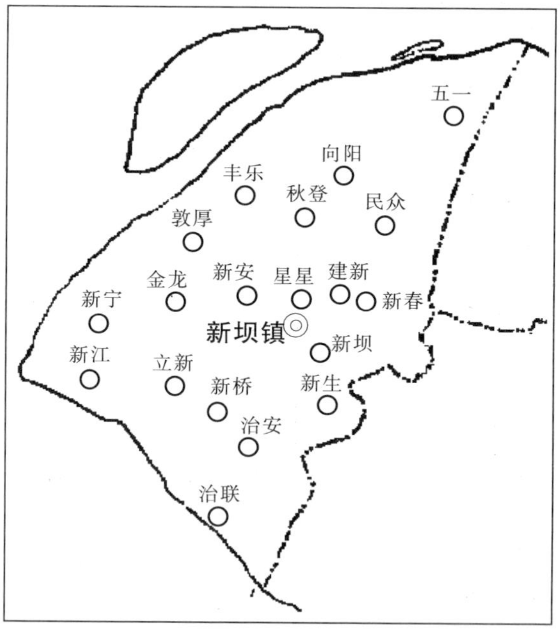

1985 年新坝镇辖村位置示意图

3. 联合乡　联合乡东与三茅乡毗邻,南临夹江,西与新坝镇、北与丰裕乡接壤,总面积 21.5 平方公里,乡政府驻公信桥集镇。辖红灯、联丰(曾名红光)、新胜、公信(曾名立公)、联盟、新民、永治(曾名跃进)、永平(曾名红旗)、红胜、红联、联合、红福(曾名红兵)、联治(曾名红专)13个村,1个农场(新跃农场),201个村民小组,201个自然埭(包括1个集镇),6423户、22090人,其中非农业人口3765人。

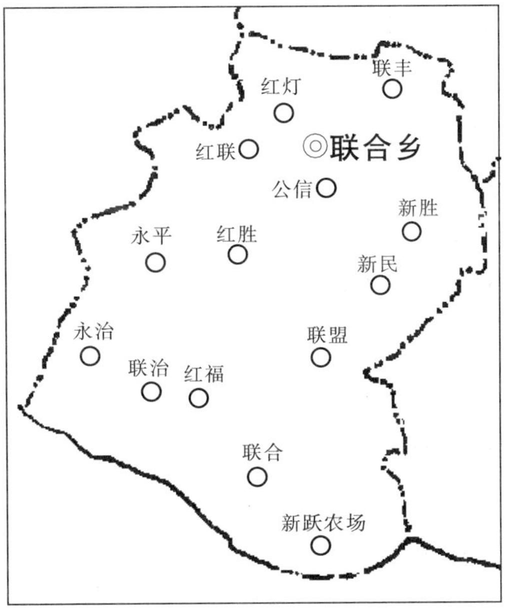

1985年联合乡辖村(场)位置示意图

全乡沟渠纵横,绿树成荫,土地肥沃。耕地面积15243亩,其中水田13745亩,旱田1498亩,以种植稻麦为主。1985年粮食总产1110.74万公斤。乡村企业103家,企业人员7086人,工业总产值4952.52万元。

联合儿童食品厂系红胜村的村办企业,糖果产品畅销上海、南京、无锡等大城市。1984年,所产双味弹性软糖获江苏省优质产品奖;全国政协副主席费孝通到厂视察,并题词:“小厂出精品,市场占鳌头。”

4. 丰裕乡 丰裕乡北临长江,东与三茅乡相连,南与联合乡、西与新坝镇接壤,总面积21.3平方公里。乡政府驻丰裕桥集镇,辖革新(曾名和合)、永丰(曾名和丰)、战斗(曾名和平)、东风、永固(曾名北固)、朝阳(曾名永安)、中华、长兴、裕兴、五星(曾名复兴)、光明、光华、勇气(曾名和气)、永新(曾名和联)14个村,178个村民小组,166个自然埭(包括1个集镇),5604户、19502人,其中非农业人口3486人。

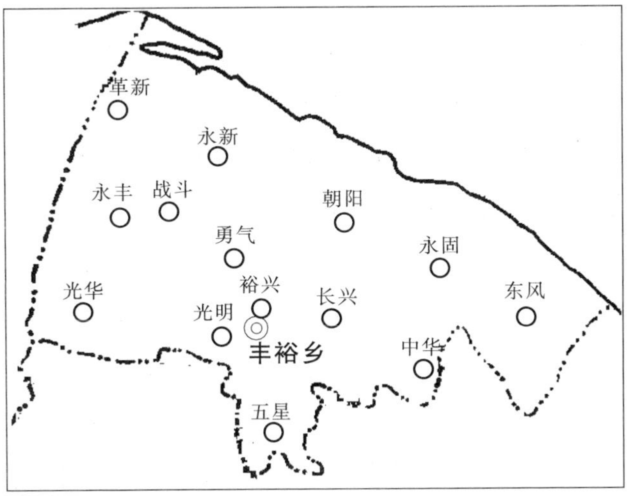

1985年丰裕乡辖村位置示意图

全乡地势平坦,土质优良,水系畅通。耕地面积15933亩,其中水田14449亩,旱田1484亩,以种植稻麦为主。1985年粮食总产1056.84万公斤。乡村企业58家,企业人员4631人,工业总产值2987万元。

5.三茅乡 三茅乡环抱县城,东濒长江,南与三滧乡、西与联合乡、北与丰裕乡接壤,西南濒临夹江,总面积26.64平方公里。乡政府驻三茅镇港东南路。辖板沙、东方、友爱、博爱(曾名五星)、河南、三桥、大众、勤丰、中桥、圌东、东升、滨江、同心、钟灵、友好、建中、前进、兴华、团结、指南、群英、南屏、沙港、新联、新扬25个村，1个农场（东进农场），288个村民小组，214个自然埭，8912户、28560人，其中非农业人口3674人。

境内地势低平，河沟纵横，耕地面积19607亩，其中水田17904亩，旱田1703亩，以种植稻麦为主。1985年粮食总产1275.25万公斤，乡村企业99家，企业人员6629人，工业总产值4465.54万元。河塘面积2000多亩，年产鱼10余万公斤，居全县各乡镇首位。

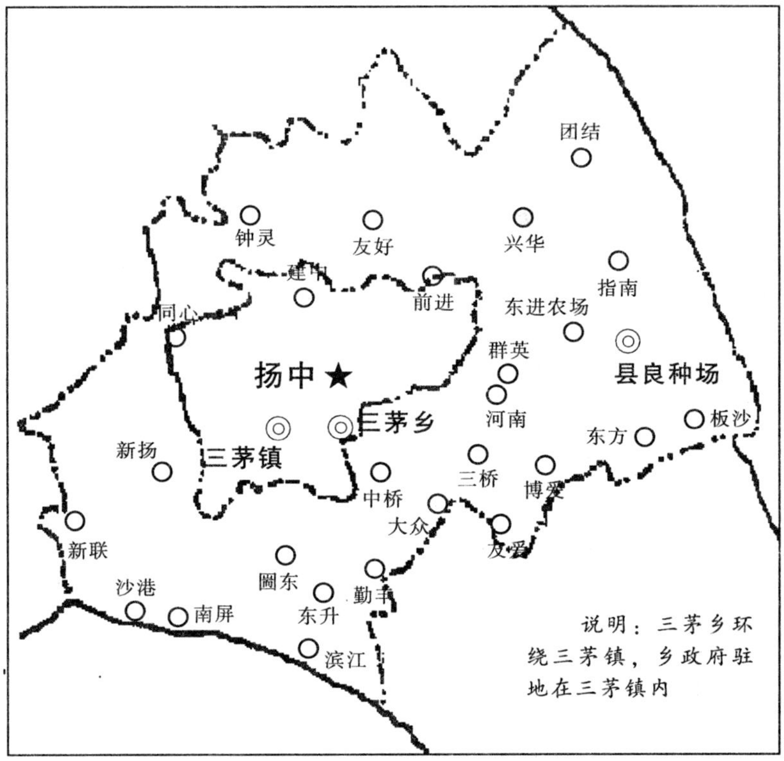

1985年三茅乡辖村(场)及县良种场位置示意图

6.三滧乡　三滧乡东临长江，南与兴隆镇交界，西与丹徒县姚桥乡隔夹江相望，北与三茅乡毗连，总面积19.23平方公里。乡政府驻三滧集镇。辖恒平(曾名战斗)、五滧、新港(曾名英雄)、三圩(曾名光明)、石城、新跃(曾名三滧)、年丰、永勤(曾名永丰)、跃进、普庆、普收、普丰、长征(曾名长安)、长江(曾名长乐)、长春、长乐(曾名长胜)16个村，216个村民小组，151个自然埭(包括1个集镇)，6180户、21895人，其中非农业人口3050人。

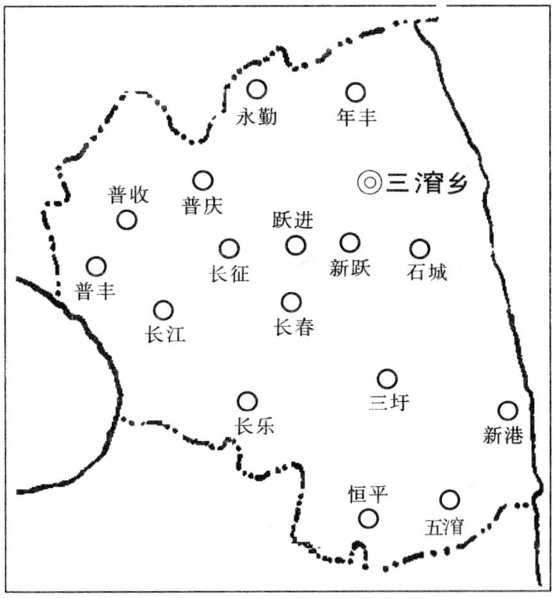

1985年三滧乡辖村位置示意图

全乡耕地面积14465亩，其中水田13127亩，旱田1338亩，以种植稻麦为主。1985年粮食总产933.78万公斤。乡村企业55家，企业人员4414人，工业总产值2512.4万元。

东新港位于乡境东南部，是长江客轮的停靠码头之一，也是扬中县与域外水上交通的重要港口之一。港北建有外贸仓库1座。

7.兴隆镇 兴隆镇东滨长江,北为三滧乡,南为永胜乡、油坊镇,西为长旺乡,西北濒临夹江,总面积13.1平方公里。镇政府驻兴隆集镇。辖红专、兴隆(曾名兴无)、码头(曾名卫东)、红星、日新、乐源、东新、东方红(曾名福德)、燎原、和合(曾名向阳)、朝霞11个村,142个村民小组,124个自然埭(包括1个集镇),4642户、15657人,其中非农业人口3206人。

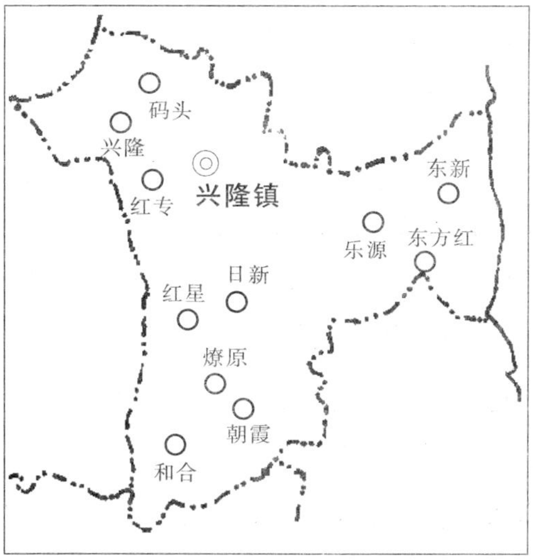

1985年兴隆镇辖村位置示意图

耕地面积9265亩,其中水田8656亩,旱田609亩,全镇以种植稻麦为主。1985年粮食总产643.69万公斤。镇村企业81家,企业人员6558人,工业总产值4129.77万元。

镇办工业比较发达,镇江市塑料九厂产品远销10多个国家和地区,1984年产值644.01万元,1985年产值1372万元,全厂职工1325人。1983年和1984年连续获经济贸易部和江苏省颁发的荣誉证书。

革命烈士李培根、王龙、赵良斌、左济生、刘晓阳等均为该镇人。1950年县人民政府在码头镇建有烈士纪念塔1座。

8.长旺乡 长旺乡东邻兴隆镇,南接油坊镇,西、北临夹江,总面积为15.2平方公里。乡政府驻长旺集镇。辖三墩子(曾名一大队)、二墩子(曾名二大队)、头墩子(曾名三大队)、新圩(曾名四大队)、猫沙桥(曾名五大队)、邻丰(曾名六大队)、积善(曾名七大队)、老郎(曾名八大队)、老六墩(曾名九大队)、二圩港(曾名十大队)、下五圩(曾名十一大队)、长旺(曾名十二大队)12个村,166个村民小组,122个自然埭(包括1个集镇),4889户、17212人,其中非农业人口4317人。

1985年长旺乡辖村位置示意图

耕地面积10136亩,其中水田9277亩,旱田859亩,以种植稻麦为主。1985年粮食总产688.71万公斤。乡村企业44家,企业人员5734人,工业总产值4257.28万元。

扬中县化工仪表配件厂为化工部的定点厂之一。1985年产值645.4万元,创利润168.8万元。该厂研制的"标准真空发生器",填补了国内的一项空白，获江苏省重大科技成果三等奖，全国政协副主席费孝通视察后，在其《小城镇，新开拓》一文中，对该厂的生产管理给予较高的评价。

烈士李培根、张日化墓，建在该乡三墩子村。

9.永胜乡 永胜乡东滨长江，南连八桥镇，西界油坊镇，北邻兴隆镇，总面积16.26平方公里。乡政府驻永胜集镇（原名玉皇庙镇），辖得胜、合兴、战胜、红旗、永福（曾名永革）、干劲、永前（曾名德隆）、永进（曾名永福）、胜利、永利、永胜、万福（曾名永丰）、红光、永兴14个村，175个村民小组，91个自然埭（包括1个集镇），5206户、17691人，其中非农业人口2933人。

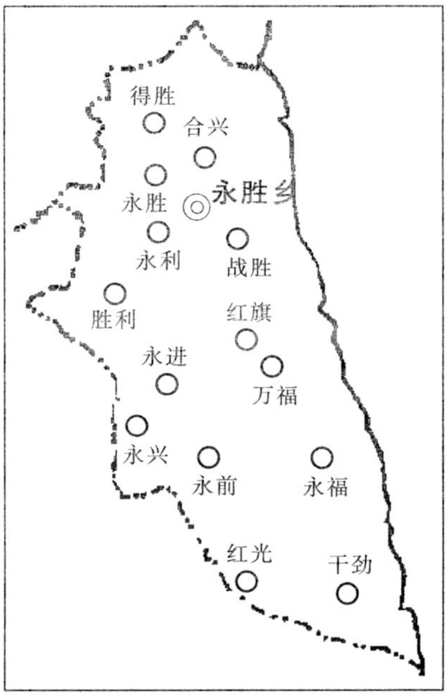

1985年永胜乡辖村位置示意图

耕地面积12065亩，其中水田11014亩，旱田1051亩。1985年粮食总产812.68万公斤。乡村企业39家，企业人员4847人，工业总产值2679.93万元。

1949年4月21日，中国人民解放军第20军渡江时，从铁匠港渡口上岸，在激战中，7位战士光荣牺牲。为缅怀先烈，玉皇庙镇东建有七烈士纪念墓碑1座。

10.油坊镇 油坊镇东接永胜乡，东南毗连八桥镇，南、西濒临夹江，北界长旺乡、兴隆镇，总面积29.13平方公里。镇政府驻油坊桥镇，辖虹桥、良善（曾名红卫）、油坊、老桥（曾名光明）、振华、晨光、如意（曾名东风）、星光、阳泰、六圩、解放、同德、万安（曾名兴武）、和平（曾名建武）、太平（曾名要武）、镇海（曾名爱武）、中滩、长沙、四墩子、同乐、建华（曾名新华）、七墩、六墩23个村，236个村民小组，251个自然埭（包括1个集镇），9115户、31685人，其中非农业人口5150人。

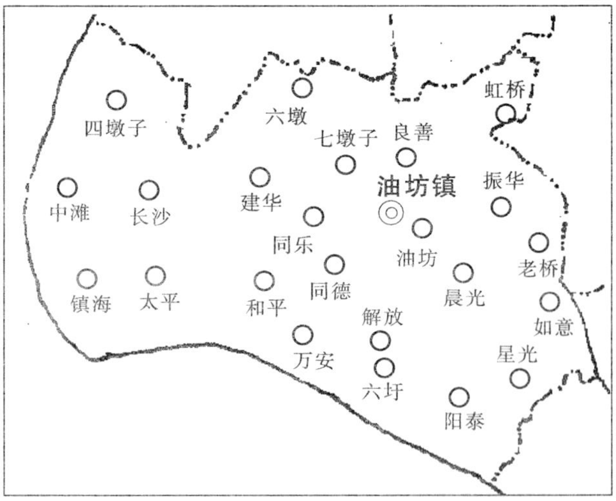

1985年油坊镇辖村位置示意图

耕地面积20299亩，其中水田18836亩，旱田1463亩。1985年粮食总产1412.54万公斤。镇村企业95家，企业人员10257人,工业总产值5976.73万元。

境内曾设有镇海庵水师衙门。衙门建于清同治年间,是太平洲上的第一个水师机构,号称有房屋99间半。1942年11月,被汪伪县长顾仙痴拆除。

11.八桥镇 八桥镇东濒长江,南隔夹江与西来桥镇为邻,西与丹阳县隔夹江相望,北与油坊镇、永胜乡相连,总面积16.60平方公里。镇政府驻八桥集镇。辖八桥、先锋、团沙(曾名创新)、庆丰、利民、新农(曾名兴隆)、幸福、石桥、齐桥、齐家、长胜、同胜12个村,1个农场(宏图农场),167个村民小组,115个自然埭(包括1个集镇),5420户、19091人,其中非农业人口3416人。

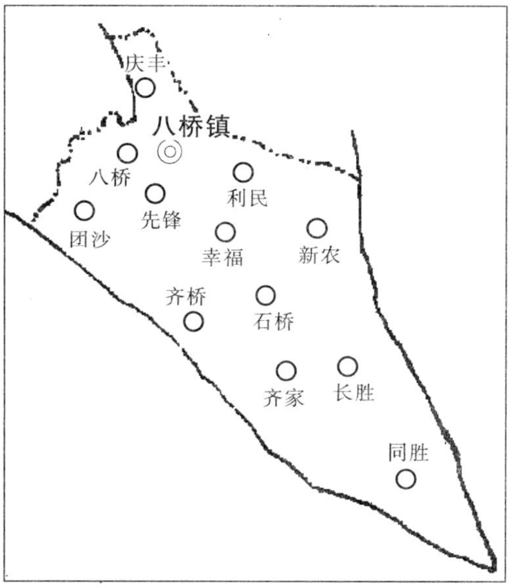

1985年八桥镇辖村位置示意图

耕地面积12281亩,其中水田11124亩,旱田1157亩,1985年粮食总产862.17万公斤。镇村企业54家,企业人员5786人,工业总产值3610.64万元。

八桥集镇是太平县建置初期的政治中心,民国初年,太平县知事公署设在镇东首。

八桥镇是抗日战争时期扬中县新四军活动的重要地区。1939年10月,管文蔚率领的江南抗日义勇军挺进纵队与叶飞率领的江南人民抗日义勇军在此举行会师合编大会,陈毅到会作报告。

12.西来桥镇 西来桥镇四面环江,东临长江主航道,南、西隔夹江与武进县相望,北隔夹江与丹阳县以及八桥镇相对,总面积16.10平方公里。镇政府驻西来桥集镇。辖西来(曾名日新)、福星(曾名红旗、幸福)、大兴(曾名红福、红星)、北胜(曾名光明)、曙光、新升、双三、东进(曾名胜利)、新华、南旺桥(曾名新民)、南阳(曾名合兴)11个村,173个村民小组,106个自然埭(包括1个集镇),4747户、17960人,其中非农业人口2942人。

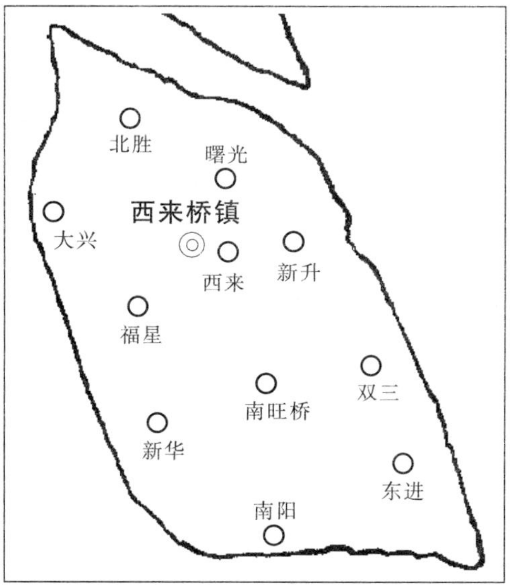

1985年西来桥镇辖村位置示意图

耕地面积12920亩,其中水田11698亩,旱田1222亩。1985年粮食总产908.19万公斤。镇村企业 35 家，企业人员 3938 人，工业总产值 3093.39 万元。

在抗日战争和解放战争时期，西来桥镇的革命活动比较活跃，中国共产党丹北中心县委领导机关常驻于此。

13.县良种繁育场　1950 年扬中县建农场，位于三茅乡板沙村境内，1963 年更名为县良种繁育场，负责繁育、推广良种。农场总面积 420 亩，共 58 户、139 人，其中非农业人口 5 人。耕地面积 306 亩，其中水田 286 亩，旱田 20 亩。1985 年粮食总产 11.695 万公斤。

1985 年扬中县乡镇基本情况表

表 6

项目 单位	总面积 (平方公里)	人口 (人)	耕地面积 (亩)	粮食产量 (吨)	工业产值 (万元)	说明
三茅镇	4.10	18391	2820	1382.5	1637.43	三茅镇除生产粮食外，还生产蔬菜 6900 万公斤，供应市场
新坝镇	29.54	29577	21204	14110.9	5540.70	
联合乡	21.50	22090	15243	11107.4	4952.52	
丰裕乡	21.30	19502	15933	10568.4	2987.21	
三茅乡	26.64	28560	19607	12752.5	4465.54	
三滧乡	19.23	21895	14465	9337.8	2512.40	
兴隆镇	13.10	15657	9265	6436.9	4129.77	
长旺乡	15.20	17212	10136	6887.1	4257.28	
永胜乡	16.26	17691	12065	8126.8	2679.93	
油坊镇	29.13	31685	20299	14125.4	5976.73	
八桥镇	16.60	19091	12281	8621.7	3610.64	
西来桥镇	16.10	17960	12920	9081.9	3093.39	

第四节　县城　集镇

一、县治变迁

清光绪三十年(1904)，设置太平厅，高纪昌为太平厅同知，高原为知府。因太平洲地瘠民贫，未到任。光绪三十二年(1906)，钱锡林就任太平厅同知，于三茅宫设立“太平厅抚民府”。

清光绪三十四年(1908)，因三茅宫掌教阻挠，太平厅同知蒋育芬迁厅治于下八桥镇陈家当铺。

民国2年(1913)秋,太平县知事林立山因处理民事不当,激起民愤,县知事公署遭抗税群众焚毁。同年10月,秦汇生就任县知事,复迁县治于三茅宫。

民国27年(1938)2月,日军侵入扬中,县国民政府解散,三茅宫遭日军焚毁。

民国28年(1939)5月,县国民政府于龙王庙成立。1940年1月,龙王庙遭日军焚毁。

民国29年(1940)4月,扬中县抗日民主政府成立,以下洲农村为主要活动地,领导人民坚持抗日斗争,政府机关无固定驻地。

民国31年(1942)11月,汪伪政权扬中县县长顾仙痴,将镇海庵水师衙门拆除,于三茅宫原址重建房屋30余间,作伪县政府办公用房。

1945年7月,日军退出扬中,盘踞在扬中的伪军被抗日游击队全部消灭。为防止敌人再次反扑,扬中县抗日民主政府决定,将原汪伪政权扬中县政府办公用房全部拆除,材料运至下八桥镇建造八桥初级中学。同年冬,新四军北撤,国民政府进驻扬中后,将顾仙痴等汉奸住房改作县政府办公用房。

解放后,扬中县人民政府于江洲西路北侧(即三茅宫原址)建成政府大院,占地12700平方米。中共扬中县委员会、扬中县人民代表大会常务委员会、扬中县人民政府以及1981年成立的中国人民政治协商会议扬中县委员会均设在院内。

二、主要集镇

县城以及各建制乡镇政府所在集镇称为主要集镇。由于三茅集镇是县城,也是三茅镇、三茅乡政府所在地,所以全县主要集镇有11个。除三茅集镇外,还有新坝集镇、公信桥集镇、丰裕桥集镇、三滧集镇、兴隆集镇、长旺桥集镇、油坊桥集镇、永胜集镇、八桥集镇和西来桥集镇。

1. 三茅集镇 三茅集镇通常称三茅镇。三茅镇因三茅宫、三茅庵而得名。太平洲独立建置后,除1909年至1913年外,皆为县(厅)治所在地。

民国元年(1912)建三茅乡,民国3年(1914)改称三茅市。街道狭窄,从文明桥至西圈门的主街约250米长,以横竖条石铺设,有店铺171家。民国18年(1929)改称三茅镇。

解放后,随着经济发展,镇区建设连年扩大。主街江洲路宽6米,柏油路面,两旁各有2米宽的人行道,道旁植有法国梧桐。1985年集镇有街道(公路)20条,里弄3条,生活区6个。

三茅集镇是扬中县的政治中心、经济中心、文化中心和交通中心,也是三茅镇、三茅乡的政治、经济、文化中心。

1985年,镇内有县属工厂39家,镇属工厂21家,三茅乡属工厂10家。工厂多集中在三茅大港两侧和环城路一带。生产项目有电子、玉雕、化工、五金、印刷、织造、服装、塑料、电器等。1984 年,工业总产值 5449.61 万元,利润 632.33 万元,职工 6837 人。县玉雕厂生产的“六和塔”、电子仪器厂生产的示波器、无线电厂生产的激光针灸仪等,均属名牌产品。镇属无线电元件厂,产品畅销全国各地。建宁柳器厂的柳制品近千种,畅销 50 多个国家和地区。服装生产更是遍布大街小巷。

江洲路和前进路,成“丁”字形,是比较集中的商业区,有各类公司、贸易中心、商场、供销合作社、银行、信用社等,1984 年商业营业额为 4265.4 万元。全镇有旅社(含扬中饭店住宿部)10 家,床位 1000 多张。

镇西建宁路有占地 2000 平方米的农贸市场。

镇东大寨河南路的苗猪市场,占地 3000 多平方米。苗猪年上市量 4 万~5 万头。邻近市县亦有前来贩运者。

镇北友谊路的竹子市场,占地 1500 平方米。年交易额 20 多万元。

镇东的英雄南路利民市场,1985 年 1 月落成,占地 13270 平方米,商店、摊铺排列整齐,不少公司、工厂亦在此设立门市部。场内一条主要通道,长 243 米。当街门坊上的“利民市场”四字系中共中央顾问委员会委员、原中共江苏省委书记江渭清题写。

镇内有县图书馆、文化馆、影剧公司、影剧院、人民剧场、县锡剧团、老干部活动室、体育场、溜冰场、电视差转台和广播站等。全镇有普通中学 2 所、职业中学 1 所、体育中学 1 所、小学 4 所,在校中小学生 3500 多人。县级机关及镇内企业办幼儿园(班)25 个。此外,县委党校、电大分校、教师进修学校、职工业余学校等,亦设在镇内。

全镇有医院 3 所,病床 210 张。另有防疫站和妇幼保健所各 1 家。

1974 年 12 月,在三茅公社金星大队建成县自来水厂,日供水 5000 立方米,供应 9600 人饮用。1975 年兴建县变电所,总容量达 4.15 万伏安,能基本解决城区工农业生产和居民照明用电需求。

三茅大港贯穿镇区中心,现为八级航道,冬夏均可通航,最高年吞吐量为 24 万吨。横跨大港的三茅大桥和扬子大桥将大港东西两侧连为一体。江洲东路首有长途汽车站和农村公共汽车站,长途客车经过轮渡可直达上海、南京、镇江、常州、丹阳、宜兴等市县。县内有公共汽车通往各乡镇。

2.新坝集镇　新坝集镇位于原乐生洲东侧中部。相传元明时期,该地东南与宝晋洲、东北与德兴洲隔夹江相望,后因泥沙淤积,三洲近乎相连。清初乡民在今新坝自来水厂处,筑坝围田,连接三洲,镇名即由此而来。

清代中叶,新坝镇商业已较繁荣,有“一里三典”之称,即街长 1 华里,开设 3 家当典。全镇以万寿庵为中心,分东、南、西三条街,合计长 500 米,店铺 115 家,以农历每旬的一、四、七、九日为集期。

抗日战争时期，日伪军和土匪先后三次劫掠，不少店铺被抢劫一空，停业关门。解放前夕，全镇仅有店铺 56 家，小摊贩 10 余户。

解放后，随着经济发展，商业日趋繁荣，镇容日益改观，西街已变成较为集中的商业区。1984 年，新坝中学门前至前进河的主街道，已铺成水泥路面，宽为 6 米，长近 1000 米。路旁的高楼大店，颇为壮观，个体工商户多至百家。市场空前繁荣。1985 年，供销合作社销售额为 760.78 万元，合作总店销售额为 101.1 万元(个体工商户销售额未计算在内)。

镇办工厂 20 家，大多建在新坝大港和原“三栏”(三茅镇至栏杆桥)公路两侧。产品有电器、服装、印刷、胶鞋等。

3. 公信桥集镇 公信桥集镇简称公信桥，位于县境西北部。清代中叶，由乡民集资于穿镇而过的郭家支港上架设南北向石桥 1 座，名公信桥，镇即因桥得名。

1937 年前，镇长不足 250 米，店铺 47 家，以农历每旬的二、五、八、十日为集期。

民国 29 年(1940)，日伪军在镇上构筑据点，骚扰乡民，镇上各业随之萧条。解放前夕，全镇仅有几家小杂货店、烧饼店。

1960 年，联合公社机关迁至公信桥镇，镇容逐步改观，成为全公社政治、经济、文化中心。1984 年 7 月，联合乡政府集资 12 万元，拓宽街道，并兴建一个农贸市场。

镇区东起汽车站，西至联合医院，主街长 600 多米。

1985 年全镇有乡办厂 18 家，其中以联合供销合作社与上海科协咨询服务中心联营的扬子电子实验厂为最著名。有商店 20 多家，个体工商户 10 余家，是年，供销合作社销售额为 506.07 万元，合作总店销售额为 42.95 万元。

4.丰裕桥集镇 丰裕桥集镇简称丰裕桥，位于县境北部。清道光年间，乡人何正刚捐资于镇旁之何家大港上建造木桥 1 座，名丰裕桥，取丰收富裕之意，镇则因桥得名。1937 年前，此处仅有几家小店。1940 年 1 月，日伪军盘踞三茅镇、公信桥镇，乡民上镇贸易，常受侵扰。而丰裕桥镇地处偏僻，日伪骚扰较少，故来此设摊开店者日益增多，集市贸易得以发展。以农历每旬的一、四、七日为集期。解放前夕，丰裕桥的东西两端已形成街面，有店铺 20 余家。

解放初期，新坝镇供销合作社在此设立供销站，贸易更趋繁荣。

1956 年 8 月，和气、北固两乡合并为丰裕乡，从此，丰裕桥镇成为丰裕乡的政治、经济、文化中心。

1975 年，拓浚联丰港时，公社革委会重新规划，征用红光大队二队和十二队土地河塘近百亩，建设长 1000 米左右、宽 6 米的新街道。

1985 年，丰裕桥镇有乡办工厂 15 家，合作商店 20 多家，个体工商户 10 余家。是年，供销合作社销售额为 512.3 万元，合作总店销售额为 59.17 万元。

丰裕桥镇与三茅镇之间有农村公共汽车往返。镇西的联丰大港沟通南面夹江与北面大江，是上洲沟通南(夹江)北(大江)江的水路之一。

5.三滧集镇 三滧集镇位于三滧港与支港的西北分叉处，沿港建镇。相传始建于清道光年间。“丁”字形街道共长500多米，街面铺设青石，西街支港上有石桥，名乐善桥；南街支港上有石桥，名万缘桥。小桥流水，颇有水乡集镇风貌。三滧乡港东连长江，南通东新港，西通下东岳庙支港，港深水阔，常年可行驶载重二三十吨的船只。

1937年前，全镇有大小店铺140家。长江水产、豆饼、食盐，是该镇经营的主要商品。孙泰来、黄公泰、利生三大鱼行，在县内颇有声名，各有冰房贮存鲜鱼。年收购江鱼数万担，远销苏北、上海等地。该镇以农历每旬中的二、五、八、十日为集期。

抗日战争爆发后，三滧镇遭土匪抢劫10余次，加之日伪军骚扰，商业日趋萧条，多数店铺关闭。解放前夕，全镇仅剩10余家小杂货铺。

解放初期，镇上设立商业供销站。1957年，撤区并乡，三滧乡政府设在镇上。集镇建设得以恢复。

1976年，新开三滧大港和永战河。1977年，乡政府决定在港河十字交叉处的西部，距老镇约1公里处，重建新镇。新镇街道长约500余米，宽约10米，石子路面。街道两侧建起商业楼房。1984年，三滧乡党政机构迁至新镇，老街仍保留部分商店和1个农贸市场。1985年，供销合作社销售额为587.77万元，合作总店销售额为48.86万元。

三滧老镇有农村公共汽车直通三茅镇。乡卫生院、中学、中心小学及乡、村工厂介于新镇与老镇之间，几将新、老镇连成一体。

6.兴隆集镇 兴隆集镇位于县境中部，形成于清代中叶，初名青龙镇。因青龙桥而得名。民国元年(1912)改名兴隆镇。

民国18年(1929)以后，兴隆镇即成区乡政治中心，区、乡政府均设在此镇。

兴隆集镇曾两度迁移和扩建。老镇在新镇西北约500米处，东西长170米，南北长185米，面积为0.0315平方公里。街道铺设条石，店铺40余家。以农历每旬二、五、八、十日为集期。

1959年8月，“三八”(三茅镇至八桥镇)公路建成。老镇居公路西侧较远，且邻近坍江江边，于是自1960年起，公社机关及各商店开始向公路两侧迁移，至1969年，沿公路的街道(南北方向)初步形成。由于规划欠当，公路与街道合一，宽度不够，市场秩序、交通安全及环境卫生均受影响。1977年，拓浚兴隆大港，公社革委会重新规划，平整港南部分田地，再建街道，与公路成“丁”字形。经过8年努力，东西向街道初步形成，并铺成柏油路面。

1985年，集镇区南北长1160米(南端至镇江市塑料九厂，北端至兴隆地区医院)，东西宽1040米(东起红专桥,西至兴无桥),总面积约为1.2平方公里。

兴隆港南的东西向主街道,长760米,宽15米。街道两侧是商店、公司、工厂、文化站、镇政府等单位,有三层大楼8幢,四层大楼5幢。沿“三八”公路的南北向街道,两侧大部分是镇办工厂。素有名声的中药店松柏堂及县重点创汇企业镇江市塑料九厂也在此街。集镇南部的公路东侧,已逐步建成工业区,兴隆港北侧的镇办工厂亦比较集中。全集镇共有21家镇办工厂。

1985年,全集镇有30多家商店,60多家个体工商户。供销合作社销售额为495.92万元,合作总店销售额为57.25万元。

兴隆镇有兴隆大港横贯东西,“三八”公路纵穿南北,水陆交通比较方便。

7.长旺桥集镇 长旺桥镇是在原九圩水通塘久和油坊的基础上发展起来的。民国7年(1918),乡民在油坊东首约100米处的南北向头墩子港上,架设一座小石桥,名长旺桥,取长远兴旺之意。镇即因桥得名,沿用至今。

1930年前后,长旺桥镇有店铺10余家,分布比较散乱,尚未形成街道。商绅左景韶等倡议兴集,定农历每旬的二、五、八、十日为集期,设立露天市场,以繁荣集市贸易。

抗日战争期间,老郎、兴隆、油坊集镇均有敌伪据点,长旺桥镇因地处偏僻,日伪骚扰较少,集市贸易较为活跃。抗日战争胜利后,由于周围集镇恢复正常商业活动,长旺桥镇营业又趋于萧条。

解放后,久和油坊迁至兴隆镇,长旺桥镇仅有几家供销商店和合作商店。1963年,长旺公社机关迁至长旺桥镇,着手集镇建设,填平原久和油坊前约100米长的废港道,平整北港边的埂地,南移长旺桥,形成东西走向15米宽的新街道,商店、工厂建于街道两侧。1977年又填平镇北通往头墩子港口的废港,开辟一条新街。

1981年拆除旧桥,重建一座长24米,宽8米,承压15吨的水泥大桥,使新街道与通往老郎街的公路相连接。至1981年,一个崭新的长旺桥镇基本形成。

新的长旺桥镇东起长旺中学,西至会龙桥,南起公社革委会大院,北至双桥,面积为1.05平方公里。主街道长650米,宽20米,砂石路面。主街两旁有6幢楼房,分别是工厂和商店用房。

桥东至长旺中学地段,长约200米,开设饭店和收购站等。桥西沿港往南约100米处,为长旺桥镇旧址,是乡政府、大会堂、文化中心、制鞋厂、合作商店办公室所在地。桥东沿港往北至双桥的公路,1983年底已铺成柏油路面。路东侧有工厂、医院等19个单位。1985年供销合作社销售额为412.03万元,合作总店销售额为62.86万元。

长旺桥镇距县城三茅镇12公里,有公共汽车相通。水路自长旺大桥可直通头墩子港口出南夹江。

8.油坊桥集镇 油坊桥集镇距三茅镇约13.5公里。相传清道光年间,有新坝田氏、夏氏两家来此开设榨油坊两爿，该地因油坊闻名而得名。随后在油坊南北两侧开店设摊者渐多，遂形成集镇，以农历每旬的二、五、八、十日为集期。后来地方人士集资在油坊门前的六圩港上兴建石桥一座，取名油坊桥，镇亦取名油坊桥镇，沿用至今。

抗日战争前夕，油坊桥镇已为县内较大集镇之一。两条街道分建于六圩港两侧，中有油坊桥连通。两条街道共长 1000 米左右，有店铺 179 家。

抗日战争期间，日伪军在镇上构筑据点，商业一度萧条，油坊桥镇西北隅的四墩子小镇遂应运而生。

解放后，油坊桥镇商业活动日益兴旺，中共十一届三中全会后，更趋繁荣。港东新辟一条大街，建有供销合作社大楼、邮电局、银行、税务所办公楼等。港东兴建农民街，个体工商户大部分集中此街。镇政府设在镇东侧。1985 年全镇有乡办工厂 21 家，商店 100 余家，供销合作社年销售额为 854.23 万元，合作总店销售额为 126.24 万元。

六圩港南通夹江，穿镇而过，北连兴隆港。“三八”公路位于镇东北 1 公里处，有公共汽车通往三茅镇。

9. 八桥集镇　八桥集镇距三茅镇 17.5 公里。思议港与火叉港在镇中心交汇，成“丁”字形。清光绪六年(1880)，乡人集资在两港上各架一座石桥，成“八”字形，因位处下洲，取名下八字桥，以与上八字桥(在今新坝镇)、中八字桥(在今三茅乡)区别。镇即因桥而名“八桥镇”。

清末，八桥集镇商业比较繁荣，清光绪三十四年(1908)至民国 2 年(1913)，太平厅抚民府和太平县知事公署一度迁设此镇。解放前，全镇有东、南、西三条街，共长约 1000 米，店铺 198 家。镇西有广善堂和理教堂，镇南有耶稣教堂，美国人孔仁孝(汉名)曾在此传教 9 年。

解放后，八桥乡政府设在此镇。1984 年全镇有乡办工厂 18 家，企业人员达 2000 人。其中与上海手风琴厂联营的儿童手风琴厂名声较大，所产儿童手风琴远销国外，1984 年创产值 230.43 万元，利润 43.73 万元，产品获江苏省工艺品评比二等奖，得到中央领导同志康克清、陈慕华的赞扬。全镇除供销合作社、合作商店外，还有个体工商户近百家。1985 年供销合作社销售额为 570.06 万元，合作总店销售额为 122.59 万元。

八桥集镇是“三八”公路的终点站，每日有班车通往县城和沪宁等地。穿镇而过的思议港南通夹江，水运亦较方便。

10.永胜集镇　永胜集镇原名玉皇庙镇，距三茅镇 14 公里。相传清代中叶已成集市，该镇因有玉皇庙而得名。清末实行市乡制，玉皇庙镇成为永胜乡的政治中心，1966 年改名永胜镇(集镇)。

旧镇长约 250 米，有店铺 36 家，以农历每旬的一、四、七、九日为集期。

1967 年，“三八”公路支线老郎街—永胜街公路通车后，乡政府(公社革委会)将商业中心移至镇北的公路两侧。以公路为街面形成新集镇,长约1000米。1985年,新集镇有乡办工厂14家,村办工厂3家,供销合作社门市部14家,合作商店7家,企事业单位经办的商业门市部4家,个体工商户13家。是年,供销合作社销售额为345.76万元,合作总店销售额46.51万元。

该镇每日有班车开往县城,直通长江的团结河在该集镇南端。

11. 西来桥集镇 西来桥集镇位于中心沙中部偏北部位,是西来桥镇的政治、经济、文化中心。清代中叶,绝港周围已形成集市,后因交通不便,改至川心港中心地区开辟市场。港上原有木桥1座,因年久失修,行走不便,清光绪二十二年(1896),地方士绅施明齐等集资重建石桥,命名西来桥,镇名由此而来。

街道成"丁"字形,建在川心港南,以西来桥为中心,分东、南、西三条街,全长约250米,主要店铺近30家。以农历每旬的二、五、八日为集期。

解放前后,西来桥集镇一直是全乡政治中心,区、乡政府均设于此。

20世纪70年代,着重发展川心港北的市场,供销合作社、粮管所、邮电所、乡(公社)管理机构均设在港北。1985年,全集镇有镇(乡)办工厂11家,供销合作社门市部10家,合作商店6家,个体工商户近50家。是年,供销合作社销售额为430.78万元,合作总店销售额为65.47万元。

川心港穿过集镇,东与大江、西与夹江相通。1985年,轮船港建成汽渡码头,由县城至西来桥集镇的公路交通较前方便。

耕地面积12920亩,其中水田11698亩,旱田1222亩。1985年粮食总产908.19万公斤。镇村企业35家,企业人员3938人,工业总产值3093.39万元。

三、小集镇

历史上一度繁华过的集镇。有老郎街、五滧镇、道士庙镇、天后宫镇、码头镇、斧头街、东岳庙镇等。

1. 老郎街 老郎街,古名三邑镇(因在丹徒、丹阳、泰兴三县辖区交界处),距三茅镇约10公里。清末民国初,是全县较有名的大镇。清光绪十一年(1885)前,名老郎市,辛亥革命后,易名城区市,民国18年(1929)改称老郎街。一条主街长约500米,店铺150家。抗日战争时期,日伪在此构筑据点,商业随之萧条。解放后,乡政府设在长旺桥镇,老郎街遂成为该乡的商业小集镇。

2. 五滧镇 五滧镇位于三滧乡南部,因附近有5个滧,即黄家滧、徐家滧、汤家滧、东滧、北滧,故名五滧镇。当地解放前,全镇一条街长约250米,店铺20余家。解放后,镇上有供销站和数家合营商店。1976年,东新港码头迁至港北,该镇商店全部迁至东新港口，原五滧镇遂不复存在。

3. 道士庙镇　道士庙镇位于永胜乡北部，因有道士庙而得名。解放前，全镇一条街，长约250米，店铺21家，农历每旬的二、五、八、十日为集期。解放后，镇上有数家商店，乡供销合作社亦在此设立供销站。后因公路经钥匙头通往玉皇庙镇，道士庙镇在地理位置上已不适当。1956年原有商店并至玉皇庙镇，道士庙集镇遂不复存在。

4. 天后宫镇　天后宫镇位于联合乡东南部，因有天后宫而得名，与(上)东岳庙、公信桥镇成鼎足形。解放前，全镇一条街长约500米，店铺32家。解放后，联合乡政府一度设在该镇。镇上有乡供销合作社和合作商店。1959年乡供销合作社迁至公信桥镇，天后宫镇设供销站和门市部。中共十一届三中全会后，镇上新增个体服务业多家，仅中西服装店就有7家。1984年，联合乡供销合作社又在此增设百货商场，市容为之一新。天后宫镇成为联合乡的第二大集镇。

5. 码头镇　码头镇位于兴隆镇西北部，因泊船码头而形成集镇，故名码头镇。民国初年，码头镇为当时永安乡乡公所驻地，一条街长约250米，店铺51家。抗日战争时期，日伪军在兴隆镇构筑据点，集市贸易遂以码头镇为主。解放后，因该镇相距兴隆新集镇甚近，集市贸易中心逐渐转向兴隆集镇。1956年，码头镇原有各家商店陆续迁至兴隆集镇。1958年，码头镇原有商店全部迁出，集镇遂不复存在。

6. 斧头街　斧头街原位于兴隆镇西北部，约兴于清代中叶，全盛时有店铺10余家，一条石铺街道，长约40米。后因坍江严重，危及街镇，商店停业，居民搬迁。至1954年，原街全部坍入江中。

7. 东岳庙镇　东岳庙镇位于三茅集镇西北约1公里，在宝善乡(今三茅乡新扬村)境内，因有东岳庙而得名。

此庙为区别于三滧镇西的东岳庙而称上东岳庙。相传上东岳庙建于清代，有前进、中进、后进及边厢房计31间。每年农历三月廿八日为庙会，届时善男信女纷纷前来烧香拜佛，商贩云集，热闹非常。清末民国初始有店铺，逐渐形成街面。1951—1953年为东岳庙镇集市最盛时期，有杂货店、豆腐店、烧饼店、中药店、铁匠铺、木行、鱼行、理发店、茶馆、油坊等，30余爿店铺分布于何家大港东、西两侧，以港西为主体。庙场为中心，形成街面，长约50米，以农历每旬的二、五、八、十日为集期。1954年，因洪水灾害，店铺倒闭，集市也随之消失。“文化大革命”后期，上东岳庙被拆除。

第二章　地质 地貌

第一节　地　质

扬中县各沙洲的基岩是扬子古陆的组成部分。上层为长江冲积层，表层物质较细；中部为沙洲核，核的周围是由较粗物质组成的鬃岗。他们全是长江沉积物，属新生代第四纪，全新统现代沉积物(次生黄土)岩性，黄色、褐黄色砂黏土。第四纪开始，新构造运动比较活跃，长江水流等外力对塑造扬中的雏形起了主导作用。

第二节　地　貌

扬中县为江中沙洲，属冲积平原，全县无山丘，地势低平。海拔 4~4.5 米，相对高度 1 米左右，全境由西北向东南微倾。

扬中县位于丹徒县五峰山和圌山东侧。长江主流经镇江焦山而东向直下至圌山向苏北方向转折，南侧江流稍缓，沙泥逐渐沉积，故五峰山和圌山乃扬中县的天然防冲屏障。东晋时期，始有沙滩露出水面，至宋代已形成长三十多公里的“如意”形沙洲群。江南江北邻近县的民众到沙洲植芦围垦，嗣后小沙洲群逐渐连成一片。清代时，已形成现在县境轮廓。解放后联合乡王三套、八桥镇轮船套与丰裕、三茅乡夹江套又日渐淤塞而成陆地。

由于长江水流冲刷，江床深泓时有变动，沿江圩滩有涨有坍。解放后，县人民政府对沿江涨坍情况进行调查，北临大江一面的新坝镇雷公嘴、向阳村、五一村，因与江都县嘶马弯道相对，江流稍缓，江滩逐年淤涨；丰裕、三茅、三涫、兴隆、永胜、八桥、西来桥等乡镇沿江地段，因江中暗沙迁移，深泓溜线变动，致江岸时坍时涨，有“暗沙移动，坍江祖宗”之说。解放后，自何家大港向下，大部分江岸都有不同程度的坍塌。其中八桥镇的长胜、同胜两村江滩坍塌最为严重，西来桥镇双三村的开沙（原双一大队），已全部坍入江中。西南夹江一面由于江道弯曲，水流左右转折冲刷，江岸涨坍变化频繁。新坝镇的新江、立新、新桥等村江滩，受大江分汊水流的冲刷，出现洗坍；联合乡的王三套，因与丹徒县大路乡弯道相对，江滩淤涨较快；三茅乡的滨江村，三滧乡的普丰、长江村，兴隆镇的兴隆、码头村，长旺乡的猫沙村，受西沙弯道影响，特别是处于弯道中的西新桥码头，坍势尤为严重（早年的斧头街已坍入江中）；长旺乡的新圩村与丹徒县姚桥弯道凹处相对，三墩村和油坊镇的镇海村，与丹徒县儒里乡弯道凹处相对，江滩均逐年淤涨。中心沙的洲头，受夹江水道分汊水流的顶冲，而逐年坍塌；夹江汊道小夹江段，因为流量较小，下端江口受武进县五墩子沙洲阻挡，江水流速减慢，江床逐渐淤涨。为适应武进县新孟河的引排水和航行交通需要，小夹江上段每年都要进行机挖疏浚。新中国成立36年来，全县淤涨的面积为4340亩，坍塌面积为14739亩。

1951—1984年扬中县江岸淤涨和坍塌情况表

表7

乡镇名	江岸淤涨					江岸坍塌				
	大江		夹江		合计（亩）	大江		夹江		合计（亩）
	宽度（米）	面积（亩）	宽度（米）	面积（亩）		宽度（米）	面积（亩）	宽度（米）	面积（亩）	
新坝镇	480~110	484			484				601	601
联合乡			750~120	1714	1714					
丰裕乡	500~200	510			510	160~70	579			579
三茅乡			100~50	149	149	100~50	107	150~100	489	596
三滧乡						100~70	419	380~150	397	816
兴隆镇						50~40	52	600~450	332	984
长旺乡			450~60	655	655			500~30	832	832
油坊镇			200~90	190	190			150~40	560	560
永胜乡						180~100	1483			1483
八桥镇						600~80	3722			3722
西来桥镇	350~50	593	50	45	638	650~120	3806	250~50	760	4566
合计	—	1587	—	2753	4340	—	10168	—	4571	14739

说明：空格处表示此处江岸涨坍甚微，未进行统计

第三章　水系 水文

第一节　主要河港

扬中县四面环江，在逐年淤涨围垦过程中，因潮汐影响和人们生产活动需要，形成了一个纵横交错的港河水系。其特点是：通江港口多，港道弯曲，分布不均，河沟稠密，水系紊乱。港直通江的最大弊端是，江潮涨，港水也涨。防汛季节，江堤、港堤同样要防漏、防漫、防溃。据1985年调查统计：全县共有大小港道273条，总长221公里，通江港口84个。这些港河水系，从形成到解放初期，除因江岸的涨坍有延长或缩短外，基本未变。

1954年，因长江发生特大洪水，全县遭受严重水灾。县人民政府总结抗洪经验，从1956年开始，对通江港口进行封港建涵建闸。到1978年，通江港口全部建成涵闸，不仅有效控制江水排灌，而且大大地缩短防汛里程。

1975年，因特大暴雨袭击，全县严重内涝，县革委会重新规划，对可利用的港道进行整治，裁弯取直，拓宽浚深；对分布不当的港道予以平废，并按合理布局开挖新河港。1975年冬季开始，逐步实施。到1984年已整治骨干河港9条，共52.4公里；新开骨干河港18条，共75.4公里；开挖与骨干河港相配套的一级排灌河117条，共159.9公里；平填废河港68条，共82.6公里。全县基本形成分布均匀、布局合理、排灌畅通、航运便利的新水系。

全县通航港口有13处，分别是栏杆桥港口、万福桥港口、联丰港口、何家大港口、沙家港口、二墩港口、兴隆港口、东新港口、头墩子港口、六圩港口、团结港口、思议港口、三岔港口。在通江口均建闸控制。

主要港道有12条，其中通航的有新坝大港、联丰港、三茅大港、东新港、长旺港、六圩港、红旗河、团结港、思议港、川心港；不通航的有永勤港、双龙港。

主要排灌河有15条，分别是前进河、丰收河、新联河、全红河、杜家港、营房港、铁壁港、向阳河、扬子河(大寨河)、建中河、三滧 河、光明河、红星河、战斗河、胜利河,均建有机电排水站。

港河闸距一般为1~2.5公里,港河密度平均为每平方公里占有港河0.53公里。

1985年扬中县主要河港情况表

表8

港河名称	走向	起 讫	长度(公里)	流 经(乡镇、村)	主要支流	通江口控水设施	主要作用
新坝大港	东北—西南	大江万福桥港至夹江栏杆桥港	9.2	新坝镇:五一 向阳 民众 秋登 建新 星星 新坝 新生 治安 治联 联合乡:永治 永平	冯家港 徐胜桥港 六节桥港 童家港	闸2座	引排航运
联丰港	同上	大江何家大港口至夹江王三套	9.4	丰裕乡:朝阳 勇气 永新 裕兴 光明 联合乡:联丰 新胜 公信 新民 联盟 红福 联合	虹桥支港	闸2座	同上
三茅大港	同上	大江二墩港至夹江沙家港	8.5	三茅乡:团结 兴华 友好 前进 新扬 沙港 南屏 三茅镇:县城 金星 建设 丰裕乡:东风	王六港 封头坝港 何家大港	闸2座	同上
永勤港	东—西	大江于家夹港至封头坝港	4.2	三滧乡:年丰 永勤 普庆 三茅乡:东方 友爱 勤丰		涵1座	引排
东新港	同上	大江东新港至兴隆港	4.4	三滧乡:五滧 恒平 兴隆镇:码头 红专 兴隆		闸1座	引排航运
长旺港	西—东	夹江头墩子至六圩港	3.9	长旺乡:头墩子 二墩子 老郎 积善	长旺支港	闸1座	同上
团结港	东—西	大江永胜、战胜村至六圩港	4.1	永胜乡:战胜 永利 胜利 玉皇庙 兴隆镇:和合	虹桥港	闸1座	同上
六圩港	北—南	夹江兴隆港至油坊六圩村	9.5	兴隆镇:兴隆 红专 红星 和合 长旺乡:积善 老郎 老六墩 油坊镇:良善 七墩子 油坊 同德 解放 万安 六圩	九圩港 虹桥港 良善港 吴家弄港 二圩港 来源港 沿田港 老郎支港	闸2座	引排航运

续表 8

港河名称	走向	起 迄	长度(公里)	流 经	主要支流	通江口控水设施	主要作用
红旗河	西—东	夹江油坊中滩村至思议港	7.5	油坊镇:中滩 长沙 同乐 同德 油坊 晨光 如意 六圩港 老桥		涵 1 座	同上
思议港	南—北	夹江八桥西沙齐桥村至永胜胜利村	6.1	八桥镇:团沙 齐桥 先锋 庆丰 八桥 油坊镇:如意 老桥 振华 虹桥 星光 永胜乡:永兴 胜利	如意支港 王龙港	闸 1 座	同上
双龙港	东南—西北	大江八桥新农永胜干劲村至永胜永前永兴村	3.9	八桥镇:新农 利民 庆丰 永胜乡:干劲 红光 永前 永兴		涵 1 座	引排
川心港	东—西	大江东来桥至小夹江三岔港	3.3	西来桥镇:大兴 福星 西来桥 新升 曙光		闸 1 座	引排 航运
前进河	西北—东南	大江十圩套至新坝大港	3.6	新坝镇:新宁 金龙 立新 星星 新坝		涵 1 座 机电站1 座	引排
丰收河	东北—西南	大江陆家港至前进河	4.4	新坝镇:向阳 丰乐 秋登 新安 金龙		涵 1 座 机电站1 座	引排
新联河	西南—东北	夹江新坝桥至前进河	2.5	新坝镇:新桥 治安 星星		涵 1 座 机电站1 座	引排
杜家港	东北—西南	大江丰裕革新、新坝五一村至丰裕光华、新坝新春	4.5	新坝镇:五一 民众 新春 奉裕乡:革新 永丰 光华		涵 1 座 机电站 1 座	引排
铁壁港(铁皮港)	同上	大江丰裕永新村至丰裕光明村	3.2	丰裕乡:永新 勇气 战斗 光明		涵 1 座 机电站 1 座	引排
营房港	同上	大江丰裕革新永新村至丰裕光华村	3.4	丰裕乡:革新 永新 永丰 战斗		涵 1 座 机电站 1 座	引排

续表 8

港河名称	走向	起 迄	长度(公里)	流 经	主要支流	通江口控水设施	主要作用
向阳河	同上	大江丰裕朝阳村至何家大港	4.2	丰裕乡:朝阳 裕兴 长兴 五星		涵 1 座 机电站 1 座	引排
全红河	西南—东北	夹江联合治联村至联合红灯村	4.7	联合乡:联治 永平 红胜 红联 红灯 公信桥		涵 1 座 机电站 1 座	引排
扬子河(大寨河)	东—西	大江三茅指南村至三茅镇	4.1	三茅乡:板沙 指南 群英 河南 三桥 中桥 三茅镇:县城 英雄		涵 1 座 机电站 1 座	引排
建中河	同上	三茅大港至三茅乡钟灵村	2.1	三茅乡:建中 钟灵		涵 1 座 机电站 1 座	引排
三滧河	同上	大江三滧乡石城村至夹江翁家塘	4.2	三滧乡:石城 新跃 长春 长征 长江		涵 1 座 机电站 1 座	引排
光明河	同上	大江三滧乡新港村至永战河	2.1	三滧乡:新港 三圩 长春		涵 1 座 机电站 1 座	引排
红星河	同上	大江兴隆东方红村至三八公路	3.7	兴隆镇:东方红 乐源 日新 红星		涵 1 座 机电站 1 座	引排
战斗河	东—西	大江大决港至新跃河	2.0	永胜乡:永福 万福 永进		涵 1 座 机电站 1 座	引排
胜利河	东南—西北	大江八桥镇长胜村至思议港	4.0	八桥镇:长胜 新农 石桥 幸福 先锋		涵 1 座 机电站 1 座	引排

20 世纪 70 年代，扬中县新开的河港有联丰港、永勤港、红旗河、前进河、向阳河等，拓浚的河港有新坝大港、三茅大港、六圩港、思议港、杜家港等。

第二节 水 文

解放前,扬中县无水文观测机构与资料,亦无水准标点和准确的海拔高程。解放后的水文资料根据新坝镇对岸的邗江县三江营水文站及西来桥镇对岸的武进县小河水文站记录,按长江水面比降测算。

1958 年,省水利厅在扬中埋设标点,确定水准高程。1961 年,镇江水文分站在沙家港设立水文观测点,配备专职水文观测员 1 人,测报 5—9 月份汛期水位和全年日降水量。其余月份水位资料仍根据三江营和小河水文站资料测算。1964 年撤销专职人员,改为委托沙家港闸管理人员代为测报。1981 年,镇江水文分站在联合、三洧、油坊 3 公社设地下水位观测点,均委托公社指定专人测报。

扬中沿江 13 座通江水闸相继建成后,汛期(5—9 月)均进行高低潮位观测。但由于缺乏完善的水尺和仪器设备,所以观测的数据精确度较差。

扬中地形狭长,上洲新坝镇与下洲西来桥镇的长江水位相差 20~50 厘米。夹江和大江水位亦有差距,夹江水位一般比大江水位高 10~25 厘米。所以,全县水位统一以沙家港水位为依据。1961—1985 年最高水位为实际观测记录,1951—1960 年最高、最低水位和 1961—1985 年最低水位系根据三江营和小河水文站水位记录测算而得。

1951—1985 年 35 年中,最高潮水位为 7.44 米,出现在 1954 年 8 月 17 日;最低潮水位为 1.13 米,出现在 1959 年 1 月 22 日。年最高水位平均为 6.63 米,年最低水位平均为 1.57 米。高水位都出现在每年汛期的 6—9 月,低水位都出现在每年 12 月至次年 3 月。

1951—1985 年扬中县最高、最低潮位情况表

表 9

年份	年最高潮位			年最低潮位		
	水位(米)	出现日期		水位(米)	出现日期	
		公历	农历		公历	农历
1951	6.20	8 月 19 日	七月十七	2.12	2 月 18 日	正月十三
1952	6.44	9 月 4 日	七月十六	1.62	1 月 26 日	腊月三十
1953	6.04	8 月 29 日	七月二十	1.83	1 月 7 日	冬月廿二
1954	7.44	8 月 17 日	七月十九	1.90	3 月 30 日	二月廿六
1955	6.41	7 月 21 日	六月初三	1.83	2 月 21 日	正月廿九
1956	6.94	8 月 2 日	六月廿六	1.15	1 月 9 日	冬月廿七
1957	6.35	8 月 27 日	八月初三	1.65	1 月 15 日	腊月十五
1958	6.34	9 月 16 日	八月初四	1.30	1 月 16 日	腊月十一

续表 9

年份	年最高潮位			年最低潮位		
	水位（米）	出现日期		水位（米）	出现日期	
		公历	农历		公历	农历
1959	6.36	9月6日	八月初四	1.13	1月22日	腊月十四
1960	6.28	8月9日	六月十七	1.55	2月22日	正月廿六
1961	6.06	7月30日	六月十八	1.43	2月2日	腊月十七
1962	6.65	9月16日	八月十八	1.50	2月15日	正月十一
1963	6.32	9月5日	七月十八	1.25	1月7日	腊月十二
1964	6.49	7月11日	六月初三	1.86	1月12日	腊月初十
1965	6.59	7月30日	七月初三	1.48	2月2日	正月初一
1966	6.28	7月21日	六月初四	1.59	12月27日	冬月十六
1967	6.42	7月12日	六月初五	1.39	2月5日	腊月廿六
1968	6.81	7月28日	六月初四	1.34	1月15日	腊月十六
1969	7.22	7月29日	六月十六	1.78	12月28日	冬月二十
1970	6.87	7月21日	六月十九	1.50	1月6日	冬月廿九
1971	6.40	6月25日	五月初三	1.62	12月16日	十月廿九
1972	6.13	7月14日	六月初四	1.43	1月27日	腊月十二
1973	7.01	7月2日	六月初三	1.48	12月23日	冬月廿九
1974	7.40	8月20日	七月初三	1.52	1月21日	腊月廿九
1975	6.46	7月12日	六月初四	1.86	1月23日	腊月廿三
1976	6.53	7月29日	七月初三	1.64	12月27日	冬月初七
1977	6.98	7月3日	五月十七	1.67	2月1日	腊月十四
1978	6.11	6月25日	五月二十	1.64	12月23日	冬月廿四
1979	6.40	9月23日	八月初三	1.35	1月30日	腊月十三
1980	7.41	8月29日	七月十九	1.40	2月1日	腊月十五
1981	7.06	9月1日	八月初四	1.63	1月3日	冬月廿八
1982	6.11	6月23日	五月初三	1.39	1月18日	腊月廿四
1983	7.43	7月13日	六月初四	1.89	1月9日	冬月廿六
1984	6.90	7月31日	七月初四	1.75	3月12日	二月初十
1985	6.47	8月1日	六月十五	1.47	2月1日	腊月十二

说明：表中水位(米)是以吴淞基面为零点的水面高程

根据扬中江港堤防涵闸等水利工程设施而制定的防汛水位，警戒水位为6米，危险水位为7米。1951—1985年35年中，每年汛期的最高水位都超过警戒水位6米，其中达到危险水位7米的有1954年、1969年、1973年、1974年、1980年、1981年和1983年，共7年，占总年数的20%左右。1954年、1974年、1980年和1983年，最高水位超过7.4米，占总年数的12%左右。

扬中地面高程，圩田一般在吴淞基面4.0~4.5米，最低为3.6米，最高为5米，村埭高地一般在5.5~6.5米。沿江一带地势较高，腹部地区地势较低。

第四章　气　候

第一节　气象观测

扬中县气象站创建于1958年10月1日,原站址在三茅镇建宁村二十圩,1985年1月迁至三茅镇民主村10组北夹圩。

气象站主要业务工作有地面测报、天气预报和农业气象等项。

地面观测项目有气温、气压、湿度、地温、降水、蒸发、日照、风向、风速以及云状和天气现象等。1977年10月,建立天气预报组,专门负责县域范围内短期(2—3天)天气预报,一日三次通过县广播站发出。另外,也作旬、月、季度等中、长期天气预报。1978年3月,增设农业气象组,开展农业气象观测和情报、预报服务工作,以及简易农业气象试验等。

地面观测仪器有干湿球温度表、最高最低温度表、气压表、地面温度表、地面最高最低温度表以及5厘米、10厘米、15厘米、20厘米地下温度表、雨量器、蒸发器等;自动记录仪器有气压计、温度计、湿度计、雨量计。1969年之前,风向、风速用维尔达测风器,由目测确定;1969年安装电接风向、风速计,风向、风速改由仪器测定记录。农业气象观测仪器有阿斯曼通风干湿表、轻便风速表、照度计和电热恒温二用箱。1983年,天气预报设备增加气象传真接收机,后又增添定频和调频接收机各1台。

随着预报技术的进步和设备的改善,晴、雨预报准确率在80%以上,雨量分级预报准确率在60%以上。气象观测重点为农业生产服务,同时逐步向多样化、专业化方向发展。除了完成上级业务系统布置的工作外,通过气象情报、资料、天气预报、专题天气、气候分析等手段,为当地政府组织安排生产提供气象服务,为工农业生产和人民财产安全做好防灾抗灾的气象保障工作。20世纪80年代前期,与供电、邮电、基建、交通运输、外贸、商业等部门签订专项服务合同,增加预报分析工具,根据需要及时提供转折性气候和大风、大雪、暴雨、雷电、冰冻、低温和高温预报等专项情报。

第二节 气候特征

扬中县地处北亚热带季风中部气候区,具有雨量充沛,光照充足,气候温和,无霜期较长;雨、热同季的特点。气候条件比较优越,既适合水稻、棉花、麻类等喜温作物的生长,也有利于三麦、油菜等耐寒作物安全越冬;众多的喜温性和耐寒性蔬菜和其他经济作物,可以在不同季节正常生长。

由于县境四面环江的独特的自然环境,与同纬度临近各县比较,具有春季升温和秋季降温略慢,夏季高温天数少、梅雨期大暴雨出现次数多的特点。

季风 全县冬季受北方大陆内部吹来的西北风(冬季风)控制,11 月至次年 1 月,盛行西北季风。1 月份西北风频率为 9%;夏季受海洋吹来的东南风影响,天气炎热多雨。4—8 月盛行东南风,6、7、8 三个月东南风频率分别为 17%、17%、18%。春季多晴雨相间、冷暖多变的天气;秋季常有天高气爽、久晴少雨的天气,但少数年份也有较长连阴雨天气出现。

季节 按气温标准划分季节,常年 4 月 2 日—6 月 11 日为春季;6 月 12 日—9 月 16 日为夏季;9 月 17 日—11 月 14 日为秋季;11 月 15 日—次年 4 月 1 日为冬季。冬季最长,达 139 天;秋季最短,仅 59 天;夏季 97 天;春季 71 天。

但由于年际之间季风强弱和出现早迟不同,造成不同年份气象差异较大。冬季低温,春秋季连阴雨,夏季暴雨、高温以及台风、冰雹等气象灾害,对工农业生产和人民生活有不利影响。

气温 据 1959—1984 年气象资料统计, 常年平均气温 15.1℃, 最高年达 16℃(1961 年),最低年 14.3℃(1964 年和 1980 年)。最冷月 1 月份,平均气温 2℃;最热月 7 月份, 平均气温 27.6℃。日最高气温 35℃以上的高温天数为 5.3 天; 最多年为 16 天(1964 年),最少年则无 35℃以上高温出现(1968 年、1975 年、1981 年、1982 年)。年极端最低气温低于-9℃的年份有 11 年,占 42.3%;低于-10℃的年份有 4 年,占 15.4%。地面极端最低温度为-23.2℃(1977 年 1 月 31 日), 百叶箱内极端最高气温 39.2℃(1959 年 8 月 22 日),极端最低气温为-11.9℃(1977 年 1 月 31 日)。另据 1931 年出版的《江苏省各县概况一览》中有关资料记载:1931 年前扬中出现过-16.1℃的低温。

常年日平均气温稳定通过 0℃初日为 2 月 3 日,终日为次年的 1 月 3 日,这期间总积温为 5500℃。

1959—1985 年扬中县各月平均气温和最高、最低气温情况表

表 10

项目 \ 月份		1 月	2 月	3 月	4 月	5 月	6 月	7 月	8 月	9 月	10 月	11 月	12 月	全年
平均气温(℃)		2.0	3.5	8.1	14.1	19.4	23.9	27.6	27.4	22.6	16.9	10.7	4.3	15.0
平均最高(℃)		6.3	7.9	12.8	19.0	24.4	28.2	31.3	31.4	26.6	21.7	15.3	8.9	19.5
平均最低(℃)		–1.3	0.1	4.1	9.7	15.1	20.2	24.5	24.3	19.4	12.9	6.9	0.7	11.4
极端最高	极端值(℃)	19.9	22.9	29.7	33.4	34.7	35.9	37.6	39.2	36.8	31.5	27.6	20.3	39.2
	发生年份	1964 1983	1962	1973	1964	1982	1969	1978	1959	1964	1984	1979	1968	1959
	发生日期	11 日 29 日	21	28	20	25	1	7	22	4	1	1	2	8 月 22 日
极端最低	极端值℃	–11.8	–10.7	–4.2	–1.6	3.7	11.4	15.1	16.6	8.9	1.4	–4.7	–9.2	–11.8
	发生年份	1977	1969	1978	1962	1961	1969	1976	1960	1972	1966	1971	1966 1973	1977
	发生日期	31	6	1	4	5	6	5	24	29	28	30	27 日 26 日	1 月 31 日

日照　扬中常年日照数为 2135 小时，以 8 月份最多，达 243.9 小时；以 2 月份最少，仅 135.8 小时。年日照时数最多达 2419 小时(1962 年)，最少仅 1844 小时(1984 年)，相差达 574 小时。

1959—1985 年扬中县各月平均日照时数情况表

表 11

项　目 \ 月　份		1 月	2 月	3 月	4 月	5 月	6 月	7 月	8 月	9 月	10 月	11 月	12 月	全年
月平均日照(小时)		152.2	135.8	156.5	167.2	189.1	185.8	218.0	243.9	170.7	186.3	158.9	161.1	2125.4
最多日照	小时数	271.1	213.3	249.0	230.4	257.0	258.0	339.3	312.0	232.6	285.3	221.1	233.4	2419.3
	发生年份	1963	1963	1962	1974	1965	1968	1964	1978	1966	1979	1973	1973	1962
最少日照	小时数	83.3	69.1	85.9	90.5	83.3	115.5	143.7	131.6	72.8	94.3	89.2	78.8	1844.6
	发生年份	1977	1959	1960 1980	1964	1963	1971	1982	1980	1970	1985	1982	1959	1984

降水　常年 6 月下旬至 7 月上旬为梅雨期，这期间雨量占全年的 16.9%。8 月下旬至 9 月中旬则多台风和秋雨，这期间雨量占全年的 13.9%。

习惯上以当年 12 月至次年 2 月为冬季，降水量 100 毫米，占全年的 9.5%；3—5 月为春季，降水量为 245 毫米，占全年的 23.1%；6—8 月为夏季，降水量为 475 毫米，占全年 44.8%；9—11 月为秋季，降水量 240 毫米，占全年的 22.6%。

年降水量最多达 1597 毫米(1972 年)，最少仅 469.2 毫米(1978 年)。常年降水日数 (0.1 毫米以上)116.3 天，占全年总天数的三分之一弱。降水日数最多年达 134 天

(1964年和1972年),最少年仅89天(1978年)。最长连续降水日数17天(1964年4月2日—18日),最长连续无降水日数66天(1973年11月9日—1974年1月13日)。

1959—1985年扬中县各月平均、最多、最少降雨量和一天最多降雨量情况表

表12

项目 月份	历年平均 (毫米)	历年最多		历年最少		各月一天最多降水量		
		极值 (毫米)	发生年份	极值 (毫米)	发生年份 (年)	降水量 (毫米)	发生日期 (日)	发生年份
1	29.1	60.0	1969	0.0	1963	32.1	18	1984
2	42.2	90.1	1970	2.6	1968	28.9	16	1981
3	64.4	156.7	1966	13.2	1962	53.1	9	1963
4	89.7	316.7	1964	29.6	1961	80.9	17	1964
5	92.3	219.3	1963	15.3	1980	116.5	29	1970
6	169.3	587.3	1975	29.3	1970	287.0	24	1975
7	192.8	550.0	1969	26.1	1976	277.3	3	1972
8	113.6	279.2	1965	22.8	1978	141.4	26	1970
9	120.6	389.3	1962	2.6	1965	153.2	6	1962
10	58.2	179.8	1985	0.7	1979	54.8	7	1981
11	60.5	172.2	1967	1.5	1973	71.7	7	1965
12	28.9	100.8	1974	0.1	1967、1973	30.8	10	1974
全年	1062.4	1597.1	1972	469.2	1978	287.0	24	1975

霜　雪　扬中常年平均初霜日期11月12日,终霜日期为次年3月28日,常年霜期为138天,无霜期227天。

常年平均初雪日期12月26日,最早11月17日(1976年),最迟次年2月1日(1972年)。平均终雪日期为次年3月4日,最早为次年1月10日(1961年),最迟为次年4月7日(1965年)。

从1959年扬中气象站有记录以来,最大积雪深度为27厘米(1984年1月19日)。

水汽蒸发　常年蒸发量1453毫米,以7、8月份蒸发最多,分别为192毫米和191毫米;1月份最少,仅52毫米。

气压　常年平均气压1016毫巴(1毫巴=0.75毫米水银柱高)。以1月份最高,达1026毫巴;7月份最低,为1003毫巴。极端最高气压1045毫巴(1970年1月5日),极端最低气压990毫巴(1973年7月19日)。

风　年平均风速 3.2 米/秒，2 分钟平均最大风速 16 米/秒（1961 年 10 月 5 日），瞬时极大风速 43 米/秒（1974 年 6 月 9 日）。年最多风向为东南风，频率 11%。

1959—1985 年扬中县各月平均风速、大风次数情况表

表13

项目＼月份		1	2	3	4	5	6	7	8	9	10	11	12
月平均风速（米/秒）		3.2	3.5	3.7	3.7	3.4	3.3	3.0	3.0	2.8	2.8	3.0	3.0
大风次数	25 年合计	61	69	84	82	42	46	72	53	36	33	57	57
	年最多次数	11	11	10	13	7	8	8	6	4	4	7	12
最多风向	文字表述	静风 西北	北东北	东东南 东南	东南	东南	东南	东南	东南	东东北	静风 北东北	静风 西北	静风 北西北
	字母表述	C NW	NNE	ESE SE	SE	SE	SE	SE	SE	ENE	C NNE	C NW	C NNW

冰雹　1961—1985 年，影响境内局部地区的冰雹共发生 13 次，平均两年一遇。其中影响严重的冰雹有 3 次，分别发生在 1977 年、1981 年和 1983 年。路径大多呈西—东或西南—东北走向，从丹徒县姚桥方向移来，经过长旺、兴隆、三滧、三茅等乡镇一线居多。

第五章　自然灾害

第一节　水　灾

扬中县四面环江，境内大小港汊密布，江堤港堤防洪线350多公里。解放前常发生水灾。据历史资料记载：清光绪二十七年（1901），农历七月大水，太平洲江堤半数以上溃决成灾。宣统三年（1911），农历七月大水，太平洲江堤溃决多处，秋熟无收。民国10年（1921）农历七月大水，新坝、中心沙等地，农田全被淹没。民国20年（1931）农历七月大水，受灾面积约100平方公里，受灾10774户，灾民54355人，死亡119人，财产损失26万元。民国32年（1943）农历七月大水，江港堤决口多处，仅永胜乡就有83间房屋被冲毁，死亡13人。

解放后，扬中县亦遭受两次水灾：1949年7月大水，新坝、永胜、长旺等地决堤数十处，淹没农田6.5万亩；1954年8月17日江水猛涨，全县决堤多处，淹没农田10万余亩，平地水深2米，房屋倒塌无数，受灾地区牲畜淹死殆尽。地方政府组织灾民安全转移到丹徒县姚桥、大路等地暂居。水退后，组织人民迅速恢复生产，重建家园。

解放后，有关雨涝灾害，县民政局档案有多次记载。

1955年夏，全县严重雨涝，受灾田5万余亩。1963年4月中旬—5月中旬，雨量达219.3毫米，全县15万亩三麦和1.5万亩秧田积水受涝，其中新坝、联合、三 洕 、兴隆等地，有一部分田块基本无收。1964年4—5月，累积雨量441.7毫米，全县夏熟作物受涝，三麦平均亩产36.1公斤，只完成计划产量的35.3%，较上年同期减产51%。1972年6月21—22日，降水227.9毫米，7月3日，降水277.3毫米，全县15万亩低田受涝，后茬稻田需补种的有2700亩，单季稻补苗750亩，倒塌房屋844间。1974年7月26—31日，降水236.1毫米，全县有3万余亩农田积水0.33米以上，倒塌房屋15间，淹死1人。1975年6月21—24日，总雨量480.4毫米，全县有12万亩农田积水1米左右，其中基本无收的2700亩，倒塌房屋2377间，压死1人，排涝费达96万余元。

第二节　低　温

低温会影响农作物正常生长,严重时甚至造成农作物死亡。按温度高低可分为冷害和冻害。

一、冷害

春播期低温冷害　早稻育秧期遇低温阴雨,特别是“二叶一心”期遇低温6℃以下两天以上低温阴雨,可造成严重烂秧死苗。4月中旬,扬中县出现最低气温6℃以下低温阴雨的机率为15%,下旬为5%左右。

后茬稻低温冷害　后茬稻孕穗期和扬花期低温造成空秕粒增加,严重时甚至翘穗失收。据历年8月1日到日平均气温20℃终日有效积温分析,少于816℃为不利年,大于1015℃为有利年,其余为正常年。1959—1980年的22年中,有8年(1966年、1967年、1972年、1974年、1977年、1980年、1981年、1984年)属于后茬稻栽后温度偏低的“夏凉”不利年,占30.8%;正常年和有利年占69.2%。受低温危害最严重的是1980年,后茬稻栽后气温明显偏低,“夏凉”造成抽穗延迟,抽穗期又遇低温阴雨,不仅翘穗严重,而且引起稻瘟病,部分田块甚至失收,后茬稻减产4~5成。

二、冻害

越冬期冻害　扬中越冬期遇-10℃以下低温,致三麦发生冻害的机率为15%;出现-8℃以下的低温,油菜发生冻害的机率为55%。

早春冻害　扬中2月下旬遇-5℃以下低温,常发生三麦叶片冻害;早播的强春性品种如遇暖冬旺长拔节,可危及幼穗,出现机率为25%左右。3月上旬遇-3℃以下的低温,造成三麦叶片和已拔节的三麦幼穗受冻,机率为30%。故扬中县强春性品种的三麦不宜早播。

1959—1985年扬中县年极端最低气温情况表

表14

年份	最低气温(℃)	发生时间		年份	最低气温(℃)	发生时间	
		月	日			月	日
1959	-9.8	1	17	1963	-9.6	2	4
1960	-8.5	12	30	1964	-6.5	2	18
1961	-8.0	1	1	1965	-8.3	1	31
1962	-7.0	1	31	1966	-9.2	12	27

续表 14

年份	最低气温(℃)	发生时间		年份	最低气温(℃)	发生时间	
		月	日			月	日
1967	-9.6	1	26	1977	-11.8	1	31
1968	-7.3	2	20	1978	-6.5	2	18
1969	-10.7	2	6	1979	-7.0	2	1
1970	-10.2	1	5	1980	-10.4	1	30
1971	-7.8	1	5	1981	-8.5	1	3
1972	-6.5	1	27	1982	-9.0	1	19
1973	-9.2	12	26	1983	-6.9	2	19
1974	-7.0	2	25	1984	-9.0	1	23
1975	-5.6	12	23	1985	-6.7	1	14
1976	-7.7	12	26				

第三节　连阴雨

春季连阴雨　常发生在 4 月至 5 月中旬。5 天以上连阴雨几乎每年都有，10 天以上连阴雨出现机率为 25%，平均 4 年一遇。4 月份 12℃以下的低温连阴雨较多，可造成早稻烂秧死苗。5 月上、中旬以 15℃以上的高温连阴雨较多，可造成麦类赤霉病流行。

初夏连阴雨(梅雨)　扬中正常年份 6 月中旬末入梅，7 月中旬初出梅。平均梅雨期 22 天，梅雨量 265 毫米。

梅雨期低温、阴雨、寡照，影响水稻分蘖和发棵，导致病害。1959—1984 年 26 年中，6 月 10 日前入梅的早梅年出现 4 年，影响夏收，造成烂麦场。最早的是 1971 年 6 月 1 日入梅，造成小麦严重烂麦场；1980 年 6 月 9 日入梅，造成迟熟小麦烂麦场；出梅偏迟的年份不利杂优稻中控搁田。7 月 17 日以后出梅的年份占 25%，平均 4 年一遇。

秋季连阴雨　主要出现在 9 月至 11 月上旬。9 月份出现 5 天以上连阴雨机率达 80%，10 天以上连阴雨达 10%。连阴雨伴随低温，影响水稻扬花结实和灌浆；9 月份连阴雨常伴随台风，造成水稻倒伏。阴雨寡照不利棉花裂铃吐絮，造成烂桃。10 月下旬—11 月上旬的连阴雨，影响秋收秋种。其中造成严重烂耕烂种的年份平均 5 年一遇。各旬出现 5 天以上连阴雨机率都为 25%。此外，杂优稻收割期在 10 月上旬，5 天以上连阴雨达 30%，对收割脱粒有一定影响。

第四节 高温干旱

扬中县自建置后,据史料记载:民国23年(1934)夏,大旱,田埂青草尽枯,部分高圩水田改种黄豆。民国29年(1940)夏,大旱,缺水栽秧,地方断屠,群众祈神求雨。

解放后,出现三次大旱:1973年秋旱,10月13日—次年1月13日,92天内仅下雨3.4毫米,其中11月9日—次年1月13日,连续66天无雨。1978年夏旱,6月30日—7月9日无雨,并出现连续10天35℃以上高温,6—8月总雨量仅147.2毫米,只及往年同期的30.4%,部分田块水稻因高温造成翘穗,成熟期提前,粒重下降,产量低于往年。1979年秋旱,9月26日—11月15日,51天内仅下雨2.4毫米。由于进行了大规模的水利建设,增强了抗灾能力,故危害不大。

第五节 风 灾

一、龙卷风和雷雨大风

龙卷风 扬中县每年夏秋季节,常受龙卷风袭击。

解放前史料记载的有两起:民国20年(1931),长旺头墩子村遭受龙卷风侵袭,风从西北角江面吹来,毁民房10余间,吹折树木100余棵。民国29年(1940),长旺乡二圩港村遭受龙卷风侵袭,吹倒民房20间。

解放后记载较详:1951年8月,油坊乡遭受龙卷风侵袭,从中滩开始,经过四墩子、长沙、同乐、七墩子等村,所经之处,屋倒树折甚多。长沙村有一户房屋被吹倒,屋内桌、椅、橱、柜悉被卷上天空,落到别处。1961年6月6日上午8时,新坝、丰裕等公社遭受龙卷风侵袭,最大风力11级,吹倒房屋703间,伤39人,死伤猪20头,同时引起火灾,烧毁房屋9间。

雷雨大风 雷雨大风具有较大的破坏性。1964年4月17日下午,联合、丰裕、幸福等公社,遭受8级阵风的侵袭,风向偏西,毁屋524间,伤6人。1967年7月20日夜,新坝公社遭受11级阵风并伴有雷雨侵袭,毁屋735间,伤21人,伤耕牛1头。1969年5月9日,油坊公社遭受8级阵风侵袭,伴有雷雨,风向偏西,毁屋16间。1970年7月26日下午,长旺、兴隆、油坊、永胜等公社,遭受11级阵风并伴有雷雨侵袭,风向西、西南,毁屋200间,伤7人。1971年8月25日傍晚,全县遭受雷雨和10级阵风侵袭,风向东、东南,毁屋364间,吹断电线杆564根,触电死亡1人,伤1人,死耕牛1头、猪2头,沉船5条,吹倒烟囱161个。1973年8月3日傍晚,全县遭受10级阵风和雷雨侵袭,风向南、西南,毁屋20间,伤10人。1974年6月9日傍晚,三茅公社出现短时间 10 级以上阵风，风向偏西，触电死 2 人，低压电线杆被吹倒 800 余根，高压线 2 处断线，吹倒公房 30 间、私房 9 间、工厂烟囱 20 多个，树木吹断无数。1979 年 6 月 9 日凌晨，长旺、兴隆、三潪等地出现 10 级大风和雷雨，局部风力达 11 级，风向西南，并伴有冰雹，计毁屋 59 间，伤 2 人，吹折、吹倒树木 6000 余棵。1984 年 6 月 6 日下午，三潪乡年丰村出现大风雷雨，风向北、东北，风力 10 级以上，并伴有小冰雹，历时 15 分钟左右，毁屋 8 间，受严重破坏的 16 间。

二、台风

影响扬中县的台风，主要集中在 7 月中旬—10 月上旬，平均每年受 2.6 次台风影响(包括外围影响)。不受台风影响的年份仅有 10%。其中过程雨量超过 50 毫米，最大风力 8 级以上的强台风约两年一遇，集中在 8 月—10 月上旬，以 9 月 6—10 日出现机率较大。台风可造成水稻倒伏和受涝，并引起白叶枯病的蔓延。解放后，据县民政局档案记载，受台风影响损失严重的计三次：1956 年入夏，连续数次受台风暴雨袭击，沿江一带损失严重，破圩 24 个（其中 20 个圩已决定放弃）；471 户房屋刮倒，计 963 间。1961 年 10 月 4—5 日，26 号台风影响县境，阵风 10 级，伴有大暴雨。全县受涝水稻 9 万余亩。1977 年 9 月 10—15 日，8 号台风影响县境，阵风 10 级，风向北、东北，并伴有暴雨。全县吹倒房屋 2309 间，广播线、电线、电话线杆共吹倒、吹断 2940 根，水稻倒伏 3980 亩，触电伤 2 人，大树吹倒后压伤 1 人。

第六节　冰　雹

扬中县差不多每年降落冰雹，少数年份破坏性较大。民国 24 年(1935)农历四月，中心沙的北胜、大新等地遭受雹灾，麦子颗粒无收。民国 25 年(1936)农历五月，中心沙的双三、胜利等地遭受雹灾，长在田里的麦子被打得象石滚碾过一样。1953 年 5 月 6 日，中心沙南阳乡恽新村一带遭受严重雹灾，夏粮基本失收，秧苗被毁，南阳村 14 组村民陈纪英因屋梁被冰雹砸断房屋倒塌而被压死。1977 年 4 月 23 日傍晚，兴隆、三潪、长旺等公社遭受雹灾，冰块有乒乓球大，最大的块重 3.3 公斤，三麦损失数百万公斤，早稻秧苗全部被砸毁，稻种损失数万公斤。1981 年 5 月 1 日傍晚，兴隆、三潪、联合、三茅、新坝等公社遭受雹灾，冰块有乒乓球大，最大块重 2.9 公斤。重灾区的麦子、油菜等夏熟作物基本失收，估计夏粮损失数百万公斤；明瓦、屋瓦砸坏无数。1983 年 5 月 19 日中午，三茅、兴隆、联合、永胜等公社遭受雹灾。冰雹密度大，最密地区每平方米雹坑有 900 多个，最大雹坑直径 5 厘米，重灾区夏熟作物基本失收。此外，1968 年 5

月 27 日、1970 年 7 月 26 日、1975 年 5 月 30 日，县境东南部遭受雹灾，夏熟作物均受到不同程度的损失。

第七节　大　雪

解放前，扬中县雪灾无记载。解放后主要有 2 次：1954 年 12 月 31 日—1955 年 1 月 1 日，大雪，积雪达 30~40 厘米，加之气候寒冷，积雪不融，道路封冻，交通一时中断，全县草屋、猪舍被压倒的难以数计。1984 年 1 月 17—19 日大雪，雪量达 35.7 毫米，最大积雪深度达 27 厘米。因气温低，融雪慢，公路被积雪封锁，造成交通中断，汽车停开 2 天；全县电话线杆、广播线杆、电线杆共压断 2900 余根，停电 2 天；压倒房屋 97 间，断梁 370 根，造成 27 人受伤，全县 1.27 万亩竹园，约 8%的竹子被压断。

第八节　雷　击

1933 年前无记载。1933—1980 年，遭雷击死 14 人。1972 年 6 月 21 日，联合公社红灯大队党支部书记王忠礼，在田间检查生产时遭雷击身亡。因雷击而引起火灾 3 起。1962 年 6 月 6 日凌晨，新坝公社曙光大队（丰乐桥村）刘某家因雷击而引起火灾，3 间瓦屋全被烧毁。因雷击造成庄稼毁坏。1954 年 3 月和 1967 年 5 月，长旺乡二墩子村分别有 40 亩麦子遭雷击全部枯死。

第九节　地　震

扬中县处于茅山断裂带与三泰（泰兴、泰州、泰县）断裂带的边缘，故县境内发生强地震的可能性不大，但邻近地区发生地震时，全县均有震感。1974 年 4 月 22 日 8 时 29 分，溧阳县上沛、上兴一带发生 5.5 级地震，扬中县有震感。临震时听到闷雷似的地声，接着房屋摇动，门窗格格作响，历时 2~3 分钟。

1976 年夏，唐山发生 7.8 级强地震，扬中县亦有轻微震感，永胜公社匡正章自制的地倾仪发出倾斜报警。

1976 年 11 月 2 日晨，苏北大纵湖发生 4.5 级地震，扬中县有震感。

1979 年 7 月 9 日 18 时 57 分，溧阳县上沛附近发生 6 级地震。扬中县震感强烈，震前有闷雷似的地声，接着房屋摇动，历时 2~3 分钟。

1984 年 5 月 21 日 23 时 37 分 44 秒，如东县东北 100 公里左右的海域发生 6.2 级地震，扬中县震感明显，震前有地声，震时房屋摇动。

第六章　土　壤

第一节　特　点

扬中全境土壤系泥沙沉积而成，土体纵剖面有层次不同的沙黏夹层和沙粒含量。1985年1月，全国第二次土壤普查。根据不同沙粒的含量和所形成的层次关系，扬中县土壤可划分为2个土类、2个亚类、7个土属和16个土种。

1985年扬中县土壤分类情况表

表15

土类	亚类	土属	土种
水稻土	渗育型水稻土	黄沙土	黄沙土　漏水黄沙土　漏沙土　沙底黄沙土
		黄夹沙土	黄夹沙土　沙心黄夹沙土　沙底黄夹沙土
		夹沙土	夹沙土　沙心夹沙土　沙底夹沙土 腰沙夹沙土　黄顶沙土
		粉沙土	粉沙土
潮土	灰潮土	旱地黄沙土	旱地黄沙土
		堆填土	堆填土
		淤泥土	淤泥土

扬中土地经多年耕作、改良，土壤养分含量普遍较高，但也有少数地区偏低。故全县土壤的农业生产性并不一致。黄沙土属和黄夹沙土属，黏粒含量较高，养分含量亦高，保肥、保水性好，有利于作物后期生长；夹沙土属含沙粒较高，保肥保水性一般，有利于作物早期生长；粉沙土属含粉粒较多，水作时会淀浆、板结，通风透气性差，耕作时宜注意中耕松土；漏沙土含沙量高，养分低，漏肥、漏水，易造成作物生长后期的早衰或倒伏等不良现象，需增施有机肥料，改善土壤结构，才能达到增产目的。

第二节　分　布

上洲土壤多沙,下洲较黏;内地多沙,沿江较黏。土种分布也存在着上下内外不同现象,上洲的新坝、联合、丰裕三乡镇主要是黄沙土和黄夹沙土;中洲的三 渲 乡以夹沙土和黄夹沙土为主;下洲的八桥等乡镇又以黄沙土和黄夹沙土为主;而西来桥镇由于沉积时间较迟,土壤多沙。有部分地方为黄顶沙土和漏沙土。

第七章　物　产

扬中县境内未发现地下矿藏，自然资源以动、植物为主，以盛产“江上三鲜”——河豚、鲥鱼、刀鱼与“江洲三宝”——芦、柳、竹而著名。

第一节　植　物

一、粮食　油料作物

粮食作物　扬中粮食作物有水稻、三麦（小麦、元麦、大麦）、大豆、甘薯、豌豆、绿豆、赤豆、玉米、高粱等。以稻麦为主，大豆、甘薯次之，余均为零星种植。

抗日战争前，作物品种均系自选土种（自留自种）。解放后，不断更新优良品种。至1985年，仅稻麦两类共引进品种172个。农户普遍种植“扬麦5号”“杂优”“扬粳201”等。

解放前，各农户很少栽种甘薯；解放后，经过逐年发展，至20世纪60年代初，农户已普遍在自留地栽种，品种以“胜利百号”“徐薯18”为主。

油料作物　境内多低田，无成片高地，大豆、芝麻、向日葵、蓖麻等油料作物，多为零星种植。解放前后，人们食用油主要从外地购进油料在县内加工。20世纪70年代初，县革委会规定，各生产队必须以总田亩的7%种植油菜，以解决农民食油困难。扬中先后引进油菜品种5个，以“宁油7号”“宁油7-8”为主要品种。

二、经济作物

解放前，经济作物主要为棉、麻。农户多在小块高地上种植，收取后自纺自织土布。解放后，曾发展种植甘蔗、薄荷、留兰香，因缺乏栽培技术，或因气候因素，未能推广。1981年，县多种经营局组织部分生产队试种改良种棉花，先后引进“中棉”“岱字棉5

号”“三三三”“徐州 142”“泗阳 835”5 个品种，亦因缺乏管理技术，产量不高，未能推广，连原来试种的田块，也陆续改种水稻。

三、蔬菜

解放前，蔬菜以青菜、韭菜、苋菜、黄瓜、南瓜、丝瓜、豇豆、扁豆等为主。1958 年人民公社化后，部分生产队成立蔬菜组，开始引进黄芽菜、包菜、四季豆、马铃薯、西红柿等。20 世纪 80 年代初，又引进银耳、木耳、平菇等菌种进行培育。

1985 年，境内普遍栽培的蔬菜有：白菜、苏州青、乌塌菜、黄芽菜、荠菜、雪里蕻、萝卜、大头菜、菠菜、芹菜、莴苣、苋菜、蕹菜、芫荽、芥菜、药芹、水芹、葱、大蒜、洋葱、韭菜、西红柿、茄子、辣椒、甜椒、黄瓜、冬瓜、丝瓜、菜瓜、南瓜、笋瓜、瓠子、四季豆、豇豆、扁豆、马铃薯、茭白、藕、茨菰(慈姑)、菱、荸荠、平菇、蘑菇、木耳、银耳等。

四、瓜果

解放前，境内无成片果园，农户仅在宅旁、岸边栽植少量果树。解放后，引进柑橘、苹果、核桃、梨、桃等新果种。其中柑橘、苹果、核桃，因气候和管理技术关系，未能推广。20 世纪 70 年代，八桥公社宏图农场栽植成片的梨、桃等果树。同时，引进西瓜栽培技术，以联合乡新跃农场为主要产地。80 年代引进的葡萄、草莓等果种，亦栽培成功并上市。

全县主要瓜果品种有：梨、桃、杏、李、樱桃、枇杷、石榴、西瓜、香瓜、草莓、葡萄、橘、银杏等。

五、树　竹　芦　柳

农户家前屋后，多栽树、竹；沿江滩地，遍植芦、柳。芦、柳、竹素有扬中“三宝”之称。解放前，全境树木以柳树、枫杨为主。解放后，注重树种更新。1958 年引进悬铃木(法国梧桐)，1962 年引进白榆、刺槐；1970 年引进水杉、香樟；1975 年引进池杉、214 杨；1978 年引进柳杉等树种。20 世纪 70 年代至 80 年代初，水杉已成为全县绿化造林的主要树种。

树、竹、芦、柳品种繁多，树有悬铃木(法国梧桐)、国槐、刺槐、楝树、白榆、白杨、垂柳、枫杨、椿树、冬青、水杉、泡桐、银杏、皂荚树、松、柏、榉树、柳杉、池杉、乌柏、香樟、桑、214 杨等。竹有篾竹、燕竹、刚竹、柱竹；芦有荻芦、泡芦；柳有扬花柳、杞柳等。

六、花卉

解放前，扬中县无专业养花户，只有少数地主豪绅之家在庭园种植花卉，以供观赏。解放后，随着经济发展，人民生活改善，栽培花卉者逐渐增多。20世纪80年代起，机关、学校、团体、城镇居民及部分农户，养花已蔚然成风，集镇上出现花木市场，品种亦日益繁多。

扬中主要花卉品种有月季、玉兰、牡丹、海棠、蔷薇、天竺、文竹、芍药、山茶、杜鹃、腊梅、玫瑰、兰花、虎刺、仙人掌、凤仙、菊花、鸡冠花、牵牛花、万年青、半枝莲、紫荆、石榴花、吊兰、一串红、扶桑等。

七、药材

解放前，扬中县只有野生药材。解放后，开始推广人工栽培药材。1985年全县种有杜仲20亩，山茱萸3亩，金银花10亩。大力子、丹参、黄芪等亦有零星种植。

植物类药材　有决明子、大力子、佩兰、红花、元胡、补骨脂、丹参、黄芪、杜仲、山茱萸、金银花、竹茹、浮小麦、枇杷叶、车前草、芦根、青蒿、益母草、冬瓜皮、冬瓜子、桑白皮、香橼、丝瓜络、小胡麻、大蓟草、小蓟草、老鹤章、地丁草、萹蓄草、枸杞子、月季花、泽兰、瓜蒌、鸡冠花、冬桑叶、桑椹子、半夏、半边莲、土牛膝、天浆壳、接骨木、辣蓼草、马鞭草、佛耳草、透骨草、卷耳草、墨旱莲、血见愁、马齿苋、蜀羊泉、蒲公英、艾叶、凤眼草、侧柏叶、牡丹皮、白芍药、陈皮、银杏叶、银杏、苦楝皮、椿根皮、白茅花、白茅根、桃干、桃仁、杏仁、冬葵子、蛇床子、野料豆、玉米须、女贞子、龙胆草、野菊花、芭蕉根、荷叶、莲心、芡实、紫苏草、芫荽、白首乌、萱草根、薏仁、半枝莲等。

动物类药材　有地鳖虫、僵蚕、龟板、鳖甲、乌蛇、天龙、地龙、鸡内金、凤凰衣、蝉衣、蜂房、蟾酥、人中白、龙衣等。

八、草类

饲草类　解放前，家畜青饲料以青草、野芥菜、刺芥头、锅巴草、奶奶草、鸡浆头等野生草类为主。解放后，引进绿苋、夏生菜等品种进行人工种植，用作青饲料。

绿苋株型高大，茎叶鲜嫩；夏生菜生长快，产量高，适口性强，都是生猪的好饲料。

肥料草类　秧草又叫金花菜、三叶菜，为传统沤肥草，与元麦夹种。解放后，引进紫云英。20世纪60年代，陆续引进水葫芦、水花生、水浮莲、绿萍（统称“三水一萍”）、田菁、苕子等。县政府大力提倡利用河塘放养“三水一萍”作稻田基肥。后因气候和技术关系，未能推广。秧草、紫云英，除沤肥外，人可食用，亦可作青饲料。

燃料和编织草类　农村以稻草、麦草为主要燃料，下洲地区芫莉（土名蛇苗）亦为主要燃料之一。芫莉薪株高2米多，杆粗如指，叶锋利如刀。栽在堤岸两侧，可起固堤作用。解放后，垦荒种粮，芫莉被砍伐殆尽。编织草主要为芦苇、蒲、绿帚等。绿帚可做扫帚，农村有少量散生。麦杆可编织草帽、小筐、篮等。芦花可编织御寒的蒲鞋（俗称茅窝子,亦称毛窝子)等。蒲草可编织蒲垫、蒲包等。

第二节 动 物

一、水产

扬中县为河网地区,河塘较多,农民向有养鱼习惯,鱼种有青鱼、草鱼、鲢鱼、鳙鱼、鲤鱼、鳊鱼、鲫鱼等。解放后,引进红鱼(红鲤鱼)。20 世纪 70 年代初,推广养蚌育珠。

中共十一届三中全会后,农村实行家庭联产承包责任制,河塘亦大部分由农民承包养鱼或养蚌育珠。1984 年,县政府投资在雷公嘴兴办养殖场,发展水产养殖事业。

二、禽畜

解放前,农户饲养的禽畜有鸡、鸭、鹅、鸽、鱼鹰、猪、羊、猫、狗、牛、兔、驴等。解放后,禽畜品种逐渐增多。

鸡 历来以“三黄鸡”为主要品种。1954 年引进来杭鸡,1965 年引进新狼山鸡,以后陆继引进白洛克、芦花、希塞斯、红育、新杂 288 等品种。1983 年,以罗斯鸡为主要推广品种,1984 年全县饲养量达 1 万只左右。原有“三黄鸡”因适应性、觅食力较强,便于饲养,饲养量一直占据优势。

公猪 解放前,以米种公猪为主。解放后,因猪身不大而逐渐淘汰。1954 年,县良种场引进约克夏 1 头,试行经济杂交成功。1964 年,各公社兽医站相继办起家畜配种站,引进约克夏、盘克夏杂交二代和新淮种公猪。1968 年,又引进苏白、上海白、大约、长白、杜洛克等公猪。1978 年推行人工授精,由配种站统一供精,有效提高母猪产仔率和肥猪生长率;在推广瘦肉型猪种方面,亦取得良好成效。

母猪 解放前,母猪品种主要有“米猪”“二花脸”“大埨庄”等。米种母猪母性好、产仔多,泌乳力强,所产仔猪育成后,有皮薄、肉嫩、味美、脱肉率高等优点;缺点是嘴长、单背脊、生长慢,不甚受养猪户欢迎。1954 年,县良种场引进约克夏,从无锡、武进、昆山、吴江、金坛、上海等地,引进“二花脸”“枫泾”“梅山”等猪种,所产仔猪有双背脊、短嘴、体型大、生长快、皮薄、脱肉率高等特点。20 世纪 80 年代开始推广瘦肉型猪种,原有米种母猪逐渐淘汰。

乳牛 1962 年,县良种繁育场从外地引进乳牛 10 头。后因管理不善,饲养数逐渐减少。1985 年全县共有乳牛 14 头,所产牛奶主要供应县城居民。

水貂 1980 年, 开始引进水貂进行饲养,6 家集体场和 12 家养貂专业户共养貂 105 只。1981 年,县外贸公司从山东引进标准黑貂 79 只(公貂 14 只,母貂 65 只),因配种技术不佳和饲养管理不善,饲养量逐年下降。

三、昆虫

扬中县养蚕历史悠久。解放前,农民自育土蚕种,俗称“三眠种”。茧有白、红、黄三色,茧质较差产量又低。清宣统三年(1911),开始推广框制改良蚕种,以无锡“虎牌”蚕种最受欢迎;民国23年(1934),扬中县“江东蚕种制造厂”生产的“长寿牌”蚕种取代“虎牌”蚕种。解放后,改框制为平埭,卵量多、产茧量高于框制。1966年,改平埭为散卵,卵粒经过筛选,其质优良,产茧量更高。

20世纪80年代,扬中县出现养蜂和养地鳖虫专业户。然量小,且经营时间不长。

四、野生动物

解放前,扬中境内野生动物较多,如青蛙、蟾蜍、蚯蚓、蛇、乌麻雀、黄鼠狼、刺猬、水獭、野兔、野鸡等。20世纪70年代后,由于农田普遍施用化肥、农药,加之有毒性的工业废水处理不善,环境污染比较严重,农田野生动物不易生存。对一些飞禽走兽,亦捕猎过多,致使黄鼠狼、野鸡、啄木鸟、猫头鹰等濒临绝迹。20世纪80年代初,曾大肆捕蛇和“取蟾酥”,捕食青蛙的现象亦较严重,破坏了生态平衡。

境内主要野生动物有:鲥鱼、刀鱼、河豚、黑鱼、鳗鱼、鳜鱼、鲇鱼、黄鳝、虾、蟹、甲鱼、乌龟、泥鳅、刺鳅、鲫鱼、螺、蚌、螃蜞、青蛙、田鸡、蟾蜍、红鳍白、鰺鱼、麦穗鱼(罗汉筒)、虎头沙、鲈鱼、鮰鱼、鳑鲏、鳡鱼、鲻鱼、赤服(红眼)、江豚(江猪)、蛤蜊、野鸡、野鸭、麻雀、燕子、黄莺、乌鸦、喜鹊、布谷鸟、斑鸠、画眉、白头翁、猫头鹰、啄木鸟、鹧鸪、八哥、鸽、黄鼠狼、水獭、刺猬、鼠、猪獾、狗獾、叫天子、水蛇、赤练蛇、青草蛇、蝮蛇、黄蜂蛇、乌蜂蛇、蜻蜓、蜜蜂、胡蜂、蝴蝶、螳螂、蜗牛、蜈蚣、蝉等。

第三节　特　产

扬中县特产分动物类特产和植物类特产两种。动物类特产有河豚、鲥鱼、刀鱼、鳗鱼、黄鳝、螃蟹等;植物类特产有芦、柳、竹及其制品。

一、动物类特产

河豚　长江“三鲜”之一。每年3—5月份,县境长江水域有河豚经过。这些河豚从近海洄游到长江中游产卵。河豚属下层水位鱼类,体型圆而长,有黑色斑纹,有气囊,可使腹部膨胀,腹部白色,皮粗糙,无鳞。肉质鲜美,食之能使百味逊色。但其卵巢、内脏、血液、眼睛,均有剧毒,食之中毒者屡见不鲜,因而宰杀烧煮时须作严格处理。20世纪50年代,扬中年产量35000公斤。20世纪70年代后期,长江水体污染严重,河豚产量锐减。20 世纪 80 年代，平均年产量只有 500 公斤左右，味亦不及以前鲜美。

鲥鱼 长江“三鲜”之一。每年春夏之交，鲥鱼从太平洋洄游到长江产卵。谷雨到夏至，是境内长江水域捕捞鲥鱼季节。鲥鱼鳞白如银，含脂量高，烹调时不用去鳞，清蒸、红烧皆可，以清蒸最佳。肉肥嫩鲜而不腻，营养价值很高。明、清时代，鲥鱼被列为贡品，明代诗人何景明(1483—1521)《鲥鱼》诗中云：“五月鲥鱼已至燕，荔枝卢橘未能先”；“白日风尘驰驿骑，炎天水雪护江船”。解放后，扬中捕捞的鲥鱼，除供应国内，还出口到美国、日本、香港等地。据县统计年报汇载：1966—1980 年，商业收购鲥鱼 4634 担，平均年收购量为 310 担，80%以上供外贸出口。

鮰鱼 长江“三鲜”之一，俗称胡子鱼。全身呈银白色，形似尖刀，颌下两侧长须。平时多生活在近海，每年气温回升时溯江而上。捕捞一般自“八九”(惊蛰后)至端午前后。扬中县鮰鱼年产量约为 2000 担。1966—1980 年，商业收购共 13945 担，平均年收购量为 932.3 担。解放初，人民生活水平低，20 世纪 50 年代至 60 年代所捕鮰鱼，80%销外省、市。随着经济发展，人民生活水平不断提高，20 世纪 70 年代至 80 年代，所产鮰鱼，约 80%供应县内，20%销外省、市。鮰鱼味鲜美，肉细嫩，营养丰富，含有大量的磷酸盐及钙质，幼儿食用极佳。烹煮时，不需剖肚去鳞，从腮口处拉出内脏即可。常见的烹调法，有清蒸、红烧或油炸。“鮰鱼面”为镇扬应时佳肴。清明前的鮰鱼，刺软肉细，故有“鮰鱼吃在清明前”之说。

黄鳝 体细长，黄色有黑斑，又名长鱼。一般生活在河沟、水田的洞穴之中，境内一年四季皆有出产。用竹笼钩钓捕捉黄鳝，是农民一项副业，收入相当可观。炒鳝丝、鳝片、烧鳝糊、鳝汤，是传统名菜。所产黄鳝，除境内群众食用外，还销至沪宁等地。

鳗鱼 似鳝而腹大，背青肚白，背有肉鬣连尾，无鳞有舌，状如蛇，大者长尺余，脂膏丰富，颇有营养价值。农历八九月间，是境内长江水域捕捞旺季，特别是微雨、东北风紧时，最易捕获。一般年产量 1500 担左右，最高年产量达 2000 担。红烧鳗鱼，是扬中的名菜。肉质肥嫩细腻，老年人食用更佳。

螃蟹 长江水域及河沟港内均有出产。淡水螃蟹分江蟹、河蟹两种，江蟹形体稍大。每年农历八至十月是捕捉螃蟹的旺季。煮食时味极鲜美，制成蟹油，贮存期较长，味不减退。螃蟹肉圆和蟹黄汤包是镇扬名点。所产螃蟹不仅供应县内，还销至上海、南京、香港等地。

二、植物类特产

竹、柳、芦及其制品是扬中的特产。1985 年，全县有竹园地 13374 亩，杞柳地 7285 亩，芦苇地 10091 亩。竹、柳、芦制品生产在扬中有悠久的历史。

竹器加工编织遍及全县各地，其中三茅、三滧、兴隆、油坊、永胜等乡镇，专业村、专业户比比皆是。据 1984 年统计,全县从事竹器加工编织的有 2 万多农户,约占全县总农户的 30%。加工产品有:菜篮、筲箕、米筛、凉席、匾子、箩筐、茧篮、花篮、泥笤、畚箕等。三茅乡大众村以编织筲箕闻名,全村 274 户中,编制筲箕者有 204 户,年产值达 26.8 万元。扬中的杞柳柳质优良,一般以成品销售,全县有柳器加工厂 100 多家,产品有 1000 多种,远销欧、美 50 多个国家和地区。主要产品有狗窝、面包篮、柳箱、花篮等。产品质量较高,在国际市场上深受欢迎。1984 年出口额达 434 万元,占省内同类产品出口额的四分之一左右。

芦苇亦是扬中的一大特产,几乎遍及县境所有江滩。芦苇是造纸原料,亦可直接编成芦笆、芦篾,作为建筑材料。芦篾编织是新坝、三茅、西来桥等乡镇沿江一带许多农户的家庭副业之一。

第四节　沼　气

1960 年 5 月—1961 年 11 月,县成立天然气工作队,先后在兴隆公社乐源、红星、日新 3 个大队试点,共打井 54 口。其中完井 35 口,利用井 19 口,总产天然气 40148 立方米,实际使用仅 9379 立方米。这些天然气中,发电用 144 立方米(其中用于照明发电 108 立方米,用于放电影发电 36 立方米),汽车用 3135 立方米,烧饭用 5524 立方米,排涝用 552 立方米,其他用 24 立方米。有用天然气折价 3309.64 元。而打井投劳力 171 人,用劳动日 4788 个,支出行政和生产费用 14801 元。因耗费人力、财力较大,得不偿失,1961 年底停办。

1974 年成立县沼气办公室,积极推广人工沼气,为农村开发沼气提供技术设备和必要的物资。1985 年年底,全县共有人工沼气池 12089 个。人工沼气,是扬中农村中的理想能源之一。

第八章　环境保护

20世纪60年代,扬中县自然环境基本良好,生态系统基本平衡。70年代起,由于农业上大量施用农药和化肥,加之乡村工业排污日多,环境污染渐趋严重。1979年9月《中华人民共和国环境保护法》(试行)公布后,县政府重视环境保护工作,成立环境保护机构,控制产生新的污染源,逐步治理老污染源,全县环境保护开始改善。

1980年5月前,扬中县环境保护工作由中共扬中县委和县革命委员会兼管。

1980年5月,设立县环境保护办公室,隶属于县基本建设局。1981年7月,设置县环境保护局。9月,成立县化肥厂生产除污工程指挥部,下设办公室,处理日常事务。12月,成立县环境保护领导小组。领导小组由县政府办公室、计委、科委、经委、环保局、农业局、工商局、卫生局、基建局、财政局10个单位组成,下设办公室,负责具体工作。

1984年3月,原基本建设局和环境保护局合并为县城乡建设环境保护局,下设环保股,专门负责环境保护工作。

第一节　环境污染

一、污染源

环境污染源主要来自4个方面:农业污染源、生活污染源、工业污染源和交通污染源。

1. 农业污染源　主要是化肥和农药的过量使用。1972—1985年,全县共用农药12624.4吨,每亩年平均5.91公斤;共用化肥34.388万吨,每亩年平均150.2公斤。1977年化肥每亩用量高达265.32公斤。

1972—1985年扬中县化肥、农药用量情况表

表16

年份	耕地面积（亩）	化肥使用量		农药使用量		
		总量（吨）	平均用量（公斤/亩）	总量（吨）	其中有机氯农药（吨）	平均用量（公斤/亩）
1972	166415	13906.56	79.92	907.28	395.21	5.45
1973	166929	23420.82	140.3	1000.28	612.96	5.99
1974	166591	16582.50	99.54	910.47	354.67	5.46
1975	166633	24193.10	145.19	1067.66	489.29	6.41
1976	166042	30204.45	181.91	521.89	411.66	3.14
1977	165973	44035.46	265.32	735.59	364.45	4.43
1978	165520	20999.90	126.87	863.14	557.75	5.21
1979	160097	33643.80	210.09	1039.14	646.98	6.49
1980	162676	27082.95	166.48	1104.29	680.76	6.79
1981	156979	29482.25	187.81	987.39	533.29	6.28
1982	151598	26632.45	167.72	1330.56	539.12	8.39
1983	168123	25758.40	154.40	1737.56	846.62	10.33
1984	167418	15213.25	90.87	418.65	78.02	2.50
1985	166604	13133.51	78.83	（本年度改为成本计算，未统计数量）		

2. 生活污染源　全县26万多人的生活废水，每年达571万吨。废水中BOD_5达7193.4吨。生活废渣95192吨。1985年生活用煤60050吨，年产烟尘量135.1吨，二氧化硫192.18吨，均为低空排放。生活垃圾随处堆放，居民大小便粪缸不加盖，露天安放（主要在农村），这些都严重影响环境卫生。

3. 工业污染源　全县县、乡、村三级工业企业，登记有污染的93家，其中重点污染源有电镀厂23家，化工厂5家，印染厂2家，其他29家。锅炉36台共50.8蒸吨。工业窑炉32座，另有砖瓦窑和石灰窑177座。1985年，全县工业废水排放总量195.53万吨，其中含有毒有害物质镉及其化合物93公斤，六价铬950公斤，氰化物2500公斤，挥发性酚71公斤，耗氧量229.8吨等。各种废气16726万标立方米，废渣2.25万吨。

4. 交通污染源　1985年底，全县共有机动车461辆、拖拉机1446台、机动船舶176艘。机动车船排放的尾气中有害物质3,4-苯并芘、一氧化碳、氮氧化物、碳氢化合物、铅等亦比较严重，机动车船的噪音亦有害人体健康。

二、污染程度

1. 水体污染　农田大量使用农药、化肥和乡村工业排出的废水及群众生活污水，使县内水体受到污染。又由于地表水系呈封闭和半封闭状态，县内水流难以与长江水交换，故水体自净能力降低，加剧水资源的污染。1984年调查，县内地面水、浅层地下水（井水），溶解氧含量低，氨氮、亚硝酸盐氮、挥发性酚、有机氯、有机磷等指标检出率均在95%以上，超标严重。

1983年扬中县水体污染情况表

表17

项目	标准	枯水期			丰水期			平水期		
		检出率（%）	超标率（%）	最高（低）含量	检出率（%）	超标率（%）	最高（低）含量	检出率（%）	超标率（%）	最高（低）含量
pH	6.5~8.5		3.3	8.9			8.3		17.9	4.00
总硬度（德国度）	≤25		3.2	39.4			16.7			18.4
溶解氧 mg/l	≥6		64.5	1.2		76.3	0.6		18.4	1.7
化学需氧量 mg/l	≤4		90	14.2		71.1	6.64		69.2	7.44
氨氮 mg/l	0.5	100	34.3	29.4	100	55.3	26.31	100	17.9	33.775
亚硝盐氯 mg/l	0.02	100	84.4	0.547	100	68.4	0.582	92.3	33.3	0.171
硝酸盐氯 mg/l	10	100	0	8.48	100	0	7.32	100	2.56	10.24
挥发性酚 mg/l	0.005	93.8	46.3	0.0151	100	18.9	0.017	58.97	10.26	0.015
氰化物mg/l	0.05	53.1	6.3	10.102	31.6	0	0.0092	51.28	0	0.011
总汞 mg/l	0.0005	0	0	0	0	0	0	0	0	0
六价铬 mg/l	0.02	3.1	0	0.0076	7.9	2.6	0.023	7.7	0	0.0025
砷 mg/l	0.04	21.1	9.4	0.06	44.7	2.6	0.058	35.9	0	0.016
硫化物 mg/l		0	0	0	2.6	0	0.118	7.7		0.05
有机氯 mg/l		96.9		4.93	100		11.3	100		4
有机磷 mg/l					100		0.189	59		0.192

说明：1.检测按国家地面水二级标准，硫化物、有机氟、有机磷没有标准；2.三氮标准采用国际卫生组织颁布标准；3.各项目采样数，枯水期为32个，丰水期为38个，平水期37—39个

1985年扬中县水体污染情况表

表18

项目	标准	枯水期			丰水期			平水期		
		检出率(%)	超标率(%)	最高(低)含量	检出率(%)	超标率(%)	最高(低)含量	检出率(%)	超标率(%)	最高(低)含量
pH	6.5~8.5		2.44	8.9			8.1		4.9	8.9
总硬度(德国度)	≤25		24.4	25.7			14.3			22.08
溶解氧 mg/l	≥6		24.4	3.38		79.5	1.31		63.4	0.41
化学需氧量 mg/l	≤4		70.73	8.32		70.8	17.8		8.5	14.92
氨氮 mg/l	0.5	100	24.4	13.872	100	25.6	2.34	97.6	21.95	12.87
亚硝盐氯 mg/l	0.02	97.56	46.3	0.653	100	63.9	0.407	97.6	26.8	0.104
硝酸盐氯 mg/l	10	100	0	0.778	100	0	0.93	100	0	1.27
挥发性酚 mg/l	0.005	19.5	2.44	0.006	23.1	7.7	0.008	78.4	0	0.004
氰化物mg/l	0.05	21.75	0	0.023	58.97	0	0.004	29.1	4.88	0.078
总汞 mg/l	0.0005	7.3		0.0002	0	0	0	39.02	39.02	0.0425
六价铬 mg/l	0.02	12.2	0	0.007	61.5	7.6	0.112	48.8		0.006
砷 mg/l	0.04	46.34	19.5	0.163	79.5	0	0.021	31.7	4.99	0.047
硫化物 mg/l		7.3		0.1	2.56		0.09	9.7		0.1
有机氯 mg/l		100		2.3	100		1.2	100		2.5
有机磷 mg/l										

说明：枯水期各项目采样数均为41个，丰水期为39个，平水期为41个

2. 大气污染 境内化工、锅炉、窑炉、电镀、汽车、拖拉机等排出的废气及部分工厂排放的生产性粉尘，造成大气污染。污染物主要有粉尘、二氧化硫、二氧化碳、一氧化碳、氮氧化物、碳氢化合物、氟化物、氨气等。据推算，烟尘年排放量达3125吨，二氧化硫排放量达3420吨，县城地区降尘量最高点达58.3吨/平方公里·月。1982—1985年，年年出现酸雨，pH值最低为4.0。

1983年和1984年扬中县酸雨监测数据情况表

表19

时间	监测地点	气温(℃)	风向	降雨量(毫米)	pH
1983.07.02	环境监测站	25.3	西	25.5	5.6

续表 19

时　　间	监测地点	气温(℃)	风　向	降雨量(毫米)	pH
1983.08.23	气　象　站	23.3	北	24.8	4.7
1983.08.23	环境监测站	23.3	北	24.8	5.4
1983.10.03	环境监测站	18.2	东南	5.05	5.5
1983.10.18	气　象　站	17.0	东	8.5	5.0
1983.10.19	测　报　站	18.0	北	3.6	5.1
1983.10.19	环境监测站	18.0	北	3.6	5.2
1983.10.20	环境监测站	17.5	东北	3.5	5.55
1983.10.20	测　报　站	17.5	东北	3.5	5.6
1984.09.07	测　报　站	21.6	东南	5.3	4.0
1984.09.07	环境监测站	21.6	东南	5.3	4.73
1984.09.07	气　象　站	21.6	东南	5.3	5.12
1984.09.26	测　报　站	26.9	东北	16.9	4.9
1984.09.26	环境监测站	26.9	东北	16.9	4.1
1984.09.26	气　象　站	26.9	东北	16.9	5.9
1984.11.08	测　报　站	19.5	西南	18.4	5.8
1984.11.08	环境监测站	19.5	西南	18.4	4.8
1984.11.08	气　象　站	19.5	西南	18.4	5.0
1984.11.14	测　报　站	13.8	西北	8.7	6.0
1984.11.14	环境监测站	13.8	西北	8.7	5.6
1984.11.14	气　象　站	13.8	西北	8.7	6.7

3. 噪声污染　县城地区工厂、建筑、交通噪声比较严重。县城交通噪声为 76dB(A)，噪声指数 PN=0.867。兴隆、丰裕、长旺、永胜、八桥等集镇也同样如此。

4. 土壤污染　1971—1979 年，粮食复种指数高达 225%，绿肥种植面积和农家有机肥的施用量大大减少，化肥用量却大幅度增加，破坏了土壤的团粒结构，造成板结，通透性差，供肥能力下降。同时，化肥品种单一，氮肥过量，又引起土壤中氮、磷、钾的比例失调。

三、污染危害

环境污染在境内已造成危害，县环保部门每年处理污染事故多达百起，直接经济损失多达 40 万元左右。

1. 水污染危害　水污染给水产养殖业直接造成危害，死鱼死蚌事故经常发生。全县有 500 多亩水面鱼虾濒临绝迹。县化肥厂废水危害波及城镇、三茅、丰裕、三涫 4 个乡镇，每年损失在 20 万元左右。

根据监测，全县水产品质量普遍下降，六六六、DDT、酚的检出率均为 100%，六六六高达 0.84ppm，酚的含量也达0.176ppm。

水污染造成地面水水质普遍下降，不符合饮用水标准。城镇附近河塘里的水发黑发臭，不能饮用。

2. 大气污染危害　大气污染影响人们正常生活和农作物、树竹的生长。县化肥厂、八桥庆丰玻璃厂、永胜永兴化剂厂等单位排放的废气，人闻了有头昏、胸闷等感觉。县化肥厂、幸福化工厂、八桥钢丝绳厂、兴隆和合电镀厂、县水泥厂等单位的废气和粉尘使周围几十亩农田受害减产，树竹枯萎死亡。全县每年有 100 多亩桑田，受砖瓦窑含氟废气污染，造成蚕茧减产，损失在万元以上。酸雨对人们生产生活的危害，尚无法统计。

3. 农药污染危害　农药污染使粮食、蔬菜、水产品、禽畜等体内都有残留，质量下降。

粮食（包括稻、麦），六六六和有机磷（以乐果计，下同）的检出率均为 100%。有机磷超标率为 10%。六六六最高达 0.04ppm，有机磷最高达 8.25ppm。

蔬菜（包括南瓜、黄瓜、丝瓜、茄子、豇豆、辣椒、青菜等），六六六的检出率为 100%，超标 10%，DDT 的检出率是 30%，有机磷的检出率是 90%。六六六最高达 0.37ppm，有机磷高达 3.26ppm。

猪肉的六六六和 DDT 的检出率均为 100%，六六六超标率为 77.8%，最高达 1.4ppm，DDT 超标率为 22.2%，最高达 1.2ppm。

禽蛋的六六六和 DDT 的检出率也为 100%，六六六超标率达 66.7%，最高达 1.26ppm；DDT 最高达 0.121ppm。

1979 年，镇江地区防疫部门到扬中县调查癌症发病情况，对粮食等食品进行监测分析，结果 75%的粮食中检出致癌物质二乙基亚硝胺，含量达 12.5ppb；15%的咸菜中检出有二乙基亚硝胺，含量达 14ppb。

4. 对生态平衡的破坏　根据调查，境内啄木鸟、野鸡、野鸭、家燕、喜鹊、柳莺、蝙蝠、黄鼠狼、青蛙、蛇、甲鱼、螳螂等部分野生动物大大减少，部分野生动物如猫头鹰、老鹰、刺猬、乌龟等境内已极少，而农作物害虫却显著增多。

由于环境污染严重，人体健康大受影响。1983 年 1 月，幸福胜利电镀厂含氰废水流入河塘，村民饮用受污染的水后，有 6 人中毒住院治疗。1984 年 7 月，在县化肥厂排污口芦滩里，三茅乡团结村二组的 22 人下滩除草，有 18 人皮肤中毒过敏，红肿溃烂。这些是急性危害，还有潜伏性的危害。扬中县是全国癌症高发区之一，1973—1985 年，癌死亡人数为9088 人，平均每年 699 人。癌症死亡率平均在 276/10 万左右，是全国平均癌亡率的 2.3 倍。

第二节　污染治理

一、环境污染治理

扬中县主要抓工业“三废”（废水、废气、固体废弃物）的防治，包括新污染源的控制和老污染源的治理两个方面。

1.控制新污染　1980—1985 年，全县新建、扩建、改造项目应该实行防治污染和其他公害的设施与主体工程同时设计、同时施工、同时投产（简称“三同时”）的共 19 家，实际执行的 15 家，新安装的锅炉 8 台。其中主要有长旺印染厂月处理 1 万吨印染废水的设施；县水泥厂机立窑重力除尘设备；八桥毛毡厂脱脂废水治理设施和 KZL1–7–A 锅炉的安装；县化肥厂 10 吨锅炉的安装等。长旺印染厂染色废水经凝聚沉淀氧化脱色处理后，色度较低，耗氧量能达到 200~300mg/l。县水泥厂除尘每年回收水泥 300 多吨，价值 3 万余元。

为了减少污染，县乡有关部门注意调整产品结构，发展无污染和少污染项目。

2.治理老污染　1980—1985 年，共有 36 家排污单位治理了 56 种污染物，更新锅炉 19 台，安装除尘装置 13 台，总投资达 120 多万元。治理废水能力达 76.2 万吨/年，创造经济价值 3.98 万元。

二、治理老污染项目

1.电镀“三废”治理　1979—1985 年，境内共有 23 家电镀厂（点），1983 年 7 月，关闭永胜永福五金厂和幸福五金厂两个电镀车间。县电镀厂、长旺中学电镀厂、幸福电镀厂 3 家限期迁移厂址。22 家电镀厂（点）基本上都采用多级逆流漂洗新工艺；含铬废水除县电镀厂和三滧 普庆电镀厂采用离子交换法和电解法设备处理外，其余都采用硫酸亚铁还原法治理。治理结果除一家仍超标排放外，其余 21 家均达到或低于国家排放标准。

电镀含氰废水经漂白粉氧化处理，接近排放标准。铬酸雾采用 F–53 抑制剂和排风回收器治理。抛光尘粉除丰裕五金电镀厂等 3 家采用吸尘抛光外，其余均用排风密闭降尘设施除尘，效果较差，只有 30%~50%。

2.化工行业的"三废"治理　联合化工厂染料生产废水用凝聚、过滤氧化脱色进行处理，其余化工厂未治理。县化肥厂生产废水占全县工业废水的50%，排放到三茅大港，每年都发生多起污染事故，赔偿污染损失年达3万余元。县化肥厂因耗能高，经济效益低，污染严重，1985年县政府决定该厂转产。

第三节　环境保护监测

1982年4月，县政府批准建立环境监测站，经过筹备，于1983年1月开始环境监测工作。现有721型分光光度计、声级计、环境监测车等设备仪器。

一、环境例行监测

1983—1985年对全县地表水、浅层地下水、县城环境噪音、降尘、酸雨等进行例行监测。1983年对粮食、蔬菜、水产品、猪肉、禽蛋等进行一次监测。监测项目有pH值、溶解氧、氨氮、亚硝酸盐氨、硝酸盐氮、挥发性酚、氰化物、六价铬、砷、耗氧量、硬度、硫酸盐、总铁等13个项目。汞化物、需氧量、有机氯、有机磷等项目监测，委托镇江市环境监测站帮助分析。共取得数据8874个。

二、对自来水水源和供水水质的监测

每年对全县9家自来水厂的水源和水质进行两次监测。监测指标除与地表水所监测的指标相同外，还增加细菌指标，共监测分析2142个数据。至1985年年底，除县自来水厂和长旺自来水厂的水源和水质较好外，其余以港水为水源的自来水厂供水水质均未达生活饮水标准。

三、污染纠纷、事故的仲裁监测

至1985年年底，共对71起污染事故和纠纷进行仲裁监测。

四、科研监测

至1985年年底进行"地面水水质调查"科研课题的监测，配合城乡建设环境保护部和南京环境科学研究所完成"化肥去向调查"的监测，共化验分析2022个数据。

五、污染源排污监督监测

每年对重点污染源进行两次监督监测和随机抽查监测，为环境规划和环境管理提供数据。

1983年和1984年扬中县部分重点污染源废水监测数据情况表

表20　单位：毫克/升(pH除外)

企业名称	采样时间	检验项目和结果						
		pH	六价铬	氰化物	COD	酚	氨氮	悬浮物
扬中县化肥厂	1983.6	7		0.904	2560	0.009	54.6	
	1984.3	10		4.770		0.013	222.9	
	1984.8		0.005	1.979	12.3		82.95	
扬中县电镀厂	1983.6		0.011	0.160				
	1983.9	6.1	2.210					
	1984.3		2.265	232.8				
	1984.8		2.270	8808				
扬中县染织厂	1983.6				3200			
	1984.3	5			1120			880
扬中县酒厂	1983.6	8.2			50.82			1327
	1984.3	6			502		0.579	
扬中县食品站	1983.6				327.84		8000	
	1984.3				22240		236.3	
	1984.8				125.6			
新坝五金电镀厂	1983.6		664.2					
	1983.9		0.917	5392				
	1984.3		0.014	173.87				
	1984.8		0.005	0.112				
新坝塑料电镀厂	1983.6		0.038					
	1983.9	5.6	1.345					
	1984.3							
	1984.8	7.5	2.565					
联合砂轮厂	1983.6	2.4			28.8	1.627		50
	1984.3	3						358
	1984.9	7.5			1000.5			
联合化工厂	1983.6	0			760		1.421	550
	1984.3				6.4			
	1984.9	7.5			801			

续表 20

企业名称	采样时间	检验项目和结果						
		pH	六价铬	氰化物	COD	酚	氨氮	悬浮物
联合电镀五金厂	1983.9	5.8		0.0716				
	1984.3		0.0313	559.2				
	1984.9		0.013	12.02				
丰裕五金电镀厂	1983.6		0.002					
	1983.9	3.8	0.002	0.084				
	1984.3	4	0.014	0.409				
	1984.8	2.5	0.24	0.167				
丰裕中华电镀厂	1983.6	2.6	0.023					
	1983.9	11.4	0.0165					
	1984.3	2	0.0162					
	1984.8		11.09	4.96				
三茅缫丝厂	1983.6				65.12		1.6	
	1984.3				994			
	1984.8				27.5			
三茅圙东电镀厂	1983.6		0.0021	0.267				
	1983.9		125.6	0.406				
	1984.3		5.502	0.876				
	1984.8		202.64					
三茅中林电镀厂	1983.6		58.2					
	1983.9	3.6	120.05	11.7				
	1984.3	5	322.24	66.36				
	1984.8		112.05	38.15				
三茅团结电镀厂	1983.6	2.8	81.5	7.05				
	1983.9		1.075	0.0208				
	1984.3		32.97	88.16				
	1984.8			12.00				
三茅新联电镀厂	1983.6		0.008	1.236				
	1983.9	2.4		3.07				
	1984.3		0.016	359.68				
	1984.8			9.82				

续表 20

企业名称	采样时间	检验项目和结果						
		pH	六价铬	氰化物	COD	酚	氨氮	悬浮物
三茅镇金星电镀厂	1983.6							
	1983.9	11.9	0.0021	0.342				
	1984.3		1146.2					
	1984.8	3	108.77	35.4				
三茅镇英雄球墨铸造厂	1983.6		0.0045	0.31				
	1983.9	7.1	0.0141	23.26				
	1984.4		0.053	234.04				
	1984.8		0.322	0.840				
兴隆和合电镀厂	1983.9			1146.4				
	1984.3		0.028	187.96				
	1984.8		391.63	18.75				
兴隆码头电镀厂	1983.9	3.1	359.7	12.54				
	1984.3	5	0.073	175.16				
	1984.8		2.46	7.92				
长旺毛纺厂	1983.6				3400			
长旺印染厂	1983.6	6.5			20.48			86.4
	1984.3	9			120			214
	1984.8	9			243			
长旺中学电镀厂	1983.6	5		5.28				
	1983.9		0.0021	11.6				
	1984.3		0.005	40.76				
	1984.8							
永胜化工厂	1984.3	6			480			
	1984.8	9			243			
永胜得胜电镀厂	1983.6			0.152				
	1983.9	3.2	0.0112	0.077				
	1984.3		0.0551	482.4				
	1984.3		0.0720	101.04				
油坊长沙电镀厂	1984.3	2.5	0.0050					
	1984.9							

续表 20

企业名称	采样时间	检验项目和结果						
		pH	六价铬	氰化物	COD	酚	氨氮	悬浮物
油坊四墩子电镀厂	1983.9	4.9		1.358				
	1984.3	5	0.495					
八桥被单厂	1983.6	9			544		0.44	2167
	1984.3				144			
八桥钢丝绳厂	1983.6	2.8						2284
	1984.3	2			76800			3723
幸福农具厂	1983.6	6.75	未检出	0.079				
	1984.3		未检出	98.46				
	1984.8		未检出	0.111				
幸福胜利电镀厂	1983.6		未检出	0.180				
	1983.9		0.0074	17.20				
	1984.3		0.94	136.86				
	1984.8		未检出	6.726				

说明：工业废水排放标准 pH 为 6~9；六价铬为 0.5mg/l；COD 小于 100mg/l；酚为 0.5mg/l

经济编

目　录

综 述

解放前,扬中县素以农业生产为主,自然经济占主导地位。生产资料私有制束缚了生产力的发展,粮食平均亩产100~200公斤。全县无大工业,个体手工业者较多,如木匠、瓦匠、缝衣匠、篾匠、织布机匠等。他们农忙务农,农闲外出做工。清嘉庆(1796—1820)年间,出现手工业作坊。至1949年解放时,全县仅有小型手工业作坊63家,从业人员161人。商业发展缓慢,至解放时,全县仅有私营商业户847户,从业人员1448人,且以小商贩居多。渔业及芦、柳、竹、蚕桑等副业虽较发达,然均因技术和设备落后,发展不快,产量和质量很低。陆上无公路,运输靠手推独轮车。水运主要靠木船,轮船客运航班不多,交通落后。农业产值占工农业总产值97%以上,政府财政收入主要靠田赋和各种附加税。1946—1949年,物价飞涨,经济混乱,百业凋敝,民不聊生,国民经济濒临崩溃。

新中国成立后,人民政府贯彻"发展经济,保障供给"的方针,经济发展迅速。但在发展过程中曾两次遭受挫折,一是"大跃进"时期,二是"文化大革命"时期。

1949—1957年,为三年恢复和第一个五年计划时期。1951年完成了土地改革,消灭了封建经济制度;1956年完成了对农业、手工业和私营工商业的社会主义改造,基本上实现了生产资料公有制和按劳分配的社会主义原则,解放了生产力,生产发展,经济逐步繁荣。1957年工农业总产值3254.56万元,比1949年增长35%。

1958—1962年,为第二个五年计划时期。受"大跃进"的影响,经济制度变革违背了经济发展规律,破坏了生产力。1962年工农业总产值比1957年下降30%。后经1963—1965年三年调整,经济才又复苏。1965年工农业总产值4283万元,比1962年增长87%。

1966—1975年,是第三个、第四个五年计划时期。这时期正值"文化大革命",生产遭受破坏,商品供求矛盾突出,经济发展受挫。1970年粮食产量比1966年下降21%,

至1975年才恢复到1966年水平。工业总产值增长速度逐年下降,1963—1965年,平均年增长速度为30.01%,1966—1970年降为26.93%,1971—1975年降为22.29%。

中共十一届三中全会后,贯彻国民经济“调整、改革、整顿、提高”的方针,实行改革、开放、搞活的政策,推行经济责任制,确立了“主攻工业,提高农业,突破副业,搞活流通”的发展战略,全县出现了“县乡村组户,5个层次一起上;农林牧副渔工商运建服,十个轮子一齐运转”的景象,经济日益繁荣。1985年工农业总产值69969.92万元,为1957年的21倍,1976年的4.3倍;国民收入人均1230元,为1982年的2.23倍。

扬中县工业基础薄弱。1949年工业企业单位9家(国营1家,私营8家),年总产值86.45万元。1957年增为25家(国营7家,集体18家),年总产值为1949年的2.9倍。1958年大办工业,1959年工业企业发展为130家,产值增至670.97万元。1963年整顿,降为31家,产值478.05万元。“文化大革命”初期生产混乱,至1971年始有好转。1978年后发展加快,至1985年,全县有国营、集体和私营工业企业2892家,年总产值60796万元。扬中解放以后,工业产值在工农业总产值中所占比重不断上升,1950年占3.96%,1985年升至87.2%。

在整个工业中,乡(镇)、村(社、队)工业发展迅速。1985年,全县有乡(镇)、村办企业601家,占全县工业企业总数的21%;总产值43809万元,占全县工业总产值的72%;创利税7720万元,占全县工业利税总额的84.9%。乡(镇)、村工业发展,消化了农村劳动力,为农民创造了就业机会,增加了收入;为农业提供了大量资金,支持了农业生产;使农村经济结构与社会分工发生了新的变化。

扬中县完成了对农业的社会主义改造后,又对农业进行技术改造,提高了农业机械化、电气化、水利化的程度,有力地促进了农业生产。1985年,粮食总产11714.17万公斤,为1950年的3.02倍,1966年的1.28倍;农业收益分配人均804元,为1956年的25倍,1976年的10.4倍。1978年推行生产责任制后,农民兼营其他行业,促进了乡(镇)、村工业和林、牧、副、渔诸业的发展,农村出现了许多专业户和“贸、工、农联合体”,活跃了农村经济。

林、牧、副、渔诸业,除“大跃进”“文化大革命”时期遭受过破坏,其余年份均稳步发展。1985年,全县有林木面积12.15万亩,林木1455.56万株,均约为1957年的2倍;生猪饲养量20.314万头,比1972年增长30%;羊79384头,比1978年增长40%;蚕茧产量7.8万公斤,为1954年的1.6倍;内河养鱼产量161.4万公斤,为1957年的2.2倍;长江捕捞总产17.5万公斤,为1978年的3倍。

商业在1956年完成对私营商业的社会主义改造后发展迅速。1959年和1968年,两度将集体所有制商业改为全民所有制,商业发展也两度沉浮。1978年后,实行体制改革,“多种流通渠道,多种经济成分,多种经营方式,减少商品流通环节”的开放型商品流通市场逐步形成。1985年,全县有商业零售机构2049家;社会商品零售总额9954万元,为1950年的114倍;农副产品收购总额1713万元,为1950年的19.8倍。

交通、邮电等业也相应发展。水运改用机动船,陆路建成公路干、支线13条,总长75.079公里;建成栏杆桥、轮船港两个汽渡码头,加速了客货运输。邮电设备不断更新,1985年邮电计费业务总量181.69万元,为1950年的46倍,1978年的2.9倍。全县电话普及率每百人0.7部。

政府财政收入逐年增加。1985年县财政收入3749.6万元,为1966年的13倍,1976年的3倍。在财政总收入中,工商企业税利收入,1950—1952年占26.86%,1981—1985年上升至96.03%;农业税收入,1950—1952年占69.87%,1981—1985年降为3.6%。

改革、开放、搞活的政策促进了生产,促进了商品经济的发展,推动了社会主义现代化建设,使扬中县经济出现了繁荣兴旺的新气象。

第一章 农 业

扬中县农业以粮食生产为主。1985 年,全县共有耕地 16.66 万亩,全县人口 26.08 万人,人均耕地 0.64 亩。

境内气候适宜,水源充足,农业生产自然条件较为优越。沿江地带耕地系漏沙地,土质黏度轻,保水保肥力较差,粮食产量较低。中心地带耕地肥沃,且水系配套,粮食产量较高。

新中国成立前,封建土地制度束缚了生产力的发展,生产方式落后,粮食亩产 100~200 公斤。

1951 年完成土地改革,消灭了封建土地制度;1956 年实现农业合作化,完成对农业的社会主义改造,变土地私有制为集体所有制,解放了生产力。政府不断增加农业投入,对农业进行技术改造,提高了农业机械化、电气化、水利化、化学化程度,提高了单位面积产量,1949—1985 年粮食产量平均年递增 3.32%。

1949—1952 年和 1962—1965 年,农业增产幅度较大。1958 年人民公社化运动中,受“共产风”“浮夸风”的影响,1959—1961 年遭受自然灾害,1966—1976 年遭受“文化大革命”的破坏,生产发展遭受挫折,粮食产量 1962 年下降接近 1949 年水平,1970 年比 1966 年下降 20%。

中共十一届三中全会后,农村实行经济体制改革,推行生产责任制和家庭联产承包责任制,农业生产迅速发展。1985 年机耕面积、机播面积和机电排灌面积,分别占耕地总面积的 86.19%、1.14%和 91.3%,农用化肥量平均每亩折纯氮 20.3 公斤,农村用电量 6388.48 万千瓦时;全县粮食总产 11714.17 万公斤,为 1949 年的 3.14 倍,1965 年的 1.47 倍;全县人均占有粮食 449.1 公斤,为 1949 年的 2.17 倍;农业产值(纯农业)4423.62 万元,为 1949 年的 3.09 倍,1965 年的 1.51 倍。

经济体制改革后,农业生产效率提升,农村富余劳动力从事工、商、建筑、运输、服务等行业,各种专业户、经济联合体大批涌现,扬中县农业正逐步向专业化、现代化转变。

1953—1985年部分年份扬中县政府农业投资情况表

表21　　　　　　　　　　　　　　　　　　　　　　　　　　　　单位：万元

年份	投资额	农业事业费									副业及机械事业费						支持人民公社经费
		合计	其中							其他用费	林桑事业费	畜牧兽医费	水产事业费	经营管理员经费	资源调查及区划费	农机事业费	
			技术推广费	良种推广费	植物保护费	土肥事业费	科研试验费	干部培训费	农科网补贴费								
1953	0.74	0.52	0.01		0.04		0.10			0.37		0.22					
1954	1.07	1.03	0.95							0.08			0.04				
1955	2.84	2.50	1.02							1.48		0.19	0.15				
1956	3.86	3.23								3.23	0.04	0.59					
1958	3.91	2.71	0.94	0.24	0.02					1.51	0.61	0.52	0.07				
1959	32.38	5.02		0.39				0.05		4.58	2.63	0.51	2.22				22.00
1960	55.86	8.05	1.32	3.54	0.09		0.76	0.23		2.11	3.04	1.06	8.71				35.00
1961	36.68	4.65	1.71	0.39	0.13		0.53			1.89	0.97	0.82	2.04				28.20
1962	7.83	5.02	1.69	0.39	0.40		0.22	1.41		0.91	1.13	1.13	0.55				
1963	10.75	4.60	0.92	0.46	0.29					2.93	1.25	0.85	0.20				3.85
1964	8.24	5.98	1.09	0.61	0.41					3.87	1.14	0.88	0.24				
1965	7.03	5.62	1.52					1.27		2.83	0.09	1.13	0.19				
1966	9.22	4.81	1.26		0.40					3.15	2.04	1.52	0.85				
1967	9.10	2.86	0.91		0.21					1.74	2.58	1.45	0.21				2.00
1968	21.70	△20.70															1.00
1971	7.70	*5.06									0.01						2.63
1972	7.81	*5.37									0.21		0.43				1.80
1974	21.34	*10.89									0.50		1.03				8.92
1975	27.08	*9.96									1.27		0.90			1.00	13.95
1976	54.34	6.61	2.98		0.53		0.76			2.34	0.86	3.06	0.93			3.20	39.68
1978	122.01	*20.61									1.01		1.19			0.80	98.40
1979	98.40	14.20	2.40	2.00	1.30		4.40			4.10	1.00	9.00	1.00			11.00	62.20
1980	70.60	21.00	3.20	2.00	1.40	5.20	2.10		0.80	6.30	0.80	4.00	2.10			9.50	33.20
1981	75.30	24.90	4.80	1.90	2.50	5.10	2.00	0.80	0.80	7.00	1.90	6.70	1.50	1.00	1.20	6.10	32.00
1982	71.80	25.40	4.00	2.20	1.90	4.90	2.40	1.60	1.10	7.30	1.20	7.40	1.40	1.40	1.30	6.50	27.20
1983	75.80	29.50	10.40	1.40	1.50	2.80	4.20	1.00		8.20	1.50	6.70	1.60	5.60	1.10	6.90	22.90
1984	93.50	35.90	4.60	1.00	2.00	3.60	7.20	2.80		14.70	2.00	5.90	2.60	2.30	1.40	5.80	37.60
1985	107.20	26.20	11.10		1.70	1.90	2.30	1.10		8.10	2.20	8.70	3.40	4.20	0.50	5.00	57.00

说明：表中*数字内包括农业和畜牧兽医两项；△数字内包括农业、林业、畜牧兽医和水产等

第一节　生产关系变革

一、解放前封建土地制度

民国初年,全县土地约三分之一为地主、书院、寺庙和慈善机构所占有,如旗民生计所7900余亩,宝晋书院3000余亩,浮玉山庄1200余亩,育婴堂5000余亩。20世纪30年代,大地主杜楚卿(杜三)占有耕地2000多亩、芦滩3000亩左右。1951年10月统计,土改前,占全县人口总数2.35%的地主阶级,人均占有土地6.65亩,而占人口总数50.3%的贫农、雇农,人均占有土地仅0.77亩。

土地改革前扬中县各阶层占有土地情况表

表22

项目 / 数据 / 阶级成分	占有土地者				占有土地量		
	户数	%	人数	%	亩数	%	人均亩数
地主	997	2.02	4519	2.35	30063.2	11.19	6.65
富农、半地主式富农	1380	2.79	7212	3.75	20027.3	7.45	2.78
工商业资本家	430	0.87	1749	0.91	3640.4	1.35	2.08
小土地出租者	1585	3.20	4461	2.32	8960.4	3.33	2.01
中农	19993	40.45	76442	39.71	118163.5	43.98	1.55
贫农	23811	48.17	95713	49.72	74466.1	27.72	0.78
雇农	445	0.90	1066	0.55	320.6	0.12	0.30
其他	489	0.99	974	0.51	1040.1	0.39	1.07
未划成份	34	0.07	120	0.06	1896.9	0.71	(15.81)
公地	265	0.54	231	0.12	10102.2	3.76	(43.73)
总计	49429	100.00	192487	100.00	268680.7	100.00	1.40

农民租种耕地受到严重的封建剥削,其剥削形式主要有:(1)佃种分收。佃农不交押金,所收粮草与田主对半分成,或主四佃六,或主六佃四;(2)租种。佃农按每亩10元左右标准交押金给田主,然后每年按夏熟每亩麦4斗,秋熟每亩米6斗或稻谷1石交租给田主;石斗不足,则将押金抵算,并且田主可“摘田另佃”。

土地为个人私有,可自由买卖。扬中土地买卖有呆契、活契两种。呆契价高,活契价低。呆契为杜卖,即土地所有权归买主,以后卖方不能赎回。活契则土地所有权仍属卖主,其中又分典卖与过手两种。典卖后土地仍由卖主耕种,向买主交纳实物田租,通常为米麦共一石;定期若干年,期满时卖主可赎回。过手为出卖后土地归买主耕种,卖主在规定期限内可赎回。

二、土地改革

抗日战争时期,扬中抗日民主政府在距敌伪据点较远地区实行减租,使农民有所获益。解放初,人民政府即实行减租减息,开展反霸斗争,为进行土地改革作准备。

土改运动的准备和试点 1950年2月,根据苏南区党委《苏南土地改革准备工作计划》和镇江地委部署,扬中县在完成农村减租减息任务后,进入土改准备阶段。

是年6月8日,县土改工作队一行29人进入兴隆区积善乡进行土改试点。工作队首先开展调查,掌握农村土地占有基本情况、经营方式和阶级关系等方面的第一手资料,同时向群众宣传土改的重要意义,表明政府废除封建土地所有制的立场和决心。接着进行基层组织整理,建立起以贫雇农占2/3、中农占1/3的领导核心。8月1日起,土改典型试验依次进入划分阶级、没收征收和分配阶段,9月下旬试点总结,10月初试点结束。

土改运动的全面推开 1950年10月,县政府在总结积善乡土改试点经验的基础上,将土改扩大到7个重点乡和10个附点乡,土改运动进入展开阶段。7个重点乡为新坝区的民众,三茅区的圌东、北固,兴隆区的长旺、邻丰、德云和八桥区的六墩。

土改工作队进村后,通过宣传土改意义和政策,启发农民阶级觉悟,开展对地主阶级的控诉斗争。同时查清土地占有情况和租佃关系,制订土改方案,并召开乡农民代表大会讨论通过。然后划分阶级成分,没收地主土地和房屋、耕畜、农具、家具、粮食五大财产,征收富农土地。至12月底,全县第一批17个土改重点乡和附点乡基本完成土改任务,共没收、征收土地13768亩,房屋1024间。分得土地的雇农97户、302人,贫农3858户、17084人,中农688户、3243人,其他成分225户、819人,计4868户、21448人得到土地。

1951年元月起,扬中土改运动全面开展,并进入高潮。2月底,全县57个乡的土改任务全部完成。全县共没收、征收土地5.27万亩、房屋4336间、耕畜26头、农具2.5万件、家具2.94万件、粮食124.54万斤。土改得益户2.13万户、7.81万人,分别占全县总户数的43%和总人口的44%。

土改运动的成果 农村土地占有情况发生了根本变化,贫雇农占有的土地,由土改前人均0.77亩增加到1.43亩;地主占有的土地,由土改前的人均6.65亩下降至1.3亩。是年5月,进行土地证颁发试点,9月份全面展开。至11月10日,全县57个乡土地证颁发工作全部结束。

土地改革运动促进了生产力发展和粮食产量提高。1952年,扬中县粮食平均亩产由1949年的160公斤提高到216.5公斤。

三、农业合作化

以私有制为基础的小农经济生产规模小,力量薄弱,无力抗拒较大的自然灾害。土改后不久,农村即已出现贫富两极分化现象,部分贫苦农民无力维持生产,不得已出卖土地,新坝区一年内卖田事件2000多起。中国共产党及时号召农民“组织起来”,走集体富裕的道路,在农村中开展互助合作运动。

1.互助组 有临时的、季节的和常年的3种。1951年秋,三茅区厚生乡试建第一个临时互助组,后过渡为常年互助组,农忙时互助务农,农闲时集中搞副业。1952年上半年,该乡发展临时、季节、常年互助组共51个,入组农户占全乡总农户的46%。1952年2月,八桥乡试建黄美善常年互助组。至1952年年底,全县共有常年互助组81个,季节、临时互助组2496个,参加农户16751户,占全县总农户的34.31%。

2.初级农业生产合作社 1953年春,在黄美善常年互助组的基础上试建全县第一个初级农业生产合作社。初级社实行:(1)土地入股,统一经营,按土地、劳力比例分红,一般为土地分红占40%,劳力分红占60%;社员保留对土地的所有权。(2)大型生产资料如耕牛、水车等,或入股分红,或作价入社转为投资付息;社员可拥有部分生产资料,如小型农具等。至1954年年底,全县已发展初级社123个,参加农户4339户,占总农户的8.94%;另有互助组2490个,参加农户19857户,占总农户的41.71%。

3.高级农业生产合作社 1955年,贯彻中共中央《关于整理和巩固农业生产合作社的通知》精神,除继续巩固、发展互助组、初级社外,开始将有条件的初级农业生产合作社逐步转为高级农业生产合作社。高级社实行:(1)土地归集体所有,取消土地报酬,收益按劳分配。(2)其他生产资料折价入社,归集体公有。(3)生产分作业组,实行包工、包本、包产、超产奖励的“三包一奖”制。1956年年底,全县有191个初级农业合作社和95个高级农业合作社,入社农户49472户,占全县总农户的99.3%。土地集体所有,改变了生产关系,克服了土地私有与统一经营的矛盾,促进了农业生产的发展和粮食增产。1956年平均亩产比1952年增加53.1公斤,增长25%。1949—1956年,粮食总产平均年递增5.8%。1957年,全县合并为185个高级农业合作社,实现了农业合作化,完成了对农业的社会主义改造,土地由农民私有制变为农民集体所有制。

四、人民公社化

1958年8月,贯彻执行中共中央《关于在农村建立人民公社问题的决议》,扬中县开始将高级农业生产合作社合并,建立政社合一的人民公社。至10月份,全县共建立9个人民公社,取消乡村建置,实现了人民公社化。

人民公社初建立时,权力过分集中在县、社两级,没有实行分级管理,基层单位缺少自主权;不断改变经济核算单位,由大队、公社核算;农村普遍办食堂,“吃饭不要钱";农村刮起一平二调的"共产风",主要是大搞平均主义,无偿调用集体或个人的土地、房屋、劳力、农具、粮食、资金等。同时又发动"大跃进"运动,刮起虚报产量,虚报成绩的"浮夸风"。这些变动损害了农民的利益,挫伤了农民的生产积极性,农业生产遭到严重破坏,再加上1959—1961年三年自然灾害的影响,粮食大幅度减产。1961年粮食总产比1956年下降15%;1962年粮食总产比1956年下降28%,接近1949年水平。农民口粮紧缺,1959—1961年,患浮肿病、消瘦病者甚多,1961年1月至3月统计,患病人数占全县人口总数的9%。

20世纪60年代初期,扬中县政府贯彻中共中央"调整、巩固、充实、提高"的方针,"全党动员,大办农业",开始纠正"浮夸风""强迫命令风"等错误。通过调整粮食政策、解散公共食堂、对困难群众进行帮助、压缩城镇人口数量、降低定量供应人口口粮标准、紧缩社会集团购买力等一系列应急措施,克服困难。同时,调整分配政策,确认生产队是基本核算单位和社员生产生活的组织单位。1962年2月,贯彻中共中央《关于改变农村人民公社基本核算单位问题的指示》,公社实行"三级(公社、大队、生产队)所有,队为基础(生产队为基本核算单位)"的体制,强调按劳分配,保障生产队的自主权,改善集体经济的经营管理,农民思想渐趋稳定,农业生产得到恢复和发展,1966年粮食总产比1956年增长65%,亩产首次超千斤(500公斤)。

"文化大革命"时期,政治动乱,受"左"的思想影响,"大批资本主义",经济核算体制急于向大队核算过渡,以评政治工分代替按劳取酬,部分社、队一度收回自留地(后又重划),禁止家庭副业生产,取消农村集市贸易。生产关系这样变动,违背了农民意愿,违反了价值法则,阻碍了生产力的发展。1966—1970年粮食连续减产,粮食总产平均年递减5.5%,1970年粮食总产比1966年下降20.3%。1971—1976年发展仍很缓慢。

五、联产承包责任制

中共十一届三中全会后,在农村落实各项经济政策,恢复农民生产经营、分配交换的自主权,大力发展商品生产,广开集市贸易,调动农民的生产积极性。1981年进行探索专业承包、联产计酬思路,实行联产到组、大组联产、联产到劳等多种形式的生产责任制,承包土地,联产计酬。1982年发展为包干到户、分户经营,自负盈亏,生产责任制进一步完善。这样通过劳动组织、经营方式、计酬办法等环节的改革,调整生产关系,农业生产又迅速发展,粮食产量稳定持续增长。1984年粮食总产超过历史最高水平,比1976年增产25.5%。农村富余劳动力有条件地向其他行业转移,农村中涌现出一批专业户、重点户,开创了农、林、牧、副、渔五业并茂,乡、村工业蓬勃发展的新局面。

第二节　耕作制度

一、传统耕作制度

20 世纪 50 年代前为夏秋两熟制。夏熟以种植三麦(元麦、小麦、大麦)为主,元麦田夹种蚕豆、秧草(主要用作秋熟作物基肥);秋熟中,水田种植水稻,旱田种植大豆、棉花或其他作物。

二、耕作制改革

20 世纪 50 年代开始,扬中县逐步改革耕作制度,其演变可分 5 个阶段。

1.早麦、中籼稻两熟制阶段(1949—1956)　1956 年前基本上延续传统耕作制度,夏熟主要是元麦与秧草(绿肥)混种,秋熟为早、中籼稻,产量较低。

2. 早麦、中籼、中粳并存的两熟制阶段 (20 世纪 50 年代中期至 60 年代前期) 1956 年开始对水稻品种进行改良,推广籼稻改粳稻,但进展缓慢,直到 1963 年试种农垦 58 号,中、晚粳种植面积才稍大于中籼稻。

3.晚麦、晚粳两熟制阶段(20 世纪 60 年代中后期)　1964 年继续扩种晚粳稻农垦 58 号,1965 年普及全县。1966 年单产超过千斤(500 公斤),创稻、麦两熟制产量超历史最高记录。小麦种植面积扩大,1965 年 5.96 万亩,1967 年 12.95 万亩。传统的绿肥与元麦混作制改为绿肥单作。三麦产量占总产的 20%以上。后因晚粳农垦 58 号退化,加上“文化大革命”的干扰,增产优势未能稳住。

4.双、三熟制阶段(20 世纪 70 年代)　双、三熟制的主要形式有;绿肥—稻—稻(两熟制)、油菜—稻—稻(三熟制)或麦(元麦、大麦、早小麦)—稻—稻(三熟制)。

1965 年,扬中县试种双季稻 100 亩,获得成功。前茬平均亩产 250 公斤,后茬 225 公斤。于是,在全县推行以双季稻为主的三熟制。1976 年全县种双季早稻 11.07 万亩,占水稻总面积的 69%。全年粮食复种面积为 39.65 万亩,复种指数为 227.7%。全县总产首次突破 1 亿公斤。此后由于布局安排失当,加之肥力不足,群众劳力负担过重,产量逐渐下降。

5.稻、麦两熟制(20 世纪 80 年代初)　中共十一届三中全会以后,实行家庭联产承包责任制,本着实事求是精神,允许群众逐步减少三熟制种植面积,扩大杂交中稻和中粳、早熟晚粳等种植面积,1984 年双季早稻种植面积仅剩 1.13 万亩, 杂交稻达 8.98 万亩,中粳、早熟晚粳和其他品种 4.66 万亩,全县耕作制度又逐步恢复成稻、麦两熟制。实行两熟制后,农村劳动力得到了解放,为林、牧、副、渔和乡、村工业的发展创造了人力资源条件,社会效益明显提高。

第三节　作物栽培

解放前，作物栽培方法落后。解放后，提倡科学种田，栽培方法和栽培技术不断改进，栽培时间也根据作物和季节特点实行合理安排（见本节末《扬中县十二月农事活动表》）。

一、水稻

1.水稻育秧　传统方法为秧田水育。三熟制时期，育秧技术多样，早稻有尼龙薄膜育秧，场地旱育，通气式水育秧及抽行留寄、条寄、棵寄两段育秧等方法，还试验过室内温室床架育秧。育秧过程中不断改进方法，努力提高出芽率，培育壮秧。

科学处理种子——改传统人工选种为盐水、泥水选种，测定发芽率，药剂处理，浸种催芽，然后播种。

精做秧田——传统做法粗放，且不论秧田大小，均为一整块，通风不良，管理不便。1952 年推广“合式秧田”，秧田分埨，埨间隔水沟，以利除草治虫和水肥管理。20 世纪 60 年代初推广陈永康培育壮秧“落谷稀”经验，70 年代中期推广通气式秧田。秧田每亩用种量，早稻 75~90 公斤，单季中、晚稻 40~50 公斤，杂交稻 10 公斤（合大田每亩用种早稻 15 公斤，单季中、晚稻 5~7.5 公斤，杂交稻 1~1.25 公斤）。

科学管理——传统方法为长期保持水层，适当追肥除草。后改进为立苗前晴天满沟水，阴雨天将水放干，三叶期后建立水层；一叶一心施“断奶肥”，三叶期施“接力肥”，移栽前施“出嫁肥”。

2.秧苗移栽　传统稀植，密度为横 7 竖 8（以寸计，下同），亩栽万穴左右。1956 年改眠栽为直栽，推行合理密植，株行距 6×6，每穴 6 株，称“六·六·六”。1958 年改为 3×5、4×5 标准，亩栽达 3 万~4 万穴。1959 年县农业科学研究所进行不同密度试验，亩栽 2.4 万~4 万穴，增产明显。密至 6 万穴则产量降低，且易倒伏。

3.水肥管理　传统方法为自流灌溉，田内保持浅水层。1956 年开始，推行陈永康烤田经验，适期烤田。1964 年后，水浆管理改进为：浅水插秧，寸水活棵，薄水发棵，适期烤田，浅水勤灌，孕穗不脱水，干干湿湿长籽粒。此后又推广脱水扎根，后期勤灌“跑马水”，效果很好。施肥技术由 50 年代传统施肥方法发展到根据稻子的不同类型和生育特点，因种施肥，做到了 5 个结合：有机肥与化肥相结合，迟效肥与速效肥相结合，氮、磷、钾三要素相结合，土壤根施与叶面喷施相结合，深施与面施相结合。1982 年推广叶龄模式高产栽培技术，根据水稻叶龄进程和叶色变化采取相应应变促控措施，使水稻栽培技术规范化，效果良好。

二、三麦

扬中县传统种植元麦和小麦。1970 年引种大麦，1984 年后大麦又被淘汰。

解放前，元麦有三月黄（四棱头）、四月黄（六棱头）、野鸡红等品种，多与秧草混种。传统的耕作方法是稻子收割后，划墒削塿、浇泥浆（将麦种、秧草籽按比例拌和在河泥浆中），多采用横条浇法，每亩用元麦种 3~4 公斤、秧草籽 5 公斤左右。小麦有菜籽黄、红芒、虾子红、老来光、大子黄、洋癞子（和尚头）等品种，一般采用散种法，每亩用种 5~7.5 公斤，也有伴以少量蚕豆、豌豆混种的。元、小麦的田间管理主要是追肥、除草，清理墒沟、降低水位等。元麦在冬前、开春后还需中耕 2~3 次。

解放后，更换良种，改进栽培方法。播种方式：1964 年前元麦一般与秧草混种，1965 年全部改为元麦与秧草分种。元麦削塿条播，小麦做埨散播为主，条播较少。1979 年以后推广多种形式条播，有人工削塿条播、深翻机条播、半免耕机条播等。播种量：元麦每亩播种 7.5~10 公斤，小麦每亩播种 12.5~15 公斤。三熟制时晚茬多，播期迟，亩播量一般为：元麦 10~12.5 公斤，小麦 15~17.5 公斤（大粒种 17.5~20 公斤），大麦 12.5~15 公斤。1980 年以后，单季杂交稻面积大增，秋播茬口提早，播种量相应减少，元麦亩播 7~8 公斤，小麦 10~12.5 公斤。20 世纪 70 年代以后，推广新技术，主要是：改明沟为暗沟，排水防渍效果好，且增加播种面积；分层（底层、中层、随籽）施肥，氮、磷、钾配合；两次穴施碳铵，有经济用肥、壮苗越冬、后期不早衰的效果；冬季压麦，能促壮、控旺，促下、控上；根外追肥，因土因苗施肥；进行化学除草。

三、油菜

1971 年开始种植油菜，栽培方法有育苗移栽和大田直播两种。育苗移栽的过程分育苗、移栽、管理 3 个阶段。

育苗　苗床与大田按 1:5 标准确定苗床面积。9 月中旬播种，亩播量 0.5~0.75 公斤。苗期管理早间苗，连续间苗多次后定苗。定苗标准为每平方尺 13~15 棵。其次是追肥、防旱、防湿、防虫等。苗高 5 至 6 寸，长成 6 片真叶时移栽。

移栽　按秧苗大、中、小分级，亩栽 1 万~1.5 万株。用大锹扦口或锄头削槽，按一定株、行距栽苗。边栽边浇活棵水，边施随根肥。

大田管理　重施腊肥，12 月上旬，每亩穴施碳铵 20~25 公斤，或增施猪羊灰 30~40 担。并结合松土壅根，保暖防冻。春节后追施返青肥。二月底施苔肥。临花期视苗的长势进行“捉黄塘”补平，始花至盛花期喷硼肥 1~2 次，或喷磷酸二氢钾。喷多菌灵防治菌核病。

1971 年，扬中油菜籽亩产 69 公斤，1985 年增至 109.5 公斤。

四、大豆

扬中种植大豆主要用于榨油食用，豆饼用于喂猪或垩田。解放前，旱地约近半数种植大豆，面积1万多亩，亩产50公斤左右。解放后，种植面积逐年减少。1985年面积0.23万亩，亩产150公斤左右。

大豆有春、夏两种，以夏大豆为主，多种在高地。春大豆于4月中旬播种，7月中旬收获，种植较少，一般用于做菜直接食用。夏大豆于6月中旬播种，10上旬收获，主要品种有六月白、八月白、大粒型绿大豆、黑大豆、丝瓜香等。夏熟作物收获后，清除杂草，打塘穴播，深度1.5寸，株、行距8~10寸，每穴播种3至5粒，中耕除草两三次，一般不施肥。

五、棉花

解放前，扬中县农民种植棉花仅为家庭纺纱织布之用，种得很少，品种较为单一，通常种的是“中棉”。谷雨、立夏之间在元麦空塄间套种。株距1尺多，每穴点播种子3~5粒。苗高3~4寸时进行间苗，每穴留1~2株。以后追肥2~3次，中耕除草7~8次。因品种低劣，栽培技术落后，产量很低，亩产皮棉仅5~15公斤。1956年推广种岱字棉15号，至1970年，亩产增至22.5公斤。20世纪70年代不种棉花。1981年引种“徐州142”和“泗阳835”良种，按照高产规范栽培，推广营养钵育苗技术，是年亩产49公斤，1984年增至80公斤。元麦茬在5月上旬、小麦茬在6月上旬移栽，亩栽3000~3500株。管理技术措施为：重施花铃肥，早整枝，多座伏桃；立秋前施盖顶肥，多争早秋桃；花蕾期前中耕除草数次，多培土，形成高垄和沟系，以利发根抗倒，排水防渍；苗期防治炭疽病、立枯病、蚜虫；花铃期防治棉铃虫、红铃虫。

进入20世纪80年代，买布购衣取消布票，“家织布”不再时兴。1985年，扬中停种棉花。

六、甘薯(俗称山芋、番芋)

1959年扬中引种，20世纪60年代普及全县，多在高地和港堤内外坡栽种。藤叶喂猪，薯块食用。若多次剪藤，则薯产量不高，亩产500公斤左右。1982年引进良种“徐薯18号”，亩产1750公斤，最高2393公斤。一般栽插麦茬，栽插方式主要为做垄插苗。栽培工序：翻地，碎土，施基肥，做垄，插苗，浇水，追肥。

扬中县十二月农事活动情况表

表23

农事项目＼时间	2 月	3 月	4 月
	立春(3日或4日) 雨水(18日或19日)	惊蛰(5或6日) 春分(20或21日)	清明(4日或5日) 谷雨(19日或20日)
农作物	三麦、油菜:看苗追施返青肥,中耕松土,清沟理墒,对前期肥料不足的油菜田块,月底重施苔肥。 绿肥:施返青肥。	三麦:中耕除草,清沟理墒,施拔节肥,诱杀黏虫。 油菜:追施苔肥,中耕培土,清沟理墒。 山芋:育苗。 棉花:营养钵塑料薄膜育苗。	三麦:施保花肥、排水降渍、防治病虫害。 油菜:施临花肥,防治病虫害。 水稻:双季早稻和单季早稻适时播种育秧。 棉花:直播棉播种,育苗田苗床管理。 大豆:春大豆播种。 山芋:苗床管理,春山芋栽插。 绿肥:夏绿肥播种,冬绿肥盛花期或初荚期收割。
果树 蔬菜	果:整枝修剪。 蔬:早春菜播种,伏莙菜、花菜育苗。	果:整枝嫁接 蔬:春菜播种,瓜豆类蔬菜育苗,伏莙菜、药芹育苗定植。	蔬菜:夏菜定植,早中毛豆、豇豆、刀豆、扁豆、韭菜、春萝卜、苋菜播种,菜瓜、笋瓜、冬瓜、南瓜等育苗定植。
林 桑	林:植树造林。 桑:整枝治虫,老桑补缺,栽新桑。	林:植树造林,杞柳扦插,林木播种,泡桐埋根育苗。 桑:嫁接、施催芽肥,春伐、春耕结束。	林:防治竹秆锈病,植树造林,苗圃管理,杞柳扦插。 桑:嫁接,春插桑苗,除草治虫,施长叶肥。
畜 禽	畜:春配。 青饲料种植。 禽:春孵。	畜:春配。 青饲料种植。 禽:幼禽防疫。	家禽防疫注射,青饲料种植。
养鱼	清理鱼池,放养鱼种。	投饵施肥,外江捕捞河豚、鲟鱼。	成鱼塘投饵施肥,夏花鱼池清塘。

续表 23

时间 / 农事项目	5　月	6　月	7　月
	立夏(5 或 6 日) 小满(20 或 21 日)	芒种(5 或 6 日) 夏至(21 或 22 日)	小暑(7 或 8 日) 大暑(22 或 23 日)
农作物	三麦：灌浆期根外追肥，排水降渍，防治病虫害，选种留种，及时抢收。 绿肥：夏绿肥继续播种，留种的冬绿肥及时收脱。 油菜：及时收获留种。 水稻：早稻秧田管理，适时移栽大田。杂交稻，常规中、晚稻适时播种育秧。 棉花：直播棉苗期管理，育苗棉移栽和管理。 大豆：春大豆中耕除草。 山芋：麦茬山芋栽插。	三麦：小麦收脱。 水稻：小麦茬早稻抢栽扫尾，早稻大田管理。后季稻播种育秧。杂交稻，单季中、晚稻秧田管理，适时移栽。防治水稻各种病虫害。 棉花：蕾期管理，施蕾肥、当家肥，去叶枝、中耕除草，防治病虫害。 大豆：夏大豆播种和管理。	水稻：早稻以养根保叶为中心的后期田管。选留种，抢收脱粒。后季稻秧田管理和栽插。单季中稻和杂交稻的分蘖、拔节期的管理，防治病虫害。单季晚稻适时施长粗肥后，落干断水轻搁，防治病虫害。 棉花：施花铃肥，抗旱排涝，整枝，防治病虫害。 大豆：春大豆后期管理，收获。夏大豆中耕除草，秋大豆立秋前播种结束。
果树 蔬菜	果：桃梨疏果。 蔬：茄瓜类定植管理。	果：桃追施果实膨大肥，抹芽、治虫。枇杷采果前施肥修剪。 蔬：晚毛豆、中熟豇豆播种，防治各种蔬菜的病虫害，秋苞菜、花菜、药芹育苗。	果：桃梨芽接。 蔬：播种胡萝卜，点播晚豇豆、刀豆。
林 桑	林：防治竹秆锈病，苗圃管理，杞柳防除菟丝子草。 桑：根外追肥，摘心、夏伐，开始饲养春蚕。春播桑苗。	林：苗圃及林木管理，防治竹斑蛾和树木袋蛾，防治杞柳菟丝子草。 桑：夏伐，除草松土，挖除病株开始饲养夏蚕，夏播桑苗。	林：苗圃施肥，遮荫防日灼，防治竹斑蛾，除杞柳菟丝子草。 桑：苗圃除草、施肥、灌溉，桑田施长条肥，疏芽，开始饲养早秋蚕。
畜禽	畜禽防疫。	畜禽防疫。	畜禽防疫。
养鱼	整理鱼种塘。加强成鱼饲养，防治鱼病。捕捞鲥鱼。	夏花分塘，培育冬花，放蟹苗。	成鱼饲养管理，防病。

续表 23

时间 农事 项目	8 月 立秋(7 或 8 日) 处暑(23 或 24 日)	9 月 白露(7 或 8 日) 秋分(22 或 23 日)	10 月 寒露(8 或 9 日) 霜降(23 或 24 日)
农作物	水稻:后季稻不栽立秋秧,大田肥水管理,单季中稻中后期管理。单季晚稻立秋前(穗分化前)搁田,视苗情巧施促花肥,适时适量施保花肥。杂交稻中后期管理,防治水稻病虫。 棉花:立秋前施盖顶肥,立秋后喷叶面肥,抗旱排涝,防治病虫害。 大豆:夏秋大豆中耕培土除草。	水稻:单季中稻和杂交稻后期管理,单季晚稻和后季稻中后期管理,各类水稻防治病虫害。 棉花:防止烂铃,分次收摘;选留良种,储藏种子。 油菜:秋分前播种育苗。 绿肥:紫云英秋分前后稻田套播。播种冬绿肥。 大豆:夏大豆收获,秋大豆除草中耕。	水稻:选留种子,适时收割、脱粒。 三麦:"寒露早,立冬迟,霜降种麦正当时。"适时播种三麦、蚕豆。 油菜:苗床管理,适时移栽,寒露前直播油菜播种。 绿肥:苗期管理,寒露前种好秧草。 棉花:精收细摘,摘青铃拔棉秆。 大豆:秋豆收获。 山芋:收藏。
果树 蔬菜	果:桃梨芽接。 蔬:播种大白菜,定植苞菜、花菜、药芹、小白菜。	果:桃梨施肥。 蔬:秋分前后栽雪里蕻,小白菜,播种菠菜、茼蒿、大蒜、洋葱和小白菜,春苞菜、药芹育苗。	果:桃梨果树施肥,枇杷开花前施追肥。 蔬:大白菜、春苞菜、药芹定植。
林 桑	林:防治竹斑蛾,水杉秋插育苗。 桑:苗圃施肥除草,桑树治虫;开始饲养中秋蚕。	桑:桑田除草治虫,开始饲养晚秋蚕。	林:防治竹秆锈病,采集林木种子。 桑:桑田继续种绿肥。
畜禽	畜禽防疫,种植青饲料。	家禽秋孵,畜禽防疫,牲畜秋配。	畜禽防疫,护畜过冬。
养鱼	成鱼饲养管理,防病。	防治鱼病,成鱼、亲鱼添加精料。	成鱼、鱼种饲养管理,防治鱼病。

续表 23

农事项目＼时间	11　月	12　月	1　月
	立冬(7 或 8 日) 小雪(22 或 23 日)	大雪(6 或 7 日) 冬至(21 或 22 日)	小寒(5 或 6 日) 大寒(20 或 21 日)
农作物	水稻：双季后茬稻收割脱粒。 三麦：出苗前后的田间管理，晚茬田不种立冬麦。 油菜：苗期管理，追施苗肥和中耕培土。 绿肥：苗期管理。	三麦：苗期和越冬期管理。 油菜：中耕培土和施腊肥。 绿肥：严冬前施用土杂肥，壅根防冻。	三麦：越冬期管理。 油菜：越冬期管理。 绿肥：防冻保苗。
果树蔬菜	果：冬季修剪。 蔬：播种越冬菠菜，越冬菜定植管理，用保护地育“三茄”苗。	果：冬季修剪，枇杷防寒。 蔬：管好越冬菜，贮藏大白菜、萝卜。	果：冬季修剪，枇杷防寒。 蔬：管好越冬菜。
林桑	林：施肥墁竹园，防治竹秆锈病，苗木防冻，采集林木种子。 桑：施冬肥，剪梢束枝。	林：“四旁”(注)植树，苗木防寒，防治竹秆锈病，采集林木种子。 桑：起苗假植，新桑开始栽插。桑园整枝，冬翻、施冬肥。	林：防治竹秆锈病。 桑：栽桑，整枝，捕杀桑天牛、解壳虫。
畜禽	畜禽保温防寒。	畜禽保温防寒。	畜禽保温防寒。
养鱼	捕捞内塘成鱼，鱼种并塘，投饵施肥。	捕捞成鱼，越冬鱼种管理，整理鱼池，成鱼池开始放养。	捕捞成鱼，整修鱼池，养好暂养鱼种和亲鱼。

说明：“四旁”指屋旁、路旁、河旁、堤旁

第四节　良种推广

解放前,县政府无机构也无专人负责稻麦种子工作,群众也不重视种子改良,种子不断退化,品质低劣,产量低。

解放后,县农林科即设专管种子的技术干部1人,负责指导群众选种、留种,串换种子。1956年成立县种子站,1963年成立县良种繁育场,负责繁育、推广良种。根据1958年4月全国种子工作会议确定的"自繁、自选、自留、自用,辅之以必要调剂"的方针,全县普遍建立种子田,面积1.3万亩,良种推广工作开始普及。1975年,以县良种繁育场为核心,带动联合、三茅、八桥等公社办起稻、麦良种场,各大队农科队也普遍建立种子基地,形成三级良种繁育体系。

一、良种推广机构

1. 县种子公司　1956年12月1日成立,属县农业科,工作人员4人,负责经营种子。1968年3月撤销,由粮食部门经营种子。1971年又恢复。1980年更名扬中县种子公司,增加人员设备,除经营种子外,还进行新品种试验、示范、评选、鉴定及杂交稻制种等工作。

2. 县良种繁育场　位于县城东三茅乡板沙村境内,前身为1950年创建的县农场,1963年更名为县良种繁育场。1969年改名"五七"干校,1973年撤销干校,恢复原名,隶属于县农业局。1985年有职工87人,耕地、园圃、芦滩等370亩,河塘60亩。

县良种繁育场繁育、推广良种取得显著成绩,先后繁育、推广良种百余个。单季稻有农垦58、武农早、矮落、紫金糯、扬粳1号、葛后2号、徒稻3号等33个品种,提供原种25.5万公斤、良种140万公斤。双季前茬稻有二九南1号、二九青、原丰早、广陆矮4号等16个品种,提供良种10.25万公斤。双季后茬稻有武农早、南粳34、复虹糯、葛后2号等11个品种,提供良种15万公斤。培育杂交稻汕优3号(珍汕97×国际611)165亩,提供良种7507.5公斤;汕优63(珍汕97×闽恢63)154亩,提供良种30631公斤。繁育良种元麦有四月黄、扬中红、立夏黄、立新1号等14个品种,提供良种5万余公斤。大麦有"尺八"和早熟3号。小麦有矮粒多、吉利、大黑芒、阿夫、群众42号、7208等21个品种,提供原种2万公斤,良种87.25万公斤。

经评比,扬中确定的当家品种有:单季稻为农垦58、紫金糯;双季前茬稻为金小青早、二九青、原丰早;双季后茬稻为武农早、复虹糯;杂交稻为汕优3号、汕优63号。1968年,小麦品种评比试验列前三名的有群众40、阿夫、大黑芒;1980年有群众42、7482、7208;1982年有71-105、701、7630;1984年有71-105、7853、7208。

另外,杂交选育的晴葛76号是用日本晴作母本,葛后2号作父本杂交而成的后季稻新品种,因耕作制度变化和易感稻瘟病,未参加示范。繁育二九南1号不育系6亩,珍汕97不育系27亩。杂交育种的"71-105"小麦是用"6769"与大黑芒杂交,选育后再经激光处理而成的新品种,经过品比,产量多次居首。因严重感染叶锈病,该品种未能大面积推广。

二、良种繁育

良种繁育工作主要是穗选、片选、提纯复壮和杂交稻制种等工作。

穗选培育　20世纪50年代的"扬中红"元麦良种,由农家品种"野鸡红"经穗选培育而成,丰产性能好。1958年全县种植9.63万亩,占三麦面积83%,亩产100~200公斤,一度推广到镇江、扬州、盐城、松江和安徽等省市的20多个县,共调出种子145.8万公斤。

提纯复壮　提纯繁殖的良种有:元麦立新1号,大麦早熟3号,小麦群众42号、7208;早稻矮南早1号、二九青、原丰早、广六矮4号,后季稻武农早、双丰4号、葛后2号、复虹糯、花寒早,单季晚稻苏粳2号、青林9号、武复粳、紫金糯等品种。

杂交稻制种　1976年开始杂交稻制种工作。县良种场、新跃农场及部分公社建立种子基地500亩,制种亩产由47.5公斤上升到125公斤。先后7次去广东省湛江市郊、海南岛陵水县、广西壮族自治区来宾县繁殖不育系、制种和进行杂交稻种子纯度鉴定。1977—1984年,年制种田面积均在880亩以上,基本满足全县所有生产队和群众对杂交稻种子的需求。

三、品种更替

扬中解放后,注重三麦、水稻品种更新,选用优良品种,提高粮食产量。

20世纪50年代至80年代中期扬中县三麦品种更替情况表

表24

项目 年份	主要品种	搭配品种	亩产量 (公斤)
1949—1954	均为乡土品种	均为乡土品种	元麦30~40 小麦50~75
1955—1958	小麦:2419 元麦:"扬中红"	小麦:玉皮、矮粒多、吉利、阿夫 元麦:三月黄、四月黄	"扬中红"最高达200公斤/亩

续表 24

项目 / 年份	主要品种	搭配品种	亩产量（公斤）
1964—1970	小麦：矮粒多 元麦：立夏黄	小麦：吉利，大黑芒 元麦：757，少量“扬中红”	
70 年代双、三熟制时期	小麦：群众 42 号 元麦：立新 1 号 大麦：早熟 3 号	小麦：扬麦 3 号，宁麦 3 号 元麦：村农 1、2 号，海麦 1 号 大麦：“214”大麦，“尺八”大麦	小麦：350 元麦：300
80 年代初	小麦：7208(宁麦 5 号) 元麦：立新 1 号 大麦：基本绝迹	小麦：扬麦 4 号、7630、宁丰	

20 世纪 50 年代至 80 年代中期扬中县水稻品种更替情况表

表 25

项目 / 年份	主要成份	搭配品种	亩产量（公斤）
1949—1956	土刚稻，洋籼稻，中农 4 号(1950 年引进)	多种乡土品种	100~150
1957—1969	土刚稻，中农 4 号	洋籼稻、黄壳早廿日，木西球，晚粳老来青等	200~250
70 年代双、三熟制时期	早稻：二九青，原丰早，广陆矮 4 号，二九南 1 号； 后季稻：武农早，沪选 19； 单季稻：双丰 1 号，武农早，沪选 19，苏粳 2 号	早稻：矮脚南特，庆莲 16 号，矮南早 1 号、39 号，二九南 1 号，莲塘早； 后季稻：农垦 57，双丰 4 号，南粳 33、34，复虹糯，花寒早，农桂 3-7； 晚粳：葛后 2 号，徒稻 3 号等	硬单产 450 公斤
70 年代末至 80 年代初	单季粳稻：武农早，武复粳，盐粳杂交稻：南优 2 号，汕优 3 号，汕优 63 号； 糯稻：紫金糯	单季晚粳稻：葛后 2 号，徒稻 3 号，船桂 4 号，青林 9 号等	1984 年杂交稻平均亩产 568 公斤，高产田块 765.5 公斤

说明：硬单产是前、后茬水稻的总产除以水田面积

第五节　粮食作物产量

解放前粮食产量很低，一般亩产为100~200公斤，有些田块仅50公斤左右。常年水稻产量约占粮食总产量的四分之三。三麦以元麦为主，正常年景亩产30~40公斤。小麦亩产50~75公斤。

解放前扬中县部分年份部分农作物产量情况表

表26

项目 年份	总亩数	品　种	总　产　量	平均亩产	资料来源
1929		稻	190058石5斗5升		《明日之江苏》民国18年第九期
		麦	66212.44石		
1930		稻	6571.5万斤	323.7斤	《中国实业志》民国19年立法院调查
		麦	37701石		
	1.6万亩	棉花	43.7万斤	27.3斤	
	1.4万亩	大豆	169.1万斤	120.7斤	
1932	20.3万亩	稻	45.17万石	327.0斤	《江苏省鉴》民国21年实业部调查资料

解放后，扬中注意改良品种和更新种植技术，粮食亩产总体上不断提升。

1949—1985年扬中县耕地面积和粮食产量情况表

表27

项目 年份	耕地面积（万亩）	其中 水田面积（万亩）	其中 旱田面积（万亩）	粮食总产（全社会）（万公斤）	平均亩产（公斤）	备　注
1949	22.36	18.54	4.72	3726	160	
1950	22.86	18.32	4.54	3881.5	169.8	
1951	22.82	18.31	4.51	4518.5	198	
1952	22.75	18.25	4.50	4933.5	216.5	
1953	22.61	18.13	4.48	5166	228.45	
1954	22.51	18.05	4.46	2934.5	130.35	1954年特大水灾
1955	20.60	17.95	2.65	4810	233.5	
1956	20.57	17.94	2.63	5546.5	269.6	
1957	20.35	17.81	2.54	5247.5	257.85	

续表 27

项目 年份	耕地面积 （万亩）	其中 水田面积 （万亩）	其中 旱田面积 （万亩）	粮食总产 （全社会） （万公斤）	平均亩产 （公斤）	备　注
1958	18.61	16.56	2.05	7945 / 6160	331	1958 年粮食总产中，“7945”为浮夸虚报数，“6160”为核实调整数。
1959	18.45	16.40	2.05	5287	286.5	
1960	18.29	16.39	1.90	5361.5	293.1	
1961	17.92	16.32	1.60	4747	264.9	
1962	17.99	16.18	1.81	3985.5	221.5	
1963	18.20	16.14	2.06	5506.5	302.6	
1964	18.19	16.12	2.07	5217.5	286.8	
1965	17.92	16.01	1.91	7940	443	
1966	17.85	16.02	1.83	9158.5	513	
1967	17.85	16.02	1.83	7918.5	443.6	
1968	17.85	16.02	1.83	8036.5	450.2	
1969	17.63	15.98	1.65	7719.5	437.8	
1970	17.44	15.95	1.49	7299.5	415.5	
1971	17.46	16.00	1.46	9665.5	553.5	
1972	17.47	15.99	1.48	8310	475.65	
1973	17.47	15.99	1.48	8909.5	509.95	
1974	17.45	15.98	1.47	9493	544	
1975	17.45	15.98	1.47	9165	525.2	
1976	17.41	15.95	1.46	10425	598.75	
1977	17.40	15.94	1.46	8199.5	471.2	
1978	17.35	15.89	1.46	12522.5	721.75	
1979	16.78	15.38	1.40	12879.5	767.5	
1980	16.87	15.40	1.47	10172.5	602.95	
1981	16.86	15.40	1.46	10007.5	593.5	
1982	16.85	15.39	1.46	10972	651.15	
1983	16.81	15.35	1.46	11555	687.38	
1984	16.74	15.28	1.46	13088.5	781.85	
1985	16.66	15.21	1.45	11714.17	703.1	

解放后,因城乡建设、住房建筑等占用耕地,耕地面积逐年减少,而人口则逐年增加。因注重科学种田,粮食产量增加,故人均占有粮食仍有所提高。以 1985 年与 1950 年比较,全县耕地面积减少 6.2 万亩,下降了 27%;全县人口增加 81601 人,增长了 50%;粮食产量增加 7833 万公斤,增长了 202%;人均占有耕地 0.64 亩,为 1950 年的 51%;人均占有粮食 449.4 公斤,为 1950 年的 2.07 倍。20 世纪 80 年代,县政府采取措施,严格限制征用耕地,然人口仍在继续增长,地少人多的矛盾仍很突出。

解放后,扬中仍然以水稻和三麦为主要粮食作物,零星空地栽种薯类和豆类。

水稻 水稻占全年粮食总产量的三分之二左右。两熟制阶段,常年种植 16 万亩以上。解放初,单产 150 公斤,1966 年提高到 446.5 公斤。双、三熟制阶段种植 20 万亩(复种指数,本节以下同)以上,1976 年达 27.02 万亩,早稻 11.07 万亩,单产 274.5 公斤;后季稻 14.39 万亩,单产 252 公斤;中稻 0.13 万亩,单产 307.5 公斤;单季晚稻 1.43 万亩,单产 362 公斤。1984 年以杂交稻为主的稻谷单产 520 公斤,是 1949 年的 3.5 倍。

三麦 解放后三麦产量持续上升。1956 年元麦 14.7 万亩, 单产 101.5 公斤,为 1949 年的 4 倍; 小麦 3.41 万亩, 单产 63.5 公斤, 为 1949 年的 2.3 倍。1967 年小麦 12.95 万亩,占三麦种植面积的 94%,亩产 162 公斤;元麦 0.76 万亩,亩产 212 公斤。1979 年和 1980 年,连续两年元麦亩产过 350 公斤,小麦亩产过 400 公斤。1980 年,三麦总产占全年粮食总产的 42.1%。

1949—1985 年扬中县粮食作物播种面积情况表

表 28 单位:万亩

项目 / 年份	粮食作物播种面积	其中					
		水稻	三麦	薯类	蚕豆、豌豆	大豆	其他
1949	42.55	18.54	20.65	1.15	0.18	2.03	
1950	42.41	18.32	20.66	1.15	0.18	2.10	
1951	42.52	18.31	20.64	1.16	0.19	2.22	
1952	42.36	18.25	20.76	1.16	0.19	2.00	
1953	42.44	18.13	21.12	1.16	0.17	1.86	
1954	40.78	18.05	20.38	0.85	0.20	1.30	
1955	38.53	17.95	18.94	0.27	0.19	1.18	
1956	37.52	19.94	18.11	0.23	0.19	1.05	
1957	35.30	17.81	15.90	0.25	0.18	1.16	
1958	29.30	16.56	11.63	0.20	0.18	0.73	
1959	27.52	16.40	10.40	0.20		0.52	

续表 28

项目 年份	粮食作物播种面积	其中					
		水　稻	三　麦	薯　类	蚕豆、豌豆	大　豆	其　他
1960	28.65	16.39	11.71	0.04	0.08	0.43	
1961	28.03	16.32	11.42	0.02		0.26	0.01
1962	31.46	16.18	14.91	0.06		0.30	0.01
1963	33.81	16.14	16.17	0.55	0.09	0.85	0.01
1964	33.65	16.12	16.11	0.48		0.94	
1965	31.30	16.02	14.37	0.55		0.36	
1966	29.37	16.02	12.62	0.55		0.18	
1967	30.42	16.02	13.71	0.54		0.15	
1968	30.06	16.34	14.00	0.55		0.16	
1969	31.17	16.39	14.10	0.55		0.12	
1970	33.39	19.02	13.66	0.58		0.13	
1971	38.50	25.38	12.48	0.56		0.08	
1972	37.74	25.09	11.94	0.58	0.06	0.07	
1973	36.57	23.40	12.45	0.64		0.08	
1974	36.40	23.86	11.85	0.61		0.08	
1975	37.30	24.98	11.63	0.63		0.06	
1976	39.65	27.02	11.95	0.62		0.06	
1977	36.83	25.93	10.17	0.63		0.09	0.01
1978	36.51	25.12	10.71	0.62		0.06	
1979	36.39	24.55	11.13	0.63		0.08	
1980	36.32	24.30	11.04	0.91		0.07	
1981	34.30	22.31	11.02	0.89		0.08	
1982	33.67	21.55	11.38	0.63		0.06	0.05
1983	31.78	18.87	11.96	0.81		0.12	0.02
1984	30.68	16.41	13.04	0.72	0.30	0.20	0.01
1985	29.10	15.21	12.82	0.81		0.23	0.03

1949—1985年扬中县水稻种植面积、产量情况表

表29

项目 年份	水稻			其中									
				早稻		中稻		单季晚稻				后季稻	
	总播种面积（万亩）	亩产（公斤）	总产（万公斤）	面积（万亩）	亩产（公斤）	面积（万亩）	亩产（公斤）	面积（万亩）	亩产（公斤）	其中杂优 面积（万亩）	其中杂优 亩产（公斤）	面积（万亩）	亩产（公斤）
1949	18.54	146.9	2724.5			18.54	147						
1950	18.32	153.5	2813			18.32	153						
1951	18.31	170	3113			18.31	170						
1952	18.25	190	3467.5			18.25	190						
1953	18.13	186	3373			18.13	186						
1954	18.05	101.5	1831.5			18.05	101.5						
1955	17.95	216.5	3886.2			17.95	216.5						
1956	17.94	204	3659.5			17.94	204						
1957	17.81	205.6	3661			17.81	205.5						
1958	16.56	294	4869.5			15.81	294	0.75	295				
1959	16.40	232.2	3808	0.21	248	16.19	232						
1960	16.39	248.3	4070	0.06	202.5	14.92	251	1.41	223				
1961	16.32	204.4	3336	0.01	173.5	15.83	204.5	0.48	202				
1962	16.18	157.6	2550			15.53	157.5	0.65	160				
1963	16.14	255.7	4127	7.03	259	7.73	259.5	1.38	217				
1964	16.12	264.7	4267.5			11.55	254	4.57	292.5				
1965	16.02	363.1	5817.5	0.01		0.47	291.5	15.53	365.5			0.01	225
1966	16.02	446.5	7152.5	0.08	412.5	0.12	320.5	15.82	447.5				
1967	16.02	342	5479.5	0.16	303	0.03	316.5	15.83	342.5				
1968	16.34	342.2	5591.5	0.32	301.5	1.07	304	14.53	349			0.42	240
1969	16.39	336.1	5509	0.41	278	1.01	292.5	14.44	342.5			0.53	270
1970	19.02	257.2	4892.5	3.07	312	0.83	205	11.13	277.5			3.99	169
1971	25.38	275.2	6985.5	9.38	233.5	0.31	329	3.50	359			12.19	282
1972	25.09	244	6122	9.10	217	0.38	311.5	3.78	355.5			11.83	226.5
1973	23.40	284.3	6653.5	7.41	274.5	1.26	340	5.10	347.5			9.63	251
1974	23.86	258.2	6159.5	7.88	232	0.54	308	5.20	323			10.24	242.5
1975	24.98	248.7	6213	9.00	274	0.37	289	3.91	299.5			11.70	211
1976	27.02	267.2	7221	11.07	274.5	0.13	311.5	1.43	362			14.39	252

续表 29

项目/年份	水稻			其中									
				早稻		中稻		单季晚稻				后季稻	
	总播种面积(万亩)	亩产(公斤)	总产(万公斤)	面积(万亩)	亩产(公斤)	面积(万亩)	亩产(公斤)	面积(万亩)	亩产(公斤)	其中杂优 面积(万亩)	其中杂优 亩产(公斤)	面积(万亩)	亩产(公斤)
1977	25.93	253	6558	9.99	279.5	0.24	312.5	2.71	261.5	0.14	460.5	12.99	229.5
1978	25.12	344	8643.5	9.23	349	0.10	340	3.79	441.5	2.21	484.5	12.00	309.5
1979	24.55	340.8	8365.5	9.17	374	0.11	341	3.35	441.5	2.42	428.5	11.92	287
1980	24.30	236.1	5737.5	8.90	304.5	0.07	293	3.76	381.5	1.78	449	11.57	136
1981	22.31	296.6	6617.5	6.92	350.5	0.10	275	6.30	332.5	2.71	433	8.99	230
1982	21.55	322.8	6957	6.16	372	0.07	300	7.32	407.5	4.60	470	8.00	208
1983	18.87	438	8265.1	3.52	378.5	0.16	447	10.61	496	7.46	502	4.58	349.5
1984	16.41	519.8	8530	1.13	405.5	0.03	533.5	13.78	548	8.98	568	1.47	345.5
1985	15.21	529.3	8050.5	0.01		0.24	500	14.96	530	7.08	567		

1949—1985 年扬中县三麦种植面积、产量情况表

表 30

项目/数量/年份	小麦			元麦和大麦		
	面积(万亩)	亩产(公斤)	总产(万公斤)	面积(万亩)	亩产(公斤)	总产(万公斤)
1949	5.25	27.5	144.5	15.40	25	385.0
1950	4.71	21	99.0	15.95	27.5	438.5
1951	4.19	50.5	211.5	16.45	39	641.5
1952	4.69	58.1	272.5	16.07	40	642.5
1953	4.35	60	261.0	16.77	60	1006.0
1954	4.90	72.6	355.5	15.48	40	619.0
1955	4.00	50	200.0	14.94	36	538.0
1956	3.41	63.5	216.5	14.70	101.5	1492.0
1957	3.51	48.7	171.0	12.39	100	1238.5
1958	2.00	93.8	187.5	9.63	96.5	929.0
1959	2.33	139.3	324.5	8.07	133.1	1074.0
1960	2.08	137.3	285.5	9.63	100.2	964.5
1961	1.61	133.9	215.5	9.81	118.9	1166.0
1962	1.72	130	223.5	13.19	89.5	1180.0
1963	2.49	91.8	228.5	13.68	66.4	909.0

续表 30

项目 数量 年份	小麦			元麦和大麦		
	面积（万亩）	亩产（公斤）	总产（万公斤）	面积（万亩）	亩产（公斤）	总产（万公斤）
1964	2.87	83.8	240.5	13.24	33.3	441.5
1965	5.96	162.4	968.0	8.41	122	1026.0
1966	9.32	157.2	1465.0	3.30	119	392.7
1967	12.95	162	2098.0	0.76	212	161.1
1968	12.87	159	2045.5	1.13	204.5	231.1
1969	12.62	146.3	1846.5	1.48	151	223.5
1970	10.06	163.4	1644.0	3.60	167.5	603.0
1971	4.71	196.3	925.0	7.77	200	1554.0
1972	4.91	175.6	862.0	7.03	159	1117.8
1973	5.75	181.1	1041.5	6.70	149.5	1001.7
1974	6.14	265.4	1574.5	5.71	272	1553.1
1975	5.37	240.6	1292.5	6.26	233.5	1461.7
1976	4.09	284.5	1163.5	7.86	233	1831.4
1977	4.53	182.9	828.5	5.64	109	614.8
1978	5.58	369.5	2062.0	5.13	316	1621.1
1979	6.21	405.7	2519.5	4.92	365	1795.8
1980	6.37	403.6	2571.0	4.67	366	1709.2
1981	6.30	292.1	1840.5	4.72	279.5	1319.2
1982	6.91	362.2	2503.0	4.47	306.5	1370.0
1983	7.35	257	1889.0	4.61	260	1198.6
1984	9.70	328.8	3190.0	3.34	338.5	1130.6
1985	9.24	267.8	2474.5	3.58	232	830.6

第六节　植物保护

1952 年起，农林科即设专职干部负责植保工作。1960 年 2 月，县成立防治病虫害指挥总部，各公社亦相继成立指挥部。全县设预测点 3 个，情报点 14 个，有情报员 252 人。1963 年成立县测报站，1984 年改为植保植检站。

1970 年各公社均配有专职植保员，各大队、生产队也都配有不脱产的农业技术员，负责植保工作，全县形成了比较健全的植保网。植保工作贯彻“预防为主，综合防治”的方针，采取农业防治、人工防治、药剂防治三结合的方法，取得了明显效果。

一、病虫害

稻、麦病虫害的发生与耕作制度、作物布局、品种更替以及气候变化有关。

1.水稻虫害　1963年以前，水稻以中籼稻为主，害虫主要是三化螟，每年发生面积约16万亩，水稻被害率一般为1.5%~5%。1961年最严重，受害面积达6.9万亩。其次是稻叶蝉、稻盲蝽象、稻灰飞虱、稻苞虫等。1964—1970年以粳稻为主，虫害以二化螟最烈，1964年较严重，危害率达41.08%。1970年后，扩大双季稻面积，1977年推广杂交稻，品种复杂，虫害重迭发生，交替为害。这一时期虫害以稻飞虱为主，稻蓟马、纵卷叶螟次之。1970年和1975年稻褐飞虱大量发生。1983年发生稻白背飞虱，面积5万多亩。1974年后稻蓟马危害加重，1978年和1980年为大发生年。1969年、1971年、1973年、1974年和1982年稻纵卷叶虫危害也较重。其次是稻叶蝉、稻螟蛉、稻黏虫、稻穗蚜等也均有发生。

2.水稻病害　1963年前以稻瘟病为主。嗣后，改种双季稻，推广杂交稻，品种复杂，病害增多。主要有：

稻瘟病——1963年前发生较普遍。1980年发病率高，受害面积8.5万亩。

穗颈瘟——1980年发病率46.47%，损失粮食高达1129.99万公斤。

纹枯病——1963年和1964年发病严重，每亩损失粮食50公斤左右；20世纪80年代发病占水稻面积60%以上。

白叶枯病——20世纪60年代发现，发病面积逐年扩大，1981年危害水稻4174.35亩，损失粮食10万公斤左右。

3.三麦虫害　黏虫危害小麦，被害率一般为6%~18%，损失粮食3%~5%。1955年吸浆虫开始为害，1956年危害小麦3.41万亩，被害率23.8%，粮食损失3.5%，20世纪60年代绝迹。麦蚜虫、麦蜘蛛、麦叶蜂等亦有发生，对小麦、元麦均有危害。

4.三麦病害　小麦秆锈病——20世纪50年代发生面积占小麦面积80%以上，小麦损失占25%~40%。1958年后病害减轻。

元麦叶锈病——发生面积占元麦面积60%以上，1949年、1950年、1951年和1960四年发病较重，产量损失12%~14%。20世纪70年代基本未发生。

赤霉病——解放以来，37年中有6年是大发生年，危害率16%~36%；4年是中等发生年，危害率6%~12%。其他年份为轻发病年。

白粉病——1975年前元麦受害较重，1976年后小麦受害较重，产量损失10%~20%。

黑穗病——一般危害率为 2%~5%。20 世纪 70 年代初，腥黑穗病发生较普遍，个别地区发病率达 12.5%。

1960 年前，元麦网斑病、条纹病危害较重。1959 年网斑病发生率达 100%。1964 年普遍发现毒麦，1965 年后基本消灭，1984 年个别地区又有发现。

二、病虫害防治

解放后，全县组织人工防治，发动农民和中小学生拾稻根，采螟卵，点诱蛾灯，麦田插草把、放糖醋钵（诱杀黏虫），制土农药等，收到一定的效果。1952 年开始药剂防治配合人工防治，效果明显，逐步推广。20 世纪 60 年代中期起，以药剂防治为主，人工防治为辅。

1963 年前，水稻主要防治三化螟，防治面积达 16 万至 18 万亩次，占水稻防治总面积的 40%左右。三麦主要防治条纹病，黑穗病等，占三麦防治总面积的 50%以上。1958 年组织群众烧制石硫合剂等土农药，防治麦锈病和赤霉病达 52.5 万亩次。1963—1970 年，年防治水稻螟虫 8 万至 17 万亩次，防治麦类黏虫 6 万至 8 万亩次，全年用药量 15 万至 28.6 万公斤。20 世纪 70 年代，年防治水稻各种病虫害 100 万至 150 万亩次。1980 年，三麦赤霉病防治 4 万至 8 万亩次，黏虫防治 3 万至 5 万亩次，稻瘟病防治 8.05 万亩次。20 世纪 80 年代对水稻采取多药混用的总体防治方法，杂交稻防治 3~4 次，常规稻防治 4~5 次，有效地控制了病虫害的发生。

三、农药　药械

解放后，扬中开始使用杀菌剂和杀虫剂防治病虫害，并使用药械，如喷雾器等。

20 世纪 50 年代至 80 年代中期扬中县农药种类及药械情况表

表 31

种类	年代	农药名称	药械
杀菌剂	50 年代	土制农药：石灰水、食盐水、草木灰 商品农药：西力生、赛力散、硫酸铜、石硫合剂、多硫化钡、代森锌。	1956 年全县有简单防治器械 505 架； 1957 年开始有压缩喷雾器。
	60 年代	富民隆取代西力生、赛力散。 多菌灵、稻瘟净开始使用。	
	70 年代以后	石硫合剂、西力生、赛力散停止使用，多菌灵取代富民隆；全面推广粉锈宁。井岗霉素取代苏化“911”、苏农“6401”、稻脚青等。继续使用稻瘟净、异稻瘟净。1984 年开始使用富士一号和三环唑、敌枯霜、叶枯净防治水稻白叶枯病。 浸种剂：“401”“402”。	1976 年引进机动弥雾机。

续表 31

种类	年代	农药名称	药械
杀虫剂	50 年代	以有机氯为主，如 0.5%、2.5%、6%的六六六和二二三乳剂。 1958 年使用土制农药：猫儿眼、土大黄、闹洋花；楝树叶、枫杨叶、白果树叶加水烧制的药液。	
	60 年代	使用敌百虫、敌敌畏、乐果等有机磷农药，或与有机氯制剂混合使用。	
	70 年代至 80 年代初	有机氯、有机磷、胺基甲醛脂类，如西维因、杀虫脒、杀虫双、甲胺磷等，逐步取代有机氯制剂。	1985 年全县有： 人力喷雾器 13760 架， 机动弥雾机 164 台。

第七节　土壤　肥料

解放后，县农业部门深入研究改进土肥工作。1984 年县农业技术推广中心成立，设有土肥组，从事土肥研究和技术推广工作。

一、土壤改良

1.域内土壤情况　1959 年和 1981 年，全县进行了两次土壤普查，查清了全县土壤类型、面积、分面规律、不同土壤的理化性状和肥力等级等。县内土地质量好：(1)土壤有机质含量高；(2)土壤质地沙黏适中；(3)土壤容重轻，有利作物扎根生长；(4)土壤保水能力强；(5)土壤有障碍因子面积少(占耕地面积的 2.23%)。但按高产要求，土壤肥力状况还存在一些不利因素：(1)土地肥力存在等级差距(分 5 级，各等级间产量相差 50~75 公斤/亩)；(2)耕层偏浅，犁底层偏厚；(3)土壤闭塞，通透性不良；(4)土壤偏碱，肥料有效性下降；(5)土壤中微量元素含量低；(6)大面积缺磷，部分土壤钾素不足，作物生长受阻。

2.土壤分区改良利用　根据土壤情况划分土壤区，针对实际提出土壤改良利用的措施。全县土壤划分为 3 个改良类型区。

(1)中心地带高产土壤培肥类型区。位于县境中部，土壤面积 19.75 万亩，其中耕地 13.55 万亩，占全县耕地总面积的 68%。该区土壤肥力高，质地沙黏适中，但排水系统路线长，排水欠畅；沙层厚；土壤复种指数大，肥力有下降趋势。主要改良措施：实行粮食作物、经济作物轮作，广辟有机肥源，适施微量元素，搞好小型水利。

(2)沿江地带漏水土壤改良类型区。位于县境四周江堤内侧，呈环状分布。土壤面积9.98万亩,其中耕地6.65万亩。该区土壤主要问题是黏、漏、瘦。主要改良措施为:合理调整布局,粮、油和多种经营作物全面发展;三麦、绿肥、油料作物轮作换茬;大力积造施用有机肥;根据作物需水规律排灌,以减少水、肥流失。

(3)滩地综合利用、开发类型区。本区包括江堤外围滩地、雷公嘴和西沙两个小沙洲,面积2万余亩。该区改良利用主要是充分利用资源,发展多种经营,建立林、牧、副、渔生产基地。

3.应用土壤普查成果,进行土壤改良试验　县农业部门进行了68项普查成果应用试验和土壤肥力监察,推广应用面积84.85万亩次,增产粮食526.5万公斤。查出低产田3.9万余亩,查清水稻苗期矮缩死苗的原因是因为土壤缺锌。主要试验有:

(1)推广秸秆还田,培肥改土。1982—1984年秸秆直接还田累计23.6万亩,改善土壤理化性状,提高产量。1984年兴隆农科站试验,秸秆还田的田块,土壤有机质增加0.06%,容重减轻0.01~0.08克/立方厘米,孔隙度增加1.20%~3.07%。第二季增产3.4%~10.3%,第三季增产11.1%~12.7%。

(2)合理施用氮素化肥。扬中县土壤有效氮含量较高,氮肥施用量增加,产量却减少,呈现报酬递减趋势。试验总结出不同作物施用氮素化肥的适宜用量,又引进、推广"氮调"施肥技术,提高产量。

(3)经济施用磷肥。试验总结出不同含磷量的土壤中施用磷肥的适宜量。

(4)因土施钾。扬中县土壤速效钾含量中等。油坊公社万安大队、三 㳫 公社新跃大队、八桥公社利民大队施用钾肥试验,不同含钾量土壤施用钾肥效果不同,总结出施用钾肥改土的经验。

(5)施用微量元素肥料。对比试验,施用锌肥,克服早稻、杂交稻矮缩死苗现象。缺锌的大田施锌肥,杂交稻增产7.23%,早稻增产13.07%。施锰肥的水稻比不施的增产7.4%。1984年小麦试验施锌肥,增产6.7%,施硼肥增产8.8%,施锰肥增产3.4%。

二、肥料使用

20世纪50年代前及50年代初,扬中种田全用有机质肥料,如秧草、豆饼、猪羊窠灰、人粪及泥杂肥等。1950年开始用化学肥料。尔后化肥使用品种和数量逐步增多,由单一氮素发展到磷、钾和复合肥,以至微量元素肥料。氮肥用量由开始每亩不到1两增至每亩100多公斤。50年代至70年代有机肥、化肥并用,仍以有机肥为主,并注意积肥造肥,以增加有机质肥料。1958年大搞熏土、千脚土、土化肥等,结果得不偿失。60年代引种冬绿肥红花草(紫云英)。70年代又引种冬绿肥苕子、草木栖,夏绿肥田菁、柽麻,水生绿肥水花生、水浮莲、水葫芦、绿萍(简称"三水一萍");全面推广生猪泥圈改淌圈、绿肥青草沤制草塘泥和秸秆直接还田,提高有机肥质量。实行家庭联产承包责

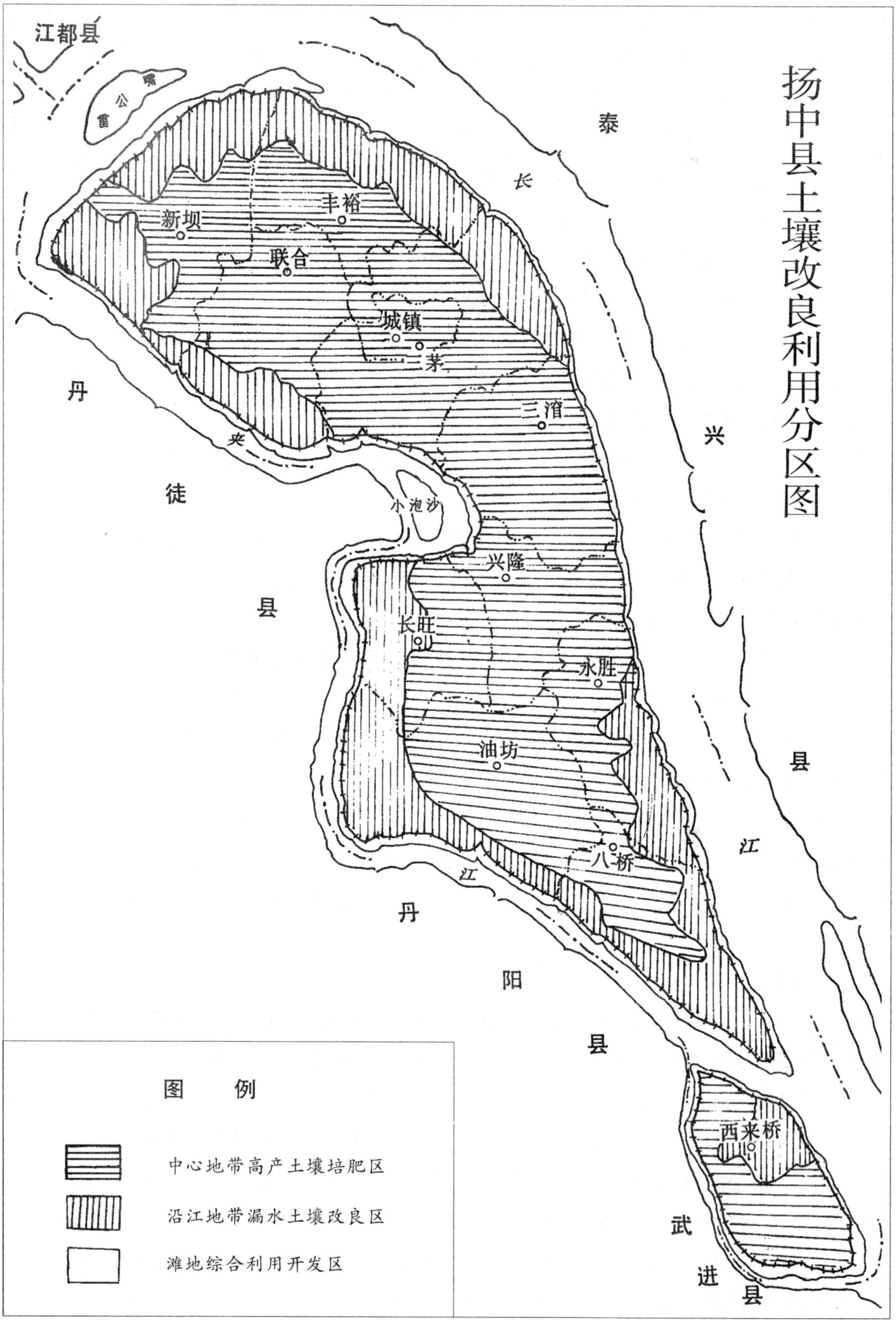
扬中县土壤改良利用分区图
江都县
雷公嘴
泰
长
兴
县
江
新坝
丰裕
联合
城镇
三茅
三滧
丹
夹
徒
县
小泡沙
兴隆
长旺
永胜
油坊
八桥
江
丹
阳
县
西来桥
武
进
县
图　例
中心地带高产土壤培肥区
沿江地带漏水土壤改良区
滩地综合利用开发区

任制后，大批劳力转向工业副业，积肥造肥的积极性不高，有机肥减少，依赖化肥现象日趋严重。

三、肥料种类

1. 有机肥料　主要有泥杂肥、家积肥、饼肥、绿肥等。

泥杂肥：堆肥、草塘泥、河泥等，主要用作基肥。

家积肥：猪窠灰（淌粪）、羊窠灰、人粪、禽粪等，用作基肥、追肥均可。扬中农民习惯养猪羊积肥，有“养猪不赚钱，回头看看田”之说。

饼肥：豆饼、菜籽饼、棉籽饼等，主要作基肥，亦用作早期追肥。

绿肥：秧草历来是水稻的主要肥料，用作基肥。20 世纪 60 年代中期至 70 年代，红花草成为当家绿肥，主要用于沤制草塘泥。70 年代初引进苕子、草木栖、田菁和柽麻等。1949 年绿肥播种面积 4.6 万亩，1985 年减为 2.2 万亩。1965 年后引进“三水一萍”。“三水”用于沤制草塘泥，绿萍用于稻田“倒萍”，直接拌在泥土里作基肥。70 年代普遍推开，因冬季保种困难和苗床设备投资较大，除少量水花生外，其余已绝迹。1973 年“三水一萍”最多，水浮莲 4519 亩，积肥 500 万公斤；水葫芦 61.62 亩，积肥 5000 万公斤；水花生 554 亩，积肥 368.5 万公斤；绿萍 2300 亩，积肥 1000 万公斤。后逐渐减少。

2. 化学肥料　主要有氮、磷、钾肥，还有复合肥和微量元素肥。

（1）氮素化肥——硫酸铵、硝酸铵、碳酸氢氨、氯化铵、尿素、石灰氮、氨水等。20 世纪 60 年代主要用于稻麦追肥。硫酸铵、尿素曾用作后期叶面喷施。20 世纪 70 年代双、三熟制时期，氮素化肥开始用作基肥，并推广碳酸氢氨的球施、底施、穴施等技术。

（2）磷素化肥——过磷酸钙、钙镁磷肥等。作稻麦基肥，亦可蘸秧根为“送嫁肥”。过磷酸钙可用于叶面喷施，钙镁磷肥用于三麦、绿肥拌种。

（3）钾素化肥——硫酸钾、氯化钾等。只作稻麦基肥。

（4）复合肥——氮、磷、钾复合肥一般用作基肥，磷酸二氢钾用于叶面喷施。

（5）微量元素肥——硼肥、锰肥、锌肥（硫酸锌）、钼肥（钼酸铵）等，一般用于叶面喷施。锌肥亦可用作水稻基肥。

化肥广泛使用，销售量逐年增加。氮素化肥销售总量（折标准肥），1950 年 3 吨，1965 年 1646 吨，1975 年 9074 吨，1980 年增至 22954 吨；磷肥销售总量，1975 年 2495 吨，1980 年增至 4253.8 吨；复合肥销售总量，1975 年 0.45 吨，1980 年 56.7 吨，1985 年 251.6 吨；1980 年销售磷酸二氢钾 3.6 吨，1985 年增至 13.35 吨。

1972 年试制使用微生物肥料“5406”菌肥，增产效果显著。“九二〇”“七〇一”“七〇二”“三十烷醇”等植物生长激素也使用过，均因制作较困难，设备要求较高，未能推广。

第八节　农业科技

一、农业科研组织

1. 农业技术推广中心(站)　主要职责为推广农业新技术和农作物新品种。

1955年、1961年和1964年,先后在八桥、兴隆、三茅、联合、新坝等乡镇(公社)建立农业技术推广站,后均撤销。

1972年5月,成立扬中县革命委员会农业技术推广站,设在农业局内,人员全为原农业局技术干部。1984年9月,由农业局栽培组、土肥组、测报站等合并,建立扬中县农业技术推广中心,隶属于县农业局,下设栽培、植保、土肥、良种繁育和农业情报5个组,其任务是试验、示范、推广和培训农技人员,是全县农业科学技术权威性的事业机构。

2. 四级农科网　指县、乡(公社)、村(大队)、村民小组(生产队)4级农科(技)组织。

(1)县农科所。1959年建立扬中县农业科学研究所,为局级事业单位,设在县良种场内,有技术干部3人。1962年下半年撤销。1975年全国四级农科网"华容会议"后,利用县良种场附近原"五七"干校的旧房舍,于5月17日重建农科所,为县四级农科网的领导、指导机构,先后有技术干部8人,农工14人,基地25亩。后迁至县农业技术推广中心内。

(2)乡(公社)农技站和农科站。1966年下半年起,各公社配农民技术员1名。1969年后各公社相继成立农技站,每站配站长、栽培员、种子员、植保员3至5人。1975年推广"华容经验",丰裕、联合、三 洧 、兴隆、永胜、八桥、新坝、三茅等公社先后办起"四落实"的农科站(即领导、人员、房屋、基地落实),共410人,基地267亩。

农科站是湖南省"华容经验"的产物,是四级农科网中的乡(公社)级组织,它的人员来自全公社,政治思想和业务水平不一;基地多为偏远瘠地,土、肥、水系等条件差;资金除由公社资助外无其他来源,加之对农技服务的作用不显著,1985年年底乡镇农科站全部撤销。

(3)村(大队)农科队。1975年,全县178个大队陆续建立大队农科队,共2875人,基地3602亩。农科队在搞高产样板田、种子田、杂交稻制种以及指导生产队作物栽培和病虫害防治等方面都起了一定的作用。

但农科队是一哄而起,没有基础。人员思想复杂,生产条件差,缺乏资金,管理不善,少数农科队被群众称为"包袱队""疗养队"。有的大队每年要额外负担农科队资金

1000~2000元。农村推行联产承包责任制后,农科队相继撤销。1984年,代之以2~3人的村农技组,做农业技术服务工作。

(4)村民小组(生产队)农科组。生产队成立农科组,由队长、会计、农技员3人组成。全县有2282个农科组,共6846人。农科组与大队农科队同时建立,同时撤销。

3. 其他　1958年的下半年,建立扬中县农业大学,有学员38人,1960年撤销。1971年下半年又建立扬中县农业大学,有工作人员4人,1973年撤销。

二、技术培训

技术培训工作由县、乡(公社)两级采用多种形式进行。

1. 短期培训　由县主办,每年春秋各1次,每次400人左右。对象为各乡(公社)分管农业的主任、农技站全体人员、村(大队)主任及农技员,每期3~5天。内容为分析、总结、交流上一熟的生产经验、教训,订出下熟生产计划和改进措施。乡(公社)也一年两次培训生产队干部和农技人员。

2. 综合培训　1955—1957年间,县合作干校办过两期农业、蚕桑技术员培训班。1980年后,县里办过3期农技培训班。培训时间一般为两个月,每期培训50人左右,对象为公社生产助理、农技员、大队主任。课程有植物、植物生理、作物栽培、植物保护、良种繁育、土壤、肥料等。

3. 单项培训　1956年全县进行栽培、种子、农机、蚕桑、畜牧、兽医等专业培训,受训人员8125名。其中培训推广水稻"籼改粳"技术人员425人。1980年以后,对土壤、肥料、植保等专业技术人员进行多次培训。

4. "请进来、派出去"培训　1964年请浙江省平阳县老农到扬中传授绿萍放养和使用技术。1974年请沙洲县老农讲三麦浅播技术。此外还邀请教授、专家多次到扬中举行专题讲座。扬中亦先后派出多起农技人员到外地参观学习。

5. 省、地(市)两级专业培训　扬中县农技干部参加省综合培训的有4人,单项培训的有11人次。在职带薪进高校深造的1人。公社农技员经省级培训的13人,地市级培训的70人,参加省农业技术员考试合格的68人;省农业技术干部招聘考试合格的7人,被录取为中央农业广播学校扬中县第一期农学基础班的学员45人。至1985年,已获中央农业广播学校结业证的有36人。

三、科研成绩及农业科技推广

1979—1985年,共推广农业新技术新成果47项,累计推广面积345.68万亩,增产稻麦10440万公斤。有30项分别获江苏省、镇江市科技成果奖(栽培11项,植保7项,土肥9项,种子2项,综合1项)。《扬中县土壤普查资源及成果应用》项目,推广应用面积84.85万亩，增收粮食526.5万公斤，获省农林厅技术改进四等奖、镇江市科技进步三等奖。《稻茬小麦机械免耕技术研究与应用》项目，是扬中县小麦耕作方式的一大改革，推广面积26.3万亩，增收小麦390.27万公斤，节省劳动工90万个以上，获省科技进步四等奖、镇江市科技进步二等奖。

附录　1982年扬中县土地资源调查资料

1982年4月，由县区划办公室分批分期开展土地资源详查工作，至1983年10月完成外部作业。1983年11月逐项分类清点、校核、整理汇总。1984年5月经省、市验收合格。

县境地势平坦，地形为单一圩区。全县境域总面积为328.11平方公里，折合492165亩。其中长江水面面积86.88平方公里(130320亩)，滩地14.88平方公里(22320亩)，陆地226.35平方公里(339525亩)，分别占总面积的26.48%、4.54%和68.99%。

根据调查，实际利用土地面积340022亩(陆地和少量滩地)，占境域总面积的69.09%。其中，耕地210939亩，占实际利用面积的62.04%；园地2455亩，占0.72%；林地12947亩，占3.81%；城乡居民点用地37526亩，占11.04%，人均0.14亩；工矿用地3560亩，占1.05%；交通用地21795亩，占6.41%；水域50668亩，占14.90%；特殊用地132亩，占0.04%。

耕地中，水田179507亩，占耕地面积的85.10%；旱田30728亩，占14.57%；菜地704亩，占0.33%。

园地中，果园77亩，占园地面积的3.14%；桑园2322亩，占94.58%；药材园56亩，占2.28%。

林地中，竹园12889亩，占林地面积的99.55%；苗圃20亩，占0.15%；树林38亩，占0.29%。

城乡居民点用地中，城镇660亩，占居民点用地面积的1.76%；农村32568亩，占86.79%；谷场4298亩，占11.45%。农村有1797个自然埭。

工矿用地中，厂矿3092亩，占工矿用地面积的86.86%；窑场468亩，占13.15%。

交通用地中，公路1123亩，占交通用地面积的5.15%；农村道路20672亩，占94.85%。

水域中，苇地29亩，占水域面积的0.06%；柳地266亩，占0.53%；河流(通江港)3346亩，占6.60%；沟渠5526亩，占10.91%；河塘32777亩，占64.69%；堤坝水利建筑用地8166亩，占16.12%；鱼池558亩，占1.10%。

特殊用地中，国防用地6亩，占特殊用地面积的4.55%；坟地126亩，占95.45%。

第二章　林牧副渔业

扬中县是江中绿洲，芦、柳、竹素称“江洲三宝”。四面环江，盛产被誉为“江上三鲜”的河豚、鮰鱼、鲥鱼。境内绿树成荫，河港纵横，农家普遍植桑育蚕，饲养畜禽，长江捕捞和内塘养殖等渔业亦较发达。芦、柳、竹、蒲等制品的编织，棉、麻土布的纺织，各种蔬菜、瓜果的栽培均较普遍。日军入侵期间，林牧副渔业遭到严重破坏，直至解放后，才逐步得到恢复和发展。1957 年林、牧、副、渔业生产基本恢复到 1937 年前的水平。但 1958 年的“共产风”和“文化大革命”期间的大割“资本主义尾巴”，又使林牧副渔业的发展遭到严重挫折。

中共十一届三中全会以后，在对外开放、对内搞活经济的方针指引下，全县的林牧副渔业发展比较迅速，产值不断上升。

1949—1985 年扬中县林牧副渔业产值情况表

表 32　　单位：万元（新币）

年份	林业产值	牧业产值	副业产值	渔业产值	年份	林业产值	牧业产值	副业产值	渔业产值
1949	210	532	150	7	1957	149	588	150	54
1950	188	543	130	5	1958	200	611	210	78
1951	199	544	170	7	1959	173	296	208	66
1952	259	570	210	5	1960	99	208	107	54
1953	189	629	170	21	1961	130	197	41	31
1954	180	353	130	35	1962	63	263	106	33
1955	149	572	150	24	1963	55	317	2	33
1956	143	577	140	47	1964	43	334	2	49

续表 32

年份	林业产值	牧业产值	副业产值	渔业产值	年份	林业产值	牧业产值	副业产值	渔业产值
1965	44	376	37	52	1976	335	893	4	79
1966	60	785	3	62	1977	351	715	5	93
1967	59	785	3	60	1978	322	1070	5	26
1968	61	752	3	59	1979	450	1559	5	91
1969	60	804	3	57	1980	377	1599	6	125
1970	3	772	2	445	1981	537	1261	6	138
1971	157	907	2	107	1982	556	1778	294	170
1972	193	936	18	369	1983	529	1437	382	180
1973	156	862	4	89	1984	489	1599	893	201
1974	295	921	5	136	1985	520	1755	2053	206
1975	205	841	4	145					

第一节　林　业

一、植树造林

扬中县居民素爱在家前屋后、塘边岸头栽插树、竹、柳等，故全县绿化覆盖面较大，有“绿洲”之称。

解放后，人民政府多次开展绿化造林运动。1950—1952 年，政府要求每人每年植树一株。1956—1959 年，四年时间完成的植树造林任务有：江堤外滩 34 万株，港堤堤坡 128 万株，四旁（屋旁、路旁、河旁、堤旁）绿化 144 万株，栽桑 51.6 万株。

1963—1965 年，调整农业内部结构，恢复林业生机，三年中栽桑百余亩，插柳千余亩，植树 150 余万株。至 1969 年，全县有林木 1600 万株，杞柳 12000 亩，桑园 6700 亩。

中共十一届三中全会后，林业生产的一系列方针政策得到落实。1981 年全国人大五届四次会议通过“关于开展全民义务植树运动”的决议，1982 年县政府颁发林权证书，充分调动群众植树、栽竹、插柳的积极性，林业生产得以迅速恢复和发展。

二、用材林木

扬中县用材林木主要有枫杨、柳树、苦楝、榔榆、榉榆、青檀、椿树、乔木桑、银杏、鸡爪枣等。其中以枫杨、柳树为当家品种。

1979—1985 年扬中县绿化造林情况表

表 33

项目 / 数量 / 年份	新栽树木（万株）	新栽杞柳（亩）	新栽桑树（亩）	新栽竹子（亩）	新栽果树		培育林苗（亩）
					面积（亩）	株数（株）	
1979	275	1250	400	700	70		85
1980	196.7	1576	452	80	371		105
1981	182	1056.8	353.5	380	50		104
1982	173	564	834	150	70		56.4
1983	150	320	279			7106	46
1984	114.3	904.9	84			22048	20
1985	127	912	80.9		129.5		27.6

解放后，政府注意树种更新。1958 年引进悬铃木（法国梧桐），1962 年引进白榆、刺槐，1970 年引进泡桐，1972 年引进水杉、香樟，1975 年引进池杉、“214”白杨，1983 年引进柳杉。20 世纪 70 年代与 80 年代初期，以水杉为当家品种。

1975 年以前，用材林均分布在村庄周围和田头、路旁、岸边、河边、港边等隙地。自 1976 年大搞农田基本建设和全面培修江港堤以后，用材林主要分布于 69 条新开的主干河道和一、二级河道的岸坡及 60 多公里的江堤两旁。

1957—1985 年扬中县部分年份林木存量情况表

表 34

年份与数量 / 项目		1957		1965		1978		1985	
		株数（万株）	面积（亩）	株数（万株）	面积（亩）	株数（万株）	面积（亩）	株数（万株）	面积（亩）
林木总计		641.81	60943	837.34	77239	1262.05	107889	1455.56	121501
其中	四旁绿化	507.95	33863	730.62	48708	921.75	61456	1138.55	75903
	薪炭林	97.50	6500	67.50	4500	57.00	3800		
	杞柳		3900		5500		6020		7285
	竹园		9500		10500		13000		13374
	成片果园	0.86	214	0.72	180	0.72	180	0.95	273
	散生果树	12.00	3000	15.00	3750	15.28	3820	10.18	2544
	桑园		1586		2695		1706		1604

续表 34

年份与数量 / 项目		1957		1965		1978		1985	
		株数（万株）	面积（亩）	株数（万株）	面积（亩）	株数（万株）	面积（亩）	株数（万株）	面积（亩）
其中	公路绿化	3.50	233	3.50	233	6.00	400	9.35	623
	江防林	20.00	1333	20.00	1333	41.30	2753	56.00	3733
	农网林					220.00	14667	226.01	15067
	家庭绿化							14.52	968
	苗圃				35		200		61
林木覆盖率(%)		17.77		22.56		31.45		33.00	

说明：1.“四旁”绿化以 150 株折算 1 亩，散生果树以 40 株折算 1 亩；2.全县陆地面积 228.7 平方公里，折 343050 亩；3.林木覆盖率=林木面积÷陆地面积×100%

三、经济林木

竹子、杞柳历来为扬中的主要经济林木，香樟、油桐、青桐、棕榈、乌柏、杜仲、油茶为数甚少。1968 年引进刚竹。

竹有淡竹、燕竹、巨竹、桂竹、刚竹 5 个品种，多数分布在农民家前屋后，少数在江港堤内坡。1985 年全县竹园面积 13374 亩。

杞柳有浑水、清水两种。浑水柳分布在江堤外滩，清水柳分布在圩沟、港河、渠道两侧。1985 年全县杞柳面积 7285 亩。

1949—1985 年部分年份扬中县竹子、杞柳产量情况表

表 35　　单位：担（1 担=50 公斤）

年份	竹子	杞柳	年份	竹子	杞柳
1949	64000	32400	1976	80000	180800
1952	65500	33600	1978	80000	106050
1957	39320	30372	1980	98280	105260
1962	25708	11221	1981	125400	243030
1965	24600	70000	1982	125400	243030
1966	28700	75000	1983	126000	216500
1970	48000	80000	1984	126000	119300
1975	80000	172319	1985	130000	145720

四、果树

全县果树品种较多,种植面积较广。

扬中成洲以后,水果有梨、桃、杏、李、枣、枇杷、石榴、樱桃、无花果等种类。干果仅有银杏一种。其中梨有菊水、木梨、黄香、稻青等品种,以木梨为多;桃有梅桃、莳桃、水蜜桃、扬州早、六月红等品种,以莳桃为多;枇杷有白沙与红沙(无定名);银杏有佛手、梅核两个品种。

1949 年,全县共有各类果树 11.12 万株,生长在农民家前屋后的隙地,只有银杏植于宗祠、庙宇、祖坟、地主庄房等周围。现存三茅建设村的银杏,树龄达三百余年。县良种繁育场(原杜楚卿庄房)尚存银杏 155 株。

1959 年起,先后从浙江、上海、山东、崇明、无锡、溧水、宜兴、丹徒等地引进梨、桃、苹果、柑桔、葡萄、核桃等 10 多个新品种。

至 1985 年,全县共有各类果树 11.6 万株,其中散生果树 10.18 万株。成片果树 273 亩(桃、梨、枇杷、葡萄 4 个品种),主要分布在联合乡新跃农场、八桥镇宏图农场、新坝镇林果场、雷公嘴养殖场、丰裕乡永固村、兴隆镇东方红村、三茅乡群英村等地。1985 年,全县主要果品产量达 44.08 万公斤,总产值 16.14 万元(按 1980 年不变价计算)。其中梨 27.1 万公斤、7.94 万元;桃 7.51 万公斤、2.30 万元;枇杷 7.78 万公斤、5.13 万元;葡萄 2450 公斤、1193 元;其他如苹果、柑桔、枣子等 1.45 万公斤、6483 元。

1956—1985 年扬中县成片果园面积与水果产量情况表

表 36

年份	面积(亩)	产量(吨)	年份	面积(亩)	产量(吨)	年份	面积(亩)	产量(吨)
1956	203	840	1966	34	194	1976	148	462
1957	214	1005	1967	40	194	1977	69	459
1958	103	991	1968	56	188	1978	81	512
1959	107	991	1969	48	183	1979	172	530
1960	111	597	1970	30	47	1980	64	517
1961	114	415	1971	34	398	1981	93	413
1962	118	284	1972	27	414	1982	100	526
1963	122	290	1973	45	433	1983	70	469
1964	122	203	1974	119	515	1984	158	479
1965	180	194	1975	158	507	1985	273	441

第二节 畜牧业

一、畜禽生产

扬中县的畜牧业以家庭饲养牛、猪、羊、鸡、鸭等家畜家禽为主，无专一牧场。沿江一带牲畜多在江港堤岸坡、滩涂或少数荒地上放牧。解放前，扬中县畜禽生产多处于自发状态，畜禽结构变化和数量增减，亦取决于粮食生产的丰歉及自然条件的变化。

扬中县的良种米猪，素享盛誉，曾获万国产品展览会奖章。苗猪、山羊、鸡亦畅销大江南北。民国21年(1932)产肥猪1.3万头，羊1.7万只，平均每户养肥猪0.45头，羊0.59只。民国25年(1936)生猪发展到4万头，苗猪30万头，家禽10万只，禽蛋7000担。抗日战争期间，日军掠夺，破坏惨重，抗战胜利后恢复迟缓。1949年，全县有耕牛2083头，年出栏肥猪2万头，苗猪20万头，鸡4万只，禽蛋4000担。

民国时期曾拟在农村推行畜牧业改良计划，试办畜牧专业性合作团体，江苏省政府饬令县建立农业推广所，未成。民国36年(1947)春，县政府在雷观乡(现属永胜乡)试办农民投股形式的"生猪合作社"，经营选种、肥育、繁殖、购销业务，入社农民144人。解放前由于科技落后，畜禽疾病猖獗，传染病和寄生虫病多达20余种，常出现严重瘟疫。全县仅有20多名民间兽医和阉割手，牲畜染病靠土方土法治疗，难以见效。

解放后，政府采取发放贷款、供应饲料、建立技术机构、防治疾病和制订奖励、收购政策等措施，使畜牧业迅速得到恢复和发展。1979年全县生猪为24.5万头，羊9.2万只，家禽22.5万只，生猪、家禽分别是1949年的12.2倍和5.6倍。1982年中央一号文件下达后，农村出现专业户、"贸、工、农"联合体和产、供、销一条龙，各类畜禽专业户出现。1985年全县有畜禽饲养专业大户140余家，且向多样化方向发展。

耕牛历来为私人专户饲养，用以经营代耕、加工粮食等。解放初期沿用旧制。农业合作化后，耕牛作为大型劳动工具可入股入社；1958年成立人民公社后，由大队、生产队集体饲养，因管理不善，生病、流产、伤残、死亡等时有发生。随着农业机械化的逐渐推广，耕牛日趋减少，至1985年全县仅存耕牛(黄牛)2头。

生猪原为农户私养。1955年农业合作化，开始建立集体养猪场。1958年人民公社成立，大办集体养猪场，开展"万、千、百、十"(即县、公社、大队、生产队四级养猪数)养猪场运动，大小牲畜一律收归集体。集体养猪一时风起云涌，全县较大的猪场120个，小的1128个。是年冬季，冻死、饿死、病死、偷宰现象严重，生猪数量急剧下降。1960年存栏生猪仅剩3.2万头，为1958年的38.8%。

1961年贯彻中央"公养私养并举，以私养为主"的方针，将平调的生猪下放给社员私养，撤销82个大队猪场，下放母猪5572头，并采取划留饲料地，供应饲料粮、商品粮,实行物质奖励,提高收购价格等措施,同年生猪上市量增加到 6.53 万头。

“文化大革命”后期,一度限制苗猪价格,形成罚款风、杀母猪风,生猪饲养量有所下降。除此外,20 世纪 70 年代其余年份生猪数量稳步上升。

20 世纪 80 年代,农村实行改革,生猪主要由农户私养,年饲养量在 20 万头左右。

羊和家禽历来均为私养,山羊以圈养为主,沿江一带农民有栓桩放牧习惯。鹌鹑、火鸡、貂为引进新品种,亦属私养。1985 年末有兔 5724 只,蜂 346 箱,均为私养。

畜禽生产发展,向社会提供了大量畜禽产品,为繁荣农贸市场、改善人民生活作出了贡献。

1949—1985 年部分年份扬中县畜禽饲养量情况表

表 37

项目 年份	生猪		羊		耕牛	家禽	兔	蜂
	饲养数(头)	年末存栏(头)	饲养数(只)	年末存栏(只)	饲养数(头)	年末实有(只)	年末实有(只)	年末实有(箱)
1949		66197		8376	1780	44478		
1950		75806		9734	1991	51078		
1952		62057		11886	1712	129562	55	
1957		80337		19899	2379	140425	3489	
1960		32043		19146	2226	138548	7001	
1962		44116		40498	2170	104281	7255	17
1967		83343		24782	1494		10698	
1970		72040		30619	1183			
1975		83579		35583	146			
1978		97061		53273	45	169548	2300	188
1982	201344	94650	64376	48409	5	269202	8420	1074
1984	199432	92228	78071	50115	2	341583	1911	292
1985	203140	114047	79384	45694	2	539203	5724	346

1976—1985 年扬中县农村畜禽产品上市和供销合作社收购情况表

表 38

项目 年份	肥猪			羊		供销社收购		活禽收购上市(万只)	禽蛋		蜂蜜(公斤)	兔毛(公斤)
	上市(万头)	供销社收购(万头)	产肉量(万公斤)	上市(只)	其中屠宰(只)	羊皮(张)	羊毛(公斤)		上市(万公斤)	供销社收购(公斤)		
1976	8.33	7.03	604		9790	17200	200	18500		33650		
1977	6.87	5.07	467		8644	10000	1500	12400		46300		

续表 38

项目 / 年份	肥猪			羊		供销社收购		活禽收购上市（万只）	禽蛋		蜂蜜（公斤）	兔毛（公斤）
	上市（万头）	供销社收购（万头）	产肉量（万公斤）	上市（只）	其中屠宰（只）	羊皮（张）	羊毛（公斤）		上市（万公斤）	供销社收购（公斤）		
1978	8.00	6.36	579.3	19524	7647	8100	1450	11300		59850		
1979	12.27	11.79	960.9	20392	20392	12103	1200	4143		102100	2800	200
1980	14.76	14.31	572.5	23934		25900	1450	3500		59850		200
1981	11.31	10.48	419.2	31135	28121	14900	2100	400		70900	3810	221.5
1982	10.60	10.26	556.5	1600	11300	9500	800	19400		143600	100	
1983	10.36	9.59	484.5	20500	16700	10200	2350	20900	116.98	150350	4541	
1984	10.72	7.76	525.3	27956	17509	13300	1065	21000	163.57	114400	3035	
1985	8.91	1.96	540.5	33700	21034	15000	1201	278293	222.94		4600	1010

二、畜禽改良繁育

1.改良畜禽品种　解放前，扬中县生猪品种全为地方土种，有“米猪”“二花脸”“大堎庄”等。20 世纪 50 年代中期推广经济杂交，陆续引进“约克夏”“巴克夏”“新淮”“长白”“苏白”“杜洛克”等国内外良种公猪，以大、中约克夏为经济杂交的主要父本。

母猪。以“米猪”为主，属太湖猪地方类群，历史悠久。其名称来由有二说：一说为体型两头小，中间大，似米状；一说为主要靠喂食精饲料。“米猪”有“南生”“北生”之分，其差异仅在体型大小稍有不同。米种母猪母性好，产仔多，泌乳力强，所产仔猪育成后，有皮薄、肉嫩、味美、出肉率高等优点。但嘴长、单背脊、生长慢，不甚受养猪户欢迎。20 世纪 80 年代从无锡、武进、昆山、吴江、金山、上海等地引进“二花脸”“枫泾”“梅山”等猪种，米种母猪渐趋减少。

公猪。品种变化较大。20 世纪 60 年代前，以米种公猪为主，配种多为个体经营。1957 年全县约有土种公猪 80 余头(后均淘汰)。1954 年县农场引进一对约克夏，试行经济杂交。1964 年起各乡兽医站相继办起家畜配种站，推广生猪经济杂交，引进巴克夏、盘农杂交二代和新淮种公猪。1966 年实现生猪杂交一代化。1968 年后，又引进苏白、上海白、大约、长白、杜洛克等猪种。1978 年后推行统一供精，对提高母猪产仔率，肥猪生长率，探索瘦肉型猪杂交改良等，都取得一定成效。

羊。品种主要为白山羊，属长江三角洲山羊类型，有适应性强、繁殖率高、耐粗饲、肉细嫩、皮质好等优点。但体型小、生长慢，屠宰出肉率低，胴体性状差。全县对山羊资源的开发利用、选种选配、提纯复壮和杂交改良等工作，仍处于自发状态，亟待改进。

鸡。历来以当地“草鸡”为主要品种。1954年引进来杭鸡,1965年引进新狼山鸡,以后相继引进白洛克、星波罗、芦花、希塞斯、红育、新杂288等品种。1983年以后以罗斯鸡为主要推广品种,1984年达1万只。含有多种血统的“草鸡”,适应性、觅食力较强,便于饲养,但产蛋不及良种鸡。

随着养鸡专业户的兴起,采取密集型圈养者渐多,该种饲养方法有占地少、管理集中、劳动生产率高等优点,有利于发展养鸡事业。

2.建立家畜配种站和种猪场　1964年建新坝、三茅、兴隆、油坊4个配种站,以后各公社亦相继建立配种站。1979年建立家畜人工授精总站,为全县11个公社提供种公猪精液,全县实现种母猪统一供精(1987年获国家科委、农委科技成果三等奖)。1982年总站易名家畜改良站。该站有采精室、检验分装室、药房、饲料房、种公猪舍、隔离猪舍等设施、设备。

为建立良种繁殖基地,对本地良种“米猪”提纯复壮,1977年在八桥公社轮船套建立国营种猪场。该场占地118亩,房屋195间,共投资34.59万元,在编职工32人。1984年有生产母猪40头、公猪3头,后备母猪5头、公猪2头,为全县提供后备母猪1471头、苗猪2575头、肥猪238头。

三、病疫防治

解放前,扬中县畜禽疾病多达20种。解放后,县建立畜牧兽医机构,积极开展畜禽疫病防治工作,至20世纪60年代末,猪丹毒、猪肺疫、鸡新城疫、牛炭疽、狂犬病、口蹄疫、猪瘟等传染病,已得到有效控制。70年代集体养猪量大增,引种和流动频繁,检疫制度未能跟上,生猪气喘病出现流行趋势。20世纪80年代开始,以扑灭牲畜五号病为突破口,狠抓防治“一病两瘟”(牲畜五号病、猪瘟、鸡新城疫),采取行政、技术、经济三管齐下的综合防治措施,危害极大的烈性传染病得到有效控制,基本上控制了猪瘟、口蹄疫、狂犬病、牛炭疽病,猪丹毒、肺疫、气喘等病亦大为减少,但鸡球虫、马立克病、猪水肿、弓形体病等尚未能有效控制。

1952年建立县畜牧兽医站,1957年建立第一个乡级畜牧兽医站,1958年乡乡建立,全县共有畜牧兽医技术人员和民间防疫员70人。此后行政区划虽经并、撤或重建,但这些技术人员对扬中县畜牧生产的发展,起着重要作用。

根据防治疫病的需要,1975年建立县兽药厂。1985年该厂有职工54人,固定资产29.16万元,生产水针剂25个品种,添加剂24个品种,除满足县内需要外,还销售全国各地,年产值84.18万元,利润16.21万元。1981年被定为全省18家定点单位的重点兽药厂之一。

1952年全县仅有畜牧兽医干部4人。至1984年,县、乡(镇)两级有畜牧兽医专业人员72人，其中畜牧师2人，兽医师1人，助理畜牧师和助理兽医师5人；经省农林厅考试，集体所有制的畜牧兽医技术人员中，获合格证者47人。

1958年成立县畜牧兽医协会。1984年成立县畜牧兽医学会，有会员68人。协会和学会在科研中取得多项成果。

1958年，对苗猪食后突然死亡的病因，作专题调查研究，结果发现是野苋菜中所含亚硝酸盐中毒所致。

1979年，用尼龙筛绢粪检耕牛血吸虫卵，提高阳性检出率，获省农林厅科技成果三等奖。

1981年，全县基本扑灭猪瘟病，获镇江地区地区农业局奖励和表彰。

1982年和1983年，在江苏省家畜流行病防治的调查研究中，获农业技术改进一等奖。

1984年，改革防疫制度。在综合防治猪瘟、猪丹毒研究中，获省农业技术改进一等奖；在寄生虫病防治研究中，获县科技进步三等奖。

1978—1985年扬中县母猪统一供精情况表

表39

项目/数量/年份	母猪数（头）	全年供精（头份）	输配母猪数（头）	情期受胎（窠）	情期受胎率（%）	普及面（%）	产仔情况		
							调查窠数（窠）	总产仔数（头）	产仔平均数（头）
1978	8131		7915	6232	78.74	48.7	2432	29650	12.2
1979	10261	4675	10122	8573	84.7	49.7	1668	19855	11.9
1980	10713	18135	13573	11440	84.3	63.3	2721	34035	12.5
1981	9182	16027	13344	11350	85.1	72.7	3202	45132	14.1
1982	12512	25741	19690	16279	82.7	79	5961	81778	13.7
1983	12655	17259	15907	13323	83.8	63	5056	66597	13.2
1984	10825	11265	11803	10267	87.0	52	4240	58200	13.7
1985	14628	14627	17251		84.4	58.9	4647	62931	13.5

第三节 蚕 桑

一、发展概况

蚕桑生产历来为扬中县农村的主要副业之一,有“栽竹养鱼千倍利,不及养蚕四十天”之说。

民国5年(1916)前,全县几乎家家植桑,半数以上农户养蚕,最高年产鲜茧8000担左右,蚕茧由丹徒、丹阳、泰兴等邻县收购。民国6年(1917)始设茧行,以后逐渐增多,极盛时有18家,烘灶18副,烘格106乘。

民国7年(1918)后,因资本主义国家发生经济危机,蚕丝出口受影响,蚕桑生产亦随之衰落。民国21年(1932),“一·二八事变”,日本侵略军侵犯上海,茧价低贱,最低每担改良种茧33元,土种茧21元,只有原来价格的1/3左右。

民国23年(1934),县长洪康燮采取多种措施,发展蚕桑生产,有成效。时江苏省政府命名扬中县为“蚕桑模范改良区”,洪康燮兼主任,蚕茧年产量4495担,养蚕栽桑技术亦大有改进。全县有广昌、瑞记、鼎源、鼎丰、同兴、祥丰、萃园、大昌、昌萃、公和永、正源等茧行11家,有烘灶11副,烘格65乘。次年,张献之在鸣凤乡创办“江东蚕种制造场”,年产长寿牌蚕种6000张。

抗日战争期间,蚕桑生产遭到严重破坏。民国30年(1941),扬中县茧行全部关闭,桑田锐减,蚕桑生产濒临绝境,年产干茧仅116担,为民国23年(1934)蚕茧产量的2.6%。1946—1949年,蚕桑生产稍有恢复,桑田969亩,年产蚕茧461担。

解放后,蚕桑生产经历了“四兴三衰”的过程。

第一次兴衰为1951—1954年。1953年桑田发展到4831亩,年产鲜茧2241担。1954年遭特大水灾,桑田被淹,仅剩1097亩,年产鲜茧937担。

第二次兴衰为1958—1962年。1958年桑田恢复到2665亩,年产鲜茧1917担。但因“大跃进”和经济困难而大肆毁桑种粮,1962年桑田和蚕茧产量分别下降到2200亩和1176担。

第三次兴衰为1969—1977年。1969年桑田6700亩,年产鲜茧3834担,创解放后最高纪录。后因片面强调“以粮为纲”,要多产粮食,桑田锐减。1977年,桑田为1460亩,蚕茧产量1036担。

第四次兴起为中共十一届三中全会以后。在中共中央“决不放松粮食生产,积极发展多种经营”的方针指引下,蚕桑生产逐步恢复,1985年有桑田1604亩,产蚕茧1560担,合每亩桑田养蚕产茧49公斤,外贸收购干茧699担。.

随着蚕桑生产的发展,收茧机构亦相应增加。1968年创建三茅缫丝厂,有28台双人立缫车,30窗复摇车,108名工人,年缫丝能力达2500担原茧。此后扬中不再外销干茧,直接经营生丝。

解放后扬中县茧站设施、收烘规模情况表

表40

项目 站名	建站时间	房屋面积 (平方米)	烘　灶　(副)	烘茧量 (担)	收烘人员 (人)
三茅茧站	1951.4	311	机灶1副　大煤灶1副	700	18
老郎茧站	1951.4	398	机灶1副　大煤灶1副	700	18
新坝茧站	1953	150	大煤灶3副	400	12
八桥茧站	1956	399	大煤灶2.5副	300	12
幸福茧站	1969	236	机灶1副	400	12

二、育蚕

扬中县传统育蚕为每年只养一次春蚕。民国14年(1925)开始饲养秋蚕。1949年推广夏蚕。1958年盲目增加批次,全年发放春、夏季各3批,秋季5批,计11批蚕种,批次间无法间隔消毒,蚕易发病,结果“广种薄收”。1962年常年饲养春、夏和早、中、晚秋5批,1984年起不养早秋蚕。

蚕种原由蚕农土法自育,茧有红、白、黄三色,质量差产量低。清宣统三年(1911)推广改良蚕种,俗称“洋种”,又叫“框制种”。民国初全县以“虎牌”蚕种为主。民国23年(1934),江东蚕种制造场生产的“长寿牌”蚕种取代了“虎牌”。1949年改框制种为平附种,卵量较多,产茧高于框制。1956年后改平附种为散卵种,卵粒经过筛选。

蚕农在缺乏科学知识的情况下,一遇蚕病,即祈求“蚕神(蚕娘娘)”保佑。民国时期,政府设有指导机构,传播科学技术。民国23年(1934),“蚕桑模范改良区”推行多种改良措施,成效比较显著。1951年建立蚕种催青室,负责全县蚕种催青。同年3月成立县蚕桑指导所,分设三茅、兴隆、八桥3个指导组,有指导员5人,1953年增至12人。“文化大革命”期间,机构瘫痪。1983年重建扬中县林蚕技术指导站,有干部11人,负责林、桑、果、竹的业务辅导、技术培训和咨询工作。1980年推广蚕茧方格簇,1983年推广蚕研2号增丝剂,为蚕茧优质高产创造良好条件。

三、桑树栽培

1.改良品种　民国23年(1934),省政府配发改良湖桑桑苗。至1949年,桑树品种仍以“湖桑32号”为主。20世纪70年代末,以“湖桑7号”为主,并选用抗萎缩的“湖桑199”。1980年以后试用“中桑5801”和“育2号”的杂交后代。此品种具有适应性强、发

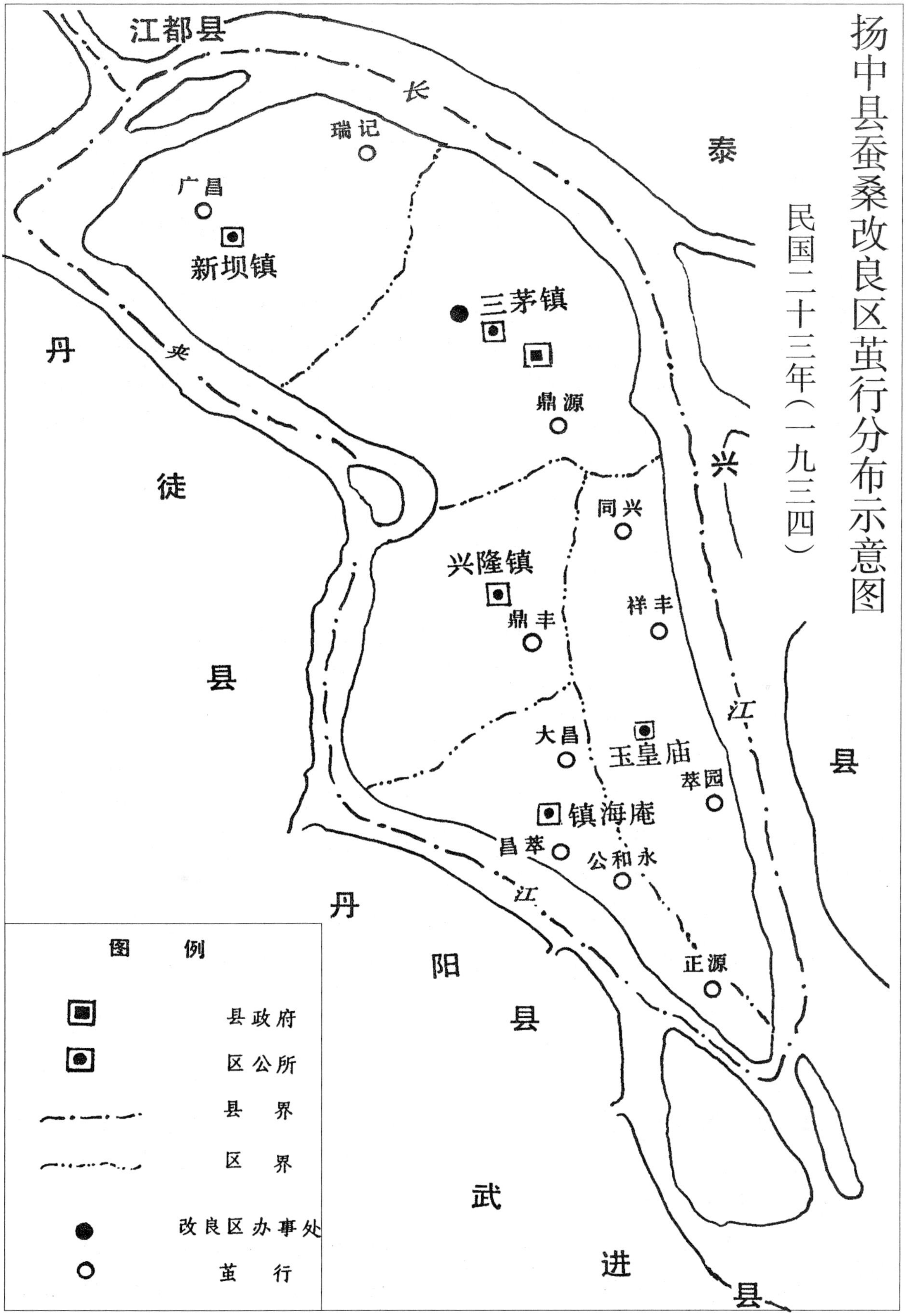
扬中县蚕桑改良区茧行分布示意图
民国二十三年(一九三四)
江都县
长
瑞记
泰
广昌
新坝镇
三茅镇
丹
夹
鼎源
徒
兴
同兴
兴隆镇
祥丰
鼎丰
县
江
大昌
玉皇庙
县
萃园
镇海庵
昌萃
公和永
丹
江
图 例
县政府
区公所
县界
区界
改良区办事处
茧行
阳
正源
县
武
进
县

芽早、成熟快、叶形大、产量高等优点,深受蚕农欢迎。

2. 改进栽培管理技术　民国初年,桑树多为高杆稀植,杆高5尺以上,亩植200~250株,产叶量不高。民国23年(1934)推广中杆桑,杆高2.5~5尺,亩植250~400株。解放后推广低杆桑,杆高2.5尺以下,亩植400~600株。到20世纪60年代,低杆桑取代中、高杆桑,亩株增至600~800株。以后亩株逐渐增至2000株,效果不佳。1980年后稳定在1000~1200株之间,比较适宜。同时采用剪梢、摘芯、压条补缺和防治病虫害等措施,收到明显的增产效果。

3. 桑苗培育　湖桑苗历来从外地引进。民国23年(1934)模范改良区办公室培训蚕桑技术人员120人,指导蚕农培育实生桑苗,嫁接湖桑。解放后至20世纪60年代,推广袋接、倒装接、装根接等多种嫁接方法。1964年在县良种繁育场开辟桑苗圃45亩。1965年桑苗自给有余,向淮阴地区销售65万株。1984年,试验湖桑苗土钵绿枝扦插成功,缩短了育苗周期,节省了工本、土地、肥料。

第四节　渔　业

扬中县地处长江之中,沿江水面以江心为界计算,共有13万余亩;境内水面4.22万亩,其中可养殖面积2.5万亩,为发展捕捞和水产养殖业提供了良好的自然条件。鲥鱼、刀鱼、河豚、鳗鱼、螃蟹历来是扬中的名产,圩内河塘养殖成鱼亦较为普遍。解放前,由于生产技术落后,年水产量仅600吨左右。

解放后,大力发展长江捕捞和内塘养殖,改进捕捞工具和养殖技术,培育、改良鱼种,引进新品种,推广科研成果,实行承包责任制,渔业生产获得较大发展。1984年县政府投资在雷公嘴兴办养殖场,发展水产养殖事业。1985年,全县水产量1789吨,其中河塘养殖1614吨,长江捕捞175吨。但河豚、鲥鱼却因江水污染等原因而减少。推行人工精养和实行承包责任制后,内塘养殖发展迅速,全县养殖水面达1.99万亩,占可养殖水面的80%;最高亩产千斤以上。

一、成鱼养殖

县境内地可养殖成鱼的水面有2.5万亩。解放初养殖水面只有0.3万亩,1954年为0.85万亩,1958年为1.56万亩。1960—1977年,养殖水面徘徊在0.7万~1.2万亩之间。由于技术原因,产量一直较低。

改革开放后,扬中注重更新改造鱼塘和开发新鱼池,提高成鱼养殖产量。1980年,县革委会提出鱼塘“四改”要求,即改小塘为大塘(3~5亩),改浅塘为深塘(2:5~3米),

改低埂为高埂(高于田面0.5米以上),改流水为静水(水位稳定,肥水不流失)。全县经过改造和新开掘的标准鱼池共2997亩,为人工精养高产创造良好条件。

推行家庭联产承包责任制后,扬中充分利用水面,发展水产养殖业。1983年5月实行水面定权发证,全县2368个生产队,实发水面证14998张,河塘面积19342亩,处理了一批水面权属纠纷,落实了养殖承包责任制。在水产购销方面,1984年起取消派购制,实行产销直接见面议价。1985年,全县成鱼养殖1.99万亩。

人工精养是发展渔业生产的主要途径。1958年开始试养,油坊公社虹桥大队有精养鱼池10亩。1973年,三茅公社团结大队辟精养鱼池40亩。1985年,全县精养鱼池发展到3500亩,其中3074亩亩产鱼150.5~250公斤,301亩亩产250.5~400公斤,118亩亩产400.5~500公斤,7.53亩亩产500公斤以上。三茅乡团结村40亩精养鱼池,连续8年高产稳产,年上市量均在1万公斤左右。1985年,全县人工精养水产总产量为613吨,占养殖总产的54.53%。

1957—1985年部分年份扬中县水产情况表

表41　　单位:吨

项目 数量 年份	合计	其中		内河水产品产量分类				海水产品
		捕捞	养殖	小计	其中			
					鱼类	虾蟹类	贝类	
1957	728							
1965	473							
1970	450							
1975	750	380	370	750	560	105	85	
1980	1050	519	531	860	715	125	20	190
1985	1614	490	1124	1614	1504	80	30	

说明:内河水产品产量含长江捕捞产量

为发展水产养殖,县主管部门积极推广稻田养鱼、快速养鱼和人工养蟹等先进养殖方法。

稻田养鱼种　1983年进行试养,获得成功。是年,在8.53亩稻田内放养鱼苗(1寸左右)13255尾,实收鱼种6778尾,重154.625公斤,每亩平均18.14公斤,每尾平均22.8克。实践证明,稻田养鱼可增收稻谷一成、鱼种15公斤左右。稻田养鱼有4个好处:(1)鱼能吃食害虫杂草,有利于水稻生长;(2)能起中耕松土和分解肥料的作用;(3)鱼粪可以肥田;(4)不占水面,不需饲料。1984年养鱼稻田380亩,因大水损失120亩,其余 260 亩仍取得亩产 14.085 公斤大规格鱼种的收成。

快速养鱼　1982 年，三茅公社中桥大队以 2.39 亩水面试养，是年 5 月底放鱼苗(1 寸左右)1. 8 公斤，11 月 10 日收成鱼和大规格鱼种 788.5 公斤，亩产达 330 公斤。此法推广全县，效果显著。

二、江海捕捞

1. 长江捕捞　扬中县四周的长江水域水产资源丰富，品种繁多，是天然的渔场。历来盛产鲫鱼、鲥鱼、河豚、鳗鱼、鮰鱼、青鱼、草鱼、鲢鱼、鳙鱼、鳊鱼、鲫鱼、鲤鱼和虾、蟹等。解放前年产量一般在 3000~4000 担，最高年产量 4000 担以上。

解放前，扬中县沿江水域共有渔场 7 处：新坝乡之刘戚港，主产鲫鱼、鲥鱼、鮰鱼、河豚，螃蟹次之；今丰裕乡之马家港，主产鲫鱼、鲥鱼、螃蟹；三茅乡之二墩子港，主产鲫鱼、鳗鱼、河豚，鲥鱼次之；三溜乡之三溜 港，主产鲫鱼、鲥鱼、鳗鱼、河豚；永胜乡之铁匠港，主产鲫鱼、鮰鱼、河豚；八桥乡之轮船沙，主产鲫鱼、鮰鱼、河豚；西来乡之东来桥，主产鲫鱼、鮰鱼、鲥鱼、河豚。其中三溜港和刘戚港的自然条件较好。三溜港常年产鲜鱼 7.5 万公斤左右。清光绪年间至民国时期，该处有鱼行 3 家，冰库 1 座。后因江滩涨坍，渔场有所变动，三溜港和铁匠港两个渔场不复存在。至 20 世纪 80 年代剩下刘戚港、何家大港、东新港、思议港、东来桥 5 个渔场，另有二墩子港、沙家港、封头坝、战斗河、胜利河、双龙港、夷沙、镇海港等 8 处零星捕捞地段。

解放后，因兴修水利、环境污染、捕捞过量等原因，长江渔业资源变化较大，鲫鱼略有增加，鳗鱼、鮰鱼基本稳定，四大家鱼(青、草、鲢、鳙)和螃蟹减少，鲥鱼、河豚则濒于绝迹。

1952—1985 年部分年份扬中县长江水产捕捞情况表

表 42　　单位：担

数量＼项目 年份	总产量(担)	其					中			
		鲥鱼	鲫鱼	鳗鱼	鲥鱼片	鲫鱼丝	河豚	螃蟹	鮰鱼	其他
1952	3555	275	873	340	80	320	706	72	118	771
1962	2425	360	524	150	15	65	470	65	148	628
1972	2904	222	1972	70			209	69	102	440
1978	1147	212	570	55			8	20	70	212
1985	3493	26	2100	150			25	160	112	920

解放前,扬中县无专业渔民从事长江捕捞,到扬中长江水域捕捞的多为外地渔民,每年捕捞的船只约200~250只,钩船占85%,少数是网船,无机动船。后来有的渔民在扬中定居下来,成为扬中专业渔民。解放后,扬中专业渔民逐渐增多,船只逐步机动化,捕捞网具也有了改进。

2. 海洋捕捞　扬中县于1961年建立海洋捕捞船队,投资16.9万元,造海洋机动渔轮1对。是年10月出海捕带鱼22吨,1962年春汛捕黄鱼22吨。因技术差、产量低、鱼价不高(带鱼每公斤0.32元),造成亏本,于1962年冬季停产,船只网具交财政部门处理。

1976年,镇江地区下达重建海洋捕捞船队任务,并支援12万元和120立方米木材,新造海洋机动渔轮1对,计176.6吨,240马力。1977年冬季投入生产,捕带鱼23吨,1978年捕带鱼90吨,1979年捕黄花鱼、墨鱼、带鱼105吨。1980年地区又下达续造1对渔轮的任务,是年造成。两对渔轮总计356吨,480马力,人员36人。1980年捕带鱼190吨,1981年捕带鱼80吨。终因技术差、产量低而亏本,于1982年上半年停产。两对渔轮共折价25万元,出售给启东县吕四渔场。

三、其他水产

1. 虾类　扬中有青虾、白虾、草虾3种,多生长在芦滩、洼塘、港、河、渠道等处,四季均可捕捞。大水之年草虾特多,一般年产1000担左右。

2. 蟹类　螃蟹为扬中县重点水产之一,20世纪50年代年产2000~3000担。1954年大水灾,产量达万担以上。1973年从崇明购进蟹苗50公斤放流,是年秋季平均每只重50克左右,次年10月达100~150克。1974年投放蟹苗150公斤。直至1980年每年均放养蟹苗50~150公斤。1984年和1985年蟹苗缺乏,未放养。1980—1985年年产千担左右,呈下降趋势。

3. 贝类　扬中原产背壳无齿蚌、螺丝和蚬子等。1971年引进绉纹冠蚌和三角帆蚌,用作培育珍珠。1980年在八桥公社幸福大队试繁殖三角帆蚌成功,是年获小蚌100多万只。1981年发展到18处,共繁殖小蚌1100多万只,改变了育珠蚌源从外地购进的局面。

扬中县人工育珠为八桥公社新农大队的下放教师李名方、蒋同宁夫妇首倡。1971年,他们在生产队试育成功后,即向全县推广,传授技术。油坊公社四墩子九队和兴隆公社向阳一队等处,均相继试养,获得成功。

养蚌育珠迅速成为扬中农民的一项重要副业。1974年产珍珠78.75公斤,1982年产珍珠100公斤,收到显著的经济效益。

1972—1985年扬中县珍珠产量情况表

表43

年份	产量(公斤)	年份	产量(公斤)	年份	产量(公斤)	年份	产量(公斤)
1972	1.5	1976	80	1980	24	1984	37.5
1973	11	1977	15	1981	27.5	1985	33
1974	78.75	1978	10	1982	100		
1975	37.5	1979	22	1983	90.5		

四、鱼苗繁殖

扬中的鱼苗和鱼种有3个来源:长江捕捞、人工培育和外地引进。

1. 捕捞天然鱼苗　长江的天然鱼苗主要有青鱼、草鱼、鲢鱼、鳙鱼、鲤鱼等,孵化场所在九江以上江段,鱼卵随江流而下至扬中水域,孵化成幼苗,即可捕捞。扬中县主要捕捞场所,西江有长旺乡的猫儿沙、头墩子,油坊乡的四墩子、中滩、六圩、阳泰,八桥乡的团沙至夷沙等处;东江有战胜、东方红、石城等处。捕捞旺季在5、6月份,7月上旬即拔弶收网。

捕捞鱼苗始于1900年。1942年新坝乡丰乐桥居民王忠贵下弶网110条,捕鱼苗300万尾。1948年永德乡居民徐君林在天生套下弶网60条,捕鱼苗360万尾。

解放后,捕鱼苗业发展较快。1956年,投入弶网1760条,捕鱼苗4400万尾。1962年,投弶网6864条,捕鱼苗10198万尾,为历年之最。每年除满足县内养殖需要3000万尾左右外,还销往武进、丹阳、丹徒、常熟等地。1966年以后,天然鱼苗逐年减少,由自给有余变成自给不足。1972年减为弶网720条,捕鱼苗1100万尾;1980年减为弶网310条,捕鱼苗200万尾。1981年停捕天然鱼苗,全靠人工培育的鱼苗解决生产需要。

2. 人工培育鱼苗　1949年全县有20户从事鱼苗繁育业,有育苗鱼塘74亩,年产鱼苗150万尾。因受天然鱼种限制,品种结构不合理(鲢鱼偏多),规格亦小。1955年农业合作化后,多数农业社"自弶、自漂、自养",全县有9个公社办起养殖场,共有育苗鱼池109亩,年产鱼苗189万尾。1958年试行鲤鱼人工繁殖,是年产鱼苗230万尾。1962年鲤鱼苗产量1294万尾。此后鱼种产量时升时降,1970年为400万尾,1972年降为250万尾,1982年升为700万尾,1985年降为557万尾。

3. 引进新品种　扬中县受天然鱼苗种类的限制,长期以放养青鱼、草鱼、鲢鱼、鳙鱼4种鱼为主。1974年从无锡引进团头鲂13万尾、红鲤3万尾、白鲫20万尾。1978年三茅公社团结大队引进团头鲂亲鱼75组,产卵130万粒,孵化鱼苗100万尾,育成夏花86万尾。继又从福建引进非洲鲫鱼32万尾。经试养,团头鲂、杂交鲤抗病力强,成活率高,食性杂,生长快,深受群众欢迎,成为全县的主要鱼种。

五、渔业管理

渔业管理，指渔民组织管理、长江水口管理、保护渔业资源、革新生产工具和落实各项政策、改进购销服务等。

解放前，扬中渔民捕捞分散单干，1953年下半年起开展互助合作。当时，落户定居的渔民88户、440人，202个劳力，104条渔船，共组成6个互助组。1955年和1956年，在互助组的基础上成立刘家港、戚家港、马家港、二墩港、东来桥5个渔业生产合作社。1956年，5个合作社合并为扬中县渔业生产合作社一社和二社两个高级合作社。1958年“大跃进”时期，撤销高级社，成立新坝、丰裕、三渲、幸福4个捕捞站。1962年按中央《农村人民公社工作条例(草案)》(简称“农业60条”)规定，以生产队为基本核算单位，将4个捕捞站合并为“扬中县江洲渔业生产合作社”，下设新坝、丰裕、三渲3个渔业大队，共辖10个生产队。1968年撤销大队，改为9个生产队，以生产队为基本核算单位。“文化大革命”期间成立“扬中县渔业生产合作社革命委员会”。中共十一届三中全会以后改为“扬中县渔业社”。渔业社对渔民进行管理，组织生产、安排学习、关心生活、维护权益，推动渔业发展。

长江水口管理历来牵涉面广，难度较大。1980年以前由邻近县的水上派出所联防会议研究管理，后改由沿江各县自行管理，对安排水口和解决纠纷较为有利。通过发给渔业许可证，生产秩序较为稳定。

1972年，扬中县召开保护鲥鱼、鲥鱼、鳗鱼资源的专业性会议，提出保护长江水产资源。会议提出三项具体保护措施，一是禁止挑网生产，二是禁止水老鸦(鸬鹚)繁殖和捕鱼，三是淘汰捕捞鳗鱼的挑网，改为抄网。各渔业队贯彻执行渔业法，使鲥鱼、鲥鱼、鳗鱼的幼苗得到保护。

关于渔业工具改革和捕捞技术革新，首要任务是机械化。20世纪60年代，146条渔船航行全部依靠人力、风力，渔民劳动强度大，航行速度慢，影响捕捞产量。1971年起，逐步改人力为机动。1976年，18条渔船安装柴油机。1985年，123条渔船安装柴油机，机械总动力1331马力。工具改革主要是改革捕捞鲥鱼、鲥鱼、河豚的工具。改革网具，捕鲥鱼用飘丝网，捕鲥鱼用麻网，捕河豚用抬帮网；发展扦滩网、拖蟹网、鳗鱼抄网。后又逐步改钩船为网船，提倡使用多种工具，如扦网、簖网、虾笼、散网、拖虾网、抄网、挂钩、钓钩等。

中共十一届三中全会后，放宽政策，改进购销工作。1982年取消“四统一”(即船只网具统一使用，劳力统一安排，鱼货统一管理，收入统一分配)规定，实行渔船、网具折价归户，定额承包到船头，鱼货不派购，收入归自己，渔民的生产积极性得到提高。

1952—1985 年部分年份扬中县渔民、渔船情况表

表 44

项目 / 数量 / 年份	渔民户(户)	渔民(人)	专业劳动力(人)	渔船			其中(条)		
				船数(条)	吨位	马力	网船	钩船	住家船
1952	182	849	439	210	535		48	134	28
1957	211	994	489	243	493		42	169	32
1962	246	1188	575	261	645		75	161	25
1965	244	1178	619	289	734		85	187	17
1978	249	1117	462	156	703	555	88	60	8
1983	336	1221	613	188	1115	1060	87	95	6
1984	352	1262	612	183	902	1026	98	79	6
1985	358	1265	603	177	953	1147	79	90	8

1953—1985 年部分年份扬中县渔业社长江捕捞渔民、渔船情况表

表 45

项目 / 数量 / 年份	渔民户(户)	渔民(人)	专业劳动力(人)	渔船			其中(条)		
				船数(条)	吨位	马力	网船	钩船	住家船
1953	88	440	202	104	187		20	68	16
1957	110	550	252	126	252		20	90	16
1962	172	780	410	151	402		44	92	15
1965	161	805	403	154	470		54	90	10
1978	179	812	285	78	487	459	71	7	
1983	256	980	411	102	861	856	70	32	
1984	265	985	381	104	614	764	76	32	
1985	300	992	394	95	570	704	80	15	

第三章 水 利

扬中县四面环江,洲内河港纵横,民众沿江沿港筑堤,以阻挡江水侵袭。解放前,通江港口多,防洪岸线长,堤身矮小,经不住风吹浪打,常常发生决堤事故。堤内地势低洼,暴雨后积水难排,又易发生涝灾,故扬中的水利建设极为重要。解放后,全县人民在中共扬中县委、县人民政府领导下,加固堤岸,疏浚河港,大搞农田水利建设,逐步形成防洪、排涝、降渍、灌溉的农田水利体系。

1949—1956年,以防洪为主,全面培修、增高、加固江港堤岸。

1957—1965年,以解决内涝为主,浚港建闸,整治圩内排灌水系,提高排灌能力。

1966—1975年,重点治理涝、渍害,大力发展机电排灌,拓浚港道、修建圩内排灌水系,建设涵闸配套工程,降低地下水位。

1976—1985年,以根治洪、涝、渍害和治水改土为中心,全面规划,综合治理,加高培厚江堤,消灭险工隐患,治理坍江岸,改造老河网,建立新水系,调整充实机电排灌设备,进一步完善内、外“三沟”(外“三沟”为骨干河港和一、二级河,内“三沟”为圩内隔、腰、墒沟),实现灌溉机电化。1983年长江水位高达7.43米未出事故,日雨量150~200毫米,两天即已排出,降低地下水位1米多。

1949—1985年,水利建设工程浩大,共完成土方9482万立方米,石方76万立方米,混凝土11.4万立方米;拓浚骨干河港9条,计52.4公里;新开骨干河港18条,计75.4公里;开一级排灌河渠117条,计159.9公里;平填废河港68条,计82.6公里;新建通江水闸13座,新建江港河堤大小涵洞2503座,圩内小型配套涵洞2807座,桥梁763座;新建机电排灌站252座、427台套,总装机容量24626马力;圩内小型机电排灌设备6970台套,33617马力;加高加固江港堤560余公里,江堤外侧铺块石护坡29.35公里。治理坍江完成“丁坝”护岸工程23处、429.5米,用块石22.68万吨;完成抛石沉梢平护工程48段、13.8公里,抛石面积29.78万平方米,沉排面积2.83万平方米,沉梢面积70.66万平方米,对控制坍江起了显著作用。

为加强水利建设，政府积极投资，群众也踊跃筹款。1949—1985年，总计投资3546.66万元，其中省、地(市)投资1378.48万元，县投资537.57万元，乡、村(社、队)筹资1630.61万元。经费使用计3550.65万元，其中用于基建487.33万元，用于农田水利1838.97万元，用于机电排灌建设595.61万元，用于防汛453.55万元，用于岁修145.83万元，其他费用29.36万元。水利建设中，共使用水泥43071吨，木材4626.7立方米，钢材1397.2吨。

1949—1985年扬中县水利建设完成工程量情况表

表46

类别 年份	完成工程量			分项工程土方量					
	土方(万立方米)	石方(立方米)	混凝土(立方米)	江港堤(万立方米)	河港(万立方米)	土地平整(万立方米)	三沟配套(万立方米)	建筑物(万立方米)	其他(万立方米)
1949	7.80			7.80					
1950	78.61			78.61					
1951	101.47			34.30	67.17				
1952	154.07			71.81	82.26				
1953	90.92			30.92	60.00				
1954	26.91			9.11	17.80				
1955	255.74	971		255.74					
1956	297.90	1692	673	230.00	25.10			4.50	38.30
1957	137.45	1233	725	30.00	55.00			8.00	44.45
1958	173.80	2534	1005	20.20	98.60			9.50	45.50
1959	124.60	7126	692	22.00	58.00			6.00	38.60
1960	125.30	5957	1040	25.00	35.00			18.60	46.70
1961	55.15	3854	358	13.76	14.64			18.12	8.63
1962	63.51	3952	729	7.75	32.72			14.39	8.65
1963	113.34	4362	818	42.66	49.98			6.50	14.20
1964	167.44	7341	795	30.06	83.60			5.70	48.08
1965	213.89	9330	2527	28.09	76.20		22.54	19.84	67.22
1966	136.24	9433	3018	23.00	50.00		20.00	21.40	21.84
1967	119.62	10165	4057	16.80	42.00		15.00	35.00	10.82
1968	120.07	18846	4840	12.60	45.00		30.00	5.00	27.47
1969	262.70	25706	3757	60.00	70.00	36.00	46.00	23.70	27.00

续表 46

类别 年份	完成工程量			分项工程土方量					
	土方(万立方米)	石方(立方米)	混凝土(立方米)	江港堤(万立方米)	河港(万立方米)	土地平整(万立方米)	三沟配套(万立方米)	建筑物(万立方米)	其他(万立方米)
1970	446.70	17223	3888	98.50	90.00	154.79	51.26	27.85	24.30
1971	395.40	24698	7646	82.80	27.50	171.40	50.00	36.20	27.50
1972	178.33	17224	3772	10.35	77.59	20.00	18.97	31.80	19.62
1973	222.00	68400	5586	47.00	66.40	20.00	30.00	45.70	12.90
1974	511.70	52083	6860	81.31	128.85	39.16	164.74	36.20	61.44
1975	568.00	44400	2220	274.40	76.20	36.60	92.00	46.30	42.50
1976	1101.40	42100	9300	113.60	404.10	402.50	91.00	83.00	7.20
1977	909.65	43351	7215	88.60	98.26	356.10	233.56	133.13	
1978	903.74	48273	7677	473.56	102.83	128.73	61.40	108.46	28.76
1979	363.29	42600	9760	56.92	34.26	92.30	85.13	44.97	49.71
1980	208.05	71020	4862	18.40	55.78	28.96	51.25	22.63	31.03
1981	117.58	32000	4385	18.40	27.22		51.25	20.71	
1982	136.58	27717	4329	19.63	34.39	0.59	41.08	18.61	22.28
1983	217.62	24611	7246	33.16	90.15		70.70	14.33	9.28
1984	198.93	53118	3182	45.85	44.15		34.89	25.55	48.49
1985	176.67	38638	1442	45.53	20.53	1.20	33.60	6.58	69.23
合 计	9482.17	759958	114398	2558.22	2341.28	1488.33	1294.37	898.27	901.70

1949—1985 年扬中县水利建设经费和材料情况表

表 47　　单位：万元

类别 年份	经　费　使　用							经费来源			使用材料		
	合计	基本建设	农田水利	机电	防汛抗洪	岁修	其他	省地市拨款	县投资	乡村社队集资	水泥（吨）	木材（立方米）	钢材（吨）
1949	0.56				0.33	0.23			0.30	0.26			
1950	2.16				0.96	1.20		0.70	0.30	1.16			
1951	2.89				1.29	1.60		1.60	0.40	0.89			
1952	5.40		2.00		1.00	2.40		2.40	0.40	2.60	45	131	
1953	7.06		4.30	1.20	1.16	0.40		2.63	0.30	4.13		109	
1954	9.02		3.90		4.77	0.35		4.35	0.77	3.90		71	
1955	38.92		1.24	1.36	1.32	35.00		35.00	0.75	3.17	97	100	

续表 47　　单位：万元

类别／年份	经费使用							经费来源			使用材料		
	合计	基本建设	农田水利	机电	防汛抗洪	岁修	其他	省地市拨款	县投资	乡村社队集资	水泥（吨）	木材（立方米）	钢材（吨）
1956	13.50		6.46	5.00	0.60	1.44		4.46	1.60	7.44	337	185	3.0
1957	14.36	7.56	4.26	1.30	0.24	1.00		6.89	1.91	5.56	303	186	2.0
1958	26.97	13.30	4.37	8.50	0.20	0.60		15.90	6.70	4.37	503	250	9.5
1959	19.79	14.38	5.28		0.13			12.78	2.74	4.27	250	126	6.5
1960	46.67	34.70	8.68		0.79	2.50		36.98	1.82	7.87	988	90	32
1961	29.83	16.70	10.58		0.15	2.40		17.98	2.92	8.93	184	120	14.3
1962	48.48	2.90	19.18	23.55	0.35	2.50		24.59	6.4	17.49	364	112	9.4
1963	65.90	3.40	48.88	7.37	3.79	2.46		38.64	7.28	19.98	357	283	7.5
1964	55.29	2.27	33.07	10.54	2.74	6.67		22.18	10.64	22.47	350	202	23
1965	91.89	1.14	45.25	41.98	0.20	3.32		18.43	20.80	52.66	879	101	42
1966	71.06		55.06	13.60	0.20	2.20		20.50	6.00	44.56	920	91	23
1967	77.27		63.74	9.33	0.20	4.00		19.60	6.00	51.67	1020	105	24
1968	48.56	8.70	33.35	4.21	0.2	2.10		6.30	9.20	33.06	850	45	12
1969	109.72	37.70	32.14	32.70	4.68	2.50		20.50	32.50	56.72	1540	90	40
1970	152.54	35.20	35.26	76.88	2.60	2.60		20.00	31.90	100.64	1930	157	49
1971	134.17	7.00	52.57	70.30	2.50	1.80		19.00	5.90	109.27	1970	132	37
1972	110.79	50.80	30.82	23.97	2.20	3.00		42.20	1850	50.09	1490	67	40
1973	185.5	45.00	88.86	25.00	22.70	4.00		64.35	11.00	110.15	1700	70	42
1974	223.15	49.00	116.35	30.80	22.00	5.00		91.25	10.00	121.90	1880	77	43
1975	153.30	33.00	63.30	35.00	17.00	5.00		61.30	15.00	77.00	1940	135	40
1976	310.30	21.00	227.60	50.70	7.00	4.00		103.00	51.00	156.30	4275	370	108
1977	251.78	15.00	166.78	60.20	6.00	4.00		50.00	50.00	151.98	4268	299	86
1978	237.45	15.00	171.95	35.00	11.00	4.50		87.85	51.60	98.00	2497	214	98
1979	180.09	40.00	115.79	15.00	6.30	3.00		65.30	39.55	75.24	2140	227	98
1980	189.56	20.60	68.12		94.53	3.90	2.41	101.85	38.70	49.01	2697	157	76
1981	112.21		81.98	0.44	21.72	4.89	3.18	48.18	16.60	47.43	2100	45	50
1982	94.65	7.92	53.98	0.64	18.17	11.29	2.65	54.36	10.65	29.64	1806	61	120
1983	179.69	5.06	93.49	1.17	69.58	4.04	6.35	113.51	30.60	35.58	1650	103	110
1984	143.68		68.70	6.68	56.62	3.00	8.68	78.60	13.56	51.52	1056	80.5	58
1985	106.29		21.74	3.19	68.33	6.94	6.09	65.32	23.28	13.70	685	35.2	94
合计	3550.65	487.33	1838.97	595.61	453.55	145.83	29.36	1378.48	537.57	1630.61	43071	4626.7	1397.2

第一节 江堤建设

江堤是扬中人民的防洪堤、生命堤。全县沿江堤岸长120.17公里。解放前,堤身狭窄,宽度不足1米;低矮,堤顶仅高于地面2.5米左右;坡陡,坡度多为1:1.1。防洪能力差,经常破圩成灾,1911—1949年,较大的水灾有9次。解放前夕,国民党军队在江堤上构筑工事,使堤身遭到严重破坏。

解放后,人民政府领导人民整修江堤,治坍护岸,取得了显著成效。

一、整修江堤

1949—1985年,扬中县整修江堤,大体可分为5个阶段。

1. 1949年冬—1954年春,以修复堤身为主。重点培修、加固险要地段,在江岸坍塌严重影响安全地段筑退堤(二道江堤)作第二道防线。这一阶段共完成土方232万立方米。

2. 1954年冬—1956年春,提高标准,全面大修。1954年特大洪水成灾,江堤毁坏严重。为改变防洪被动局面,政府以工代赈,组织民工全面修筑江港堤,坍江地段筑退堤,共完成土方485.74万立方米,发放工赈款36.4万元,投入劳力404万工日。标准为:堤顶高出1954年最高洪水位0.5米,即吴淞标高8~8.5米,顶宽2.5~3米,外坡度l:2~1:3,内坡度l:1.5~1:2。

3. 1956—1977年,逐步加高加固。每年冬春有重点地分段分批培修,加高加固,共完成土方1128.48万立方米,投入劳力598万余工日,顶宽达3米,顶高超过1954年最高洪水位1~1.5米。

4. 1977—1978年春,突击大修。根据江苏省建设旱涝保收、高产稳产农田的6条标准,提出修堤新的要求,组织江堤大会战,对全县江堤全面加高培厚。1977年冬筹备,1978年1月上旬开工,下旬基本结束。7万多民工上堤,共完成土方473万立方米,投入劳力215万余工日。堤岸标准达到:堤顶大江一面高于1954年最高洪水位1.8米,夹江一面高出1.5米,顶宽5米(幸福公社为4米);外坡度l:3,内坡度1:2;根据长江水面比降,新坝、联合、丰裕3公社堤顶高程为9.1~9.41米,三茅、三 滧 、兴隆3公社9~9.24米,长旺、油坊、永胜、八桥、幸福5公社为9米。同时在新坝公社下桃花港沿大江至永胜公社卞家港之间的12个港口埋涵管堵口,缩短修堤防线10公里。

5. 1981—1985年,重点维修巩固。巩固堤基,填塞江堤内堤脚河塘长8.2公里。1983年洪水接近1954年最高水位,全县江堤暴露出漏洞、病涵、堤身渗水、堤身坍塌、电站出水池漏水等隐患111处。1983年冬至1984年春,重点翻修处理险工隐患,完成土方193.47万立方米,江堤进一步得到加固。

扬中解放以后至1985年，共完成土方2512.69万立方米，投工1291万余工日，堤岸维持1978年大修时标准。全县大小通江港口84个，全部建闸或建涵，减少了430多公里的港堤防洪任务。1980年长江水位7.41米，1983年长江水位7.43米，均未发生决堤事故。

1985年扬中县江堤长度与堤防标准情况表

表48

乡镇	起止地点	堤防长度(公里)				堤防标准			
		合计	江堤		闸外港堤	顶高(吴淞真高)(米)	顶宽(米)	外坡坡度	内坡坡度
			大江	夹江					
新坝	栏杆桥闸—杜家港	15.88	10.00	5.40	0.48	9.10~9.40	5.0	1:2.4~1:3	1:1.7~1:2
联合	夏家港—栏杆桥闸	6.01		5.19	0.82	8.80	5.0	1:2.7~1:3	1:1.7
丰裕	杜家港—二墩港闸	9.73	7.20		2.53	9.10~9.20	5.0	1:3	1:2
三茅	二墩港闸—永勤港	5.95	5.20		0.75	9.00~9.20	5.0	1:3	1:1.8~1:2
	封头坝—夏家港	4.84		3.68	1.16	8.80~9.20	5.0	1:2.5~1:3	1:1.7~1:2
三滧	永勤港—东新港闸	5.85	5.45		0.40	8.70~9.20	5.0	1:2.6~1:3	1:2
	桃源镇港—封头坝	2.05		2.05		8.70~8.80	5.0	1:2.5~1:3	1:2
兴隆	东新港闸—得胜港	2.93	2.46		0.47	8.70~9.00	5.0	1:2.9~1:3	1:2
	37圩—桃源镇港	2.46		1.60	0.86	8.60~8.80	5.0	1:2.9~1:3	1:2
长旺	四墩子港—37圩	6.88		6.16	0.72	8.70	5.0	1:3	1:2
油坊	天生套港—四墩子港	13.02		11.76	1.26	8.70	5.0	1:3	1:1.8
永胜	得胜港—双龙港	8.76	7.81		0.95	8.70	5.0	1:2.6~1:3	1:2
八桥	双龙港—天生套港	16.43	7.10	7.28	2.05	8.6	5.0	1:2.6~1:3	1:1.8~1:2
幸福	川心港闸—川心港闸	19.38	8.88	9.63	0.87	8.7	3.9	1:2.7	1:2
合计		120.17	54.10	52.75	13.32				

1985年扬中县沿江涵闸与排灌站情况表

表49

乡镇	起止地点	涵闸数				机电排灌站			
		合计（座）	管涵（座）	石涵（座）	水闸（座）	站数（个）	电动机（台/千瓦）	柴油机（台/马力）	出江流速（立米/秒）
新坝	栏杆桥闸—杜家港	27	12	13	2	12	17 / 858	8 / 760	18.2
联合	夏家港—栏杆桥闸	7	2	4	1	4	5 / 310	4 / 385	8.2
丰裕	杜家港—二墩港闸	13	6	6	1	4	7 / 404	6 / 540	11.05
三茅	二墩港闸—永勤港	12	5	6	1	4	5 / 246	4 / 255	6.2
	封头坝—夏家港	7	4	2	1	1	2 / 58		0.6
三滧	永勤港—东新港闸	9	1	8		6	8 / 490	3 / 310	9.5
	桃源镇港—封头坝	3	1	2		1	1 / 55		0.5
兴隆	东新港闸—得胜港	4	2	1	1	1	2 / 160	2 / 240	4.8
	37圩—桃源镇港	2	1		1	1			0.2
长旺	四墩子港—37圩	9	4	4	1	2	4 / 112		1.1
油坊	天生套港—四墩子港	26	12	13	1	2	3 / 108		1.3
永胜	得胜港—双龙港	21	14	6	1	6	7 / 308	6 / 445	8.25
八桥	双龙港—天生套港	28	12	15	1	9	10 / 420	8 / 472	9.2
幸福	川心港闸—川心港闸	28	12	15	1	10	20 / 714		7.3
合计		196	88	95	13	63	91 / 4243	42 / 3432	86.4

二、块石护坡

部分江堤，特别是东北临大江一面，因外滩狭小、无挡浪芦苇，堤身直接受江水冲刷，有72段总长45公里的江堤较为危险。1965年起，逐年在这些地段江堤外坡铺设块石护坡防浪。至1985年，已铺砌块石护坡66段，总长29348米，均为平砌块石型，完成石方14.22万立方米，使用块石33.52万吨，投资244.56万元。其中国家投资215.53万元，县、乡筹资29.03万元。

三、治坍护岸

全县江岸线长110余公里。受江水冲刷而极易坍塌的江岸有9段,长40公里。其中处于弯道迎溜顶冲的3段,11.5公里,大部在夹江,如沙家港至兴隆斧头街、长旺猫儿沙等处;因江心暗沙迁移深泓逼岸的3段,22公里,一般均在大江,如丰裕至八桥、西来桥等乡镇沿大江地段;受偏泓冲刷的3段,6.5公里。解放前,沙家港至猫儿沙坍势严重。民国35年(1946),沙家港至兴隆18亩处坍江严重,扬中县国民政府呈请省政府治坍,派员查勘该地段“坍毁最烈靠岸处水深竟达18尺以上”。

民国36年(1947)4月,江苏省行政会议提案、8月19日扬中县政府建环字第80号呈文,均言及该处坍势:“江流直泻,水流湍激”,“时有成亩之地平空泻坍”,“无日无之”,“数十年来损失农田不下数万余亩”,“灾区绵亘10余里,为全县之巨患。”是年4月,扬中县民国政府曾拟“择江岸险要地点分建拦江石箭或筑抛石工程以资止坍”,然均未付诸实施。同年7月,地方人士创立“保证责任扬中县富头街水利生产合作社”(富头街俗称斧头街),兴修水利,以护防坍岸为主。民国38年(1949)1月18日,该社决议:(1)将扬中实业公司的木头编扎成两个木排,一个放在沙家港江边,一个放在斧头街坍江地段江边,以拒阻激流而求止坍;(2)征集乡间树木,加编树排安放于激流处。这两项实施亦未收到效果。群众只能预筑退堤防洪,再坍再退,消极防守。

解放后,人民政府采取切实措施,积极治坍。1949—1985年,全县坍塌面积14739亩,因坍江破圩74个,拆迁1029户,房屋3547间,损失农田7693亩。兴隆镇斧头街已于1954年全部坍入江中(沿江圩滩涨坍情况详见本志地理编第二章)。解放初,仍采取被动退守办法,修筑退堤。

1968年开始积极的治坍措施。首先采用沉木笼抛石筑丁坝方法治坍。1968年和1969年,先在八桥公社同胜、长胜大队江岸试用此法。用丁坝主要起挑溜作用,阻遏江水冲刷堤岸以防坍,但防护岸线短,工程费用大,而上下游产生回溜冲刷,影响船只航行安全。至1974年,全县完成丁坝、护岸工程23处,其中堆石型8处,沉排堆石型8处,沉船堆石型1处,木笼堆石型6处,总长429.5米,用块石22.68万吨,国家投资138.33万元。

1974年开始采用抛石沉梢平护方法。梢体在江底起缓流防冲落淤作用,可防江流冲坍堤岸,工程费用省,无副作用。至1985年,全县完成抛石护岸工程计48段,护岸总长1.38万米,总石方23.71万立方米。完成工程数量为:抛石面积29.78万平方米,石方20.83万立方米,用块石35.47万吨;沉排面积2.83万平方米,石方1.19万立方米,块石2.02万吨;沉梢面积70.66平方米,石方2.13万立方米,用块石3.63万吨。投资总额350.45万元,其中国家投资323.26万元,地方筹资27.19万元。

第二节 河港建设

全县原有港汊弯曲、狭窄，容易淤浅，且港道分布不均，水系混乱，排灌不畅，以致内涝频仍。解放后，县人民政府重视治理内涝，加强河港建设。20世纪50年代，以疏浚老港道为主；60年代，逐步提高治理标准。根据河网化要求，对原有港汊进行裁弯取直，拓宽浚深，以提高河港引排能力。但部分地段因照顾沿港住房和树竹，疏浚未能完全达到规划标准。

1975年6月，全县遭受暴雨袭击，10天内降雨578毫米，最大日雨量达287毫米，积水难以排出，造成严重涝灾。鉴于这一教训，县革委会决定改造老河港，建立新水系，整治可利用的旧河港，平废分布不当的河港，合理布局开挖新的河港。在实施过程中，因受经费限制，配套工程跟不上，效益不高，至1980年才基本完成规划，形成新水系，达到畅引、畅排，主要港道能常年通航的要求。

解放以后，全县共疏浚、改造、新开骨干河港27条，即新坝大港、联丰港、三茅大港、永勤港、东新港、长旺港、团结港、六圩港、红旗港、思议港、双龙港、川心港、前进河、丰收河、新联河、杜家港、铁匠港、营房港、向阳河、全红河、大寨河、建中河、三滧河、光明河、红星河、战斗河、胜利河等，总长127.2公里(包括堤内、堤外长度)；工程标准一般为：河港底吴淞标高0.5~2米，宽2~8米，边坡度1:2~1:3，堤顶吴淞标高5.5~7米，堤顶宽3~8米；完成土方总计673.2万立方米；折迁房屋4464间；沿港建筑物计有涵洞493座，桥梁212座，机电站109座。

每年冬春疏浚港道时，用其泥培修加高港堤。1954年后，港堤标准为堤顶高于1954年水位0.5米，顶宽1~2米，内外坡度1:1~1:1.25。1956年开始实施并港建涵建闸后，港堤培修任务逐年减少。后又注意培修，加强管理，有机电排灌站的内港地段，港堤顶高加至吴淞标高7米，顶宽2米以上，内外坡达到1:1.5~1:2，以保安全。

第三节 涵闸建设

解放前，全县无涵闸，均采用木制水通，自流灌溉。1949年，全县共有木制水通2068座。其中江堤上有141座，港堤上有1927座。这种水通截面小(一般孔宽0.7米，高0.2米左右)，通体短(长15~20米左右)，埋设不深，排灌不畅，一雨即涝，终年受渍，且木板易朽坏，数年即需更换。

解放后，逐年兴建水闸和各种类型的涵洞，木制水通逐步淘汰，农田排灌和抗洪抗涝能力大大提高。

一、通江水闸建设

1957 年起对全县各主要通江港口逐步实施并港建闸。起初由于缺乏经验,工程规划设计考虑欠周,1957 和 1958 年建成的思议港闸、六圩港闸,分别于 1969 和 1980 年废除重建。1959 年后,水闸建设规模标准逐步提高,结构形式不断改进,采用换砂基础,闸孔宽 5~6 米,闸底高吴淞标高 0.5~1 米,闸门改用钢架钢丝网水泥面板和钢面板,启闭设备采用绳鼓和油压启闭机。至 1985 年,全县共建成通江水闸 13 座,投资总额 257.95 万元,完成土方 72.3 万立方米,石方 14916 立方米,混凝土 12157 立方米。

1985 年扬中县通江水闸情况表(一)

表 50

项目 闸名	地点	建设时间	通江港口	闸身状况				
				长度(米)	孔宽(米)	吴淞标高(米)		
						闸底	闸墙	梁底
栏杆桥闸	新坝治联	1971.12—1972.7	新坝大港南夹江	9	5.5	0.80	9.90	8.87
万福桥闸	新坝向阳	1972.12—1973.7	新坝大港北夹江	9	5.5	0.90	9.35	8.95
联丰港闸	联合新跃农场	1976.12—1977.8	联丰港南夹江	10	5	0.80	9.33	9.01
何家大港闸	丰裕朝阳	1958.12—1959.8	联丰港北夹江	9	5	0.70	9.44	8.83
二墩港闸	三茅新华	1969.11—1970.7	三茅大港北夹江	10	6.2	0.50	9.77	9.12
沙家港闸	三茅南屏	1959.12—1961.6	三茅大港南夹江	12	6	0.50	9.20	8.70
东新港闸	三滧新港	1976.12—1977.12	东新港东大江	10	6	0.40	9.35	9.08
兴隆港闸	兴隆兴隆(村)	1973.11—1974.7	兴隆港北夹江	10	5.5	0.91	9.35	8.84
长旺港闸	长旺头墩子	1977.1—1977.12	长旺港西夹江	10	5.5	0.76	9.28	9.00
六圩港闸	油坊六圩	1978.12—1980.4	六圩港南夹江	10	6	0.16	9.38	8.98
团结港闸	永胜战胜	1977.12—1978.7	团结港东大江	10	5.5	0.67	9.29	8.97
思议港闸	八桥团沙	1968.1—1969.5	思议港南夹江	9	5	0.60	9.10	8.58
川心港闸	幸福大兴	1977.12—1978.6	川心港西夹江	10	5	1.08	9.86	9.28

1985年扬中县通江水闸情况表(二)

表51

项目 闸名	结构形式	闸门 及启闭方式	经　费(万元)		
			合计	其　中	
				国家投资	县自筹
栏杆桥闸	空箱混凝土和钢筋混凝土	钢架钢丝网水泥面板,油压启闭	12.43	12.43	
万福桥闸	混凝土连拱和钢筋混凝土	钢架钢丝网水泥面板,绳鼓启闭	14.40	14.40	
联丰港闸	空箱混凝土和钢筋混凝土	钢架钢丝网水泥面板,油压启闭	19.95	15.52	4.43
何家大港闸	浆砌块石重力式钢筋混凝土	钢架钢丝网水泥面板,绳鼓启闭	12.72	12.72	
二墩港闸	空箱混凝土和钢筋混凝土	钢架钢面板,油压启闭	18.29	18.29	
沙家港闸	浆砌块石重力式和钢筋混凝土	钢架钢丝网水泥面板油压启闭	44.24	44.24	
东新港闸	空箱混凝土和钢筋混凝土	钢架钢面板,油压启闭	21.56	15	6.56
兴隆港闸	混凝土连拱和钢筋混凝土	钢架钢丝网水泥面板,绳鼓启闭	16.09	15	1.09
长旺港闸	空箱混凝土和钢筋混凝土	钢架钢丝网水泥面板,油压启闭	21.47	10	11.47
六圩港闸	空箱混凝土和钢筋混凝土	钢架钢面板,油压启闭	21.53	15	6.53
团结港闸	空箱混凝土和钢筋混凝土	钢架钢丝网水泥面板,油压启闭	24.02	10	14.02
思议港闸	浆砌块石重力式和钢筋混凝土	钢架钢丝网水泥面板,油压启闭	11.65	11.65	
川心港闸	空箱混凝土和钢筋混凝土	钢架钢丝网水泥面板,油压启闭	19.60	10	9.60
总　计	(13座闸)		257.95	204.25	53.70

二、江港堤涵洞建设

1956年开始兴建江港堤涵洞。首先以缩短江港堤防洪线为目的,在通江港口建涵控制。1964年起,以治理涝渍使排灌畅通为目的,将水通改建为混凝土结构的各类涵洞,有矩形涵洞、拱形涵洞、水泥管涵洞等。1959年起改用换填砂石基础,底板改做沉陷缝以防断裂;涵门改用钢筋混凝土楔形门,安放在涵洞口,就地浇灌闸槽,防漏效果较好。

至1985年,全县共建江堤涵洞183座,其中箱涵8座,拱涵87座,管涵88座,投资总额309.7万元;港堤涵洞2318座;排灌面积16.425万亩。

三、小型配套涵闸建设

1960年搞河网化建设时,开始修建圩内小型配套涵闸,主要解决圩与圩之间、高低框之间的排灌用水矛盾,达到排灌分开、高低分开的目的。1964—1975年,随着机电排灌工程的发展,圩田排灌水系上的涵闸建筑亦大批兴建。至1985年,全县共修圩内小型配套涵闸4209座。

第四节　农田排灌

解放前,农田水利以自流排灌为主。每年5—9月为汛期,涨潮时,长江和内港水位高于田面,可引水灌溉;10月至次年4月为枯水期,长江水位低于田面,可自行排水。自流排灌不成时,则靠龙骨车进行人工排灌,效率极低,劳力负担繁重。由于水利设施不完善,排灌不分,高低不分,内外不分,排灌不畅,易发生涝渍灾害。农民为了施肥和收获方便,圩内小河沟上造了很多坝头,影响了排灌。解放后,农田水利建设以实现机电排灌为重点,效益逐步提高。

一、排灌水系建设

1958年开始疏理圩内河沟,整修隔堤沟岸。1959年搞河网化建设,全面拓浚港道,疏通河沟坝头,增开圩中排灌沟渠。1964和1965年,挖掉影响水流畅通的坝头26937个。1970—1975年,大力修建圩内排灌水系,开挖排灌沟渠361条。

1975年6月发生暴雨灾害,由于老水系分布混乱,排水不畅,内涝严重,损失较大。为提高排灌能力,是年冬,着手改造老水系,建设以骨干排灌港河为纲,一级排灌河渠拉框、二级排灌河渠格方的三级排灌水系。至1985年,共新开骨干河港18条,一级排灌河渠117条,二级排灌河渠150条,整治改造老河港9条。

二、机电排灌建设

1949年,全县仅有8台小型柴油机,共128马力,用以带动龙骨车作为机动排灌工具。1953年购置抽水机4台、80马力。1957年增购23台、620马力(煤气机)。1958年增添16台、315马力,并建抽水机站4座。1959年增添25台、875马力。1960年建机械排灌站3座,配柴油机6台、360马力,带动18吋水泵。1961年又建机械排灌站3座,配柴油机5台、300马力。同年又在大路、姚桥、儒里3个公社(当时由镇江市划属扬中县)建设电力排灌工程。1961年10月,县发电厂建成投产,开始发展电力排灌,首批在东岳庙东、东岳庙西、十部车、犁头尖、丰裕桥建起5座电力排灌站,共10台电动机、342千瓦(465.3马力)。1965年头墩子3.5万伏过江线和1966年幸福乡1万伏过江线相继建成,电力排灌迅速发展。1965—1975的10年中,共建电力排灌站173座,田间灌溉普遍使用小型电动机带动水泵,基本实现农田排灌机电化。

1976年开始,实施新的水利建设规划,原有机电排灌站按新水系进行调整。同时在沿江地带兴建大型排水站。至 1984 年,建成大型排水站 12 座,49 台套,装机总容量为 5321 马力,调整拆迁机电排灌站 65 座,排灌体系的布局更趋合理。

1985 年年初,全县共有机电排灌站 250 座、518 台套,另有流动使用的排灌机 93 台,总动力 24626 马力,排水流量为 195 立方米/秒,排涝模数平均每平方公里 0.86 立方米/秒,用于圩内灌溉的小型电动机、柴油机、水泵共 6970 台套、33617 马力。

三、地下渠道建设

1976 年,三茅公社母子圩试建地下渠道 945 米,工程质量差,几次维修无效,因漏水现象严重而报废。1978 年和 1979 年,兴隆公社 43 圩和 14 圩试建灰土水泥管地下渠道 1060 米; 永胜公社干劲大队试建水泥管地下渠道 160 米;1980 年和 1981 年,长旺公社二墩子、油坊公社四墩子分别试建水泥管地下渠道 1450 米、800 米,使用效果较好,后均因资金不足,未能续建配套,有的半途而废。

地下渠道有节约土地、能源、用水等优点。但一次性投资较大,工程质量难保证,不易推广。

四、排灌管理

1962 年成立县机电排灌管理所,实行统一管理、统一收费、分站核算制。水费标准为:基本费,每亩 0.4~0.6 元;使用机械钟点费,电动机械每马力每小时 0.06~0.07 元,柴油机械每马力每小时为 0.07~0.14 元。

1965 年成立县农机公司,全县实行统一管理。1968 年,机电排灌管理权下放到公社、大队管理,水电费按具体情况分全收、部分收、不收三种。

1982 年县水利局和县物价委员会重新规定收费标准,全面恢复收费制度,标准为:基本费每亩不超过 0.66 元;钟点费为电动机械每马力每小时 0.06 元,柴油机械每马力每小时 0.076~0.08 元。1984 年,钟点费调整为每马力每小时 0.12~0.129 元。

第五节　围滩造田

扬中四面环江,因江床变迁,江边土地时有涨坍,水流缓慢地段泥沙逐年沉积,即成沙滩。清代和民国时期,设沙田局,办理涨滩报领、放领、丈量、测绘事宜,凡开发经营沙滩者,均需向所属沙田局办理报领、放领手续。其程序为:凡报领涨滩(与老额毗连者)、突涨滩(离老额突起者)、水影滩(沙滩未现水、人立船上以竹篙能探及者)者,均须交纳保证金每亩 1 或 2 银元;在冬令枯水期由沙田局派员丈量测绘上报,如水涨不能丈量时,则以望水 10 丈计征;上报后,由沙田局核准放领,通知滩主缴价(分甲、乙、丙、丁等级)，每亩3~5银元，并发给江苏省沙田执照，执照上盖有省财政厅和县沙田局印鉴。

扬中县建置前沙滩报领手续须向沙滩所属县(丹徒、丹阳、武进、江都、甘泉、泰兴)沙田局办理。建置后，丹徒、丹阳两县仍设立“阳、丹沙田局联合办事处”。民国24年(1935)设立扬中县沙田局。1940年，日伪县法庭兼管沙滩。解放前，地主豪绅有权有势，报领沙滩几乎被他们垄断，大地主杜三许多土地即由沙滩围垦而成。他们为争夺沙滩所有权而诉讼，斗殴事件亦常有发生。但水流湍急地段，土地经江流长期冲击，则坍入江中，农民因此破产者不少。沧海桑田所造成的灾难，解放前扬中贫困农民深有体会。

解放后，经土地改革，彻底摧毁封建土地制度，结束滩权的争讼事件。围垦沙滩，由国家或集体负责。至1985年全县共围圩19个，总面积6968.9亩，造田5355亩，围垦规模较大的有幸福大圩、新跃农场、轮船套、曙光新圩、团结圩、和平圩、东进农场等。

1951—1978年扬中县围滩造田情况表

表52

乡(公社)	圩名	围垦前状况	围垦后状况			面积(亩)		围滩时间	筑堤长度(米)	完成土方(万立方米)	备注
			所属大队、场	户数	人口数	合计	其中耕地				
新坝	曙光新圩	柳滩	丰乐村、砖瓦厂			330	210	1967.02 1978	2900	12.10	
联合	王三套	芦柳滩	新跃农场		351	1260	687	1967.11	3650	17.50	
三茅	夹江套	夹套	东进农场			1770	1608	1955 1978	238	29.00	包括平滩河土方
	团结圩	芦滩	团结大队	112	497	200	185	1951.11	631	5.00	
	和平圩	芦滩	板沙大队	92	367	188	174	1952.10	1596	12.40	
	花鱼套	夹套	指南大队	16	41	33	30	1959.12	247	2.00	
	小六圩	沙滩	沙港大队	96	327	95	85	1954.07	355	2.70	
	蔡新圩	沙滩		41	213	50	45	1954.07	322	2.40	
三滧	长江新圩	柳滩	普丰、长江大队			118	110	1972	900	3.60	
	大套口	芦柳滩	新跃、年丰大队			160	150	1971	950	3.00	1975年坍江破圩
	东新港码头	芦柳滩	轮船码头仓库			72.9		1974	335	3.30	
油坊	开心圩	芦柳滩	和平村副业组			79	74	1973.12	589	3.00	
	太平新圩	芦柳滩	太平大队	30	180	211	150	1958.11	1183	7.00	
	镇海新圩	芦柳滩	镇海大队	26	164	110	100	1969.11	1153	6.90	

续表 52

乡(公社)	圩名	围垦前状况	围垦后状况			面积(亩)		围滩时间	筑堤长度(米)	完成土方(万立方米)	备注
			所属大队、场	户数	人口	合计	其中耕地				
八桥	轮船套	夹套	长胜、新农、宏图农场	145	815	1330	995	1956.2 1976	850	45.00	包括平滩河土方
	新圩	芦柳滩	同胜大队	8	45	55	51	1969	410	7.5	
幸福	幸福大圩	芦柳滩	东进大队	130	525	730	595	1963	1900	15.2	
	学生圩	芦柳滩	大兴大队			31	27	1978	350	2.8	
	同心圩	芦柳滩	大兴大队	34	136	146	79	1963	550	3.8	
合计	(19 处)			730	3661	6968.9	5355		19109	184.2	

第六节　农田建设

1960 年，全县开展以农田河网化为中心的农田水利建设，普遍整修圩内沟岸，增开排灌沟渠，修建涵洞，平填废河沟，在油坊公社大圩、永胜公社卞家港、三溶公社傅家大圩、新坝公社新桥大队 4 个点做出样板，开挖中沟 4 条，小沟 43 条，渠道 37 条，建节制涵闸 29 座，并召开现场会予以推广。1964 年和 1965 年农田水利建设以开好内“三沟”为主，并搞好配套工程。

1966—1968 年，因“文化大革命”影响，农田水利建设一度停滞。

1970 年后，除继续抓好“三沟”，着重进行平整土地，小圩并大圩，圩田方正化，为实现机耕创造条件。1970 年和 1971 年共完成“三沟”配套工程土方 165 万立方米，平田土方 326 万立方米。1970 年平整土地 2723 亩。

1973 年和 1974 年，全县开展以改土治水为中心的旱涝保收、高产稳产田的农田基本建设运动，并提出 6 条标准：一是防洪，遇长江最高洪水位，同时 10 级台风袭击不出险；二是排涝，日雨量 200 毫米，长江水位高于田面，两天排出不受涝；三是降渍，预降河沟水位，控制地下水位 1~1.5 米，降、控自如，雨停田干；四是灌溉，百日无雨，遇长江最低水位保灌溉；五是配套，沟、渠、路、桥、站、涵、闸全面配套，内外分开，排灌分开，高低分开，水旱分开；六是农田“四化”，平整土地，格田成方，实现耕地园田化、水系河网化、“四旁”绿化，适应农业机械化。

1975 年发生严重水涝，暴露出以大队为单位治理规划的弱点，改为公社统一规划，连片综合治理。1976—1979 年的四年中，新开大批内、外“三沟”，全面推广农田暗沟，平整土地 7232 亩，完成土方 3309 万立方米。至 1985 年全县共建成旱涝保收、高产稳产农田 10.7 万亩。

第七节　防汛排涝

防汛排涝是扬中人民的一大任务。解放前，每逢大汛期，群众日夜巡逻江堤。遇有险情，鸣锣集众，以篱笆、草包等堵塞决口，全处被动地位。因水利失修，堤岸矮小单薄，易溃决成灾。1911—1949 年比较大的水灾 9 起，平均 4.3 年 1 起。1949 年水位仅 6.8 米左右，雨量强度亦不大，仍决堤 65 处。遇内涝，主要靠龙骨车进行人工排水，方式落后，劳动强度大，效率低。

解放后，为确保人民生命财产安全，人民政府极为重视防汛排涝工作，建立防汛排涝指挥机构。每年大汛前，政府即布置防汛任务，备足防汛器材。汛期到来后，干部与群众一起上堤值班，日夜巡逻，发现险情，奋力抢救。1949—1985 年共发生洪涝灾害 20 次，其中洪水高峰达吴淞标高 7 米以上的有 7 年，雨涝灾害 13 次，8 级以上台风 17 次。排水工具逐步改为机电设备，大大提高排涝能力。

1949 年 6 月，连续降雨；7 月上旬暴雨，下旬台风暴雨，长江水位 6.8 米左右。溃堤 65 处，2.5 万余亩农田被淹，4 万余亩受涝。

1954 年 5—9 月，总雨量 1192 毫米。7 月上旬，江潮水位达 7.22 米，多处倒圩。农历七月初三（公历 8 月 1 日）汛，全县发生险情 100 余处，经全力抢护出险。8 月 17 日（农历七月十九日）大汛，出现历史最高水位，沙家港水位高达 7.44 米，江港堤溃决 140 余处，淹没农田 10.76 万亩，受灾 19574 户、72660 人，淹死 31 人。镇江地委和扬中县委、县政府立即采取措施，全县封堵港口 93 个，堤顶低的加筑子埝，堤身单薄的内坡加后戗，共突击加修江港堤土方 77 万余立方米，使用劳力 76 万余工日，保住 31 个乡及 8 个乡的大部分，使之免遭洪水灾害。在防汛排涝中，全县群众筹集大小树桩 5.36 万余根，竹子 11.77 万余公斤，稻草 10.3 万余公斤，芦笆 8830 块。国家支援调拨木材 1191 根，草包 8.385 万只，蒲包 1.07 万只，芦席 7520 缠（1 缠 5 张），铅丝 1425 公斤。投入排涝的龙骨水车 6795 部，抽水机 200 余台（内本县 10 台，其余从武进、丹阳、无锡等地租调而至），排水费每亩 2.3~4.5 元。

1956 年 5、6 月降雨 476.8 毫米。农历五月初三（公历 6 月 11 日）大汛，江潮水位高 6.68 米，农田积涝面积达 7 万亩，受涝成灾 1.5 万亩。8 月 1 日台风，风力 8~10 级，持续一天两夜，江堤受严重破坏的有 20 公里长，12 处溃决成灾。防汛抗台风，全县上堤劳力 1.5 万余人，共抢做土方 15.2 万立方米，筹集树桩 19533 根，晒垫 4586 条，竹子

16166 公斤，芦笆 1395 块，草龙 10275 条；扬州专署防汛指挥部拨给草包 4 万只。经过抗争，受灾面积缩小到300 亩左右。排涝使用龙骨车、抽水机，并从武进县先后调用抽水机 82 台次。

1962 年 8 月 9 日—9 月 7 日，台风 4 次；7 月 4 日—9 月 7 日，雨涝灾害 4 次，降雨量分别为 123.1 毫米、100.4 毫米、108 毫米和 186.4 毫米，受涝面积总计 24.5 万亩。防潮汛抗台风工作中，县级机关干部有 100 余人参加，上堤群众最多时 6790 人；抢修险工险段 98 处，做土方 1.345 万立方米；社队自筹防汛器材有树桩 4504 根，篾缆 1354 根，草龙 383 条。国家支援木材 30 立方米，草包 2 万只，毛竹 1000 根。排涝方式采用放、车、抽并举，全县开堤放水 502 处，使用人力水车 1810 部，抽水机 86 台。另从武进等县调用抽水机 38 台。

1972 年 6 月 20 日—7 月 6 日，总雨量 605 毫米，其中 7 月 3 日罕见特大暴雨 277.3 毫米。15 万亩水稻田受涝，积水深 0.5 米以上的有 7 万亩。排涝时三管齐下：充分利用涵闸工程于低潮位时抢排，并开挖“涧水”282 处，抢潮放水；充分发挥机电设备作用，全县共投入机电排涝动力 1.28 万马力；动员群众 7.9 万余人人工排水。至 7 月 7 日，历时 5 天，基本上排除内涝。

1975 年 6 月 20—30 日特大暴雨，降雨 578.7 毫米，16 万亩农田受涝。积水深 1 米以上的有 2 万亩，0.7~1 米的 14 万亩。全县机动设备集中投入排涝，省、地区抗排队支援抽水机 190 台、7730 马力。全县排涝动力共 3460 台、40827 马力；发动群众 12 万人，使用“三车六桶”4 万多件。共耗用柴油 430 吨，机油 25 吨，电力 146 万千瓦时，草包 2 万只，机电排水经费 638279 元。经过奋战，终于排除内涝，抢救出秧苗稻苗。10 万亩早稻中基本无收的只有 2700 亩，其余估计减产 30%左右。

1980 年 6 月 9 日—7 月 21 日，梅雨量 633.4 毫米。6 月 27 日—8 月 30 日 5 次暴雨，雨日 8 天，雨量 504.2 毫米，先后计有 40 余万亩次农田积水受灾，水深 0.6~l 米左右，均分别于一两日内排出。

8 月 29 日（农历七月十九日）大汛，洪峰最高水位 7.41 米，八月初三汛水位高 6.89 米。投入抗洪的干部 2943 人次，动员群众 7.94 万人次，抢做险工地段 22 处、11645 米，处理病涵病闸和堵塞漏洞 84 个，共做土方 9.2 万立方米，投入排涝机械 774 台、36214 马力。使用防汛器材：木材 5 立方米，树桩 789 根，草包 19959 只，草龙 327 条，芦笆 53 块，耗用柴油 203.6 吨，用电 330 万千瓦时，共用防汛器材经费 2.67 万元，抛石经费 28.5 万元，排涝经费 71.08 万元。全县未发生灾害。

1983 年 6 月 19 日—7 月 19 日梅雨期，梅雨量 255.9 毫米。两次暴雨，雨量分别为 90.2 毫米和 64.7 毫米，最大处 101.2 毫米，全县近 10 万亩农田一度积水，水深 16.6 厘米以上的 2 万余亩。开动排涝机械 359 台、16472 马力，各社队还用小机、小泵抢排，社员用盆、桶、勺等围埂抢排秧田积水，分别在一天内排除内涝。

7 月 10—15 日 6 天内，高潮水位持续保持 7 米以上，7 月 13 日（农历六月初四日）最高水位 7.43 米（1954 年纪录为 7.44 米）。7 月 15 日，雷公嘴沙洲因江堤高度不足而漫决，红光柳器厂 200 余间房屋被淹。坍江地段坍势加剧。8 月 27 日（农历七月十九）大汛期间，永胜公社干劲大队八圩，一夜内江堤外滩崩溃长 120 米，宽 40 米，情况危急。采取抛石沉梢措施，抢运石料 5300 吨，挽救了危局，确保了江堤安全。

7 月 12 日，由于江潮顶托，港内水不能入江，而机电站不断将圩内水排入港，港内水位不断增高，港堤防洪紧张。永勤河三滧公社普庆 11 队河堤漏水决口，50 多亩农田受淹，经全力抢险堵口，灾情及时得到控制。防汛抗洪工作中，全县建立港堤联防指挥部 10 个，1317 名干部、10977 名群众，组织巡逻队 197 个，抢险队 174 个。同时增设防汛电站 7 个，处理病涵 26 座、漏洞 77 个、电站出水池漫漏 12 处，加高加固堤身矮小地段 75 处、18 公里，处理堤身跌塘 4 段、180 米和堤身坍方 7 处、277 米，共做土方 5.4 万立方米，筹集防汛器材树桩 5534 根，毛竹 505 根，芦笆 331 块，草龙 5622 条，篾缆 3391 根，下达防汛抢险工程经费 29 万元。

1949—1985 年扬中县发生洪水、台风、雨涝情况表

表 53

年份＼类别	洪水水位7米以上	台风风力8级以上	雨涝	干旱少雨	基本风调雨顺	备注
1949		√	√			水灾
1950					√	
1951					√	
1952		√				
1953				√		
1954	√		√			水灾 特大洪涝
1955				√		
1956		√	√			水灾 最强台风
1957					√	
1958					√	
1959					√	

年份＼类别	洪水水位7米以上	台风风力8级以上	雨涝	干旱少雨	基本风调雨顺	备注
1960					√	
1961		√		√		
1962		√	√			
1963					√	
1964			√			
1965		√				
1966		√	√			
1967				√		
1968				√		
1969	√	√	√			
1970		√	√			
1971		√		√		
1972		√	√			

续表 53

类别 年份	洪水水位7米以上	台风风力8级以上	雨涝	干旱少雨	基本风调雨顺	备注
1973		√			√	
1974	√	√	√			
1975		√	√			特大暴雨
1976				√		
1977		√				
1978				√		特大干旱
1979		√		√		
1980	√			√		
1981	√	√				
1982					√	
1983	√		√			
1984					√	
1985					√	

说明:"√"表示当年发生

第四章　农机　农具

解放前，扬中县经济落后，农业长期靠人力、畜力进行耕作。农具简陋，钉钯、锄头、镰刀、木犁、水车（龙骨车）、笆斗、稻床、连枷为农家之宝，贫困农户则连水车、稻床亦难置办，农忙季节只好借用。

解放后，县政府遵照毛泽东“农业的根本出路在于机械化”的指示，大力发展农业机械事业。

首先，发展排灌机械，以增强排涝、抗旱能力。接着发展脱粒、加工机械和耕作机械，以提高劳动效率，减轻劳动负荷。

随着社会经济发展和物质条件改善，在大力发展商品经济，向乡镇工业转移劳动力的形势下，进一步发展一机多用和小型、新型的农业机械。

1961 年 10 月，扬中县火力发电厂建成投产，1965 年架设长旺过江电线，建兴隆变电所，农业开始使用电力机械。至 1985 年，全县基本实现耕作、排灌、脱粒、加工、植保、运输的机械化和半机械化。

农村实行家庭联产承包责任制以后，农机部门采取多形式、多渠道发展农业机械化的办法，因地制宜，有计划、有选择地大力引进、推广小型、多用、质好、价廉的新型农机具，初步形成全县性的农机管理和服务体系。1985 年，全县拥有农业机械总动力 13.13 万马力，农机总值（原值）达 2236.22 万元，为农业现代化奠定了物质基础。

第一节　农业机械

一、耕作机械

旧式耕作机具最常用的是钉耙、锄头。钉耙用于翻地、松土、整地，锄头用于松土、碎土、锄草。耕地使用木犁，牛力牵引，犁壁、犁头均为铁制。水田栽秧前碎土、平田用

"牵耖"(在长5尺、宽3尺的木制框架中间装旋转齿轮轴,其齿木制或铁制,牛力牵引,齿轮轴转动,将土打碎,田面抹平,俗称"打牵耖")。平整秧苗田面则用墁子。墁子为长1丈余、宽6寸、厚2寸的木板,牛或人力牵引,木板刮平埨面。大片稻田插秧,多用钉耙在木犁耕过的田块上碎土,平整田面,俗称"排田"。

1965年,成立三茅公社国营拖拉机试点站,推广机耕。试点站有"工农-7型"手扶拖拉机3台。1970年开始使用大、中型拖拉机。1985年年底,全县有手扶拖拉机1206台、14472马力,大、中型拖拉机240台、8830马力。全县共有拖拉机配套机具3177台,配套率为1:2.2,平均每马力负担耕地6.5亩。与手扶拖拉机配套的机具有双铧犁、旋耕犁、播种机、破垡盖籽机、压麦机、开沟机、割晒机、拖车8种;与大、中型拖拉机配套的机具有机引犁、旋耕机、开沟机、拖挂车4种。

耕作实行机械化,不仅减轻了农民的劳动负担,提高了工效,降低了成本,而且对改良土壤和确保农时亦有好处。1985年,全县实际机耕面积14.36万亩,占耕地总面积的86.19%,全年累计作业量达142.5万标亩。

二、排灌机械

旧式排灌主要靠水车(龙骨车)、笆斗、水桶等。水车由槽桶、车轴、斗板、龙骨、踏枕等部件组成,有手摇和脚踏两种。手摇水车主要用于河水接近田面的田块的灌溉;脚踏水车有二人轴、三人轴、四人轴3种,主要用于灌溉或排涝。笆斗、木桶一般用于秧田灌溉。1956年,全县有水车8518部,1962年后逐步为电动水泵所取代。

抗日战争前,有少数富裕农户购置德国制造的小型立式柴油机,用以带动水车。至1949年解放前夕,全县共有小型立式柴油机8台。1953年后置20马力大头车4台,拖带10吋水泵,并相继引进"3115""4115"等轻型煤气机,1957年改装成柴油机。

1962年县发电厂建成后,在上东岳庙等地建立电力排灌站5座。1970年后,县农机厂生产"16HB-40"和"16HB-25"水泵。1985年,全县共有排灌动力机械1829台套、30402马力,水泵6102部,另有喷灌机208台套。是年全县机电排灌面积15.21万亩,占耕地总面积的91.3%。

三、植保机械

1951年,扬中县开始使用化学农药,靠人工泼浇。1957年使用踏板、手压两种人力喷雾器。1970年后使用机动喷雾器、喷粉器。1980年起使用背负式喷粉、喷雾机,多为JMP-1型,体积小,喷粒细,防治病虫害效果较好。实行生产责任制后,出现承包防治业务的"植保专业队"和联户、独户植保专业户。至1985年年底,全县共有人力喷雾、喷粉机13760架,机动喷雾、喷粉机164台,基本实现植保机械化和半机械化。

四、收割机械

镰刀历来是扬中农民的主要收割农具（收获元麦和秧草夹种田的元麦亦有用手拔的）。1960 年，三茅农具厂试制出锯齿式快速收割器；1969 年，县农机厂研制出稻麦两用割晒机，均未能推广使用。1977 年，镇江市农机具研究所和扬中县农机修造厂协同制造“长江-120”联合收割机 40 台，不久即停产。1981 年引进 12 台小底盘 100-3 型稻麦割晒机。虽有使用价值，但成本较大，又不易操作，亦未能推广。1985 年引进“东海-130”稻麦割晒机 8 台，由于割茬较高，铺放不够整齐等原因，未能推广使用。至 1985 年止，收割仍以人工用镰刀收割为主。

五、脱粒机械

1957 年前，全县稻麦脱粒仍用稻床、连枷等旧式农具，人工掼稻、打麦。1957 年后，开始使用人力脚踏脱粒机。1966 年引进机动脱粒机和“小老虎”脱粒机。1985 年，全县共有各种机动脱粒机 6527 台，平均每百亩耕地 4 台，可全部实现稻麦脱粒机械化，旧式脱粒农具只有连枷仍间或使用。

六、播种机械

三麦历来是人工播种，有散播、穴播、条播等。1975 年后，开始推广机械和半机械条播。1978 年县农机研究所研制、引进三麦条播机。1980 年开始广泛使用“江南 2BG-6 型”机动条播机。该条播机可以碎土、开沟、播种、盖籽、镇压 5 道工序一次完成，既省工、又节本。1977 年引进“三麦破垡盖籽机”，该盖籽机工效高，露籽、深籽少，出苗早而匀。1985 年，全县有条播机 159 台，盖籽机 96 台。是年，全县实际机播面积 0.19 万亩，占耕地总面积的 1.14%。

七、插秧机械

插秧历来用手工栽插。1969 年，县农机厂试制成功“东风-12 型”机动插秧机。1973 年研制出钳夹式和摇幅式手扶插秧机。1974 年全县有机动插秧机和手扶插秧机 227 台。1975 年从上海农业科学院引进“上海-1 型”机动插秧机。1978 年全县有这种插秧机 219 台，是年机械插秧面积 8065 亩。由于机械插秧秧苗折伤率高，落黄期长，漂秧多（失株、单株达 8%~10%）以及拔秧要求高、辅助工时多等缺点，未能普遍推开，原有的插秧机不久就大部分报废。

八、粮 油 饲料加工机械

粮食和饲料加工历来靠磙碾、舂臼、石磨。磙碾、石磨多用畜力牵引,舂臼则用人力手舂或脚踏。碾坊、磨坊遍及全县,1949 年年初,有碾坊 520 个,磨坊 1120 个。油料加工靠人力地龙榨和畜力、机动天龙榨两种。是年年初,全县有油坊 10 余家,机械动力仅有 84 马力。

解放后,随着机电排灌事业的发展,粮油加工业亦逐步实现机械化。一般是各机电站利用现有机电动力设备建立粮食加工厂。1960 年,县城建成粮食加工厂,该厂有去杂、去稗、去壳、筛糠和气力输送装置,形成粮食加工的自动流水线。至 1985 年,除县、乡粮油加工厂外,村、组联户有碾米机 257 台,磨面机 481 台,榨油机 21 台。淀粉机 35 台,轧花机 10 台,饲料粉碎机 42 台,青饲料打浆机 53 台。县城还建成年产 4000 吨混合饲料加工厂,粮油饲料加工基本上实现机械化。

九、农业运输机械

解放前,扬中县的运输工具主要为木制独轮车和帆桨木船。

20 世纪 50 年代,独轮车的木轮有改为胶轮、木轴心有改为铁轴心或轴承的,使用起来较轻便、省力。1962 年,全县有独轮车 8312 辆,平均每个劳动力 0.12 辆。1964 年后,随着机耕道路的建成,农用胶轮板车和拖拉机逐渐增多。至 1985 年,全县共有农用运输胶轮板车 5451 辆,大、中型拖拉机 93 台,手扶拖拉机 718 台(以上年总运输能力为 550 万吨公里),集体、联户或独户的农用汽车 42 辆。

1970 年后,机动运输船逐步代替帆桨木船。1985 年,全县有机动运输船 213 艘,总动力 2668 马力,运载能力 2782 吨。

1949—1985 年部分年份扬中县农业机械设备情况表

表 54

项目 类型	单位	年								份			
		1949	1952	1957	1962	1965	1966	1970	1975	1978	1981	1984	1985
农机总动力	马力	128	128	692	2624	4135	6193	15272	45807	88627	104429	126455	131308
大中型拖拉机	台							3	31	93	203	252	240
手扶拖拉机	台						6	46	484	804	872	1132	1206
农用电动机	台				10	47	69		164	663	430	1237	14112
农用柴油机	台	8		13	62	52	62	77	143	350	270	303	1225
机动插秧机	部								19	219	212	47	
机动喷雾机	架								57	112	103	150	164

续表 54

项目 / 类型	单位	年份											
		1949	1952	1957	1962	1965	1966	1970	1975	1978	1981	1984	1985
人力喷雾器	架			1302	442	172	785	2079	4983	4168	5134	10317	13760
联合收割机	台									4	4	1	
机动收割机	台									3	13	5	1
机动脱粒机	台						194	1803	2639	3133	4432	6259	6527
人力脱粒机	台			76	459	2818	2464	510	25				
碾米机	台					50	66	134	230	166	195	250	257
磨面机	台					55	114	165	339	286	337	469	481
榨油机	台					2	2	26	32	17	7	16	21
轧花机	台			234	74	174	184	144	164	31	7	10	10
饲料粉碎机	台					3	31	49	93	49	54	46	42
胶轮板车	辆					45	52	260	1020	644	2481	3960	5451
农用汽车	辆									7	5	25	42
机动运输船	艘								20	61	117	222	213
种子精选机	台									1	52	50	48
农用水泵	部	6	6	32	89	99	123	1079	3172	4058	4712	6060	6102
喷灌机	台									74	247	229	208
开沟机	台									1	1	7	12
条播机	台										13	122	159
盖籽机	台										122	176	96
农用船	艘			131	503	1272	1609	1764	1976	1883	1259	751	739

第二节　维修与制造

一、农机具维修

1970 年前，农机具均由铁木竹社、公社农具厂、县农机具服务社和农机修造厂等单位负责维修。1971 年，建立油坊拖拉机站，设农机修理车间，专事维修保养农机具。各公社机电站亦相继建立农机具修理车间或机电修配厂。1976 年，各大队农机队（组）先后办起维修农机具的“三库一间”（即机库、配件库、油库和修理间），基本做到农机具忙前检查维修，忙后清洗保养入库。1985 年，县、乡、村三级共有维修技工 201 人，修理机床 116 台，年修理农机具 5033 台件，修复产值 49.54 万元，修理产值 26.41 万元，做到小修不出村,中修不出乡,大修不出县。

农机具维修保养主要在冬、春两季。每年县农机局分配一定数量的计划内钢材、木材,由公社农机站负责维修保养;忙前检查评比,消除机械事故隐患;忙期组织机电工和技术员深入田头、场头、巡回检查、辅导、维修;忙后督促机工清洗保养入库。

1978 年前,由于农机管理无制度,消耗无定额,成本无核算,出现农机具完好率差、工效低、成本高、修理费用大等弊端。1978 年,平均每台拖拉机维修费 475 元,最高达 1116 元,每亩耕地负担修理费 0.63 元。当时群众中流行着"没有机器想机器,有了机器修不起"的说法。1979 年,推行"五定奖赔"(定人、定机、定任务、定油耗、定报酬和超奖、减赔)责任制,是年每台机修理费即下降到 250 元,全县一年节约维修费 16 万元。1983 年,个人承包农机具,所需维修费用更少。

二、农机具制造与推广

解放初,农具仍靠手工生产,全县有私人铁匠铺、木匠铺 20 余家,生产钉钯、锄头、镰刀、铁锹、木犁、独轮车等。老师傅王汉清生产的镰刀,董钦贵生产的钉钯质量好,还销往泰兴、丹阳等地,深受农民欢迎。

1952—1956 年,各乡先后组成铁木竹生产合作社,以手工生产为主。各社工人研究改进生产技术,改革、创制部分小农具,以适应生产需要。八桥铁木竹生产合作社生产的稻根夹子,提高了拔稻根(治螟)的效率。

1958 年 10 月,创立扬中县通用机械厂(1961 年改为扬中县农机修理制造厂),各公社先后将铁木竹生产社改建成农具厂,开始使用机械生产,制造农业机具。

1958 年成立扬中县农具改革委员会,领导开展农具改革。改制、仿制、创制的农具有绞关犁(用人工转动绞关牵引犁头深耕)、插秧机、木制喷粉器、收割机、脱粒机、水泵、三麦条播机、四轮推土机等 10 多个品种。经逐步改进完善,成功的有稻麦两用脱粒机,4 吋轴流水泵、5 吋混流水泵、三麦条播机、三角锹、蟹钳锹(开挖麦田深沟用)等。在改革过程中,强调全面实现农业机械化,超越客观条件大搞农业机械的生产,故人力、物力、财力遭受严重损失,全县损失近 20 万元。

1969 年,县创办扬中县电机厂,生产多种规格电动机,促进电动农业机械的发展。20 世纪 60 年代、70 年代,各农机具厂改进生产设备,提高生产技术,全县有 6 家农机具厂研制了 19 种新农机具,制成并推广的有 16 种。

在研制大型农机具时,注意抓小农具生产的质量。1985 年,西来桥农具厂生产的镰刀评为镇江市优第一名,江苏省优第二名;新坝农具厂生产的镰刀获镇江市优第二名,江苏省优第十名。

1960—1979 年扬中县主要农机具研制、生产情况表

表 55

名　称	改制、研制单位	制成时间	生产数	推广数
快速收割器	三茅农具厂	1960 年	300 把	300 把
机动割晒机	八桥农具厂	1960 年		
自动脱粒机	新坝农具厂	1960 年	19 台	19 台
机动脱粒机	新坝农具厂	1960 年		
钳力划楼器	八桥农具厂	1960 年	1150 台	1150 台
电动脱粒机	县第一农机修造厂			
“长江-120”收割机	县第一农机修造厂	1967 年	40 台	40 台
机动插秧机	县第一农机修造厂			
夹式、梳式 小苗带土移栽栽秧机	县第一农机修造厂	1973 年		
秸秆粉碎机	县第一农机修造厂			
16HB-40 型混流水泵	县第一农机修造厂	1970 年		
6HB-25 型混流水泵	县第一农机修造厂	1971 年		
170F 柴油机	县第一农机修造厂	1972 年		
三麦条播机	县农机所	1978 年	9 台	8 台
压槽式条播机	兴隆农具厂	1979 年		
竹筒条播机	兴隆农具厂	1979 年		
木制手推条播机	兴隆农具厂	1979 年		
芙蓉式铁木结构人力条播机	县农机所及各农具厂	1979 年	262 台	252 台
化肥深施器	县农机所及各农具厂	1979 年		

第三节　农机具供应

1964 年前，农机具供应由县物资局综合公司兼营。1965 年由县农机供应站专营。1968 年供应站撤销，业务并入县物资社。1971 年仍归县物资局综合公司。1974 年划归县农业机械公司。公司下属的基层供应网点遍及全县，农机公司下伸点经营主机、配件及各种机电设备。1984 年开始发展个体户，但只允许经营配件。

1980 年前，农机产品统由主管部门计划供应。1981 年起实行计划分配和市场调节相结合的购销办法。1984 年购销全部放开。经营农机产品以低价薄利为原则，全国、

全省、产地均为统一的销售价格，国家免征工商税，并按统一的浮动价格销售。

1981年前，经营农机产品的部门无自主权，往往进、销不对路。畅销产品受限制，滞销产品有积压，多数年份经营亏损。1981年实行经济责任制，企业有自主权，效果比较显著。1984年随着企业责任制和管理制度的进一步完善，农机公司经营的品种不断增加，各种规格的柴油机、电动机、脱粒机、拖拉机、拖车、条播机、盖麦机、打浆机，以及排灌、植保、加工、运输等方面的机电产品均有销售。配件商品有21955个品种，常用机型的供应品种1039种。1985年销售额为318万元，利润10.6万元。

1966—1985年部分年份扬中县主要农机具销售情况表

表56　　单位：台

项目＼数量＼年份	1966	1970	1974	1978	1979	1980	1981	1982	1983	1984	1985
手扶拖拉机	4	24	48	377	156	111	47	94	135	251	157
中型拖拉机				12	64	34	11	8	6	24	11
柴油机	8	4	92	1072	333	127	64	69	105	141	294
农用电动机				1	1	253	133	351	1094	972	1070
机动脱粒机					4	680	119	222	382	703	519
其中：TD400型					2	5		82	171	285	330
水泵				57	163	174	67	196	626	264	258
其中：6吋水泵				15	88	146	51	139	472	134	125
喷灌机				72	28	18	6		8	4	2
机动插秧机				102	12						
盖籽机					35	90	14	8	2	4	1
条插机							2	12	20	46	30
双铧犁				422	258	190	135	178	179	164	104
农用拖车				96	79	65	56	67	140	178	136
船用挂机				82	35	26	40	20	49	93	153
力车				389	742	429	532	538	593	588	1350
机动植保机械				175	86	62	59	39	40	1	16
碾米机				10	8	34	13	19	16	17	24
磨面机				19	37	75	59	59	43	137	69

第四节　农机具管理

农机具所有制有全民所有、集体所有、个体所有3种。集体所有又分乡(公社)、村(大队)、组(生产队)所有3种。

1980年,全县农用拖拉机1037台,总值1718.32万元。其中全民4台,占0.39%;公社11台,占1.06%;大队927台,占89.39%;生产队95台,占9.16%。以大队所有为主体。

实行生产责任制后,出现了农民联户和独户拥有农业机械的情况。1985年年底,全县农机总值为2236.22万元,其中集体占90%,个体占10%;拖拉机总数为1446台,其中全民3台,占0.21%,乡镇6台,占0.41%,村890台,占61.55%,组75台,占5.19%,独户、联户472台,占32.64%。以村所有为主体,个体所有大幅增长。

农机具经营形式有全民、集体、承包、联户、独户五种。凡集体经营的统一实行"五定奖赔"责任制,并建立"三库一间"和"三卡一簿"(技术、油料、修理记录卡和事故记录簿)制度。

为适应农业体制改革需要,1983年后在不变更农机集体产权的前提下,承包到个人的拖拉机有1075台,较"五定奖赔"责任制优越,年增收12万元,降低修理费三分之二。1984年实行多种形式管理责任制,集体拖拉机承包给个人经营的963台,全年上交22.29万元。独户、联户经营的有307台。

根据农机具所有制的三种形式,主要进行技术、安全和农用油料几方面的管理。

一、技术管理

技术管理主要是人员培训和机械保养维修。人员培训分级进行。镇江市负责培训师资,扬中县负责培训操作手,各乡负责复培提高。1985年,全县共培训各类技术和管理人员1403人。自1976年开始逐步健全"三卡一簿"制度。1982年开展"三不漏、四净、一完好"(不漏水、不漏油、不漏气和水净、油净、空气净、机车净及技术状态完好)的"保养升级"竞赛,进行逐项检查评比记分,分甲、乙、丙、丁4级挂牌作业。永胜、兴隆、丰裕3个试点乡,甲、乙级机占93%,丙级机占5%,丁级机占2%。

二、安全管理

1978年前,农机安全无专门机构管理,仅主管部门配合交通部门培训驾驶员。1983年,成立县农机安全监理所,对全县手扶拖拉机进行年度检审,实行考核发给拖拉机行驶证,从事营业性运输者再经交通部门考核合格后,发给公路行驶证。先后培训、考核驶驾员 863 人,发驾驶证 845 件,公路行驶证 851 件,建立农机和驾驶员档案 1400 余套,农机事故档案 26 套。农忙时与交通部门联合在公路上设岗检查,纠正农机行驶违章行为,以防发生事故;对发生的事故及时处理裁决,并进行预测防范。1976—1985 年,农机重大事故逐年下降,死伤人数逐年减少,机具损坏和经济损失得到有效控制。

三、农用油料管理

1979 年前,农用柴油由县石油公司计划供应。1980 年归县农机局分配、管理。1984 年戴帽下达给局下属农机主管部门。1984 年全县农用柴油计划为 1477 吨(其中纯农田作业用油 958 吨,平均每亩耕地 6 公斤)占全县计划柴油的 64.86%,基本满足农田作业需要。

在农用柴油管理上,建立县、乡镇(公社)、村(大队)一条龙的分配、管理体系,配备乡镇(公社)、村(大队)油料专管员 190 人,并制订油料专管岗位责任制和分配、管理、供应办法。

1984 年,拖拉机使用回油改道装置的 925 台,安装负压节油装置的 516 台,装双向节油板 400 块,推广金属清洗剂 204 公斤,全年节约柴油 47.745 吨,节省资金 2.9 万元。

第五节 农机专业队伍

1976 年,县农业机械管理局成立后,相继成立县农机具研究所、农机具培训班、农机安全监理所,下属有乡(公社)农机站,村(大队)农机队。实行农业生产责任制后,各乡村均设有农机服务专业组、专业户、联运公司等组织,形成管理、教育、培训、科研、供应、维修、服务一条龙的农机专业队伍。1984 年,农机系统计有职工 2342 人。其中农机局 12 人,农业机械公司 24 人,农机研究所 6 人,农机培训班 1 人,农机安全监理所 3 人,乡农机站 622 人,村农机队 1349 人,机电排灌站 325 人。农机系统,有工程师 1 人,助理工程师 9 人,技术员 5 人,驾驶员 1351 人,内燃机手 483 人,修理工 386 人,农民技术员 78 人。全县有维修制造农机具的工厂 13 家。

农机具培训班积极培训农机人员和管理人员,1976—1985 年,共培训 1.6 万人次。

1976—1985年扬中县农机人员及管理人员培训情况表

表57　　单位：人

项目/数量/年份	首训				复训			
	总数	拖拉机驾驶员	管理人员	其他	总数	拖拉机驾驶员	管理人员	其他
1976	980	620		360				
1977	1385	850		535				
1978	2775	1780		995				
1979	1404	366	342	696				
1980	321	173	140	8	1585	744	641	200
1981	327	163	161	3	1464	820	644	
1982	359	318	41		1159	887	272	
1983	327	250	77		649	649		
1984	605	511	94		1257	1203	54	
1985	393	292	97	4	1010	596	354	60
合计	8876	5323	952	2601	7124	4899	1965	260

第五章　工　业

解放前，扬中县无近代工业，以个体手工业为主。扬中农民很多即是手工业者(即“手艺人”)，其中以木匠、瓦匠、篾匠、漆匠、机匠(织布)、裁缝居多。这些人一般农忙务农，农闲做工。或在本地做散工，或到外乡以手艺谋生。民间有“荒年饿不死手艺人”“家有良田万亩，不如薄技在身”等说法。农家子弟把学会某种手艺看作谋生的又一种本领。全县有手工业者万余人。

手工业作坊最早出现于清嘉庆年间，如王金孝在栏杆桥开办的恒隆油坊、恒丰烟店，生产工具简陋，全系手工操作。

清道光年间，有夏姓和田姓两家在油坊桥开设德盛、源盛两爿油坊，开始用畜力，后来使用机器。

民国初期，扬中手工业作坊得到发展，除铁匠铺、竹器铺外，榨油、酿酒、制烟、印染等手工业作坊逐渐兴起，有手摇或脚踏机织袜、织丝绸、织毛巾等小型工厂数家。

民国32年(1943)，日伪扬中县政府于三茅镇建小型发电厂1座，电力仅供日伪党政军机关和三茅集镇照明之用。

1946—1949年，国民党政府苛捐杂税，通货膨胀，许多手工业作坊无法维持生计，因而闭歇。1949年全县只有粮油加工厂9家。其中全民所有制1家，私营8家，年总产值86.45万元(折新币，下同)。

1950年，全县有纺织、食品加工和芦、柳、竹器制作等手工业作坊63家，从业人员161人。7月，兴建公私合营扬中县发电厂，发电功率10千瓦，1951年改为地方国营。

1951年6月，创办地方国营扬中县火柴梗片厂，有职工80人，年产值8.4万元。该厂1956年6月并入镇江荧昌火柴厂。

1956年完成对手工业作坊的社会主义改造，全县454名手工业者参加合作组织。是年，全县有国营工厂7家，年产值149.94万元。集体所有制工厂18家，年产值59.93万元。

1958年，全县掀起大办工业的高潮。至1959年年底，全民所有制工厂发展到30家，职工1773人；城镇集体所有制工厂发展到28家，职工434人。社办工业大部分采取“平调”方法，因陋就简，土法上马，一哄而起。小高炉（炼钢铁）、土化肥厂、土农药厂等遍地开花。

1959年以后，工厂资金不足，原料缺乏，加之技术落后，产品质量低劣，亏损甚多。

1961年贯彻国民经济“调整、巩固、充实、提高”的八字方针，根据“工业要下马，工业要退够”的指示，全县全民工厂相继关、并、转，绝大部分社办工厂陆续停办。全县工业企业从1960年的122家减为58家，到1965年减为29家，其中全民企业9家，职工370人；集体企业20家（包括社办企业5家），职工846人。1965年总产值855.52万元，比1957年增长2.5倍。

1966年，“文化大革命”开始阶段，部分工厂正常的生产活动受到冲击，广大工人还是坚持“抓革命、促生产”。

1969年，全县工业企业53家，职工1473人，总产值2039.74万元。

1970年，部分集体所有制企业被勒令停产关闭，全县工厂减为37家，外地技工一律解散，而全民企业又处于无政府状态，生产完不成任务，造成企业亏损。

1971年，在“围绕农业办工业，办好工业支援农业”的思想指引下，工业形势开始好转，先后发展一批全民、集体工厂，其中有化肥、农药、水泥、石棉、轧钢、电子仪器及色织等厂。队办工业又兴起，兴办176家。全县工业总产值上升到4437.21万元，比1970年增长57%。

1971—1975年，许多新产品相继问世，社队企业经营项目和生产品种不断增加。在整个工业生产中，轻重工业所占比例逆转。1950年工业总产值中，轻工业产值占99.5%，重工业仅占0.5%；至1980年，轻工业产值比重降为69%，重工业产值上升到31%。

“文化大革命”期间，个体手工业被视为“搞资本主义”，全县手工业者几乎全部弃工务农。“文化大革命”结束后，手工业逐渐发展。传统的芦、柳、竹器编织进一步发展，手工业产品的种类日益增加。

中共十一届三中全会以后，贯彻以经济建设为中心的发展方针，推行经济责任制，全县工业持续稳定发展，企业逐年增多。1985年，全县工业企业2892家（其中个体经营、个体联合体企业2149家），总产值61013万元。年末职工总数88335人（其中乡镇及其以下企业中的亦工亦农职工约占90%），工资总额5082万元。是年，实现利税

9088万元(不含个体合作、个体经营企业)。

一批骨干企业相继出现,县、乡两级261家独立核算企业中,骨干企业115家,其中乡镇办厂产值在100万元以上的骨干企业有65家。

由于乡村工业的发展,农村经济结构与社会分工发生了新的变化,农民得到双重就业和双重收益。1985年乡(镇)、村工业企业(含村以下工业)职工共77454人,占农村总劳动力的57.22%;农民从企业直接得到的工资收入5740.34万元,占农民收益分配的64.73%,农民每人平均收入612元,是1978年101.20元的6.05倍。

1949—1985年扬中县工业企业数量和职工人数情况表

表58

项目 / 数量 / 年份	合计(家)	其中						职工年平均人数	
		全民所有制企业(家)	县属集体所有制企业(家)	乡镇(公社)办企业(家)	村(大队)办企业(家)	个体联营联合体(家)	个体私营企业(家)	全民所有制企业(人)	集体所有制企业(人)
1949	9	1					8	65	
1950	11	1					10	73	
1951	14	1	1				12	86	38
1952	13	2	2				9	100	38
1953	12	2	2				8	106	38
1954	11	2	2				7	150	67
1955	10	2	2				6	187	190
1956	25	7	18					433	377
1957	25	7	18					719	431
1958	69	40	18	11				1729	404
1959	130	30	28	72				1773	434
1960	122	16	18	88				1942	466
1961	58	18	17	22				1102	500
1962	46	18	16	12				646	483
1963	31	13	14	5				400	615
1964	28	9	14	5				335	771
1965	29	9	15	5				370	846
1966	30	8	15	7				423	814
1967	32	9	15	8				448	717
1968	34	9	15	10				450	760

续表 58

项目 / 数量 / 年份	合计(家)	其中 全民所有制企业(家)	县属集体所有制企业(家)	乡镇(公社)办企业(家)	村(大队)办企业(家)	个体联营联合体(家)	个体私营企业(家)	职工年平均人数 全民所有制企业(人)	集体所有制企业(人)
1969	53	10	25	18				540	983
1970	37	7	8	22				540	1346
1971	240	9	23	32	176			683	1832
1972	241	10	23	32	176			1157	2139
1973	249	10	24	39	176			1318	2378
1974	258	12	28	42	176			1282	2669
1975	267	12	30	49	176			1491	2503
1976	292	12	31	72	177			1562	2359
1977	289	12	30	79	178			1932	2678
1978	328	13	20	117	178			2009	2698
1979	347	16	22	131	178			2063	2721
1980	521	17	192	134	178			2216	3100
1981	511	19	177	137	178			2432	4164
1982	483	20	108	144	211			2723	4483
1983	448	15	70	151	212			2868	4658
1984	518	14	69	169	266			3068	5069
1985	2892	33	109	232	369	412	1737	3563	5118

1949—1985 年扬中县工业产值情况表

表 59　　单位：万元

项目 / 数量 / 年份	合计	其中 全民所有制企业	县属集体所有制企业	乡、镇(公社)办企业	村(大队)办企业	个体联营联合体企业	个体私营企业
1949	86.45	8.59					77.86
1950	100.44	10.61					89.83
1951	125.52	15.25	0.50				109.77
1952	128.92	48.44	0.60				79.88
1953	118.53	46.52	1.79				70.22
1954	93.74	30.32	2.88				60.54

续表 59

项目 数量 年份	合　计	其中 全民所有制企业	县属集体所有制企业	乡、镇(公社)办企业	村(大队)办企业	个体联营联合体企业	个体私营企业
1955	116.23	49.62	9.94				56.67
1956	209.87	149.94	59.93				
1957	246.55	194.39	52.16				
1958	325.64	255.20	61.12	9.32			
1959	670.97	439.26	164.84	66.87			
1960	796.15	504.46	48.62	243.67			
1961	634.90	437.20	88.32	104.88	4.50		
1962	389.29	285.28	80.10	18.91	5.00		
1963	478.05	293.98	59.75	8.15	116.17		
1964	544.28	329.70	75.58	22.60	116.40		
1965	855.52	471.71	108.50	38.58	236.73		
1966	1077.16	568.05	113.02	96.09	300.00		
1967	1183.16	495.43	136.30	151.43	400.00		
1968	1589.87	443.21	251.33	395.33	500.00		
1969	2039.74	458.70	245.88	635.16	700.00		
1970	2818.60	411.95	404.56	887.96	1114.13		
1971	4437.21	528.01	504.97	1325.80	2078.43		
1972	4872.08	872.53	552.45	1287.61	2159.49		
1973	4799.21	1194.91	819.33	1208.29	1576.68		
1974	5772.03	1006.42	1236.68	1424.61	2104.32		
1975	7708.69	1108.93	1520.69	1951.20	3127.87		
1976	11359.79	1362.33	1546.21	2816.25	5635.00		
1977	14911.62	1715.19	1882.76	3690.8	7622.87		
1978	14413.17	1780.90	1550.86	4300.45	6780.96		
1979	15689.29	2322.30	1787.57	4849.95	6729.47		
1980	20186.44	2144.89	2574.44	6653.38	8813.73		
1981	22844.75	1987.86	2882.05	8337.84	9637.00		
1982	23829.07	2251.70	2999.30	8894.28	9683.79		

续表 59

项目 / 数量 / 年份	合　计	其　中					
		全民所有制企业	县属集体所有制企业	乡、镇(公社)办企业	村(大队)办企业	个体联营联合体企业	个体私营企业
1983	28392.15	2688.70	3147.42	11337.88	11218.15		
1984	40223.45	3267.00	4339.00	16104.00	14527.33		
1985	60796.00	4543.00	7701.00	23630.00	20179.00	1895.00	2848.00

说明：1949—1956 年按 1952 年不变价计算，1957—1970 年按 1957 年不变价计算，1970—1980 年按 1970 年不变价计算，1980—1985 年按 1980 年不变价计算；校办工业含在县属集体所有制企业内；1985 年，8 家水厂产值 216 万元，不含在工业产值内

第一节　县属工业

一、冶金工业

冶金工业发展较迟。解放初，全县几个大集镇共有私人铁匠铺约 20 余家。1958 年全国开展“全民大炼钢铁”运动，扬中县也开展大炼钢铁，不久宣告失败。1973 年根据中共中央、国务院大办“五小工业”（即小钢铁、小农机、小农药、小化肥、小水利）的指示，县投资兴建扬中县轧钢厂，厂址在沙家港大闸西侧，以废次钢坯热轧线材。1985 年有职工 236 人，厂房占地 13223 平方米，固定资产 64 万元，流动资金 64 万元，年产线材 8000 吨，完成年产值 242 万元，实现利税 21 万元。

二、化学工业

扬中县化学工业始于 1958 年“大跃进”期间，由县投资在建设桥兴建扬中县化肥厂，规模很小，土法生产过磷酸钙、硫酸、硝酸等，产量甚少。1959 年改名扬中县综合化工厂，并新建纯碱车间，试制纯碱、肥皂、盐酸以及农药多硫化钡等化工产品。由于原料缺乏，生产技术落后，产品质量低劣，1961 年停办。为了发展地方化肥、农药工业，支援农业生产，1971 年于三茅镇港西北路兴建扬中县化肥厂，1972 年投产，化肥产量逐年增加。1984 年产农用化肥 23616 吨，合成氨 5876 吨，氮肥 4047 吨。但因煤价高，运费大，且工艺管理不善，年年亏损，故于 1985 年 4 月停产。1971 年兴建县农药厂（厂址在三茅乡沙家港），主要生产杀虫脒，1979 年年产 126.3 吨。由于生产技术落后，质量低劣，至 1980 年转产塑料零件。

20 世纪 80 年代初，县属化工企业发展到 10 家，总产值 1602 万元，占县属工业企

业总产值的15.36%。主要有化肥厂、精细化工厂、有机化工厂、塑料厂、兽药厂等。主要产品有碳酸氢氨、合成氨、化学试剂以及塑料制品等。

扬中县有机化工厂 创建于1971年,初名地方国营扬中县农药厂。建厂初期只有职工19名。到1985年,职工增至277名;全厂占地16987平方米,建筑面积7100平方米;从国外引进一台SBS混合造粒生产线,具有年产3000吨粒料的能力;拥有固定资产(原值)170万元,流动资金412万元,是年产值701万元,实现利税104万元。该厂生产混合粒料、四氟制品等,质量符合国家同类产品标准。

扬中县塑料厂 原为扬中县兽药厂,厂址在县城大寨河南路,初期有职工30余人,设备简陋。1979年1月,转产塑料编织袋,改名扬中县塑料织造厂。1984年5月与扬中县塑料厂合并,定名扬中县塑料厂,系县属大集体企业。1985年有职工574名,厂房占地10342平方米,年产420吨聚丙烯编织袋。固定资产158万元,流动资金171万元;是年产值461万元,实现利税21万元。产品原只有单一的编织袋,后增加多种型号的旅行袋、集装袋、薄膜袋等。1985年被评为县先进集体,被县人民政府命名为文明单位。

三、电力工业

扬中县电力工业始于民国32年(1943),汪伪政权扬中特别分区公署署长丁雨林和三茅镇长周鹤云联办,购置3千瓦发电机组1台,发电专供汪伪党政机关和几家商店照明及泰来油坊榨油之用。一年后停办。

解放后,扬中电力工业不断发展,至1985年,已分别在新坝、三茅、兴隆、八桥、幸福建变电所,共有变压器10台,总容量21050千伏安。全县高压输配电线路总长380公里,县供电部门拥有固定资产800余万元。

1.发电厂 解放后的扬中县发电厂创建于1950年7月,县人民政府投资3500元(折新币,下同),王伯章个人投资1500元,购置一台24马力煤气机和10千瓦发电机组,名为“公私合营扬中县电厂”。1951年改名“地方国营扬中县电厂”。1957年扩为60千瓦发电机组。1959年机器损坏,停止发电,由县通用机械厂代供三茅镇照明用电。同年,江苏省计委批准扬中新建火力发电厂,成立“扬中县电厂筹备处”。1960年由国家水利电力部调拨一台全套捷克斯洛伐克产880千瓦汽轮发电机组,1961年建成火力发电厂,开始投运。

1965年镇江谏壁发电厂第一台机组投产,建成三回路35千伏出路,其中一条线供扬中、丹徒两县工农业用电。扬中县电厂通过兴隆变电所受电于谏壁发电厂,由单一发电转为发供合一单位。1976年谏壁电厂建成第二回路电网电源进线,扬中县电厂撤除机炉,转为单一供电部门。

2. 输变电工程　1961年,扬中县火力发电厂建成,并配备6千伏升压站,向三茅镇送电。

1965年6月,架设35千伏输变电线路12.7公里,由丹徒县姚桥公社王宗变电所输电至扬中县兴隆变电所。线路于长旺公社头墩子跨江,塔高58米。1967年架设兴隆变电所至三茅镇(电厂)35千伏线路9.9公里,并建成三茅变电所。1975年架设丹徒县石桥头至三茅镇110千伏线路14.5公里,于沙家港跨江,塔高64米。该工程竣工后始由石桥头变电所输送35千伏电力至扬中变电所,县电厂停止发电。1978年架设兴隆至八桥35千伏线路8.8公里,并建成八桥变电所,使其成为八桥、永胜、油坊等公社的供电中心。1982年架设三茅至新坝35千伏线路6.2公里,并建成新坝变电所。1985年西来桥镇(原由常州供电局供电)改为镇江供电局供电,架设丹阳县建山至西来桥镇35千伏线路16.5公里。同年建成35千伏幸福变电所。

至1985年,扬中架设农村低压动力线路2700余公里,高压10千伏线路23条、330余公里,配电变压器460余台,总容量42000千伏安。

3. 电力供应　20世纪50年代,扬中电厂发电仅供三茅镇照明及加工业用。

20世纪60年代初,建设农村用电网,电力主要用于排涝和粮食加工。至1965年联网时,全年供电量233万千瓦时。此后,随着工农业发展,城乡用电量逐步上升。1978年后,社队工业发展迅速,电力供需矛盾突出,电网经常拉闸停电,影响工业生产,一些企业先后自购发电机组计183台,发电容量7878千伏安,全年发电量为700万千瓦时。

1962—1985年部分年份扬中县供电、发电、售电情况情况表

表60　　单位:万千瓦时

项目 \ 数量 \ 年份	1962	1965	1970	1975	1978	1981	1982	1983	1984	1985
供电量	57.8	203.3	867.4	2895	3177	5680	6140	6987	7575	8257
售电量	53.6	202	846	2510	2833	5195	5673	6462	7008	7638
售电年增率(%)		55.62	33.16	24.29	4.12	22.40	9.20	13.90	8.45	8.99
线损率(%)	6.70	11.20	11.33	13.20	10.83	8.54	7.61	7.51	7.50	7.50
最高荷载(万千瓦)	0.02	0.15	0.35	0.86	1.01	1.59	1.42	1.90	1.61	1.64
节电					75	264	343	397	431	470
县内电厂发电量	72.5	203	19.6	138.40						

4. 安全用电　扬中县城乡用电普及后,由于群众缺乏用电知识,电力设备又不完全合格,以致触电事故多次发生。1969—1972 年,全县农村触电死亡 114 人,平均每年 28.5 人。为此,县政府决定在各公社建立农电管理组织,建立安全用电管理所,各大队配备专职电工,各生产队专人管电,订立安全用电管理制度,并组织力量对线路、设备进行检修更新,采取多种形式开展安全用电宣传教育。

1980 年上半年,供电局集中力量为全县安装触电保安器,制订严格的运行管理制度。1982 年 7 月后,农村未发生触电死亡事故,成为农业用电安全县,受到省电力工业局的表彰。

四、机械工业

1958 年,扬中县开始建立机械工业。10 月 1 日,地方国营扬中县通用机械厂开业。由于生产设备简陋,技术力量薄弱,只能生产中小农具、戽水机零件和简易的粮食加工机械。同时还创办扬中县船舶修造厂、五金轴承厂。1961 年,县五金轴承厂因设备简陋,技术落后,并入县通用机械厂。两厂经过重组,更名“扬中县农机修理制造厂”,同时精简职工,缩小企业规模。1964 年 6 月,将三茅铁木竹生产合作社改为“扬中县第二农机修理制造厂”,后改名“扬中县轻工机械厂”。1969 年农村电动机械发展,迫切需要电动机,县革命委员会决定,将农机厂电机车间划出,组建“扬中县电机厂”,扩大生产能力,以适应农业生产的需要。

中共十一届三中全会以后,全县机械工业又有新的发展。1985 年,县属机械工业企业共有 12 家,总产值 1553 万元,占县属工业总产值的 14.89%。主要有扬中县农机修造厂、电机厂、轻工机械厂、开关厂、电器桥架厂、建材机械厂、汽车修配厂等,主要产品有制冷压缩机、电动机、脱粒机、农用水泵、电冰箱、汇线桥架、挤砖机、矿山设备、汽车配件、自行车配件及中小农机具等。

扬中县农机修理制造厂,原名“地方国营扬中县通用机械厂”。1958 年 10 月 1 日创建时仅有职工 26 人,车、钳、锻、铸、木模 5 个工种,固定资产 28 万余元,厂房 14 间,两台皮带式简易车床和一座锻打炉,主要生产、修理中小农具、戽水机和简易的粮食加工机械,年产值万元左右。1959 年开始制造机床设备,此后不断增加产品品种,扩大生产规模,先后生产过脚踏脱粒机、牛头刨床、车床、龙门刨床、170F 柴油机、水泵、长江 120 联合收割机、小矿车、电风扇、32K 摇臂钻床、拖拉机配件等产品。1985 年与上海空调机厂联营生产制冷压缩机,厂房占地 26810 平方米,有职工 503 人,固定资产 293.2 万元,流动资金 236 万元,主要机械设备 153 台,汽车 4 辆,具有车、钳、铣、磨、锻、焊、铸、白铁、板筋、木模、热处理等全套机械加工工种和整机制造能力的冷冻设备专业。F4.8 制冷压缩机年产量 10624 台，年产值 656 万元，利税 146 万元，为市、县机械行业重点企业之一，1985 年被评为市、县先进集体。

1969 年，以县农机修造厂电机车间为基础，创办扬中县电机厂，属县大集体企业。该厂能生产各种大小电动机、变压器。1975 年 6 月，在南京 722、3304 工厂和南京肿瘤研究所的配合下，试制成功 JGD-1 型二氧化碳激光手术刀，经技术鉴定达到国家规定标准，并得到行家好评。该厂生产的电风扇、冷藏柜等，行销市场。1985 年有职工 151 人，厂房占地 2208 平方米，固定资产 22 万元，流动资金 51 万元，年产值 179 万元，实现利税 44 万元。

五、电子工业

1970 年创建扬中县电子仪器厂。随后，扬中县无线电厂、无线电标准件厂相继建成。20 世纪 80 年代初，又发展一批电子工业企业。至 1985 年，县办电子工业企业有 13 家，总产值 2566 万元，占县办工业总产值的 24.60%。主要有扬中县电子仪器厂、无线电厂、无线电标准件厂、北京东风电视机厂镇江分厂等，主要产品有示波器、电容器、电阻器、电饭锅、黑白电视机、录放音机、电子元件、仪器仪表、特种照明灯、电热烘烤器具等。

扬中县电子仪器厂于 1970 年创建。初时厂房是原县中校舍，借调八桥中学 2 名物理教师负责技术工作（后调入）。生产 SBT-5 型示波器，有职工 208 人，年产值 70 万元。后生产晶体管、收音机、收录机、电视机。1985 年共有各类机床 83 台，并从美国、日本、西德等国家进口具有国际先进水平的测试仪。职工 540 人，厂房占地 27725 平方米，年产值 640 万元，创利 72 万元。主要产品有 10 种，其中 3 个品种获得电子工业部和江苏省优质产品称号，分别是 SR-8 型示波器、ST-16 型示波器和 SR-071B 型示波器。产品畅销全国 29 个省、市、自治区。1985 年，示波器销售量居全国同行业的第 2 位，被评为镇江市、扬中县先进单位。

北京东风电视机厂镇江分厂（与北京东风电视机总厂联营）创办于 1985 年，厂址在环城南路。职工 282 人，厂房占地 43100 平方米。有一台波峰焊接机，二台回转盘，三个配套工艺室，四条生产线。主厂房全长 120 米，设有工位 160 个，具有多种产品生产的兼容性。该厂黑白电视机生产线在国内黑白电视机生产线中居于先进水平，产品质量达到电子工业部部颁标准，具有年产电视机 10 万台的能力。1985 年完成产值 440 万元，创利税 33 万元。

扬中县无线电厂，是 1976 年 11 月在电机厂电机激光车间基础上建立的。1977 年研制成功 JGZQ-2 激光治疗器。该机用于治疗疾病，具有无接触、无感染、性能好、输出功能稳定等优点，对多种疾病疗效显著，在省内达到先进水平。1978 年 2 月研制成功

TL-1 激光粘结机。该机运用激光进行手表游丝加热粘结的新产品,性能稳定,质量好,效率高,为国内用激光粘结手表游丝工艺的首创,1980 年获省重大科技进步四等奖。1985 年有职工 393 人,固定资产 127 万元,流动资金 125 万元,完成产值 630 万元,实现利税 89 万元。

六、纺织工业

扬中县民间早有捻麻纺纱织布的传统工艺。20 世纪 30 年代出现手摇织袜、织毛巾等小型工场。

1953 年创办织袜生产合作社(1955 年并入镇江针织厂),1958 年办有章绒、毛巾、针织厂等,1962 年停办。

20 世纪 70 年代,县办色织厂(后改名扬中县染织厂)。十一届三中全会以后,又兴办一批县属纺织工业企业。至 1985 年,县属纺织工业企业主要有扬中县染织厂、化纤针织厂、针织内衣厂、羊毛衫四厂等,总产值 930 万元,占县办工业总产值的 8.92%。主要产品有棉布、帆布、棉混纺、纯化纤、涤纶混纺布、纯毛毛织品、混纺毛织品、合纤长丝织袜、毛巾等。

扬中县染织厂 创建于 1974 年 10 月,原名县色织厂。1985 年该厂占地 18009 平方米,职工 600 余人,拥有各种型号的织布机 289 台,宽幅浆机 1 台,自动结经机 1 台,经车 1 台,25 吨重型打包机 1 台,全自动 2 吨锅炉 1 台,固定资产 175 万元,流动资金 150 万元,产值 737 万元,创利税 27 万元。建厂初期只能生产格子府绸布一个品种,至 1985 年已能生产纱卡、纱华、纯棉、棉塑交织等 17 个品种;产量由 1978 年的 76.27 万米上升到 466 万米;产品质量由 1978 年入库一等品率 47.3%提高到 96.8%。

扬中县针织内衣厂 1979 年创建于三茅镇丰收桥。1985 年有职工 120 人,厂房占地 8062 平方米,固定资产 33 万元,流动资金 75 万元,具有年产针织服装 60 万件的能力。1985 年产值 129 万元,实现利税 7 万元。

七、建材工业

扬中县建材工业兴起于 20 世纪 50 年代后期。1958 年县人民政府与丹徒县人民政府协商,在大港乡祝赵村办起"地方国营扬中县砖瓦厂",继又于丹徒县大路乡吴家桥办起"扬中县陶瓷厂"。由于生产的陶瓷器产品质量不过关,不久陶瓷厂停办。20 世纪 70 年代,县属建材工业开始发展,至 1985 年县属建材工业及非金属制造业企业有 7 家,主要有扬中县砖瓦厂、第二砖瓦厂、水泥厂、水泥制品厂、石棉厂等。总产值 893 万元,占县属工业总产值的 8.56%。

扬中县砖瓦厂创建于 1958 年 7 月,厂址在丹徒县大港乡祝赵村。建厂初期有职工

20余人,小土窑1座,手工操作,年产黏土砖7万块。至1985年,厂房占地101384平方米,有职工542人,固定资产134万元,流动资金232万元,年产值359万元,实现利润83万元。生产半机械化,年产标准砖2135万块,青平瓦229.25万片。

扬中县水泥厂 1974年创建于彩凤桥,1978年迁至沙家港,是县属大集体企业。建厂初期,有职工125人。1985年,厂房占地2421.3平方米,职工276人。拥有1.35/1.6×30.5米转窑1座,1.5米×5.7球磨机2台,1.83米×6.4球磨机1台,1.5×1.2米烘干机1台,固定资产260万元,流动资金60万元,具有年产水泥1.6万吨的能力,年产值100万元,实现利税22万元,质量达到国家规定标准。产品除供应本县需要外,还销往上海、浙江等地。

扬中县水泥制品厂 1966年建成,原厂址在沙家港大闸西侧。1973年此地改为线材厂,在彩凤桥重建水泥制品厂。时有职工45人,年产值6.41万元,利润0.43万元。至1985年,厂房占地21218平方米,有职工141人,固定资产45万元,流动资金69万元,年产值184万元,实现利税27万元。先后被评为镇江市、扬中县先进集体单位。

扬中县石棉厂 厂址在三茅镇建宁路,1970年4月建成。至1985年厂房占地12549平方米,职工200人,固定资产105万元,流动资金82万元,产值91万元,实现利税24万元,生产的水泥石棉瓦畅销全县及南京、连云港、上海等地。

八、食品工业

解放前,烧饼店、茶食店遍及乡镇,均系手工操作。1955年,创办地方国营扬中县大众米厂。1956年对私营工商业进行社会主义改造,发展一批公私合营粮油加工厂。1958年,商业系统创办扬中县卫星食品厂(后改名扬中县食品厂),1966年建立扬中县酒厂。20世纪80年代初,相继办起酱醋豆制品厂、粮油食品厂等。至1985年,县属食品工业企业15家,其中粮食加工业4家,植物油加工业1家,糖果糕点制造业4家,调味品制造业1家。企业主要有县大众米厂、兴隆油米厂、粮油食品厂、商办食品厂、酱醋豆制品厂等。主要加工大米、面粉、食油、水果糖、饮料、糕点、挂面、酱醋豆制品等,总产值787万元,占县属工业总产值的7.54%。

1.粮油加工 解放前,全县大小油坊最多时为14家。1949年全县有粮油加工厂(称为油坊)9家。农村的小碾坊、小磨坊等几乎村村皆有。1956年,各大集镇均建立粮食加工厂,开始半机械化、机械化生产。

2.酿酒 解放前,扬中农民在春节之前,有自行酿酒(主要为米酒)的习惯。各大集镇均有私人开设的小糟坊,生产白酒(俗称烧酒)。1953年以后逐步歇业。1956年以后,少数粮油加工厂兼酿白酒。1959年,县卫星食品厂生产黄酒。1966年创办“扬中县酒厂”,因技术落后,酒质不佳,于1984年转产。自此市场上销售的酒均从外地购进。

3. 副食品加工 解放前，扬中县各集镇有私人开设的酱园、糖坊、豆腐店等。1949年以后，少数粮油加工厂亦生产米糖。1958年卫星食品厂开始生产酱油及各种糕点、水果糖、饮料等。此后，各集镇供销合作社相继生产酱油、糕点供应市场。1985年又办起县粮油食品厂，生产挂面及糕点等副食品。

九、自来水公司

1969年上半年，县政府在扬中电厂内建供水车间，向县城部分地区提供自来水。该车间有职工8人，动力设备2台，共15.5千瓦，日供水能力400立方米。净水设备简单，以明矾、漂白粉为净水剂，且无化验设备。水主管道直径最大为100毫米，长约3000米左右，东至老汽车站，南至人民医院，西至老江洲浴室，仅能给县城部分企事业单位职工及居民饮用。

1974年2月，县政府决定兴建水厂。在三茅公社金星大队第2生产队征地7.56亩，设计规模为日产水5000立方米。建成的自来水厂建筑面积574平方米，构筑物占地198平方米。该厂建水力循环澄清池2个，与之配套的重力无阀滤池1组，清水池1座，容量均为400立方米。取供水泵房1处，动力共114.5千瓦。1974年12月26日竣工投产，向城区及邻近公社供水。

1980年6—9月，又在金星大队第2生产队两次征地6.78亩，扩建1组日产水能力5000立方米的净水构筑物，其形式为水力循环澄清池，重力无阀滤池；另建700立方米的清水池(库)1座。

1981年，县自来水厂更名为扬中县自来水公司。1984年4—8月，对公司内两组水力循环澄清池进行技术改造，在分离区内加装聚丙烯塑料斜管，使水质量得到改善，日产水能力提高20%。1985年，县自来水公司日供水能力1万立方米。

十、其他工业

1.服装鞋帽 解放前，扬中县只有小型手工个体成衣铺。解放后，缝纫业开始兴起。1955年，各集镇相继建立缝纫、绱鞋生产合作社(组)，直属县手工业联社领导。1958年，各地缝纫社(组)均改为公社服装厂。县民政科为解决“四残(盲、聋、哑、肢残)人员”就业，创办扬中县福利制鞋厂，属全民企业。1962年贯彻《中共中央关于城乡手工业若干政策问题的规定》后，各公社服装厂复又改为缝纫社(组)，仍划归县手工业联社管辖。1965年，扬中县福利制鞋厂划归县工业部门管辖，改名“扬中县制鞋厂”。1972年，在三茅服装社基础上建立扬中县服装厂。20世纪80年代初，创办扬中县西服厂。其他行业亦相继办起服装厂，生产各种时装、鞋帽。至1985年，县属服装鞋帽工业企业共有12家，总产值915万元，占县属工业总产值的8.77%。

扬中县服装厂。1973年在三茅镇服装社的基础上建立的县属大集体企业。20世纪70年代后期，该厂于三茅镇港东北路17号新建厂房，占地2665平方米，生产能力逐步扩大，产品外销合格率达97.6%。至1985年，拥有固定资产54万元，流动资金75万元，职工268人。主要设备共有200余台套，从电剪到打包装箱，基本上实现机械化，年产服装40万件，完成产值277万元，实现利税26万元。

扬中县制鞋厂。1958年10月，县民政科创办"扬中县福利制鞋厂"，属地方国营企业。1965年划归县工业部门管辖，改名扬中县制鞋厂。此后，由生产布鞋改为生产皮鞋，生产能力逐步提高。1985年，厂房占地1633平方米，有职工120人，固定资产27万元，流动资金51万元，年产各式皮鞋3万双，完成产值98万元，实现利税13万元。

2.工艺美术　扬中县民间历来有刺绣、雕刻等工艺美术制作。解放后，刺绣逐步由手工发展到机绣，由个体转向集体。20世纪70年代初期，刺绣工业由集镇遍及乡村，产品远销东南亚及欧美等国家和地区。80年代初期，由于针织工业的发展，线绨被面取代绣花被面，绣花产品滞销，刺绣工业逐步转产。木雕在民间仍盛行，部分铁木竹生产合作社(后改名农具修造厂)，一般仍保留1~2名雕工，为群众雕刻大床花板等。玉雕工业于1957年兴起，发展较快。至1985年，县属工艺美术工业企业2家，总产值270万元，占县属工业总产值2.59%。

扬中县玉雕厂。1957年，玉雕工人王立礼创办手工作坊，进行玉石雕琢，1958年收归滨江村办，1959年2月转为三茅公社办，10月改为县社合办，定名为扬中县洗玉厂。后多次更名，最后定为扬中县玉雕厂，厂址迁至三茅镇港东。1960年改为县属大集体企业，有职工56人。1979年开始使用机器生产。该厂在艰苦创业中获得较大发展，至1985年，厂房占地10235平方米，有职工450人，固定资产104万元，流动资金132万元，由手工发展到半机械化、机械化生产。是年总产值261万元，实现利税67万元，创外汇100万元。

该厂雕琢的"二龙戏珠""青玉金山宝塔""青玉鱼龙链条瓶""白玉花瓶""六和宝塔""岫玉四喜炉""迎春白鹤""鱼龙对化"均属珍品。"双鱼链子瓶"被摄影刊载于轻工业出版社和外文出版社出版的《中国工艺美术》上。

3.印刷工业　扬中县于民国时期，始有私人开办的印刷社，有石印和铅印两种。1939年，新四军挺进纵队战地服务团群众导报社，用石印报纸。1940年9月，该社与前进报社合并，直至1945年新四军北撤迁往兴化县。

1948年，泰兴县国民党党部书记叶冠群等13人，合伙办县文化公司，地点在三茅镇，共有3名工人，1部四开机，承印扬中县国民党党报。解放后，该公司交由工人看管。1951年吸收工人1名，并添置1台三号圆盘机、1台手摇对开切纸机，是年完成产值1万元(折算成新币)。1955年6月改为地方国营企业，定名扬中县印刷厂。自此，该厂生产能力逐步提高。至20世纪70年代后期,逐步实现半机械化、机械化生产,能进行商标设计、照相制版、制纸型、浇铸铅字、烫金、彩色印刷等。

1983年10月,上海科技出版社在扬中县召开二省一市(江苏、浙江、上海)书籍出版评比会,该厂印刷品荣获质量一等奖。1984年,镇江造纸纸品公司召开质量评比会,该厂承印的《吴医汇讲》一书荣获“优秀印刷品奖”,《量子化学》《树脂砂轮商标》被评为“表扬产品”。1985年,全厂有职工237人,厂房占地3168平方米,固定资产89万元,流动资金55万元,完成产值126万元。

4.编织 芦、柳、竹素称扬中“三宝”。编织工艺流传悠久,产品畅销国内外。

1955年在新坝镇西街创建扬中县新坝柳器生产合作社,1958年改为扬中县红光柳器厂,生产能力逐步提高,产品增至50余种。其中狗窝、面包篮远销东南亚及欧美各国,为增加出口创汇作出了一定的贡献。20世纪60年代,该厂迁至三茅镇港西南。80年代由于塑料制品取代柳器制品,部分柳器产品滞销。1985年,部分转产塑料003折包,年产值64万元,创利税3万元。

第二节 乡镇工业

1983年前称乡镇工业为社办工业。扬中县社办工业于1958年“大办工业”时兴起。当时采取“平调”方法,因陋就简,土法上马,一哄而起。1958年社办企业11家,至1960年,发展到88家(不含小高炉、土化肥、土农药工厂)。1960年至1962年,由于连续发生严重自然灾害和工厂管理不善等原因,全县绝大多数社办工厂相继停办。1963年全县社办、城镇办工厂仅剩5家,年产值8.15万元。1969年,社办工业开始复苏,至年年底,社办工厂18家,年产值635.16万元。1970年,部分社办工业企业被勒令停产关闭,外地技工一律遣散。1971年,在“围绕农业办工业、办好工业支援农业”的思想指导下,社办工业重新发展。至1978年,农村社办和城镇办工厂发展到117家,为1963年的23.4倍,年产值4300.45万元,为1963年的527.6倍。

中共十一届三中全会后,乡镇工业有新的发展。1985年乡镇工业企业共有232家,年产值23630万元(不含自来水工业7家、产值146万元),为1978年的5.49倍;创利税3609万元。年末职工31654人,工资总额1974万元。在乡镇工业企业中,粮食饮料加工业5家,产值122万元;纺织工业23家,产值4187万元;缝纫业42家,产值1663万元;皮革制品业9家,产值512万元;家具制造业7家,产值1117万元;纸制品业2家,产值185万元;印刷业6家,产值380万元;文教体育用品业1家,产值450万元;工艺美术制造业5家,产值463万元;化学工业4家,产值898万元;橡胶制造业1

家,产值 124 万元;塑料工业 22 家,产值 3942 万元;建筑材料工业及非金属制品业 23 家,产值 1403 万元;冶炼及压延加工业 6 家,产值 506 万元;机械工业 37 家,产值 3776 万元;电器配件制造业 23 家,产值 1282 万元;电子仪器 13 家,产值 2322 万元;其他工业3 家,产值 298 万元。同时,大批骨干企业相继出现,年产值在 100 万元以上的乡镇工业企业有 65 家,占乡镇工业企业的 28.02%。

扬中县化工仪表配件厂,是 1977 年在长旺公社农具修造厂金工车间基础上发展起来的,属长旺公社社办企业。1985 年有职工 583 人,厂房占地 11191 平方米,拥有各类机械设备 195 台。产品有 530 个品种,7300 多种规格。主要产品有仪表管件、仪表阀门、仪表保温箱、自动仪表盘、XGT 汇线架、仪表信号管线径路配件、铝合金穿线盒、接线箱流量仪表压力计算仪器、防爆电器产品配件、仪表附件等。是年完成产值 645 万元,创利税 200 万元。该厂生产的标准真空发生器、均速管、流量计,获省市重大科技成果奖,产品畅销全国各地。1984 年 10 月,全国政协副主席费孝通视察该厂时,赋诗赞誉。

镇江市塑料九厂,创建于 1967 年,属兴隆公社社办企业。建厂初期有职工 18 人,脚踏木机 4 台,生产回纺布,年产值 8.5 万元,利润不过万元。后因回纺布滞销,于 1973 年转产塑料编织袋,后改名“镇江市塑料九厂”,成为省外贸出口塑料编织袋五大定点单位之一。主要产品有编织袋、网眼袋、涂膜袋、纸膜复合袋、水泥袋、内膜袋等 8 大类。该厂研制的一次性双层涂膜新工艺编织袋,具有用料省、成本低、质量好等优点,为国内首创新工艺,1985 年分别获外经部、市、县荣誉奖、科技进步一等奖和科技成果一等奖。该厂有职工 1163 人,厂房面积 20053 平方米,织机 226 台,卷纬机 16 台,自制双层涂膜机 1 台,辅助机械 210 台。引进五色印刷机 1 台,生产塑料网眼袋机械设备 6 台套,具有生产 1200 吨聚丙烯制品能力。1985 年固定资产 905 万元,流动资金 305 万元,完成产值 1039 万元,创利税 102 万元。产品除畅销国内各地外,还远销西德、荷兰、美国、澳大利亚、非洲及东南亚 10 多个国家和地区。

扬中县无线电元件厂,创建于 1975 年,系三茅公社社办企业。建厂初期只有职工 40 余人,生产金属膜电阻,是年 12 月试制话筒,1980 年正式投产。1984 年,该厂成为省工业厅定点生产电子元件单位,具有日产金属膜电阻 2 万只、话筒 3.5 万只的生产能力。产品质量分别经南京大学声学研究所、淮阴测试站测试,均达到技术要求。产品畅销全国各地。1985 年,有职工 199 人,固定资产 36 万元,流动资金 155 万元,年产值 794 万元,实现利税 79 万元。

扬中县丝织厂,创建于 1967 年 10 月,系油坊公社社办企业。初建时,只有职工 13 人,靠 3 台脚踏木机生产丝绸被面。1976 年以后,开始扩大生产能力和经营规模,产品由丝绸被面一个品种发展到能生产丝绸、缎、羽纱、涤纶、涤腈及其相互交织等 20 多个品种。该厂生产的锦缎、锦花缎产品，在全国科技成果交易会上获优质产品证书，其他丝织品亦在镇江市丝绸、纺织工业公司历次评比大会上受到表彰。1985年，该厂厂房占地13945平方米，职工443人，有各种型号丝绸织机120台，固定资产158万元，流动资金221万元。是年，产值509万元，创利税111万元。

扬中县第二家具厂，系兴隆公社社办企业。1980年12月建厂初期，有职工30余人，只能生产钢折椅，年产值10余万元。1985年有职工270人，固定资产47万元，流动资金143万元，由手工操作发展到半机械化生产，产品由5个品种发展到20多个品种，年产值549万元，实现利税72万元，全员劳动产生率达20333元/人，为全县家具制造业之首。

1982—1985年扬中县乡镇(公社)工业情况表

表61

项目/数量/年份	企业单位数(家)	工业产值(万元)	创税利		年末固定资产原值(万元)	流动资金年平均余额(万元)	职工数		工资总额(万元)
			税利(万元)	纯利润(万元)			职工年平均人数(人)	年末职工数(人)	
1982	144	8894.28		548.74	2014	2380.15	18578		1094
1983	151	11337.88		830.82	2408	2522.18	20425		1138
1984	169	16104		1150.40	1409.4	3244.14	22894		1480
1985	232	23630	3609.00	2687.93	5891.3	5004.41	27333	31654	1974

第三节　村办工业

扬中县村(大队)办工业于1956年兴起。当时根据“三就”(就地取材、就地加工、就地销售)原则办厂，大多数只能生产芦、柳、竹制品，少数亦生产砂轮、木梳、木刷、刺绣及加工服装、鞋帽、小五金等。1958年掀起“大办工业”高潮，农村各社兴办“土化肥”“土农药”“农机具”等工厂。1960年以后，三年困难时期，大部分队办工厂相继停办。20世纪60年代后期，队办工业又开始兴起，至1970年队办工业多数又被勒令停产。经过一番曲折，1978年才走上健康发展的道路，是年年底，大队办工业企业178家，年产值6781万元，为1966年的22.6倍。1985年，全县村办工业有369家，职工36545人；拥有固定资产3613.54万元，流动资金8705.24万元。是年，产值20179万元，为1978年的2.97倍；创利税4111万元，职工年平均人数34924人，工资总额2194万元，每人平均628.22元。这对提高社员生活水平、促进农业生产发展、改善农村公共福利事业等方面都发挥了巨大作用。

1985年,村办工业主要有:食品加工业5家,产值687万元;纺织工业23家,产值2054万元;服装鞋帽业134家,产值4756万元;家具制造业3家,产值165万元;纸制品业5家,产值122万元;印刷业3家,产值167万元;工艺美术品制造业8家,产值845万元;化学工业12家,产值668万元;橡胶制造业3家,产值108万元;塑料制品业35家,产值2689万元;建材工业及非金属制品业28家,产值1768万元;金属压延加工业2家,产值152万元;机械制造加工业54家,产值3234万元;其他工业10家,产值354万元。

扬中县新宁村,原系贫困村。20世纪60年代建厂初期,只有厂房10余间,职工100余人,只能生产骨灰盒、砂轮等产品,年产值54万元,利润1.9万元。1983年转产焊锡丝,年产值增至120万元,利润40万元。1984年增设稀土合金车间,1985年改名南京冶金研究所扬中稀土合金厂,厂房占地2.6万平方米,职工305人,年产值增至870万元,利润123万元,创外汇68万元,全村每人年平均收入超千元。该厂多次被评为镇江市、扬中县先进单位。

扬中县儿童食品厂,属联合乡红胜村办企业,创办于1982年9月。建厂初期职工150人,生产糖果7个品种,年产值63万元,利润3.8万元。1985年有职工543人,生产糖果30多个品种,所产白脱球糖,于1983年在省工业科技成果产品会上获表扬奖。产品畅销北京、上海、浙江、安徽等15个省、市、自治区。1984年,全国政协副主席费孝通到厂视察,并题词:“小厂出精品,市场占鳌头。”1985年产值603万元,实现利润47.61万元,税金35.03万元。

扬中县油坊镇如意村,于1972年创办皮鞋厂(后改名“扬中县第一皮鞋厂”),职工20余人。起初只能生产小童鞋,年产值不过10万元,利润不过万元。1975年转产各式男女皮鞋。1985年有职工613人,生产60余种男女皮鞋,其中胶粘皮鞋畅销全国各地。生产的钢包头皮鞋,经劳动人事部武汉劳动防护用品测试中心检测,质量符合标准,获得合格证书。1985年,产值498.87万元,利润77.48万元,上缴税金23.85万元。被评为镇江市、扬中县先进单位。

扬中县油坊镇同德村,于1968年兴办工厂。时生产砂轮、服装等产品,年产值25万元。1980年转产箱包,易名为“扬中县箱包工艺厂”,产值增至85万元,1981年产值205万元,1983年产值305万元,实现三年三大步,受到省人民政府的表彰。1985年,有职工450人,固定资产65万元,流动资金85万元,厂房6256平方米,并新建三层楼房1幢,能生产各式皮包、箱包等产品,产品畅销全国18个省、市、自治区,并有43%的产品远销美、英、法、加拿大等国家和地区。是年完成产值541.61万元;实现利润94.5万元,上缴税金24.35万元,被评为江苏省、镇江市先进单位。

1982—1985 年扬中县村(队)办工业情况表

表 62

年份	企业单位数(家)	工业产值(万元)	创税利		年末固定资产原值(万元)	流动资金年平均余额(万元)	职工数		工资总额(万元)
			税利(万元)	纯利润(万元)			职工年平均人数(人)	年末职工人数(人)	
1982	211	9684		683	204	2439	25240		1289
1983	212	11218		970	2408	2337	26084		1294
1984	266	14527		980	2682	2507	27206		1628
1985	369	20179	4111	1797	3614	8705	34924	36545	2194

第四节　家庭手工业　个体工业　联合体

扬中县的家庭手工业历来比较兴旺,编织芦、柳、竹器,是家庭手工业的传统工艺。

解放初期,扬中县工业主要为个体手工业,一般前面开店,后面设作坊,如铁木竹铺、缝纫、绱鞋、纺织、刺绣、茶食、酿酒、洗染等行业,业主都参加劳动,并雇用客师(熟练工),带学徒。1949 年全县有手工业户 63 户,从业人员 161 人。解放初,在国民经济恢复时期,由于人民政府积极扶持,个体手工业有了较大发展。1956 年完成个体手工业的社会主义改造,95%以上的个体手工业户参加手工业生产合作社(组)。1980 年以后,放宽政策,家庭手工业向专业户和联合体方向发展,逐步形成个体工业。至 1985 年,全县有个体工业 1737 户,从业人员 5438 人,年产值 2848 万元;联合体 412 家,3817 人,年产值 1895 万元。个体工业、联合体工业总产值 4743 万元,占全县工业总产值 7.8%。主要产品,由芦、柳、竹编织品发展到五金、塑料、四氟、电器、金属制品、牙刷、木刷、铸造、工艺美术、服装、鞋帽、榨油、粮食加工及非金属制品等,这对城乡多余劳动力的就业,引导群众走勤劳致富道路,发展商品经济,支援国家建设,均发挥了积极作用。

新坝镇立新村个体工业户赵锦成,于 1984 年创办“赵锦成木刷电器厂”(后改名扬中县新坝镇木刷电器厂),生产骨灰盒和电器产品。至 1985 年职工增至 103 人,厂房占地 2210 平方米,年产值 24 万元,创利润 6 万元。

丰裕乡勇气村第六村民小组共有 26 户、120 人,劳动力 65 人,从事个体铜铝件铸造加工的有 16 户、60 人,生产生活用品、装饰用品及纺织机械铜轴瓦、铝合金穿线盒、铜盘丝等产品 30 余种,产品远销全国各地。1985 年总产值 75 万元,利润 14.5 万元,上缴税金 11 万元。全组每人平均收入 1200.25 元, 是 1978 年每人平均收入 65.15 元的

18.4 倍。

油坊镇和平村,家家户户都生产木刷,被誉为“刷子村”。1983 年完成总产值 45 万元,上缴税金 5.2 万元。1985 年完成总产值 380 万元,创纯利润 70 万元。全年工资总额 19 万元,平均每人年收入 800 元。

第五节　校办工业

20 世纪 70 年代初,部分中学、中心小学走“勤工俭学”的道路,办起小工厂。80 年代初,全县中学、中心小学及部分完小都兴办工业企业,逐步形成校办工业体系,县文教局设立“校办工业办公室”进行管理和服务。

1985 年,全县校办工业企业 60 家,职工 2352 人,固定资产 226.33 万元,流动资金 200.69 万元,主要产品有男女服装、皮鞋、旅游鞋、手套、刺绣、彩印、包装、四氟、云母、塑料、篷布、五金、仪器配件、电子仪器、电热器、汽车配件、眼镜、灯具及油漆化工产品等 66 种。1985 年完成产值 1813.10 万元,创利税 226.27 万元,上缴利润 64.52 万元。校办工业中有服装鞋帽业 10 家,产值 231 万元;纸制品业 1 家,产值 43 万元;印刷业 1 家,产值 29 万元;化学工业 1 家,产值 26 万元;塑料业 10 家,产值 426 万元;非金属制品业 4 家,产值 63 万元;机械业 10 家,产值 357 万元;电器制造业 10 家,产值 303 万元;电子仪器 2 家,产值 59 万元;其他 11 家,产值 276 万元。

从 20 世纪 70 年代初至 1985 年,全县校办工业累计实现利润 1160.06 万元,为发展教育事业共提供资金 424 万元。其中用于新建、维修校舍 258 万元,修建校舍面积 6.55 万平方米,添置教学设备 15 万元,支付民办、代课教师工资 58 万元,用于师生福利 27 万元,补充办公经费 44 万元,其他支出 22 万元。

扬中县八桥中心校校办工厂创建于 1970 年，该厂主要生产胶木制品和云母等,产品远销 10 多个省、市、自治区。1985 年有职工 60 人,固定资产 2.61 万元,流动资金 8.7 万元,完成总产值 53.9 万元,实现利润 7.73 万元,上缴税金 5.38 万元。办厂 15 年,为发展教育事业共提资金 44.5 万元,其中用于新建教学大楼和修建教师宿舍 38.4 万元,添置教学设备 2.2 万元,用于师生福利 2.6 万元,其他支出 1.3 万元。

扬中县电镀二厂(长旺中学校办厂),创建于 1974 年。1985 年有职工 110 人,厂房 34 间,固定资产 24.71 万元,流动资金 6.8 万元,主要生产标牌、电子元件等产品,年产值 61.32 万元,实现利润 16.64 万元,上缴税金 2.85 万元,为发展教育事业提供资金 12.5 万元,新建校舍 44 间。

扬中县工艺设备厂(县中办)创建于 1974 年。1985 年有职工 120 人,拥有固定资产 12.65 万元,流动资金 7.27 万元。主要生产仪表配件及金刚砂,年产值 67.26 万元,实现利润 11.57 万元，上缴税金 3.5 万元。至 1985 年，为发展教育事业共提供资金 19.65 万元。

扬中县五金仪表配件厂(三滧中心校办),创建于 1979 年,建厂初期只有职工 22 人,1985 年增至 232 人,工厂占地 5250 平方米,厂房 74 间,计 1658 平方米,固定资产 19.23 万元,流动资金 17.9 万元。主要产品有玻璃钢、毛巾、绣品、塑料、模具、铝铸件等。1985 年完成产值 121.81 万元,实现利润 16.74 万元,上缴税金 10.06 万元。6 年,为发展三滧乡教育事业共提供资金 22.56 万元。

第六章　交　通

解放前,扬中县交通很不发达。由于四面环江,交通以水路为主,除少数客运轮船航班外,全靠帆桨木船。境内无公路,无机动车辆,运输靠人推独轮车和肩挑手提。解放后,先后建立扬中县船舶管理所(后改为扬中县航运管理所)、木船社和县航运社、渡船合作社、搬运社等集体组织。1957 年开始建造公路,使用汽车客运、货运。同年,各乡、社开始办集体运输,交通进一步发展。1958 年成立县运输公司(水陆运输合并)。1960 年建成栏杆桥汽渡码头,汽车可直接过江。1971 年开始经营公路、铁路联合运输业务。中共十一届三中全会后,随着经济建设的发展,交通运输业进一步繁荣,个体运输业逐渐兴起,成为一支重要的运输力量。1985 年,全县公路客运总量 376 万人次,周转量 7283 万人公里;渡运客流总量 126.86 万人次。水陆货运总量 196.84 万吨。

1985 年扬中县货运量情况表

表 63　　货运量单位:万吨

部门 数量 类别		社会运输总量	其中							
			专业运输部门		乡(镇)运输站		个体(联户)		非交通部门	
			货运量	占%	货运量	占%	货运量	占%	货运量	占%
货运总量		196.84	31.50	16.0	26.0	13.2	62.49	31.8	76.85	39
其中	水运	143	21.14	14.8	20.5	14.3	43	30.1	58.36	40.8
	陆运	53.84	10.36	19.2	5.5	10.2	19.49	36.2	18.49	4.0

第一节　水路运输

一、船舶

清光绪十年(1884),省沙漫洲义渡总局在三滧、育婴洲港口设义渡分局,有救生红船 1 艘,义渡船 10 余艘。此后,头墩子、思议港、丰乐桥三处乡民,各造义渡船 1 艘,三处港口又分别建义渡亭。

清末民国初，全县木帆船共百余艘。民国35年(1946)有各类船只282艘，其中装载货物船122艘，过江渡客船40艘，渔船100艘，卖艺马戏船4艘，其他船只16艘。1949年年初，全县有各类船只380艘。

解放后，水路运输逐步发展。1953年全县有木船479艘，其中专业运输船330艘。1954年全县有专业运输木船466艘，其中定港船只200艘。

1957年，购进1艘80马力木质拖轮"超英号"，进行改装后于5月投入运营。自此运输船只开始向机动化发展。

1958年，扬中县创办造船厂。1959年造出木船3艘，分别命名为"胜利号""青年号"和"反修号"；1961年造出60吨位木船"天字号"1艘，1962年拆造60吨位艑子船1艘；1969—1970年造出机帆船"团结1号"和木质拖轮"新跃号"各1艘；1972年造出木质货拖两用机动船"208号"1艘；1973年拆造日本拖轮1艘，定名"213"号轮。此后，机动船逐步取代帆桨船。

1974年，县造船厂试制水泥船成功。至1984年，全县拥有各种自制水泥船54艘，共1572吨位。此后，木质船和水泥船逐步为机动钢质船所取代。至1985年，全县有钢质货驳48艘、2409吨位，拖轮3艘、390马力。全县专业运输船舶基本实现机械化、拖带化。渡船机械化程度96%，钢质化程度52%。县航运公司配备有大型拖轮5艘、780马力，拖带驳60艘、3372吨位。县渡口管理所有机动客渡船22艘、496马力。1976年起，非交通部门的社会船舶逐渐增多。至1985年，全县有社会机动船舶624艘，计7876马力、8317吨位。

1949—1985年部分年份扬中县专业运输船舶情况表(一)

表64

项目/数量/年份	客运渡船		货运自航船		货轮		货驳	
	数量(艘)	客位(个)	数量(艘)	吨位	数量(艘)	动力(马力)	数量(艘)	吨位
1949	52		360					
1952			360	2574				
1958	33	735	165	1870				
1962	27	930	122	1428	1	60		
1966	28		104	1573				
1976	25	1244	48	461	5	450	53	1779
1980	24	1311	14	127	8	630	64	2116

续表 64

项目/数量/年份	客运渡船		货运自航船		货轮		货驳	
	数量(艘)	客位(个)	数量(艘)	吨位	数量(艘)	动力(马力)	数量(艘)	吨位
1983	26	1800	7	107	5	604	48	2005
1984	23	1770			5	645	47	2210
1985	23	1770			6	780	60	3372

1949—1985年部分年份扬中县专业运输船舶情况表(二)

表 65

项目/数量/年份	小马力机拖			小马力拖驳		小马力机动货船(挂机)		
	数量(艘)	动力(马力)	吨位	数量(艘)	吨位	数量(艘)	动力(马力)	吨位
1976	4	94		13	226			
1980	3	73		18	263			
1983	6	224	44	32	632	21	252	394
1984	5	200	38	16	327	21	252	380
1985						18	216	312

二、货运

1.专业运输　清道光年间(1821—1850),扬中县的民间运输已兴盛。乐生洲南沙菜篮圩人田嘉元原经营长江货运,木帆船载重不满百石。为经营海运,田嘉元将小木帆船改制成载重800石的木帆船,名“田广盛号”,由上海开往烟台、青岛等地。后又增海运船“兴隆盛号”1艘,5道桅杆,载重千石,经营海运2年,至甲午战争,海运中止。民国35年(1946),全县木帆船282艘,其中货运船122艘,1000余吨位。民船运输形成各种水上货运帮,如粮食帮、柴草帮、蒲柳帮、芦篾帮、竹子帮等。

解放前,全县进出物资除上海、常州、镇江3班客轮少量载运外,全靠木帆船运输。解放初期,大宗物资仍以木帆船运输为主。1950年设立县船舶管理所,加强船舶管理,组织个体船户,走合作化道路,增强集体运输能力。1953年1月,船民1440人参加民主改革,成立7个船民协会,将479艘船舶进行编队定港,划块分区运输,统一指挥调度。全县分新坝、兴隆、八桥、福星4个区,定港船舶计365艘、2604吨位。是年,货运量3.63万吨,周转量299.64万吨公里。1954年,新坝、八桥分别成立木船互助组,各港口成立联营组。1955年3月,成立木船运输初级合作社。1956年4月,发展为前进、八桥2个木船运输高级合作社,计有木船162艘、1863吨位,设23个停靠港。1958年,木船货运量由1957年的4.35万吨增至8.16万吨,周转量达535.6万吨公里。1959年,日均运量达500吨,高峰期为千吨以上。航线也日渐延伸,上溯武汉、黄石869公里,下航浙江嘉兴、海宁350公里,北达徐州460公里。1968年12月,三茅航运社、八桥木船社、渡船合作社合并成立扬中县交通运输社,1973年改为县航运公司,统一经营货运。1985年,专业运输货船共84艘、996马力、3684吨位,年货运量21.14万吨,为1952年的5.8倍,1976年的1.2倍;货运周转量3582.4万吨公里,为1952年的9.6倍,1976年的2.3倍;港口吞吐完成29.17万吨,为1973年的1.19倍。

2. 乡镇(社)村(队)办运输　1957年,扬中县各乡镇开始办集体运输。8月22日,八桥、油坊两乡成立装卸服务社。1959年,全县14个公社(包括后属丹徒县的大路、姚桥、儒里3个公社)建立11个交通管理站(其中公社办10个,大队办1个),工人计179人,其中水运50人,共有木帆船22艘、164吨位;机帆船1艘,80匹马力、60吨位。

1961年,公社级企业调整,除油坊公社交通管理站外,其余有的停办,有的被合并,运输力量削弱。1962年出现以生产队为经营单位的运输队,交钱记工,参加农业分配。城市下放人口自发搞运输者也越来越多,运输市场混乱。

1972年,将全县农副业车船全部纳入社会主义计划运输轨道,全县共建社办运输站10个,有经检验发证的农船141艘、1200吨位,板车265辆。是年,社办运输完成的任务占专业运输量的30%。1975年,全县社办运输站水运方面共有小马力船队10个,计168马力、343吨位。1982年,全县12个运输站水陆运输共完成货运量37万吨,周转量为584万吨公里,营业收入161万元。其中运输、联运收入79.8万元,其他收入85.55万元,总利润9.42万元。

1984年实行经济责任制,各运输站改善经营管理,提高经济效益,永胜运输站扭亏为盈,年利润8000元。

1985年,全县共有乡镇办运输机构12个,职工682人。其中水运有货拖14艘、352.5马力;小马力货船66艘、1099马力、762吨位;完成运输量20.5万吨,占全县水运社会总运输量的14.3%;货运周转量10万吨公里。

1971—1985 年部分年份乡镇(公社)办交通运输工具情况表(一)

表 66

项目/数量/年份	货拖				货驳				小马力货船						木帆船	
	木船		水泥船		木船		水泥船		木　船			水泥船				
	数量(艘)	吨位	数量(艘)	吨位	数量(艘)	吨位	数量(艘)	吨位	数量(艘)	动力(马力)	吨位	数量(艘)	动力(马力)	吨位	数量(艘)	吨位
1971															141	1131
1976	1	60					6	109	8	107	64	12	161	229	52	447
1978	1	60	1	40			9	177	2		37	3		45	8	68
1980	1	50	1	89			9	177	1		12	2		43	5	51
1981	1	50	1	60			9	184							11	133
1982	1	50	1	64			15	276	1	22	12	10	126	132	1	11
1983												26	341	364	1	11
1984												26	341	364		
1985	2	80	12	272.5								66	1099	762		

说明:1983 年和 1984 年,货船、货驳、小马力拖船及被小马力拖带船均改为单船挂机

1971—1985 年部分年份乡镇(公社)办交通运输工具情况表(二)

表 67

项目/数量/年份	小马力拖船						被小马力拖带船				陆路运输			
	木　船			水泥船			木船		水泥船		拖拉机		人力车	
	数量(艘)	动力(马力)	吨位	数量(艘)	动力(马力)	吨位	数量(艘)	吨位	数量(艘)	吨位	数量(辆)	吨位	数量(部)	吨位
1971														
1976	3	61	28	6	136	51	4	62	17	292	3	6	279	112
1978	3	64	33	10	244	88	9	129	22	419	8	12	358	142
1980	3	50	20	11	276	108	6	68	27	552	9	13	343	118
1981	4	88	30	13	190	86			36	887	10	12	343	118
1982	2	50	20	11	270	127			29	528	11	15	347	132
1983	2	36	23	9	206	82			24	397	9	10	240	97
1984	2	36	23	9	206	82			24	397	9	10	240	97
1985											19	24	452	158

1972—1985 年乡镇(公社)办交通运输站货运量情况表

表 68　　单位:万吨

项目/数量/年份	合计	水运				陆运		
		小计	其中			小计	其中	
			轮驳船	小马力机船	自航船		拖拉机	人力车
1972	7.47	3.86			3.86	3.61		3.61
1973	9.43	5.98			5.98	3.45		3.45
1974	9.15	6.25	0.42	1.37	4.46	2.90	0.42	2.48
1975	15.37	9.19	0.40	3.15	5.64	6.18	0.62	5.56
1976	15.50	9.10	0.44	5.69	2.97	6.40	0.64	5.76
1977	23.08	11.52	0.76	9.21	1.55	11.56	0.75	10.81
1978	8.63	4.93	0.27	4.00	0.66	3.70	0.22	3.48
1979	20.66	8.21	0.21	5.63	2.37	12.45	0.34	12.11
1980	11.20	3.73	1.52	1.71	0.50	7.47	0.99	6.48
1981	24.39	7.72	1.50	5.30	0.92	16.67	1.10	15.57
1982	29.81	19.54	2.46	16.03	1.05	10.27	2.42	7.85
1983	20.05	11.73	2.05	9.25	0.43	8.32	1.02	7.30
1984	18.76	8.76		8.76		10.00	1.30	8.70
1985	26.00	20.50		20.50		5.50	1.50	4.00

1972—1985 年乡镇(公社)办交通运输周转量情况表

表 69　　单位:万吨公里

项目/数量/年份	合计	水运				陆运		
		小计	其中			小计	其中	
			轮驳船	小马力机船	自航船		拖拉机	人力车
1972	191.7	165.1			165.1	26.6		26.6
1973	303.3	283.1			283.1	20.2		20.2
1974	244.4	220.2	4.6	44.2	171.4	24.2	5.9	18.3
1975	311.1	275.5	4.8	70.3	200.4	35.6	7.1	28.5
1976	335.3	296.3	5.2	194.1	97.0	39.0	8.3	30.7
1977	369.6	325.3	3.7	233.5	88.1	44.3	5.1	39.2

续表 69

项目 数量 年份	合计	水运				陆运		
		小计	其中			小计	其中	
			轮驳船	小马力机船	自航船		拖拉机	人力车
1978	532.6	477.0	39.4	378.0	59.6	55.6	9.4	46.2
1979	357.9	332.4	21.9	273.0	37.5	25.5	3.8	21.7
1980	299.9	250	1.2	248.5	0.3	49.9	2.9	47.0
1981	349	285.6	67.9	212.3	5.4	63.4	6.8	56.6
1982	583.2	531.7	235.1	269.6	27.0	51.5	18.1	33.4
1983	396	358	54.0	304.0		38.0	8.4	29.6
1984	551.6	504.4		505.4		47.2	12.4	34.8
1985	75.0	10		10.0		65.0	15.0	50.0

3. 个体运输 中共十一届三中全会后，允许并鼓励个体从事运输，城乡个体专业运输户、个体专业运输联户不断涌现。1984 年全县个体运输水运有船舶 206 艘，轮队为 1 轮 3 拖 90 吨，总计 3368 吨位。1985 年，全县城乡个体（包括联户）专业运输户共 1030 户，水运方面有小马力船 176 艘、2528.5 吨位，货运量 43 万吨，占水运社会运输总量的 30.1%。

三、客运

水路客运全靠外埠班轮和地方班船。

1. 东新港上海客轮 民国元年（1912），南通实业家张謇、张孝若父子创办“大达轮船公司”，武进荫沙人杨在田创办“大通轮船公司”，各有客轮往返于上海至扬州霍家桥之间。扬中东新港设有停靠码头，日客流多时有百人，少时仅数人。抗日战争初期曾一度停航。1939 年起，扬中县杜祥兴与买办关胜智联营上海至口岸航线。抗日战争胜利后，潘廷龙、冯阳林另办大达公司经营此线，均停靠东新港码头。解放后，大达、大通公司收归国有，长江航运公司经营上海至高港线，客轮停靠东新港。1971 年客流量 40455 人次，1985 年增至 98447 人次。

2. 常扬线班轮 清光绪二十八年（1902），上海内河招商局设支局于武进荫沙，经营常州至上海、小河至镇江、常州至沙家港等班轮。清光绪三十四年（1908），沪宁铁路全线通车，设奔牛站，“常扬”班轮客源大增，客流量最高日达 300 余人。民国 6 年（1917），航线有二：一是自常州经小河出荫沙夹江达扬中沙家港或栏杆桥，全程 87 公里;另一是自常州经德胜河、连江桥、黄花村至魏村入江,抵扬中南边各港口,全程100公里。

民国26年(1937),上海、常州被日本侵略军侵占,新商轮船股份有限公司等各轮局全部停业,“常扬”班轮一度停航。嗣后航运恢复,1938—1949年,先后有新商轮局、江苏轮局、常泰局等轮局或公司经营该线航运,均改由奔牛开航,仍习称“常扬”线。

1938—1949年“常扬”航线班轮营运单位和停靠码头情况表

表70

时间	航线别	里程(公里)	轮局	船类		途中停靠码头
				轮船	拖驳	
1938—1945	奔牛—沙家港		新商轮局	新江苏		西夏墅、小河、八字桥、六圩港、头墩子
	奔牛—沙家港		江苏轮局	江顺十二号	和平	小河、八字桥、六圩港、头墩子
	奔牛—沙家港		常泰轮局	建民	泰安	小河、八字桥
	奔牛—沙家港		八达实业公司	八达四号	达通	
	奔牛—沙家港		复达商轮局	建民		八字桥
	奔牛—沙家港		永安轮局	永泰	永亨	
	奔牛—沙家港		利民公司	新利源		
	奔牛—栏杆桥		民生局	民生一号	民益	小河、沙家港
1946—1949	奔牛—栏杆桥		江南轮局	江南六号	载溪六号	小河、八字桥
	奔牛—沙家港		新商河轮公司	新飞霞	新顺	小河
	奔牛—西来桥		新志轮船局	西新来	志常	
	常州—沙家港	78	永安轮局	永泰		奔牛、西夏墅、小河、荫沙、八字桥、姚家桥
	常州—沙家港	78	利民轮局	新利源		
	常州—姚家桥	60	大华轮局			奔牛、西夏墅、小河、荫沙、八字桥
	常州—龙窝口	48	镇平轮局			西来桥、过船港、龙梢港

解放后,“常扬线”继续通航,改由常州轮船公司经营,由常州开往栏杆桥,扬中沿江停靠三岔港、思议港、六圩港、中滩、头墩子、西新桥、沙家港、栏杆桥。20世纪80年代公路客运发展,逐步取代水路客运。“常扬线”于1984年3月8日停航。

3. 镇河线班轮 民国9年(1920),华商“招商”、英商“扬子”、日商“戴生昌”三轮船公司的班轮，轮流航行于镇江与小河之间。从镇江开往小河的班轮，经扬中南码头，折转泰兴县口岸、龙梢港、天星桥，再折回扬中兴隆港，进轮船套夹江至武进小河。从小河开往镇江的班轮，途经扬中、泰兴各码头而达镇江。两地班轮均为朝发晚达。

4. 姚镇线班轮　姚镇线始于民国16年(1927)。镇江润东轮船公司"润东"班轮，每日来往于镇江与丹徒姚家桥之间。从镇江启航，途经扬中南码头、栏杆桥、沙家港、西新桥、头墩子等码头抵达姚家桥，后返回，仍经过扬中上述码头。抗日战争初期，"润东"轮被国民党军队"封差"驶往汉口、长沙，"姚镇"线停航。抗日战争胜利后，由"镇通""江泰""大达"三公司的"福建"轮复航。1949年6月，润东公司恢复，置"新润东"轮，姚镇线复航。1956年，润东公司并入江苏省镇江航运管理局，姚镇线由"新苏轮"接替。是年，客运量10.25万人次；1961年最高，34.66万人次。公路客运兴起后，"新苏轮"载客逐年减少，1984年降至9.12万人次。1985年3月12日，姚镇线班轮停航。

5. 过江客班船　清末民国初，过江班船多为客货混载。后来，一部分发展为定码头、定航线、定时间、定票价的专业客班船，载客兼捎信、代递钱款。有的航线较长，往返需时多日，则昼夜兼航。扬中县原有较固定起讫地点的班船42艘，行驶于近20条航线上。后因战事迭起，水霸为患，客班船大减。

解放后，客班船逐步恢复。1952年，扬中县船舶管理所加强对客班船的管理，保证航运安全。后因公路交通和客轮的发展，客班船营业衰落，逐渐转为货运船。

解放前扬中至外埠各线班船情况表

表71

起讫	班船	
	船主	吨位
扬中油坊桥至常州怀德桥	张凤才 张凤龙 姚小娣 何永安	11 10 7 12
扬中封头坝至常州西藏桥	缪春香 周龙高 许学群 秦长荣 杨长年	10 9 11 5 6
扬中封头坝至丹徒姚家桥	吴德彬 王银保 杨四保	5 4.5 5
扬中西新桥至丹徒姚家桥	朱惠文 张条富	10 8
扬中西新桥至丹阳	林寿春	4
扬中三滧至无锡	陈永亮	10
扬中沙家港至宜兴	王小梅 陈德保 周顺保	10 6.5 7
扬中沙家港至宜兴张渚、丁山	朱小四 朱长发	6 16
扬中沙家港至浙江湖州	朱福海 朱长进 周天元 谭发民 谭广亭	10 10 10 10 10

续表 71

起　讫	班　船	
	船主	吨位
扬中封头坝 至宜兴	正纪兴 李兆怀 孙有德 周春保	5 3.5 7 3
扬中封头坝 至溧阳戴埠	季广富	6.5
扬中封头坝 至无锡、昆山	王德仁	3.5
扬中封头坝 至浙江湖州	陈礼忠	3.5
扬中至常州、宜兴	周四扣 张阿山	5 6
扬中栏杆桥(观音堂) 至浙江湖州	王仰高 王焕亮 邵力根	12 7 7
扬中沙家港 至无锡	秦长富 朱长玉	10 14
扬中栏杆桥至苏州	陈意寿	6
扬中南码头至通州	程广发	6

四、航道

扬中县四面环江，太平洲环江里程 85.5 公里，西来桥镇(中心沙)环江里程 16.5 公里，沿江均通航。沿江港口有申高(上海至泰兴县高港码头)、常扬、姚镇等线客轮停靠码头 11 处。

扬中县河港纵横，通江港汊 72 条，多数为排灌水道，少数较大港道夏秋水涨时可供 5 至 6 吨小船航行，冬季水枯，不能通航。解放后，旧港道多次疏浚、拓宽，并开挖新港道。1966—1979 年，全县开挖通江港道 13 条，新开辟 7 条航道。全县 12 个公社和 2 个场圃均有航道相通。至 1979 年，全县共有通航港口 30 处，有 10 条主要港道 20 吨的机动船可终年通航，总航程 79.8 公里。10 条主要港道为新坝大港、联丰港、三茅大港、东新港、长旺港、团结港、六圩港、红旗港、思议港、川心港。

1950—1978 年，扬中航道管理均由县水利局和船舶管理所兼管。1979 年成立扬中县航道管理站，专司航道管理，有专职人员 7 名。此后，人员和设备不断增加，管理和养护日益加强，在八桥镇夷沙和新坝镇丰乐桥设风向信号杆，又在三茅港驳岸护坡 122 米。1976—1985 年，疏浚航道 12 处地段，工程量 3.74 万立方米；改建碍航桥 5 座；清障扫床 7 次，计 302.9 公里；打捞沉石 214 吨，打捞沉船 10 艘；清理暗石 30 处，清除暗桩 14 根，清除基坝 3 处。航道畅通，航行安全。

扬中县环江里程、各港口间里程情况表

表 72　　　　单位：公里

太平洲环江里程表
（85.5 公里）
沙家港至沙家港

	沙家港	夏家港	栏杆桥	南码头	丰乐桥	万福桥港	何家大港	二墩港	三滧港	东新港	铁匠港	七圩埭	小泡子	思议港	六圩港	王里桥港	头墩子	西新桥	封头坝
夏家港	1.5																		
栏杆桥	6.5	5																	
南码头	9.5	8	3																
丰乐桥	16	14.5	9.5	6.5															
万福桥港	19.5	18	13	10	3.5														
何家大港	23.5	22	17	14	7.5	4													
二墩港	27.5	26	21	18	11.5	8	4												
三滧港	33	31.5	26.5	23.5	17	13.5	9.5	5.5											
东新港	37	35.5	30.5	27.5	21	17.5	13.5	9.5	4										
铁匠港	42	40.5	35.5	32.5	26	22.5	18.5	13.5	9	5									
七圩埭	56	54.5	49.5	46.5	40	36.5	32.5	28.5	23	19	14								
小泡子	58.5	57	52	49	42.5	39	35	31	25.5	21.5	16.5	2.5							
思议港	62.5	61	56	53	46.5	43	39	35	29.5	25.5	20.5	6.5	4.5						
六圩港	67	65	60.5	57.5	51	47.5	43.5	39.5	34	30	25	11	8.5	4.5					
王里桥港	73	71.5	66.5	63.5	57	53.5	49.5	45.5	40	36	31	17	14.5	10.5	6				
头墩子	75	73.5	68.5	65.5	59	55.5	51.5	47.5	42	38	33	19	16.5	12.5	8	2			
西新桥	81	79.5	74.5	71.5	65	61.5	57.5	53.5	48	44	39	25	22.5	18.5	14	8	6		
封头坝	83	81.5	76.5	73.5	67	63.5	59.5	55.5	50	46	41	27	24.5	20.5	16	10	8	2	
沙家港	85.5	84	79	76	69.5	66	62	58	52.5	48.5	43.5	29.5	27	23.5	18.5	12.5	10	4.5	2.5

中心沙（西来桥镇）环江里程表
（16.5 公里）
三岔港至三岔港

	三岔港	南旺桥	八框圩	东来桥	五圩沟	大泡子
南旺桥	5					
八框圩	7	2				
东来桥	9.5	4.5	2.5			
五圩沟	11.5	6.5	4.5	2		
大泡子	13.5	8.5	6.5	4	2	
三岔港	16.5	11.5	9.5	7	5	3

注：太平洲的七圩埭、小泡子与中心沙的五圩沟、大泡子隔夹江相对

联丰港
（9.3 公里）
何家大港江边至联合闸江边

	何家大港江边	丰裕镇	联合桥
丰裕镇	3		
联合桥	4.5	1.5	
联合闸江边	9.3	6.3	4.8

长旺港
（2.5 公里）
头墩子江边至长旺镇

	头墩子江边	长旺闸	长旺桥
长旺闸	0.4		
长旺桥	2	1.6	
长旺镇	2.5	2.1	0.5

六圩港
（9.3 公里）
兴无桥至六圩港江边

	兴无桥	老郎街	油坊镇	六圩港
老郎街	2.5			
油坊镇	6.7	4.2		
六圩港	8.4	5.9	1.7	
六圩港江边	9.3	6.9	2.6	0.9

西来桥镇川心港
（3 公里）
东来桥至三岔口

	东来桥	幸福电站	西来桥
幸福电站	1.3		
西来桥	1.5	0.2	
三岔口	3	1.7	1.5

何家大港
（1.8 公里）
彩风桥至同心电站

	彩风桥	丰收桥
丰收桥	1.5	
同心电站	1.8	0.3

红旗河
（7.7 公里）
老桥至中滩

	老桥	六圩十字河
六圩十字河	3	
中滩	7.7	4.7

西来桥镇夹江
（4.6 公里）
荫沙西至德胜河口

	荫沙西	新孟河口
新孟河口	1.5	
德胜河口	4.6	3.1

续表 72

团结港
(4.1 公里)
团结港江边至六圩港

团结港江边			
0.5	团结港闸		
2.6	2.1	油坊虹桥	
4.1	3.6	1.5	六圩港

栏杆桥港
(9.5 公里)
栏杆桥江边至万福桥江边

栏杆桥江边				
2	栏杆桥			
4	2	新坝桥		
6.5	4.5	2.5	万福桥	
9.5	7.5	5.5	3	万福桥江边

思议港
(6.4 公里)
永来电站至思议港江边

永来电站				
1.5	老桥			
3.8	2.3	八桥镇		
5.9	4.4	2.1	思议港闸	
6.4	4.9	2.6	0.5	思议港江边

三茅大港
(9.3 公里)
二墩港江边至何家大港江边

二墩港江边					
0.81	东方红闸				
4.81	4	三茅镇			
6.51	5.7	1.7	彩风桥		
8.8	7.99	3.99	2.29	河家大港闸	
9.3	8.49	4.49	2.79	0.5	何家大港江边

兴隆港
(5 公里)
东新港江边至西新桥

东新港江边					
0.5	东新闸				
3.7	3.2	兴隆镇			
4.1	3.6	0.4	兴无桥		
4.5	4	0.8	0.4	兴隆闸	
5	4.5	1.3	0.9	0.5	西新桥

五、渡口

清代末期渡口有义渡、民渡之分。

义渡　清光绪十年(1884),省沙漫洲义渡总局在太平洲三滧、育婴洲、头墩子等地港口设义渡分局,有救生红船 1 艘、义渡船 10 余艘。义渡渡客免收渡费,经费靠捐资解决。

民渡　均为私人经营。最早设渡的是清嘉庆年间(1796—1820)所设的惜字洲渡口、南旺桥渡口、张三渡口、三岔港渡口等。民国时期,扬中县有渡口 49 处,渡船 52 艘(其中义渡 18 处,船 18 艘),无统一管理章程。

救生红船　清道光年间 (1821—1850), 沿江有些渡口设有救生红船。光绪二年(1876)救生局于三茅庵、抄瓢港等地设救生红船,规定“救活落水者一人赏钱一千,捞浮尸一具赏五百文”,所需经费由公滩收入和捐款解决。民国初年,官绅出县往返,多乘此船。

解放初,49 处渡口逐步并为 20 处。1963 年成立渡船合作社,1978 年成立扬中县渡船管理站(1979 年更名渡船管理所),加强安全管理。解放后至 1985 年,全县安全渡运无事故,多次受省、地(市)表彰。1959 年,渡口职工代表出席全国群英会,受到国务院嘉奖。

加强渡口码头建设　从解放初至1985年，扬中加强渡口码头建设，上级共拨款64万元，自筹30余万元，更新船舶，建设码头。有18处渡口的3~6吨木帆船先后更新为机动船，机械化和钢质化程度分别达96%和52%以上。最大渡船为67.35吨、80马力、160客位。最小的亦有37客位。20处渡口都建有候船室、职工宿舍和厨房。其中轮船港、头墩子、栏杆桥、丰乐桥四渡口设有栈桥和趸船。1985年，全县渡口有机动渡船23艘，总吨位425吨；总客位1773个，比1978年增长41.7%；客流总量126.86万人次，比1978年增长31%。

扬中县沿江渡口及渡运航线情况表

表73　　单位：艘、人

渡口名称	渡船数	渡工数	对岸坐落地点	建渡时间	废弃时间
丰乐桥	1	4	江都县嘶马镇	光绪九年	不详
陆家港	1	3	江都县嘶马镇	光绪	1952年
万福桥	1	2	江都县嘶马镇	光绪	1959年
营房港	1	3	江都县嘶马镇	光绪	1952年
铁壁港	1	3	江都县杨家港	光绪	1952年
何家大港	1	4	江都县杨家港	光绪	不详
马家港	1	4	泰兴县龙窝口	光绪	1952年
木桥港	1	3	泰兴县龙窝口	光绪	1952年
二墩子港	1	7	泰兴县高港镇	民国	不详
三墩子港	1	3	泰兴县龙窝口	民国	1952年
三滧港	1	2	泰兴县龙窝口	同治	1959年
十九圩港	1	3	泰兴县龙梢港	光绪	1952年
东新港	1	4	泰兴县马甸镇、江都县嘶马镇	光绪	不详
铁匠港	1	4	泰兴县过船港	光绪	不详
头桥	1	4	泰兴县龙梢港	光绪	1963年
卞家港	1	3	泰兴县过船港	光绪	1952年
轮船沙码头	1	1	八桥乡轮船沙	同治	1954年
兴隆港	1	1	北固洲	同治	1950年
东来桥	1	4	泰兴县天星镇	同治	1969年
南旺桥	1	4	武进县魏村港	嘉庆	不详
南旺桥	1	2	武进县惜字洲	嘉庆	不详
小新港	1	2	武进县茅庵港	嘉庆	不详

续表73

渡口名称	渡船数	渡工数	对岸坐落地点	建渡时间	废弃时间
三岔港	1	4	武进县小河港	嘉庆	不详
思议港	1	4	丹阳县柳四港	光绪	不详
包家港	1	3	丹阳县鳗鱼港	1942年	1962年
北胜港	1	2	武进县九圩港	道光	不详
轮船港	1	4	西来镇大泡子	同治	不详
轮船港	1	5	武进县魏村镇	1982年	不详
轮船港	1	4	武进县小河镇	1983年	不详
轮船港	1	4	泰兴县天星镇	1984年	不详
抄瓢港	1	4	丹阳县黑木桥	光绪	不详
六圩港	1	4	丹阳县黑木桥	光绪	不详
三圩港	1	4	丹阳县段家桥	1936年	不详
太平港	1	2	丹阳县段家桥	1938年	1952年
元圣港	1	4	丹阳县鳗鱼沙	光绪	1952年
中滩	1	4	丹徒县王里桥	光绪	不详
四墩子	1	2	丹徒县姚家桥	光绪	1959年
头墩子	1	4	丹徒县姚家桥	光绪	不详
猫儿沙	1	2	丹徒县三桥村	民国	1952年
黄泥滩	1	2	丹徒县伏元村	民国	不详
西新桥	1	4	丹徒县伏元村	光绪	不详
封头坝	1	2	丹徒县伏元村	光绪	不详
沙家港	1	4	丹徒县伏元村	光绪	不详
张三码头	1	1	丹徒县薛家港	嘉庆	1948年
郭家港			丹徒县薛家港	嘉庆	1953年
李家港			丹徒县薛家港	嘉庆	1953年
栏杆桥	1	7	丹徒县新港	乾隆	不详
杨家盘头	1	1	丹徒县孙家场	光绪	1952年
南码头	1	4	丹徒县武家桥	雍正	1952年
桃花港	1	4	丹徒县武家桥	咸丰	1952年
戚家港	1	3	丹徒县武家桥	咸丰	1952年

六、码头

1. 沙家港码头　沙家港是扬中县泊船良港之一，有扬中"南大门"之称。清末民国初，"常扬""姚镇"班轮开辟航线至此。木划接送旅客。民国33年(1944)7月14日，风大浪急，木划翻沉，死亡14人。

解放初，全县进出口物资主要由沙家港集散。1955年，清除滩涂障碍，建造简易码头；1956年续建升降式栈桥，1957年竣工。1957年"三沙"(三茅镇—沙家港)公路通车，码头更为繁荣。1961年设趸船一艘(长21米，宽5米)，"常扬""姚镇"等客、货船可直接停靠，客货运输量大增。1977年建造沙家港货物装卸码头，建房40余间，竹木堆场3200平方米。1978年，商业部门在沙家港建专用码头，煤场1200平方米，砂石堆场500平方米。1979年沙家港码头扩建，填土近万立方米，总面积为2400平方米，有效面积900平方米。安装3吨吊杆2台；新建钢架栈桥一座，长15米，宽2.8米，引桥长31米。1982年，新置水泥质趸船1艘。

1983年后，公路网基本形成，陆运更为方便，"常扬""姚镇"二线客轮分别于1984年3月和1985年3月停航，沙家港码头随之由客、货码头转为专业货运码头，全县农、工、商、贸大宗物资在此中转集散。

2. 栏杆桥码头　光绪二十八年(1902)，常州班轮开航栏杆桥，始设轮船停靠码头，木划接送旅客。江边破草棚1间，供旅客休憩。

1959年，"三栏"(三茅镇—栏杆桥)公路通车，栏杆桥设机动木质趸船1艘。1960年，置载渡汽车船1艘，汽车可直接上渡轮过江，每航次客车1辆。1962年，趸船换为轮船拖顶木趸船。1965年将"苏交工211"轮改名"卫东"号。1970年5月，调入登陆艇1艘。1975年置水泥质4车渡船1艘。1976年改建汽渡码头，车道斜坡式，长60米，宽15米；船坞长80米，宽120米。1977年4月汽渡通航，与客渡分开。1978年换钢质8车渡轮1艘。1982年增加钢质8车渡轮1艘。至1985年，汽渡航次8~10分钟可达彼岸，日24班次，月平均车流量1万辆。

3. 东新港码头　民国元年(1912)，大达、大通两轮船公司在扬中东新港设上海至扬州霍家桥线轮船停靠码头。民国10年(1921)，两公司又分别派吴伯英、马俊卿到东新港码头负责经营。抗日战争初期，国民党贾长富部常在此劫持客轮，抢劫货物，为此，码头成立保卫团，请贾长富为团长，以求苟安。不久，码头权为杜楚卿、杜祥兴父子所占，组成"大达""大通"两公司联合办事处。后老轮局歇业，杜祥兴与买办关胜智联合开辟上海至口岸航线，码头仍为杜楚卿把持。抗日战争胜利后，潘廷龙、冯阳林在上海办"大达公司"，码头权又转到潘、冯手中。

1952年，长江航运公司的"大达""大裕"两轮在此停靠。1954年，大轮改名"江申"号，1966年改名"东方红"号，1980年恢复原名"江申"号。

东新港码头属高港港务局管理。1974年在东新港北岸建造新码头，1975年竣工。

码头栈桥长 37 米，宽 4.2 米；引道长 7.5 米，宽 6.2 米；引桥长 17.5 米，宽 3.8 米；桥头工作棚长 7.3 米，宽 4.5 米。1976 年配置载重量 500 吨的趸船 1 艘，长 65 米，宽 13 米，最大载重量 500 余吨；建候船室、售票房、宿舍共 6 间，仓库 2 间，合计 320 平方米。

1971—1985 年东新港码头客货流量情况表

表 74

年度	人次	货物(吨)	年度	人次	货物(吨)	年度	人次	货物(吨)
1971	40455	648	1976	54098	1304	1981	82620	2427
1972	42480	1084	1977	59508	1355	1982	86751	2924
1973	43194	1140	1978	65459	1491	1983	91088	3497
1974	44709	1208	1979	72005	1630	1984	95643	4596
1975	49180	1231	1980	79206	1956	1985	98447	5652

4. 轮船港码头　光绪二十八年(1902)，常州线客轮经轮船港，始设停靠码头，木划接送旅客。

1978 年建候船室 4 间，128 平方米，有 2 条渡运航线，平均日客流量 500 人以上。1982 年增辟 2 条渡运航线，日客流量千人以上。同时改建码头，建引桥，长 26 米，宽 1 米，配 60 吨趸船 1 艘。

1984 年，新建轮船港汽渡码头，车道长 62 米，宽 16 米；坞长 100 米，宽 120 米。斜坡式，分高中低舶位，可停靠 4 车汽渡 1 艘，总造价 32 万元。1985 年 5 月 1 日竣工通航，县城汽车直达西来桥镇。

七、港口装卸

县交通局有三茅、沙家港两处装卸码头。1977 年建立扬中县港务管理处，加强对港口装卸工作的领导。

1. 沙家港装卸码头　码头岸线长 160 米，货场 500 平方米，有舶位 4 处。水深 1.5~4 米，最大靠舶能力 600 吨；吊车 5 台，最大起重量 3 吨。

2. 三茅港装卸码头　民国 24 年(1935)，在三茅大港文明桥(今三茅大桥)旁用条石砌成台阶式简易码头，宽 3.5 米。解放初仍用此码头，全靠人工装卸。1963 年，三茅搬运社始购置 1 套简易式装卸笨重物资的工具。

1970 年，于三茅大港西侧三茅大桥南 200 米处建台阶式装卸专用新码头，岸线全长 80 米，货场 1200 平方米，舶位 2 个，可停靠 60 吨船 2 艘。装置 1 吨吊杆 1 台，设有能装卸 10 吨笨重物资的木制土扒杆和推关成套设备。

1983 年，在三茅镇建设村征用土地 19.5 亩筹建三茅港新装卸码头。1985 年 8 月第一期工程竣工投产。岸线全长 234 米，共 8 个舶位，最大停舶能力 100 吨，可停靠

800 吨船队 1 个。安装 5 吨吊杆 1 台，3 吨吊杆 4 台，年吞吐量达 29 万吨。建办公、生活用房、变电房、仓库，总面积 1300 平方米。货场面积 6000 平方米。

第二节　陆路运输

解放前，扬中陆路运输主要靠人推独轮小木车。1957 年“三沙”线公路建成，始有汽车运输。1959—1985 年，先后建成“三八”“三栏”两条公路干线和 11 条公路支线，客、货运输大为方便。

一、货运

1. 专业运输　1950 年，三茅镇建立搬运组，职工 10 多人，使用独轮车、箩筐、扁担等器具搬运。1957 年，成立三茅搬运站，职工 32 人，有胶轮板车 10 辆，板车 5 辆，独轮车 27 辆，年装卸量 2510 吨，运输量 1080 吨，周转量 1.08 万吨公里。

1958 年，水陆运输合并，成立扬中县运输公司。1961 年水路分开，陆上成立三茅运输社，板车全部改为脚踏回空车。1969 年水陆再次合并，成立交通运输社。1973 年恢复扬中县运输公司。嗣后逐渐使用机动车辆。1985 年，货运量 10.36 万吨，为 1973 年的 2.9 倍；周转量 227.91 万吨公里，为 1973 年的 20 倍。

1957—1985 年部分年份扬中县专业运输陆路货运情况表

表 75　　货运量：万吨；周转量：万吨公里

类别/数量/年份	合计		其中					
			汽车		机动板车		人、畜力车	
	货运量	周转量	货运量	周转量	货运量	周转量	货运量	周转量
1957	0.40	1.10					0.40	1.10
1965	1.01	3.99					1.01	3.99
1976	4.82	44.50	0.18	2.75	0.13	1.30	4.51	7.70
1978	4.83	119.30	0.38	99.80	0.12	7	4.33	12.50
1980	7.30	167.00	1.38	149.60	0.25	7	5.67	10.40
1981	7.12	193.10	1.26	173.70	0.18	8.2	5.68	11.20
1982	7.91	195.90	1.08	173.60	3.69	18.3	3.14	4
1983	9.41	219.11	1.46	197.08	4.05	17.92	3.90	4.11
1984	9.30	196.41	1.33	178.10	4.10	14.31	3.87	4
1985	10.36	227.91	1.19	207.85	3.35	13.77	5.82	6.29

1966—1985 年部分年份扬中县专业运输陆路货运车辆情况表

表 76

类别 / 数量 / 年份	载重汽车		轻型汽车		拖拉机		无动力板车		机动板车		人力车	
	数量（辆）	吨位	数量（辆）	吨位	数量（辆）	吨位	数量（辆）	吨位	数量（辆）	吨位	数量（辆）	吨位
1966											51	12.2
1976	5	23					4	10	3	4.5	86	34.4
1980	9	37.5	2	8					3	4.5	66	26.5
1981	9	37.5	2	8					26	15.5	46	19.5
1982	9	37.5	4	18	1	2			28	17	56	28
1983	9	37.5	4	18	1	2			23	11.6	45	22
1984	13	62	4	20					22	11	41	20
1985	15	75	4	20	2	2			21	10.5	52	18.2

2. 乡镇(公社)村(大队)办运输　1957 年 8 月，八桥、油坊两乡成立装卸服务社，西来桥成立搬运小组，计有工人 89 人，独轮车 82 辆，小板车 5 辆，经营集体运输。1959 年，全县建 11 个交通管理站，工人 179 人，其中陆运工人 129 人，有独轮车 133 辆，板车 61 辆。1962 年，有的生产队也经营运输，工人交钱记工，参加农业分配。1972 年，全县 10 个运输站，陆运有板车 265 辆。1975 年有拖拉机 3 辆 6 吨，板车 262 辆。1985 年，全县乡村运输计有拖拉机 19 辆 24 吨，人力车 452 辆 158 吨，年运输量 5.5 万吨，占全县陆上货运社会总运输量的 10.2%。

3. 个体运输　中共十一届三中全会后，个体运输发展。1984 年，全县个体运输户陆运有车 405 辆，其中货运汽车 13 辆，拖拉机 389 辆，小型客车 3 辆，计 478 吨。1985 年有车 795 辆，载重 906.5 吨。其中货车 39 辆、163 吨，其他机动车 2 辆、4 吨，拖拉机 701 辆、713 吨，人力车 52 辆、26.5 吨；货运量 19.49 万吨，占陆上货运社会总运输量的 36.2%。

4. 战备车队　1971 年，县革命委员会生产指挥组向各单位抽调货运汽车 12 辆，组成战备车队，承办陆路长途货物和急运货物运输。1974 年撤销，车辆交还原单位，财产交财政局处理。

二、客运

1957 年 6 月 1 日，锡镇运输管理局于三茅镇建镇江专区汽车运输公司扬中县汽车站，“三沙线”通车，客车 1 辆，客位 24 个。是年开“三沙”“三八”二线(时“三八”线为土路，晴通雨停)，营运线路 23 公里，月营收入 2805.6 元。1960 年，栏杆桥汽渡通航，客车逐渐增多。1971 年 4 月实行公路、铁路联运，当日可购全国各地铁路站(点)客票。1975 年客车增至 5 辆，客位 270 个。1981 年县运输公司以 3 辆客车与镇江汽车公司联营，成立农村公共汽车联营公司。1984 年县运输公司独立经营农村公共汽车站，有客车 16 辆，1098 个客位。县汽车站有客车 13 辆，710 个客位。全县 12 个乡镇全部通车，长途车可直达南京、上海、宜兴、常州、丹阳、镇江等地。1985 年，两车站共有客车 32 辆、1920 客位，其中农村公共汽车 19 辆；客运量 376 万人次，其中农村公共汽车 286.5 万人次；周转量 7283 万人公里，其中农村公共汽车 3283 万人公里。

1959—1985 年部分年份扬中县陆路客运情况表

表 77

类别 / 数量 / 年份	车辆运能		公路客运量		备　　注
	车辆数(辆)	客位数(人)	客运量(万人次)	客运周转量(万人公里)	
1959	2	60	2.1	16.1	
1965	4	180	23	260	
1976	5	270	103	1375	
1978	5	270	129.9	1591	
1981	8	440	247	3340	包括农村公共车
1982	21	620	290	4100	包括农村公共车
1983	29	1808	330	4660	包括农村公共车
1984	29	1808	350	5120	包括农村公共车
1985	32	1920	376	7283	包括农村公共车

三、公路

民国 25 年(1936)，县长洪康燮征用土地，修筑上起新坝，下至下八桥，中从油坊分岔，西达镇海庵的土公路，统称“中山路”，路宽丈余。民国 35 年(1946)，县政府循中山路旧线筑县道上扬路(三茅至南码头)、中扬路(沙家港至二墩港)、下扬路(三茅至下八桥江边)、三新路(三茅至东新港)、东油路(东新港至油坊桥)，总长53.5 公里，路宽 3~4 米。均为土路，未通行机动车。路面无人保养，至解放时，路面坎坷不平，宽仅约 5 尺(1.67 米)。

自 1957 年开始，陆续建成“三沙”“三八”“三栏”等干、支线公路 13 条，共长 75.08 公里。全县 12 个乡镇均有公路相通，12 个主要集镇均有班车停靠，主干线公路昼夜混合交通量近 3.2 万辆次。修建公路，政府共投资 150 万元，各乡村集资 282 万元。

1959 年成立公路养护队，工人 18 名，板车 12 辆。8 月，第一座道班房建成。12 月，置办马车1辆，马拉车进行客运。1960年12月，建成栏杆桥道班房。

1962年成立扬中县公路管理站，1965年改名镇江养路段扬中工区。1968年，置8马力手扶拖拉机1台。1974年9月，改建老郎道班房。10月增建八桥道班房。

1979年，镇江养路段扬中工区改名江苏省扬中公路管理站。1981年6月，镇江地区公路处配两轮压路机1台(8~10吨)。1982年10月配洒水车1辆。1985年，主要养路工具有5吨卡车3辆，中型拖拉机2辆，手扶拖拉机4辆，三轮压路机1台，洒水车2辆，沥青拌和机1台，1吨翻斗车2台。

1959年上半年，公路绿化，共植树17.35万株。同年12月13日，县政府动员4500余人对新建的“三沙”“三栏”线公路突击进行绿化，一天时间植树17.02万株。

1966年12月，建立公路护林组织，有护林员20人，分段定人负责“三沙”“三栏”“三八”“三滧”“永胜”5条线路的行道林木管理。

1980年，“三栏”线全部改栽水杉，计5870株。1981—1984年陆续补栽2150株。至1985年，全县干、支线公路两侧共有各种林木34.65万株，基本实现公路绿化。

1957—1985年扬中县公路通车情况表

表78

路　名	起　讫	长(公里)	宽(米)	结构	竣工通车时间
三沙线	三茅镇至沙家港	5	6	砂石路面	1957年6月
三八线	三茅镇至八桥镇	17.39	6	1957年土路面，1959年砂石路面	
八桥轮船港线	八桥镇至轮船港	6.81	6	砂石路面	1973年
三栏线	三茅镇至栏杆桥	12.69	9	柏油路面	1961年
老郎永胜线	老郎站至永胜街	3.50	5	砂石路面	1967年8月
何家大桥丰裕线	何家大桥至丰裕桥	2.10	6	砂石路面	1968年
长旺线	兴隆红星村至头墩子	4.78	8	1970年建老郎街至长旺镇 1983年改线并铺柏油路面	
油坊线	油坊站至油坊镇	1.06	6	砂石路面	1970年5月
兴隆东新港线	兴隆镇至东新港	3.45	6	砂石路面	1977年12月
三三线	三滧站至三滧街	1.85	6	砂石路面	1959年
庆丰线	北胜站至南旺桥	6.22	8	砂石路面	1984年10月1日
三茅二墩港线	三茅镇至二墩港	4.30	7	砂石路面	1984年12月1日
环城线		3.21	9	柏油路面	1983—1984年
四墩子线	长旺至四墩子	2.73	9	砂石路面	1985年10月

四、桥梁

解放前，全县约有木、石结构桥梁690余座。

解放后，结合兴修水利，维修、新建部分永久和半永久性桥梁，拆毁17座旧桥。1956年始建公路桥。至1985年，全县共有桥梁195座，其中公路桥27座，古桥18座，改建、新建农桥150座。桥梁结构不断改进，双曲拱桥逐渐增多。

1.古桥　古桥有单节桥(单孔)、三节桥(三孔)之分。单节桥为人行便桥。三节石桥多跨港架设，分三节，每节由4块花岗石并列组成桥面，靠两组桥柱支撑，每组桥柱由4块长条石竖立而成，形成3孔。一般跨度15米，桥面宽2米。桥台基础层打木桩，然后用片石垒砌而成，多有较矮的石栏杆。部分桥桥头各有1对石狮子，以壮观瞻。全县现存古桥18座，余均改建为农桥或公路桥。

至1985年，尚存古桥有：丰裕乡之太平桥、燕湖桥、德善桥；三茅乡之中八桥、下中八桥、太平桥；三㳠乡之普济桥；兴隆镇之复兴桥；长旺乡之美仁桥、广济桥、平安桥、万福桥、千祥桥；油坊镇之同善桥；永胜乡之永安桥、墩伦桥、心安桥、平安桥。

2.农桥　解放后计改建、新建农桥150座，其中石桥2座，木桥2座，拱桥1座，桁架桥72座，石平板桥6座，混凝土平板桥30座，双曲拱桥37座。

3.公路桥　1956年建成第一座公路桥卞家桥(又名建设桥)。至1985年，共建成公路桥27座。其中双曲拱桥12座，钢质平板桥1座，混凝土平板桥5座，石平板桥1座，桁架桥5座，拱桥2座，涵桥1座。

1985年扬中县公路桥情况表

表79

桥名	曾用名	桥　址	结构	全长(米)	净跨度(米)	桥面宽(米)	建桥时间
新新桥		新坝镇建新村	双曲拱桥	24	22	4.2	1980年10月
新虹桥		新坝镇治安村	双曲拱桥	52	35	7	1979年
新坝桥		新坝镇	双曲拱桥	32	21	7	1973年
联合桥		联合乡联丰村	双曲拱桥	24	22	7	1976年
何家大桥		丰裕乡五星村何家埭	钢质平板桥	38	28.6	4	1971年改建
三茅大桥	文明桥 东方红大桥	三茅镇	双曲拱桥	32	22	12.5	1969、1982年改建
建设桥	卞家桥 金星桥	三茅乡建设村、金星村	混凝土平板桥	12	8	9	1956、1972、1984年分别改建
新凤桥		三茅乡建设村	(重型)桁架桥	55.34	40	9	1984年11月

续表 79

桥名	曾用名	桥　址	结构	全长（米）	净跨度（米）	桥面宽（米）	建桥时间
彩风桥	彩虹桥	三茅乡新扬村建设村	混凝土平板桥	7	6	6	1956 年改建
友好桥		三茅乡县船厂南首	桁架桥	30	28	3.6	1984 年 1 月
连子桥		三茅乡勤丰村	混凝土平板桥	6.5	4.7	5	1956 年 5 月
建中桥		三茅乡建中村	桁架桥	15	13	2.6	1984 年 6 月
三滧桥		三滧乡三滧汽车站	混凝土平板桥	35	14	9	1985 年 10 月
兴隆桥		兴隆镇	双曲拱桥	24	22	7.5	1976 年 12 月
朝阳桥		兴隆镇老郎汽车站	双曲拱桥	17.5	11.2	6.3	1972 年 10 月
向阳桥		兴隆镇和合村	双曲拱桥	23.7	16	6.2	1970 年 11 月
团结桥		兴隆镇和合村	石平板桥	30	28	7	1984 年 12 月
卫星桥	三邑桥	长旺乡老郎街东首	双曲拱桥	26	24	5	1970 年 10 且
公盛桥	公胜桥	长旺乡长旺南港北首	双曲拱桥	34	32	6	1976 年 1 月
长旺桥	双桥	长旺乡老郎村西北部	双曲拱桥	32	30	6.5	1977 年、1979 年改建
长兴桥		长旺乡老郎村	桁架桥	27	25	7	1984 年 1 月
三墩子桥		长旺乡三墩子村	拱桥	9	7	6	1985 年 6 月
四墩子桥		油坊镇四墩子村	拱桥	9	7	6	1985 年 4 月
如意桥		油坊镇如意村	涵桥	4.8	4	14	1977 年改建
团结桥	道班房桥	八桥镇先锋村	混凝土平板桥	5		4	1971 年 8 月
友谊桥		八桥镇变电所西侧	双曲拱桥	24	22	7	1972 年建 1981 年改建
中来桥		西来桥镇镇政府南	桁架桥	27	25	5	1982 年 12 月

第三节　联合运输

1971 年 4 月，成立扬中县联合运输指挥部，经营联合运输业务，缩短待运时间，提高运输效率。指挥部实行计划运输，对 10 吨以上物资纳入计划运输轨道，平衡安排任务。整顿运输市场，实行“三统一”（统一调度、统一运价、统一票据）管理制度。调配力量，加强港口装卸工作，确保港站畅通，提高联运车船周转率。

1975 年起，各公社运输站亦经营联运业务，既便利客户，也增加收入，壮大集体经济。

1984 年 4 月，成立扬中县联运服务公司，在全国共设有 29 个中转站，形成外接干线，内联乡镇的联运网络。联运服务公司执行以畅通、方便、合理、安全为内容的经营方针，积极疏通渠道，运量不断增加。1985 年，联运物资共完成 48.2 万件，发运量 1420 吨。

一、公—铁联运

1971 年，扬中至镇江的客车与铁路联运，同售镇江至全国各地火车客票，凭票在镇江可随到随乘，不需办转签手续。公、铁联运后，客运量较前增长 45%。

1982 年，镇江客运分公司新辟扬中至南京零担路线，每逢 3、7 日由扬中发车，当日返回。

二、公—铁—水联运

1972 年 4 月，于沙家港开辟扬中至镇江定线货班，经办全国公路、铁路、水路零担物资的联运业务，上门收货，送货到家，一票到底，全程负责。1972 年 5—12 月 8 个月时间，共为货主单位节省人力 1750 个工日，差旅费 1.8 万元。

三、水—水联运

1976 年，联运业务由港务处经办，增开扬中至高港水运转水运货班，并成立三茅、沙家港两个联运站。1981 年 9 月，增辟扬中至丹阳货班。

第四节　重大交通事故

民国 18 年(1929)7 月，利苏公司的“奔牛”号与扬子公司的“大同”号两轮“拼市”，“奔牛”号赶超“大同”号，在镇江市焦山附近汽缸爆炸，近百名扬中旅客丧生，杜楚卿、郭炳坤等七八人因在官舱而幸免。

民国 34 年(1945)10 月 15 日，新四军苏浙军区第四纵队队部，十支队干部、战士及部分地方党政人员等近千人由武进荫沙口登“中安号”轮北撤，驶至泰兴天星桥西南约 2 公里江面时，因超载，船破漏水而沉没。经多方大力营救，生还者仅百余人，四纵政委韦一平、苏南行署财经处处长李建模、苏浙军区政治部主任王绍杰、溧阳县县长徐公鲁等 800 余干部、战士罹难。

民国36年(1947)11月30日下午3时许，船主韩如庆驾4吨木船，载旅客35名，由泰兴县龙窝口开往二墩子港，至江心被狂涛吞没，24人丧生，11人幸存。

1953年5月20日，船主朱有福驾6.5吨木船，载竹子1250公斤，随船16人，从万福桥开往江都，在离岸约1公里处，被风浪击沉，淹死2人。

1956年1月18日，陈家盛、陈德林合置1艘小木船(3.67吨)，载11人，苗猪48头及树、竹，从火叉港开往武进小河赶集，船出轮船套，途中遭风浪击沉，陈家盛、陈德林等9人淹死。

1956年12月27日，黄步维、黄步纲从中摆渡(渡口名)运送挑江堤民工至对岸，船至岸边搁浅，民工挤在一侧上岸，致船身倾覆，1人死亡，2人重伤。

1971年8月22日，汽车站司机李忠林驾驶(09-20331)客车，从永胜开往三茅，行至老郎站时，让给修理工童国富驾驶(童无驾驶证)，至9公里处，翻车下河，32名旅客落水，死亡1人，重伤4人，轻伤9人。李、童各被判4年徒刑。

1980年7月17日，航运公司005船队074木驳，在丹徒县大港码头江面，遭遇暴风雨而沉没，文茂春、王秀珍夫妇和他们的两个孩子被淹身亡。

第七章　邮　电

扬中建置前，已开始邮政事业。清代民间书信邮件，由私营信船、信车传递。宣统二年(1910)十二月，镇江邮局于太平厅下八桥镇首设邮寄代办所(店号裕隆昌，店东赵丽鸿)。民国元年(1912)，新坝镇设信柜。民国3年(1914)，三茅镇设信柜。民国15年(1926)，三茅镇邮寄代办所升格为三等邮局，下辖新坝镇、南新桥、永新桥、兴隆镇、老郎街、油坊桥、下八字桥7个邮寄代办所，并相继设栏杆桥、上八桥、封头坝、三滘街、玉皇庙5个信柜，委托当地商民或私人经办。

光绪二十二年(1896)，设无线电台，一度开办电报通信。民国23年(1934)正式设立电报局，办理民众电报业务(摘《扬中邮电志·概述》)。民国24年(1935)，省拨款5320元，架设镇江至扬中长途电话线路，总长55.2公里，12月5日竣工。是时，新坝镇、兴隆镇、油坊桥、龙王庙、玉皇庙5处开始通电话。民国28年(1939)，新四军挺进纵队司令部于老郎街架设无线电台。民国29年(1940)1月，日本侵略军二次入侵扬中，原有通讯设施遭到日军破坏。日伪军政机关架设临时电话线路，与相关集镇伪军据点联系，长约20公里。民国33年(1944)，汪伪政治保卫局镇江支局扬中站设无线电台于三茅镇。

抗战胜利后，县电信事业稍有恢复和发展，设有“政府专用电信所”。民国35年(1946)，在三茅镇设无线电台，功率5瓦特，波长54米，重开民间电报业务。民国36年(1947)，全县电话线路总长50.2公里，有20门交换机1台，电话机11部，通话区、乡11个，有员工5人。

1949年4月21日，扬中解放前夕，县邮局无线电台部分设备，被南京政府委派的原电台台长兼报务员姚铁民携逃，扬中对外电讯业务中断。

1949年4月22日，扬中解放，由解放军军代表吕斌等接管县邮局，地方电话线路亦由县人民政府接办。1950年9月，重设无线电台于三茅镇，成立扬中县电信营业所，恢复开办电报业务。1951年10月，实行“邮电合一”，成立扬中县邮电局，乡村设有邮政代办所、柜18个。1953年6月，地方电话移交邮电局代管。1956年11月，沙家港敷设水线电缆竣工，同时开办对外长途电话。1958年，实现公社设总机，大队（管理区）通电话，生产队（圩埭）通邮路。1968年4月，成立扬中县邮电局革命委员会。1970年1月，实行邮、电分设，县分别成立邮政局和电信局。1973年10月，两局又合并为扬中县邮电局。是年，电报由人工音响机改为电传。

镇江与扬中之间的邮运，一直委托镇姚（镇江—姚桥）班轮船代运。1976年5月，改为由镇江市邮电局自办汽车专运。

1978—1984年，县邮电局先后兴建电信大楼、邮政大楼共2000多平方米。

1979年11月，市内通话改为准电子600门交换机，首次实现自动拨号。此后，陆续扩充容量，增设载波机、电缆等设备，开办多项业务，初步形成现代化通信网络。

至1985年，县邮电局在农村10个乡镇政府所在集镇均设有全民性质的邮电支局或集体性质的邮电所，并设各类代售处、信箱78个。全县邮电职工323人（含集体人员67名），邮路总长1345公里。通信线路3000对公里，电话交换机总容量2370门，其中农村电话交换机容量1370门，市话交换机总容量1000门，全县电话普及率为每百人0.7部。是年，邮电计费业务总量为181.69万元。

1949—1985年部分年份扬中县邮电计费业务量情况表

表80

类别＼年份	计费（万元）			业务量								
	合计	其中		邮政				电信				
		邮政	电信	函件出口（万件）	包件出口（万件）	报刊发行量（万份）	汇票（万张）	电报去报（万份）	长话去话（万张）	农话去话（万张）	年末市话数（户）	年末农话数（户）
1949	3.12	1.86	1.26	9.50	0.28	18.10	0.70	0.09			6	5
1956	10.37	5.88	4.49	37.24	1.02	44.11	0.98	0.14	0.07		40	21
1961	23.81	9.30	14.51	63.30	1.27	53.04	1.68	1.56	1.26	20.40	111	100
1966	24.07	7.98	16.09	46.61	1.21	92.59	1.38	1.22	1.78	16.99	135	143
1970	27.60	9.07	18.53	53.71	1.24	141.06	1.46	2.29	1.85	14.57	133	153
1978	62.37	16.56	45.81	72.45	4.29	324.80	2.19	8.50	6.15	48.71	272	284
1984	137.22	39.78	97.41	129.04	12.88	629.40	3.16	12.54	16.87	108.18	705	338
1985	181.69	55.21	126.48	171.74	19.14	785.27	3.91	16.17	24.77	119.05	811	388

1985年扬中县农村邮电支局(所)情况表

表81

名称	开办日期	距县城(公里)	职工数(人)	业务收入(万元)	农村邮路(条/公里)	交换机(部/门)	用户电话机(部)	用房面积(平方米)	备注
新坝邮电支局	1954.05	9.5	17	17.80	4/141	3/180	118	100	国营
丰裕邮电支局	1958.08	5	14	10.07	2/90	2/120	86	150	国营
兴隆邮电支局	1955.04	8	12	7.30	2/74	2/120	88	260	国营
八桥邮电支局	1955.06	18.5	15	9.18	3/122	2/120	94	180	国营
油坊邮电支局	1953.06	14	13	10.05	2.5/115	3/180	115	120	国营
西来桥邮电支局	1957.12	25	13	5.80	1.5/56	2/120	79	220	国营
联合邮电所	1958.08	6	14	14.40	3/90	2/120	81	120	集体
三滧邮电所	1958.09	6.5	11	9.97	2.5/90	2/100	71	200	集体
长旺邮电所	1958.08	12	12	9.67	2/89	2/120	83	450	集体
永胜邮电所	1958.09	13.5	9	5.47	1.5/63	2/120	77	180	集体

第一节　邮　政

解放前,扬中邮政设备简陋,业务单一。邮件运输靠小轮船代运,手推车搬运或徒步肩挑。邮件投递仅限县城,乡村由商店经转或自行领取。信、包、汇传统业务沿袭数十年之久,邮政业务发展缓慢。

解放后,随着经济发展和人民生活水平提高,公众通信日益频繁,服务网点、项目不断增多,邮政业务量急剧增加。20世纪80年代,又相继开办国内、国际快件和特快专递等新兴业务项目。1985年,邮政业务计费总量55.21万元,为1956年的9.39倍,1978年的3.33倍。

一、邮务

解放初期,县邮政沿袭原有项目,主办信函、文件和实物的收寄传送业务。1950年,代售印花税票和代销报刊。随着形势发展需要,邮务项目陆续增加,邮政业务量也急剧上升。

1. 函件　在平信、挂号信的基础上,增印刷品、明信片、盲人读物和特挂、保价等项邮务。1979年出口函件86.26万件,是1950年13.50万件的6.4倍;1985年出口函件171.74万件,是1950年的12.7倍。

2. 包裹 分普通包裹和保价包裹两种，并办理快递小包，随信封发。1950年，全县出口包件0.28万件，1969年达1.05万件，1979年上升到5.96万件。1980年，敞开揽收商品包裹业务，为乡镇办厂和学校办厂邮寄四氟、云母、电器、服装、鞋帽等产品，当年出口包件6.51万件。1985年出口包件19.14万件，为1950年的68.4倍。

3. 汇兑 1949年6月，恢复国内通汇业务，分普通汇兑和现金保价两种。同年10月1日，办理"定额汇票"业务。1955年后改为剪格汇票(按金额大小剪下汇寄)。1958年改为专用汇套(二联复写式)。1962年改为汇款通知单递寄，与现金保价、汇套并用。1985年，开发汇票39183张，汇款695.87万元；兑付汇票77337张，兑付金额911.92万元，合计开发、兑付汇票近12万张，金额1607.79万元。

4. 报刊发行 解放前，全县报刊由邮局代销和少量报贩经销，销售量甚少。1950年年初，县邮局代销《苏南日报》《人民日报》《解放日报》《文汇报》《大公报》、苏南《农民画报》等。1951年实行"邮发合一"制度，邮局办理报刊发行订销，报刊种类和发行量逐年增多。1957年县自办《扬中报》，最高月发行量4000份。1958年，县出版《干劲》杂志，发行3000份左右，并将《人民日报》发行到大队一级，《新华日报》发行到生产队一级。"文化大革命"期间，部分报刊的发行量大幅度下降。1978年后，报刊品种增加，发行量亦迅速增加。1979年，订销报纸期发数1.30万份，累计份数为346.12万份；订销杂志期发数为1.64万份，累计份数达19.09万份。1985年，订销报纸期发数4.81万份，累计份数为742.74万份，是1957年的17.4倍；订销杂志期发数为3.49万份，累计份数达42.54万份，是1957年的8.4倍。

二、机要通信

机要通信指党、政、军机关秘密文件的收寄和投递。1957年以前由地方党委和军队办理，党委设机要交通，军队设军邮站、局，免费收寄。从1958年10月1日起，取消县委机要交通，人员并归邮电局。县以下机要文件，概交县邮电局办理。邮电局设机要员，负责收寄投递。

三、邮路

解放前和解放初期，扬中县进出口邮件均委托姚镇班轮船兼运，在栏杆桥和沙家港码头交接，称"委办"邮路，每日一班。1976年5月，镇江邮电局自办汽车对扬中进行邮运，称镇扬汽车邮路，全程54公里。途经新坝、联合、丰裕3支局(所)时，直接交接，每日往返1次，较以前"委办"邮路提前3小时到达县局。

1949年5月，县内有上洲、下洲两条邮路。上洲自三茅镇至上东岳庙、丰裕、公信、新坝4个代办所，往返25公里。下洲自三茅镇至普济、三 滧 、兴隆、油坊、永胜、下八字桥等 10 个代办所,往返 40 公里。两路邮递员均步行。1953 年增设八字桥至西来桥邮路(以前西来桥邮件由政府交通员带运)。1959 年,下洲邮件委托"三八"线公共汽车代运。1960 年,兴隆和西来桥邮件分别由"姚镇""常扬"两班轮船代运,在西新桥和三岔港直接交接。1968 年,县局备吉普车 1 辆自办邮运,除长旺、永胜在老郎站交接外,下洲各支局(所)均可直达,每日发班 2 次。1973 年延至轮船港。1985 年县内邮路单程总长为 67 公里。

1955 年前,乡村邮件不直接投递到收件人,由代办所转交或挂牌招领。1956 年,始有农业社邮递员 19 人,向社队投递信件、包裹。1958 年,全县有公社邮递员 23 人,平信送到生产队,电报、挂号信、汇款单、包裹送到户,有当日班和隔日班两类。1985 年,全县共有乡村邮路 36 条,全程 1345 公里,投递员 37 人。

城市(县城)投递主要为各机关、团体、工厂、企事业及城区居民邮件投递。1953 年设专人投递,邮路总长 3 公里。1968 年增加为 2 人,分桥东和桥西两个路段,有投递点 300 余个,里程 6 公里。1982 年,投递路段增加至 4 条,即本口段(主要为江洲西路、前进路)、沙家港段、建设桥段和二段(主要为港东北路、港西北路、友谊路段)。1984 年投递员增至 5 人,分 5 路投递,每日两班。

四、邮运工具

解放初期,邮件均为肩挑背负或雇用独轮小车接送。1954 年后,逐步改为自行车运送。1968 年购吉普车 1 辆,1969 年购摩托车 1 辆,1972 年省局配发三轮卡车 2 辆。1979 年,全局有"红邮"车 4 辆,自行车 27 辆。1981 年省局批专用邮运车 1 辆。1985 年,有"红雁"邮政专车 2 辆,卡车 2 辆,基本实现机动邮运。

第二节　电　信

扬中解放前,除电报业务对民众开放外,电话均为军政专用,不对外开放业务。

1949 年 4 月 22 日,扬中解放,原国民政府电话交换所由人民政府接管后,即组织抢修乡镇电话线路,陆续沟通部分县内电话。1950 年 9 月,成立扬中电信营业所,重新设立无线电台,恢复电报业务。1953 年 6 月,代管地方电信。1954 年起,逐步开办农村电话业务。1956 年 11 月,敷设沙家港水线电缆,恢复长途电话。1958 年,各公社邮电机构开始办农村电话业务。电报为人工音响机,1973 年 10 月开始采用电传打字机,电话仍为磁石式交换机,直至 1978 年。

中共十一届三中全会后,扬中电信通信得到迅速发展。

一、线路

1949年有单线木杆(或毛竹)农村电话线路25公里。1955年架设八桥方向线路。1958年又架设线路78.5公里,至1985年共有农村电话明线239对公里。

1951年有市内电话线1.25杆公里,1962年增至5.93杆公里，线路总长49.39公里。电缆0.6皮长公里。1978年电话线路达15杆公里,线路总长49对公里,电缆15.1皮长公里。1985年线路达37杆公里,线路2000余对公里,电缆44.4皮长公里。

二、电报 电话设备

电报设备 1956年前,无线电收发报机仅有1部。1957年改为有线人工电报机。1973年8月安装BD55型电传电报机。1981年配备“八一”型15瓦收发报机3部,至1985年共有电传机7部。

电话设备 市内电话。1953年,市话有40门总机1部,1956年有2部,计100门。1979年市内改为自动电话,安装准电子交换机600门。1982年更新为STl06自动交换机1000门。

农村电话。1952年设农村电话总机1处,1953年增设油坊分机20门1处,1956年增新坝、兴隆、油坊、八桥4处总机。1958年设国营农村电话总机9处,集体经营农话总机4处,总机容量400门。1985年共有国营交换机7处,集体5处,总机容量达1300门。

长途电话。1962年安装磁石长途交换机1台、20门,1969年增为1台、30门,1973年更新为2台,计60门。

载波机。1963年县局安装三路载波机1套,因市内电压不稳,于同年11月拆除。1970年6月安装JT铁三路载波机1套。1973年增设扬中至镇江12路载波机1套,并有农村电话单路载波机3套。

三、经营项目

电报分防空、气象、水情、军政、公益、新闻、公务、汇款、普通、特种10个项目,1953年均归县局办理。1958年5月1日,新坝、兴隆、油坊、八桥4个支局开始受理电报业务,利用电话向县局传报电报内容,称为“话传电报业务”。1959年全县农村支局(所)普遍开办话传电报业务。

电话分长途、市内、农村3种。

1956年开办长途电话业务,有代号、首长、军政、新闻、公务、普通、特种和紧急调度8个项目,另有预约、会议、租用、租杆挂线、代维修设备等特别业务。1957年开办会议电话业务。

市内电话有普通正机、副机及附件、同线、合用、用户交换及互通、分机、中继线、专、临线租用、租杆挂线、租用管道、代维修机线设备等共12个项目。

四、技术队伍

1949年有电话维修技工1人。1950年增加无线报务员1人，线路维修员3人。1959年以后逐年分配、调进邮电院校毕业生14人，并培训载波机操作员和电信维护员5名。至1985年，共有各类工程技术人员24名。其中工程师1名，助理工程师2名，技术员5名，其他机线、维修等人员16名。至此，基本上形成一支通信技术骨干队伍。

1949—1985年扬中县城乡电话机数量情况表

表82　　　　单位：部

项目 年份	市话	农话	合计	项目 年份	市话	农话	合计
1949	6	5	11	1968	124	151	275
1950	11	8	19	1969	126	149	275
1951	17	11	28	1970	133	153	286
1952	29	13	42	1971	144	153	297
1953	30	20	50	1972	163	180	343
1954	31	20	51	1973	192	205	397
1955	31	20	51	1974	220	231	451
1956	40	21	61	1975	243	236	479
1957	56	60	116	1976	269	258	527
1958	64	70	134	1977	273	272	545
1959	86	92	178	1978	272	284	556
1960	100	101	201	1979	306	199	505
1961	111	100	211	1980	350	243	593
1962	109	101	210	1981	409	250	659
1963	123	131	254	1982	453	266	719
1964	129	136	265	1983	555	304	859
1965	135	143	278	1984	705	338	1043
1966	135	143	278	1985	811	388	1199
1967	134	147	281				

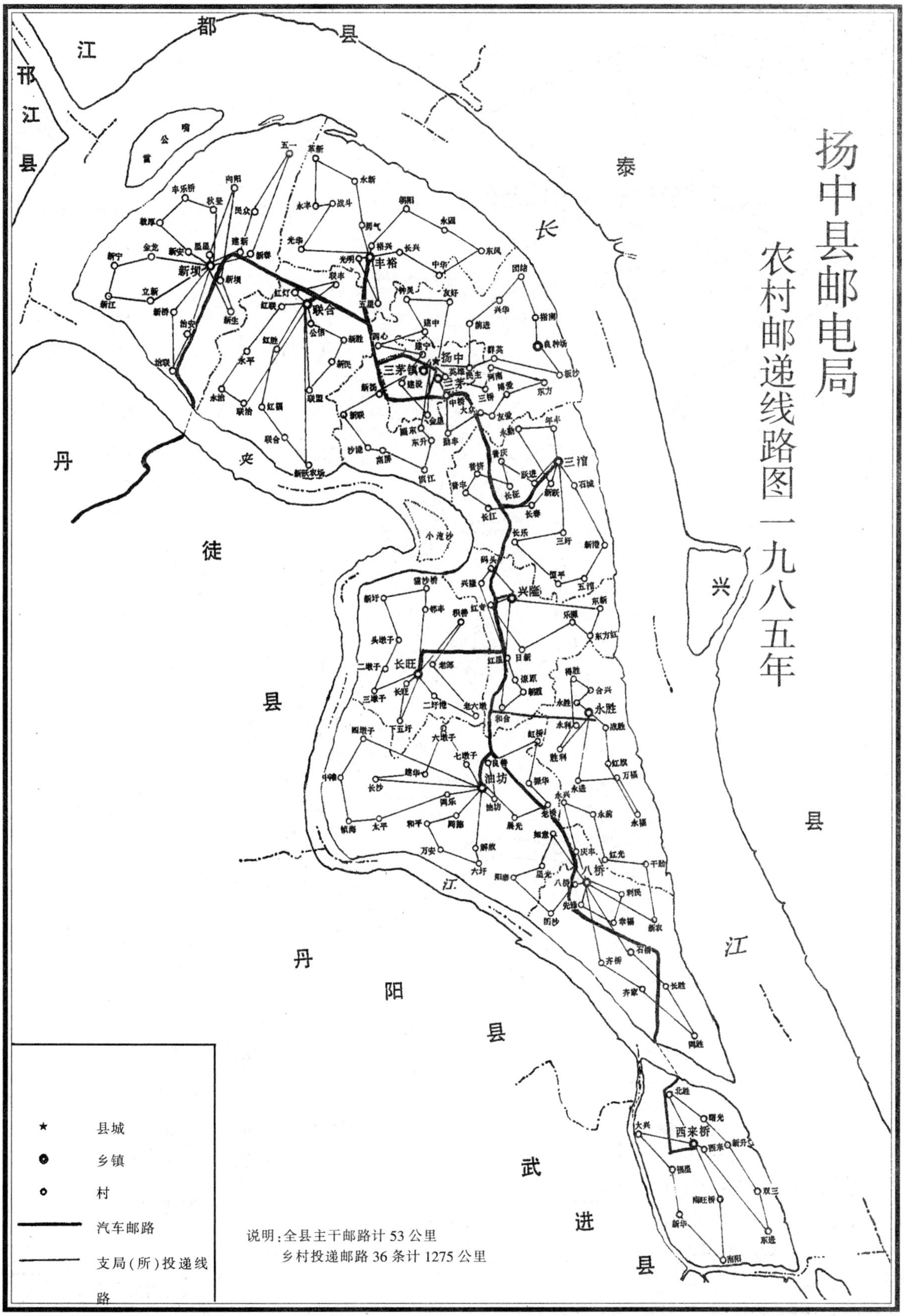
扬中县邮电局
农村邮递线路图一九八五年
江都县
邗江县
泰兴县
丹徒县
丹阳县
武进县
长江
夹江
新坝
联合
丰裕
三茅镇
扬中
三茅
三跃
兴隆
长旺
永胜
油坊
八桥
西来桥
县城
乡镇
村
汽车邮路
支局(所)投递线路
说明:全县主干邮路计53公里
乡村投递邮路36条计1275公里

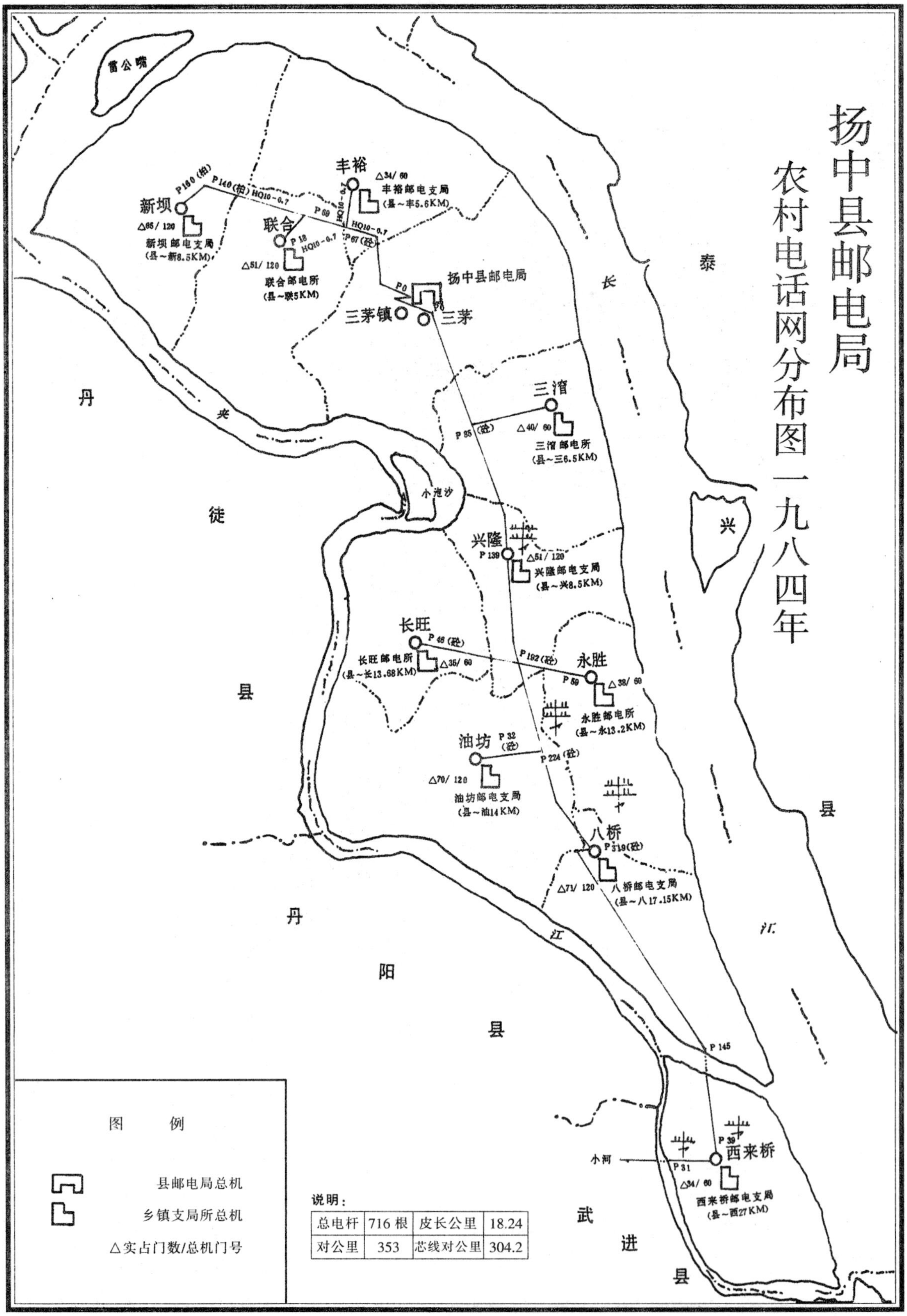

总电杆	716 根	皮长公里	18.24
对公里	353	芯线对公里	304.2

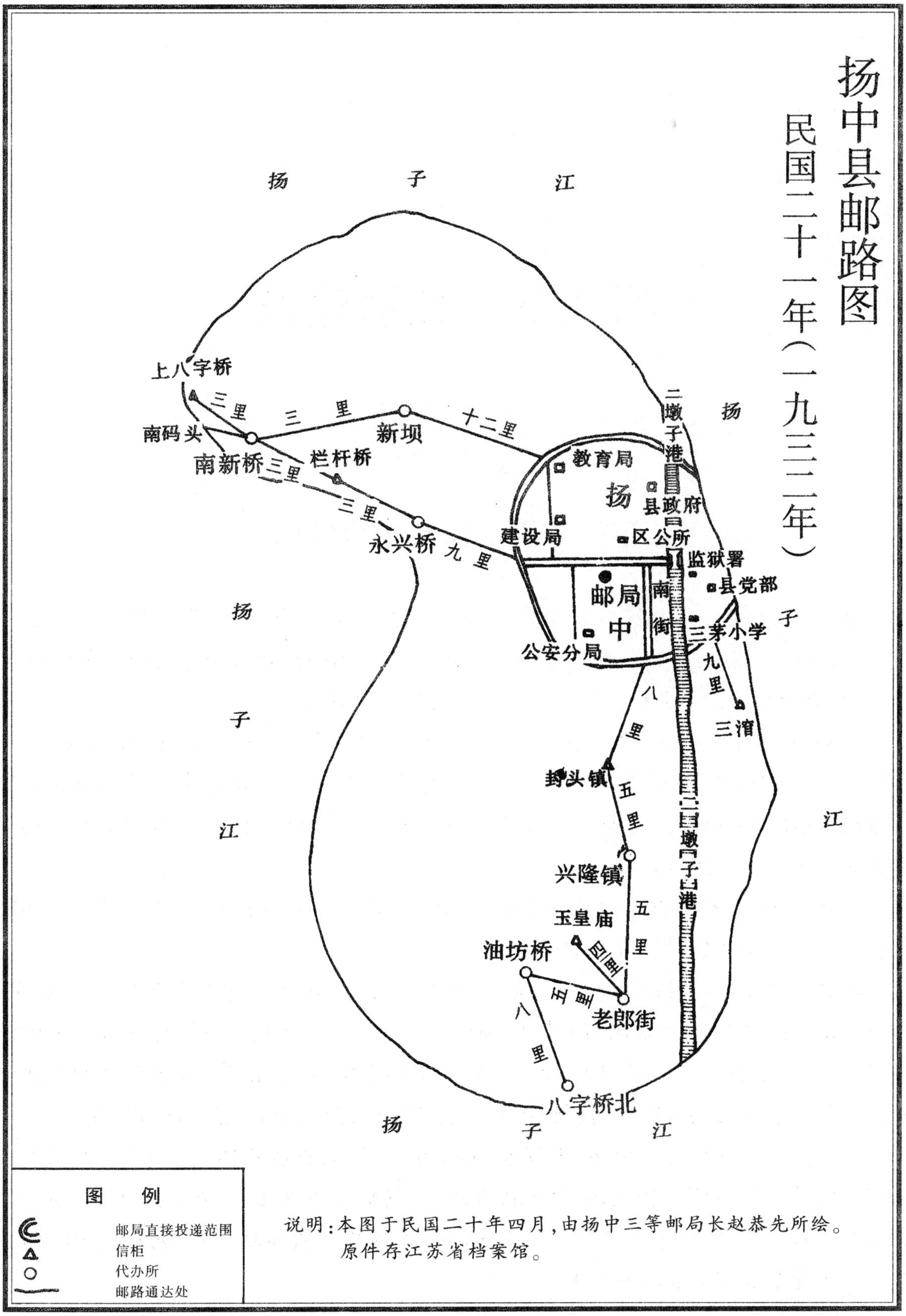

说明:本图于民国二十年四月,由扬中三等邮局长赵恭先所绘。
原件存江苏省档案馆。

第八章　城镇建设

第一节　机构及建设队伍

辛亥革命后，县内基本建设事务属太平县民政公署总务课掌理。民国 2 年(1913)，改由太平县第二科掌理。民国 17 年(1928)，扬中县政府设建设局。民国 22 年(1933)，改局为建设事务所。民国 34 年(1945)，改名建设科。

1949 年 5 月，县人民政府设建设科。1952 年 11 月与农林科合并，改名农建科。1955 年重设农林科，基建事务归计划委员会管理。1958 年 11 月设建设局。1961 年 12 月撤局，基建事务仍归计划委员会管理。1967 年 3 月—1968 年 3 月，基建事务由县军事管制委员会财贸组分管。

1978 年 9 月，扬中县革命委员会设基本建设局。1984 年 3 月，基本建设局和环境保护局合并为城乡建设环境保护局。

随着城乡建设的日益发展，建筑队伍逐步扩大。1985 年，全县建筑工人 4846 人，占总劳动力的 7.8%。建筑队有卷扬机、搅拌机、钢筋弯曲切断机以及打桩机等机械设备近千台，计 5300 马力。县建筑安装工程公司产值 443.4 万元，有 13 个项目创全优工程。县第二建筑安装工程公司所辖各乡(镇)建筑站(公司)总产值 1911.07 万元。

扬中县房屋建设开发公司，创建于 1984 年 7 月，为县属集体企业单位，隶属于县计划经济委员会，负责城镇地区的商品房开发，主要为县级机关、企事业单位服务。公司拥有工程师 1 名，技术员 5 名。至 1985 年，累计总产值 300 万元，创利润 30 万元，竣工房屋建筑面积 11600 平方米。

第二节　基本建设情况

解放后，扬中县的基本建设，随着国民经济的发展和人们生产生活的需要而不断增强，“六五”(1981—1985年)期间的投资额是“一五”(1953—1957年)期间的4.7倍，房屋建筑面积为“一五”期间的4.5倍。

1950—1985年扬中县全民企事业单位基本建设投资额及房屋建筑面积情况表

表83

时期＼数量＼类别	投资总额(万元)	全民企事业单位房屋建筑面积(平方米)								
		总计	其中							
			厂房	仓库	办公室	住宅	学校	医疗机构	商业营业用房	其他
三年恢复时期(1950—1952)	55	8550				8550				
“一五”时期(1953—1957)	300	21749	387	1159	330	13364	5794			715
“二五”时期(1958—1962)	551	36050	7894	2575	1058	7963	11554	300	3082	1624
三年调整时期(1963—1965)	127	11820	2434	4193		2020	1117	1179		877
“三五”时期(1966—1970)	290	14731	2493	3992	420	1513	3480		1543	1290
“四五”时期(1971—1975)	971	40042	12850	6257	1238	6295	3745	2527	2525	4605
“五五”时期(1976—1980)	1119	60211	8420	6125	3141	16673	9780	2500	4194	9378
“六五”时期(1981—1985)	1419	98951	7431	3312	14010	43054	8434	4216	8620	9874

1950—1985年扬中县全民企事业单位基本建设项目情况表

表84

时期＼数量＼类别	造林面积(万亩)	防洪能力(万亩)	有效灌溉面积(万亩)	涵闸(座)	新建桥梁(座)	商业仓库容量(平方米/吨)	粮食仓库容量(万斤)	油库(立方米)	教室(平方米/座位)	医院(床位)
三年恢复时期(1950—1952)	0.15	5.90								
“一五”时期(1953—1957)	0.43	15.50		18	6	939/1315			2011/1978	
“二五”时期(1958—1962)	1.22	16.14	7.34	55		2575/2590	145	145		60

续表 84

类别／数量／时期	造林面积（万亩）	防洪能力（万亩）	有效灌溉面积（万亩）	涵闸（座）	新建桥梁（座）	商业仓库容量（平方米）/（吨）	粮食仓库容量（万斤）	油库（立方米）	教室（平方米）/（座位）	医院（床位）
三年调整时期（1963—1965）	0.44	6.13	3.95	233	9	218/720			600/400	70
“三五”时期（1966—1970）	0.16		3.47	1345	45	461/615	365			
“四五”时期（1971—1975）	1.03		1.09	2064	7	1980/1480	300	400	500	1890
“五五”时期（1976—1980）	0.89		3.80				1600	2000	3181/1000	100
“六五”时期（1981—1985）	1.84	16.66	15.20	5323	763	15538	27364	2000	166888/406935	537

1973—1985 年部分年份扬中县集体单位基本建设投资额及房屋建筑面积情况表

表 85

项目／年份	投资额（万元）	施工房屋面积（平方米）	竣工房屋面积（平方米）	项目／年份	投资额（万元）	施工房屋面积（平方米）	竣工房屋面积（平方米）
1973	35.24	4106	4106	1981	180.07	13115	12115
1974	70.82	3093	3093	1982	71.69	8269	1915
1978	162.90	9585	6585	1983	254.44		12302
1979	32.69	7914	4234	1984	406.00	30576	16341
1980	84.26	6492	3942	1985	1043.00	49776	37182

1978—1985 年扬中县全民、集体所有制单位房屋竣工面积情况表

表 86　　单位：平方米

项目／年份	完成定额（万元）	房屋竣工面积	其中全优工程		项目／年份	完成定额（万元）	房屋竣工面积	其中全优工程	
			项数	面积（平方米）				项数	面积（平方米）
1978	183.10	19551			1982	1711.30	26896	20	
1979	565.26	18431			1983	1918.77	44381	20	26466
1980	1272.56	29492			1984	2305.17	39600	27	
1981	1463.31	37340	10	13093	1985	3019.50	67687		

第三节　县城公共设施

解放前,三茅镇虽为县治所在地,然全镇面积仅有0.125平方公里,店铺全为旧式平房,街道铺设条石,狭窄不平。解放后,逐年扩建,1985年全镇面积4.1平方公里,建成文化、前进、人民、扬子、建宁、友谊6个生活区。全镇20条马路,3条巷弄,总长14.5公里。其中江洲东路、江洲西路、前进路为主街道。主要公共建筑物16.04万平方米,其中办公楼4.74万平方米,服务设施建筑物为8.50万平方米,文教卫生设施建筑物为2.80万平方米。

一、基本设施

照明　1985年,县城用电由华东电网输供。全镇有路灯230盏,其中高压汞灯170盏,安装在江洲、前进、文化等路,灯距50米。

绿化　1985年,主要街道的行人道旁植有法国梧桐480株。

路面　1985年,全镇23条道路,总长14428米。其中铺设水泥路面长415米,占2.9%;柏油路面长6520米,占45.2%;砂石路面长6253米,占43.3%;土路面长1240米,占8.6%。

1985年县城三茅镇道路(街道、里弄)情况表

表87

路名＼项目	路长(米)	路宽(米)	路面质地	走向	路名＼项目	路长(米)	路宽(米)	路面质地	走向
江洲东路	1080	10	柏油	东西	港西北路	1100	6	砂石	南北
江洲西路	2140	9	柏油	东西	港西南路	840	5	砂石	南北
友谊路	558	8	砂石	南北	民主路	270	6	砂石	东西
县工会路	210	7	砂石	东西	人民路	350	7	砂石	南北
文化路	315	9	砂石	南北	彩凤路	160	5	砂石	东西
建宁路	310	8	水泥	南北	团结弄	200	2	土路	南北
前进路	700	11	柏油	南北	友谊弄	200	2	土路	东西
鱼巷弄	150	6	砂石	南北	环城路(西南)	2600	10	柏油	东西
文化支路	105	7	水泥	东西	扬子东路	400	10	砂石	东西
英雄北路	320	8	砂石	南北	扬子西路	250	10	砂石	南北
港东北路	1100	8	砂石	南北	宁新路	220	5	砂石	南北
港东南路	840	9	土路	南北	合　计	14428			

二、文化卫生设施

文化设施　人民剧场建于江洲东路，占地 2800 平方米。县文化馆、影剧院、溜冰场和老干部活动室均建在江洲西路，共占地 11750 平方米。文化路建有县图书馆，藏书 7 万余册。金星路人民体育场面积 31.25 亩。

环境卫生　1963 年，县设立清洁管理所。1985 年职工 26 人，主要设备有洒水车 1 辆，晴日按时洒水；板车 5 辆，拖拉机 2 辆，及时清除垃圾。全镇设垃圾箱 80 个，公共厕所 8 座。镇内主要街道的下水道总长 7000 米。

第四节　房地产管理

解放后，房地产事务由县财政局房管组管理。1979 年 7 月，撤房管组，设房地产管理所，属县政府办公室。

一、公房建设与维修

1949—1985 年，全县公房建筑面积 54.98 万平方米。其中，住宅面积 15.24 万平方米，占总面积的 27.72%；工交用房面积 21.74 万平方米，占总面积的 39.54%；商业服务用房面积 8.17 万平方米，占总面积的 14.86%；教育、卫生、科研用房面积 3.33 万平方米，占总面积的 6.06%；文化体育娱乐用房面积 0.99 万平方米，占总面积的 1.80%；办公用房面积 4.54 万平方米，占总面积的 8.26%；其他用房面积 0.97 万平方米，占总面积的 1.76%。1979 年 7 月—1985 年，共支出维修费 20 万元。

二、房租征收

住宅用房　平房，每平方米 0.08 元，客厅、厨房、卫生间减半；楼房，顶底两层每平方米 0.10 元，中层 0.11 元，客厅、厨房、卫生间减半。

企业用房　一般每平方米 0.23 元，最高每平方米 0.30 元。

1985 年 7 月，企业用房收费标准调整为：楼房每平方米 0.95 元，平房每平方米 0.70 元。

乡镇企业用房每平方米依次低 0.05 元，企业用简易房每平方米 0.55 元。

三、私房改造与落实政策

1970 年 12 月，新坝、三茅、联合、三滧、油坊、八桥、西来桥、上八桥、天后宫 9 个集镇的私房进行“由私变公”改造。共改造 64 户、264.5 间、5071.24 平方米。改造起点定为

50平方米(中央文件规定应为100平方米)。地主、富农、资本家的房屋改造无起点(即出租多少改造多少)。不够改造起点的有52户,计3136.92平方米。其中,地主、富农、资本家13户,计413.2平方米。贫下中农被无起点改造的有4户,计127.52平方米。面积为51至99平方米被改造的有35户，计2596.2平方米,100平方米以上的有12户,计1934.32平方米。

中共十一届三中全会后,截至1979年10月,县政府对上述不符政策规定而被改造的私房,全部发还产权,其中发还原房的51户,计4093.93平方米;因国家建设被拆除13户,计980.27平方米,按每平方米18~30元进行经济补偿,计补偿21459元;私房改造后,房管部门出租所收的房租,按非居住用房租金的20%,住房租金的30%发还给原房主,计发还租金2200元。全县有30余户侨属、台属等统战对象,要求落实私房政策。经调查核实,落实侨属1户,补偿3000元;台属11户,其中发还原房7户,经济补偿4户,共补偿6940元;宗教界人士和其他统战对象6户,其中发还原房1户,经济补偿5户,共补偿5638.40元;处理历史遗留问题的26户,其中发还原房7户,经济补偿19户,共补偿37350元。

四、征用土地

1949年，全县耕地面积23.26万亩。贯彻执行政务院1953年12月5日颁发的《国家建设征用土地办法》，扬中县人民委员会确定征用土地工作由县计划委员会主管。1985年9月,改由县城乡建设规划办公室管理,按政策规定办理,严加控制。

自1957—1985年,全县共征用土地25375亩,占1949年耕地总面积的10.9%。其中工业用地1773.4亩,占共征用土地的6.99%;公路交通用地2065.45亩,占8.14%;水利工程设施用地15960.29亩,占62.90%;其他用地5575.86亩,占21.97%。

第九章　商　业

解放前，扬中县商业发展缓慢。民国13年(1924)11月，《江苏省公报》3887期《江苏省各县工业概况》一文中论及扬中："该县幅员迫狭，孤悬江心，几无商业之可言。金融往来，均以镇江为归宿，纯处于被动地位。典钱两业，均不发达。幸俗俭民勤，尚足自立。"私营商业独占市场。抗日战争时期，日本侵略者在扬中开设"丸山洋行物资交换所"和"华东烟草组合"，进行经济掠夺，均于1944年关闭。抗日战争胜利后，国民党政府滥发纸币，通货恶性膨胀，市场混乱，投机盛行。1949年解放前夕，全县共有商户847家。

解放后，商业逐渐繁荣。1950年，相继建立土产公司、百货公司等7家国营商业机构，成立供销合作社。国营商业、供销合作商业在全县社会商品零售总额中所占比例直线上升，1950年为11.2%，1955年上升至67%。1956年基本完成对私营工商业的社会主义改造。社会主义国营商业处于市场主导地位。这一时期，农副产品收购量、商品销售量与日俱增。1957年，农副产品收购总额为1950年的4.9倍，社会商品零售总额为1950年的11.4倍。

"大跃进"和"文化大革命"时期，由于"左"倾思想影响，两度将供销合作商业、集体商业和个体商业并入国营商业，关闭自由市场。商品流通领域"统"得过多，管得太死，商品供求矛盾突出，市场冷落。农副产品收购采取派购、预购、换购、奖售、加价收购、议价收购等办法，对紧缺商品采取限量计划供应，控制供应、高价供应等办法，以缓和矛盾。1961年贯彻"调整、巩固、充实、提高"方针后，商业购销渐有起色。1976年后，生产逐步发展，商业随之繁荣。

中共十一届三中全会后，实行改革、开放，贯彻"以计划经济为主，市场调节为辅"，"多种流通渠道，多种经济成份，多种经营方式，减少商品流通环节"(简称"三多一少")的方针，推行奖励制度，试行责任制，允许私人经营，个体商业有了发展。商业发展迅速，商业网点、商业人员大增，商品日益丰富，高档商品普及城乡，票证逐步取消，市场繁荣兴旺。1985 年，全县有商业网点 2049 个，从业人员 4270 人；社会商品零售总额 9954 万元，为 1950 年的114 倍，1966 年的 5.8 倍；农副产品收购总额 1713 万元，为 1950 年的 19.7 倍，1966 年的 2.6 倍。

1950—1985 年扬中县社会商品零售总额情况表

表 88

年份	金额（万元）	年份	金额（万元）	年份	金额（万元）	年份	金额（万元）
1950	87.20	1959	1049.50	1968	1339.87	1977	4161.83
1951	314.80	1960	1545.80	1969	1801.68	1978	4697.66
1952	605.80	1961	1112.50	1970	2108.30	1979	5937.74
1953	697.30	1962	1080.80	1971	2472.35	1980	6346.00
1954	748.80	1963	1088.30	1972	3024.03	1981	6712.00
1955	718.10	1964	1048.00	1973	2980.00	1982	6747.00
1956	937.60	1965	1322.00	1974	3076.99	1983	7667.00
1957	994.10	1966	1706.00	1975	3506.65	1984	8567.00
1958	1117.40	1967	1772.92	1976	3673.58	1985	9954.00

1950—1985 年部分年份扬中县主要农副产品收购情况表

表 89

类别 年份	收购总额（万元）	其中					
		猪（百头）	羊（百头）	禽（百只）	蛋（百公斤）	水产（吨）	蚕茧（担）
1950	86.70						1346
1953	157.70	27			4.0	56	1992
1957	431.40	382	38	414	31.0	63	1487
1962	572.40	60	9	492	939.5	176	1143
1965	431.10	294	25	120	268.0	63	1482
1968	658.40	472	2	40	21.0	—	3714
1971	997.49	758	0	0	0.5	305	2051
1976	1131.70	622	1	185	336.5	43	1186
1980	2245.75	1431	1	35	598.5	36	1681
1983	2670.00	923	36	209	1503.5	71	2031
1985	1713.00	170			435.0	13	1529

第一节　私营商业

一、解放前私营商业

解放前，私营商业独占市场。辛亥革命前，全县没有一座大集镇，稍具规模的只有三邑镇(今老郎街)和三茅镇；没有大商店，大多为小商贩。辛亥革命后商业发展较快，民国9—13年(1920—1924)间，全县有大小集镇18个，私营工商业1189户。抗日战争时期，因遭日本侵略者的破坏和掠夺，民国31年(1942)，全县工商业户减为852户，从业人员1401人，资金36818万元，以经营烟酒日杂用品为主。解放战争期间，国民政府滥发纸币，物价飞涨，市场混乱，许多商店难于维持。1949年年初，扬中解放前夕，全县商店847户(为1924年的71%)，从业人员1448人，资金245682万元(金圆券)，行业44种。

1949年扬中解放前夕商业服务业情况表

表90

项目 行业	商店(家)	从业人数(人)	资金(金圆券)(万元)	项目 行业	商店(家)	从业人数(人)	资金(金圆券)(万元)
棉　　布	23	59	29240	旅　　馆	10	20	765
京广杂货	171	275	54340	山竹窑货	8	12	1003
文具百货	20	31	4829	浴　　室	5	13	653
盐　　栈	7	17	3247	锅碗油漆	13	23	4566
饭 菜 馆	15	22	2961	染　　坊	14	37	7257
茶食面饼	110	188	16220	照　　相	1	3	150
豆　　腐	74	98	5542	刻　　字	1	2	19
香烛纸马	12	17	1893	皮毛荒货	2	6	1200
酱醋糟坊	16	34	12251	旧　　货	6	7	1240
米　　行	14	28	2526	轧弹棉花	20	29	1815
油　　饼	23	93	48664	金银首饰	10	15	1073
土　　烟	8	26	2859	铁 匠 铺	35	65	2782
五　　洋	4	4	727	木 匠 铺	18	30	3471
中　　药	42	73	15092	铜 匠 铺	6	9	2175
肉　　铺	72	79	5332	服 装 铺	4	5	258
理　　发	41	69	2020	制　　鞋	10	11	211

续表 90

项目 行业	商店 （家）	从业 人数 （人）	资金 （金圆券） （万元）	项目 行业	商店 （家）	从业 人数 （人）	资金 （金圆券） （万元）
竹　　器	10	15	1668	木 材 行	2	6	4340
石 匠 铺	3	7	232	书　　店	1	2	129
自行车修理	1	2	14	衡　　器	2	2	129
裱　　画	1	1	20	印　　刷	1	2	480
镶　　牙	4	4	305	棺 材 铺	2	2	697
西　　医	4	4	400	纸 扎 铺	1	1	6

解放前的私营商业，主要有以下几种经营形式：

1. 坐商。是有字号、房屋、设备的店铺。规模小的有店面房屋 1~2 间，大的 3~5 间，分独资、合股、连家店 3 种类型。

2. 行商。是牙行性质的商行，有苗猪行、鱼行、粮食行、柴草行，竹子行等。行商分 3 种形式，一是有字号、房屋和资金，室内经营；二是露天架棚，棚内经营，专事代客买卖，收取佣金；三是集市时摆斗、挂秤，露天经营，专事代客买卖，收取佣金。

3. 摊贩。无字号的小本经营。一般经营棉布、百货、杂货和小吃等。

4. 货郎担。挑货郎担沿街或沿村叫卖的小商贩。大多经营日用小商品。

5. 集市。全县 18 个集镇各有不同的集期，逢集开市，四方群众前来自由贸易，称为“赶集”。

民国时期，县政府有工商行政部门管理商业。民国 37 年（1948）2 月 16 日，又成立县商会，三茅、兴隆、老郎、油坊、八桥 5 个镇设分会，商民集体入会。县商会和各分会均为政府要员和商界头面人物所把持，商会成为国民党政权控制商民的组织。

二、解放初期私营商业

1949 年和 1950 年，生产尚未恢复，又受水灾影响，商业仍不景气。1950 年私营商业减为 486 户。当时国营公司、供销合作社相继建立，但在整个商业经济中所占比重较小，市场仍以私营商业为主。

1950 年和 1951 年三茅镇 3 家私营商店营业额增长情况表

表 91　　单位：元（已折成新币）

店别	营业额			纯利增长（%）
	1950 年	1951 年	比上年增长（%）	
福华布店	13765	26623	93.4	11.0
万顺源酱杂店	7010	18910	170.0	11.0
源通酱店	1737	3875	123.1	

国营商业、供销合作商业与私营

工商业建立加工、订货、统购、包销、代购、代销关系，扶持合法经营的私营工商业。1951年2月，县工商科发证登记，私营商业增至1344户，从业人员1713人，流动资金424.84万元(折人民币新币，下同)，行业43种。其中纯商业1048户、1346人；饮食业131户、221人；服务业74户、146人。1951年年底，工商业户新增152户，400余人。各私营商店营业额也有增加。

三、私营商业社会主义改造

中国共产党在过渡时期的总路线确定对私营工商业进行社会主义改造。改造的过程是：由解放初的加工、订货，统购、包销，代购、代销，到1956年发展为公私合营、合作商店、经销代销。

政府积极发展国营商业、供销合作商业，使之取得对市场的领导权。私营商业在全县商业经济中所占比例不断下降。在全县初级市场零售总额中，1953年私营商业占49%，1954年降为24%。私营商业经济比重虽然下降，但因商业发展，其营业额仍有增加。1954年，私营商业销售实绩为160万元，1955年220万元，增长37.5%。

1952年2月，开展对私营工商业户的"五反"运动(反行贿，反偷税漏税，反偷工减料，反盗窃国家资财，反盗窃国家经济情报)，对违法经营的私营商户进行揭发、教育，打击少数不法奸商，教育多数，使私营工商业户端正经营作风。

1952年对市场牙行进行改造、管理，规定牙行须有一定资金；取消两面佣，只准收内佣，佣金最高不得超过5%，鱼行不得超过3%；要有固定地址。有些牙行因获利不多，遂歇业、转行。

1953年，国家对粮食、油料实行统购统销，粮食、油料由中国粮食公司经营。全县7户私营粮店、40户粮行、250个油饼摊贩，由粮食部门负责教育和安置。

1954年，国家实行棉布统购统销，棉花由土产公司经营。对全县棉布商77户(其中坐商18户，固定摊贩10户，流动摊贩49户)、从业人员101人进行教育和安置。其中改为经销代销棉布的14户、27人；转业改行的63户（包括坐商9户，固定摊贩6户，流动摊贩48户)，其中转农业的58户，转手工业的2户，转其他行业的2户，自谋出路的1户，共计74人。

除少数商户对政策有顾虑，消极经营，甚至歇业外，大多数商户均积极拥护。因此，私营商业仍继续发展。除去已改造安排的商户，1954年私营商业还有1203户，从业人员1638人，资金21.44万元。

1954年，有部分商店转为公私合营商店或组成合作商店。1955年3月普查登记，全县私营商业尚有961户，从业人员1356人。1956年3月普查登记，全县私营商业共有1075户，从业人员1367人，流动资金21万元。

至1956年年底，基本完成对全县私营商业的社会主义改造，全县私营商户1069户，从业人员1367人，共组成公私合营商店18家，参加者122户、232人；合作商店62家，参加者496户、672人；经销代销店23家，参加者53户、55人（以上计671户、959人）；未参加组织的个体商贩398户、408人。对参加公私合营者给予定息，给以高薪，安排适当工作和职务。其中担任经理、主任等领导工作的75人，选为县人民代表大会代表的2人，选为乡人民代表大会代表的2人。

至此，全县商业形成国营商业、供销合作商业、集体商业和个体商业4种经济形式并存的局面。其中集体商业指组织起来的合营商店或合作商店，除少数公私合营企业转入国营外，其余统称为集体商业。这4种经济形式中，以国营商业为主导，供销商业、集体商业为辅助，私营个体商贩为补充。此时，私营个体商业在商业经济中所占比重已非常小了。

四、"大跃进"中的个体商业

"大跃进"时期，提出商业要"砍资本主义尾巴"，1959年1月，将合营、合作商店和大部分个体商贩全部并入国营商业，成为单一的国营商业经济。全县分散经营的个体商贩有421户、493人并入国营商业，私营商业全部变为国营商业。1962年，又将并入国营商业的合营、合作商店和个体商贩重新划出，对个体商贩按行业组织合作商店、合作小组，私营个体商业又转为集体商业。

五、改革开放后的私营个体商业

1978年，中共十一届三中全会召开后，实行改革开放，允许个体劳动者经营商业，私营个体商业在县内重新出现，并不断发展。个体商业拾遗补缺，对活跃市场，繁荣经济起了积极作用。

1979—1985年扬中县个体商业发展情况表

表92

年份＼项目	个体商户（户）	从业人数（人）	固定资金（万元）	流动资金（万元）	上缴税金（万元）
1979	81	245	0.23	0.53	（缺资料）
1980	86	253	0.24	0.56	（缺资料）
1981	179	273	1.44	3.35	（缺资料）
1982	214	320	1.81	4.23	（缺资料）
1983	1626	2045	41.97	97.93	49.1
1984	4371	7076	197.16	460.04	115.9
1985	4826	8177	323.46	754.74	376.5

第二节　国营商业

解放后,人民政府重视发展国营商业。1949 年设工商科(1956 年 2 月分出商业科,5 月改为商业局)统一领导商业市场。1950 年起,先后设立中国土产公司扬中县批发处、中国百货公司扬中县营业所、中国专卖事业公司扬中县批发组、中国粮食公司扬中县分公司(1953 年并入粮食局)、中国油脂公司江苏省扬中县营业所(粮食公司、油脂公司分别于 1953 年、1957 年并入粮食局,粮油购销改由粮食局负责)、花纱布公司扬中工作组、扬中县食盐批发站等国营商业机构,国营商业逐步占领市场,在市场上居于领导地位,全县商业市场起了根本变化。

国营商业与供销合作商业建立合作关系,供销合作社成为国营商业的有力助手。国营商业、供销合作商业在全县商业经济中所占比例不断上升。1950 年国营商业、供销合作商业市场零售总额比例之和为 11.22%,1951 年为 23.7%,1955 年为 67%。

国营商业与私营工商业建立加工、定货、代购、代销业务,扶持私营商业,使私营商业获得发展。

“大跃进”期间,将供销合作社、合营合作商店、个体商贩并入国营商业,商业体制成为单一的国营经济,1961 年 12 月重新分开。1968、1969 年再次合并,1983 年又恢复供销合作社集体所有制性质。

国营商业不断发展,1950 年建立的国营商业机构几经撤并,又新建机构。至 1985 年,发展为百货、五交化、糖烟酒、食品、石油、饮食服务、盐业、储运、蔬菜等 9 个公司,行政属商业局主管,部分公司业务属上级公司领导。

一、购销

1. 农副产品收购　农副产品起初由土产批发处经营,1956 年建食品公司,改由食品公司经营,主要经营生猪、禽、蛋、水产等。1964 年,全县设 4 个食品站,1 个收购组,5 个定期收购点。

20 世纪 50 年代初为自由收购。1953 年,国家将农副产品分为三类,对一类农副产品实行统购,对二类产品实行计划收购和派购,对三类产品实行协商议价收购。随着农村经济的恢复和发展,农副产品收购量不断增加。

“大跃进”时期,限制农民搞副业生产,农副产品收购困难。1959 年 1—5 月,收购生猪 7566 头,只有 1958 年同期的 47%;鲜蛋 264.5 公斤,只占 1958 年同期的 1%;家禽收购量只占 1958 年同期的 0.5%。1960 年实行派购,生猪收购只完成计划的 16%,家禽完成 70%,鲜蛋完成 15%。这一时期副食品供应紧张,1958 年每人每月平均供应猪肉 300 克,1959 年 1—5 月,只有 100 克。

1961 年改为用等价的化肥、食糖、卷烟和其他日用工业品换购农副产品。换购的工业品不敞开供应。全县设 11 个换购门市部进行换购,情况仍未好转。三茅换购站 5—6 月只销出凭券商品 50 多元,收回甲券(换购工业品用)190 张,乙券(换购副食品用)388 张。

1962 年起实行奖售政策。收购生猪,每公斤毛重奖售粮 0.5~1 公斤,同时每头猪奖给布票 2 尺,返还卖猪户猪肉 10%~15%;1966 年后改为按钱奖售,每头猪卖价 120 元以内,每 2 元奖售毛粮计划 1 公斤,三七糠计划 0.5 公斤,布票 4 尺。收购鲜蛋 1 公斤,奖售卷烟计划 8 包,或食糖计划 0.5 公斤,或粮食计划 1 公斤。收购山羊皮 1 张,奖售粮食计划 2.5 公斤,布票 1 尺。

1963 年收购形势好转,生猪计划收购 4000 头,实收 8064 头,比上年增加 43%。1964 年实收生猪 18470 头,上调 10170 头;家禽 10700 只,上调 8846 只;水产 169550 公斤(其中鲥鱼 37850 公斤),上调 135150 公斤,均超计划完成。

"文化大革命"初期,农副业生产即遭破坏,生猪收购只完成计划的 83%。1971 年,家禽一只也没有收购到。城镇居民每人每月只能供应猪肉 1 公斤。

1972 年规定派购任务,一户 1 头猪,1 只鸡,1.5 公斤蛋。是年即收购到家禽 1.25 万只。1972—1974 年,3 年共收购鲜蛋 2100 公斤,1975 年 1 年就收购 11800 公斤,是前 3 年收购总量的 5.6 倍。

1976 年后,农副产品收购量逐年上升。1979 年 3 月,调高生猪收购价格,生猪收购量激增。1976 年收购 62105 头,比 1966 年上升 65.3%;1979 年收购 117855 头,比 1976 年上升 89.76%。1979 年收购鲜蛋 10.21 万公斤,是 1976 年的 3 倍。

嗣后,农村经济日益发展。1983 年市场开放,农副产品收购货源充足,统购、派购、换购、奖售等办法相继废除。

1966—1985 年部分年份扬中县国营商业主要农副产品购销情况表

表 93

年份 / 类别	1966		1970		1975		1980		1985	
	购进	销出	购进	销出	购进	销出	购进	销出	购进	销出
生猪(百头)	396	316	565	415	741	531	1431	838	170	159
鲜蛋(担)	308	93	55	50	248	410	172	740	870	448
家禽(百只)	192	21	4	1	8		0.35			
菜牛(头)	46	6	89	15	35	8				
菜羊(只)	817	829	14	17						200
鮰鱼(担)	1645		1937		384		166		说明:1 担=50 公斤	
鲥鱼(担)	797		103		80		29			

2. 工业品供应

解放初期商品敞开供应。1953 年粮、棉、油统购统销，粮、油改由粮食局经营，棉布由商业部门凭布票限量计划供应。20 世纪 50 年代，随着经济的恢复发展，群众购买力不断提高，商品销售额不断增长。1953 年，三茅镇物资交流大会，国营商业批发额比 1952 年上升 192%。是年，国营商业支持供销合作社商品总额 16.14 万元(已折成新人民币)，占批发总额 23.6%，给予优惠额 3600 元。1954 年，国营商业零售总额 36.82 万元，占全县商品零售总额的 5.47%(供销合作商业占 70.7%)。商品品种增加，1956 年中百公司商品增加到 6000 余种。

人民公社化后，许多商品不能满足人民日益增长的需要，部分商品紧俏短缺，国家对商品进行分类，并采取不同的供应政策，对煤油、棉布等实行计划凭证供应。

1959 年商品供应更为紧张，食糖平时无供应，端午节日每人供应 25 克。肥皂每户每年只供应 1 块，很多商品长期脱销。

1963 年供应趋向缓和，国营商业销售额比上年增长 22%。1964 年销售额 2549 万元，比 1963 年增长 13.2%；利润 49.1 万元，比上年增长 168%；资金周转天数比上年快 21 天。

“文化大革命”时期，商品紧缺，食糖供应每人每月 150~250 克，节日加 50~100 克。肥皂供应农村每人每季 1 块，城镇居民每人每月 1 块。

1976 年后，商品供应逐渐好转，销售额逐年增长。

1977—1985 年国营商业商品零售总额完成计划情况表

表 94

项目 / 年份	零售总额(万元)	完成计划(%)
1977	2244.5	25.4
1978	2709.4	111.5
1979	2910.9	124.8
1980	3463.6	113.9
1981	4214.0	104.8
1982	4249.0	108.5
1983	4064.4	99.6
1984	4448.0	121.3
1985	6287.5	149.8

1976—1979 年扬中县国营商业食糖、卷烟和酒销售情况表

表 95

类别 / 年份		1976	1977		1978		1979	
		销售额 销售量	销售额 销售量	比上年增(%)	销售额 销售量	比上年增(%)	销售额 销售量	比上年增(%)
商业销售额(万元)		3349	3876	15.7	3999	3.2	5240	31.0
其中销售量	食糖(吨)	172	338	96.5	505	49.4	583	15.4
	卷烟(箱)	3372	3826	13.5	3091	−19.2	2976	−0.5
	酒(吨)	707	838	18.5	1030	22.9	1125	9.2

1958—1985 年部分年份扬中县国营商业部分商品销售情况表

表 96

类别＼年份	1958	1960	1970	1975	1980	1983	1984	1985
卷烟(箱)	1100	1900	2300	2900	2939	4066	3332	428
食糖(吨)	169	114	175	183	646	742	1100	1599
水瓶(百只)	37	140	172	175	322	187	625	897
火柴(件)	3600	3800	4300	5600	6417	8590	9895	5793
肥皂(箱)	2400	2000	5400	6900	9719	7905	13800	8300
白酒(吨)	173	387	303	335	320	1128	1368	351
自行车(辆)	19	83	201	420	1365	2488	6300	10808
胶鞋(百双)	200	178	520	592	600	847	1377	1858
手表(只)	29	62	387	1418	5177	7080	10100	14100
缝纫机(架)		55	18	402	1436	1186	3937	7220
电风扇(架)				78	455	1040	3348	9965
洗衣机(架)						12	48	501
电视机(台)				8	296	320	1362	4232
录音机(台)					9	240	904	3306
毛线(百公斤)	850	800	2350	3602	5956	7850	15200	9360
化纤布(百米)			3	1880	565	1733	2670	9290
棉布(百米)			164	17017	1124	2199	2061	2095

二、主要商业公司

1.百货公司　1951 年 6 月 13 日，于三茅镇设立中国百货公司江苏省扬中县营业所，经营棉布、丝绸、呢绒、文具纸张，搪瓷器皿、五金交电，兼营糖烟酒等。

1952 年，于油坊镇、八桥镇增设推销组，1956 年 1 月撤回。1956 年 3 月，营业所改为中国百货公司江苏省扬中县公司。4 月，报账制改为独立核算。5 月，又与专卖公司联合在油坊镇设百货和专卖批发处。7 月，撤销纺织品公司，业务归百货公司。11 月底，百货公司有批发部 3 个，经营商品 5000 多种。

1957 年，百货公司将糖果、糕点划归供销合作社经营；三茅供销合作社将三茅镇日用工业品划归百货公司经营；商业局撤销油坊镇批发处，业务归油坊供销合作社；兴隆供销合作社下属的三滧、普济两个供销点的日用工业品由百货公司批发，其他合营、合作商店及小商贩向兴隆供销合作社进货；公信桥、天后宫、丰裕桥等地的合营、合作商店及小商贩所需日用工业品直接到百货公司进货,杂品、副食品到县供销合作社进货。

1959 年,商业局精简机构,撤销公司,成立第一、第二经理部,百货公司业务属第一经理部。

1960 年 1 月,撤销第一、第二经理部,百货公司经营的业务归纺织百货经理部。1964 年 2 月 9 日,百货公司改名为中国百货公司扬中县商店。1971 年恢复“扬中县百货公司”名。

1971—1985 年扬中县百货公司(商店)经营情况表

表 97

年份	商品纯销售额(万元)	费用总额(万元)	费用率(%)	纯利润额(万元)	自有资金(万元)	资金周转天数(天)	备注
1971	222.82	7.27	3.26	0.220	22.00		
1972	472.32	14.98	3.17	15.832	22.00	109	
1973	582.26	19.16	3.29	22.686	22.57	108	
1974	623.08	19.72	3.17	24.148	22.57	108	
1975	724.77	20.22	2.79	30.107	22.57	93	
1976	840.42	22.24	2.65	35.133	22.57	93	
1977	1374.91	30.34	2.21	48.010	27.57	78	
1978	1651.77	33.28	2.01	45.806	27.57	84	
1979	2123.42	37.55	1.77	48.345	27.57	69	五金化工交电划出,成立五金化工交电公司,独立核算
1980	1937.72	35.12	1.68	56.556	27.57	64	
1981	1558.26	35.98	2.11	55.150	27.57	69	
1982	1153.86	43.02	3.28	26.215	19.62	68	
1983	929.19	39.90	3.66	36.697	19.62	96	
1984	1403.55	53.31	3.37	46.902	19.62	82	
1985	2277.82	80.18	3.52	81.100	19.62	74	

2. 五交化公司　解放后,五交化业务先后由中百营业所、第一经理部、百货公司经营。1978 年 5 月 30 日,县商业局成立江苏省扬中县五金交电化工公司。1985 年,五交化公司设有五金、交电、化工 3 个批发组和金星商场、星火交电商店、五交化商场、贸易中心五交化服务部 4 个门市部。

1980—1985 年扬中县五交化公司经营情况表

表 98

年　份	商品纯销售额（万元）	费用总额（万元）	费用率（%）	纯利润额（万元）	自有资金（元）	资金周转天数
1980	371.59	8.57	2.31	17.80	8.0	63
1981	345.86	9.82	2.39	24.12	7.2	49
1982	427.42	15.44	3.61	21.23	7.2	68
1983	472.85	12.96	2.74	27.71	7.2	61
1984	625.78	22.46	3.59	32.81	7.2	49
1985	1121.58	33.65	3.00	3.91		62

3. 糖烟酒公司　糖烟酒公司建立前，烟酒归专卖公司经营，糖果糕点归百货公司经营。1959 年糖烟酒归商业局第二经理部经营。1960 年，属生产资料副食品经理部管理。1962 年，副食品公司兼营糖烟酒。1963 年，副食品公司改名为中国糖烟酒公司江苏省扬中县公司。1984 年，卷烟实行专卖，成立烟草专卖局，卷烟归专卖经理部经营。

1971—1985 年扬中县糖烟酒公司经营情况表

表 99

年　份	商品纯销售额（万元）	费用总额（万元）	费用率 %	纯利润额（万元）	自有资金（万元）	资金周转天数
1971	159.01	5.145	3.24	8.531	15	
1972	343.61	11.166	3.25	17.991	12	50.2
1973	380.96	15.744	4.13	20.347	16.1	50
1974	346.20	16.516	4.77	18.166	16.1	64
1975	405.56	19.468	4.80	21.352	16.1	58
1976	437.83	19.759	4.51	22.080	16.1	54
1977	536.90	22.731	4.23	26.428	16.1	50
1978	556.39	24.199	4.35	28.276	16.1	55
1979	582.93	25.024	4.29	20.769	16.1	66
1980	628.50	25.248	4.02	28.419	15.57	65.3
1981	670.36	28.109	4.19	31.014	23.92	64
1982	958.98	34.245	3.57	44.560	23.21	61
1983	823.78	25.887	3.14	29.920	21.71	42
1984	859.18	33.963	3.95	32.504	18.71	39
1985	812.80	42.265	5.20	34.430	18.71	50

4. 食品公司　食品公司未建时，生猪、禽蛋等农副产品，均由土产批发处经营。1956年7月，建立扬中县食品公司，为独立核算单位。1959年划归第二经理部。1960年1月，改属农副产品采购经理部管理。1962年6月恢复食品公司。

食品公司主要经营生猪、禽蛋，并附设1个蔬菜门市部。1963年兼营糖烟酒业务。是年10月，食品公司在三茅、新坝、兴隆、油坊、八桥、幸福增设6个固定收购组，并在丰裕、联合、三滧、长旺、永胜、四墩子、倒石桥增设7个定期收购点。1964年，新坝、兴隆、油坊、三茅、八桥收购组改为食品站。

"文化大革命"期间，食品公司并入生活资料社。1971年撤销生活资料社，食品业务由土产公司经营。

1973年6月，恢复食品公司。1978年实行"三统一"(统一经营、统一核算、统一调拨)，利润上缴省公司，商业局成为行政代管机构。1985年改变"三统一"规定，行政、业务重归县商业局统管。

1973—1985年扬中县食品公司经营情况表

表100

年　份	商品纯销售额(万元)	费用总额(万元)	费用率%	纯利润额(万元)	自有资金(万元)	资金周转天数
1973	191.22	12.491	6.53	1.865	25	42
1974	420.11	26.726	6.36	1.181	25	42
1975	485.88	25.247	5.20	4.472	25	26
1976	374.95	20.930	5.58	2.179	25	38
1977	305.94	22.907	7.49	-3.476	25	48
1978	471.59	25.040	5.31	10.239	4.50	31
1979	1039.68	38.655	3.72	53.114	9.55	19
1980	1254.96	52.738	4.20	51.514	9.55	18
1981	1036.76	86.178	8.31	35.815	9.55	17
1982	1055.03	43.088	4.80	33.704	9.55	15
1983	782.07	36.371	4.65	20.343	9.55	19
1984	715.92	44.448	6.20	20.643	8.60	19
1985	452.34	38.675	8.55	-4.030	8.60	42

1966—1985 年部分年份扬中县食品公司主要食品购、销、调情况表

表 101

年份	生猪(万头)			菜牛(头)			菜羊(只)			家禽(百只)			鲜蛋(担)		
	购进	销出	调入调出	购进	销出	调入调出	购进	销出	调入调出	购进	销出	调入调出	购进	销出	调入调出
1966	3.96	3.16	-0.669	46	6	-40	817	829	+12	192	21	-171	308	93	-215
1970	5.65	4.15	-1.821	89	15	-74	14	17	+3	4	1	-3	55	50	-5
1975	7.41	5.31	-1.863	35	8	-27				80		-80	236	410	+180
1980	14.31	8.38	-5.805							4		-4	1386	761	-723
1983	9.28	7.80	-1.309										874	498	-370
1984	7.76	6.64	-1.045										1150	591	-887
1985	1.70	1.37	+0.146 -0.189												

说明:1. "+"号为调入,"-"号为调出； 2. 上述数量包括委托供销合作社代购、代销数在内,实际是全县购、销、调总数

5. ***石油公司***　石油原为煤建公司经营,属物资局。1978 年划归商业局管理,1979 年 1 月 2 日成立江苏省扬中县石油公司,1985 年 8 月划归县计经委管理。

石油公司主要经营汽油、柴油、润滑油和煤油。1979 年前只经营 70 号、90 号两种汽油,-10 号、0 号、20 号 3 种柴油,14 种润滑油,1 种煤油。1979 年, 公司经营品种增加。1985 年有汽油 5 种,润滑油 23 种,柴油 1 种,煤油 1 种。

1981 年建加油站 1 座,占地面积 2100 平方米,拥有 30 立方米地埋油罐 2 只,储量 45 吨;加油机 2 台,实现收油管道化, 供油半自动化。在沙家港建油库 1 座,占地面积 12860 平方米, 有各种油罐 23 只,总储量 2000 吨。另有消防器材 20 余种,油车 2 辆。1984 年备油轮、拖驳各 1 艘(油轮 20 吨位,拖驳 30 吨位)。1984 年又建办公、宿舍用楼 226 平方米。

1979—1985 年扬中县石油公司经营情况表

表 102

年　份	进货(吨)	销售(吨)	营业额(万元)	利润(万元)	费用率(%)	资金周转天数
1979	4661	4678	204.60	24.00	6.99	50
1980	4548	4881	220.75	21.53	5.53	59
1981	4586	4162	215.62	19.33	5.97	64
1982	3900	3865	220.01	16.70	6.61	61
1983	5505	5094	320.01	15.19	5.09	68
1984	5216	5328	363.65	12.60	5.10	54
1985	5765	5966	447.00	17.70	3.70	34

6. 饮食服务公司　1958年，建立国营扬中饭店，分住宿和饮食两部，属商业局。1967—1972年，由县革委会平调经营。1972年，饮食部划归商业局管理，住宿部仍属县革委会招待所经营，改称县招待所。1973年6月，扬中县饮食服务公司成立，扬中饭店划归饮食服务公司。1979年，公司在三茅镇增设网点，计有饭店2家，烧饼店6家，老虎灶1家，理发店2家，旅社2家。

1984年10月，原扬中饭店饮食部，新建3层楼房1幢，设迎宾、牡丹两餐厅。饮食服务公司下属各单位均为独立核算单位。到1984年年底，饮食服务公司下属有扬中饭店、绿扬饭店、江城商场、人民旅社、江洲浴室、飞燕食品厂和商业服装厂7个部门。

1973—1985年部分年份饮食服务公司饮食部经营情况表

表103

年份	商品纯销售额（万元）	费用总额（万元）	费用率%	纯利润额（元）	自有资金（元）	资金周转天数
1973	14.215	4.037	28.40	6384		
1975	23.271	4.067	17.48	7661	4020	39
1980	32.433	5.781	17.82	19386	4020	98
1983	55.036	9.617	17.47	40573	54020	97
1984	59.160	9.758	16.49	49805	54020	149
1985	95.176	24.175	25.40	382		93

1974—1985年部分年份扬中县饮食服务公司服务部经营情况表

表104

年份	商品纯销售额（万元）	费用总额（万元）	费用率（%）	纯利润额（万元）	年份	商品纯销售额（万元）	费用总额（万元）	费用率（%）	纯利润额（万元）
1974	2.605	2.193	84.20	0.320	1983	16.723	11.756	70.30	0.227
1975	2.644	2.204	83.23	0.347	1984	25.725	12.646	49.16	1.026
1980	10.553	9.662	91.56	0.267	1985	18.511			3.139

7. 盐业公司　1950年设立扬中县食盐批发站，属苏南盐业公司镇江市支公司领导。1955年省盐业公司成立，县批发站直属省公司领导。1955—1984年，食盐产销曾“三分三合”，即：1955—1957年，产销由原来的分开经营合而为一；1958年产销分开，1965年产销合一；1971年分开，1983年产销合一。县食盐批发站因此依次属省工业厅盐务局、糖烟酒公司、淮北盐务局等单位领导。1983年仍归盐业公司领导，9月改名扬

中县盐业批发部。1985年批发部改名为江苏省盐业公司南京市公司扬中县支公司。

食盐历年需求量浮动甚微，年均为2500~2600吨。随着群众生活水平的提高，生活用盐由粗盐转向以精盐为主。

1958—1985年盐业公司食盐销售情况表

表105

年份	销售(吨)	年份	销售(吨)	年份	销售(吨)	年份	销售(吨)
1958	1445	……	……	1975	2023	1981	2134
1959	1857	1970	1717	1976	2235	1982	2362
1960	3126	1971	1705	1977	2423	1983	2450
1961	2465	1972	2043	1978	3101	1984	2752
1962	1999	1973	1916	1979	2494	1985	3097
1963	1407	1974	1797	1980	1909		

说明：缺1964—1969年资料

8. 储运公司 1962年6月20日，成立江苏省扬中县商业局储运站，后撤销。1977年3月，成立扬中县供销合作社储运站，1978年开始独立核算。1983年，商业局与供销合作社分开，储运站划归商业局。1984年改名江苏省扬中县商业储运公司。

1978—1985年扬中县储运公司经营情况表

表106

项目 数量 年份	营业收入		利润		人数		运输车(辆)	行驶车公里(万)	行驶吨公里(万)
	公司收入(万元)	其中运输收入(万元)	公司收入(万元)	其中运输收入(万元)	公司人数	其中运输人数			
1978	5.01	5.01	-1.22	-1.22	32	5	4	9.35	23.40
1979	10.70	10.70	0.70	0.03	38	10	6	27.20	48.74
1980	14.02	5.02	0.31	0.15	28	3	3	14.40	23.60
1981	23.03	7.93	0.61	0.81	37	8	5	20.90	37.60
1982	25.60	12.10	0.77	1.77	38	8	5	30.90	56.70
1983	44.25	16.80	5.54	3.43	47	9	6	41.87	78.87
1984	81.52	21.40	6.46	3.76	51	11	8	50.12	99.82
1985	104.77	24.10	9.72	5.20	63	11	7	40.20	105.40

9. 蔬菜公司　1983 年 1 月，县蔬菜公司从食品公司分出，为独立核算单位。1985 年销售额 186.48 万元，利润 3.7 万元。

1977—1985 年扬中县蔬菜公司销售情况表

表 107　单位：吨

年份＼项目	地产蔬菜	外地组织蔬菜	合计销售量	年份＼项目	地产蔬菜	外地组织蔬菜	合计销售量
1977	1295	730	2025	1982	1950	935	2885
1978	1805	695	2500	1983	1900	970	2870
1979	2015	765	2780	1984	2050	875	2925
1980	1400	930	2330	1985		600	600
1981	1600	950	2550				

第三节　供销合作商业

一、沿革

解放前合作商业　民国时期，国民政府一度提倡合作商业。民国 18 年(1929)，江苏省农矿厅特准扬中县设立合作指导所，后因经费困难，未见成效。民国 23 年(1934)，国民党扬中县党部筹办合作社。民国 24 年(1935)4 月 17 日，《扬中民报》刊登该社“征求社员启事”和推销商品的广告。民国 36 年(1947)，全县各地相继成立各种形式的合作社。如南阳乡养鱼生产合作社，社员 71 人，资金 1232.20 万元(法币币值，下同)；四教乡养鱼生产合作社，社员 34 人，资金 340 万元；雷观乡生猪生产合作社，社员 144 人，资金 172.20 万元；南阳乡油饼生产合作社，社员 34 人，资金 1500 万元；和气乡营房港藤柳生产合作社，社员 46 人，资金 908 万元。

民国 37 年(1948)，扬中县政府成立消费合作社，集资 1 千股，每股 10 元(金圆券)，主要配售米、面、油、盐、棉布、杂货等，以解决政府官员的物资供应。据《江苏省政府工作报告(民国 37 年 1—6 月)》中的“江苏省合作社概况统计表”载，民国 37 年(1948)1—6 月，扬中县计有“县联社 0，乡镇社 4，保合作社 1，专营社 6，专营联合社 0，社员社数 0，社员人数 1160，股金数 13026.8 万元(已交 6326.3 万元)”。

因商业不景气，有些合作社难于维持，民国 36 年(1947)3 月 18 日，《扬中民报》《正气报》《新闻周报》联合刊第 2 版以“生意清淡，营业不振，兴隆乡合作社倒闭”为题，刊登了兴隆乡合作社倒闭的消息。

解放后合作商业 新中国成立后,党和人民政府即从“发展经济,保障供给”出发,积极发展供销事业。1949 年 11 月开始筹建供销合作社,1950 年 1 月正式成立扬中县供销合作总社。此后全县各集镇均建起基层供销合作社。1950 年 4 月先在三茅板沙乡集股建社,发展社员 1900 人,集股金 21500 公斤大米,组织副业生产。接着又在新坝、三茅、兴隆、八桥等区建立 4 个分社,设临时供销处,主要供应救灾物资。1950 年 8 月 16 日,在鸣凤乡建立全县第一个基层供销合作社,发展社员 268 人,集股金 3140 公斤大米。同时将各区分社改成基层供销合作社。至年年底,全县共建成新坝、三茅、三滧、普济、兴隆、油坊、鸣凤、玉皇庙、八桥 9 个基层社,工作人员 37 人。

解放初期,供销合作社主要从国营商业进货,通过预购、代购、代销形式,成为国营商业的得力助手;也有部分商品来自私营工商业,并向个体农民收购农副产品。企业资金采用群众入股形式筹集。社员享受股金分红和价格优惠、产品优先推销等权利。供销合作社属集体所有制性质。

1951 年,在天后宫、长旺桥、老郎街、西来桥又建 4 个基层社。全县共 13 个基层社,入股社员数占总人口的 15.77%。1952 年,建丰裕基层社;1953 年并去普济、长旺两个基层社。1954 年 11 月,县总社更名江苏省扬中县供销合作社,设干部、秘书、供应、推销、财会、生产、组导、经济计划 8 个股和 1 个花纱布小组。各基层社也改名“供销合作社”。是年,供销社商品销售总额占全县商品销售总额的 70.7%,供销合作社在商业经济中已处于举足轻重的地位。

1955 年,按行政区划建社,原有 12 个基层社合并为新坝、三茅、兴隆、油坊、西来 5 个区供销合作社,设公信、天后宫、丰裕、三滧、普济、长旺、老郎、鸣凤、永胜、八桥、倒石桥 11 个采购供应站和万福桥、上八桥、栏杆桥、板沙、南旺桥 5 个供应站。

1956 年,国务院明确规定,供销合作社的任务是负责农副产品和农业生产资料的收购、分配、调拨、供应,并领导农村市场。原来的代购代销全部改为自主经营。经过对私营资本主义工商业改造后,农村商业体制分为国营商业、合作社商业和公私合营、合作商业。

1958 年 5 月,撤区建乡,以乡建社,5 个区社改建成 11 个基层供销合作社。下半年实现人民公社化,11 个基层社改建为 11 个采购供应站。同时将供销合作社并入国营商业,成为全民所有制性质。供销合作社和商业局合署办公,对外统称商业局。1959 年年初,将各基层采购供应站改名公社供销部。1961 年 12 月,县供销合作社与商业局分开办公。1963 年将原 11 个基层供销部改建为新坝、三茅、兴隆、油坊、幸福 5 个中心供销合作社,1965 年又增加八桥中心供销合作社。6 个中心社分辖 10 个采购供应站和 5 个供应站。是年,全县供销系统有固定资产 27.29 万元,自有资金 72.29 万元,年利润 17.25 万元,农产品收购额 310 万元,商品销售额 703 万元,职工 700 多人。

1970年年初,6个中心供销社扩建为11个基层供销合作社。又根据中央商业“四十条”的精神,进行商业体制改革,供销合作社恢复集体所有制性质。1971年5月,供销合作社再次并入国营商业,又变为全民所有制。1975年,三茅供销合作社分为三茅供销合作社和城镇供销合作社。

1979年,重新建立江苏省扬中县供销合作社,和商业局合署办公,两块牌子,一套班子。

1983年,根据中央1号文件,又恢复供销合作社合作商业体制、集体所有制性质,并加强组织上的群众性,管理上的民主性,经营上的灵活性,使供销合作社成为农村供销、加工、贮存、运输、技术等综合服务中心。3月,县供销系统进行经济体制改革。7月,县供销合作社更名扬中县供销合作联社。是年,全县供销系统共有固定资产517.4万元,自有资金588万元,年利润222.8万元,商品纯销售额5858万元;农民股金21.33万元,入股农户占全县总农户的90%。

1985年,除12个乡镇均有基层社外,并设有4个供销站、5个供应站和4个专业公司,155个双代店,共有职工1873人,为1956年的4倍;社员股金277.5万元,为1957年的30.3倍;是年销售总额8878.49万元,利润255.87万元,费用率6.12%,资金周转为70天,资金利润率10.53%,百元销售流动资金20.05元,百元销售实现利润2.89元。商品品种由1950年的10余种增至5000种以上。

二、购销

供销合作社建立后,承担收购农副产品进城和销售、工业品下乡的双重任务。供销合作商业是城乡经济联系的纽带和商品流通的主要渠道。供销合作社在开展购销活动时,还参与生产,指导生产,从人力、物力、财力、信息、技术、种子、肥料、农药等各方面支持农民发展生产。

1978—1985年供销合作社购销情况表

表108　　单位:万元

项目 年份	纯购进	纯销售	调入调出(省外)		库存	利润
			调入	调出		
1978	2054	3924	308	158	1334	140.1
1979	1403	3473	121	35	1020	158.0
1980	1671	4136	182	66	1117	207.8
1981	1696	4301	183	63	1142	187.8
1982	1977	4474	167	41	1201	201.5

续表 108

项目 年份	纯购进	纯销售	调入调出(省外)		库 存	利 润
			调 入	调 出		
1983	2155	5121	245	28	1106	222.8
1984	2216	5858	271	102	1363	219.9
1985	3061	7409	420	66	1806	255.9

1. **农业生产资料供应** 供销合作社坚持“为农业生产服务”的经营方向。1950年发生灾荒,刚成立的供销合作社及时组织供应廉价饼肥57377担,有效支持农民的抗灾生产斗争。土地改革后,农民分得土地,生产热情高涨,肥料、农具需要量大增,供销合作社尽量满足供应并宣传“肥田粉”(即化肥)的优点,1952年销售化肥0.25吨,1953年销售化肥63.2吨。1954年发生大水灾,供销合作社及时组织供应排涝柴油21万公斤,大量毛竹、木材、秧草籽、农具、农药等物资支持受灾农民生产自救。物资供应为1953年的11倍。1956年大力推行预销,与247个农业生产合作社签订预销合同,组织送货下乡,推广新式农具119件,农机械751架。1957年大力组织防汛器材,预防洪水灾害,调入草包9050只,柴油14吨,煤炭127.8吨及其他农用物资。1958年,动员商业人员800余人支农,送货下乡,化肥、农药、农机械供应量分别上升3.3倍、10倍、4.5倍。三年困难时期,货源不足,除多方组织外,大搞代用品,以缓和供求矛盾。1962—1965年继续组织货源,产销直接见面,开展省内外经济协作,恢复耕牛市场,使工农业生产迅速得到恢复和发展。

“文化大革命”开始后,供销合作社的经营活动受到严重影响,生产资料销售额下降,1967年336万元,1968年263万元。1972年开始好转,达535万元。1978年起逐渐繁荣。1980年改进生产资料供应方法,将化肥、农药直接送到边远队户,方便群众购买,计送化肥3500多吨,并为社队举办农药化肥使用技术训练班;对农用柴油实行统配,单机核算,定量供应,耗油量从每亩7.9公斤下降到5.1公斤,全县节约农用柴油678.6吨。

1981年农村实行生产责任制,化肥、农药和小农具的供应出现用量大、品种多、用户分散的新情况,供销合作社及时组织调查,摸清底细,派专人至江西、安徽、浙江等地采购竹木材料,加工各类中、小农具,敞开供应,并采购大量农药、化肥等,以满足农业生产需要。

1983年,增加化肥、农药固定供销点,由12个增至36个,划片就近供应或送货上门,以方便群众。1984年又增设化肥供应点64个,方便农民购买化肥。

1985 年,全县供销系统共有生产资料商店 24 家,职工 120 人;供应点 123 个,职工 123 人;油库 12 座,储油量 135 吨;生产资料仓库 13 个,建筑总面积 3850 平方米;供应生产资料 175 种,其中化肥 6 种,农药 45 种;聘用农业生产资料辅导员 26 人。

1953—1985 年部分年份扬中县供销合作社主要生产资料供应情况表

表 109

项目 年份	农药 (吨)	化肥 (吨)	桐油 (公斤)	农用薄膜 (公斤)	毛竹 (根)	中、小农具 (万件)
1953		63.2				
1962	1201	1138				23
1965	275	1840				
1975	1037	10584				16
1980	1033	23398	20078	91868	67410	14
1983	1035	22632	29713	31277	55978	17
1984	1000	21443	33828	26800	47939	15
1985	399	17872	36050	59496	43900	11

2. 生活资料供应　生活资料供应是供销合作社经营活动的一项重要内容。1950 年灾情严重,全县有半数灾民断粮。供销合作社除将政府下拨的 400 袋面粉及时供应极其困难的灾民外,并积极收购滞销农副产品,集中到外地推销,换回大米和代粮品,在各区设点供应。此外还实行高价收、低价售的办法供应灾民大米、小米、面粉、麸皮、皮糠共 6.9 万公斤,优惠灾民金额 257 元(已折合新人民币)。

1953 年,经济恢复,群众购买力提高,全年供应额比 1952 年增长 52.4%。1954 年遭受水灾,为解决灾民生活,供销合作社及时从外地购进山芋、芋头、南瓜、胡萝卜、麸皮等代粮品 350 万公斤,稻草 30.65 万公斤和大量毛竹、石灰、砖头等建筑材料供应群众。全年销售额相当于 1953 年的 3.17 倍(包括生产资料与生活资料)。

从供销社建社到 1954 年年底,购销业务总额达 927 万元。1957 年夏秋两熟收获期间,阴雨较多,稻草、麦草烂损严重。供销合作社及时从外地采购柴草 120 余万公斤供应缺草户。1959 年,烟、酒、肥皂等工业品和鱼、肉、禽、蛋等荤食品货源甚少,供销合作社组织力量用土法加工酒类、肥皂,建立饲养猪禽场和蔬菜种植基地,以缓和肉食、蔬菜的供求矛盾。1960—1964 年,多方设法帮助农民解决吃饭、烧草等困难。1961 年冬,采购绿豆芽 20 万公斤,缓解春节蔬菜供应不足的矛盾。1963 年 11—12 月,采购山芋 53.5 万公斤,胡萝卜 175 万公斤,以低于市场的价格供应农民,减轻农民负担 4.35

万元。1963年1—2月,供应农民煤炭5800吨,木柴10万公斤,芦柴36万公斤,杂草60万公斤,基本上解决烧草紧缺的困难。

“文化大革命”期间,部分生活用品供求脱节,直至1975年始有好转,对紧缺商品如手表、自行车、缝纫机等,采取按比例分配到农村,按系统分配到单位的办法供应。1976年,在防震抗震中,供销合作社系统职工,组织调运群众生活用品,加工茶食糕点,在露天设站供应。

1978年后,经济发展迅速,农民渐趋富裕,供销合作社根据需求变化,指导供应。1978年,全县工业产品出样率比上年增加30%,品种为5000多个。1979—1980年,注重市场分析,排查库存商品,计算供需差额,放手组织中、高档商品,直接向生产单位和二级批发站进货,向社队厂购进三类小商品。1980年,县级公司采购计划外物资总值410万元,克服商品种类少、式样“老”的现象,使一直紧俏的自行车、手表、缝纫机、铅丝、圆钉、肥皂等供应得到缓和,洗衣粉、纸张、纸制品、食糖等基本满足需要。并从安徽、苏北等地购进5万多公斤黄豆,全面恢复豆制品生产,县境集镇普遍供应豆腐、百页、豆浆等豆制品。土杂品公司成立信托贸易货栈,议购议销三类农副产品,并组织芝麻、花生米1.6万公斤,杉木盆、桶坯料5800件,填补市场空白。

1981—1982年,实行“三先一后”(即组织生产在先、供应原料在先,辅导技术在先,收购在后)的流通体制,注重组织对路适销的新、优、名、廉、缺产品。1982年,到外地组织卷烟、毛线、手表、自行车、枣等计划外物资,总值1489万元。采取摆摊设点,挑货郎担下乡,举办展销会等办法,以扩大销售。1982年共举办大型展销会6次,销售总额51.2万元。基层社举办展销会1600多次,销售总额60余万元。全年送货下乡9381人次,销售总额70余万元。

1984年5月,成立供销合作社经理部(后改为日用工业品公司),为基层社和集体、个体商业沟通信息,提供服务,改变对集体和个体商业卡品种、卡数量的做法,实行开放、搞活,鼓励百家经营,坚持国家、集体、个体一起上的方针。是年,对集体、个体商业批发额达597万元,比1983年上升78.2%。全年销售电视机637台,手表1693只,缝纫机3141部,自行车5806辆,毛线1.87万公斤,化纤布104.16万米,卷烟4688箱,酒类2521吨,食糖846吨,营业总额3716万元,完成计划的116.1%。

1985年,全县供销合作商业系统共有工业品批发机构20家、职工75人;零售机构87家、职工440人,其中副食品商店25家、职工95人;食品商店5家、职工10人;百货商店10家、职工45人;纺织品商店8家、职工40人;五交化商店7家、职工32人;日用杂品商店13家、职工58人。

1965—1985 年部分年份供销合作社各系统部分工业品销售情况表

表 110

项目 数量 类别	1965		1970		1975		1980		1983		1984		1985	
	销售	库存	销售	库存	销售	库存	销售	库存	销售	库存	销售	库存	销售	库存
圆钉(吨)	9		11	1	15	2	76	27	137	12	95	8	69	33
电视机(台)									221	35	637	215	1864	626
自行车(辆)			100		207	24	614	8	3226	56	5806	409	7314	505
半导体收音机(台)			50	11	228	96	3191	650	1177	283	1188	287	1888	386
食糖(吨)	123	22	107	14	139	7	534	36	752	85	846	95	774	100
卷烟(箱)	1145	141	1495	200	2451	228	3211	323	6164	768	4688	531	4593	367
酒(吨)	129	27	215	41	504	82	1114	206	2447	371	2521	342	2395	419
手表(百只)					14	1	30		68	14	71	9	94	25
棉布(万米)	62	9	124	3	138	50	123	86	162	26	188	27	184	25
化纤布(万米)			2		16	3	64	8	103	16	104	10	75	15
胶鞋(百双)	202	107	260	130	388	176	438	227	673	215	884	351	1438	620
火柴(百件)	29	6	42	8	51	6	61	10	73	14	89	7	50	9
肥皂(百箱)	15	2	34	4	64	18	80	37	82	11	193	61	64	14
缝纫机(架)	2		110		177	11	687	11	1072	131	3141	252	5740	445

3. 收购农副产品与扶持多种经营　饲养畜禽和加工芦柳竹，历来是扬中农村的传统副业。1950 年，供销合作社组织农民从事芦竹编织，收购竹篮、芦席、柳条、淘箩、芦苇、树木、鱼虾等，由供销合作社集中推销，换回粮食与代食品供应灾民，平均减少中间环节费用 19%。供销合作社扩股时，不少农民以手工业产品乃至用救济粮折金入股。1951 年，在兴隆、新坝、八桥等乡镇设点收购皮棉 315 公斤，籽棉 2225 公斤，大米 61.5 万公斤，并坚持高价购进、低价售出的价格政策，让农民得到较多的实惠。

1952 年春耕前，实行赊销蚕种预付蚕茧款的办法，帮助养蚕户度过春荒和准备夏肥资金。代营收购大米、稻谷、元麦、小麦、大豆、棉花、蚕豆、生猪、苗猪、鲜鱼等产品，总值达 61.5 万元(折合新币)，其中粮食占全县总收购量 88%，有效地控制粮食市场价格。1953 年，粮食实行统购统销，全县设 8 个收购点，为国家控制商品粮，起到保证供应、稳定市场的作用。

1954 年水灾后，供销合作社收购毛猪、苗猪、毛鸡 43 万公斤，向外地推销。组织灾民加工竹器，编织草包，捕捞水产，派专人负责去外地销售，共售出鱼、蟹、虾 25 万多公斤。此外还推销灾民生产的大量竹器、竹子、草绳、草包等,总值达154.5万元(折合新人民币),有效地帮助灾民实行生产自救。

1958年"大跃进"时期,供销合作社开展以收购废铜旧铁、废橡胶、生猪为主的突击月活动,1个月内共收废铜、铁、锡2100吨,废橡胶34吨,生猪3000头。但在收购中出现过强制收购铜铁锡器具的偏向。

1959年为发展养蚕事业,发动农民以芦代竹编制蚕匾,以竹代藤编制烘格。1958—1960年,在发展副业生产过程中,出现超越人力、物力、技术条件,片面强调"大干快上"的冒进现象,使副业生产遭受损失。在强调单一化发展农业生产的思想指导下,一度出现毁芦滩造田的做法,致使芦、柳种植面积锐减,年总产从1957年的11.3万担突降到1.75万担。1963年重视恢复芦柳竹生产,组织366人加工芦篾,400多人加工柳器,成立柳器合作社,发放扶持副业生产资金6.1万元,使芦篾、竹子、竹器的收购量回升,全年农民增加收入19万元。

1965年,县供销合作社建立副业生产指导股,设专职干部,负责组织指导生产。全县建立各类副业组493个,从业人员6878人,收购各类副业产品总额326万元。1966年副业生产继续发展,全县有竹器组380个,柳器组31个,芦篾编织组151个,木器组42个,其他生产组17个,从业人员有7877人。春季植柳2300亩,夏季种麻3500亩,试种留兰香、薄荷、除虫菊140亩,发展桑园2500亩。

"文化大革命"期间,副业生产遭受挫折,供销合作社忽视组织与支持,柳条产量下降,竹器产品质量差,销路窄,收购量减少,多数生产单位亏损停产,直至1975年才有起色。是年农副产品收购总值1015万元,比上年增长85%。

1977年全县建立"三场一塘"(猪场、鸡场、兔场和鱼塘)联系点,促进猪、禽、兔、鱼生产的发展。1978年普遍建立副业辅导机构,总社、公司和基层供销合作社设立副业办公室、辅导组和小组,双代点设辅导员,指导副业生产。是年发展杞柳、芦苇、刚竹、金针菜、柑桔、桑树、黄红麻等种植2800多亩,农副产品收购量较1977年上升21%,其中竹器收购金额为1977年的3倍,全年收购总值1646万元,较1977年上升96.2%。1979年废品收购37.5万元。

1980年配备副业专职人员35人。2月,举办副业辅导员训练班,学习交流蚕桑、水产、麻、柳、柑桔等方面种植经验和技术。4月,组织8人到靖江、沙洲等地学习黄鳝饲养和小蚌繁殖技术。6月,组织41人到丹阳学习栽培蘑菇。副业项目由1978年的43个发展到66个。1981年种植慈姑(茨菰)、萝卜、棉花,共收入60万元,黄红麻和蘑菇的收购量分别为1980年的4倍和5倍。废品收购45万元,比1980年上升18.4%。

1982年农村实行生产责任制后,剩余劳力增多,迫切要求发展家庭副业。县社组成73人的副业辅导队伍,举办各种技术培训班和交流会25次,并与社队挂钩联营生产,为农民发展家庭副业树典型,引路子。县社供应生产原辅材料,发放扶持资金17.6

万元,并大力开展收购、推销工作,做到以购促产。

1983年,进一步抓副业生产技术辅导。县社拨出4000多元购买《多种经营手册》2600本,赠送各级副业干部和专业户,广泛发动农民订阅《致富报》,全县订数超万份,受到江苏省政府的表彰。并印发金针菜、银耳、蘑菇栽培技术资料4000多份,召开现场会和举办培训班23次,受训500多人次,以扶持"两户一体"(专业户、重点户和联合体)发展商品生产。

1984年,供销合作社系统挂钩的"三户一体"有660户(其中专业、重点户555,贫困户57,联合体48)。从外地购进乌骨鸡、杂交鸡等新品种1.1万多只,苗鹅、苗鸭4000多只,良种1585公斤,树苗65万多株,银耳菌种3000瓶,支持"三户一体"。并调剂大量白柳、小杂竹、育银耳木、尿素、棉籽饼、农药、圆钉、铁丝等物资,发放定金14万元,流动资金2万元。聘请130多名农民为推销员,大力推销农副产品,签订售货合同350份,总金额550余万元,收购总值为1011万元。

1985年,全县供销合作社系统共有农副产品、废品收购机构22家,收购点123个,仓库计25784平方米。运输有汽车7辆,载重20吨;船6艘,载重125吨。

1969—1985年部分年份供销合作社主要农副产品收购情况表

表111　　单位:担(50公斤)

项目/数量/年份	生猪(头)	鲜蛋(公斤)	蚕茧(担)	黄麻(担)	芦(担)	柳(担)	竹(担)
1969	5382	2750					
1975	19564	4000					
1980	49117	29259	1691	1594	2813	50000	7609
1983	34908	46350	2031	294	867	34506	5819
1985	2355	6150	1529	179		10439	4527

1965—1985年部分年份供销合作社收购废旧物资情况表

表112　　单位:担(50公斤)

项目/数量/年份	杂铜	废铝	废铅	废锡	废钢铁	废橡胶	破布	破布鞋	废棉	废麻	废纸	废塑料	杂骨
1965	91	7	21	19	799	186	1159	706	146	75	308	430	810
1970	37	16	5	11	4790	227	1570	810	196	331	737	630	1940
1975	49	53	9	13	6394	396	2407	1165	354	171	1402	745	1322
1980	280	248	87	4	17248	3588	2390	1034	518	286	8191	2705	1386
1983	479	396	34	0.6	24445	1789	3091	1091	692	312	12564	2923	1354
1985	494	266	16		22834	7346	4409	816	622	335	21702	1799	1185

三、主要公司

1.土产公司　1950年,于油坊桥设立中国土产公司扬中批发处,负责生猪、禽蛋、柳竹器等农副产品购销工作。1952年批发处撤销,在原地设生猪收购点。1953年建成电厂桥仓库,收储各基层社收购的农副产品和废旧物资。土产购销业务先后归第二经理部和农副产品采购经理部经营。1962年10月,农副产品采购经理部易名为扬中县农副产品采购公司。1965年4月1日改名江苏省扬中县土产公司。

土产公司主要经营农副产品和废旧物资回收。1971年从农资公司划入日用杂品公司,土产公司即改名为土产杂品公司。1973年在前进路造大楼一幢,公司从县社迁入办公,并附设两个门市部。1975年3月,成立扬中县对外贸易公司,与土杂公司合署办公。并创办扬中县柳竹工艺制品厂,生产柳竹制品。同年,建东新港外贸柳器仓库,创办废钢铁厂。1978年外贸公司划归外贸局。1981年9月成立扬中县柳竹芦工艺制品公司。1984年12月,土杂公司分为扬中县土产公司和扬中县日用杂品公司。1985年土产公司有干部职工123人,固定资产53.358万元,年销售总额1119万元,创利润32.24万元。

1975—1985年扬中县土产公司经营情况表

表113

项目 / 年份	商品销售额(万元)	费用总额(万元)	费用率(%)	纯利润额(万元)	自有资金(万元)	资金周转(天)
1975	599.71	23.39	3.90	18.83	13.15	61
1976	620.70	22.95	3.70	20.53	13.15	56
1977	690.11	27.17	3.94	26.92	13.15	64
1978	645.96	28.28	4.38	21.85	18.15	63
1979	656.90	33.69	5.13	19.61	23.15	65
1980	675.41	36.10	5.34	21.48	24.96	78
1981	740.06	46.54	6.29	22.94	24.56	74
1982	810.83	45.45	5.60	37.00	23.02	70
1983	891.37	48.02	5.39	33.51	28.64	72
1984	942.86	52.75	5.59	31.00	29.48	85
1985	1119.09	85.05	7.60	32.24	31.85	78

2.农业生产资料公司　1962年10月成立扬中县生产资料日用杂品公司,经营化肥、农药、农药器械、中小农具、草包、三类竹木材、陶瓷器、干鲜果品、日用杂品。公司在三茅大桥东和沙家港建仓库2座,有两艘木质运输船。1964年又添置1艘拖轮和1艘350吨位的铁驳船。1965年公司改名为江苏省扬中县农业生产资料公司,经营范围

不变。

1971年将陶瓷器、干鲜果品、日用杂品等业务划归土产杂品公司经营。沙家港和三茅大桥东两仓库亦同时划出部分给土杂品公司和物资局。

1974年投资20多万元，扩建沙家港仓库，围堰江滩，增加货场面积600平方米，仓库面积1950平方米，建造专用趸船码头1座。1978—1985年，该仓库年年被评为省、市、县先进单位。

1979年在江洲东路建成占地811平方米的营业、办公四层大楼1幢，底层设生产资料门市部。1982年经营本地产碳酸氢铵化肥，建造化肥仓库1座。1985年县化肥厂停产，全县的化肥供应均由农资公司负责从外地调进。

1984年开设振兴服装厂和振兴棉百商店。1985年开办纺织品批发部和风雷五金塑料电器厂。公司经营品种从原来170多个增加到1700多个，由单纯经营型转为生产经营型。有职工91人，流动资金21.19万元，固定资产41.3万元。1985年销售总额719.7万元，创利润13.46万元。公司占地10500平方米，有办公、营业用房460平方米，仓储保管用房3060平方米，工厂厂房559平方米，职工宿舍1858平方米。

1972—1985年扬中县供销合作社系统部分生产资料供应情况表

表114

项目 / 数量 / 年份	氮肥（吨）	磷肥（吨）	钾肥（吨）	复合肥（吨）	农药（吨）	桐油（公斤）	农膜（公斤）	毛篙竹（支）	喷雾器（架）	喷粉器（架）	中小农具（百件）
1972	7413	2038			923	6775	20794	49727	757	103	1400
1973	9945	4450			1049	6125	28463	45926	845	208	1500
1974	7995	2287			871	54550	38622	40652	1178	463	1500
1975	10867	2495			1037	47650	53715	22444	945	709	1500
1976	11446	3576			628	23350	85798	41431	651	536	1700
1977	17140	4115	0.3		826	14000	75677	21011	1133	450	1400
1978	16810	4706			1050	11800	63976	40856	1163	278	1400
1979	21739	4733	493	490	984	13950	51796	53223	1165	183	1600
1980	23398	4254	223		1047	20150	91868	82232	1028	158	1500
1981	22370	4096	301		987	17250	48810	68153	961	153	1600
1982	24826	3067	268		582	19450	46166	98210	1627	282	1600
1983	22632	3038	700	131	1093	33000	34207	68600	7176	75	1751
1984	18230	2764	131	216	382	35150	43533	71500	6125	12	1499
1985	15243	2375	3	252	457	36050	60621	49800	5220	9	1085

1972—1985 年扬中县农业生产资料公司经营情况表

表 115

年　份	商品销售额（万元）	费用率%	利润（万元）	资金周转天数（天）	自有流动资金（万元）	固定资产（万元）
1972	366.26	12.3	1.442	49.5	0.5	0.09
1973	217.32	16.0	–4.893	128.6	5.3	7.03
1974	243.76	13.7	–8.763	103.7	5.3	8.03
1975	198.95	13.0	–13.895	88.8	10.3	8.03
1976	226.19	9.1	–6.449	69	10.3	14.72
1977	276.23	10.8	–5.757	72	15.3	26.62
1978	340.22	9.6	16.265	69	15.3	32.22
1979	484.87	7.0	2.443	67	15.22	33.41
1980	480.68	8.4	3.438	78	18.14	35.51
1981	435.34	8.5	4.133	83	17.98	30.61
1982	479.06	5.9	6.023	68	17.97	35.90
1983	693.76	5.0	10.083	53	18.80	39.45
1984	709.47	5.3	10.505	69.5	20.11	42.58
1985	719.72	6.6	13.459	82	21.19	41.31

3. 日用工业品公司

扬中县日用工业品公司于 1985 年 6 月成立，其前身为扬中县供销合作社供销经理部。公司的主要任务是加强横向联系，搞活流通，进一步完善供销系统的分购联销体系，组织原辅材料，推销地方产品，为乡镇企业服务。公司下设沪江门市部、江洲门市部和五交化百货批发部、纺织品批发部。1985 年完成销售额 251.27 万元。创利润 2.99 万元。

1984 年和 1985 年扬中县日用工业品经营情况表

表 116

项目／数量／年份	销售（万元）	税利（万元）	费用水平（%）	资金周转天数（天）
1984	251.27	5.31	5.40	94
1985	251.27	2.99	4.69	62

4. 日用杂品公司　扬中县日用杂品公司于 1984 年 12 月成立，与信托贸易公司合署办公。主要经营陶瓷器、铁锅、烟花爆竹、棉麻、干鲜果品及糖、烟、酒等副食品，下设日杂、果杂、陶瓷、综合 4 个门市部，2 个批发部。1985 年销售额 592.38 万元，创利润 11.74 万元，资金周转天数 82 天。

1984 年和 1985 年扬中县日用杂品公司主要商品销售情况表

表 117

品名	单位	1984 年 数量	1984 年 金额(元)	1985 年 数量	1985 年 金额(元)
棉花	公斤	173651	2779216	52743	94937
茶叶	公斤	13495	242901	7959.5	143271
苇席	条	12916	58122	150	675
苹果	公斤	37166	44599	21233	25479
柑桔	公斤	25820	25312	948	1516
日用瓷器	只	933938	260363	1024582	368436
日用陶器	只	25982	42085	16087	31977
土纸	公斤	206734	177791	109337	98402
皱纹卫生纸	公斤	88377	127262	83926	124206
草帽	顶	63097	113575	48969	102835
葵扇	把	94509	28353	80871	24261
雨伞	把	7438	44628	4061	24366
铁锅	只	31805	127220	30549	122196
汤罐	只	13173	23711	16016	28828
草席	条	4538	22690	2264	11320

四、集体商业

1956 年，完成私营工商业社会主义改造，全县私营商户有 671 户分别参加公私合营商店、合作商店和经销代销店，未组织的个体商贩有 398 户。其中，组织起来的公私合营商店和合作商店，除少数合营企业转入国营外，其余统称集体商业，隶属于县供销合作社。

1956 年对私营商业改造时，商业网点撤并过多，群众购物不便。1957 年进行调整，增设下伸门市部、网点 47 个。

“大跃进”期间，商业部门在“砍资本主义尾巴”的口号影响下，将个体商贩、合作小组和经销代销户，分别升级并入合营、合作商店。1959 年 1 月，合营、合作商店和部分个体商贩全部并入国营商业或供销合作社，成为国营、合营、合作、个体四种经济成分的大合一。全县合并合营商店 19 家，职工 232 人；合作商店 63 家，职工 672 人；小商贩 421 户，职工 493 人。

1962年，根据商业部和国家工商行政管理总局联合通知精神，将1959年开始并入国营商业和供销合作社的合营商店、合作商店和小商贩重新划出，划出的小商贩“一般不要搞单干”，可“组织合作商店和合作小组”，也加入集体商业。这样，共成立合营商店10家，133人；合作商店169家，622人；合作小组76个，93人，并下放合营、合作人员206人。

1963年，对集体商业体制进一步调整，本着小商贩不宜单干和合作商店核算单位不宜过大，人员以5至7人为宜的精神，全县调整为合营商店9家，职工130人；合作商店87家，职工655人；合作小组81人。

“文化大革命”期间，搞盲目升级，商业体制一度混乱。中共十一届三中全会以后，始有计划地组织集体商业公司和集体商业总店，以领导全县集体商业，使之正确发挥国营商业的助手作用。县供销合作社设立基层工作股，分管集体商业。至1985年，全县有集体商业公司1家，集体商业总店11家，核算单位67个，门市部136个，“双代点”150个；在职职工462人，退休职工248人。1985年，全县11个乡镇集体商业销售总额761.98万元，获利润16.58万元，费用率为12.55%，资金周转天数69天，资金利润率9.46%，每百元销售占用流动资金23元，百元销售实现利润2.2元。

五、农村双代店

农村代购代销店简称双代店，是供销合作社与各村联办的经营网点，主要从事部分农副产品、废旧物资收购和部分日用消费品销售业务，供销合作社承担双代店人员的代购代销手续费。1985年农村双代店有155个。

1981年，全县农村双代店代购5.06万元，代销549万元；1983年代购6.57万元，代销704万元；1985年代购0.09万元，代销561万元。

第四节　集市贸易

一、农村集贸市场

民国时期，扬中县大小22个集镇均有集市贸易，各集镇都有固定集期，一般每旬3至4集，邻近集镇集期互相错开，条件较好的如八桥镇则天天逢集。逢集时商贩摆摊设点营业，农民则肩挑手提，上市出售农副产品，日出为市，日中散集。上市农副产品有粮、油、竹子、柴草、水果、蔬菜、鱼、肉、禽、蛋、豆制品等，手工业产品有小农具、家织土布、竹器、柳器等，摊贩经营的有棉布、百货、杂货、小吃等。在集市贸易中，很多行业都有牙行代客买卖，向买卖双方收取佣金，佣金有的高达10%及其以上。

解放初期，通过组织物资交流，集市贸易开始繁荣，各集镇仍按规定集期逢集。

1956年开放自由市场，集市贸易十分活跃。

1958年集市被管死，贸易萧条。1960年11月，贯彻"治而不乱，管而不死"的原则，市场日趋繁荣。

"文化大革命"期间，农村"割资本主义尾巴"，集市贸易被取消，市场冷落，多年见不到豆腐、豆芽，农民自制自售竹器亦被禁止，甚至连竹器也被没收。有些商贩则转向隐蔽交易，黑市盛行。

中共十一届三中全会后，重新开放自由市场，允许长途贩运，不限经营方式，搞活流通渠道，集市贸易蓬勃发展。大的集镇还专划固定地区建立农贸市场，按行业分类分区域集中经营，有的已发展为全天营业。上市品种增多，1984年上市商品达200多种。成交额也不断增长，1983年全县建农贸市场14个，成交总额比1980年增长40%以上；1984年成交额比1980年增长81%，比1983年增长22.5%。1985年全县有农贸市场15个，成交额2062.48万元，占农村商品零售总额的20.9%，全县建有顶棚市场1180平方米。

二、城镇集贸市场

三茅镇农贸市场　三茅镇赶集摊贩原散处街道两旁，影响市容，有碍交通。1981年在镇西建宁路建农贸市场，占地2000平方米，建顶棚688平方米，铺水泥路面1130平方米。全天营业，上市摊贩约200多人，上市商品品种约150多个。1982年成交额110万元，1985年成交额680万元(含苗猪市场成交额)。

三茅镇竹子市场　在镇北友谊路，占地1500平方米，年贸易额20余万元。

三茅镇利民市场　在镇东英雄南路，1985年建成，占地13270平方米，搭棚架9750平方米，建铺面房屋1650平方米，场内主要通道长243米。全天营业，经营水果、布匹、服装、小百货、杂货、五金、交电、修理、饮食等100余种。上市商贩中有铺面的商户37户，占房165间，摆摊商贩320户。

三、专项集市

苗猪集市　解放前各大集镇均有苗猪集市。苗猪集期较少，有的一旬只有一集。亦有牙行代客买卖，收取佣金，称小猪行。

解放后，政府鼓励农民养猪，苗猪市场日渐繁荣。"大跃进"的1958年和1959年，一度限制农民私人养猪，苗猪集市衰落，1961年后才逐渐好转。是时对苗猪出售限价，苗猪价低，群众不愿养母猪，苗猪上市量减少，黑市价抬高。1966年又行限价，江南江北邻县商贩到扬中购买，苗猪外流严重，政府及时采取措施，禁止苗猪外流。

1977年，苗猪价格开放，苗猪集市日趋繁荣，苗猪价每公斤1.4~2元。是年，全县苗猪上市2.48万头，成交额70万元。

为了搞好防疫工作，各苗猪行每集均有当地畜牧兽医站兽医参加，为苗猪注射疫苗。

1985年，全县有苗猪集市8个，上市苗猪达5.7万头。苗猪价每公斤2.2~2.5元，成交额501万元，比1983年增长56%。

耕牛集市　扬中县耕牛不多，牛集贸易不旺。农民买卖耕牛，大多到丹阳、武进等邻县为主。少数大的集镇，如三茅镇有牛集，集期亦不固定。亦有居中代客买卖收取佣金的人，称“牛经纪”。解放后，耕牛仍以到外县买卖为主。1958年牛集一度停闭。1962年恢复耕牛市场，交易耕牛340多头。后因耕作逐步使用机械，养牛者日少。20世纪60年代后期，耕牛集市逐渐停闭。

四、物资交流会

解放前无专门物资交流会，在农村举行庙会活动迎神赛会时，往往结合进行集市贸易。全县大的庙会有：农历正月初九日永胜乡玉皇庙庙会，二月初八日达兴庙、大帝庙庙会，三月二十八日上东岳庙庙会，四月初八日栏杆桥如来庵庙会。最大的要推上东岳庙庙会。庙会活动时间有的1天，有的多至3天。各地善男信女纷纷赶来烧香拜佛，通宵达旦。还有迎神赛会的文娱活动如演戏、舞狮子、舞龙灯、挑花担、荡花船等。各类江湖郎中、武术班团也赶来活动，十分热闹。各行各业摆摊设点进行营业，四乡农民也携带农副产品参加交易，江南、江北也有商贩、群众来赶庙会。庙会自然而然地形成大型的物资交流会。

解放后破除封建迷信，庙会活动停止。县、乡各级商业部门常借庙会会期举行物资交流会，取代庙会集市，或另举行物资交流会，以沟通城乡物资交流。

1952年10月17—19日，县人民政府在三茅镇举行扬中县解放后第一次大型物资交流会。大会成立指挥部，领导物资交流活动，并开展文娱活动，辟时事、婚姻、卫生、农业、度量衡5个展览室，对群众进行宣传教育。参加贸易的有农民25600人，工商界代表1230人，其他“三教九流”、烧香拜佛的1800人，外地小商贩100余人。大会贸易成交额25716元(折成新人民币，下同)，收购总额9743元。会上银行还兑换金银首饰。为了充分组织货源，大会前，银行给予各商店贷款240元。会场从三茅镇东街延至上东岳庙，近1.5公里。除三茅镇104户坐商外，街道两旁摊贩林立，商品琳琅满目，群众摩肩接踵，交易盛况空前。嗣后，各乡镇均相继举行这样的物资交流会。

1953年，三茅镇先后举行4次物资交流会，成交总额达7万元。

2月8—9日，举行为时2天的物资交流会，参加交易者农民1.8万人，工商界代表4人，工作人员111人，大会经费240元。商品销售总额2.668万元，其中国营企业占

64.09%,供销合作社占 12.20%,私营企业占 23.71%。收购总额 1029 元,其中国营企业占 36.15%,供销合作社占 44.1%,私营企业占 19.75%。

11 月 7 日,举行为时 1 天的物资交流会,参加交易者农民 6000 人,工商界代表 20 人,工作人员 37 人,大会经费 20 元。商品销售总额 11561 元,收购总额 938 元。

物资交流大会对扩大工业品的销售,加强农副产品的收购,活跃城乡经济,巩固工农联盟有很大的促进作用。此后各乡镇每年均举行 1~2 次物资交流会,已成常例。

1980—1985 年扬中县农村集市贸易商品成交额情况表

表 118　　单位:万元

类别 \ 金额与比例 \ 年份	1980		1981		1982		1983		1984		1985	
	成交额	占总额(%)	成交额	占总额(%)	成交额	占总额(%)	成交额	占总额(%)	成交额	占总额(%)	成交额	占总额(%)
粮食类	84.96	10.61	89.70	9.80	94.07	8.75	106.33	8.94	192.61	13.23	160.63	7.79
油脂油料类	21.85	2.73	20.13	2.20	38.19	3.55	44.01	3.69	48.83	3.36	69.09	3.35
棉烟麻类	0.34	0.04										
肉类禽蛋类	122.27	15.26	131.80	14.40	109.38	10.17	118.94	10.00	185.13	12.76	350.80	17.00
水产品类	34.59	4.32	64.98	7.10	87.29	8.12	105.74	8.89	141.55	9.7	209.11	10.14
蔬菜类	222.27	17.75	157.43	17.20	189.15	17.59	213.50	17.95	235.14	16.20	313.34	15.19
干鲜果类	12.85	1.60	9.15	1.00	22.36	2.08	28.00	2.35	25.74	1177	35.28	1.71
日用杂品类	6.03	0.75	10.07	1.10	23.03	2.52	23.79	2.00	60.32	4.16	63.23	3.07
柴草类	8.42	1.05	7.32	0.80	12.65	1.18	15.11	1.27	41.20	2.83	10.98	0.53
农业生产资料	34.42	4.30	33.87	3.70	46.45	4.32	47.58	4.00	86.51	5.96	87.77	4.26
耕畜类	5.24	0.65										
家畜类	185.38	23.14	331.37	36.20	327.02	30.41	321.14	27.00	278.19	19.17	501.85	24.33
工业品类	0.78	0.11	11.90	1.30	47.65	4.43	76.95	6.47	97.73	6.35	134.02	6.50
废旧品类			2.73	0.30	2.5	0.02	7.49	0.63	10.44	0.72	12.58	0.61
其他	61.64	7.69	44.85	4.90	71.78	6.67	80.88	6.80	54.07	3.70	113.80	5.52

1980—1985 年扬中县农村集市贸易成交额与社会商品零售额情况表

表 119

项目 \ 金额 \ 年份			1980	1981	1982	1983	1984	1985
一、社会商品零售额(万元)			6346.00	6716.00	6747.00	7667.00	8567.00	9954.00
其中集市成交额	按市价计算(万元)		801.04	915.3	1075.52	1189.46	1456.86	2062.48
	占社会商品零售额(%)		12.96	13.66	16.28	15.86	17.14	20.90
	按牌价计算(万元)		534.02	736.78	811.27	1013.25	924.91	
	占社会商品零售额(%)		8.64	11.00	12.33	13.51	10.76	
二、农村集体和社员出售农副产品总额(万元)			3427.24	3522.25	3568.95	2861.57	2946.20	
其中	向国家交售	金额(万元)	2893.22	2785.47	2757.68	1848.32	2021.29	1713.00
		占出售总额比(%)	84.42	79.08	77.27	64.59	68.61	
	集市交易	金额(按牌价)(万元)	534.02	736.78	811.27	1013.25	924.91	
		占出售总额比(%)	15.58	20.92	22.73	35.41	31.39	

第五节 对外贸易

一、对外贸易发展概况

扬中县素以农业为主,但也不乏有胆有识之人进行海外贸易。

清代,太平洲即有人出海从事贸易,如朱锦霞、田金魁、李若根等人。

清雍正年间(1723—1735),安徽人朱锦霞逃荒至太平洲定居,种沙田、做帮工兼营小商业而逐渐致富,后陆续造海船 3 艘,进行海外贸易获得巨利,于六墩子(今属油坊镇)造屋 99 间半,置田产数千亩。

清道光元年(1821),原籍丹徒县人田金魁,迁居扬中县新坝镇,以捕捞水产为业。后闻友人从事海运获利颇丰,遂造大船 2 艘,从事海上运输,往返于上海、烟台、青岛等地。致富后,继造海船 4 艘,共 7000 吨位,转运土特产销往日本、朝鲜等地,并先后在上海、烟台、丹阳、靖江、丹徒、镇江开设栈房、当典、钱庄、茧行、盐栈、木行等,置田产 1500 余亩,当时有“田百万”之称。

19 世纪末叶,下洲农民李若根、李德仁父子,获悉新加坡人喜爱安徽安庆篾席,向亲友筹得资金前往安庆采购,于光绪二十三年(1897)由上海海运至新加坡销售。一年后回国,又贩运扬中土产淡竹箨至日本长崎销售。1903 年,李若根、李德仁父子复采购安庆篾席经香港转运至缅甸仰光，进行贸易活动。此次在海外历时 3 年多，行程万余里。虽获利不丰，但其从事海外贸易的胆略和精神，实属可贵。

民国时期，扬中工副业仅有蚕丝出口。全县有 10 余家茧行，近百副茧灶，年收鲜茧 3000~8000 担。烘干后运往上海、无锡丝厂缫丝，然后销往日、美等国。

解放后，扬中县对外贸易逐步发展。20 世纪 50 年代、60 年代，外贸业务由供销系统负责，归县供销合作社土产公司经营。前期外贸商品以蚕茧为主。60 年代增加玉雕和柳、竹器精制品，外贸收购额每年 100 多万元。

1972 年，县土产公司设立外贸领导小组，专营外贸业务。1975 年成立“扬中县对外贸易公司”。1978 年成立“扬中县革命委员会对外贸易局”，下设对外贸易公司，工作人员 13 人。1979 年改名“扬中县对外贸易局”。20 世纪 70 年代，对外贸易商品增加塑料编织包装袋、丝绸服装、绣品、红木制品、工艺鞋、首饰盒、钓鱼竿、激光针、靠垫、地毯、箱包等 20 多个品种。生产外贸商品的企业由原来的 8 家增加到 24 家。商品收购额：1973 年 200 万元左右，1977 年 436.84 万元，1979 年 664.04 万元。商品销售：1974 年 277.77 万元，1979 年增至 598.94 万元。

1981 年，外贸局增设储运组，增建仓库 1 座，工作人员增至 40 人。1984 年 5 月，撤销外贸局，成立“扬中县对外贸易公司”（同局级），工作人员增至 58 人。1985 年，全县有生产外贸产品的工厂 115 家，产品 39 种；外贸收购总额 2845 万元，约为 20 世纪 60 年代的 25 倍；销售总额 2655.12 万元，为 1974 年的 9.5 倍。1979—1985 年七年合计出口产品创汇额 11389.08 万元，换汇 3080.92 万美元。1985 年，县外贸公司有工作人员 58 人；仓库 6 座，库区面积 29 亩，库房面积 3800 平方米；运输汽车 2 辆，载重 8 吨。

1974—1985 年扬中县外贸公司财务四大指标完成情况表

表 120

年份	销售总额（万元）	利润额（万元）	费用水平（%）	资金周转（天）	年份	销售总额（万元）	利润额（万元）	费用水平（%）	资金周转（天）
1974	277.77	0.83	0.59	24	1980	1083.17	15.65	0.65	17
1975	219.56	5.22	0.55	23	1981	1362.90	6.93	0.75	19.2
1976	354.07	2.28	0.81	21	1982	1487.04	10.31	0.78	25.1
1977	328.75	2.64	0.82	13.5	1983	1660.60	7.34	1.07	31.6
1978	346.05	3.38	0.74	11.9	1984	2038.98	9.58	0.61	16.4
1979	598.94	5.16	0.84	46.7	1985	2655.12	11.14	0.81	7.7

二、主要出口产品

1. 玉雕 1957年,失业工人王立礼以40元资本,开设家庭玉雕作坊。1958年并入村办厂。1959年收为社办;10月,改为县、社合办。1960年正式成立"扬中县洗玉厂",后改名"扬中县玉雕厂"。此后该厂产品不断创新,其艺术佳作驰名中外。

1965年,该厂以8元人民币从北京购回1块玉石,精心雕琢成《二龙戏珠》,价值8万元,上海外贸公司用其从外商那里换回汽车6辆。又青玉作品《金山宝塔》玲珑剔透,晶莹光滑,价值10多万元。《青玉鱼龙链条瓶》精巧细致,雍容华贵,价值2万余元,《中国美术画报》曾刊出该品彩照。1975年创作的《杭州六和塔》,雕刻工艺"绝、润、精、俏",塔身13层,高186厘米,典雅端庄,气势磅礴,在日本举行的"中国传统工艺展览会"上展出,参观者无不为之倾倒,1975年11月,日本出版的《中国传统工艺》上刊登该品彩照。《白玉花篮》原材料成本仅两角钱,经精心雕琢后,以独特的艺术风格,博得外商的称誉,售价6500元。1977年参加全国评比的《岫玉四喜炉》,被香港《大众画报》摄影刊登。1984年雕刻的《岫玉五龙熏》,荣获轻工业部颁发的中国工艺美术百花奖和江苏省百花奖。

玉雕厂创办20余年,生产艺术品上万件,销往美国、日本及港澳等30多个国家和地区,总产值2041万元。1979—1985年共创汇人民币597.6万元,换汇148.29万美元。玉雕已成为扬中县的主要外贸产品之一。

2. 柳、竹制品 扬中县盛产柳、竹,历史悠久,柳、竹工艺品以美观、精巧、实用著称。20世纪50年代中期,扬中县的柳制品即在国际市场上享有盛誉,香港报纸称之为"制作精巧、款式新颖"。美国、加拿大、新加坡等国客商,多次到扬中县参观。1982年冬,40多个国家和地区的外商,参加在无锡召开的柳、竹、藤编织品交易会,扬中县的柳制品以其精致、美观的特点,受到参观者的赞赏,外商争相订购。中共十一届三中全会后,扬中县柳制品进一步发展,1982年出口总产值达393万元,占全省柳制品出口总值的四分之一。1984年出口总值达400多万元。20多年,柳制品远销50多个国家和地区,享有出口产品"免检"信誉,1983年荣获外贸部"品质优良"证书。1985年收购额407.29万元。

竹制品是扬中县的传统工艺品,其中柳竹混编的产品深受外商欢迎。1983年出口总额52万元,是1974年的4倍。1985年收购额19.9万元。

3. 塑料编织袋 塑料编织袋用于各种产品包装,国内外需求量很大。1979年由兴隆塑料编织厂创样,兴隆、三茅两厂生产,出口123.5万条。1980年省外贸公司确定兴隆、三茅两厂为定点生产单位,任务和原料由省外贸公司统一安排调拨。此后发展为6家,品种除全塑外,增加麻塑、棉塑、网眼、涂膜、薄膜、水泥袋等多种。生产能力不断扩大,仅全塑袋年产量就达1500万~1800万条。兴隆塑料编织厂荣获外贸部1983年颁发的"品质优良"证书。1979—1985 年 7 年中,塑料编织产品出口量达 7046 万条,出口总值 4210.56 万元,换取外汇 1096.5 万美元,占全县出口产品总值的 56%,销售市场从欧洲发展到美洲、中东、非洲和东南亚地区。

4. 服装手套 1975 年,扬中县服装厂成为省外贸公司生产出口服装的定点单位。至 1985 年,共出口布制服装 138 万件,布制靠垫 75 万只,出口总值 526 万元。产品远销日本、法国、美国、加拿大、卢森堡等 10 多个国家和地区。

1975 年三茅五金皮件厂首次生产外贸手套 420 打,1979 年县外贸公司在码头、民众、新胜、永胜、永丰、二墩子等厂生产外贸手套 8020 打,获得成功。1980 年生产厂发展到 13 家,出口量达 47410 打,出口金额 190 万元。

5. 牙刷、地毯 1972 年,扬中八桥牙刷厂开始生产"202"出口塑料牙刷。1980 年出口总量达 18.97 万打,出口金额 57 万元。该厂至 1985 年共出口牙刷 73.64 万打,出口总金额 221 万元。

三滧恒平地毯厂是村办企业,1980 年为上海畜产品公司生产成品地毯。1985 年与该公司联合经营,共生产出口地毯 6627 平方米,出口总值 290.76 万元。

1974—1985 年扬中县外贸产品收购情况表

表 121　　单位:万元

年份＼金额＼项目	丝绸类	服装类	轻工业品类	工艺品类	粮油食品类	土畜产品类	五化机类	年总值
1974	46.11		1.08	276.38	5.34	14.22		343.13
1975	86.41	5.10	7.68	212.71	0.49	9.75		322.14
1976	64.44	34.32	2.57	269.37		19.48		390.18
1977	64.92	64.50	3.00	290.95		13.47		436.84
1978	61.83	30.30	3.02	327.69	0.17	15.00		438.01
1979	66.83	27.39	38.42	416.70	0.06	114.47	0.17	664.04
1980	77.46	11.79	246.56	394.96		440.91		1171.68
1981	105.67	33.23	102.74	483.66		781.05		1506.35
1982	108.01	44.30	65.39	547.02		739.27		1503.99
1983	97.72	88.47	10.93	547.28		1071.05	2.08	1817.53
1984	111.03	93.07	35.04	582.50		1399.71	5.33	2226.68
1985	85.00	94.20	425.00	656.00	0.02	1583.50	0.53	2845.05

1974—1985年扬中县主要出口产品收购情况表

表122

年份 项目	1974	1975	1976	1977	1978	1979	1980	1981	1982	1983	1984	1985
干茧(吨)	36.13	29.75	25.5	20.33	28.7	28.76	34.87	39.7	49.74	45.55	45.63	34.95
布服装(万件)		1.7	11.44	21.5	10.1	9.13	3.93	2.31	9.25	20.95	23.72	23.53
手套(百打)		4.20				80.20	474.10	134.40	58.22		40	130
牙刷(百打)	36	10	100	100	101	211	1897	1633	1391	3181	2401	1567
玉雕(万元)	114.76	78.71	102.83	90.56	95.53	120.62	66.33	49.14	43.39	36.37	78.05	203.70
柳制品(万元)	151.5	130.6	164.4	197.4	229.2	288.5	295.4	287.9	392.5	434.7	459.4	407.3
竹制品(万元)	10.16	3.36	2.15	7.98	2.92	7.63	10.15	10.65	25.56	52.20	18.70	19.90
塑编织袋(万条)						124	485	883	778	1138	1100	
麻塑袋(万条)										5	137.4	235
棉塑袋(万条)											98	25
布袋(万条)									10	42.7	67	88
网眼袋(万条)										33	195.7	123.8
地毯(平方米)							311	1057	1507	1396		2356
山羊板皮(百张)	59	105	177	100	85	86	187	218	90	132	176	261
兔毛(公斤)	253.5	250	221.5	145	217.5	168	160	196	944	764	150	380
猪肠衣(百根)	712	649	652	442	571	674	813	705	824	972	740	156

1979—1985年扬中县出口创汇情况表

表123　　单位：万元

创汇金额 年份 项目	1979	1980	1981	1982	1983	1984	1985	七年合计人民币	七年换汇(万美元)
合计总值	669	1167	1474	1520	1795	2109	2655	113891	3081
塑料编织袋	113.04	423.03	666.52	607.76	811.14	795.46	793.61	4210.56	1096.50
柳制品	288.45	295.37	287.88	392.52	434.68	459.40	407.29	2565.59	625.75
棉麻塑袋					60.20	282.56	345.71	688.47	179.29
玉雕	120.62	66.33	49.14	43.39	36.37	78.05	203.70	597.60	148.29
服装	21.90	7.47	31.95	43.03	92.74	91.84	96.25	385.18	129.10
小厂丝	40.95	46.08	57.60	54.41	53.73	69.57	43.79	366.13	158.50

续表 123

创汇金额 年份 / 项目	1979	1980	1981	1982	1983	1984	1985	七年合计人民币	七年换汇(万美元)
手套	27.51	173.30	45.39	23.12		12.60	38.12	320.04	82.27
地毯		14.28	48.71	68.89	58.39		100.49	290.76	65.34
干茧	27.52	36.07	39.17	51.72	46.84	45.31	35.61	282.24	166.02
布袋				11.40	48.64	70.62	107.98	238.64	62.15
牙刷	4.91	28.11	35.51	29.67	6.60	5.68	31.02	141.50	28.18
其他	23.61	77.36	211.97	194.08	146.00	197.80	451.55	1302.37	339.58

1980—1985 年部分年份扬中县出口额百万元以上产品情况表

表 124

项目 / 年份	产品名称	计量单位	计划单价	出口数额	
				数 量	金额（万元）
1980	手套	打	40	47410	189.64
1984	柳制品	万元			459.40
	棉塑袋	万条	13000	98	127.40
1985	塑编袋	万条	8000	1274.5	1019.60
	麻塑袋	万条	13000	235	305.50
	轻工麻塑袋	万条		204	271.74
	玉雕	万元			203.70
	地毯	平方米	450	2356	100.49

1985 年扬中县出口额超百万元的企业情况表

表 125 单位：万元

供货企业	供出口货源金额	备 注	供货企业	供出口货源金额	备 注
镇江市塑料九厂	724.20	即兴隆塑料编织厂	县玉器厂	185.23	
油坊麻塑厂	305.50		兴隆棉塑厂	141.50	
镇江市塑料八厂	286.82	即三茅塑料编织厂	永胜麻纺织二厂	100.70	
县柳竹芦公司	202.58		三湣地毯厂	100.49	
县柳竹工艺厂	139.29				

第十章 粮 油

扬中县地少人多，通常粮油不能自给。民国期间，粮油市场被露天粮行、粮贩和食油豆饼商操纵。解放后，成立中国粮食公司扬中县公司、中国油脂公司扬中县营业所，经营粮油。各基层供销合作社亦设点代购代销，控制商品粮油，稳定粮油价格。1953年，粮油实行统购统销，粮油市场稳定。1956年，允许农民进入市场买卖少量粮油。“大跃进”“文化大革命”时期，两度关闭粮油自由市场。其时，粮油黑市交易猖獗。1958年起，全县粮食开始自给有余。中共十一届三中全会后，粮油部门开始议购议销，1980年成立扬中县粮油议购议销公司。至1985年，县粮食局下设工业、饲料、粮油议购议销公司3家，国营粮油加工厂2家，加工组4个，粮油管理所11家，仓库13座。1952—1985年，全县累计调入粮食10284万公斤，调出粮食18829万公斤。1963—1985年，全县累计调进油脂222.8万公斤，调出油脂4.45万公斤。

第一节 粮油购销

一、征购

民国26年(1937)，县政府上报称全县高低田共33万亩，实际为21万亩，还包括滩和塘。

1949年4月，解放军渡江后，保证前线粮食供应是粮食部门的首要任务。此时扬中县尚未夏征，亦无粮食储备，于是发动群众，筹借粮食。全县共借大米30.9万公斤，草101万担。群众捐献和没收地主的粮食共得大米38.3万公斤，小米0.2万公斤，稻谷35.8万公斤，小麦35.65万公斤，元麦2.55万公斤，黄豆9.6万公斤，马料1.2万公斤，接收国民党遗留的大米1.25万公斤，稻谷0.6万公斤，并有少量麦子和豆饼，总计筹得各类粮食154.85万公斤，草101万担，马料1.2万公斤。

1949年夏征时,按实际田亩数征收粮草,并对困难户实行减免。全县减免户占总户数30%,减免数占应征数15%,实征夏粮93.55万公斤,草10万担。是年秋季征粮286万公斤,实行分类、分等、分则计征办法,共分5类(水田、旱田、滩、埂、塘)4等11则,每亩赋额最高0.77元(折成新币,下同),最低0.14元,平均0.43元。一般水田为二等中则,亩赋0.54元;旱田为三等上则,亩赋0.40元;埂为三等下则,亩赋0.20元;滩为四等上则,亩赋0.16元;河滩为四等中则,亩赋0.14元。全县田赋总计为12.041万元,均按金额征粮。

1950年执行按田定产,依率计征,依法减免的办法,改公粮为"农业税",仍以粮食缴税,此办法沿用至1953年。

1951年整籍定产,查出瞒报田1万亩。对水稻田进行调查定产,分为4等,按等定产:一等田每亩187.5~205公斤;二等田每亩150~185公斤;三等田每亩120~147.5公斤;四等田每亩37.5~115公斤。埂每亩定粮100公斤,滩每亩定粮50公斤,塘每亩定粮30公斤。

1952年稻麦均获丰收,全年征购粮食861万公斤,超额完成征购任务。

1953年11月,中共中央作出《关于实行粮食计划收购与计划供应的决议》,政务院同时发布《关于实行粮食计划收购与计划供应的命令》,根据两个文件精神,扬中县制定了1954年《粮食计划收购细则》,全面实行粮食统购统销。

1954年秋遭受水灾,部分地区粮食减收或无收。秋征时,对灾区坚持合理减免政策,对轻灾区酌情多征,以弥补灾区减征粮数,并动员全县人民节约粮食,多用代食品,渡过灾荒。

1955年8月25日,国务院颁布《关于农村粮食统购统销暂行办法》,对粮食实行"三定"(定产、定购、定销)政策,规定"一定三年不变,增产不增购,平年照购,歉年减购"。县"三定"到乡,全县全年定产任务为4900万公斤,是年实产粮食4810万公斤,统购353.7万公斤,征收农业税(粮)400.5万公斤,合计征购754.2万公斤,占实产总数15.68%。

1956年实现农业合作化,改"三定"到户为"三定"到社,全县定购余粮125.5万公斤,增产区、乡增购56万公斤,减产区、乡减购9.5万公斤,计划征购粮食172万公斤,实际完成86.6%,并收购菜籽油料0.745万公斤。

1958年,取消粮食"三定",实行大购大销(即将粮食全部购进再进行返销)。在"浮夸风"的影响下,虚报产量造成严重后果,粮食紧缺,全县浮肿病、消瘦病人发病率成为全专区第一,甚至出现饿死人的现象。

接着是三年困难时期,粮食大幅度减产,群众只能"低标准,瓜菜代",千方百计克服困难,渡过灾荒。1963年,全县征购任务作适当调整,原为700.5万公斤,实际完成入库数 671 万公斤。

1965 年,遵照毛泽东"必须下一番苦功夫,合理调整农民粮食负担,务求达到藏粮于民的目的,绝对不可购过头粮"的指示,继续实行"一定三年,征购任务基本不变"的政策,其主要内容为:"粮食增产了,国家通过超购超奖的办法适当购一部分,不变原来征购任务基数;受灾减产了,适当调整当年任务,也不变原定的征购基数。"全县"一定三年"任务的基数为 406.5 万公斤。较 1964 年减少 25.3%。这一政策连续实行 6 年,受到广大农民的拥护,对调动农民积极性和促进农业生产发展起了一定的作用。

1971 年 8 月,中共中央发出《关于继续实行粮食征购的通知》,实行"一定五年"征购任务基本不变,扬中县将征购基数调整到 604.5 万公斤。

1976 年全县粮食比 1975 年增产 1260 万公斤,总产超过 1 亿公斤。是年,征购、超购、议购共 884 万公斤。

1981 年实行粮食"大包干"政策,以生产队为核算单位,以 1977—1979 年三年的平均产量、征购实绩为包干基数,包干任务为 10900 万公斤,下达统购指标 1000 万公斤。对当年实收产量超过包产的余粮队,再超购超产部分的 20%。对缺粮队按实产部分抵销 40%,抵销后变成余粮队超购。这一政策既不购过头粮,也不留有缺口,有效地调动了群众的生产积极性,促进了农业生产的发展。

1952—1985 年扬中县粮食征购情况表

表 126　　单位:万公斤

年度	数量	年度	数量	年度	数量
1952	861	1964	557.5	1976	1096
1953	961	1965	1108.5	1977	697
1954	590	1966	1956.5	1978	1487.5
1955	754.2	1967	114.5	1979	1598
1956	1459	1968	1046	1980	473
1957	1310.5	1969	1041.5	1981	711
1958	1504	1970	413.5	1982	1105.5
1959	2078	1971	898	1983	1098
1960	1646.5	1972	727.5	1984	31619(含储备粮转超购 1830.5 万公斤)
1961	1470	1973	805		
1962	888	1974	797.5	1985	587(包括定购、代购)
1963	671	1975	924		

二、销售

民国时期，全县粮食贸易主要由私营的粮行经营，一般采用代客买卖形式，约有40多家露天粮行，分布于各主要集镇。其中有买进卖出的陆陈行近10家，如新坝镇的杨正兴陆陈行、三茅镇的虞恒礼米行等。粮行除粮食交易外，还兼营豆饼。扬中粮食不能自给，民国35年(1946)，县政府报省称："以民食言，缺食米12万斤。"奸商投机贩卖，粮价飞涨。

解放初，城乡粮食商贩相互勾结，囤积粮食，哄抬市价，扰乱粮食市场。为了稳定粮价，县人民政府先后从江西、四川及省内武进、宜兴、金坛、丹阳等地购进大米供应市场，并根据粮食销售季节规律(即第一、二季度销售量较大，三、四季度销售量较小)进行计划调节。

1950年10月，成立扬中县粮食营业所，下设三茅、八桥2个供应点，经营米面和少量杂粮，改变粮食由私商粮行垄断经营的局面。

1952年，粮食投机商贩活动一度猖獗，抢购套购，哄抬粮价，元麦每公斤价格高于公司牌价0.02元~0.1元(折新币)，粮食外流严重。政府成立扬中县粮食管理委员会，加强管理，打击投机倒把活动，稳定市场，平抑粮价。是年销售大米154.625万公斤，面粉11217袋，元麦0.86万公斤，青糠1万公斤，麸皮18.9万公斤。

1953年年底，国家对粮油实行统购统销，私营粮行全部停业或转业，城乡居民口粮均由粮食部门安排。1954年县人民政府制定《粮食计划供应暂行办法》，全面实行计划销售，规定城乡居民的必需口粮数，保证供应。按上级下达的控制数，由群众自订计划，经民主评议和乡供应委员会审查后，报区政府批准，凭证到指定供应处购买。

1954年秋大水灾后，粮食销售量猛增。统销原则是必须保证缺粮户的口粮供应，并号召节约用粮和开展生产自救，规定灾区每人全年粮食消费标准为175公斤，非灾区为180公斤。1955年9月21日起，全面实行"以证为主，以票为辅"的粮食销售办法，同时使用扬中县代粮券和江苏省地方粮票，11月1日起使用全国通用粮票。1956年，全县99.3%的农户加入农业合作社，实现农业合作化，粮油统销由分散转为集中。全县281个农业社，全年人均口粮200~220公斤的有12个社，220.5~225公斤的有57个社，225.5~230公斤的有55个社，230.5~235公斤的有30个社，235.5~240公斤的有49个社，240.5~250公斤的有42个社，其余社250公斤以上。是年定销粮食340万公斤。超产社201个，超产部分按40%抵统销，计189万公斤，抵销后尚余20.5万公斤。减产社28个，增销14.5万公斤，合计应统销179万公斤，实际统销216万公斤。食油销售实绩387.49吨，完成计划的88.97%。

1958年"大跃进"时期，农村全面推行食堂制，城镇大炼钢铁，粮食浪费惊人，是年全县共销粮食1379.5万公斤(其中农村1121.5万公斤，城镇定量供应138.5万公斤)，食油33万公斤。1959—1961年三年困难时期,粮食严重短缺,农村供应标准普遍偏低,城镇居民和机关干部口粮每人每月分别降低0.5公斤和1公斤。食油降为每月100~150克。1961—1963年间,精简下放部分职工和城镇居民,以减少粮食销售量。1965年,城镇人口恢复原来粮食供应标准。

1966年6月1日,使用新版全国通用粮票,票面额为5市斤、3市斤、1市斤、0.5市斤4种,均为10两制。

1972年,遵照中央44号文件精神,县政府号召全县人民严格实行计划用粮和节约用粮。1975年推广旅大市管理经验,坚持分工种吃粮的原则,对工厂工人采取基本定量标准加工种补贴的办法,实行“指标到厂,基本粮到人,补贴粮到工种”的制度。

1983年实行粮食“真包干”,同财务挂钩,包购包销。扬中县全年包销指标为1375万公斤,实销1010万公斤,对控制粮食销售量起了一定作用。

在粮油购销活动中,粮食部门严格执行国家粮油价格政策,粮油统购统销价格一直稳定。为照顾农民利益,国家适当提高粮油统购价格,而统销价格不变,统购价高于统销价。如标二籼米,1952年统购价为每百公斤20.2元,1961年调为24元,1966年调为27.4元,1980—1985年为33.2元,而其统销价1952年为每百公斤22.2元,1965—1985年一直为24元。购销价差额由国家财政给予补贴。1981—1985年5年,扬中县粮食局共收到国家粮油购销有关各项政策性补贴计938.92万元(1981年为165.64万元,1985年为224.31万元)。

1985年扬中县粮食部门部分粮油及其副产品购销价格情况表

表127　　单位:元/50公斤

品　名	统购价	统销价	品　名	统购价	统销价
红小麦(冬)	16.30	11.80	标一籼米	17.40	12.60
花小麦(冬)	16.60	12.10	标二籼米	16.60	12.00
白小麦(冬)	17.00	12.50	标一籼元米	20.00	15.80
早、晚籼稻	11.60	8.40	标二籼元米	19.00	15.00
杂交稻、江西晚	11.90	8.70	标一粳元米	21.50	16.90
粳元稻	14.50	11.50	标二粳元米	20.50	16.10
阴粳元稻	14.20	11.20	油菜籽	36.00	36.00
早粳稻	12.80	9.30	菜籽油(二级)	106.00	78.00
晚粳稻	13.60	10.10	特制面粉	25.00	20.30
玉米	11.70	8.50	特制粉(75粉)	23.00	18.30
特制籼米(二级)	18.30	13.20	标准面粉	19.50	16.10

续表 127

品　名	统购价	统销价	品　名	统购价	统销价
生产面粉	15.60	13.70	标二晚粳米	18.60	14.00
次面粉	13.70	11.00	特制籼元米(二级)	20.90	16.50
标准粉挂面	26.40	23.00	**下列品种已退出统购范围**		
七五粉挂面	29.70	25.00	元麦	12.80	10.00
特制杂交米(二级)	18.70	13.90	大麦(二棱)	12.60	8.80
标一杂交米	17.90	13.20	蚕豆	19.00	10.50
标二杂交米	17.00	12.60	大豆	34.50	13.00
特制籼米(二级)	19.10	14.10	花生油(二级)	115.00	81.00
标一籼米	18.30	13.40	大豆油(二级)	165.00	83.00
标二籼米	17.40	12.80	热榨豆饼(生产)	16.50	16.50
特制早粳米(二级)	19.50	15.10	冷榨豆饼(生产)	21.80	21.80
标一早粳米	18.60	14.40	麸皮	5.00	5.00
标二早粳米	17.70	13.70	纯统糠	1.80	1.80
特制晚粳米(二级)	20.50	15.40	二八糠	2.50	2.50
标一晚粳米	19.50	15.70	三七糠	2.90	2.90

三、议购议销

中共十一届三中全会通过《农村人民公社工作条例(试行草案)》,第三十二条规定:“在完成国家征购任务后,允许社员通过集市进行少量粮食、油料买卖,粮食部门也可以议购议销和出售。”扬中县于1980年1月成立城镇粮油贸易所,9月成立扬中县粮油议购议销公司,开展粮油议价购销工作,按照“高进高出,应有利润”的原则,由粮食部门统一经营。议价粮油的主要来源,一是在安排好社员食用粮油和种子、饲料后的多余部分,二是向外地采购,三是平价转议价。销售议价粮油按“量入为出”的原则,即按议购品种和数量进行议销,主要供应交通要道的饮食业,以粮油为原料的制作业,计划外工业用粮用油和按政策规定不应统销的城镇缺粮人口。

1983年1月,国务院办公厅转发商业部《关于完成粮油统购任务后,实行多渠道经营若干问题试行规定》,改变粮食议购议销统一由粮食部门经营的规定,农民在完成征、超、购任务后的余粮,允许多渠道经营,国营商业应成为多渠道经营中的主要渠道。这一规定试行的结果是,粮油集市贸易增加了新的活力,并促进了整个市场的繁荣。1985年,议价粮油收购318万公斤,调入1508万公斤,实际销售1831万公斤。

1981—1985 年扬中县粮油议购议销公司主要粮油产品议销价格情况表

表 128　　单位：元/公斤

时　间	小麦	面粉	籼稻	粳米	籼米	大豆	豆饼	蚕豆	菜油
1981 年年底	0.50	0.64	—	0.616	0.656	1.08	0.80	0.698	3.268
1982 年年底	0.476	0.64	0.356	0.616	0.518	1.034	0.704	0.69	3.082
1983 年年底	0.466	0.754	0.39	0.67	0.596	0.894	0.702	0.56	2.624
1984 年年底	0.39	0.60	0.346	0.60	0.498	0.788	0.608	0.48	2.81
1985 年年底	0.484	0.504	0.304	0.55	0.402	0.664	0.564	0.404	2.79

第二节　粮油储运

一、仓库建设

解放初，扬中县无现成粮食仓库，粮食储存主要利用庙宇、祠堂等公房和借用民房，或由农户分散保管。1950 年秋对部分庙宇、祠堂加以修建，改建成“民族式”粮库，并在下八桥镇中央公粮仓库新建“合理式”仓房，设有通风槽，仓容达 125 万公斤。1953—1955 年间，全县建草库储粮，中八桥所建草库仓容 35 万公斤。1955 年以后，各地粮库并入所在地粮管所，以便管理。1964 年对仓库布局作全面调整，将条件差和交通不便的仓库进行归并，退还部分民房；先后将镇海庵和三义阁仓库拆迁至油坊粮管所，建成 7、8 号和 4、5、6 号仓库；对保留的仓库按“提高长期库，整理永久库，维修临时库”的要求，分别修葺。1969—1975 年，全县建土圆仓 41 个，仓容 375 万公斤。至 1985 年，全县共有国家粮库 13 处，实际仓容计 2720.5 万公斤。其中最大的三茅粮管所仓库，仓容达 469 万公斤。

1949—1955 年扬中县粮食仓库情况表

表 129

所在区域	仓　　库
新坝区	新坝草库、观音庵、南星桥、新坝支库、郭家港、新坝站、公信站、冷宗祠、龙王庙、丰裕草库、丰裕门市部、丰裕瓦库、东岳庙购销站、孙宗祠点、徐宗祠点
三茅区	大坝堆站、草库、瓦库、三茅购销点、中八桥点
兴隆区	兴隆南、北草库、观音庵收纳点、邻丰片收纳点、老郎购销点、长旺收纳点、黄子英家支库、翟家收纳点、兴隆购销站、三滧购销点、草库、观音庵、老郎街、耿太坤家收纳点
八桥区	八桥支库的 7 个简易库、八桥支库北草库、南草库、八桥站前后饲料门市部、西来站前后尼姑庵、饲料门市部、玉皇庙站、陆宗祠、丁宗祠、油坊站、三义阁点、镇海庵库

1985 年扬中县粮食仓库情况表

表 130　　单位：万公斤

项目 \ 名称 / 数量	新坝粮管所	联合粮管所	丰裕粮管所	三茅粮管所	议购议销公司	器材库	三滧粮管所	兴隆粮管所	长旺粮管所	永胜粮管所	油坊粮管所	八桥粮管所	幸福粮管所	合计
仓库(间)	48	42	30	55	5	3	20	34	20	23	56	32	28	396
理论仓容	250	265	250	543	42.5	25	114	225	110	150	389.5	264	225	2853
实际仓容	225	275	299	469	41.5	25	107	200	95.5	118	371	259.5	235	2720.5

二、粮油保管

解放初期，粮油保管工作主要有建立组织、护仓保粮，由区、乡两级党政机关和人民武装、农会等部门组成护粮委员会保护粮库。1950 年 3 月，县粮食局组织工作队，查仓清账，对偷窃、挪用、霉蛀、亏损事故和犯罪分子进行处理。1953 年制定“仓储管理”“存粮检查”“清仓消毒”等制度，推行“三层五点十五处”的查粮方法(即在仓库粮堆上、中、下三层的东、西、南、北、中 5 个方位共 15 处取样检验)，并以上东岳庙仓库和下八桥仓库为实验仓库，大搞仓库清洁卫生，做到仓内“六面光”(屋顶、地面、墙壁四周)，仓外“四不留”(不留杂草、砖砾、污水、垃圾)，全面推广武进县漕桥粮库采用多种工具查库法。

1955 年全面开展“四无”(无虫害、无鼠雀、无霉变、无事故)粮仓活动。年底验收结果，三茅粮管所的简易库和八桥粮库的简易库达到“四无”标准，八桥郭宅、镇海庵、兴隆观音庵及新坝库达到“三无”标准。是年，油坊粮库被评为镇江地区“四无”粮仓先进单位，分别获得地、县奖金 200 元和 100 元。1956 年，县粮食局成立“四无”粮仓办公室，以加强领导。

1957 年开展防特、防盗、防虫、防雀、防鼠、防霉、防热、防潮、防水、防火的仓库“十防”活动。1963 年实行“五定”(定仓容、定器材、定人员、定费用、定损耗)仓储管理制度。

1975 年推行“综合性”和“习性诱杀”害虫的方法，以防止过多使用化学药剂造成残毒污染。1979 年省、地区首次鉴定扬中县为“四无”粮仓合格县，至 1985 年连续 6 年保持这一光荣称号。

三、粮质检验

解放初，粮食质量检验仅靠手术砻和杆状温度计，凭感官鉴定，准确度较差。1958

年开始使用除杂机、隧道式水分测定仪和“51”式容重器等。20世纪60年代开始使用通风机、电子快速测定仪、“61-71”型容重器等。20世纪70年代使用电子测温仪、流化斜榨烘干机,80年代使用电阻半遥控测温仪和电阻测造机等。不断更新检验手段,提高检验精确度。

四、粮油调运

解放初期,以保证军需民用粮油为中心任务,调运流向和计划不定。1953年实行统购统销后,加强粮油调运的计划性和统一性,根据全国各地余缺情况,统一安排调度计划。1952—1985年间共调出粮食18829万公斤,调出品种以稻谷、小麦为主;调入粮食10284万公斤,主要是大豆等杂粮。平均每年调出粮食251万公斤。1963—1985年,共调进油脂222.8万公斤,调出4.45万公斤。平均每年调进油脂6.6万公斤。粮油调运原则是坚持“四统一”,即统一调拨、统一储存、统一加工、统一销售。

1952—1985年扬中县粮食调进调出情况表

表131　　单位:万公斤

项目/数量/年份	调进						调出					
	合计	其中					合计	其中				
		小麦	稻谷	大豆	杂粮	薯类		小麦	稻谷	大豆	杂粮	薯类
1952	164.2	30.0	134.2				1327.8					
1953	27.5						82.3	75.0	7.3			
1954	44.5						129.3	81.7	47.6			
1955	203.0											
1956	257.5						509.0					
1957	147.5						421.0					
1958	223.5						1258.5					
1959	254.5						1252.5					
1960	208.3	23.7	157.9	8.7	10.0	8.0	1435.0	161.2	1184.9	28.0	60.9	
1961	52.4	8.8	18.9	3.7	14.8	6.2	1065.9	5.8	957.0	103.1		
1962	156.8	3.7	67.5	10	35.4	40.2	281.7	10.0	121.6			150.1
1963	431.6	78.2	155.8	28.8	168.8		304.1	31.9	194.2	7.6	70.4	
1964	474.3	265.4	27.7	17.1	164.1		257.5	5.4	252.1			
1965	402.1	98.1	208.9	43.4	52.0	0.1	452.0	367.6	84.8			

续表 131

年份 \ 项目 数量	调进						调出					
	合计	其中					合计	其中				
		小麦	稻谷	大豆	杂粮	薯类		小麦	稻谷	大豆	杂粮	薯类
1966	1300.5	834.5	419.4	16.45	30.15		1172.5	286.2	886.3			
1967	327.6	211.1		40.4	76.1		2150.5	456.0	1694.5			
1968	199.8	43.5	5.9	65.8	62.4	22.2	953.4	252.9	697.4	2.8	0.3	
1969	173.6	20.1	2.8	49.8	75.1	25.8	1051.5	615.1	436.4			
1970	106.3						420.2					
1971	393.0						156.0		143.5		12.5	
1972	80.6	4.5	8.2	7.5	60.4		208.1	27.7	7.5		172.9	
1973	41.5	5.8		0.6	35.1		668.0	167.3	500.7			
1974	208.5	22.9	18.4	10.9	117.3	39.0	563.2	231.2	332.0			
1975	242.3						271.3	269.8			1.5	
1976	511.3	5.2	337.2	1.3	151.6	16.3	333.2	226.2	73.6		33.4	
1977	103.5	51.7	13.7	2.3	8.1	27.7	283.8	116.7	0.1		167	
1978	313.5	44.6	180.6	0.3	36.6	51.4	276.5	222.9	53.6			
1979	78.3		22.9	0.2	25.1	30.1	1033.3					
1980	109.1	0.4	33.8	2.5	48.7	23.7	699.9					
1981	171.7	0.4	111.1	2.5	34.0	23.7	464.4	240.9	204.6		18.9	
1982	863.9						204.7	204.6	0.1			
1983	573.9						23.4					
1984	686.4	92.6	269.8		239.8	84.2	41.1					
1985	752.0	67.5	598.5		86.0		78.0		78.0			
合计	10284						18829					

1963—1685 年扬中县油脂调进调出情况表

表 132　　单位：万公斤

年份 \ 项目 数量	调进							调出糠油数量
	合计	其中						
		菜油	豆油	棉油	生油	麻油	糠油	
1963	11.7		11.05	0.65				
1964	6.6	0.05	6.45		0.1			

续表 132

年份	调进合计	其中：菜油	豆油	棉油	生油	麻油	糠油	调出糠油数量
1965	27.20	13.90	1.85	1	10.4	0.05		
1966	7.55	2.10	1.50	3.7		0.25		
1967	11.00			3.5	7.5			
1968	14.65	2.75	0.35	11.55				
1969	17.25	6.20	1.85	9		0.2		
1972	4.25	4.10				0.15		
1973	6.35	5.20	1.00		0.15			
1974	7.35	0.85	1.40		5	0.1		
1975	8.85	7.15	1.00		0.7			
1976	11.40	4.65	1.10	0.8	4.75	0.1		
1977	7.30	1.00	1.00	5		0.05	0.25	1.7
1978	7.40	3.20		2.5		0.05	1.65	0.65
1979	10.95	6.70	0.05	3.15		0.05	1	1.7
1980	5.40	2.50	0.55	0.75			1.6	0.2
1981	11.80	6.05		1	1.55		3.2	0.2
1982	10.25	10.05	0.20					
1983	3.85	2.15	1.60			0.1		
1984	15.20	15.10				0.1		
1985	16.50	16.25	0.25					

说明：1970 和 1971 年资料缺

第三节 粮油加工

解放前，扬中粮食加工主要靠私人开设的碾坊、磨坊。碾坊用牛拉石碾，磨坊为牛、驴拉石磨或人推石磨。碾坊进行粗加工，如稻子脱壳成米；磨坊为精加工，如将米磨成米粉、将麦子磨成麦粉等。少数农户自备舂臼，亦可作少量的粮食加工，以解决自家的需要。解放前，全县共有碾坊 520 家，磨坊 1120 家。

油类加工，主要指用大豆、花生、芝麻、油菜籽等榨油。解放前，扬中县的油类加工以大豆榨油为主,由私人开设的油坊经营,有恒源、久和、镇源、和记、隆顺、祥盛、祥顺、永隆、泰来、万隆等,全县大小油坊共20家左右。

大豆上榨,油作食用,饼作农肥或猪饲料。私营油坊规模比较小,厂房、设备简陋。全县的油坊共有人工操作的榨油天龙数十条。民国29年(1940)以后,和记、恒源、祥顺等油坊开始使用机器榨油并加工粮食,机器功率最大不超过12匹马力,加工粮食的机器有碾米机10多台,砂砻机1台,橡胶滚筒机3台,石磨2台。加工成品率较低,米出糙率60%左右,百公斤大豆只出油近8公斤。

1952年,全县有加工厂5家,其中4家以经营油饼为主,1家专事加工稻谷,稻谷最高出糙率为了76.5%,糙出熟率最高为92.5%。此后粮油加工机械设备和厂房建设不断增加和更新,生产能力不断扩大。

1956年,对私营工商业实行社会主义改造,粮油加工纳入国家经济建设计划,属于国家工业系统的组成部分。任务是按计划将库存原粮和油脂原料,加工为成品粮油,或以一种粮油形式加工为另一种形式,以保证国家经济建设和军需民食的需要。

为了统一领导,加速发展粮油加工业,经过多次调整合并,至1985年,有国营大众米厂和兴隆油米厂两家加工厂。大众米厂加工大米、面粉、挂面、饲料,兼营机械修理。兴隆油米厂加工油脂、大米,生产饴糖、白酒。是年,两厂共加工大米4995.73吨,面粉4996.15吨,油脂227.39吨,饲料1558.77吨,产值697.78万元。全县有7个乡镇的粮管所附设加工厂,1983年产值计93.86万元,1985年增至133.40万元。

第十一章　物　资

解放前,扬中的物资供应由私商经营。

解放初,县供销合作社经营各类物资,但品种、数量不多。1961 年成立县物资局,经营国家统配的木材、建材、煤炭、石油、机电设备、金属材料、化轻原料等 7 类物资,按"农、轻、重"次序和"三先三后"(先国家后地方、先重点后一般、先计划内后计划外)原则供应用户,是年销售额 113.36 万元。

"文化大革命"初期,物资分配和供应比较混乱,有货就供,无货不管。1970 年,情况开始好转。在分配上,"立足农业,统筹兼顾,全面安排",重点保证农业和抗灾、救灾的物资需要,并做到专材专用。

中共十一届三中全会以后,改革物资管理体制,生产资料亦进入商品领域,参与市场调节,扩大流通渠道,经营数量增加,经济效益和社会效益均迅速提高。1985 年销售额为 3533 万元。

第一节　物资供应

一、金属材料

1961 年前，县供销合作社从外地购进旧铁，供应铁匠铺生产小农具和日用铁制品。1961 年 1 月,县物资局成立,开始计划供应规格钢材,一般用于小型水利维修、小农具生产以及工业、交通等部门的生产和维修,是年供应钢材 162.6 吨。随着城乡建设的发展和住房结构的变化，钢材用量与日俱增,1981 年销售 2174 吨,1985 年销售 7787 吨。

二、机电设备

机电设备方面主要经营小型机械、电工仪表仪器、轴承、工具、量具、刃具等 6 类,

1978 年增加汽车、车床等。

1961 年前机电设备由商业、供销部门经营，门类品种不全，销售量甚少。1963 年销售额仅 1334 元。1968 年改由物资局经营，随着农业机械的增多，配件供应量亦随之增大，是年销售额达 30.94 万元。为方便群众，1973 年 4 月委托新坝、油坊、幸福 3 公社农机站经销，并采取"以修代供"的办法，以满足市场需要。至 6 月底，计供应各种自配件 1.1 万余件。

1980 年机电设备敞开供应，销售农用电动机 288 台，轴承 29199 套，销售金额 91.7 万元。此后销售量逐年增加，1985 年销售额为 447 万元。

三、煤炭

解放初，全县仅有三茅镇永泰祥煤炭店经营少量白煤(煤球)和烟煤，主要供应城镇居民和铁匠铺。

1960 年前，煤炭由供销合作社经营，1961 年开始归物资局经营。此后煤炭销量逐年增长，1961 年达 6486 吨。生活用煤除供应城镇居民和机关、企业、事业单位及饮食服务行业外，还要供应农村部分烧草困难的农户。1961—1963 年，供应农民生活用煤 13712 吨；1977 年，兴隆、三 㳭 、长旺公社遭受雹灾，供应灾民生活用煤 900 吨；1984 年供应农村生活用煤 11575 吨。

生产用煤历来按"农、轻、重"次序供应。1970 年以后重点保证化肥、农机具生产的需要。中共十一届三中全会以后，工农业生产发展迅速，煤炭用量大增，国家计划分配的煤炭难以满足需要。1979—1983 年间，物资部门自行采购计划外煤炭 11.86 万吨，缓解供需矛盾。1985 年销售煤炭 7.975 万吨，是 1962 年的 6.5 倍。城镇居民生活用煤按计划平价供应，差价由县财政补贴。1979—1985 年，县财政补贴 194 万元，其中 1985 年补贴 53 万元。

四、石油

解放前，石油由私商经营。解放后，归国家统配，由供销合作社经营，1961 年划归县物资局经营。1973 年起，对农业、交通、渔业实行"以机定量，凭证记录"供应。民用照明煤油，有时亦凭证记录，但不定量。1977 年对农业排灌用油实行价格优惠政策，以降低农业成本，每吨价低于市价 120 元。1979 年石油划归商业局经营。

五、化工原料

1961 年，化工原料的经营由商业局划归物资局，经营品种有油漆、染料、硫酸、纯碱、烧碱等，是年销售额为 28472 元。1963 年开始经营三角带、轮胎、炸药等。

化工物资属计划分配。较长时间内只有专项分配的“三酸二碱”(硫酸、盐酸、硝酸、烧碱、纯碱)和电石、橡胶及橡胶制品等,其余靠组织计划外货源供应。

1976年,在县物资部门扶持下,油坊橡胶厂开始生产三角带,以解决供不应求的矛盾。1977年即销售28800条。因轮胎需求量较大,为确保交通运输需要,县物资部门以5吨钢材换回轮胎200套,旧轮胎翻新138套,实行轮胎登记打印发证,以控制外流。1978年,组织计划外聚丙乙烯115吨。1982年采取市场调节办法,供应“三烯”(聚乙烯、聚丙烯、聚氯乙烯)、硫酸、氰化钠等148.1吨。1985年供应的化工原料有95个品种,销售额为425万元。

六、木材

扬中县的建筑用材历来靠外地购进,解放前由私营木行经营。1950年国家实行统一调配,县供销合作社负责经营。1961年划归物资局经营,按照“农、轻、重”次序和“三先三后”原则供应。

1965年,物资局在木材库内设锯木场,生产木器成品、半成品和成材,以提高木材的利用率和经济效益。1972年因“文化大革命”影响,锯木场闭歇。

中共十一届三中全会后,在改革、开放、搞活方针指导下,改进木材供应办法,允许所有木材经营者参与市场竞争,保证中小农具维修和防洪排涝用材,坚持综合利用,以供应成品、半成品和成材为主。1981—1982年普查,全县6.206万户住房有困难,县物资部门分别缓急供应建房用材。1984年供应木材9431立方米,1985年增至11043立方米。1985年约为1961年的7倍。

七、砖瓦

解放前,扬中县建房用的砖瓦大多来源于武进、丹徒、丹阳等地。1958年经县政府与丹徒县政府协商,商业局在丹徒县大港征地办起扬中县砖瓦厂,属商业局领导,砖瓦归物资局管理。由于砖瓦的需求量较大,1981年1月,长旺公社又创办长江砖瓦厂,后改为县、乡联办的扬中县第二砖瓦厂。除此而外,群众还到金坛、武进、丹徒、宝应等地购买砖瓦。县境内亦有大队、生产队自办小型砖瓦窑,全县有数十座之多。

八、水泥及水泥制品

解放初,水泥用量很少。县内无水泥厂,水泥均由上级物资部门分配或从外地购进,1961年销售量仅76吨。随着经济建设的发展,水泥用量日增,长期供不应求。1964和1965年两年销售量增至2441吨,1977年销售5170吨。1978年在沙家港建成县水泥厂。物资局除调足国家计划外,并组织计划外货源,以保证重点建设和群众建房的需要。1980—1985年共销售水泥45726吨。

水泥制品主要为桁条、屋架、楼板和其他构件。1965年6月，在彩风桥创办县水泥制品厂，1966年建成后归工业局管理。1979年后，乡、村办和个体专业户办的水泥制品厂逐渐增多，其产品多数销售给农民建房。

1961—1985年部分年份扬中县物资系统五大经济指标完成情况

表133

项目 年份	进货 (万元)	销售 (万元)	利润 (万元)	资金周转 (天数)	费用水平 占销售额 (%)
1961	92.86	113.36	0.56	76.2	0.74
1965		178.08	5.52	106.5	15.20
1970	285.22	275.68	3.35		3.80
1975	406.01	483.90	6.90		
1980	674.00	830.50	59.27	46.8	16.53
1984	2298.90	2495.90	66.29	35.7	10.24
1985	3076.00	3533.00	131.12	36.9	10.86

1961—1985年部分年份扬中县物资进销情况表(一)

表134

项目 年份	木材(立方米)		煤炭(吨)		钢材(吨)		生铁(吨)		水泥(吨)	
	购进	销售	购进	销售	购进	销售	购进	销售	购进	销售
1961		1563	8220	6486		163		54		
1965			9554	9666						
1970	1126	1074	8116	8969	226	289	141	185	2870	2957
1975	2180	1527	26198	35407	332	372	485	477	3444	3365
1980	3190	3294	51939	56332	1893	1790	144	38	48385	4854
1984	10195	9341	72298	65246	4816	6571	1424	1424	7689	8110
1985	12547	11043	70989	79750	7761	7787	1676	689	14571	13731

1961—1985年部分年份扬中县物资进销情况表(二)

表135

项目 年份	石油(吨)		玻璃(标箱)		机电(万元)		化轻(万元)	
	购进	销售	购进	销售	购进	销售	购进	销售
1961	555	443						
1965	468	468						
1970	696	480			28	34	6	12
1975	2960	2964	352	336	38	42	21	25
1980	4548	4881	4493	4545	113	125	86	92
1984	5216	5328	10180	9671	213	233	164	168
1985	5765	5966	12561	11585	470	447	435	425

第二节 物资采购与协作

扬中县无矿藏，其他资源亦甚贫乏，靠国家分配的物资远远不能满足需要，许多物资只有依靠从外地采购或与外地协作解决。

1961—1965年以调运、采购木材、煤炭、水泥、钢材为主，先后调进木材850立方米，煤炭3700吨。1965年采购计划外水泥250吨，组织钢材100余吨，铜材10吨。1972年用物资协作购得木材800立方米，煤炭4790吨，并以扬中县生产的变压器与山西矿务局建立协作关系，购进煤炭5001吨。1977年采购计划外钢材82.6吨、木材645立方米、杂木棍5500根、煤炭1100吨、玻璃200标箱。

1979—1985年通过市场调节和多渠道协作，物资流通渠道不断拓宽，并根据不同时期对市场物资需求的测算，积极组织供应。1979—1983年着重解决煤炭需求，用加工的汽车6辆，胶合板2万张及大米160吨、面粉300吨，与山西协作购进煤炭。1983—1984年着重解决钢材需求，在湖南、天津、内蒙古、上海等地组织钢材和有色金属。物资、轻工两局联合与辽宁省本溪钢铁厂进行资金合作，投资200万元，由本溪厂提供钢材2000吨。水泥货源亦抓紧组织，以计划外煤炭2000吨，委托高资水泥厂及本县水泥厂加工水泥4000吨。1985年年底，通过协作渠道共计划外采购煤炭17.72万吨，钢材2.09万吨，水泥2.53万吨，全部纳入分配计划。

第三节　物资储运

一、货场与仓库

1961 年县物资局成立时，储存物资仅有 5 间芦棚、1 个土油罐和一小块露天货场。1963 年始建木材、煤炭、石油、水泥、砂石、金属、机电、化轻 8 个仓库，总面积为 12460 平方米。1973 年建金属材料库 1 个，面积 180 平方米。1976 年以后，对仓库工作作了一系列改进，全面配备验收仪器和工具，做到严格验收，及时入库；改进仓库设施，增设输油管道、磅房、消防器材、专用码头；木材和金属材料采取分品种堆放，有利于“推陈储新”；机电产品实行分区分类、明码标价的“五五堆放法”（横竖各五）和“日销动盘制”（每天对当天销售过的商品，按品种盘货核查）；化工原料实行专仓专储，确保安全。

1985 年扬中县物资局物资仓库情况表

表 136

项目／库名	地址		建库年份		占地面积（平方米）		库房（平方米）		露天货场（平方米）		容量（立方米）	
	初建	扩建新建	初建	扩建新建	初建	扩建新建	初建	扩建新建后	初建	扩建新建后	初建	扩建新建后
木材库	闸东	原址	1961	1979	3330	7821		260	3330	6959	1500	15000
水泥库	闸东	原址	1963	1976	280	1080	282	700			250	620
砂石库	闸口	原址	1963	1976	1000	3000			1000	3000	4000	12000
煤库	闸西	原址	1961	1979	3730	9930			3730	9000	6000	15000
	江边库		1978		4000				4000		2000	
金属化轻库	二工局院内	沙家港	1963	1979	80	3335	80	736		2470		
机电库	二工局院内	三茅大桥东侧	1963	1970	40		40	520				
物资公司库	彩凤桥		1964		3300		200		2900			
石油库	闸东		1962	1976	4000	8500					134	2000

说明：表内“闸”指沙家港闸

二、运输工具

1961 年物资部门仅有 2.5 吨载重汽车 1 辆，36 吨木船 1 艘。1975 年成立车船队，有汽车5辆,19.5吨位;运输船9艘,360吨位。

1975年后,发展仓储操作机械化,增设汽车地磅2台,输送机12台,送高机1台,抓煤机2台,汽车6辆计49吨位。并建起装卸码头和输油管道,以加速物资周转,实现"快进、快验、快出、快结算"的"四快"要求。1979年油罐车和油船由商业局管理,车队于1980年撤销。至1985年计有仓库6座,面积3.25万平方米,仓容3.80万吨;运货汽车9辆,70吨位;装卸设备增翻斗车2辆。

第四节　物资管理

1961年成立物资局后,由上级物资主管部门下达县计划指标,县计划经济委员会按照"农、轻、重"次序和保证人民生活的需要进行平衡分配,物资部门负责订货、调运、供应、保管。1976年后,县计委按专项指标分配到各主管局,由物资局组织供应。

物资管理中,注意清仓调剂,充分利用库存物资。1962年成立"物资调剂公司",办理小化肥、小五金等单位的"并、转"和废旧设备的回收工作,14个月就收购废品1400余吨,整修后加以利用,使废品不废,物尽其用。1974年会同工业、金融等部门组织清仓查库,充分利用库存物资,进行"调度调剂",搞活物资流通,提高物资利用率。

第十二章　工商行政管理

解放前，扬中县工商业相当落后，工商行政管理工作由县政府建设科等有关部门兼管。解放后，先后设立工商科、扬中县市场管理委员会、扬中县工商行政管理局，加强对工商行政管理工作的领导，维护合法经营的工商业户的利益，打击违法经营、投机倒把行为。

解放初期，不法商贩投机倒把，物价上涨。县工商部门加强对私营个体工商业和集市贸易的管理，打击投机倒把活动，稳定市场，平抑物价。1956年，完成对私营工商业的社会主义改造，开放自由市场，全县工商业日趋繁荣。"大跃进""文化大革命"时期，工商行政管理工作两度受"左"倾思想影响，限制甚至取缔个体手工业和小商贩，取消集市贸易，市场管理过"严"过"死"，致使供求矛盾突出，黑市盛行，物价上涨。

中共十一届三中全会后，坚持改革、开放的方针，工商业又复繁荣。至1985年，县工商行政管理局下设经济合同仲裁委员会1个、工商行政管理所5个，12个乡(镇)均成立市场管理委员会，在全县组成严密的管理网络。是年，工商企业登记并核发执照3061户，鉴证各类经济合同223份，注册新商标25枚。个体工商业户发展至4826户，从业人员8177人。集市贸易有农贸市场15个，全年成交额2062.48万元。

第一节　工商企业登记

1949年5月，县人民政府设立工商科，以加强工商行政管理。

1950年11月，全面开始工商企业的登记工作。至1951年2月，全县登记的工商业共867户，其中小型工业10户，手工业166户，商业691户。此外，还对477户行商进行整理登记。

1952 年登记土布商贩 24 户，轧、弹棉花业 87 户。在核查登记中，凡私营粮行一律转业经营，地下掮客和封建行、贩则坚决取缔。1954 年，县工商联举行扩大会议，着重对私营工商业主进行前途教育。会后在新坝、三茅、兴隆、油坊、八桥、西来桥 6 镇进行“私营工商业社会主义改造”试点，然后普遍推开。1955 年 7 月，再次进行工商业的核查登记，办理开业、歇业变更登记者 176 户(开业 89 户、歇业 87 户)。同年 10 份统计，全县工商企业为 723 户，比 1950 年减少 144 户。1956 年完成对私营工商业的社会主义改造，全县实现全行业的合营、合作化，再次办理变更登记和发证工作。

1956 年 11 月，开放自由市场，无证商贩迅速增加。三年困难时期，无证商贩增加更快。1962 年 9 月统计，全县无证商贩 1436 个，是有证商贩(246 户)的 6 倍，严重影响市场秩序。1962 年 3 月进行清理整顿，采取教育、管理、安排三结合的办法，取缔部分无证商贩。对生活确有困难的城镇居民，经严格审查批准，发给临时营业证，后因“文化大革命”开始，未能全面进行。

1976 年后，对工商业和摊贩重新进行整理登记，建立经济户口，符合条件者发给全省统一的营业执照。1980 年 4 月，全县工商业普查登记，共有各类工商业户 1214 户，核发营业执照 808 户。

1982 年贯彻企业登记管理条例，换发全国统一的营业执照计 1226 户，1984 年增至 1594 户，另有非独立核算分支企业 216 户。在新办企业中，农村村民小组办企业发展迅速，1984 年发执照 500 户，占新办企业的 30%以上。

1985 年工商企业登记，核发执照 3886 户(含分支机构 579 户)。其中农业 4 户，工业 2892 户，建筑业 27 户，交通业 58 户，商业 822 户，房地管理、公共事业、居民服务、咨询服务等 65 户，其他行业 18 户。同时，查处无照经营者 3 户。

第二节　合同管理

解放初期，县国营企业与私人企业签订加工、订货、经销、代销、统购、包销等各类合同，对发展经济，保障供给，起了积极作用。

1956 年全行业合营、合作化后，公与私转为公与公之间的业务关系，合同制约观念淡薄，偶有合同，亦执行不严。1958 年“大跃进”时期，合同流于形式。“文化大革命”时期，视合同为“管、卡、压”，合同制度遭到严重破坏。“文化大革命”后，恢复合同制度，但管理松弛。中共十一届三中全会以后，工农业生产和商品经济发展迅速，合同相应增多。但因新办企业居多，管理者对业务不太熟练，在合同签订方面存在不少问题，内容形式不合要求，有的签订的是“空白合同”“自由合同”“口头合同”，甚至出现合同转手出让、倒卖合同和单方修改、变更、撕毁合同等现象。少数投机倒把分子从中作祟,以致合同纠纷时起,严重影响经济发展和国家计划执行。自1979年10月起,对经济合同实行全面管理,根据国家经委、国家工商总局、中国人民银行关于经济合同若干问题的联合通知精神,扬中县作出规定:凡未经鉴证的合同,银行一律不办理结算和托收承付。实行分工管理,各社队企业、校办企业与外地单位签订之合同由工商行政部门管理。工业、商业(含外贸、供销、粮食)、农业、物资、交通运输等部门本系统内的合同,由各主管单位管理。县内不同工业部门之间,工业与物资、建筑、农业部门,工、农、商、物资、建筑与交通运输部门以及机关、团体、部队、事业单位与工业、交通运输部门之间的合同,由县工交办公室管理。不同商业部门之间,工业、农业部门以及机关、团体、部队、事业单位与商业部门之间的经济合同,由工商行政管理局管理。

在管理合同过程中,坚持看合同是否符合政策、法令,条款是否全面确切;询问签订过程;核查可靠程度;本地与外地及原材料转让的合同从严;对未经批准和无生产能力的企业、非本企业和有问题的代表、支付额外手续费、企业名称和发货地址不符、外单位无委托证书之合同,不予鉴证。通过鉴证管理,并及时制止和处理投机诈骗和违法合同,调解仲裁纠纷,追回欠款,维护正常经济秩序,保障企业的合法权益。

1982年7月1日,实施《中华人民共和国经济合同法》,用多种方式开展宣传教育。至1983年已有532家企业配备专职、兼职合同管理人员计547人。1982—1984年,全县共鉴证各类经济合同3825份,金额4088.8万元。为适应农村商品生产的发展,开始鉴证农商合同,1982—1984年,共鉴证生猪、水产、禽蛋等农商合同2677份,金额1798.9万元。同时深入检查合同执行情况,1982年鉴证合同2026份,履行率达88.4%;1983鉴证合同564份,履行率99.7%,调解仲裁合同纠纷8起;1985年鉴证合同223份,履行率95%,调解仲裁合同纠纷9起。

第三节　商标管理

1978年开展商标普查,全县有自行使用的商标和标签346枚。对照注册要求,近似的41枚。其中有9枚混同,不能使用;对其余的32枚颁发注册证。

在新商标法实施前,仍按照1963年国务院颁发的商标管理条例注册。1979—1983年2月,注册54枚商标。至1984年共注册125枚。其中有评为江苏省优质产品的SR-8示波器的绿扬牌商标和“扬中牌活塞梢”的“YZ”商标。因企业变更,撤销、注销15枚,尚有110枚。1985年新注册商标25枚。

在进行商标注册时,还注意查处违反商标管理法规的行为。1981年3月,查处冒用商标、使用未经注册的商标案件各1起。

第四节 个体工商业管理

1950年,两次整顿个体商贩。1951年5—9月,全县登记摊贩1201户,超过坐商户34.7%,发给营业执照,允许跨镇流动赶集,进入市场经营。

1951年12月—1952年2月,对个体工商业户进行登记发证工作。

1956年实行个体经济合作化,全县批准参加公私合营商店18家,合作商店62家,合作小组23个,仍从事个体经营的398户、408人。

1958年,全面实行生产资料公有化,一律取消个体手工业和小商贩,全部组成集体商业。

"文化大革命"中,个体手工业和小商贩被视为"资本主义尾巴",私人编竹器、养母猪、设摊点,均被取缔。三茅镇烧毁10多户个体商贩的营业执照。

中共十一届三中全会以后,肯定个体经济是集体经济的必要补充,允许勤劳致富。至1985年,共恢复、发展个体工商业4826户,从业人员8177人,活跃了市场,促进了生产的发展,亦有助于城镇待业人员和农村剩余劳力的安排、转移。工商部门坚决打击投机倒把、非法经营的活动,1976—1984年,共处理走私、投机倒把案件3752起。

1984年1月16日,县个体劳动者协会成立,下设12个分会。协会组织会员学习政策、法规,协助会员解决生产、经营中的困难,维护其合法权益,成为个体劳动者自我教育、管理、服务的群众性组织。

第五节 集市管理

集市贸易是农村商品流通的重要渠道和形式,解放后由工商科管理。1958年12月,成立扬中县市场管理委员会,1964年各公社均成立市场管理委员会,以加强对集市贸易的管理。

解放初,由于物资紧张,商品价格继续上升,少数不法商贩乘机投机倒把。工商行政管理部门通过普查、登记、发证,规定其营业范围和设摊地点,有效地制止不法商贩的非法活动。又通过积极组织货源,开展多渠道物资交流和普遍建立工商联合会,加强对私营工商业和小商贩的管理工作。

1951—1952年,通过组织物资交流会,为芦、柳、竹及其制成品打开销路,并调剂紧缺商品。1952年10月在县城举办物资交流会,参加者近3万人次,营业额25716元(折新币)。新坝,兴隆、油坊、八桥、西来桥等集镇也相继召开类似的初级市场物资交流会。

1953 年,物资交流进入高潮,初步形成集市贸易的繁荣局面。1954 年实行粮、油统购统销后,市场管理偏严偏紧,城乡物资交流受到限制,商品减少,营业额下降。1956 年开放自由市场,集市贸易又趋繁荣。

1958—1960 年,对集市统得过多,管得过死,集市贸易自行消失,结果,黑市盛行,物价上涨。

1960 年 11 月,贯彻中共中央关于组织农村集市贸易的指示,执行"活而不乱,管而不死"的原则,开放集市贸易,以三茅镇为试点。随后,全县大小 22 个集镇相继恢复集市贸易,物价也随之下降,1962 年比 1961 年平均下降 40%左右。

1961 年和 1962 年扬中部分物资市场价格比较情况表

表 137

品　种	单　位	1961 年价格(元)	1962 年价格(元)	下降幅度(%)	品　种	单　位	1961 年价格(元)	1962 年价格(元)	下降幅度(%)
大米	公斤	4	2	50.0	鸡子	公斤	6	3	50.0
食油	公斤	20	10	50.0	鸡蛋	只	0.25	0.18	28.0
麦子	公斤	3.6	1.2	66.7	鲜鱼	公斤	3.6	1.2~1.6	55.6~66.7
馒头	只	0.30	0.12	60.0	篮子	只	3.50	1.80	48.6
烧饼	只	0.30	0.12	60.0	苗猪	担	300.00	180.00	40.0
猪肉	公斤	10	5	50.0					

1963 年,物价继续下降,主要农副产品价格接近国家牌价。1965 年,全县开展社会主义教育运动,市场管理受"左"倾思想影响,将少数违章行为说成"你死我活的阶级斗争",处理偏激,集市贸易萧条。

"文化大革命"期间,市场管理一度处于瘫痪状态。1973 年恢复市场管理委员会,加强管理。但市场管理中,混淆两类不同性质的矛盾,将群众自产自销农副产品说成是搞资本主义,正当的家庭副业也被当作"资本主义尾巴"来割,外地的物资亦难以进入扬中市场,集市贸易被全部取消,造成供求关系严重失调。

1976 年 4 月,县工商行政管理局成立,贯彻省革委会《关于进一步加强农村集市贸易管理的布告》精神,实行"五管"(管对象、管品种、管场地、管集期、管价格),不准长途贩运;严禁粮、油、棉上市;不准场外交易;废除各集镇原有集期,统一规定公历每月 5、15、25 日为集期,称"社会主义大集";参照国家牌价确定贸易参考价格,不准哄抬市价。管理得仍过死过严。至 7 月,除允许少量蔬菜上市,其他农副产品一律不准自由买卖。结果禁而不止,群众暗地交易,或流往外地,市场供应更加紧张。

中共十一届三中全会后,解放思想,开放市场,搞活流通,允许社队和私人的农副产品进入市场或向外地销售，价格由市场调节，集市贸易渐趋繁荣。1980年全县有农贸市场14个，年成交额801.04万元，较1970年增长40%以上。

随着集市贸易普遍开放，组织管理工作加强。1979年5月，在三茅、新坝、兴隆、油坊、八桥等镇建立集市贸易服务所，逐步恢复各集镇市场管理委员会。1982年农贸市场进一步繁荣，全年成交额1071.52万元。1982年通过市场管理共查处违章事件208起，罚款1194.43元，检查衡器累计224次，对不合格的处以罚款。

1983年，市场管理贯彻国务院发布的《城乡集市贸易管理办法》和《加强市场物价管理办法》，坚决取缔无证商贩，规定有证商贩一证一摊，明码标价，亮证经营，违章违法者则依法处理。

1985年，集市贸易繁荣，上市商品200多种，全年成交额2062.48万元，较1983年增长73.4%，农贸市场的条件亦逐步改善。1985年全县有农贸市场15个，有顶棚市场1180平方米。县城新建"利民市场"，总面积13270平方米。各农贸市场增设水产、苗猪、粮食、竹、木等服务所和复秤处、自行车存放处、茶水站等。市场管理人员实行岗位责任制，管理到位，服务到人，积极慎重处理违章案件，坚决打击投机、走私活动，市场秩序井然，经营者与消费者的利益均得到保障。

1980—1985年扬中县集市贸易购买对象情况表

表138 单位：万元

年份	购买对象	公社、大队、生产队集体	公社社员	城镇居民	国营商店和供销社	合作商店(小组)手工业单位	机关团体部队企事业单位	单位个体商贩	其他	合 计
1980	成交额	47.72	454.06	96.17	64.29	63.06	47.15	13.23	15.36	801.0
	比例(%)	5.95	56.10	12.27	8.38	7.86	5.82	1.65	1.91	
1981	成交额	83.29	455.82	121.73	43.02	55.83	51.26	97.94	6.41	915.3
	比例(%)	9.10	49.80	13.30	4.70	6.10	5.60	10.70	0.70	
1982	成交额	91.90	484.69	155.82	61.53	70.53	82.31	112.90	7.88	1067.6
	比例(%)	8.61	45.40	14.60	5.76	6.61	7.71	10.57	0.74	
1983	成交额	77.31	553.07	189.11	32.18	86.83	93.96	155.81	1.19	1189.5
	比例(%)	6.50	46.50	15.56	2.70	7.30	7.90	13.10	0.10	
1984	成交额	94.55	683.19	233.91	103.51	31.50	110.08	198.63	1.49	1456.9
	比例(%)	6.50	46.89	16.06	7.10	2.16	7.56	13.63	0.10	
1985	成交额	247.27	414.01	535.75	350.30	187.45	123.63	183.45	20.62	2062.5
	比例(%)	12.00	20.00	26.00	17.00	9.09	6.06	8.91	1.00	

1979—1985 年扬中县集市贸易部分商品价格情况表

表 139　　单位:元/公斤

价格 类别 \ 年份	1979		1980		1981		1982		1983		1984		1985	
	集市价	国营牌价	集市价	国营牌价	集市价	国营牌价	集市价	国营牌价	集市价	国营牌价	集市价	国营牌价	集市价	国营牌价
大米	0.64	0.28	0.26	0.28	0.69	0.28	0.68	0.28	0.63	0.28	0.56	0.28	0.56	0.28
小麦	0.58	0.226	0.54	0.262	0.52	0.262	0.54	0.226	0.54	0.226	0.44	0.22	0.52	0.22
食用植物油	5.00	1.68	3.60	1.68	3.40	1.68	3.10	1.56	2.88	1.56	3.10	1.76	3.5	1.76
猪肉	2.00	2.02	1.80	1.88	1.86	1.86	1.88	1.88	2.10	2.02	2.40	2.02	2.88	2.02
鸡蛋	2.64	1.80	1.90	1.80	2.00	1.80	2.60	2.10	2.28	2.00	2.48	2.10	3.00	2.10
活鸡	2.40	1.72	2.60	1.72	2.40	1.72	2.70	2.20	2.80	1.94	3.10	1.98	3.10	1.98
鲜鱼	0.40	1.40	2.00	1.32	2.40	1.52	2.80	1.52	2.80	1.52	3.56	1.46	4.00	1.46
鲜菜	0.20	0.12	0.14	0.12	0.12	0.10	0.16	0.114	0.34	0.24	0.18	0.086	0.24	0.086
白菜	0.20	0.12	0.08	0.08	0.10	0.08	0.20	0.12	0.16	0.10	0.12	0.098	0.22	0.098
萝卜	0.22	0.12	0.12	0.12			0.08	0.08	0.14	0.10	0.20	0.08		
青菜	0.20	0.10	0.02	0.08	0.14	0.12	0.10	0.10						
仔猪	1.80		1.60		2.40	1.70	1.70	1.88	1.50	2.02	2.28	2.02	2.50	2.02
苹果							1.40	0.98	1.80	0.98	1.40	0.98	1.70	0.98
花生									1.40	0.692	1.40	0.692	1.40	0.692
竹篮(元/个)	1.20		1.10	1.10	1.20	1.10	1.40	1.16	1.40					
扫帚(元/把)					0.45	0.45							0.60	
烧柴(元/担)					4.00	3.00	5.00	3.00	4.50	3.00	5.00	3.00	5.00	3.00

第六节　物价管理

解放前，政府未设物价管理机构，商品市场价格多为行业垄断。1937 年 7 月至 1949 年 4 月，先由日伪军占领，后由国民党统治，严重通货膨胀，物价飞涨，市场极为混乱。

1937 年 6 月—1949 年 4 月 22 日扬中县 7 种主要消费品价格上涨情况表

表 140

品名	1937年6月平均价格(元)	1946 年				1948 年			1949 年 4 月 22 日		
		1月平均价格(元)	12月平均价格(元)	12月价格比1月增长倍数	全年平均价格比1937年6月增长(千倍)	7月平均价格(万元)	7月价格比1946年12月增长倍数	8月19日价格(元)	4月22日价格(万元)	4月22日价格比1948年8月19日价格增长(万倍)	金元券价格折合成法币较1937年6月增长(万倍)
米(石)	8.00	12000	50667	3.22	6.33	3800	7490	2070	190	9.18	23.75
面粉(袋)	4.25	6500	30500	3.69	7.18	1190	3892	7.65	600	78.4	141.18
豆油(斤)	0.25	240	1500	5.25	6.00	74	4923	0.51	8.5	16.7	34
食糖(斤)	0.20	300	2300	6.67	11.50	56	242.5	0.30	4.4	14.7	22
食盐(斤)	0.12	60	360	5.00	3.00	95	2638	0.10	1.8	18	150
肥皂(条)	0.12	240	900	2.75	7.50	110	1222	0.47	4.5	1	37.5
白细布(尺)	0.08	90	840	8.33	10.50	39	464.3	0.23	2.3	10	28.75

说明：1.1937 年为老法币，1946 年为新法币，1948 年 8 月 19 日后为金元券；

2.1941 年中储券兑法币为 1:2，1942 年关金券兑法币为 1:20，1945 年新法币兑中储券为 1:200，1948 年 8 月 19 日金元券兑新法币为 1:300 万

解放初期，农业受灾，工业停滞，生活资料和生产资料普遍紧缺，物价上涨。1950 年县政府执行物价管理政策，取缔金银市场，禁止金银流通，规定金银外币一律由人民银行收兑；同时举办折实储蓄，以吸收游资；国营贸易公司调集大量米、面、煤、纱、布等主要物资，以满足市场需要，制止物价上涨；由国营公司控制主要物资牌价，规定布粮比价，物价渐趋稳定。1951 年物价比 1950 年上涨 9.5%，而 1952 年比 1951 年下降了 2.2%。

在第一个五年计划时期，按照商业部“任何商品价格，非经批准，不得上调”的决定及第四、第五次物价会议精神，扬中县人民政府和物价部门进一步采取切实措施稳定物价，开展增产节约运动，几次降低棉布、食糖价格，对棉布实行统购统销，保持社会商品的供需平衡。在实行粮食统购统销，完成对农业、手工业和资本主义工商业的社会主义改造以后，加强社会主义经济对市场的领导，对关系国计民生的主要商品实行计划购销，归口管理。到“一五”计划后期，市场物价进一步稳定。

1957 年与 1952 年扬中县农副产品收购价格比较情况表

表 141　　单位:元(新币)

品名	价格		1957 年比 1952 年(±%)	品名	价格		1957 年比 1952 年(±%)
	1957 年	1952 年			1957 年	1952 年	
粳稻(百公斤)	17.2	15.92	+8.04	蚕茧(百公斤)	166	166	±0
小麦(百公斤)	18.4	17.36	+5.99	棉花(百公斤)	175	177	-1.14
油菜籽(百公斤)	38	23.4	+62.39	黄麻(百公斤)	33.08	32	+3.38
大豆(百公斤)	19.4	18.8	+3.19	芦菲(缠,5 张)	2.5	2.06	+21.36
生猪(百公斤)	73	55	+32.73				

1957 年与 1952 年扬中县农业生产资料销售价格比较情况表

表 142　　单位:元(新币)

品名	价格		1957 年比 1952 年±(%)	品名	价格		1957 年比 1952 年±(%)
	1957 年	1952 年			1957 年	1952 年	
硫酸铵(公斤)	0.33	0.372	-11.3	泗洪桐油(公斤)	2.68	1.960	+36.73
6%可湿性六六六粉(公斤)	0.94	1.72	-82.98	农用柴油(公斤)	0.96	0.886	+8.35
223 乳剂农药(公斤)	3.16	5.62	-77.85	手摇喷粉器(架)	20.60	33.400	-62.14

1957 年与 1952 年扬中县生活消费品价格比较情况表

表 143　　单位:元(新币)

项目 品名	价格		1957 年比 1952 年±(%)	项目 品名	价格		1957 年比 1952 年±(%)
	1952 年	1957 年			1952 年	1957 年	
中粳米(公斤)	0.262	0.264	+0.76	火柴(打)	0.205	0.17	-20.58
豆油(公斤)	0.96	1.09	+13.54	火油(公斤)	0.92	0.96	+4.35
猪肉(公斤)	0.98	1.26	+28.57	飞马牌香烟(包)	0.20	0.23	+15.00
白糖(公斤)	1.5	1.46	-2.27	洋河酒(公斤)	1.54	1.80	+16.88
食盐(公斤)	0.272	0.29	+7.14	白细布(米)	0.765	0.75	-2.00
肥皂(条)	0.41	0.40	-2.50				

1958 年“大跃进”和“共产风”“浮夸风”，以及自然灾害，给国民经济带来严重困难，市场物资奇缺，物价飞涨，“黑市”贸易盛行。1961 年扬中县零售物价指数比 1957 年上升 43.4%，集市贸易物价高于国家牌价 3 倍以上，大米每公斤 4~6 元，猪肉每公斤 6~10 元，胡萝卜每百公斤高达 60 元。根据中共中央提出的“调整、巩固、充实、提高”的八字方针，国家收购的农副产品由中央和地方分级管理，并适当提高农副产品收购价格，降低工业产品价格，逐步缩小工农业产品价格的剪刀差，以促进农副业生产的发展，同时对高档商品实行高价敞开供应，藉以回笼货币。

1959 年，县物价部门全面加强审价工作，对 2.8 万个商品价格进行审核，发现并纠正 288 个错价，1960 年 5 月，有关商店向生产队退回 5934 元错价款。对饭店、旅社、理发、照像、浴室、服装、粮油、饲料加工、度量衡器修理、搬运力资、房租、医疗事业的收费标准，也分别作出具体规定。审核 56 个中、小农具的生产成本，降低 20 个品种的价格，降低幅度为 12%~29%。

通过调整，工农业生产从 1962 年下半年开始全面好转，市场供需矛盾缓和，国家高价商品恢复平价，集市商品价格亦节节下降，国民经济渐趋繁荣。

“文化大革命”期间，县物价委员会根据国务院 1967 年 8 月 20 日发出的通告精神，会同商业、供销、物资、手工业、卫生等有关部门，修订百货、文化用品、五交化商品、针棉织品、副食品、日杂、煤炭、农机及机电产品等城乡差价和作价原则，并及时规定本地芦、柳、竹和鲃鱼、鲥鱼的购销价格，降低农药、柴油、煤油、润滑油、农药机械等农业生产资料的价格，以支持农业生产。扬中县的市场物价在“文化大革命”期间基本稳定。但由于物价长期冻结，削弱了物价的杠杆作用，影响了生产的发展。

1979 年根据国务院的决定，大幅度提高粮、油、棉、猪、鱼、禽、蛋等类主要农副产品收购价和销售价，并给职工增加副食品补贴和对 40%的职工增加工资。同时开展全面性的市场物价大检查，制止擅自提价和变相涨价，确保市场物价稳定。

1980 年继续调整物价，提高棉花、红麻及白术、珍珠等部分中药材的收购价格和焦炭、生铁、钢材、水泥、木材、毛竹、砖瓦、陶瓷、油漆等销售价格，降低化纤纺织品、农用薄膜、手扶拖拉机、农药及电视机、电冰箱、石英手表等销售价格，以进一步支持农业生产，缓和供需矛盾。

改革部分行业的收费办法，提高水运货物运价，适当提高汽车短途、超重、零担货物运价，恢复按质论价的做法。

继续进行物价检查整顿，严格控制物价和整顿议价，及时纠正和处理违背物价政策的行为。

1983 年 7 月，根据国务院、中纪委《坚决刹住乱涨生产资料价格和向建设单位乱摊费用的紧急通知》精神，对化肥、水泥、轧钢等生产厂，逐个检查核算，取消自行加价，对经营水泥、钢材、木材、煤炭、生铁五类物资单位加强检查。

随着经济体制改革的逐步深入，在价格形式上，将国家单一定价改为以国家定价为主，同时实行浮动价、议购价、议销价、代理价、工商企业协商价等多种形式，以适应经济改革的需要。

适当下放部分定价权，三类小商品由工商业协商定价。1983 年放开的小商品有 350 种，1984 年又放开 371 种。另外规定，凡产供销不列入国家计划的产品，允许乡镇企业按原料成本，实行浮动价。

根据上级有关文件规定，制定扬中县《协作物资作价办法》和《农副产品议购议销价格管理办法》，使乡镇企业和个体经营者，在掌握价格上有章可循。

调整非商品及其他方面的收费标准，合理调整医疗、电报、农机耕作、理发、浴室等收费标准，使之与整个物价水平相适应。

1985 年进行价格体系的全面改革。从 4 月 1 日起，放开生猪收购价格，实行指导性的议购议销。7 月 1 日，放开猪肉销售价，取消平价供应，对居民实行肉价补贴。对小麦、稻谷、玉米由统购统销改为合同定购，粮食按比例价计价，小油料销售价格亦随之放开，实行议购议销。

生猪、粮、油价格放开后，其有关制品的价格亦作相应调整。调整油条、烧饼、肉包等 11 种面点价格和饮食业利润标准。又先后调整部分百货、文化用品、家用电器的地区差价和铁路、公路短途运价、水路货物运价、部分医药品价；提高铁锅、水瓶胆、铝制品的销售价，降低絮棉的销售价；缝纫机、国产手表、收音机、电风扇 4 种产品实行国家指导下的企业自行定价形式。在全面改革价格体系的同时，于 1984 年成立扬中县物价检查所，以加强物价的检查监督。1985 年查处物价违纪案 15 起，没收违纪款 5.42 万元（其中退还用户 0.96 万元）。发挥物价部门的监督作用，保证市场物价的基本稳定。

1954—1984 年部分年份扬中县部分商品价格比较情况表

表 144　　单位：元

品名	1954 年零售价	1959 年		1969 年		1979 年		1984 年	
		零售价	比 1954 年±%	零售价	比 1959 年±%	零售价	比 1969 年±%	零售价	比 1979 年±%
食盐(公斤)	0.24	0.29	+20.83	0.29	平	0.29	平	0.30	+0.3
白糖(公斤)	1.36	1.44	+5.88			1.68		1.68	平
食油(公斤)	1.12	1.12	平					1.68	—
火柴(打)	0.18	0.16	–12.50	0.18	+12.5	0.20	+1.1	0.30	+50.0

续表 144

品名	1954 年零售价	1959 年		1969 年		1979 年		1984 年	
		零售价	比 1954 年±%	零售价	比 1959 年±%	零售价	比 1969 年±%	零售价	比 1979 年±%
火油(公斤)	0.98	0.98	平	0.68	-44.1	0.68	平	0.68	平
12 白细布(米)	0.72	0.72	平	0.765	+0.3				
414 钟牌毛巾(条)	0.85	0.85	平	0.88	+3.5	0.88	平	1.07	+21.6
42 狗头袜(双)	0.71	0.71	平						
固本肥皂(块)	0.19	0.20	+5.26	0.23	+15.0	0.25	+8.7	0.25	平
可二碗(只)	0.15	0.12	-25.00	0.18	+50.0	0.22	+22.2	0.24	+60.00
猪肉(公斤)	1.12	1.22	+8.93	1.48	+21.3	2.02	+36.5	2.9	+43.6
鸡蛋(公斤)	0.98	1.44	+46.93	1.56	+8.3	2.10	+34.6	3.6	+71.4
母鸡(公斤)	1.16	1.42	+21.41	1.94	+36.6	2.14	+10.3	3	+40.2
青鱼(公斤)	0.62	0.88	+41.94	0.94	+6.8	1.58	+68.1	5	+216.5

1950—1985 年部分年份扬中县部分土(特)产品销售价格情况表

表 145　　单位:元/50公斤

品名	规　　格	1950 年	1956 年	1962 年	1966 年	1978 年	1985 年
芦柴	长度 4 米以上质干、无杂	—	1.40	1.70	1.84	2.52	4.50
皮柳	统货	—	5.00	5.00	5.30	7.20	10.50
水竹	每根 1~1.5 公斤	—	6.00	9.20	12.90	16.70	23
鮰鱼	每条 100 克左右	1 石米/50 公斤	26.00	60.00	60.00	85.00	400
鲥鱼	(红腮)	1.2 石米/50 公斤	32.00	73.00	84.00	98.00	4000
河豚	统货	8 升米/50 公斤	25.00	28.00	30.00	52.00	2000

说明:1.1950 年鮰鱼、鲥鱼、河豚市场出售以米兑换,时市场大米价格为每石 13.7 元(折合新币);
2.1978 年及以前鮰鱼、鲥鱼、河豚价格为国营公司牌价,1985 年为集市贸易价格

第十三章　标准计量管理

1966年成立扬中县度量衡检定所，隶属于县商业局领导。1976年检定所改为扬中县计量管理所。1980年计量管理所隶属于县科委。人员编制8名，1983年增加到12名。服务范围由商业企业扩大到工业企业，并开设了计量产品服务部。后经县政府同意，将扬中县计量管理所改为扬中县标准计量所，隶属于县计划经济委员会。

第一节　度量衡演变

民国20年(1931)以前，扬中县常用的度、量、衡器，主要是三元尺、升、斗、斛子、木杆秤。计量单位混杂，量值不统一。民国20年(1931)，国民政府颁布《度量衡法》，将旧计制度量衡具改为市用制。三元尺改为市尺，木杆秤改为市秤(16两为1斤)，升、斗、斛子改为市制。但因管理不严，未能全面实行。解放前夕，全县统一使用市尺、市斗、市秤。民间使用的尺、斗、秤误差较大。

1958年对商用手秤、盘秤的16两制进行改革，1959年1月1日起，在全县范围内统一实行10两制市秤。

20世纪60年代，商业、供销部门始推广台秤、案秤。测量长度的计量器具也由竹木尺发展为皮尺、钢卷尺、钢直尺、游标卡尺、千分卡尺等。

20世纪80年代开始应用测微计、光学计等精密测量仪器。量器也多更新换代，粮油管理部门普遍使用售油器，各种玻璃量杯在工业上普遍使用。衡器由木杆秤演变为案秤、台秤、邮秤、字盘秤、吊秤、地中衡、普通天平、精密分析天平等。

第二节　标准化管理

一、组织标准化培训，建立标准化管理网

由标准计量管理所牵头，与计经委、工业局、轻工局等主管局联合举办两期“标准化技术函授班”，学员210人，结业150人。全县组成主管局、乡镇工业公司、生产企业的标准化三级管理网络。

二、提供和制定产品质量标准

根据《中华人民共和国标准化管理条例》，企业制造产品必须有产品质量标准。扬中县标准计量管理所为企业提供产品质量标准100多个，帮助企业查找标准号码80多个。在产品无国家标准、专业标准情况下，为生产企业制定产品质量标准80多个。

三、建立标准化档案，采用国际标准

经普查建档的县属企业41家，主要产品99种，标准覆盖率100%；乡镇企业368家，主要产品656种，标准覆盖率83%。全县有11家企业的14种产品通过省级采标验收合格。

第三节　计量管理

一、培训计量监督员，加强对商业计量器具的检查管理

通过学习培训，经省、市考核，有5人取得省级计量监督员证书。标准计量管理所与工商、物价等有关部门一起对全县29家国营商店、46家集体商店、275家个体摊贩进行检查。被查计量器具472台(件)，有62台(件)不合格，合格率为87%。另外，每年对市场衡器进行检查，没收不合格的和非法制造的衡器，打击不法商贩。

二、评审定级

中共十一届三中全会以后，根据省工业企业计量工作定级、升级的实施意见，通过各级计量评审员的咨询服务及评审验收，全县50家企业取得三级计量合格证书，19家企业取得计量验收合格证书，4家企业取得二级计量合格证书。

三、建立计量检定、修理网络

县计量所建立长、热、力、电四类计量标准器,可开展检定和修理的有 8 种,有修理人员 8 名。据计量调查,全县计量器具强制检定项目有 25 项、37 种、19507 台(件),属周期检定的有 7 万台(件)。县计量所限于条件,工作很不适应检定、修理的需要,为此,与省、市计量所以及县电子仪器厂、长旺化工仪表配件厂签定协议,建立协作网络,调配人员帮助检定和修理计量器具。

四、考核发证

为 26 家企业发放计量器具制造、修理许可证。对全县 10 个木秤工匠制造公斤秤业务进行培训考核,并发放许可证。

第十四章　财政 税务

清末至民国时期，扬中县工商业甚少，虽加重田赋及各种附加税，财政仍连年赤字。1933年农民反抗苛重田赋，进行抗税斗争，导致国民党县长冯沛三投江自杀。此后县民国政府采取让步政策，直到民国25年(1936)，财政状况才有所好转。

日本侵略军侵占时期，肆意掠夺资源，征收苛捐杂税，人民不堪忍受。抗日民主政府领导人民开展抗粮、抗税和减租减息斗争，人民利益得到一定程度的保护。抗日战争胜利后，国民党统治时期，通货膨胀，物价飞涨，国民经济濒临崩溃。1945年12月—1946年2月，县财政借款1500余万元。1947年财政预算收支为1946年的9倍，军费占财政总支出的25%。

解放后，县人民政府遵循“发展经济，保障供给”和“取之于民，用之于民”的财税方针，采取多种措施，扩大财源，增加收入，并对税制税种多次进行调整改革，充分发挥税收的杠杆作用，财政积累不断增加。

1953—1957年，财政收入年年增加，平均年递增率12.27%。1958年因“高指标”“浮夸风”影响，财政收入“放卫星”，虚报收入，虚收实支，财政收入实际下降。“文化大革命”期间，工农业生产遭受严重挫折，财政收入亦大受影响。中共十一届三中全会以后，贯彻“调整、改革、整顿、提高”的方针，实行对外开放、对内搞活的经济政策，落实生产责任制，国民经济迅速发展。1978—1985年财政总收入17816.6万元，超过解放以后1978年以前28年收入的总和。

1985年财政收入3749.6万元，为1950年的57.3倍，1965年的12.3倍，1978年的2.1倍。支出亦相应增加，各项事业得到迅速发展。财政收支的结构亦有较大变化，农业税收入占财政总收入的比例从1950年的86.72%下降到1985年的3.25%；工商税从1952年的37.19%上升到1985年的90.84%。1985年预算内财政支出总计1641.9万元，其中经济建设支出568.7万元，占预算总支出的34.6%；社会文教卫生支出655.8万元，占预算总支出的39.9%。县财政从供给型逐步转为建设型和经营管理型。

第一节　财　政

一、民国时期财政

扬中建置前分属六县管辖,各县均设专柜在三茅镇收纳赋税。建置后,县府设第二科管理财政,后又设会计处和捐税稽征处等,以征收田赋为主,外加名目繁多的附加税。民国25年(1936),扬中县财务概况是:全县共有田、埂、滩、塘等350538.12亩,田赋分4等12则。合计田赋20006两6钱7厘,每两征正省县税2.055元,附加税有征收费、带征户籍费、自治费、区公所经费、党务费、公安经费、保安费、警队费、筑路亩捐、普教亩捐、清丈费等11个项目,每两合计征4.938元,超正税1倍多。是年财政收入计115159元,其中田赋占68%。

民国34年(1945)12月,国民党政权进入县境,赖临时借款维持(附当年12月份扬中县地方财政收支实况月报表)。民国35年(1946),军费开支剧增,财政赤字不断扩大,上半年即积欠各机关经费1000万元。民国36年(1947)年初,即出现库空如洗状况 (附当年扬中县地方预算岁入岁出总表)。民国37年 (1948)—民国38年(1949)4月,通货膨胀,物价飞涨,财源枯竭,国民经济濒临崩溃。

民国34年(1945)12月扬中县国民政府地方财政收支实况月报表

表146　　单位:元

收入部分		支出部分	
科目	实收数	科目	实支数
税课收入: 屠宰税	95850	行政支出: 一、县政府经费 二、区公所经费	 584900 312700
财产及权利奖: 房产租金	110600		
临时借款: 一、向本县殷实户临时借款 二、私人借款 接受敌伪物资变价	1343500 1013775	经济及建设支出: 交通费 (无线电台经费)	66500
呈奉淮南行署政字一三六九号命令,准临时借用接受赋谷变价应用	513400	保安支出: 一、保安队经费(11、12月份) 二、警佐室经费 三、区警察所经费 四、侦缉队经费 五、警察队经费	 701220 157060 148235 118295 86175

续表 146

收入部分		支出部分	
科　目	实收数	科　目	实支数
本月收入	206450	财务支出： 财务委员会经费	64040
		其他支出： 反奸宣传工作队经费	173000
		临时费支出： 入境军队及职员川旅费	650000
		借垫支出： 三民主义青年团借经费	15000
本月共收	3077125	本月共支	3077125
合　计	3077125	合　计	3077125

民国36年(1947)度扬中县国民政府地方预算岁入岁出总表

表 147　　单位：万元

收入				支出			
科　目	经常门	临时门	合　计	科　目	经常门	临时门	合　计
税课收入	44497.8		44497.8	政权行使支出	259.9	121.6	381.5
工程收益费	500.0		500.0	行政支出	5006.4	3981.6	8988.0
信托管理收入	1125.0		1125.0	教育及文化支出	753.4	748.0	1501.4
财产利息收入	5070.0		5070.0	经济及建设支出	102.6	1840.0	1942.6
财产售价收入	500.0		500.0	卫生支出	149.9	300.0	449.9
遗产收入	500.0		500.0	社会及救济支出	1713.1	400.0	2113.1
特别课税收入		97257.0	97257.0	保安及警察支出	36274.8	9176.0	45450.8
其他收入	4499.3	27000.0	31499.3	财务支出	785.9	800.0	1585.9
				公务员退休及抚恤支出	500.0		500.0
				补助及协助支出	752.0		752.0
				其他支出	106189.4		106189.4
				预备金	10000.0		10000.0
合　计	56692.1	124256.9	180949.1	总　计	162487.5	18461.6	180949.1

二、解放后财政

解放后,改革财政体制,加强对财政的管理监督,财政收入不断增加。

1.财政体制变化 县财政体制因国家经济体制变化,各个时期有所不同。

1949—1952 年,实行高度集中,统收统支。县财政收支列入省财政预算,收入上交,支出下拨,每月一结,凭证上报。农业税为县财政收入的主要来源,占总收入69.87%。支出主要是行政经费和列编人员工资。1953 年实行中央、省、县三级财政,扬中县建立总预算、决算制度。同年 5 月地方税划归县财政,不敷支出部分由省财政弥补。

1953 年开始,中央适当下放财权,规定印花、屠宰、利息所得、牲畜交易、文化娱乐、车船牌照、契据等 7 种税收为地方第一类固定收入;农业税、工商营业税和所得税的固定比例部分为地方第二类固定收入;从工商流通税和货物税中按一定分成比例调剂,以弥补预算指标不足部分,为地方第三类固定收入。

1954—1957 年,实行划税分成,固定比例(亦称分类分成)。

1958 年实行固定分成,调剂分成,以收定支。此体制缺陷较多,只在 1958 年实行1 年,即告终止。

1959—1970 年,实行总额分成,比例包干,一年一定。分成比例为 55%~61%,超收分成 10%。

凡县属企事业收入和各项税收,除附加和自筹外,均为地方预算收入。凡属地方财政性支出(县级基本建设、企业流动资金、行政经费等)均属地方预算支出。以支出占收入的比例确定地方总额分成比例。为鼓励地方积极组织收入,1964 年规定,超额完成国家收入地区,其超额部分按比例分成。

1971—1973 年,实行定收定支、收支包干。1971 年企业下放,财政收支实行大包干。扬中县总额分成比例为 58%;1971 和 1972 年,超收分成比例均为 40%,1973 年为20%。

1974—1976 年实行固定比例分成,超额分成,支出按指标包干。镇江地区核定扬中县固定比例分成为 2%,超收分成为 20%。1974 年固定比例分成收入与超收分成收入分别为 15.14 万元和 13.44 万元。1976 年分别为 25.58 万元和 57.31 万元。

1977—1981 年实行固定比例包干。1977—1980 年,扬中县固定比例仍为 2%,收入增长分成为:以上年实绩为基数,当年增长部分核定比例分成,一定四年不变。镇江地区核定扬中县为 25%(其中上交地区 5%)。1981 年固定分成为 1.4%,超收分成为26.45%,增长分成比例为 14%。

1982—1985 年实行收支挂钩,确定比例,全额分成,一定 4 年。

1982—1985 年扬中县财政按比例分成收入情况表

表 148　　单位：万元

年份＼项目	进行按比例分成的收入数	包干留成比例(%)	县财政分成收入	年份＼项目	进行按比例分成的收入数	包干留成比例(%)	县财政分成收入
1982	2109.0	34.00	717.1	1984	2782.6	36.32	1010.6
1983	2542.1	36.32	923.3	1985	3643.2	38.14	1389.5

2.财政收支　1950—1985 年，扬中县预算内财政总收入为 29252.8 万元。其中：工商税利占 88.96%，农业税占 9.76%，其他收入占 1.28%；预算内总支出为 14458 万元，其中，用于经济建设占 31.51%，社会文教卫生占 46.10%，行政管理费占 18.25%，其他支出占 4.14%。这 35 年，基本达到发展生产，保障供给，收支平衡，略有结余的要求。

1950—1985 年扬中县财政收入项目比例情况表

表 149

时期＼项目	农业税(%)	工商企业税利(%)	其他收入(%)	时期＼项目	农业税(%)	工商企业税利(%)	其他收入(%)
1950—1952	69.87	26.86	3.27	1966—1970	24.94	72.24	2.82
1953—1957	46.39	45.96	7.65	1971—1975	11.68	87.77	0.55
1958—1962	29.73	64.57	5.70	1976—1980	4.95	94.46	0.59
1963—1965	29.37	67.03	3.60	1981—1985	3.60	96.03	0.37

1950—1985 年扬中县预算内主要支出项目比例情况表

表 150

时期＼项目	支援农业支出(%)	基本建设支出(%)	工交商业支出(%)	科技三项费用(%)	文教卫生支出(%)	行政管理费支出(%)	社会救济支出(%)	城市维护建设费支出(%)	其他支出(%)
1950—1952	14.40		1.70		39.50	42.40	0.50		1.50
1953—1957	5.13		2.16		49.49	35.67	6.91		0.64
1958—1962	20.00		12.30		38.50	22.30	0.70		6.20
1963—1965	15.41		0.43	0.50	40.63	23.39	15.61		4.03
1966—1970	17.39	2.07		1.01	42.51	18.30	13.75		4.97

续表 150

项目 时期	支援农业支出(%)	基本建设支出(%)	工交商业支出(%)	科技三项费用(%)	文教卫生支出(%)	行政管理费支出(%)	社会救济支出(%)	城市维护建设费支出(%)	其他支出(%)
1971—1975	11.12	4.38	18.81	1.71	38.63	15.53	7.62		2.20
1976—1980	28.41	0.50	8.34	1.27	34.51	14.70	7.17	2.30	2.80
1981—1985	13.64	3.96	1.14	1.03	37.96	17.98	6.98	7.40	9.91

1949—1985 年扬中县财政收入金额情况表

表 151　　单位:万元

项目 年份	总　计	企业收入	各 项 税 收			其他收入
			总　计	工商各税	农业税	
1949						
1950	65.5		65.4	8.6	56.8	0.1
1951	100.8		100.6	23.8	76.8	0.2
1952	106.2	1.3	96.3	39.5	56.8	8.6
1953	121.7	1.6	112.4	56.2	56.2	7.7
1954	132.5	0.2	122.4	57.2	65.2	9.9
1955	129.7	3.0	118.3	45.0	73.3	8.4
1956	124.3	2.3	115.2	64.3	50.9	6.8
1957	153.4	1.5	134.1	72.8	61.3	17.8
1958	245.6	62.5	150.0	71.6	78.4	33.1
1959	378.6	151.6	159.9	71.5	88.4	17.1
1960	310.1	116.6	185.2	96.0	89.2	8.3
1961	219.5	53.9	159.2	91.4	67.2	6.4
1962	174.4	5.0	161.4	105.2	56.2	8.0
1963	209.5	6.9	192.9	111.7	81.2	9.7
1964	295.9	9.8	278.0	199.8	78.2	8.1
1965	304.2	12.3	280.6	202.2	78.4	11.3
1966	285.4	15.1	257.3	158.6	98.7	13.0
1967	333.4	8.3	317.5	222.8	94.7	7.6
1968	310.4	5.0	295.9	202.6	93.3	9.5
1969	387.4	11.0	365.9	273.9	92.0	10.5

续表 151

项目 年份	总 计	企业收入	各项税收			其他收入
			总 计	工商各税	农业税	
1970	497.8	46.7	440.8	366.8	74.0	10.3
1971	644.0	2.1	636.4	539.9	96.5	5.5
1972	693.8	-36.8	725.1	644.7	80.4	5.5
1973	696.1	72.5	618.5	528.1	90.4	5.1
1974	757.1	44.6	710.4	622.4	88.0	2.1
1975	973.6	51.5	919.8	835.2	84.6	2.3
1976	1279.1	57.4	1217.7	1137.1	80.6	4.0
1977	1556.2	92.6	1452.5	1388.9	63.6	11.1
1978	1752.8	133.8	1597.9	1515.4	82.5	21.1
1979	1538.9	102.2	1432.0	1345.9	86.1	4.7
1980	1579.7	117.4	1457.5	1389.2	68.3	4.8
1981	1704.7	66.0	1629.0	1553.4	75.6	9.7
1982	2108.7	90.6	2006.4	1918.0	88.4	11.7
1983	2541.7	117.4	2410.4	2325.7	84.7	13.9
1984	2840.5	106.2	2705.2	2610.8	94.4	29.1
1985	3749.6	190.1	3528.1	3406.3	121.8	31.4

1950—1985 年扬中县预算内财政支出金额情况表

表 152 单位:万元

项目 年份	总计	经济建设支出							社会文教卫生支出			行政管理费支出	其他支出
		合计	工交商业支出	支援农业支出	基本建设支出	科技三项支出	市镇建设支出	其他经济建设支出	合计	文教卫生支出	社会救济支出		
1950	3.1	0.2		0.2					1.8	1.7	0.1	0.9	0.2
1951	15.0	1.9	0.5	1.4					9.2	9.0	0.2	3.6	0.3
1952	57.6	10.1	0.8	9.3					19.3	19.2	0.1	27.6	0.6
1953	64.7	0.9		0.9					38.3	36.3	2.0	25.4	0.1
1954	74.2	1.3		1.3					46.9	43.2	3.7	25.8	0.2
1955	75.2	2.9		2.9					42.8	38.5	4.3	29.5	
1956	131.8	13.0	3.0	10.0					70.9	61.0	9.9	46.4	1.5

续表 152

项目 年份	总计	经济建设支出							社会文教卫生支出			行政管理费支出	其他支出
		合计	工交商业支出	支援农业支出	基本建设支出	科技三项支出	市镇建设支出	其他经济建设支出	合计	文教卫生支出	社会救济支出		
1957	137.9	17.3	5.9	11.4					73.9	60.4	13.5	45.4	1.3
1958	226.6	105.5	79.1	26.4					75.4	68.7	6.7	43.4	2.3
1959	253.2	104.0	66.8	37.2					90.0	86.5	3.5	56.5	2.7
1960	252.1	71.2	10.4	60.8					124.9	110.9	14.0	54.3	1.7
1961	197.8	44.8	0.6	44.2					104.2	79.2	25.0	47.4	1.4
1962	161.7	16.0	0.4	15.6					100.2	75.2	25.0	42.0	3.5
1963	165.8	16.2	1.7	14.5					103.4	69.2	34.2	41.3	4.9
1964	187.9	27.3	0.7	26.6					106.0	77.1	28.9	44.9	9.7
1965	206.3	48.0		45.2		2.8			105.5	81.2	24.3	44.8	8.0
1966	224.6	32.7		30.6		2.1			138.5	98.1	40.4	47.3	6.1
1967	227.1	31.6		28.8		2.8			144.5	109.4	35.1	42.2	8.8
1968	190.4	19.2		15.0		2.1		2.1	119.1	91.5	27.6	42.5	9.6
1969	254.0	76.2		58.9	11.0	2.3		4.0	121.5	91.0	30.5	44.2	12.1
1970	275.9	80.0		55.4	13.3	2.5		8.8	135.9	108.3	27.6	38.3	21.7
1971	492.2	275.6	232.4	32.7	6.0	3.5		1.0	152.7	124.3	28.4	50.9	13.0
1972	371.8	125.6	40.6	32.6	42.6	9.1		0.6	178.0	153.4	24.6	56.2	12.1
1973	318.7	75.2	31.1	33.6		7.3		3.2	178.9	149.9	29.0	60.9	3.7
1974	380.7	126.7	45.0	42.2	20.0	12.0		7.5	189.0	156.7	32.3	63.0	2.0
1975	382.8	98.2	17.0	58.1	16.7	1.4		5.0	201.6	167.6	34.0	71.3	11.7
1976	488.3	199.1	26.0	156.4		15.1		1.6	208.2	170.6	37.6	70.3	10.7
1977	486.3	165.3	25.6	130.5		4.4	3.1	1.7	217.7	177.8	39.9	76.6	26.7
1978	721.0	375.0	97.9	247.1	12.5	11.0	5.3	1.2	248.3	210.0	38.3	83.9	13.7
1979	607.1	239.0	49.5	145.9	2.6	5.1	34.1	1.8	260.9	219.6	41.3	93.9	13.3
1980	741.2	274.3	54.9	184.9		3.1	27.5	3.9	323.5	261.7	61.8	122.9	20.5
1981	758.0	164.4	6.3	125.7	9.2	1.4	20.7	1.1	442.7	323.6	119.1	136.4	14.5
1982	920.6	237.9	34.0	164.6	11.6	2.9	22.4	2.4	437.2	378.2	59.0	208.5	37.0
1983	1366.0	450.3	3.1	196.4	67.1	14.1	148.5	21.1	582.8	485.6	97.2	240.6	92.3
1984	1398.5	459.5	8.0	167.7	127.1	25.4	118.2	13.1	615.7	541.6	74.1	263.1	60.2
1985	1641.9	568.7	17.8	175.7	25.7	18.9	140.6	190.0	655.8	580.6	75.2	245.8	171.6

3.财政管理监督 对行政和事业单位的财务管理与监督。1957—1958年建立乡级财政，颁布乡级经费预算和开支管理办法，使乡财政有章可循。1982年根据国务院《平衡财政收支，严格财政管理的决定》，开展财经纪律和财务大检查，并对预算经费实行包干。先后进行3次较大范围内的干部职工欠款清理。

对企业单位的财务管理与监督。20世纪50年代初期，对企业财务管理仅限于利润监交、投资拨款等工作。50年代中、后期至60年代，注意整顿和加强企业财务基础工作，建立健全各项规章制度。70年代进行民主理财，加强经济核算、成本管理、清仓查库、扭亏增盈、挖潜改造工作。但在"文化大革命"期间，财政工作曾受到挫折和损失。中共十一届三中全会以后，以提高经济效益为中心，扩大企业自主权，推行经济责任制，并开展财务大检查，以严肃财经纪律，加速资金周转，发展生产。1977—1985年先后开展过4次财务大检查。1977年开展以国营企业为主、财经纪律为中心的大检查，共查出违纪金额77.26万元。1981年全国开展企业财务和市场物价大检查，扬中县共检查各类企业95家(其中国营31家，集体42家，省属19家，中央属3家)，查出违纪金额141.66万元。1983年以打击经济领域违法犯罪活动为中心，开展大规模的以国营企业和行政事业单位为主的税收、财务、物价大检查，共检查96家，查出违纪金额24.96万元。1985年继续开展税收、财务、物资、物价大检查，查出违纪金额211.78万元。

对工商企业清仓查库、清产核资。1961—1983年，先后进行过5次。1961年结合压缩社会集团购买力，对企业库存物资进行清理。1972年针对企业的本位主义思想进行较广泛的清产核资，以达到弄清家底，改善经营，增产节约，加速资金周转的目的。1978年有重点地对企业进行清仓查库，搞活资金流通。电子仪器厂清理出积压物资45.3万元。1980年根据国务院清产核资、扭亏增盈领导小组和省、地指示精神，开展广泛的清产核资工作，计核定7家国营工业企业流动资产，净损失128.60万元，固定资产净损失100.4万元；核定工交系统10家集体企业流动资产净损失16.30万元，固定资产净损失6.10万元，并提出资金周转率的具体要求，以加速资金周转。1983年，国营企业流动资金，改国家财政拨款为银行贷款。为实现这一重大改革，对全县10家国营企业进行清仓查库和落实资金，共查出损失流动资金98.70万元，有问题的物资124.24万元，其中电机产品报废的就有83.73万元。

根据上级指示，县财政部门分别于1961年、1962年、1972年和1977年4次进行资金冻结，控制社会集团购买力。累计冻结274万余元，这对控制货币投放、稳定物价、增产节约、缓和市场矛盾均起到一定作用。1963年行政事业单位和国营企业单位的购买力分别比上年压缩7%和10.23%。

4.公债 解放后，扬中先后发行人民胜利折实公债、国家经济建设公债和国库券

3 种,共 11 期,单位和群众积极认购。

1955—1985 年部分年份扬中县购买公债及国库券情况表

表 153　　单位:万元

<table>
<tr><th colspan="2" rowspan="2">债券名称 / 年份 / 购买对象</th><th colspan="3">国家经济建设公债</th><th colspan="5">国库券</th></tr>
<tr><th>1955</th><th>1956</th><th>1957</th><th>1981</th><th>1982</th><th>1983</th><th>1984</th><th>1985</th></tr>
<tr><td colspan="2">地方政府</td><td></td><td></td><td></td><td>5.00</td><td></td><td></td><td></td><td></td></tr>
<tr><td colspan="2">单位</td><td></td><td></td><td></td><td>34.54</td><td>26.9</td><td>33.66</td><td>35.58</td><td>47.3</td></tr>
<tr><td rowspan="2">个人</td><td>职工</td><td>1.70</td><td>1.69</td><td>3.06</td><td rowspan="2"></td><td rowspan="2">33.3</td><td rowspan="2">20.80</td><td rowspan="2">21.24</td><td rowspan="2">44.3</td></tr>
<tr><td>农民</td><td>0.04</td><td>1.40</td><td>3.36</td></tr>
<tr><td colspan="2">工商界</td><td>0.36</td><td>0.39</td><td>0.64</td><td></td><td></td><td></td><td></td><td></td></tr>
<tr><td colspan="2">总　计</td><td>2.10</td><td>3.48</td><td>7.06</td><td>39.54</td><td>60.2</td><td>54.46</td><td>56.82</td><td>91.6</td></tr>
</table>

5.公产　清代和民国初年有扬中县鸣凤学产田、埂 37186.32 亩,二区中正乡田、埂 30133.89 亩,其他公产田 21953.97 亩,芦滩 339 亩,港地 16 亩,基地 14 亩,公房 12 间。后经多次化佃为粮,至中华人民共和国解放初仅剩雷公嘴、西沙芦滩和土改时没收地主的芦、柳滩共计 5840.82 亩,基地 3436 亩,房屋 52 间。1953—1984 年(缺 1968—1970 年 3 年资料)公产收入计 211.36 万元。

第二节　税　务

一、税制沿革

清代和民国时期,扬中县的税收以田赋为主,随田赋附加各税,名目多至 20 余种。

抗日战争时期,抗日民主政府征收农业税、货物税和营业税 3 种。汪伪政府沿袭国民政府税制,并增加多种临时摊派,人民负担极重。

解放后,在税制、税种等方面作过多次改革和调整。

1949 年,开征营业事业所得、货物、水产、营业、一时营业、屠宰、营业牌照、车船使用牌照、文化娱乐、房地产、食盐等 11 个税种(农业税另述),较旧制税种减少,税率降低。1950 年 7 月调整税收,降低盐税、所得税、货物税等税率;简化税种,合并房产和地产、货物和印花税目。1951 年 4 月,开征棉纱统销税。当时全县计征货物、工商业、印花、屠宰、存款利息所得、车船使用牌照、盐和牲畜交易等税计 8 个税种。

1953年政务院修正税制，全国12个税种，扬中县开征商品流通税、货物税、印花税、屠宰税、牲畜交易税、文化娱乐税、车船使用牌照税7种。

根据1958年国务院对工商税制进行全面改革的精神，1962年全国有工商税收9种，扬中县只开征工商统一税、工商所得税、屠宰税、车船使用牌照税4种。

1974年1月，改革税收制度，将工商统一税及其附加、城市房地产税、车船使用牌照税、盐税和屠宰税合并为工商税，税目由108个减为44个，税率由141个减为82个。

继1979年取消合作商店加成收税后，又于1980年10月取消个体经济和合作商业税负重于集体经济的规定，适当降低税率，并从扶持乡镇企业出发，对农村税负作过多次调整。

1983年1月1日开征增值税和国家能源交通重点建设基金，并根据国家第一步利改税指示，对有盈余的国营企业开征所得税。同年10月开征建筑税。至1984年9月，根据国家第二步利改税办法，全国有21个税种，扬中县共开征产品税、增值税、营业税、工商所得税、屠宰税、建筑税、奖金税、国营企业所得税8种，另征集国家能源交通重点建设基金。

二、田赋

田赋为古老税种，民国初大体沿袭清制。民国23年(1934)始定名为田赋，按亩计纳。民国25年(1936)，全县上解省田赋20641元(其中含教育亩捐7579元，筑路亩捐3652元及治运、浚港等亩捐)。民国34年(1945)，全县有粮户42850户，粮田297777亩，赋额22482.6万元。民国36年(1947)，有粮田386306亩，应征稻谷756.5万公斤，实征642.14万公斤，随征赋借粮321.7万公斤。

解放后，田赋改称农业税，执行兼顾国家、集体、个人三者利益的轻税方针和公平合理、鼓励增产的政策，农业税经过多次改革。

1950年，农业税以户为单位，按农业人口每人平均农业收入，实行差额较大的全额累进税制，定税率为40级，附加税不超过正税的15%。1952年缩小累进差额，改税率为24级。1958年废除全额累进税制，实行比例税制。1959年采用历年制(即1月1日—12月31日)，直至1981年其基本精神和制度未变。人民公社化时期，农业税改农业社缴纳为生产队统一缴纳。1981年实行联产承包责任制之初，农业税仍归生产队统一缴纳，1984年开始分户缴纳。农业税每年夏秋各征1次，分别在当年的8月、12月前入库。

1949—1984 年部分年份农业税征收基数情况表

表 154

年　份	纳税面积（亩）	计税产量（万公斤）	税率（%）	税额（计征任务）（万公斤）
1949	295291			443.22
1952	274191	4489.07	13.97	627.18
1956	265047	4354.34	14.32	710.23
1958	261347	4953.45	13.51	776.535
1961	182126	4757.47	10.00	496.585
1979	177103	4523.01	10.56	550.32
1981	177255	4519.285	10.57	549.33
1983	176671	4504.805	10.56	547.59
1984	176118	4480.57	10.56	545.57

1950—1985 年农业税收入数及占财政总收入比例情况表

表 155

年　份	农业税收入数（万元）	占财政总收入比例（%）	年　份	农业税收入数（万元）	占财政总收入比例（%）
1950—1952	190.4	69.87	1966—1970	452.7	24.95
1953—1957	306.9	46.39	1970—1975	439.9	11.69
1958—1962	380.0	29.73	1976—1980	380.8	4.94
1963—1965	237.8	29.37	1981—1985	464.9	3.73

三、工商税收

扬中县在清代除田赋外，还有厘金（又称统捐）、当税、牙税、盐税、地税、军粮运费等名目。厘金为当时收入大宗。民国初基本沿袭清制。史载："厘金百弊丛生，民怨深重，政府几有裁厘之议。"直至民国 20 年（1931），才正式裁撤厘金。民国政府除田赋外，还有当税、盐税、屠宰税、营业税、印花税、筵席娱乐税、车船使用牌照税、营业牌照税、牙税、货物税、契税及各项专税（教育、筑路、公安、户籍、扩警、党务、枪械、壮丁等），其税种税目，较清代繁多，人民负担甚重。

抗日战争时期，抗日民主政府只征收农业税、货物税、营业税三种。

1949—1985 年的 36 年中，扬中县先后开征过货物税、商品流通税、工商统一税、工商税、工商业税、盐税、工商业所得税、产品税、增值税、营业税、国营企业所得税、集体企业所得税、建筑税等 13 个税种，但在各个税制改革时期，对以上税种有过多次增减、合并、裁撤，扬中县实际开征的税种只有 4~8 个。

1950—1985 年部分年份扬中县工商税收(入库)情况表

表 156 单位：万元

项目 \ 金额 \ 年份	1950	1952	1957	1960	1965	1970	1975	1980	1983	1984	1985
收入合计	8.6	39.5	72.8	96.0	202.2	366.8	835.2	1389.2	2325.7	2610.8	3406.3
货物税	2.6	6.4	10.9								
商品流通税			1.3								
工商统一税				63.8	99.2	207.9					
工商税							511.8	984.3	1644.9	1538.7	
产品税										211.5	1893.3
增值税									14.4	35.6	163.0
营业税	2.0	15.2	27.8							78.5	593.3
所得税		6.7	22.0	26.2	85.1	142.1	323.4	403.0	663.7	744.5	680.9
盐税								1.6			
地方各税	4.0	11.2	10.8	6.0	17.9	16.2				1.2	74.9
补税罚款						0.1		0.3	2.7	0.8	0.9

说明：1.表内项目是按税制改革顺序排列；

2.地方各税包括印花税、利息所得税、车船使用牌照税、屠宰税、文化娱乐税、牲畜交易税、集市交易税、城市维护建设税、建筑税等

四、利改税

长期以来，对国营企业实行统收统支的管理办法，挫伤了企业领导和员工的积极性，束缚了生产力的发展。利改税是将国营企业上缴利润改为按国家规定的税种、税率缴纳税金。扬中县 1983 年推行第一步利改税，1984 年推行第二步利改税，充分发挥税收的杠杆作用，加速财政积累和“四化”建设。

县税务局于 1983 年对 41 家国营企业和 1 家县属集体企业实行第一步利改税，其中 40 家国营企业试行上缴所得税，其余试行增值税。1983 年共征收 245.77 万元，企业留利 264.00 万元。通过第一步利改税的实践，国家和企业的收入都得到法律保障，对企业有较大的强制性，增加了企业的活力和压力。但在第一步改革后的利税并存情况下，仍有吃“大锅饭”和企业间苦乐不均等现象。

1984 年第四季度开始全面推行利改税第二步改革，从利税并存逐步过渡到完全

以税代利。第二步改革的基本内容是将国营企业应上缴的利润分别按 11 个税种向国家纳税,税后利润留成给企业自行安排。全县对 52 家国营企业实行全面征收所得税,对 41 家国营和集体企业试行增值税(其中乡镇企业 36 家),当年全县共征收国营企业所得税 248.52 万元,产品税 211.47 万元,增值税 35.62 万元,营业税 78.64 万元。通过第二步利改税,国家和企业的分配关系得到进一步调整和完善,企业的经营和发展有了一定的自主权和财力保障,调动了企业和职工的积极性,但在价格体系和计划管理体系方面仍缺乏配套,还需进一步改进与完善。

五、税务管理

执行税法和征收税款主要是通过税务管理来实现的,管理内容主要有下列各项。

1. 纳税宣传与纳税辅导　纳税宣传是税务机关对纳税人进行税收知识宣传的一项经常性工作。解放后,政府即十分重视税务宣传工作,各区建立护税委员会,采取多种宣传形式,宣传税收政策和具体规定,使纳税人能按税法规定及时正确地申报和纳税,使税务工作能顺利开展。从 20 世纪 50 年代起,税务部门就一直坚持纳税辅导工作,并贯穿于税务工作全过程。辅导方法主要是坚持 5 个结合,即征前辅导与经常性辅导相结合,重点企业与一般企业的辅导相结合,集中辅导与个别辅导相结合,税务辅导与财务辅导相结合,纳税辅导与纳税鉴定、税务检查相结合。中共十一届三中全会以后经济发展迅速,对纳税辅导工作进一步加强。1981—1984 年 4 年中,共组织集体辅导 485 次,对重点企业个别辅导 670 人次。减少了征收差错,密切了征、纳关系,提高了纳税人履行纳税义务的自觉性。

2.税务登记与税源调查　税务登记是掌握税源、组织征收的必要前提。扬中县税务局按税法规定,纳税登记原则上与工商登记相结合,凡经工商行政管理部门登记发照的单位和个人,均进行纳税登记,发给“税务登记证”。但未经工商行政管理部门登记发照的只要长期从事应纳税行业的劳动,并有收益者,也进行税务登记,一般不发“税务登记证”。税务登记有开业登记、变更登记、停业登记、重新登记 4 种。对不按规定纳税登记的单位和个人,视情节轻重,进行批评教育或对单位处以 5000 元以下、对个人处以 500 元以下罚金。

税源调查采取定期和不定期两种方法,每年组织两次全县范围的定期调查;遇有调整政策、变动物价等情况,再组织专题调查。县税务局要求税务专管人员必须对所管辖地区的企业经常进行税源调查研究,分析企业生产变化原因,预测税源发展趋势,有的放矢地做好征管工作。

3.纳税申报　纳税申报经税务专管员核定后,发给纳税缴款书和核定纳税期限,企业必须按限期如数缴纳税款。对国营企业、县属集体和校办企业,坚持每月 5 日前,乡镇企业10日前申报和限期入库制度。对逾期或违抗不报和报而不实者,依法处以5000元以下罚金,对偷、漏税款者,处以偷漏款5倍以下罚金,犯有上述两项而又情节严重者,还应追究刑事责任。对逾期不纳税款者加收税款千分之五的滞纳金,并可通知银行扣缴。

4.纳税检查与鉴定 纳税检查是税务机关根据国家税收政策和财务制度,对纳税人履行纳税义务的审查和监督,是保护税源、防止流失、保证税款及时足额入库的重要环节。县税务部门对纳税检查采取周期性与经常性两种方法,每年检查面占应纳税户85%以上。检查程序为基层税务所初查,县税务局复查,并采取详查与一般查、税务查与财务查、顺查与逆查、全查与抽查相结合的方法,坚持依法办事、依率计征和合理负担的原则。

纳税鉴定是税务机关根据税法规定,对企业产品、经营或其他经济活动的收入进行逐项鉴别,然后下达具有法律效力的纳税书面文件。1955年,扬中县建立纳税鉴定制度,县税务局规定,对纳税鉴定每年作一次修订。纳税鉴定的书面文件做到纳税项目、纳税环节、纳税制度、适用税率、征税对象、计算价格、计税方法、征免界限等8个方面,做到明确无误。

5.发票货票管理 发票货票是核算商品进销的原始凭证和纳税依据,在经济往来中具有法律效力。发票货票的印制和管理,除少数特定企事业单位外,均由税务机关统一掌握。

扬中县发票货票有税务机关统一印制的和企事业单位申请自制的两种,统一发票又分为企事业单位、个体工商业户、临时经营、代扣代缴税款等几类。

对发票货票的管理工作,主要规定有:严格领用缴销手续;不准买卖、转让和非法代开;双面复写、内容完整、章戳齐全;开错的发票注明“作废”,粘贴在存根上;统一发票存根联保存期一般不得少于10年;停业、合并、转业、改组的企业应办理发票存根交接手续等。对违反上述规定者视情节轻重,分别给以批评、教育、补税、罚款直至追究刑事责任。

6.促产增收与减税免税 扬中县促产增收的主要措施是:帮助企业革新、挖潜、改造;促进产品更新换代、提高质量;扩大供销渠道,沟通商品信息;加强财务管理,经济核算;以让税(减免)形式,扶持企业发展生产。

扬中县办理减税免税的有新办企业、困难企业、新产品、福利工厂以及所得税减征、起征点照顾和临时性减免等。1980—1985年共减免税款2509.70万元。其中:1980年341.60万元,1981年305.60万元,1982年153.30万元,1983年195.10万元,1984年558.00万元,1985年956.10万元。

第三节　审　计

解放初期，县政府财务科（后改为财政科、财粮科）内设有审计员，主要任务是复核单据凭证。后于财粮科内设财监员，负责对各单位的财务、财经纪律的检查、监督工作。1958 年，财监机构撤销。1979 年 6 月，在财政局内恢复设立财监员。1981 年 10 月，建立财监股。1984 年 2 月 24 日正式设立扬中县审计局。

根据宪法和国务院《关于审计工作的暂行规定》，扬中县审计局对行政事业单位推行定期审计制度，对企业推行厂长（经理）离任审计制度，开展承包经营责任审计。在经济监督和企事业主管部门建立内部审计制度。1988 年 9 月成立审计事务所，对外办理财务收支的审计查证、经济案件的鉴证事项和注册资金的验证、年检；提供会计、财务、税务和经济管理咨询服务；培养审计、财务、会计人员。

1984—1988 年，共审计 168 个单位（或项目），其中包括财务收支审计 19 个，经济效益审计 1 个，财经法纪审计 1 个，厂长（经理）离任经济责任审计 30 个，行政事业单位定期审计 56 个（累计单位），企业定审 4 个，专项审计 16 个，审计调查 5 个，财务、税收、物价三大检查 29 次，共查出违纪金额 812.45 万元，其中应上交财政 406.45 万元。

通过对厂长、经理的审计，在职务上给予提拔的 2 名，平调的 25 名，降职的 2 名，撤职的 1 名。

第十五章 金 融

民国13年(1924)11月,《江苏省公报》3887期《江苏省工业概况》一文言及扬中县:“金融往来,均以镇江为归宿,纯处于被动地位,典钱两业均不发达。”

民国23年(1934),扬中县设江苏省农民银行扬中办事处,以后时停时复。1949年4月由扬中县人民政府接管。

1949年5月1日建立扬中金库,1950年3月建立中国人民银行扬中办事处,4月改设县支行,各主要集镇相继建立银行营业所。1953年6月农村信用合作社亦相继建立。1956年8月设中国农业银行扬中县支行,后与中国人民银行扬中支行时分时合。1980年两行分设,继又设中国人民建设银行扬中支行、中国工商银行扬中支行、中国银行镇江支行扬中办事处。

解放后,金融工作稳步发展。1958年“大跃进”时期,银行工作处于无政府状态,工商贷款被不合理占用,农业贷款长期沉淀,被迫豁免125.43万元,储蓄额大幅度下降。1962年贯彻中央关于银行工作的“六条规定”,扭转混乱局面。“文化大革命”期间,1970年银行并入财政局(1975年1月分开),取消有关制度,一度放松现金管理,造成不良后果。1973年后工作有所好转。

中共十一届三中全会后,改革信贷制度,改革信用合作社体制,调整储蓄利率,增加储蓄种类,发展保险业务,金融业日益兴旺发达。1985年累计发放工商贷款13915.6万元,发放农村“三户”(承包户、专业户、重点户)贷款1500.3万元。1980—1985年累计发放乡、村企业贷款71793.7万元。1984年成立扬中县信用合作联社,1985年发放各项贷款累计14060.77万元。城乡储蓄大幅度上升,1985年全县城乡储蓄余额6276万元,人均存款240.65元。1984年年底成立中国人民保险公司扬中县支公司,1985年承保金额37638.2万元,实收各种保险费77.6万元。

第一节 民间借贷

解放前，扬中县民间借贷，一般为年息 2 分。有纠会互助者，利息不一。有些富户靠放债牟利，利息较高。少数放高利贷的，剥削更重。

一、纠会

亲友间纠会互助，以济急需，与会者议定会期，每期每人按协议交纳一定金额作为借款；每期 1 人得会。其形式有至公会、标会等。至公会为与会者协商或拈阄轮流得会，按期计明利息。标会为每期得会人不固定，利息也不固定，由当时各人投标交借款金额决定，投标金额最低(实际利息最高)者得会。

二、典当

清道光三年(1823)，公信桥首办公泰典当，私人经营资本 12 万元(银元)，经营 22 年闭歇。光绪年间(1875—1908)，先后由私人开设的典当有新坝镇仁裕、春记，公信桥公泰，三茅镇均茂，老郎街隆茂，八桥镇隆盛等，各有资金 2 万~10 万元(银元)，当期分为 3 个月、6 个月、1 年，月息 2 分。后因通货膨胀，货币贬值，月息增至 3 分、5 分、1 角、2 角、3 角，甚至当一赎二、赎三、赎五，当期也缩短到 1 个月，逾期不赎就没收质押物。

三、高利贷

全县各地高利贷形式多样，利率高，借期短，主要形式有“借钱还钱”和“借物还物”两种。借钱的月息有 4 分、5 分，甚至高达 10~50 分的，特别是叫“驴打滚”“印子钱”的，一般以 1 个月为期，到期不还即连利加倍，如此一变二、二变四……。“借物还物”是以米、麦、豆饼为主，春借 1 斗米，夏还 2 斗麦、或借陈麦 1 斗还新麦 1 斗 5 升。新麦还不出，到新稻登场时再以麦 1、米 1.5 的比例还新米。如此新米、陈米、麦反复转换，一变三、三变六(即今春 1 斗米，明夏 6 斗麦)。在旧社会，农民借上高利贷，就不能自拔。

解放后，扬中县人民政府即宣布实行减租减息，规定利率，严禁高利贷。人民银行、信用合作社发放农业贷款，支持农民生产，帮助解决生活困难，有力地打击高利贷。

第二节 货 币

在半封建、半殖民地的旧中国，从清末到民国年间，始终未能确立完整的银本位制。扬中县和全国各地相类似，币制比较混乱。直到民国 22 年(1933)废“两”改“元”，才确立以“元”为法定的记账单位。在这以前,国家征收田赋和税款,均以银两为记账单位,但另用银元、银辅币和铜元折算,而工商贸易则可以直接以元为记账单位。市场上流通的货币,种类繁多,有外国的银元,中国的银元,以及纸币、铜元等。流通较广的银元有民国元年铸造的孙中山侧右像开国纪念银元,1914年铸造的袁世凯头像银元,1933年铸造的船洋;银辅币则有1角、2角等。铜元有光绪二十六年(1900)广东铸造的“光绪通宝”,光绪三十一年(1905)天津铸造的“大清铜币”和民国元年(1912)铸造的开国纪念“十文”铜币(相当于制钱十文)等;纸币有中央、中国、交通等国家银行及中国通商、中国实业、中国盐业银行等商办银行的纸币,面额有1元、5元、10元,时均可十足兑换银元。民国24年(1935)11月,民国政府实行币制改革,规定以中央、中国、交通、中国农民四银行发行的纸币为“法币”,禁止银元流通。此后,又造成滥发货币、通货膨胀的弊端。

抗日战争时期,扬中县流通多种货币,有国民政府的“法币”,抗日民主政府的淮海、江淮两银行发行的纸币(统称“抗币”),汪伪政府的中央储备银行纸币,以及民间的“自制币”,即县内各集镇商店联合自制的流通券,票面有1分、2分、5分、1角、2角、5角6种,限当地流通。民国37年(1948)又发行“金元券”,每元折合“法币”300万元。由于无限制地发行货币,结果形成严重的通货膨胀,市场混乱不堪。解放前夕,扬中又恢复使用银元,工商贸易主要以粮食和布匹等作为计价标准,市场上甚至以粮食进行实物交换。

抗日战争胜利后,抗日民主政府于1945年11月北撤前,用实物折价基本收回“抗币”。解放战争时期,国民政府严禁使用“抗币”和“华中币”,只在民间有少量收藏。解放后人民银行以人民币陆续兑换收回。

1949年4月22日,扬中县解放后,统一使用中国人民银行1948年12月1日发行的第一套人民币(1955年3月后,称其为“旧币”),并同时清除国民政府发行的各种货币,打击银元黑市,使人民币很快占领全县市场,成为唯一流通的货币。1955年3月1日发行第二套人民币(称“新币”)。新币面额为1分、2分、5分、1角、2角、5角、1元、2元、3元和5元10种,并以1:10000的比例兑换收回旧币。1957年12月1日发行10元券1种和1分、2分、5分3种金属分币,简称硬分币。1962年4月15日开始发行第三套人民币。第三套人民币与第二套人民币比价为1:1,即第三套人民币与第二套人民币票面额等值,并在市场上混合流通。第三套人民币对版别进行全面调整、更换,取消了第二套人民币中的3元券,增加了1角、2角、5角和1元4种金属币。根据1964年4月14日中国人民银行发布的《关于收回三种人民币票券的通告》,从1964年4月15日开始限期收回苏联代印的1953年版的3元、5元和10元券,至1964年5月15日停止收兑和流通使用。

1961—1985 年部分年份扬中县人民币流通量分布情况表

表 157　　单位:万元

	项目 \ 年份	1961	1964	1965	1975	1979	1980	1982	1984	1985
分布量	全辖货币流通量	243	193	244.20	398.5	393	574	1075	2895.39	3073.56
	1.社会集团库存现金	3.6	6.4	12.10	38.0	38	81	105	177.71	80.73
	其中:机关、企业	1.2	2.4	0.80	12.3					23.26
	农村、社队	2.4	4	11.30	25.7					57.47
	2.城乡居民手持现金	239.4	186.6	232.10	354.5	355	493	970	2567.68	2872.83
	其中:农村社员	237	185.2	230.60	342.6	343	469	918	2491.20	2802.73
	平均每人(元)	12	9.5	11.40	14.2	14.29	19.24	37.39	101.27	114.86
	城镇居民	2.4	1.4	1.50	11.9	12	24	52	76.48	70.10
	平均每人(元)	4.3	2	2.20	14.2	10.53	21.93	34.90	47.80	41.48
	3.其他				6.0				150.00	120.00
分布比重	全辖货币量	243	93	244.20	398.5					
	1.社会集团库存	1.48	3.32	4.95	9.54					
	2.城乡居民手持现金	98.52	96.68	95.05	88.96					
	其中:农村社员	97.53	95.86	94.43	85.97					
	3.其他				1.51					

1952—1985 年部分年份扬中县人民币流通与调节情况表

表 158　　单位:万元

年份	总收入	总支出	投放(±)	回笼	年份	总收入	总支出	投放(±)	回笼
1952	446	345		101	1978	3805.0	4944.0	+1139.0	
1956	912	767		145	1980	6297.7	7802.3	+1504.6	
1962	1137	1058		79	1982	8452.5	9740.3	+1287.8	
1966	1552	1502		50	1984	17268.8	19757.0	+2488.2	
1972	2508	2802	+294		1985	26225.6	18906.7	+2681.1	
1976	3138	3860	+722						

第三节　信　贷

一、工商信贷

在国民经济恢复时期(1949—1952),主要任务是贯彻中共中央"发展生产、繁荣经济、公私兼顾、城乡内外交流"的方针。从1951年开始发放工商业贷款,一方面支持公营工商企业和供销合作社的发展,一方面促进私营工商业的恢复和发展。1952年为促进城乡物资交流,活跃市场,给中国粮食公司、供销合作社等公营企业累计发放贷款53.19万元(折新币,下同),给私营企业累计发放贷款45.88万元。

第一个五年计划时期(1953—1957),人民银行运用信贷促进工农业生产发展和壮大国营经济力量,并对资本主义工商业进行限制和改造。1956年给公私合营的工商企业贷款33.92万元,给组织起来的手工业贷款72.81万元。五年内,银行支持工商业贷款余额由1953年的23.59万元增至1957年的211.55万元,增长8.97倍。

1958年银行工作出现忽视经济发展客观规律的"大跃进"之风,在资金供应上提出"什么时间要,什么时间有;有也要有,没有也要有"的脱离实际的要求,在贷款手续上提出"相信群众,相信单位,全民办信贷"的口号,形成由贷款单位自编计划,自行审查,自由支用的无政府状态,使银行审查监督权名存实亡,贷款失去应有的作用。1960年调查,工商贷款被不合理占用达187.3万元,造成巨大损失。1962年,贯彻中共中央关于加强银行工作的"六条规定",扭转混乱局面。

1958—1965年扬中县工商业贷款与产值零售额比例情况表

表159　　单位:万元

项目 年份	工业			商业		
	贷款	总产值	贷款占总产值(%)	贷款	社会商品零售总额	贷款占零售总额(%)
1958	234.71	325.84	72.03	3482.76	1117.4	311.68
1959	269.07	671.38	40.08	1874.45	1049.5	173.60
1960	603.64	796.64	75.77	3001.95	1545.8	194.20
1961	657.13	630.79	104.18	3063.40	1112.4	275.39
1962	415.54	384.53	108.06	3076.91	1080.8	284.69
1963	449.61	362.10	124.17	3062.89	1088.3	281.44
1964	372.58	428.14	87.02	3801.33	1048.0	362.72
1965	1059.78	620.00	170.93	4352.83	1339.0	325.08

说明:工业总产值按1980年不变价计算

1966—1976年,扬中县金融业遭受严重干扰和破坏。起初管理上放任自流,制度上无章可循,组织上混乱涣散。1970年银行并入财政局,取消账务、现金复核、信贷"三查"(贷前调查、贷时审查、贷后检查)制度,放松现金管理,造成货币流通偏多、商品成本上升、设备利用率和劳动生产率下降、积累逐年降低、资金占用过多等不良后果。1971年调查表明,每百元产值利润为18.99元,比1966年减少8.37元,合计减少社会积累55.68万元;每百元产值流动资金占用为35.42元,比1966年增加8.99元,合计多占用流动资金19.81万元;每百元产值固定资产占用为24.13元,比1966年增加7.63元,合计多占用固定资产48.96万元。是年,对43个单位进行清仓查库,共查出不合理占用资金73.4万元,占全县工商业贷款余额的8.78%。

1973年后,信贷工作贯彻"以农业为基础,以工业为主导"的方针,情况有所好转。1976年后,银行会同有关部门采取清仓、挖潜和严格控制信贷、货币、结算等措施,基本上解决了资金不合理占用问题。

中共十一届三中全会以后,银行信贷工作贯彻执行"全党工作重点转移"和国民经济调整、整顿、改革、提高的方针,对企业贷款坚持银行自主权,按企业管理好坏、资金周转快慢、经济效益大小等情况,试行"区别对待,择优扶植"。1979年工业贷款510万元,比1978年增长45.3%。是年,县属工业总产值为4109.87万元,实现利润309.4万元。同时改革信贷制度,试办中短期设备贷款,实行信贷差额包干、差别利率、开展信息服务等,充分发挥银行的经济杠杆作用。在信贷资金上以提高经济效益为中心,"择优扶植""以销定贷""勤放勤收"。1985年累计工商贷款13915.6万元,是1979年的2.93倍。是年,县属工业总产值12244万元,利润1899万元。分别是1979年的2倍和5.14倍。

二、农业信贷

1949—1951年间,农业信贷主要支持生产救灾,恢复农业生产。1949年发放麦种贷款(折麦)36.47万公斤,解决4个受灾区45240户的缺种困难;发放稻种贷款(折稻)19.935万公斤,肥料贷款(折豆饼)89.955万公斤。1950年秋贷款以货币计算,发放麦种贷款(折新币,下同)4429.8元,蚕种贷款1990元。1951年发放耕牛、水利、水车、种子、肥料等贷款共18.27万元。受益49211户,贷款金额占农业贷款总额的93.1%。

1952—1954年,农贷主要任务是支持农田水利建设、副业生产和灾区群众生产自救,并对组织起来的农户予以优先支持和优惠利率,以促进互助合作,限制、打击高利贷。3年中共发放水利贷款18.37万元(用于新建石涵10座,修理石涵34座,新建木水通231个,修理木水通150个),耕牛贷款3.7万元,农业费用贷款57.83万元,贫农合作基金贷款24.51万元,合计104.46万元。

1958—1961年，在"大跃进""左"倾思想影响下，强制发放"四就"贷款(就地保管、就地收购、就地结算、就地兑现)。4年中，银行、信用社累计发放农贷达1230.98万元，并未能发挥贷款的应有效益，而是将贷款分配给社员，以弥补虚报高产的漏洞，导致农贷长期沉淀，被迫豁免125.43万元。

1962—1965年，贯彻国民经济调整的方针，银行贷款主要用于生产队周转资金的不足部分和添置小型农具。四年中，银行、信用社累计发放农贷519.53万元，重点帮助300多个生产队购置和调换耕牛375头，购买一批电动脱粒机和戽水机，促进农业生产的发展，同时还清理出1961年以前的贷款102.89万元。

1966—1976年，贯彻"以粮为纲"的方针，农贷主要是支持粮食生产。1966年农贷余额177万元。1968年开始下降，1971年降至44万元，1976年恢复正常，同时全部豁免1961年以前的农业贷款。

1977—1980年，改革农贷管理体制，调整信贷资金结构，实行农工商信贷资金大包干，重点支持穷队翻身和发展多种经营，四年中累计发放农贷837.92万元。1980年发放多种经营贷款46.6万元，是上年的5.75倍。

1981—1985年，在"决不放松粮食生产，积极发展多种经营"的方针指导下，根据农村全面实行生产责任制的新特点，调整农贷结构投向，由单一支持自给性生产转变为支持发展商品性生产，五年中累计发放多种经营贷款2562万元，占农贷总数的68.29%。1985年发放"三户"贷款22104户(占总农户31.62%)1500.3万元，农业生产集体单位贷款133.15万元。

三、乡(公社)村(大队)企业信贷

扬中县于1958年开始大办工业，1959年发放社办厂贷款58.72万元，队办厂贷款2.86万元。1960年春，银行参与"三清"(清账、清钱、清物)、"三查"(查税利、查资金、查制度)活动，建立各项管理制度，清查出积压物资、职工借支、赊销预付和不合理占用的资金158.17万元，清理收回47.96万元。

1961年，集中力量支援农业，银行压缩、清理、收回社队企业贷款，减少贷款企业，1962年仅剩21个贷款单位。至1966年，基本收清贷款。

1967年，社队工业兴起，银行和信用社贷款逐年增加，从1970年余额22万元上升到1976年的223万元，1976年是1970年的10倍。1977年，信用社办理县内通汇，直接托收承付，社队企业户头划归信用社。

1977年实行农贷包干，扩大对社队企业信贷资金的支持。1984年，农村贷款(不含商业)年末余额15075.49万元。社队企业贷款利息从月息3厘6增至6厘6，并于8月实行贷款逾期分别加息20%、30%、50%的规定，以促进财务管理和资金周转。

1979 年贯彻贷款“择优扶持”原则，重点支持热销的针纺织品、机电产品、建材工业和生活用品等商品生产。是年，累计发放社队企业贷款 2602 万元，实现利润 1638.1 万元，其中转队工资 1052.1 万元，占农业分配的 64%，有力地支持了农业生产。

1980 年，贯彻一类企业优先支持，二类企业适当控制，三类企业未改变面貌之前不再放贷的原则，至 1985 年，累计发放乡(社)村(队)企业贷款 71793.7 万元。1985 年，职工人数由 1980 年的 37884 人增加到 62412 人，职工工资由 1800 万元增加到 4305 万元。

1950—1985 年部分年份扬中县各项贷款余额情况表

表 160　单位：万元

年份＼金额＼类别	工业贷款	商业贷款	农业贷款	社队企业贷　款	社员个人贷　款	合　计
1950					14	14
1956	11	218	27		105	361
1960	165	605	123	46	83	1022
1965	69	522	82	39	37	749
1980	696	1632	84	1282	6	3700
1985	3635	4004	585	4269	4	12497

第四节　存款　储蓄

一、存款

存款是银行基本职能之一。1950 年，扬中县支行首先在县城动员机关团体、公营企业单位存款，吸引私商在银行开户存款。因当时人民生活贫困，市场萧条，故解放初存款集体单位寥寥无几，存款很少，直至 1957 年存款才逐步上升。1985 年集体存款余额 3379 万元，是解放初的 1689 倍。

1957—1985 年部分年份集体单位存款余额情况表

表 161　单位：万元

年份＼类别	集体单位	企事业	农村社队	社队企业	年份＼类别	集体单位	企事业	农村社队	社队企业
1957	2	2			1980	772	170	383	219
1960	65	10	46	9	1985	3379	1996	235	1148

二、储蓄

发展人民储蓄事业，是集中建设资金的一项重要措施。新中国成立以后，扬中县认真贯彻中共“勤俭建国，勤俭持家”的方针和储蓄政策，先后举办10余种形式的储蓄。1950年开办折实储蓄和保本保值储蓄存款。1952年物价趋于稳定，全部实行人民币储蓄存款。

1953—1957年，举办活期、定期储蓄、农村有奖储蓄、农村爱国丰产有奖储蓄等，存期为半年或1年。但因种类多，存期短，不易管理而逐渐停办。1956年有活期、定期、零存整取和活期有奖4种储蓄。月息定期为6厘6，活期为1厘8。

1958年“大跃进”时期，开展储蓄竞赛，以搭发、硬扣等办法强制储蓄，存款虽一度上升，但不巩固，1962年即逐月下降，至1963年才有所回升。

“文化大革命”时期，大幅度降低利息。1971年定期储蓄月息降至2厘7，活期1厘8。1968年又冻结“十种人”(所谓地、富、反、坏、右、叛徒、特务、走资派、反动学术权威、反动资本家)的储蓄存款，致使银行储蓄信誉受到严重损害。

1976年，清除储蓄工作中长期存在的“左”倾干扰，并认真宣传贯彻储蓄政策。至1985年，人民银行4次调整储蓄利率，增加储蓄种类。除活期、定期和零存整取储蓄外，还恢复农村有奖有息定期储蓄和华侨人民币储蓄1、3、5、8年期，增设储蓄专柜，发展储蓄网点，运用多种形式广泛宣传，开展储蓄业务良好月活动，提高服务质量。随着国民经济的发展，职工工资的提高，就业人数的增加，人民生活的改善，全县城乡储蓄大幅度上升，1985年人均储蓄240.65元，是1975年的18.5倍。

1950—1985年部分年份
扬中县城乡储蓄余额情况表

表162　　单位：万元

类别 年份	农村储蓄	城市储蓄	合计
1950		0.1	0.1
1956	9	11	20
1960	42	43	85
1965	21	47	68
1980	870	304	1174
1985	4616	1660	6276

第五节　保　险

1951年4月，建立中国人民保险公司镇江支公司扬中特约代理处。是年举办耕畜保险，承保耕牛1973头，占耕畜总数的94.2%。保险金额103293万元(折成新币，下同)，实收保险费404元。病死耕畜3头，赔偿55元。

1953年8月停办耕畜保险，年年底退出承保耕畜1517头，保险金858元。是年撤销特约代理处。

1981 年 4 月 1 日，成立中国人民保险公司扬中代办处，积极开展保险业务。是年参加企业财产保险 255 户，保险金额 9559.5 万元，实收保险费 19.39 万元。理赔案 41 件，赔偿 29644 元。

1984 年，建立中国人民保险公司扬中县支公司，是年投保 718 户，承保金额 18369.1 万元，收保险费 42.5 万元。1985 年承保企业财产 712 户(其中个体 2 户)，机动车保险 670 辆，船舶保险 390 艘，货运保险 47 笔，个人家庭财产保险 22590 户，人身保险 26881 人，总保险金额 37638.2 万元，实收各种保险费 77.6 万元；是年理赔案 278 件，赔偿金额 35.2 万元，凡投保的受灾单位和个人均得到足额经济补偿。

第六节　信用合作

1953 年 8 月，八桥区八桥乡幸福农业合作社创办扬中县第一个信用互助小组，入组 31 户，股金 66 元，存款余额 68 元，放款余额 113 元。1954 年 3 月，全县有信用社 25 个，信用小组 15 个。至 1955 年年底，共有信用社 46 个，入社 25296 户，25332 股，实收股金 23946 元。当年累计存款 23.39 万元，年底余额 5.15 万元；累计放款 29.96 万元，年底余额 29.8 万元。这对打击农村高利贷活动和帮助群众解决生产生活上的困难，发挥了积极作用。

1958 年 10 月，中国人民银行(简称人民银行)营业所与信用社合署办公，信用社改称信用部，大队设信用分部。全县共有 146 个信用分部，独立经营核算，由大队长兼任分部管理委员会主任，银行直接与大队信用分部发生往来。结果出现不少问题：存款被大队挪作基建和生产费用，不能保证兑现；放款借据和定期储蓄存根遗失；付款无手续；活期储蓄赤字；贪污挪用，白条抵库，开存单给生产队作退赔凭证等，使信用合作社的信誉受到损害，储蓄下降。

1962 年，将信用社视为人民银行的基层机构，使之由民办转向官办，管得过多，统得过死，直至 1965 年年初始有转变，开始由信用社直接发放社员个人贷款。坚持以生产队为单位，试办信用小组，经民主协商，推选 3~5 人为小组领导成员。将生产队“以存转贷”的公益金存款作为社员贷款基金，并建立简易可行的借款还款制度。至 1977 年，共办起 2306 个信用小组。20 世纪 80 年代初，随着农村经济体制改革，信用小组停办。

1981 年，中国农业银行营业所和信用社实行“统一领导，联合经营，利润分成”的办法。1983 年 4 月，信用社体制改革，体现合作金融的群众性、民主性、灵活性，进行增股扩股，入股户由 17321 户增至 37421 户，占总农户的 47.87%；股金由 9663 万元增至

13683 万元。

1984 年，农业银行和信用合作社实行资金、计划、业务分开，成立县信用合作联社。是年，全县信用社累计发放各项贷款 18130 万元。1985 年全县信用社累计发放各项贷款 14060.77 万元，占贷款总额 32.28%。并建立 100 个信用站，累计发放贷款 853.49 万元，吸收存款 688 万元。配合民政部门支持扶贫资金 5.5 万元，扶贫 1017 户，年底脱贫 698 户。

1957—1985 年部分年份扬中信用社存款、贷款及资金情况表

表 163　　　　单位：万元

项目			1957	1960	1965	1980	1985
年末存款余额	集体存款		7	37	87	356	224
	其中	生产大队	7	10	5	34	
		生产队		27	82	322	
	社队企业存款		1	9	4	219	664
	社员存款		25	42	21	832	4109
	其他存款			9	3	148	
	存款合计		33	97	115	1555	4997
年末贷款余额	社队生产费用贷款		16	8	2	10	98
	社队生产设备贷款					7	
	社队企业生产费用贷款					1215	2898
	社队企业生产设备贷款					67	559
	社员贷款		30	17	22	4	469
	贷款合计		46	25	24	1303	4024
其中农贷	累计发放数					5812	2167
	最高余额数					1373	1213
年末资金余额	信用合作社自有资金		6	8	10	53	281
	借入银行资金		17	23			535
	存入银行资金		11		119	444	2376

第七节　社队财务辅导

农业合作化初期，由人民银行牵头与农业、信用、供销合作社建立三结合的农村会计辅导组。1966年,社队会计辅导工作改由银行主管,当年组织行、社干部学习"结账、理财、会审、公布、验收、交流"的一条龙经验,推广"三单""六榜"("三单":现金计划收支单、社员群众查账单、财务会计会审单;"六榜":现金收支、社员工分、社员现金往来、社员分配、社员投肥、生产队实物收支的出榜)的管理制度。1966年和1973年进行两次记账方法改革,先从复式记账法改为单式记账法,再改为以钱物结合为主体的直收直付记账法。1982年,培训生产队会计人员5047人次,较好地解决了联产计酬后财务处理和核算方法,为完善生产责任制起到促进作用。同时继续整顿财务,共整顿14个大队1002个生产队,清理出有物无账的1712件,金额45万元;有账无物的2699件,金额36万元,粮食7250公斤;收回散失物资985件,价值4.4万元;收回外单位欠款97万元,社员欠款17.8万元;查出贪污款8.8万元。

第八节　基本建设投资管理

解放后,国家以大批资金用于基本建设。1978年以前,扬中县未设建设银行,国家财政用于基本建设的款项,均由县人民银行监督拨付,其财务计划和财务决算的审批等由财政部门负责。随着经济建设事业的发展和经济管理体制的改革,于1978年建立中国人民建设银行扬中办事处,开始承办基本建设拨款,为基建单位审核工程预决算。1980年经办基建拨款663.64万元,发放贷款11.86万元,审核工程预决算201.8万元,净核减4.53万元。

1984年3月, 设中国人民建设银行扬中县支行,1985年经办基建拨款936.53万元, 累计发放各种贷款735.5万元, 审核基建单位工程预决算410.31万元, 净核减22.65万元,为国家守计划、把口子,促进企业挖潜、革新、改造、提高投资效益,发挥职能作用。

第九节　外汇业务

1984年前, 扬中县的外贸金融业务由县人民银行兼管。1984年年底建立中国银行镇江支行扬中办事处,1985年开始承办外贸金融业务, 全年累计发放各项贷款3044.6万元,支持外贸企业实现产值2031.4万元,税利185.1万元,创外汇64万美元,另有侨汇收入(折合人民币)14.24万元。

第十节 金融管理

一、现金管理

1950 年开始实行现金管理,规定一切机关和公私合营企业的现金,只留两天备用金,其余一律存入银行。

1958 年“大跃进”期间,现金管理一度放松,不少单位携带大量现金抢购、套购物资,影响正常商业经营,并给投机倒把分子和贪污分子以可乘之机,银行为此重新核定单位库存现金限额为 30~50 元,最高不超过 100 元。并规定现金收入当日下午送存银行,外出采购只携带旅差费,货款概由银行划汇,同时对农村社队企业亦实行现金管理。

“文化大革命”期间,扬中县仍坚持执行中共中央和国务院关于严格执行现金管理的规定。

1975 年组织两次全县性的现金大检查,共检查城乡企业 3085 户,对财务制度不严、贪污挪用、白条抵库、请客送礼等问题提交有关部门进行处理。

1977 年,为进一步贯彻国务院关于实行现金管理的决定,先后多次组织有公安局、银行、信用社等单位参加的现金大检查,纠正违反现金管理制度的现象。当年银行存款余额为 1586.45 万元,较 1976 年增长 75.82%。中共十一届三中全会以后,现金管理工作得到进一步加强,机关事业单位由银行直接办理的经济往来占总额的 94%。

1950—1985 年部分年份扬中县现金收付占总收付额比例情况表

表 164 单位:万元

年份 \ 数量 \ 类别	总收付额	现金收付	现金收付占总收付(%)	年份 \ 数量 \ 类别	总收付额	现金收付	现金收付占总收付(%)
1950	1173	411	35.04	1965	19321	2676	13.85
1956	21047	1020	4.85	1980	231247	14100	6.10
1960	17581	2373	13.50	1985	525911	43986	8.36

二、金银管理

1949 年,根据华东军政委员会《金银管理暂行办法》,扬中县禁止金银买卖和流通。1952 年县银行办理金银收兑,收购黄金、白银、银元等。1953 年对全县 16 家银楼进行登记、收购，禁止金银首饰的制造和加工。1963 年 11 月，银行回收废旧金笔尖，并对供销合作社、店摊的库存金笔尖全面登记，核定库存限额，取缔非法经营金笔尖、金银首饰。

1977 年，进一步加强金银管理，收购黄金 466 克，白银 14285 克，银元 1108 枚。1978—1984 年共收购黄金 4543 克，白银 75350 克，银元 4478 枚。

三、利率管理

解放后，国家授权中国人民银行统一管理利率，其他部门和单位不得自行规定。银行对利率作过多次调整，均按规定执行。

1949—1985 年银行存贷款主要利率变更情况表

表 165　　单位：厘/月息

类别 / 利率 / 起始时间	贷款			储蓄存款			备注
	工业	商业	农业	一年定期	个人活期	企业活期	
1949.10.31	136	140	75~150				
1950.6	21	21	20(半年)	21		4.5	
1951.2	16.5	16.5	10~18	18		3	
1952.11.20		10~18	10	12	4.5	2.4	
1953	4.65	6.9	10	12	4.2	2.1	
1955.10.1	4.65	6	7.5	6.6		1.8	
1956			4.8	6.6		1.8	
1959.11	6	6	4.2	4	1.8	1.8	
1960.6.1				6.2	2.16		优待华侨储蓄
1962.6	6	6	6	5.1	1.8	1.8	
1965.6.1				3.3		1.8	
1971.10.1	4.2	4.2	3.6	2.7	1.8	1.5	
1979.4				3.3	1.8		
1980.4				4.5	2.4		
1982.1—1985	6	6	4.8	4.8	2.4	1.5	

说明：此表系主要部分，具体档次未列

政 治 编

目　录

第一章　中共地方组织

第一节　解放前中共扬中组织

1927年8月后，中国共产党江苏省委特派员到丹阳、镇江一带活动，指导镇江、丹阳、扬中等地党的工作。1928年，扬中有中国共产党党员2人。此后，中共江阴党的组织在扬中发展党员。至1932年5月，扬中有党员19人，成立了中共太平洲支部，隶属于中共江阴县委领导。

1938年10月，江南抗日义勇军挺进纵队战地服务团在镇江县姚家桥成立中国共产党战地服务团支部，王子清、李培根、王详、陈寒等10多名扬中籍青年均为支部成员。

1939年4月，挺进纵队占领扬中全境，挺进纵队党委指示战地服务团开展民运工作，并发展党员。1939年7月，中共扬中县师资训练班支部成立。陈寒为支部书记，支部成员有施光前、王德文、李宝信等20多人。不久，长旺、同德等地也建立了支部。同年8月，成立中共扬中地区工作委员会（简称区工委）。主任委员李培根，委员朱筱鲁、左光华、冷瑞麟。

1939年11月，中共扬中地区工作委员会改名中共扬中县工作委员会（简称县工委）。李中为书记，李培根为行政部部长，张日化为组织部部长，柳肇珍为宣传部部长，朱筱鲁为民运部部长，高桂荣为妇女部部长，冷瑞麟为青年部部长。

1940年2月，扬中县工委改称中共扬中县委员会（简称县委），下设行政部、组织部、宣传部、民运部、青年部、妇女部、敌工站（敌工科），至1945年11月北撤。先后有李中、金柯、杨明（钱伏曦）、陈西光、陈定宏（洪天诚）、吴翼等任县委书记。

1945年11月，根据上级决定，在县委北撤后，成立扬中县留守处，由张恒柏、张建新、朱松华组成，张恒柏为负责人，隶属于新四军江南留守处（中共丹北中心县委）和中共华中二地委镇丹扬工委领导，在扬中从事地下活动。

第二节　解放后中共扬中组织

一、领导机构

1949年4月上旬，扬中解放前夕，中共扬中县委员会在江都县嘶马区鲍家庄建立，设书记1人，委员若干人。1956年4月21日，召开中共扬中县第一届代表大会，选举产生了第一届委员会，设书记1人，副书记1人，委员若干人。1966年“文化大革命”开始，县委的正常工作被迫停止。1967年1月，县委的职权由县军事管制委员会行使。1969年6月，县革命委员会内建立党的核心领导小组，行使县委职权。1971年2月，召开中共扬中县第四次代表大会，重新建立中共扬中县委员会。

1984年8月21日，根据中共十一届三中全会制定的路线，召开中共扬中县第五次代表大会，选举产生新的中共扬中县委员会。

中共扬中县第一次党员代表会议　1954年11月13—18日召开。出席代表40人左右。会议期间，代表们听取和讨论县委副书记宋大庆所作《关于去年统购统销成绩和存在问题的总结》《为坚决完成、力争超额完成今年征购任务而努力》的报告。会议结束时，由县委宣传部部长瞿光华作大会总结。

中共扬中县第一次代表大会　1956年4月21—25日召开。出席会议的正式代表284人，列席代表7人。代表们听取县委副书记朱维中所作《关于1955年的工作检查和1956年工作任务的报告》，通过了《关于贯彻以农业合作化为中心的农业增产运动的决议》；选举产生第一届县委会，委员23人，候补委员6人。并选举出席中共江苏省第三次代表会议代表4人。

中共扬中县第二次代表大会　1958年11月13—19日召开。出席代表296人。代表们听取县委书记朱维中所作《总结丰收经验，发扬跃进成果，继续奋勇前进》的报告和县委副书记徐靖所作《党的监察工作》的报告，经过讨论一致同意和批准上述两个报告。会上选举产生第二届县委会，委员22人，候补委员7人，并选举常委9名，朱维中任书记。

中共扬中县第三次代表大会　1963年1月15—17日召开。出席代表320人，候补代表39人，列席代表9人。代表们听取县委书记朱维中所作《工作总结》的报告和徐靖所作《监察工作总结》的报告。大会选举产生第三届县委会，委员18人，候补委员4人，并选举常委6人，朱理任书记。

1966年夏“文化大革命”运动开始，下半年县委机构逐渐瘫痪，党组织停止活动。

中共扬中县第四次代表大会　1971年2月15—17日召开。出席代表398人。大会听取李明远所作的《更高地举起毛泽东思想伟大红旗，沿着毛主席的无产阶级革命路线奋勇前进》的报告，选举产生第四届县委会，委员27名，候补委员4名，并选举常委7名，李明远任书记。

中共扬中县第五次代表大会　1984年8月21—26日召开，出席代表232人。大会听取黄树贤所作的《勇于改革，锐意进取，全面开创我县各项工作的新局面》及瞿彩云所作的《党的纪律检查工作报告》，选举产生第五届县委会，委员21名，候补委员4名，并选举常委5名，黄树贤任书记。选举产生新的县纪律检查委员会，委员13名。并选举出席中共镇江市第一次代表大会的代表34人。

1949—1985年中共扬中县委书记情况表

表166

姓　名	籍　贯	任职时间	备　注
陈　寒	江苏扬中	1949.04—1949.09	
刘汉清	山东莱阳	1949.10—1951.06	
刘荣光	山东昌邑	1951.07—1953.01	
陈忠廉	江苏扬中	1953.01—1954.05	
卢春仲	山东掖县	1954.05—1955.10	1955年，卢春仲因病休养，由第二书记宋大庆主持工作。1956年11月，宋大庆任第一书记
宋大庆	江苏镇江	1955.11—1958.10	
朱维中	江苏扬中	1958.11—1961.12	
朱　理	江苏涟水	1961.12—1964.08	
朱维中	江苏扬中	1964.08—1965.07	
黄　新	江苏盐城	1965.07—1966.03	
李明远	江苏宿迁	1966.03—1966.12 1971.02—1975.09	
周成明	江苏沭阳	1975.09—1980.09	
孙国柱	江苏丹徒	1980.12—1983.08	1980.09—12任县委副书记，主持县委工作，后任书记
叶正和	浙江温州	1983.08—1984.01	
沙荣盛	江苏扬中	1984.01—1984.07	
黄树贤	江苏扬中	1984.07—1985.02	
周秀德	江苏武进	1985.02—	

1949—1985年中共扬中县委副书记情况表

表167

姓　名	籍　贯	任职时间	姓　名	籍　贯	任职时间
宫志毅	山东栖霞	1949.06—1950.05	宋儒林	山东掖县	1964.04—1965.02
宋大庆	江苏镇江	1954.05—1955.10	王通业	江苏泗阳	1965.02—1966.12
朱维中	江苏扬中	1956.11—1958.10	夏秉勤	江苏沭阳	1971.02—1976.10
刘国生	山东掖县	1956.11—1963.08	曲宗禹	山东掖县	1973.01—1977.08
徐　靖	江苏宝应	1956.11—1961.02	洪东生	江苏宜兴	1975.02—1975.10
雍立信	江苏宝应	1956.11—1959.11	陶金法	江苏扬中	1975.02—1984.01
朱松华	江苏扬中	1958.05—1959.11	朱超英	江苏丹阳	1976.06—1979.12
张立政	江苏扬中	1960.04—1962.07	蔡立中	江苏扬中	1976.06—1981.04
张延文	山东昌邑	1960.05—1962.07	朱鹏飞	江苏武进	1980.03—1984.01
王成贤	江苏扬中	1960.05—1961.02	陈　义	江苏金坛	1981.08—1983.11
朱维中	江苏扬中	1961.12—1964.08	朱新富	江苏扬中	1984.07—
朱松华	江苏扬中	1962.02—1962.12	黄树贤	江苏扬中	1983.11—1984.07
王希宝	山东掖县	1963.01—1966.12	杨怀康	江苏扬中	1984.07—1985.06
李明远	江苏宿迁	1964.02—1966.03	王家骏	江苏沭阳	1985.07—

二、县委直属机构

1949年4月，中共扬中县委设秘书处、组织部、宣传部、民运部。20世纪50年代，设立生产合作部(后改农村工作部)、财贸部、工业部、劳动工资部、文教部等机构。1955年设立党训班，1959年改称党校。“文化大革命”初期，县委直属机构被迫取消。1970年原县委党校改为“五七”干校。1976年后县委相继恢复办公室、组织部、宣传部和县级机关党委。粉碎江青反革命集团后，先后恢复县委党校、县档案馆、农村工作部，并增设政法委员会、老干部局，健全县委直属机构。

1949—1985年中共扬中县委直属机构情况表

表168

机构名称	成立时间及沿革
办公室	1949年4月设立秘书室，1956年2月改为办公室，“文化大革命”中被撤销，1976年4月恢复。
组织部	1949年4月设立，“文化大革命”中被撤销，1976年4月恢复。

续表168

机构名称	成立时间及沿革
宣传部	1949年4月设立,“文化大革命”中被撤销,1976年4月恢复。
农村工作部	1955年1月设立农业生产合作部,1959年1月改称农村工作部。
统战部	1980年4月17日设立。 (解放初统战工作先后由县委秘书室和宣传部代管)
政法委员会	1956年设立政法工作部,1958年改称政法公安部,1959年撤销。1981年设立政法委员会。
党校	1955年设立党训班,1956年7月与农业合作干校合并,1959年改称党校,“文化大革命”中被迫停止活动,1970年改为“五七”干校,1980年3月恢复党校。
信访科	1969年8月设立县革命委员会接待室,1974年6月改称为县革命委员会办公室信访组,1979年改为县委办公室信访组,1981年5月改设县委办公室信访科,1982年10月撤科建立县信访办公室,1984年1月恢复信访科,为县委办公室的下设单位。
老干部局	1980年11月在组织部内设老干部科。1981年6月改设老干部局。1984年2月改为组织部老干部科,1986年改为老干部局。
机关党委	1956年5月设立总支委员会,1957年3月设立机关党委,“文化大革命”初期撤销,1971年恢复。
档案馆、局	1959年7月设立档案馆,“文化大革命”中停止办公,1978年12月恢复办公,1980年9月改设档案局。
工业部	1958年设立,1962年8月撤销。
财贸部	1956年设立,1957年称经济工作部,1958年称供给部,1962年10月撤销。
劳动工资部	1958年设立,1962年10月撤销。
民运部	1949年4月设立,1952年撤销。
文教部	1956年设立,1958年并入宣传部。
工交政治部	1965年建立,同年撤销。
财贸政治部	1965年建立,同年撤销。
扬中报社	1956年成立,1961年撤销。
监察委员会	1950年9月建立纪律检查委员会,1955年6月撤销。1956年5月建立监察委员会。
城市工作部	1952年11月建立,1954年7月撤销。
经济案件领导小组办公室	1984年3月建立。
党史资料征集办公室	1959年设立党史办公室,后撤销。1981年4月成立党史资料征集小组,1984年4月,改设党史资料征集办公室。
“五讲四美三热爱活动”办公室	1985年2月设立,1987年2月撤销。

三、基层组织

县级机关党委　1949年4月22日，扬中解放，县委和县人民政府分别建立直属党支部。随着县级机构扩大，党员人数渐增，1956年5月建立县级机关总支委员会，设书记1人，委员若干人，下设12个党支部，35个党小组，有党员287人。1957年3月2日，成立中共扬中县直属机关委员会。县级机关党委成立后，至1984年年底，共召开五次机关党员代表会。

区级党委　1949年10月，全县共建立4个区委，作为县委派出机构。1950年1月增建三茅区委，共5个区委。新坝区委机关先设在新坝乡浮玉山庄，土改后迁至新坝镇郭炳坤、郭炳森宅；三茅区委机关设在三茅镇观音庵；兴隆区委机关设在兴隆镇姚宗祠；八桥区委机关设在三义阁；福星区委机关设在西来桥镇民宅内。福星区委于1955年撤销，三茅区委于1956年撤销，新坝、兴隆、八桥区委因撤区并乡，于1956年下半年至1957年10月间先后撤销。

乡镇党委　1955年全县59个乡镇合并为25个乡镇，建立乡镇党总支委员会。1956年8月，将25个乡镇合并为15个乡镇。1957年10月，撤销区建置，并划分为12个大乡，各乡建立党委，设书记、副书记、组织委员、宣传委员。1958年10月，全县成立9个人民公社，设公社党委。“文化大革命”开始后，各公社党委瘫痪。1970年以后，各公社先后恢复党委会。1983年政社分设后，全县成立12个乡镇党委。

支部委员会　解放初期，县、区机关团体单位建立中共支部委员会18个。以后又以乡为单位建立党支部。1956年农村合作化后，一般以生产合作社为单位建立党支部。1958年人民公社化后，以大队为单位建立党支部。1966年“文化大革命”开始，党的基层组织瘫痪。1970年通过“整党”又恢复党的基层组织。至1985年年底，全县已有党员9959人，有基层党委13个，总支部委员会4个，支部委员会612个。

四、组织建设工作

1. 组织整顿与发展　解放初期，中共苏南区党委发出指示：建党的原则是有条件地慎重地发展；其条件要在原地下党组织已经进行整理，群众已经广泛发动，群众组织已初步建立的基础上，对在斗争中经过考验的，与群众有联系的，有威信的积极分子，采取谨慎态度，有领导有计划地个别发展；发展的主要对象是工人、贫农、佃农和纯洁的知识分子。扬中县委根据上述精神，对原地下党组织进行了一次整理，为失掉党组织关系的9名党员重新办理入党手续，失掉组织关系的原地下党党员多数仍未能恢复组织关系。

从1950—1956年，全县各级党组织根据建党方针路线，紧密结合党的中心工作，大力考察培养积极分子,共发展党员2020名。1961年中央指示,暂时停止发展党员,把主要精力放在对原有党员的思想教育方面,以巩固提高党的战斗力。从1961—1965年,全县仅吸收18名优秀分子入党。1966年"文化大革命"开始后,各级党组织瘫痪,发展新党员的工作暂时停止。1971—1976年间,又不正常地突击发展了一批党员,一些不够条件的人也被拉入党内,使党员的政治素质比过去有所下降。粉碎江青反革命集团后,特别是中共十一届三中全会和第十二次代表大会后,对一些不符合党员条件的人分别作出处理,从而纯洁了党的队伍。同时,把吸收优秀中青年知识分子和各行各业的生产、工作骨干分子作为发展的重点。1985年,全县共发展党员414名。

2. 整党整风工作　1950—1955年的整党整风。扬中县委根据上级党委指示精神,进行整党整风。这一时期的整党整风,主要结合"土改""三反"、过渡时期的总路线教育、互助合作、粮食统购统销等项运动展开。通过学习文件,总结工作,分析情况,开展批评与自我批评,广大党员和党员干部提高了思想政治水平,克服了党员特别是领导干部的以功臣自居、骄傲自满的情绪以及官僚主义、命令主义作风,增强了党内外的团结。

1960—1963年的整党整风。这次整党工作是结合整风、整社以及整顿改造后进支部进行的,旨在整顿党员和党员干部的思想作风,克服部分党员领导干部中的官僚主义、主观主义、浮夸、强迫命令等脱离群众的不良作风。通过整党,改进工作方法,密切党群关系,纯洁党的组织和干部队伍,严肃党的纪律,提高党的战斗力。

1968—1970年间基层党组织的整顿。1968年8月,县革命委员会根据上级指示,提出"关于整党建党试点工作初步意见",并选择县农机厂为整党试点。至1969年下半年,整党工作在全县相继展开。这次整党,各级举办学习班,以"无产阶级专政条件下继续革命的理论"和"五十字建党纲领"为指导思想,批判"反革命修正主义建党路线",搞所谓"开门整党""评论党员""上挂下联""吐故纳新",把整党变成整人,使一大批革命同志,尤其是革命老同志遭受打击迫害,而少数靠"造反"起家的人、帮派思想严重的人、打砸抢分子则乘机混入党内,损害了党的肌体。

1984年7月—1985年8月的整党。中共江苏省委根据中共中央1983年10月11日《关于整党的决定》文件精神,决定将扬中县列为全省县级单位整党先行县之一。全县共有党员9458名,13个基层委员会,19个党组,5个党总支,582个党支部, 共分三批进行,先机关后农村。这次整党总的指导思想是:在马克思列宁主义、毛泽东思想的指导下,依靠全党同志的革命自觉性,正确运用批评和自我批评的武器,执行党的纪律,揭露和解决党内存在的思想、作风和组织严重不纯等问题,实现党风的根本好转,提高全党的思想和工作水平,更加密切党和人民群众的联系,努力把党建设成为领导社会主义现代化事业的坚强核心。基本任务是:统一思想,整顿作风,加强纪律,纯洁组织。方法是:在认真学习文件提高思想认识的基础上,开展批评与自我批评,分清是非,纠正错误,纯洁组织。在整党中,自始至终坚持加强思想教育,提高广大党员的思想觉悟。为了防止走过场,在各单位整党结束时,由上级党委组织验收。

五、宣传教育工作

1. 党员、干部教育　1949 年 4 月 22 日,扬中解放。不久,县委举办首次党训班,受训对象是南下接管扬中的干部 40 人,主要学习渡江胜利后的形势和任务。

解放初期,党训班受训对象有区、乡、村干部,农村党员和非党积极分子。学习内容主要根据中共苏南区党委编印的《怎样做一个共产党员》的课本,较系统地进行党的基本知识教育,着重弄清党的性质、党的奋斗目标和现阶段任务、党员的权利与义务以及怎样做一个共产党员,等等。同时,还进行爱国主义、开展大生产运动、抗美援朝、土地改革和“三反”“五反”教育。

1953—1957 年社会主义改造时期,随着农业合作化运动发展和建设高潮的到来,党训班与农业合作干校联合举办多种类型的训练班,受训对象有农业生产合作社正副社长、生产队长、农村基层党支部书记和委员,以及共青团干部等。学习内容主要是统购统销政策和毛泽东关于农业合作化的指示、党的基本知识以及党的中心工作等。

1958—1962 年社会主义建设时期,受训干部学习内容主要是总路线、大跃进、人民公社和党的基本知识,片面强调总路线就是高速度,把总路线、大跃进和人民公社运动当作“三面红旗”教育干部,并在学习中贯彻了所谓“反右倾”精神。

1963—1965 年,受训对象有公社、大队、生产队干部,县级机关工业、财贸、文卫等部门的干部。主要学习中共中央《关于农村人民公社当前政策问题的紧急指示信》《农村人民公社工作条例》以及党的基本知识和形势、任务的教育,着重弄懂“三级(生产队、大队、公社)所有,队为基础”的人民公社所有制结构,以增强党性,改进领导作风。

1971—1974 年,全国开展批林批孔运动,“五七”干校学习内容主要是批林整风,进行批林批孔的所谓路线斗争;宣传儒法斗争,批判所谓“复辟、翻案风”和“克己复礼”等孔孟之道。1975—1976 年 10 月,“五七”干校安排学习毛泽东“关于无产阶级专政下继续革命的理论”以及张春桥、姚文元的《论对资产阶级的全面专政》《论林彪反党集团的社会基础》。

1977—1978 年,党校主要学习毛泽东同志的《实践论》《矛盾论》等著作,这对干部弄懂理论与实践的关系,认识和掌握客观规律,转变工作作风起了一定的作用。

1978—1985 年,党校和干校主要围绕中共十一届三中、四中、五中、六中全会和十二大会议精神,学习马克思、列宁和毛泽东的哲学思想,开展真理标准的讨论,进一步强调按客观规律办事,全面开创社会主义建设的新局面,加深对党的“对外开放,对内搞活”改革方针的全面理解,增强干部、党员建设具有中国特色的社会主义的信心和决心。

2. 形势任务教育 解放后，党的宣传工作是围绕党的历次政治运动和各项中心工作而进行的。

解放初期,扬中党组织即有宣传员、报告员。1952 年 8 月,全县有宣传员 969 人,报告员 34 人,至 11 月份,宣传员发展到 1680 人。“文化大革命”期间,这一传统遭到破坏。1981 年 6 月,县委决定恢复党的报告员和宣传员制度。全县由县委批准任命的报告员有 97 人,由宣传部审批的宣传员有 395 人,全县上下形成了宣传网。

1950 年,开展土地改革宣传。12 月上旬,县召开近千人的干部、积极分子土改动员大会,贯彻土改方针政策,农村召开群众诉苦大会,启发群众的阶级觉悟,全县有 9330 名受苦农民,在诉苦中同地主进行面对面的斗争。

1950 年 10 月,开展抗美援朝宣传。1951 年 3 月,“中国保卫世界和平反对美国侵略委员会扬中县分会”成立,随后,全县召开干部和青年代表动员大会。会后三四天时间,就有 385 名青年报名参军,全县涌现出许多父母送子、妻子送夫、兄弟争着参军的动人事迹,计有父母送子 53 人,妻子送夫 22 人,兄弟相争 4 人,有的青年表示愿意自带口粮参军。全县动员群众捐献飞机大炮现金 26565 万元(旧币),共有 1876 人报名应征,477 人被批准入伍,其中 121 人在抗美援朝战争中牺牲。

1951 年 4 月,开展镇压反革命宣传。县委宣传部组织机关、团体、学校的宣传队伍,在全县开展宣传。群众觉悟提高,积极参加斗争,约有 500 余人控诉反革命分子的罪行,打击和镇压了一批反革命分子。

1951 年,开展互助合作宣传。秋天,在三茅区厚生乡先行试点,办了一个临时互助组。次年 2 月,又在八桥区试办了黄美善常年互助组。1953 年春,在黄美善互助组的基础上,试办了农业生产合作社,在全县树立了一面旗帜。1955 年 10 月,开展了以巩固新社、提高老社为中心的冬季整社运动,三次共训练了社长、会计、生产队长等干部 5257 人。1956 年年底,全县共有初、高级农业生产合作社 281 个,合并为 185 个高级农业生产合作社,入社农户 49472 户,约占农户的 99.3%,实现了农业合作化。

1951 年 11 月,开展贯彻《中华人民共和国婚姻法》的宣传。批判封建婚姻制度,启发教育妇女做国家的主人。当年有不少妇女参加了基层政权工作,有 60%的妇女参加了民校学习。次年全县有 1264 对男女青年实行了自主婚姻。

1954 年 7 月,开展中华人民共和国第一部宪法(草案)的宣传。县委宣传部组织机关科局长以上干部先学习讨论,理解宪法的内容,再由他们分头向基层干部和群众作学习辅导报告,帮助全县人民了解国家的根本大法,树立法制观念。

1957 年 9 月，开展整风反右的宣传。卫生科、卫生院、防治站等卫生系统先行一步。9 月 22 日，县级机关、文教系统全面开展了“大鸣大放”。36 天时间，有 576 人共贴大字报 2035 张，提意见 10274 条。全县共贴大字报 17536 张。随后开展了“反右”斗争，“反右”斗争中，犯了扩大化的错误。全县错划为“右派分子”93 人，中右 44 人，至 1979 年予以纠正。

1961 年，开展党的“调整、巩固、充实、提高”八字方针的宣传，纠正盲目蛮干的倾向，加强社会主义经济建设的计划性和科学性。

1966—1976 年，“文化大革命”时期，党的宣传工作先后受到林彪、江青反革命集团的严重干扰。“文化大革命”初期，县重点在两所完中、七所初中和一所农高中以及县文化部门等 17 个单位开展运动。随后，在全县展开，大搞“破四旧，立四新，批判封、资、修”。大批文物、古籍被破坏焚毁。1966 年寒假，一些扬中籍大专院校学生回乡串连，煽风点火，开展了“夺权”斗争，使党政部门处于瘫痪。大批老干部受到批斗、迫害。全县有 9305 人受到审查。1967 年 3 月 27 日，扬中县成立军事管制委员会。1968 年 3 月 14 日，扬中县革命委员会成立。1971 年“9·13”事件后，开展了批林整风运动。至 1973 年 1 月中旬，全县 12 个基层党委，312 个党支部相继恢复。地、县管的干部分别有 73%、50%被结合使用。“文化大革命”后期，又开展了“一打三反”、深挖“5·16”运动，数百人遭受不白之冤。随后，又展开了所谓批邓反击右倾翻案风运动的宣传。

1976 年秋，开展揭批江青反革命集团的宣传。在第一、第二阶段中，县委宣传部和县“五七”干校联合培训了 125 人的理论骨干队伍，并编写了四课宣传提纲，印发到各支部。在第三阶段中，又培训了 124 名理论骨干，全县建立大批判小组 440 多个；召开大小型批判会达 1.2 万多场次，参加者达 120 多万人次；组织宣传小分队 148 个，办宣传栏、黑板报 264 期；组织文艺宣传队 158 个。此外，全县还清查出在“文化大革命”中犯有严重错误的 19 人。

中共十一届三中全会后，进行平反冤、假、错案和落实党的知识分子政策的宣传，全县共有 4787 人平反了冤、假、错案。宣传党的实事求是的思想路线，开展了对真理标准问题的大讨论。

1982—1984 年，着重开展对中央 3 个 1 号文件（1982、1983、1984 年 1 号文件）精神的宣传。宣传联产承包责任制和发展社会主义商品生产，加快农村经济体制改革，促进社会主义的经济建设。

1983 年 4 月，宣传部组织开展文明礼貌月活动。县成立“五讲、四美、三热爱”活动委员会，下设办公室，负责日常工作。1983—1985 年在创三优活动中，全县共有 342 个先进集体和 667 个先进个人受到表彰。

1981—1985 年扬中县先进党支部和优秀党员情况表

表 169

年份	先进党支部（个）	其中		优秀党员（名）	年份	先进党支部（个）	其中		优秀党员（名）
		农村党支部	机关、学校、企事业单位党支部				农村党支部	机关、学校、企事业单位党支部	
1981	28	15	13	130	1984	26	11	15	58
1982	30	11	19	146	1985	50	22	28	83
1983	32	13	19	78					

六、统一战线工作

在抗日战争和解放战争时期，扬中县的统战工作由县委、县政府直接负责，主要任务是团结各界爱国知名人士进行革命斗争。

解放初期，由县委秘书室代管统战工作，吸收各界爱国民主人士参与县人民政权建设。1949—1953 年间，召开各界人民代表会议均吸收各界爱国民主人士参加。在历届县人民代表大会代表名额中，各界爱国民主人士均占有一定的比例。历届县人民政府或人民委员会中，亦有爱国民主人士。1981 年 4 月，政协扬中县委员会成立。历届县政协委员会均邀请各界爱国民主人士参加，历届县政协常委和副主席中皆有爱国民主人士当选。从 1956 年 11 月召开的县二届人大一次会议至 1962 年 1 月召开的县四届人大一次会议，均有 1 名爱国民主人士当选副县长。在 1957 年反右派斗争和“文化大革命”中，一些爱国民主人士受到伤害。但是，广大爱国民主人士拥护共产党的领导，在社会主义革命和社会主义建设中，表现了自己的爱国主义热情和社会主义觉悟。1978 年中共十一届三中全会之后，党和国家的政治生活恢复正常，爱国民主人士积极投入社会主义的两个文明建设，为统一祖国、振兴中华出力。1980 年 4 月 17 日，县委统战部成立后，广泛开展新时期统一战线方针政策的宣传教育，认真落实知识分子政策、侨务政策、宗教政策和原国民党投诚人员政策等，平反冤、假、错案，同时，认真地做好党外人士的安排，充分发挥他们的作用，为实现社会主义现代化和统一祖国大业服务。

七、纪律检查工作

领导机构　1950 年 9 月成立中共苏南区扬中县纪律检查委员会（以下简称纪委）。同年，县政府成立人民监察委员会(以下简称监委)。纪委和监委由县委统一领导，合署办公。1956 年 5 月纪委改称监委，原政府监委改称监察室，仍与监委合署办公。“文化大革命”期间，监委、监察室均瘫痪。1978 年 5 月，恢复纪律检查委员会，并配备副书记 1 人，1981 年又增配副书记 1 人。同时，各公社相继配备专职纪检委员。1981 年 11 月，纪委下设办公室、纪检科、审理科。1984 年 7 月，县纪委设立常委班子，并经县第五次党代会选举产生纪律检查委员会，委员 13 人。选举书记 1 人，副书记 2 人，常委 5 人。根据十二大通过的党章规定，基层支部普遍设纪律检查委员，纪检机构趋于完善。

1950—1985 年扬中县委纪(监)委领导人情况表

表 170

姓　名	职　务	任职时间	姓　名	职　务	任职时间
刘汉清	书记(兼)	1950.09—1951.06	徐　靖	书记(兼)	1962.08—1962.12
冯南生	书记(兼)	1951.07—1952.12		书记	1963.01—1967.03
孙定国	副书记(兼)	1951.07—1952.06	魏光明	副书记	1978.05—1979.02
朱维中	书记(兼)	1953.01—1955.06	刘　璈	副书记	1979.02—1982.03
李寿山	副书记(兼)	1953.03—1954.07	朱光华	副书记	1981.04—1984.02
徐　靖	第一书记(兼)	1957.08—1962.01	瞿彩云	副书记	1983.01—1984.02
王芸保	第二书记	1957.09—1958.10		书记	1984.03—1987.07
丁遗耇	副书记	1958.10—1960.08	孔繁顺	副书记	1984.01—1986.03
魏光明	副书记	1961.04—1967.03	左成仁	副书记	1984.08—1985.01
朱松华	书记(兼)	1962.02—1962.08			

主要工作　党的纪律检查工作，主要是围绕党的中心工作和各项政治运动，协助党委整顿党风，维护党规党法，对党员进行纪律教育，检查和处理党员的违纪案件。

1950 年县纪委初建时，主要工作是检查各级党组织和党员对土改政策执行情况，对少数党员的违纪现象，及时进行批评教育，妥善处理。1951 年反贪污、反浪费、反官僚主义的“三反”运动开始后，县纪委专门成立“三反”运动办公室，对犯有贪污浪费、严重强迫命令、官僚主义等错误的党员干部进行严肃处理。1953 年粮食统购统销期间，有些干部对群众乱扣帽子，硬逼硬挤，欺骗领导，纪委及时进行批评教育，对严重违反政策和纪律的个别党员干部进行处理。

在互助合作、整风反右等运动中，监委对党员干部的违纪案件进行认真查处。从 1956—1960 年的五年中，受各种处理的党员干部共 200 余人。

1961 年 10 月开始，监委对 1958 年以后在“反右倾”运动中受到错误批判和处分的党员、干部进行甄别，为他们分清是非，恢复名誉，从而调动干部的工作积极性。

1963年,在机关和企事业单位开展反铺张浪费、反官僚主义、反分散主义、反贪污盗窃、反投机倒把的"五反"运动和在农村开展的社会主义教育运动中,指导工作组对犯错误人员的材料认真核查和研究处理的政策界限。在此期间,监委处理在社会主义教育运动和正常工作中发生的强迫命令、违法乱纪、违犯财经纪律等方面的一些案件。

粉碎江青反革命集团以后,经过拨乱反正,县纪律检查委员会于1978年5月重新建立,遵照中共十一届三中全会精神和中央纪委第一次全体会议提出的"党的纪律检查机关,主要是维护党规党法,协助党委搞好党的基本任务"而开展工作。

1978—1979年间,遵照党的实事求是的思想路线,对"文化大革命"中受党纪处分的冤、假、错案进行平反纠正。又对"整风反右""反右倾""四清"等运动中处理的党员违纪案件及其他受处分的历史老案进行全面清理,本着"实事求是,有错必纠"的原则,对错案主动予以复查纠正,逐件甄别。截至1985年,平反纠正和部分纠正的案件共57件。

1980年,在全县范围内宣传贯彻执行《关于党内政治生活的若干准则》,组织广大党员学习新党章(草案),系统地进行党的基础知识和党风党纪教育,并多次组织检查执行《准则》的情况。根据中纪委《通报》,在全县开展狠刹用公款大吃大喝的歪风。1981年县纪委对一些企事业单位"私招乱雇"进行调查核实,清退了311名三级(生产队、大队、公社)证明工。有些社办厂也清退了"关系工",将招工批准权收归党委。1982年在开展打击经济领域严重犯罪活动中,协同有关部门立案查处案件162件,查出经济犯罪金额41.67万元,判刑的132人,受到党纪处分的22人。1984年春,县纪委认真检查纠正党员干部在建房中的不正之风。由于历史原因和"文化大革命"的影响,全县干部宕欠公款情况严重,县、乡、村三级干部(包括企业供销员)拖欠公款者共6606人,欠款达234.395万元。至1984年年底,全县共追回干部欠款184.7万元,占应清款的75%。

第二章 政权与议政

第一节 县政府机关

一、解放前机构设置

清光绪三十年(1904)置太平厅,设抚民府,掌理行政;设保甲总局,管理治安。

清宣统三年(1911)10月,废厅置县,太平县民政长公署设总务、警务、学务、实业、主计五课。

民国2年(1913),太平县民政长公署改为太平县知事公署,废五课,改设一、二两科。第一科掌理公安、土地、自治、交通等;第二科掌理庶务、财政、建设、教育等。

民国3年(1914)1月,太平县改称扬中县。

民国16年(1927)5月,扬中县知事公署改称扬中县政府。县政府增设第三科,专管教育。

民国17年(1928),国民政府鉴于县长职权过大,弊端甚多,乃公布“县组织法”加以改革,规定县政府下设两科四局;第一科为总务科,第二科为财务科;四局为公安局、财政局、教育局和建设局。县长只行使法定范围内之指挥监督权。另设秘书处掌理机要。

各局成立后,各自独立,不相联络,县长无指挥实权,法令难以推行。江苏省国民政府委员会于民国22年(1933)1月24日第560次会议通过“江苏省县组织通则”,将原有四局分别裁撤,统于县政府内设科办事。县政府下设秘书处、第一科、第二科、第三科、技术员室(又称建设事务所)、公安局。财政事项归第二科办理,教育事项由第三科管理,建设事项由技术员室处理,公安局未裁并。

此组织系统为伪扬中县政府所承袭。

1945年8月抗日战争胜利,扬中县国民政府于同年12月返境。县政府下设秘书处、警察局、保安队、民政科、财政科、教育科、建设科、军事科、会计室等。

民国 37 年(1948)2 月,扬中县国民政府撤军事科,改设军事指导员。民政、财政、教育、建设改称第一、二、三、四科,其余不变。

民国初期,扬中县无地方法院,由县长兼理司法。北伐战争结束后,始设承审员,协助县长掌理司法。

1940 年 2 月,中国共产党领导的抗日民主政权扬中县抗敌委员会成立,设民政、民运、军事、财经、文教、禁烟 6 科。4 月,扬中县抗日民主政府成立,撤禁烟科。8 月,增设工商科。1942 年 2 月,增设司法科。4 月增设交通科。1945 年 11 月北撤。

二、解放后机构设置

解放后,政府机构名称数次变更,各时期政府机构名称及下设主要部门为:

1.扬中县人民政府(1949 年 4 月上旬—1955 年 4 月 30 日)

县政府下设秘书室、民政科、人事科、监察室、军事科(后改为人民武装部)、公安局、司法科(后改为法院)、统计科(后分为计划统计科、计划委员会)、农林科、建设科(后与农林科合并为农林建设科)、邮政局、电信营业所(后与邮政局合并为邮电局)、工商科、供销合作总社、财政科、农税科(后与财政科合并为财粮科)、税务局、粮食局、中粮公司(后并入粮食局)、金库(后改为中国人民银行扬中县支行)、文教科(后分为文化科、教育科)、卫生科、爱国卫生运动委员会等。

2.扬中县人民委员会(1955 年 5 月 1 日—1967 年 3 月 26 日)

人民委员会下设办公室、民政科、人事科、监察室、人民武装部、公安局、人民法院、统计科(后改为统计局)、计划委员会、农林科(后改为农业科、农业局)、农业机械局、水产科(后改为副业科、副业办公室、副业局,后又并入农业局)、水利科(后改为水利局)、交通管理科(后改为交通科、交通局)、邮电局、工业科、手工业管理科(后与工业科合并为工业手工业科,再分为工业交通局、手工业局,再合为工业局)、手工业联社、基本建设局、工商科(后改为商业科、商业局)、供销合作总社、物资局、财政科、税务局(后与财政科合并为财税局)、粮食局、中国人民银行扬中支行、中国农业银行扬中支行、财贸办公室、文化科、教育科(后与文化科合并为教育局)、卫生科、广播站、体育运动委员会、爱国卫生运动委员会、科学委员会等。

3.中国人民解放军江苏省扬中县军事管制委员会(1967 年 3 月 27 日—1968 年 3 月 13 日)

军管会下设生产委员会,统一领导全县工作。生产委员会下设秘书组、政工组、政法组、农业组、工交组、财贸组、文卫组 7 个组。秘书组下设县委办公室、县人民委员会办公室;政工组领导组织部、宣传部、监察委员会、民政科、人事科、党干校、县工会、团县委、县妇联、广播站等;政法组领导公安局、检察院、法院、打击投机倒把办公室;农业组领导农工部、农业局、多种经营局、多种经营办公室、水利局、农机局等;工交组领导工业局、手工业局、手工业联社、交通局、邮电局等;财贸组领导商业局、县供销合作社、市场管理委员会、商贩联三查办公室、中国人民银行扬中县支行、财贸办公室、统计局、计划委员会、物价委员会、劳动科等;文卫组领导文教局、卫生科、防疫站、保健站、人民医院、计划生育办公室、公费医疗委员会、爱国卫生运动委员会、体育运动委员会等。

4.扬中县革命委员会(1968 年 3 月 14 日—1981 年 5 月 7 日)

革命委员会下设办事组、政治工作组、政法组、生产指挥组,分管各部门工作。1971 年后部门增多,计有民政局、人事局、劳动局、知青办公室、档案馆(后分为档案馆、档案局)、统计局、公安局、人民检察院、人民法院、农业局、水电局(后改为水利局)、多种经营局、农机局、农水办公室、工交办公室、基本建设局、交通局、电信局、邮政局(后与电信局合并为邮电局)、工业局、手工业局(后更名为第二工业局)、商业局、工商行政管理局、物资局、财税局、粮食局、中国人民银行扬中县支行、中国人民建设银行镇江支行扬中县办事处、财贸办公室、计划委员会、物价委员会、教育局(后改为文教局)、卫生局、广播站(后改为广播事业管理局)、体育运动委员会、爱国卫生运动委员会、科学技术委员会等。

5.扬中县人民政府(1981 年 5 月 8 日—　)

县政府下设办公室、民政局、劳动人事局、侨务办公室、档案局、档案馆、统计局、审计局、公安局、司法局、农业委员会、农业局、多种经营管理局、水利局、农业机械管理局(后与水利局合并为水利农机局)、气象站(后改为气象局)、交通局、邮电局、工业局、乡镇企业管理局、轻工业局、供电局、基建局、环保局(后与基建局合并为城乡建设环境保护局)、商业局、供销合作联社、对外经济贸易局、对外经济贸易公司、烟草专卖局、工商行政管理局、计量管理所、物资局、财政局、税务局、粮食局、中国人民银行扬中县支行、中国农业银行扬中县支行、中国工商银行扬中县支行、中国人民建设银行扬中县支行、中国银行镇江市支行扬中办事处、中国人民保险公司扬中县支公司、财政贸易办公室、计划委员会、经济委员会(后与计划委员会合并为计划经济委员会)、物价委员会、文教局、卫生局、广播事业局、广播站、县地方志编纂委员会、体育运动委员会、爱国卫生运动委员会、计划生育委员会、科学技术委员会等。

三、历任县职官员更迭

清光绪三十年(1904)称同知,清宣统三年(1911)十月称民政长,民国 2 年(1913)1 月称县知事,民国 16 年(1927)5 月改称县长。

1904—1949年4月扬中县(太平厅)历任县职官员情况表

表171

机构名称	名称	姓名	籍贯	任职时间	备注
太平厅抚民府	同知	高纪昌		1904—1905(未到任)	清朝光绪、宣统帝时期的抚民府
太平厅抚民府	同知	钱锡林		1906—1907	
太平厅抚民府	同知	李前晋	湖南	1908	
太平厅抚民府	同知	沈维成		1908	
太平厅抚民府	同知	蒋育芬	浙江	1908—1909	
太平厅抚民府	同知	傅振海	浙江诸暨	1910—1911.09	
太平县民政长公署	民政长	洪淑泗		1911.10	1911年10月爆发辛亥革命,1912年建立中华民国。是年为民国元年
太平县民政长公署	副民政长	郭晓岚	江苏扬中	1911.10	
太平县民政长公署	民政长	何恩璜	江苏丹阳	1911.11	
太平县民政长公署	民政长	徐植之	江苏扬中	1911.11—1912.04	
太平县民政长公署	民政长	姚 湘	江苏扬中	1912.05—1912.12	
太平县知事公署	知事	林立山	江苏丹阳	1913.01—1913.09	中华民国时期的北洋政府
扬中县知事公署	知事	秦汇生	江苏江宁	1913.10—1914.03	
扬中县知事公署	知事	徐元绶	江苏常熟	1914.03—1914.10	
扬中县知事公署	知事	刘仁裕	浙江	1914.10—1916.01	
扬中县知事公署	知事	翟鸿宾	湖北	1916.05—1918.01	
扬中县知事公署	知事	宋兆麟	北京	1918.01—1918.12	
扬中县知事公署	知事	李定荣	广东东莞	1918.12—1920.02	
扬中县知事公署	知事	李哲昌	广东	1920.10—1922.11	
扬中县知事公署	知事	高廷夔	北京	1922.11—1925.02	
扬中县知事公署	知事	陈觐文	江苏泰县	1925.03—1927.05	
扬中县国民政府	县长	梁廷琛		1927.05—1927.06	中华民国时期的国民政府
扬中县国民政府	县长	钟冠华	江西	1927.06—1927.09	
扬中县国民政府	县长	许 骧		1927.09—1927.10	
扬中县国民政府	县长	茅乃封	江苏金山	1927.10—1928.08	
扬中县国民政府	县长	郭 泌	江苏丹徒	1928.08—1929.04	
扬中县国民政府	县长	徐祖绳	江苏无锡	1929.04—1931.04	
扬中县国民政府	县长	赵恩钜	江苏无锡	1931.04—1931.08	

续表 171

机构名称	名称	姓名	籍贯	任职时间	备注
扬中县国民政府	县长	毕静谦	江苏金山	1931.08—1933.04	中华民国时期的国民政府
扬中县国民政府	县长	包允恭	江苏镇江	1933.01—1933.10	
扬中县国民政府	县长	冯沛山	江苏砀山	1933.10—1934.04	
扬中县国民政府	县长	洪康燮	江西婺源	1934.04—1938.02	
扬中县国民政府	县长	潘炳英	江苏泰州	1939.05—1940.01	
扬中县国民政府	县长	刘际唐	江苏镇江	1940 年年初	
扬中县抗敌委员会	主任	李培根	江苏扬中	1940.02—1940.04	抗日战争时期，中共领导的抗日民主政权
扬中县抗敌委员会	副主任	朱筱鲁	江苏扬中	1940.02—1940.04	
扬中县抗敌委员会	副主任	李　中	浙江奉化	1940.03—1940.04	
扬中县抗日民主政府	县长	李培根	江苏扬中	1940.04—1940.12	
扬中县抗日民主政府	县长	王　龙	江苏扬中	1940.12—1941.07	
扬中县抗日民主政府	县长	施光前	江苏扬中	1941.07—1945.11	
扬中县抗日民主政府	副县长	黄　炎	江苏扬中	1941.03—1942.03	
伪扬中县地方自治维持会	会长	顾仙痴（顾先知）	江苏扬中	1938.02—1938.03	抗日战争时期的汪伪政权
伪扬中县地方自治维持会	知事	顾仙痴	江苏扬中	1939.07	
伪扬中县自治委员会	委员长	顾仙痴	江苏扬中	1940.01—1942.07	
伪扬中县政府	县长	顾仙痴	江苏扬中	1942.08—1943.02	
伪扬中县特别区公署	署长	丁雨霖	上海	1943.03—1943.12	
伪扬中县政府	县长	章　谋	江苏江阴	1943.12—1945.05	
伪扬中县政府	县长	郭占祺		1945.06—1945.07	
扬中县国民政府	县长	孟　治	江苏泰县	1945.12—1947.10	解放战争时期的国民党政权
扬中县国民政府	县长	卢甲三	江苏宜兴	1947.10—1949.01	
扬中县国民政府	县长	左　飞	江苏阜宁	1949.01—1949.04	

说明：1938 年 10 月 16—23 日，江南抗日义勇军挺进纵队第一次进驻扬中，委派夏雨农为扬中县县长。黄炎又名王国恩、王言

扬中解放前夕即成立县人民政府，主要负责人称县长。1967—1968 年实行军管，主要负责人称军管会主任。1968—1981 年成立革命委员会，主要负责人称县革委会主任。1981 年 5 月，主要负责人恢复县长称谓。

解放后(1949.4—1985.12)扬中县历任负责人情况表

表 172

机构名称	职　务	姓　名	籍　贯	任职时间
扬中县人民政府	代理县长	陈　寒	江苏扬中	1949.04—1950.07
扬中县人民政府	副县长	陈忠廉	江苏扬中	1949.04—1950.07
扬中县人民政府	县长	陈忠廉	江苏扬中	1950.07—1953.03
扬中县人民政府	县长	卢春仲	山东掖县	1953.04—1954.05
扬中县人民政府	县长	朱维中	江苏扬中	1954.04—1956.11
扬中县人民政府	副县长	刘国生	山东掖县	1955.04—1956.11
扬中县人民委员会	副县长	朱鹤富	江苏宝应	1956.06—1956.11
扬中县人民委员会	副县长	高文华	江苏扬中	1956.06—1957.05
扬中县人民委员会	副县长	张鹤飞	江苏大丰	1956.10—1961.01
扬中县人民委员会	副县长	陆如常	江苏扬中	1956.10—1963.02
扬中县人民委员会	县长	刘国生	山东掖县	1956.11—1963.07
扬中县人民委员会	副县长	蒋卓英	江苏武进	1956.11—1958.05 1962.01—1963.05
扬中县人民委员会	副县长	郑连斌	山东乳山	1960.06—1961.12
扬中县人民委员会	副县长	朱鹏飞	江苏武进	1960.06—1961.12
扬中县人民委员会	副县长	张立政	江苏扬中	1962.08—1966.12
扬中县人民委员会	县长	朱维中	江苏扬中	1963.07—1964.08
扬中县人民委员会	副县长	宋儒林	山东掖县	1963.11—1964.08
扬中县人民委员会	县长	宋儒林	山东掖县	1964.08—1965.02
扬中县人民委员会	副县长	陈子英	江苏靖江	1964.09—1965.05
扬中县人民委员会	县长	王通业	江苏泗阳	1965.02—1966.12
扬中县人民委员会	副县长	葛开泰	江苏阜宁	1965.02—1966.12
扬中县人民委员会	副县长	刘振亚	江苏丹阳	1965.05—1966.04
扬中县人民委员会	副县长	王　勇	山东掖县	1966.02—1966.12
扬中县人民委员会	副县长	张德良	江苏扬中	1966.02—1966.12
中国人民解放军扬中县军管会	主任	张序贵	山东文登	1967.03—1968.03
中国人民解放军扬中县军管会	副主任	顾季祥	江苏灌南	1967.03—1968.03
中国人民解放军扬中县军管会	副主任	陈　华	山东	1967.03—1968.03

续表 172

机构名称	职　务	姓　名	籍　贯	任职时间
扬中县革命委员会	主任	张序贵	山东文登	1968.03—1971.04
扬中县革命委员会	副主任	邵俊声	山东	1968.03—1969.09
扬中县革命委员会	副主任	王希宝	山东掖县	1968.03—1975.12
扬中县革命委员会	副主任	陈　华	山东	1970.03—1975.02
扬中县革命委员会	副主任	李明远	江苏宿迁	1970.03—1971.03
扬中县革命委员会	副主任	曲宗禹	山东掖县	1970.03—1977.08
扬中县革命委员会	主任	李明远	江苏宿迁	1971.04—1975.09
扬中县革命委员会	副主任	夏秉勤	江苏沭阳	1971.04—1975.02
扬中县革命委员会	副主任	周成明	江苏沭阳	1973.08—1975.09
扬中县革命委员会	副主任	洪东生	江苏宜兴	1975.02—1975.10
扬中县革命委员会	主任	周成明	江苏沭阳	1975.09—1980.09
扬中县革命委员会	副主任	刘天涯	江苏丹阳	1975.12—1979.09
扬中县革命委员会	副主任	王笃义	江苏扬中	1975.12—1981.04
扬中县革命委员会	副主任	朱超英	江苏丹阳	1976.06—1979.12
扬中县革命委员会	副主任	陶金法	江苏扬中	1975.02—1981.04
扬中县革命委员会	副主任	蔡立中	江苏扬中	1976.06—1981.04
扬中县革命委员会	副主任	王　勇	山东掖县	1980.03—1981.04
扬中县革命委员会	副主任	葛开泰	江苏阜宁	1980.03—1981.04
扬中县革命委员会	副主任	叶正和	浙江温州	1981.01—1981.04
扬中县人民政府	县长	朱鹏飞	江苏武进	1981.05—1984.02
扬中县人民政府	副县长	王笃义	江苏扬中	1981.05—1984.04
扬中县人民政府	副县长	叶正和	浙江温州	1981.05—1983.10
扬中县人民政府	副县长	王　勇	山东掖县	1981.05—1984.04
扬中县人民政府	副县长	陆朝银	江苏扬中	1981.05—
扬中县人民政府	副县长	杨怀康	江苏扬中	1983.06—1984.06
扬中县人民政府	副县长	沙荣盛	江苏扬中	1983.06—1984.02
扬中县人民政府	副县长	朱新富	江苏扬中	1983.12—1984.04
扬中县人民政府	代县长	黄树贤	江苏扬中	1984.02—1984.04

续表 172

机构名称	职　务	姓　名	籍　贯	任职时间
扬中县人民政府	县长	朱新富	江苏扬中	1984.05—
扬中县人民政府	副县长	李名芳	江苏扬中	1984.05—
扬中县人民政府	副县长	张达明	江苏扬中	1984.07—
扬中县人民政府	副县长	左成仁	江苏扬中	1985.02—

第二节　议事会 参议会

民国初期,江苏省暂行市、乡制,基本沿用清末市、乡自治章程,实行地方自治。县设议事会、参事会,市设议事会、董事会,乡设议事会和乡董、乡佐,市、乡均受县议事会、参事会监督。县议事会、参事会对市、乡议事会、董事会及乡董、乡佐有解散和撤销之权。

民国元年(1912),成立太平县地方自治选举事务所,姚湘任所长,所址设下八桥镇。市、乡选举自该年元月开始,至次年 12 月 20 日结束。各市、乡议事、执行两机关相继成立,同时选出省议员杜宝善,后由施庸慎递补。

民国 2 年(1913),县署被焚毁,县议事会、参事会均未能成立。

民国 35 年(1946),国民党扬中县临时参议会成立,戴中闳任议长,全县分甲、乙两种候选人进行登记。以保为单位,每保选出保代表(要有乙种公职候选人资格)2 人。同年秋,以乡为单位,先公布甲种候选人名单,在县区两级监督下,以乡为单位,由保代表采用无记名投票方式,每乡选出县参议员 1 人(要有甲种公职候选人资格)。县参议会正式成立,各乡参议员推选张子诚为议长,陆如模为副议长,会址设在三茅镇鱼巷弄王兰家中。

县参议会正式成立后,每年召开会议一次。由各乡参议员提出议案,交政府部门参考。全县的施政方针,须经县参议会通过方可施行。下届县参议会召开会议时,由政府各部门向县参议会作施政情况报告。

民国 36 年(1947),国民政府宣布实施宪政,召开国民代表大会,下令各地选举出席国民代表大会的代表。分配扬中县代表名额 1 人。赵友培、徐中和、刘吉祥 3 人竞选,最后赵友培当选。

第三节　人民代表会议和人民代表大会

1949 年 4 月扬中县人民政府建立，至 1954 年 7 月共召开三届十次各界人民代表会议。自 1954 年 7 月—1985 年年底，共召开 9 届 15 次人民代表大会。

一、各界人民代表会议

第一届各界人民代表会议　第一次会议于 1949 年 10 月 1—3 日召开，出席代表 128 名。会议期间，代理县长陈寒作解放 5 个月来的政府工作报告，县委书记刘汉清作今后工作任务报告。通过了剿匪、征粮等决议。此次会议未进行选举事项。第二次会议于 1949 年 12 月 23—25 日召开，出席代表 156 名。刘汉清致开幕词，代理县长陈寒作政府工作报告。会议主要议题是讨论生产救灾，并通过生产备荒实施方案的决议；选举委员 25 名，候补委员 7 名，选举刘汉清为常务委员会主席。第三次会议于 1950 年 3 月 26—28 日召开，出席代表 134 名。冯南生致开幕词，陈忠廉作政府工作报告，刘汉清作生产救灾、发行公债等工作报告并致闭幕词。第四次会议于 1950 年 6 月 29 日—7 月 1 日召开，出席代表 145 名。姜毅峰致开幕词，陈忠廉作政府工作报告，冯南生就今后工作任务发了言，施天任致闭幕词。

第二届各界人民代表会议　第一次会议于 1950 年 10 月 23—25 日召开，出席代表 142 名。由陈忠廉作政府工作报告，刘汉清作关于土地改革工作报告；通过土改、秋征工作的决议；选举常务委员会委员 27 名，选举刘汉清为主席，并选举扬中县土地改革委员会、扬中县人民法庭审判委员会、扬中县土改调查征收委员会委员。第二次会议于 1951 年 4 月 13—15 日召开，出席代表 137 名。陈忠廉作政府工作报告；讨论并通过关于开展大生产运动、镇压反革命和抗美援朝运动三大决议；选举常务委员会委员 63 名，并选举陈忠廉为主席。

第三届各界人民代表会议　第一次会议于 1951 年 11 月 13—16 日召开，出席代表 236 名，列席代表 35 名。陈忠廉作政府工作报告；讨论并通过继续深入开展抗美援朝运动和秋征、生产等决议。第二次会议于 1952 年 7 月 3—6 日召开，出席代表 202 名，列席代表 26 名。陈忠廉作政府工作报告，会议通过了关于开展爱国主义增产运动、继续贯彻执行《婚姻法》、开展城乡物资交流等九项决议。第三次会议于 1952 年 10 月 11—14 日召开，出席代表 202 名，列席代表 30 名。代表们听取并审议了陈忠廉所作的政府工作报告。第四次会议于 1953 年 4 月 6—9 日召开，代表们听取并审议了卢春仲所作的政府工作报告。

二、历届县人民代表大会

第一届人民代表大会　第一次会议于1954年7月10—13日召开，出席代表157名。朱维中作政府工作报告，大会讨论并通过了关于拥护《中华人民共和国宪法草案》、关于《政府工作报告》和《今后工作意见的报告》的决议。选举常务委员会委员15名。选举正副县长、人民法院院长。第二次会议于1955年4月26—27日召开，出席代表162人。大会听取并通过了政府工作报告，通过了以互助合作为中心加强秋耕秋种，做好今冬明春兴修水利工作的决议，关于粮食统购统销工作的决议和坚决彻底干净全部地肃清一切反革命分子的决议。第三次会议于1956年3月3—4日召开，出席代表149人，列席代表16人。会议听取并通过了政府工作报告，通过了扬中县第一个五年计划。

第二届人民代表大会　第一次会议于1956年11月26—30日召开，出席代表123名。会议听取并审查通过了政府工作报告、法院工作报告和财政工作报告；选举县二届人民委员会委员19名；选举正副县长。第二次会议于1957年5月22—25日召开，出席代表100名。大会审查并通过政府工作报告、1956年财政决算和1957年财政预算的报告。

第三届人民代表大会　第一次会议于1958年5月8—11日召开，出席代表127名。大会听取并通过了政府工作报告、法院工作报告和财政预决算工作的报告。选举第三届扬中县人民委员会委员19名，选举正副县长。

第四届人民代表大会　第一次会议于1962年1月11—14日召开，出席代表125名。大会听取并审查通过了政府工作报告、人民法院工作报告和财政预决算报告。选举第四届扬中县人民委员会委员21名，选举县长、副县长和人民法院院长。

第五届人民代表大会　第一次会议于1963年12月25—28日召开，出席代表142名。会议听取并审议通过了政府工作报告、财政预决算报告和人民法院工作报告。选举第五届扬中县人民委员会委员21名，选举县长、副县长和县人民法院院长。

第六届人民代表大会　第一次会议于1966年4月9—11日召开，出席代表233名。大会听取并审查通过了政府工作报告，财政预决算报告和人民法院工作报告。选举县长、副县长，选举第六届扬中县人民委员会委员25名。

扬中县革命委员会（代替第七届人民代表大会）　1968年3月14日在县体育场(原县中操场)召开成立大会，参加大会的干部群众2万余人。此次大会没有按照宪法和地方政府组织法程序进行，由上级军管会任命县革命委员会主任、副主任、常委、委员人选。

第八届人民代表大会　第一次会议于1981年4月30日—5月6日召开，出席代表183名。会议听取并审议通过了政府工作报告，选举了本届人大常委会委员和主任、副主任,选举了县长、副县长、县人民法院院长、县人民检察院检察长。第二次会议于1982年4月27—30日召开,出席代表170名。会议听取并审查了政府工作报告、财政预决算报告、人大常委会工作报告、法院工作报告、检察院工作报告。与会代表听取了省人代会第五届人大四次会议精神的传达。补选县人大常委会委员3名。第三次会议于1983年3月16—19日召开,出席代表163名。会议听取并审查了政府工作报告、财政预决算报告、人大常委会工作报告、人民法院工作报告、人民检察院工作报告。选举出席镇江市第八届人民代表大会的代表27名。

第九届人民代表大会　1984年5月8—13日召开第一次会议,出席代表221名。会议听取并审议通过了政府工作报告、财政预决算报告、人大常委会工作报告、人民法院工作报告、人民检察院工作报告。选举人大常委会委员和正副主任,选举县长、副县长、县人民法院院长、县人民检察院检察长。

三、普选

解放后至1984年,扬中县共进行9届县人民代表大会代表的普选工作,其中除第七届("文化大革命"期间)未按选举程序进行外,其余八届均按《中华人民共和国全国人民代表大会和地方各级人民代表大会选举法》(以下简称《选举法》)、《中华人民共和国地方各级人民代表大会和地方各级人民政府组织法》(以下简称《组织法》)的规定进行。

1953年5月25日,全县进行第一次普选。根据江苏省、镇江地区选举委员会的指示,成立扬中县选举工作委员会,具体领导全县普选工作。培训指导干部69人,技术干部194人,抽调县、区、乡干部110人,省、地派来干部23人。普选分宣传、选民登记(包括划分选区)、选民资格审查和选举4个阶段进行。

全县划分60个基层选举单位(其中53个乡、6个镇、1个农场),431个选区。普选工作经过试点,然后全面推开。全县共分两批进行,第一批30个乡、镇和1个农场(含2个试点乡),第二批26个乡、3个镇,至1954年2月底结束。

第二至第六次普选均按《选举法》《组织法》进行。第八次普选是按全国人民代表大会第五届第二次会议通过的《选举法》《组织法》及省、地选举工作委员会部署进行的。1980年10月开始,1981年2月结束。其工作步骤为:准备、选民登记(包括划分选区)、协商、选举4个阶段。此次普选有几项改革:一是候选人与应选人不等额;候选人的产生,共产党、民主党派和人民团体均可提名;只要有1个选民提名,3个以上选民附议,提名即可生效;若提出的候选人超过规定名额,经过反复协商,进行预选,根据无记名投票的结果,确定候选人名额;候选人名单排列次序:凡经投票预选确定者,以票数多少顺序排列。二是县人大代表由选民用无记名投票直接选举,选民可投赞成票、反对票，或弃权，也可另选他人。三是确定代表候选人的当选，从原来的获得出席选民代表的过半数当选改为须获得全体选民或代表过半数的选票始得当选。

第九次普选是根据五届全国人大五次会议修改的《选举法》《组织法》及江苏省六届人大四次会议通过的省《选举实施细则》的规定，按照省、市、县委的部署和县人大常委会的决定，于 1984 年 1 月 21 日召开第一次选举工作会议后全面进行的，经过组织准备、宣传发动、选民登记、提名推荐和民主协商代表候选人、投票选举等 6 个阶段，于 1985 年 5 月选举结束。

县、乡(镇)两级换届选举：县由 23 名有关方面负责人组成选举委员会，抽调 30 名干部成立选举办公室，25 名干部担任乡(镇)联络员。全县 12 个乡镇均成立选举委员会，良种场成立选举领导小组。全县共有选民 179074 人，划分选举县代表选区 113 个，选举乡(镇)代表选区 262 个。经过全体选民提名协商确定县代表候选人 345 名，为应选代表的 1.56 倍；乡(镇)、场代表候选人 2054 名，为应选代表的 2.44 倍。并在兴隆乡试点总结经验，然后在各乡(镇)、场普遍召开选举大会。全县共有 178589 名选民参加选举，参选率达 99.72%，共选出乡(镇)人民代表 843 名，县人民代表 221 名。

1953—1984 年扬中县县、乡(镇)人民代表选举情况表

表 173　　单位：名

届　次	时　间	选民人数	参加选举人数	乡镇人民代表数	县人民代表数	备　注
第一届	1953.05	98703	77290	1554	177	
第二届	1956.11	98231	73202	1014	183	
第三届	1958.05	106001	76369	1078	188	
第四届	1962.01	104556	80414	1824	157	
第五届	1963.12	104595	80043	2358	182	
第六届	1966.04	113578	96765	2364	233	
第七届	1968.03					未进行选举
第八届	1980.10	160659	159420	879	183	
第九届	1984.01	179074	178589	843	221	

第四节　县人民代表大会常务委员会

一、机构设置

扬中县第八届人民代表大会常务委员会于 1981 年 5 月，经县第八届人民代表大会选举产生。县人大常委会设主任、副主任，并设政治法律组、财政经济组、科技文卫组,各组由专职常委任组长。常委会设办公室,配备正副主任,工作人员数名,负责县人大常委会的日常工作。

县人大常委会在中共扬中县委领导下,按照《中华人民共和国地方各级人民代表大会和地方各级人民政府组织法》的有关规定和人民代表大会的各项决议行使职权,发挥地方国家权力机构的作用。

县人大常委会成立后,工作逐步做到法律化、制度化,先后制订了主任办公会议、常委会议、代表接待日等制度。主任办公会议处理日常重要工作,常委会议每两月召开一次,每月一个接待日接待县人民代表来访。

1981—1984 年扬中县人大常委会主任、副主任情况表

表 174

届　次	职　务	姓　名	籍　贯	任职时间
第八届	主任	孙国柱	江苏丹徒	1981.05—1983.11
	副主任	王希宝	山东掖县	1981.05—1983.01
		徐　靖	江苏宝应	1981.05—1983.01
		李名方	江苏扬中	1981.05—1984.04
		葛开泰	江苏阜宁	1981.05—1984.01
		陶金法	江苏扬中	1981.05—1984.04
第九届	主任	朱鹏飞	江苏武进	1984.05—1985.04
		周秀德	江苏武进	1985.05—
	副主任	王　勇	山东掖县	1984.05—
		潘文翠	江苏扬中	1984.05—

二、主要活动

组织视察　1982 年 5 月,县人大常委会组织常委视察江堤、涵闸,发现问题及时向县委汇报,并与政府有关部门及时联系研究解决。为了认真贯彻执行《中华人民共和国水污染防治法》,县人大常委会于 1982 年 11 月组织常委视察了县化肥厂,八桥、油坊公社自来水厂治污情况。1983 年 1 月,县人大常委会组织常委深入实地视察春节交通运输、物资供应、计划生育等工作。1984 年 1 月,县人大常委会组织常委视察栏杆桥、二墩子港、东新港、头墩子、轮船港等重要码头的交通安全运输情况。

处理提案　县八届人大一次会议,共收到提案 589 件,充分体现了人民群众当家作主和人民代表对人民高度负责、对社会主义现代化建设的关心。县政府和有关部门对代表的提案都十分重视,由负责同志主持召开专门会议进行研究,确定专人负责及

时处理，并将提案处理情况答复代表本人。

县八届人大二次会议，共收到代表提案176件，经提案审查委员会审查，交政府和有关部门作了认真处理，并将处理结果答复提案人。

县八届人大三次会议，共收到提案136件，其中101件交政府办理，17件交工业、交通局办理，10件交公安、民政局办理，8件由人大常委会办理。为了使提案件件有着落，县人大常委会和县政府专门作了研究，并召开有关部门负责人会议，确定专人负责办理。人大办公室和政府办公室，把检查督促有关部门抓紧办理和函复作为一项重要工作。

县九届人大一次会议，共收到提案249件，其中10件由本届人大常委会审议，其余由各有关部门处理。

专题研究　中共中央发出《关于严厉打击刑事犯罪活动的决定》后，县八届人大常委会于1983年9月25日召开第十八次会议，认真学习中央的有关文件，听取和审议县人民检察院副检察长常永根关于全县打击经济领域中严重犯罪活动和严厉打击刑事犯罪活动的情况汇报，并作出相应决议，要求政法机关坚决贯彻执行中共中央和全国人大常委会的决定。

县八届人大常委会第二十次会议，审议和讨论实行殡葬改革的有关问题，通过了县人民政府提出的《关于加强殡葬改革的管理办法》，并作出相应决议。

县九届人大常委会第三次会议，听取了县政府办公室主任朱善祥关于县九届人大一次会议代表提出的提案、建议和意见处理情况汇报后，专门审议和通过了《城乡建设用地管理和环境保护暂行规定》，由县人民政府颁布实施。

第五节　人民政治协商会议

一、历届县政协会议

首届政协委员会　扬中县第一届政协委员会第一次会议于1981年4月28日至5月7日在县城召开，委员共77名，其中妇女18名。会议听取了县委组织部部长所作的县政协筹备工作报告，全体委员列席县八届人大第一次会议，听取了政府工作报告。会议通过选举产生常委19名(男14名，女5名)，组成县政协首届常务委员会。选举张立政为主席，孙纪英、陆荣道、赵金荣、顾正雄为副主席。下设学习委员会、文史资料委员会、提案委员会和科技、文教卫生、经济财贸、农业、祖国统一等组，并设立秘书处负责日常工作。首届政协会议共举行三次会议。1983年3月15—19日召开的第三次会议上通过了“关于抢救文史资料、编写县志的决议”。

第二届政协委员会　扬中县第二届政协委员会第一次会议于1984年5月7—14

日召开,到会委员98名,其中妇女19名。会议听取和审议了孙纪英代表第一届常务委员会作的工作报告;听取了陆荣道作的一届三次会议提案办理情况报告和于盛道作的二届一次会议提案审查情况报告。全体委员列席了县九届人大一次会议。会议选举产生常委19名(男14名,女5名),组成县政协二届常务委员会。选举王笃义为县二届政协委员会主席,孙纪英、陆荣道为副主席。下设机构与第一届同。

二、主要活动

组织学习 县政协学习委员会通过印发文件材料和召开小型座谈会等形式,采取集中学习与自学相结合的方法,帮助和推动政协委员及各界人士学习中央有关文件,学习中国共产党和人民政府有关的方针、政策。先后组织学习了《中华人民共和国宪法》《中国人民政治协商会议章程》《邓小平文选》、叶剑英委员长“关于台湾回归祖国、实现和平统一”的讲话,廖承志致蒋经国的一封信,全体委员进一步认识了政协工作在四个现代化建设和实现祖国统一大业中的地位和作用。

办理提案 县政协首届一次会议至二届一次会议期间,共有410件提案,涉及工业、农业、商业、邮电、社队经营管理、交通运输、环境保护、城乡建设、文教卫生、青少年教育、科学技术、群众生活、社会福利、宗教、侨务等十几个方面。这些提案及时转交有关部门处理。委员们还对政府的工作提出批评、建议,亦受到有关部门的重视,对提高政府的办事效率、改进工作作风起了促进作用。

组织视察 1982年县政协委员僧铁空视察了全县宗教人士情况。党和政府对全县24名和尚、4名尼姑均给予了妥善的安置,使他们的生活得到保障。1983年县政协会同县人大常委会两次组织对工业、农业、中学教育结构改革、中草药质量以及物价等情况的视察。同时,还配合省民建和工商联搜集整理了全县工商联档案资料。

开展“智力扩散”和经济咨询。1985年9月下旬,县政协聘请全国特级教师钱梦龙到扬中作有关教学法的专题讲授,400多名中小学教师听讲。1984年9月开办江洲高中补习班,招收文理两科学生127名,理科设在八桥中学、文科设在县总工会。县政协还组织人员搜集撰写扬中县文史资料,至1985年共出版《扬中文史资料》4辑。另外还举办了医学讲座,召开了恶性肿瘤防治工作会议等。1984年11月,县政协委员顾以聪、陆荣道、徐三龙等11人出席镇江市政协经验交流表彰大会。1985年7月,县政协主席王笃义带领40多名委员赴南京参观学习省政协举办的政协委员先进事迹展览。1985年7月,顾以聪、陆荣道出席了省政协先进表彰大会。

巩固发展爱国统一战线,协助落实各项统战政策。县政协成立后,每年春节和中秋节,均协同县委统战部、对台工作办公室和侨务办公室等单位,邀请各界人士、去台人员亲属、投诚起义人员、归侨和侨眷等方面的代表举行座谈。对年老体弱的政协委员和党外人士，政协领导经常登门看望。1982年，组织检查全县知识分子、爱国人士和统战对象的政策落实情况，发现问题，及时建议有关部门妥善处理。自1982年起，对全县的原工商业者和原来走公私合营道路的小商、小贩、小手工业者的生活情况，每年进行一次普查，将困难户的情况及时向省工商联和县统战部门反映，省工商联在工商界生活互助金中拨款给予补助。

第三章　群众团体

第一节　工　会

一、工会的建立与发展

解放前夕，扬中县的工商业基础薄弱。全县22个集镇，仅有私营商店、作坊等847户。商店多数是小本经营，有的是夫妻连家店，较大的工商业户一般雇用职工3~4人，最多的也只有10人左右，集镇没有工会组织。解放后，随着国民经济的恢复和发展，职工队伍不断壮大，成立工会的要求日益强烈。

扬中县总工会于1950年5月开始筹备，先后由施天任、唐通江负责筹备工作。在近两年时间的筹备过程中，全县共建立基层工会25个，吸收工会会员1000多名。1952年3月召开扬中县首届工人代表大会，成立县总工会。1966年县总工会被“文化大革命”中的造反组织“工代会”所取代。1973年基层工会只有58个，1980年经过全面恢复，基层工会达到108个，会员5000多人。1985年11月召开扬中县总工会第八次代表大会，选举产生县总工会第八届委员会。

二、历次工会会员代表大会

首届工会会员代表大会　于1952年3月27—29日召开，正式代表46人，代表了全县25个基层工会的1231名会员。来宾、列席代表17人。唐通江作《扬中县总工会筹备会两年来工作总结和扬中县总工会今后工作任务》的报告，大会通过了《扬中县总工会章程》，选出委员13名，候补委员2名，组成县总工会第一届执行委员会，选举冯南生为县总工会主席。

县总工会设组织、生产、劳保、文教、财务、青工、女工7个部。

第二次工会会员代表大会　于1955年8月22—25日召开，出席大会的代表48

名,代表 29 个基层工会的 1461 名会员。大会邀请了企业负责人和宝善乡第二农业生产合作社社长等列席会议。金世品作《扬中县工会三年半来工作情况和今后任务的报告》及《扬中县工会三年半来财务工作的报告》,号召全县职工努力奋斗,支援农业合作化运动,以迎接对资本主义工商业社会主义改造高潮的到来。大会选出委员 13 名,组成县总工会第二届执行委员会,执行委员会选出常委 5 名,选举金世品为县总工会主席。

第三次工会会员代表大会　于 1956 年 12 月 17—20 日召开,出席大会的代表 70 名,代表 11 个产业工会中的 47 个基层工会的 1703 名会员。施光宏作《关于工会工作的报告》和《关于工会财务工作的报告》。大会选出了 13 名委员和 2 名候补委员,组成县工会联合会第三届执行委员会,执行委员会选出常委 5 名,选举施光宏为县总工会主席。

第四次工会会员代表大会　于 1958 年 5 月 5—9 日召开, 正式代表 72 名, 代表 49 个基层工会的 1700 多名会员,列席代表 20 名。印宏法作《鼓足干劲,力争上游,为提前实现 40 条而奋斗》的工作报告。朱永成作《关于工会财务工作的报告》,大会选举出 13 名委员、4 名候补委员,组成县工会联合会第四届执行委员会,选举刘古忠为县总工会副主席。

第五次工会会员代表大会　于 1962 年 3 月 25—27 日召开,出席大会的代表 112 名,代表 59 个基层工会的 1776 名工会会员,列席代表 28 名。张振良作《在党的领导下,团结广大群众,更高地举起三面红旗,克服困难,加速社会主义建设》的报告,朱永成作《工会财务工作报告》。大会选举出 17 名委员,组成县总工会第五届执行委员会,执行委员会选出常委 7 名,选举刘古忠为县总工会主席,

第六次工会会员代表大会　于 1973 年 8 月 22—24 日召开。出席大会的代表 191 名(其中女代表 38 名),代表 58 个基层工会的 3133 名会员,列席代表 9 名。徐靖作《在党的领导下为巩固无产阶级专政而奋斗》的报告。大会选举出 17 名委员,3 名候补委员,组成县总工会第六届执行委员会,执行委员会选出常委 7 名,选举徐靖为县总工会主任。

第七次工会会员代表大会　于 1980 年 12 月 17—19 日召开, 出席大会的代表 281 名(其中女代表 73 名),代表 109 个基层工会的 4511 名会员,列席代表 33 名。虞兴诗作《全县广大职工动员起来,为建设现代化的社会主义强国而奋斗》的报告,汤玉明作《工会财务工作报告》。大会选举 27 名委员,组成县总工会第七届执行委员会。执行委员会选出常委 11 名,选举虞兴诗为县总工会主席。

第八次工会会员代表大会　于 1985 年 11 月 19—20 日召开, 出席大会的代表 152 名(其中女代表 27 名),代表 191 个基层工会的 14885 名会员,列席代表 7 名。黄

良彬作《改革创新、开拓前进，在四化建设中充分发挥工人阶级的主力军作用》的报告，李芝荣作《认真贯彻工会财务工作方针，为收好、管好、用好工会经费而努力》的报告。大会选出21名委员，组成县总工会第八届执行委员会，执行委员会选出常委7名，选举黄良彬为县总工会主席。

三、主要活动

1.开展社会主义劳动竞赛。在社会主义革命和社会主义建设中，各级工会紧密配合各个时期的中心工作，先后开展了以增产节约、优质服务为中心的各项社会主义劳动竞赛活动。这些活动有效地提高了广大职工社会主义劳动的积极性、自觉性和主人翁思想，对保证完成各项生产计划，提高服务质量，起到推动作用。先后涌现出一批先进集体和先进个人，其中全国先进工作者2名，省优秀教师6名，省社会主义先进生产工作者、劳动模范共46名，镇江市劳动模范10名。

1982年3月开展“五讲四美”活动，全县各基层工会订立《文明公约》，教育职工遵守《职工守则》，表扬和奖励开展“五讲四美”活动的先进集体和先进个人。至1985年全县受全国总工会表彰的工会积极分子2名，受省总工会表彰的优秀工会工作者4名。

2.创办福利事业　解放初期，国家经济困难，广大职工在党的领导下，坚持团结资方、改善经营、发展生产、繁荣经济、公私兼顾、劳资两利的方针，努力战胜困难。随着国民经济的恢复和发展，职工失业面逐步缩小，就业面不断扩大，职工工资待遇亦逐步提高，学徒工的福利待遇亦有改善。1959年后，各级工会组织配合行政参与企业管理和职工工资定级、升级等工作。

1954年开始，在职工中建立互助储金会组织，至1985年年底，全县有互助储金会84个，6495名职工参加，占职工总数的67.39%，储金总额达59316元，对5900名有困难的职工累计借款17.19万元。

为了方便职工生活，减轻职工的家务负担，保护职工的健康，在各基层工会的努力下，至1985年，全县共建立职工食堂147个，医务室20个，理发室8个，妇女卫生室5个，婴儿哺乳室2个，更衣室2个，幼儿园(新)17个，入托儿童505人，占应入托儿童的82.6%。

1978年至1985年，工会组织工厂企业的1317名女职工先后进行了4次体格检查，对患“妇女病”的女职工，由医务部门及时进行了治疗，并实行月经期、怀孕期、哺乳期、产期、更年期的“五期”保护。从1979年10月开始，对从事有毒性生产的工厂职工定期进行职业健康检查。对石棉厂、大众米厂等企业发现的矽肺病患者，除及时进行治疗外，还建议工厂调换工种。对集体住宿的女职工实行分盆、分巾措施。

3.创办职工业余学校　解放初期,全县各级工会开设扫盲班、高小班、初中班,参加学习的职工达1500余人,占职工总数的80%。中共十一届三中全会以后,县总工会为了培养人才,加快四个现代化建设,于1979年建立"扬中县职工学校",先后举办业余初中、高中、电大、补习班及电工、女工、保育员、厂医等培训班28个,参加补习培训的职工有1201人次。参加基层工会自办学校学习的职工达8427人次。

4.建立工人俱乐部、职工之家　全县基层工会共建立工人俱乐部6个,图书室32个,藏书37372册,组织业余宣传队2个,墙报、黑板报、画廊、广播已成为工会的宣传阵地。自1979—1985年,县总工会还与县体委组织职工篮球、乒乓球、拔河、象棋、自行车、游泳、田径等项比赛25次,参加比赛的职工2200余人次。1984年在19个单位的基层工会建立起"职工之家",并向全县推开。

5.推行职工代表大会制度　1979年9月,在县农机厂建立职工代表大会制试点后,接着在200人以上的14个县属企事业单位,普遍建立职工代表大会制,并逐渐向200人以下企业单位推行。至1985年已有84个单位建立了职工代表大会制度,17个单位民主选举行政领导人。玉器厂和水泥制品厂由职工投票选举厂长获得成功。

第二节　农　会

1932年,中共江阴县委在扬中县组织农民协会,有会员40余人,后因党组织遭到破坏,农会活动停止。

1939年,新四军挺进纵队战地服务团成立农民抗日协会(简称农抗会),朱永山、吴振金先后任主任。随后成立扬中县船民抗日协会,管福春任主任。1945年11月新四军北撤后,协会活动停止。

农民协会、船民协会在发展生产、宣传抗日、减租减息、动员参军、组织支前和护送中共地下工作人员和抗日人员转战大江南北等工作中都发挥了重要作用。

1949年5月,成立扬中县农民协会(简称农会)筹备委员会。同年11月,召开第一次农民代表大会,正式成立苏南区扬中县农民协会,选举农会委员31名,候补委员11名,冯南生任主席,朱松华任副主席。全县各乡镇亦先后成立农民协会。至1950年年底,全县会员已发展到66872名,其中女会员28727名。

土地改革后,农会又根据农民要求组织起来的强烈愿望,按照"自愿结合,等价交换,民主管理"的原则,于1952年开始组织季节性互助组。经过一段时间,部分季节性互助组逐步转为常年性互助组,并开始试办初级农业生产合作社。

1954年12月,中共扬中县委撤销县农会,设立生产合作部。1959年,生产合作部改称农村工作部。

1965年3月12—19日，县召开第一次贫下中农代表会议，成立扬中县贫下中农协会(简称贫协)筹备委员会，设贫协办公室，处理日常工作。1974年4月14—16日召开第二次贫下中农代表大会，选举产生第二届贫协委员31名，选出常委15名，王笃伦当选贫协主任。

1965年，全县12个农村人民公社，176个生产大队，相继成立贫下中农协会，2282个生产队成立了贫下中农小组。在社会主义教育运动和“文化大革命”期间，全县各级贫协成立贫下中农管理小组，管理农村的学校、医院等单位。

1981年，农村进行经济体制改革，实行生产责任制，贫协组织随之撤销。

第三节　中国共产主义青年团

一、机构设置与发展

1949年9月，成立中国新民主主义青年团扬中县筹备委员会。12月，筹备委员会改为“中国新民主主义青年团扬中县工作委员会”(简称团工委)。1952年2月召开首次团代表大会，选举产生青年团扬中县第一届工作委员会。1953年3月，团县工委改称“中国新民主主义青年团扬中县委员会”(简称团县委)，下设组织、宣传、学生少年三部。

县团工委成立后，全县五个区即相继成立区团工委，各乡成立团支部。1956年并乡时，各乡建立团总支。1957年5月，新民主主义青年团改称共产主义青年团。1957年10月，撤区并乡，全县12个乡镇均成立团委。1958年10月，全县成立9个人民公社，各公社成立团委。1966年“文化大革命”开始，团县委一度瘫痪。1973年3月召开共青团扬中县第七次代表大会，选举产生共青团扬中县委员会，恢复团组织。县七次团代会后，全县有12个公社，故设12个公社团委。以后，县直机关及各中学亦成立团委。1985年全县乡(镇)、机关、学校、企事业单位等共有基层团委21个，团总支部42个，团支部628个，共青团员13186名。自1952年至1985年，共召开九次县团代会。

1951—1985年部分年份扬中县共青团组织发展情况表

表175

年份	团支部(个)	团员数(人)	年份	团支部(个)	团员数(人)	年份	团支部(个)	团员数(人)
1951	65	2006	1959	598	7212	1985	628	13186
1955	93	3315	1964	269	7267			
1958	222	5240	1984	584	12661			

二、主要活动

团组织在中国共产党的领导下，紧密配合党的中心任务，在土地改革、抗美援朝、镇压反革命、“三反”“五反”等运动及社会主义建设中，开展了各项适合青年特点的活动。

1956年团县委鉴于青年文化水平偏低，不能适应社会主义建设的需要，在全县青年中开展扫盲运动。是年年初，各乡成立扫盲协会，党总支书记任会长，团总支书记任副会长。团县委并举办速成识字法训练班，参加受训的有农村团支书、支委、少先队辅导员、团小组长等148人。有801名团员担任党的宣传员。在扫盲运动中，团组织实行层层负责，分片包干。团县委正副书记包全县、团总支书记包乡，团支部书记包社，团支委包队，团员包户，知识青年包文盲。

1979年冬至1980年春，团县委响应党中央的“植树造林，绿化祖国”的号召，组织全县团员及青年开展植树造林活动，仅县属机关、学校、工厂、企事业等单位青年在县城周围的路旁、河旁植树就达12500株。

1980年，团县委组织全县工交、基建、财贸系统的青年职工，开展“青年百日竞赛”活动。工交、基建系统以增产节约为中心，大搞革新挖潜，以实现安全、优质、高产、多品种、低消耗为重点；财贸系统以提高服务质量、改善经营作风为重点，开展“争当商品小行家”的活动。

1983年2月，团县委组织小发明、小创造、小建议、小革新、小设计等“五小”智力竞赛，参加竞赛活动的达15510人。“五小”成果共517项，取得经济效益476.1万元，有20项成果分别获得省一、二、三等奖。县电子仪器厂团总支还获得省“五小”活动先进集体称号。

同年6月，在全县范围内开展了“学英雄、树理想、讲纪律、比贡献”活动。在活动中，团县委和县委宣传部还组织了扬中县“两山”(老山、者阴山)战士、烈士亲属事迹报告团，在全县各地共演讲18场，听众达5.7万人次。

在共青团镇江市委开展的“贡献杯”活动中，扬中县各级团组织共夺得贡献杯20个，优秀活动奖28个，活动组织奖4个。

1984年春节前，团县委组织了“每人捐献一角钱，为社会送春风、送温暖”活动。全县近万名青年共捐献1134元，购买了慰问品，分15个慰问团慰问了全县592名五保老人，178位离休老干部。

同年3月4日，团县委组织了“扬中县青少年共产主义义务劳动日”活动。全县近6万名青少年走向街头，清扫街道，绿化环境，为五保老人做好事上万件。

同年7月，团县委根据经济体制改革的要求，拟定了《关于共青团改革工作的若干意见》，改革团的组织设置、活动内容和方式，并以新坝镇新宁村为试点，新宁村团总支被省团委命名为“省红旗团总支”，成为江苏省共青团组织的十面红旗之一。省电视台在该村拍摄了《江心绿洲春意浓，团旗飘扬火正红》的电视纪录片。

1985年，团县委组织评选出一批青年标兵，其中4人受团中央表彰，有9名青年被团省委命名为“新长征突击手”。朱忠贵被评为全国学科学、用科学标兵。

1952—1983年共青团扬中县代表大会情况表

表176

会次	时间	代表人数（人）	选举结果			
			书记	副书记	常委（人）	委员（人）
第一次	1952年2月19—22日	159	瞿光华	刘步生　朱登保		
第二次	1955年2月19—25日	代表136 列席代表18	高云书	毛庆根　朱义凤	9	
第三次	1958年2月4—10日	154		毛庆根　朱义凤		15
第四次	1959年1月2—5日		张延文	朱义凤　秦恒华		
第五次	1962年11月24日	340	张延文	朱义凤　毛庆根	7	20
第六次	1964年4月		赵金荣	朱义凤　杨恒福		
第七次	1973年3月22—25日	453	蔡立中	朱雪芹　马万顺	8	31
第八次	1980年4月19—22日	561	郭礼荣	刘来根	9	30
第九次	1983年3月28日—4月2日	303	刘来根	童国祥　王兰英	7	28

三、中国少年先锋队

1939年3月，江南抗日义勇军挺进纵队进驻扬中。同年8月，以学校为单位建立了儿童团组织。8月13日，在八桥广善堂广场，召开了儿童团“纪念抗战两周年”大会。

儿童团主要活动是宣传抗日、站岗放哨、传送情报、当小先生，教文盲妇女识字等。1945年11月，新四军北撤后，儿童团的活动暂时停止。

1951年，扬中县建立少年儿童队。在县城完小建队后，由镇到乡向全县推开。1953年，中国少年儿童队改名为中国少年先锋队，简称少先队。

1954年，团县委召开全县少先队工作会议，传达上级团委关于少先队工作的指示，提出少先队工作任务，讨论了进一步加强少年儿童思想教育和少先队组织建设等工作。

1959年6月1日，召开第一次少先队代表大会，总结建队以来的工作并提出今后的工作任务；表彰优秀队员、辅导员和先进集体；选举第二届县队部委员。“文化大革命”中少先队停止活动。

1978年恢复少先队。1980年5月，团县委、文教局联合召开全县少先队辅导员会议，贯彻共青团十届一中全会和六次全国少先队工作会议精神，总结交流少先队工作经验，研究今后任务。会后全县以校建队，在校少年儿童绝大多数加入了少先队组织。各少先队大队根据德、智、体全面发展的方针，对少年儿童进行前途理想教育、“五爱”教育、共产主义品德教育、革命传统教育，并开展夏令营、春游、灯会、智力竞赛、科技游戏等具有思想性、趣味性、知识性的活动，以培养少年儿童良好的思想、行为、习惯、性格和作风。

1984年10月中旬，团县委组织城镇地区的少先队员在县体育场举行少先队检阅仪式，由2500名少先队员组成14个方阵，接受县委、县人大、县政府、县政协领导的检阅，展示了少先队员的生气勃勃的英姿。

1985年，团县委组织了“红领巾为六五作贡献”“学习少年英雄韩余娟”“红领巾读书读报奖章”活动，涌现出一批先进集体和个人。在全国少先队“创造杯”活动中，全县有14个少先队中队夺取了“创造杯”，团县委也获得了市“创造杯”活动最佳组织奖。

第四节　妇女联合会

1939年11月，中共扬中县工作委员会设妇女部，领导各区、乡妇女抗日会(简称妇抗会)。高桂荣、柳肇珍、陶筠霞、束蕙、殷菊、苏坚等先后任县妇女部部长。主要活动是宣传男女平等、妇女解放、识字明理、反对封建买卖婚姻；发动妇女参加抗日救国、拥军支前，参加反霸斗争，协助通讯联络等。

1945年11月，扬中县抗日民主政府北撤后，妇女组织转入地下，担任传送情报、站岗放哨、充当向导、掩护留守人员等工作。轮船乡新沙广盛圩严桂珍，因多次掩护做秘密工作的同志脱险，于1946年7月28日被国民党反动派逮捕。在敌人的严刑逼供下，她始终坚贞不屈，于同年7月31日下午，英勇就义。

解放初，在县农民协会内设妇女部。1950年，成立扬中县民主妇女联合会筹备会。1951年1月6日，召开第一次妇女代表大会，正式成立扬中县民主妇女联合会。1957年改称妇女联合会。1966年“文化大革命”开始，妇女组织一度瘫痪。1973年召开第七次妇女代表大会，恢复妇联组织。全县各公社、大队、企事业单位均及时建立了妇女组织，配备专职或兼职妇女干部，负责妇女工作。

解放以后，扬中县各级妇女组织，围绕党的中心任务开展妇女工作，发挥妇女在各个时期的“半边天”作用，并积极维护妇女儿童的合法权益。

一、宣传贯彻婚姻法

1950年国家公布了《中华人民共和国婚姻法》(以下简称《婚姻法》)。1951年11

月，全县各级妇女组织与有关部门紧密配合，采取多种形式开展宣传，教育妇女用社会主义思想处理婚姻家庭关系，把广大妇女从包办、买卖婚姻的封建枷锁中解放出来。1952 年，自由恋爱而结婚的有 1264 对。对寡妇改嫁和因包办婚姻而要求解除婚约者，妇女组织都积极予以支持。

1980 年新《婚姻法》公布后，县妇联与有关部门配合，在全县宣传贯彻新《婚姻法》，增强人们的法纪观念，提高贯彻执行《婚姻法》的自觉性。

二、兴办幼托组织

1956 年，县妇联在县直机关幼儿园办成后，积极组织各区和部分乡村妇女干部 26 人，在长旺乡高级农业合作社开展幼托组织试点工作，以社建所，以队建组，全乡共办幼儿组 54 个，入托幼儿 425 人。1957 年，全县 185 个高级农业合作社共办起幼儿组 330 个，入托幼儿 1330 人；托儿所 9 个，入托幼儿 87 人；幼儿班 51 个，入班幼儿 1674 人。中共十一届三中全会以后，各级妇女组织认真贯彻执行中共中央书记处关于抚育、培养、教育少年儿童健康成长的指示，积极发展城乡幼托组织。1985 年年底，全县做到乡乡有中心幼儿园，村村有幼儿班。全县共有幼儿园（班）224 所，入园幼儿占幼儿总数 78%。

三、开展“三八红旗手”和“五好家庭”活动

1978 年开始，根据全国妇联的统一部署，在全县开展“三八红旗手”“五好家庭”活动。至 1985 年年底，经民主评定，领导审批，评出了一批先进集体和个人。受县妇联表彰的红旗集体 26 个，先进生产工作者 1083 名，“三八红旗手”336 人，“五好家庭”15672 户；受镇江市妇联表彰的红旗集体 3 个，“三八红旗手”18 人，市劳模 1 人，“五好家庭”13 户；受省妇联表彰的红旗集体 4 个，“三八红旗手”31 人；受全国妇联表彰的“三八红旗手”8 人，“五好家庭”2 户，被评为全国优秀班主任 1 人。评比表彰活动，进一步调动了全县妇女建设社会主义的积极性，出现了家庭和睦、邻里相亲的社会主义新气象。

1951—1985 年扬中县妇女联合会代表大会情况表

表 177

会次	时间	代表人数	主要内容	选举结果
第一次	1951 年 1 月 6—9 日	155	宣传婚姻法。动员妇女支援抗美援朝。	选举第一届执委会。周杏仙任县妇联第一副主任

续表 177

会次	时间	代表人数	主要内容	选举结果
第二次	1955 年 4 月 11—14 日	162	继续贯彻婚姻法。动员妇女参加学习。讨论通过《妇女联合会章程》	选举第二届执委会。周杏仙任县妇联主任
第三次	1958 年 2 月 4—10 日	165	号召妇女苦干实干,力争三年实现农业发展纲要	选举第三届执委会。周杏仙任县妇联主任
第四次	1960 年 2 月 12—15 日	295 列席 113	动员妇女参加比、学、赶、帮、超的社会主义劳动竞赛	选举第四届执委会。周杏仙任县妇联主任
第五次	1962 年 2 月 26—28 日	184 列席 18 人	号召妇女团结在党的周围,为完成和超额完成农业生产指标而奋斗	选举第五届执委会。周杏仙任县妇联主任
第六次	1965 年 3 月 1—4 日	260 列席 32	组织农村妇女积极投入农业生产新高潮	选举第六届执委会。曹凝冰任县妇联主任
第七次	1973 年 10 月 14—15 日	381	为实现党的十大提出的各项任务而努力奋斗	选举第七届执委会。曹凝冰任县妇联主任
第八次	1980 年 5 月 16—18 日	389	贯彻落实全国、省妇代大会提出的新时期妇女的崇高任务。	选举第八届执委会。曹凝冰任县妇联主任
第九次	1985 年 11 月 15—16 日	332	号召全县妇女进一步团结起来,为加快扬中的两个文明建设而奋斗	选举第九届执委会。丁秀明任县妇联主任

第五节　科学技术协会

扬中县科学技术普及协会是扬中县科学技术协会的前身。1956 年 7 月,县委文教部从县中抽调 1 名教师负责筹建科普协会。其任务是:1. 发展会员。会员由三部分组成,中学理化教师、医生、农技干部,共 100 余人。2. 普及科学知识和农业技术。首先在机关、农村、学校为干部、群众、学生举办专题讲座,请科协会员宣讲;印发科技资料,由科普协会会员撰写,主要是农业和医疗卫生方面的科学知识。有关专题讲稿则交印刷厂铅印 1000 份,免费发至农村俱乐部。3. 编发油印科学小报;约半月 1 期,以摘录书刊上科技知识为主,免费下发。

1958 年科普协会工作暂停。1959 年 10 月 28 日,县委决定成立扬中县科学技术协会,由 31 人组成第一届委员会,并确定 15 人组成常务委员会,主席高文华。1962 年 4 月因精简机构,撤销县科协,有关工作由县委宣传部兼管。

1959 年 10 月—1962 年 4 月,科协的主要工作是有计划地发展基层科协组织,建立公社和大队科协组织，开展科普宣传，发展各学科的学会组织。这期间，科协无专职人员，其日常工作由科委兼管。

1978年恢复建立科协组织。5月23日，县委副书记兼任科协主任。10月27日，李和顺等4人兼任科协副主任。1979年10月31日，吴坤银任副主任。1984年3月，杨恒顺、郑林辉任副主席。9月，张应新任主席。1978年科协恢复后，专职工作人员从1人增加到8人。

一、发展组织

成立公社科普协会。1982年3月，三茅公社首先成立科普协会。同年，长旺、联合、丰裕公社成立科普协会。1983年，永胜、三济 公社成立科普协会。1984年，三茅镇和新坝、兴隆、八桥、油坊、幸福等乡镇相继成立科学技术协会。原已成立科普协会的乡镇也分别召开换届选举大会，更名为乡镇科技协会。理事长由乡镇党委副书记兼任，下设副理事长和秘书长若干人，成立理事会，会员有农、副、工、医等专业技术人员和中学教师。乡镇科协主要进行科普宣传和科技咨询等工作。

成立专业学会。1979年成立医学会（4月）。1980年成立农学会（10月）和教育学会（12月）。1981年成立机械工程学会（7月）、青少年科技辅导员协会（11月）和柳竹工艺品创新学会（12月）。1984年成立水利学会（7月）、土木建筑工程学会（11月）以及畜牧兽医、林蚕，水产等学会（12月）。各学会会员为有关学科的技术人员。理事会成员经民主选举产生。各学会一般每年召开一次年会，平时搞些学术讲座活动。

二、科普宣传

1979年在县招待所门前兴建“科技画廊”1座，运用文字和图画宣传科技知识、科技新闻及扬中科技成果。该画廊由科协与科委联合举办，每月1期，图文并茂。

编印科普资料。以科委、科协名义编印《扬中科普》，介绍科技成果，宣传全县各行业的科技知识。1982年省科协发给16毫米放映机1部，县配备1名放映员，每年放映科教电影30场左右。1983年4月15日《扬中科技报》创刊，每月2期，八开两版，着重宣传农、副业科技知识。

三、学术活动

科协主要是督促并指导各学会开展学术交流活动。1982年，县科协邀请回扬中探亲的英籍华人、医学硕士高晓中给医学会会员讲授医疗知识。农学会经常邀请专家、教授给会员讲课。

四、科技咨询

1984年12月成立扬中县科技咨询服务中心，聘请南京工学院、无锡轻工学院、江苏工学院、江苏农学院和市科协等单位的教授、工程师担任顾问。中心下设农业、机械、电子、土建、多种经营等服务部，面向全县基层单位，主要对工厂企业进行科技咨询服务。

五、科技培训

各学会配合部门工作，举办专题业务培训，如机械学会配合乡镇企业管理局举办关于机械制图国家标准的专题培训班。

第六节　归侨侨眷联合会

根据中共中央(1984)15号文件、省委(1984)29号文件和镇江市委(1984)60号文件精神，1984年12月30日，县召开由40名归侨侨眷代表参加的首届归侨侨眷代表大会，正式成立扬中县归侨侨眷联合会(简称侨联)，选举产生了委员会，高庆中当选为主席(兼)。

侨联是在县委领导下，团结、联系归侨、侨眷和华侨的群众团体，主要是维护归侨、侨眷和华侨的合法权利和权益；广泛团结归侨、侨眷和华侨，鼓励他们发扬爱国爱乡的光荣传统，为祖国的社会主义现代化建设，为促进祖国统一和维护世界和平做出贡献；鼓励华侨同侨居国人民和睦相处，为侨居国的繁荣和发展做出贡献，为增进祖国与各国的友谊而努力。

侨联协助县侨办，落实党的侨务政策。至1985年年底，共纠正归侨、侨眷的冤、假、错案8件，清理退还侨房5间，退赔金额4400元。安排100多名归侨、侨眷和港澳同胞眷属就业，调解侨眷、港澳同胞眷属与其邻里纠纷多起，帮助侨眷、港澳同胞眷属解决工作和生活方面的一些具体困难。

每年春节、国庆、中秋等节日，旅外同胞回乡探亲者较多，侨联、侨办联合举办团拜会、茶话会，邀请归侨和侨眷一起欢度节日。

侨联、侨办平时还积极为侨胞及其眷属出入境探亲、旅行、观光联系住宿、用车、代购车票、机票等。在侨胞、侨眷支持下，1982年5月在新坝公社创办了“扬中县台侨眷属花线工艺厂”，该厂1984年产值83万元，盈利19万元。

第七节　工商团体

一、商会

民国35年(1946)2月16日,扬中县商会在三茅镇正式成立,有理事6人,常务理事2人,张子诚任理事长。商会负责管理工商业登记,协助县国民政府在工商界中募捐派款。于解放前夕解散。

二、工商业联合会

1951年11月17—19日召开扬中县第一届工商业者代表大会,成立扬中县工商业联合会,出席代表49人。会议主要内容为研究在新民主主义社会以国营经济为主导的条件下,私营工商业如何贯彻执行发展经济、保障供给的方针,为人民服务。大会选举县工商联执行委员30人,常务委员11人,选举郭振裕为主任委员。各区分别建立工商联办事处。

1953年3月18—19日召开第二届工商联代表大会,出席代表110人,列席代表17人。会议主要内容为进行抗美援朝、保家卫国宣传教育,发动私营工商业者捐款支援抗美援朝。会上选举执行委员33人,选举郭振裕为主任委员。

1955年3月16—19日召开第三届工商联代表大会,出席代表102人。会议主要内容为宣传党对私营工商业的社会主义改造政策。大会选举执行委员33人,选举王芸保为主任委员。

1957年3月10—14日召开第四届工商联代表大会,到会代表65人。会议主要内容为宣传发动工商界开展整风反右运动。选举执行委员23人,常务委员13人,选举陆如常为主任委员。

1959年8月8—11日召开第五届工商联代表大会。会议主要内容为宣传人民公社的"一大二公",会上选举执行委员35人,常务委员15人,并选举陆如常为主任委员。

1962年3月19—23日召开第六届工商联代表大会。到会代表77人。会议主要内容为针对自然灾害,进行克服困难、恢复经济的教育,选举执行委员35人,常务委员19人,选举陆如常为主任委员。

县工商业联合会建立后,发动工商业者积极参加抗美援朝、土地改革、镇压反革命等运动。1952年2月,组织工商业者投入"三反""五反"运动,接受社会主义改造,开展遵守法制的教育。1953年9月,根据政务院文件规定,组织全县摊贩集体加入工商联,接受工商联的领导。1956年1月,工商业者通过学习毛泽东关于"认识社会发展规律，掌握自己命运”的讲话，接受社会主义教育，纷纷提出申请，要求实行公私合营或参加合作商店。不久，县召开大会庆祝工商业全面实行社会主义改造。1957年后，县工商联组织工商业者学习《政治经济学》《中国近代史》等，提高工商业者的社会主义觉悟，巩固工商业的社会主义改造成果。并组织工商业者参加社会主义义务劳动，开展送货下乡，支援农业生产等活动。

“文化大革命”中，工商联停止活动。中共十一届三中全会后，党和政府明确宣布，工商业者属于劳动人民，落实有关政策，进一步调动了工商业者参加“四化”建设的积极性。

1979年11月中华全国工商业联合会第四届会员代表大会通过《关于修改工商业联合会章程的说明》，要求各市、县尽快恢复工商联组织，至1985年扬中县工商联尚未恢复组织活动。

第八节　旅外同乡组织

一、旅沪同乡会

抗战时期，旅居上海的扬中人，组织扬中旅沪工商会(亦称同乡会)，负责人吴福钧。民国35年(1946)年初，大孚橡胶厂经理徐中和邀约吴福钧、凌馥康(云超)、戴爱棠(均生)等筹备改组同乡会。筹备处设在上海九江路150号新康大楼七楼。由上海市社会局核准，发给登记执照。不久，在上海市北京路湖社召开“扬中旅沪同乡会”成立大会，到会同乡及来宾千余人。选举理事15人，监事5人，推徐中和为理事长，王道安为监事长，决定将筹备处原址正式定为同乡会会址，并聘用秘书及其他工作人员处理日常事务。

1946年秋，又组成镇(江)、丹(阳)、金(坛)、溧(阳)、扬(中)五县旅沪同乡会。会址设在上海老西门京江公所。

上述两会成立后，为抗日民主政府和同乡人做过不少有益的工作。

二、旅苏(州)同乡会

民国37年(1948)10月13日，由扬中旅苏(苏州)各界同乡人士组建“扬中旅苏同乡会”。选举理事9人，候补理事1人，监事1人，候补监事1人，常务理事5人。先由何平任旅苏同乡会书记，后何平辞职，聘请杨中和任书记。旅苏同乡会章程规定，会员有义务交纳会费，有权利享受失业后临时食宿。会址设在苏州都亭桥唐将军街11号。该会于解放前夕解散。

此外，还有扬中旅京(南京)同乡会，旅锡(无锡)、常(常州)、丹(丹阳)同乡会等。

三、旅外学友会

民国36年(1947)2月5日,扬中在外地求学的学生组成“扬中县旅外学友会”,在三茅镇三茅大桥东县师训班原址召开成立大会。出席代表32人,列席代表3人,选举理事7人,监事3人。何平、王正中为常务理事,方灏如为常务监事。理事会下设总务、联络、学艺三股;监事会设审计股。各股配正、副股长1人,分别处理有关会务。会址设在三茅镇,镇江设办事处。解放前夕解散。

第四章　民　政

第一节　机构设置

辛亥革命后，太平县民政长公署下设总务课掌理民政。民国2年(1913)，扬中县知事公署下设两科，一科掌理民政。民国16年(1927)，县民国政府仍沿旧制。民国25年(1936)县民国政府始设民政科。

抗日战争期间，扬中县汪伪政权的民政属建设科掌理。

1940年4月，扬中县抗日民主政府成立，下设民政科；区公所由行政助理兼掌民政；各乡由乡长兼管民政事务。

抗战胜利后，扬中县国民政府设民政科。各区指定助理一人掌理民政。各乡、保则由副乡、保长兼理民政。

解放后，扬中县人民政府设民政科。1962年10月27日，根据中央"精兵简政"指示，人事、民政两科合并，改称人事局。

"文化大革命"开始，民政机构处于瘫痪状态。1968年3月，县革命委员会(以下简称县革委会)成立，民政事务由生产指挥组负责。1970年6月，县革委会决定将人事、民政、知青办、下放办合并成立人事局。1976年2月20日，分设人事、民政两局。

第二节　婚姻登记

1950年5月1日，中央人民政府公布《中华人民共和国婚姻法》。扬中县于1951年11月13—16日召开各界人民代表会议，认真宣传贯彻，并由妇联、民政、法院、公安、共青团及有关部门抽调干部，成立"贯彻婚姻法运动委员会"，下设办公室。在全县范围内采取多种形式，开展宣传贯彻《婚姻法》的群众运动。

1951年11月，县人民政府指定民政科确定专人负责婚姻登记工作。1955年6月1日，中央公布实施《婚姻登记办法》，县民政科健全了婚姻登记制度，由各区人民政府文书负责办理;1958 年成立人民公社,结婚登记由各公社秘书负责办理。1980 年,中央公布修改后的《婚姻法》,对《婚姻登记办法》作了相应修改,进一步完善了婚姻登记制度。

1951—1985 年扬中县婚姻登记情况表

表 178

类别 数量 年份	申请结婚		复婚登记(对)	申请离婚		
	准予登记(对)	未准登记(对)		准予登记(对)	调解不离(对)	转法院审理(对)
1951	23	2		8		1
1952	1264	18		11		4
1953	2713	14		9	2	7
1954	1641	5		12	11	5
1955	1516			8	3	6
1956	1319	9		5	7	8
1957	967			13	2	3
1958	879	3		7	4	2
1959	938			8	2	4
1960	1400			36	61	
1961	1927			17	12	3
1962	2073	7	1	43	93	5
1963	2340	17		42	91	2
1964	2136			20	15	5
1965	2471	4		19	10	6
1977	586			5	2	
1978	678			23		
1979	949			16	3	8
1980	540		11			18
1981	552			24		21
1982	1528	294	3	19	57	17
1983	1573	134	1	4	21	21
1984	1184	83	2	24	42	28
1985	1014	49	6	31	39	22
合 计	32211	639	24	404	477	196

说明:1966—1976 年资料缺

第三节　信　访

信访工作是党和政府联系群众了解社会信息必不可少的渠道。扬中解放以后,特别是中共十一届三中全会以后,县信访部门做了大量的工作。1979—1985 年,共接待处理来信来访 10775 件,基本上做到来信有登记,来访有记录,案件有人办理,交办有手续,办案有结果。

一、机构设置

解放初期,县委、县政府即将信访工作列入议事日程,由县委秘书处(办公室)和县政府秘书室(办公室)兼管,重要信访由县领导亲自处理。1969 年 8 月,始设扬中县革命委员会信访接待室。1974 年 6 月,改称县革委会办公室信访组。1979 年,改为县委办公室信访组。1981 年 5 月,改设信访科。1982 年 10 月,撤科成立县信访办公室,隶属于县委、县政府双重领导。1984 年年初,在县级机关体制改革中,撤室复设信访科。

二、来信来访

解放初期,信访数量较少,1957 年反右运动后逐年增多。1976 年后,在"文化大革命"中,长期受迫害、压制的广大干部、群众,怀着急切心情,纷纷写信或上访,要求党和政府尽快为他们平反冤、假、错案,落实政策。但当时在"左"倾思想束缚下,落实政策工作受到干扰,信访工作未能发挥应有的作用。中共十一届三中全会明确提出要按照"实事求是,有错必纠"的方针,全面地有步骤地解决"文化大革命"中的冤、假、错案和解放以后的历史遗留问题。县委、县政府(县革委会)成立了处理上访问题领导小组,并抽调人员成立落实政策、审干复查、右派摘帽改正、私房改造政策复查办公室等专门机构。县级机关各口和各公社亦建立信访工作领导小组,配备专职或兼职人员办理。全县从上到下,对人民群众来信来访做到有单位受理,有专人承办。县委、县政府(县革委会)多次召开会议,并抽调干部深入基层,协助基层就地解决信访中提出的问题。县领导还亲自处理重要来信来访的疑难问题。随着各项政策的落实和大量信访问题的解决,信访数量逐年下降。

油坊镇同德村蒋某,原系上海市胜洋旅行袋厂职工,1959 年在"左"倾路线影响下,被该厂定为隐瞒成分的地主阶级分子而遣送回原籍监督劳动。1962 年 2 月 2 日因赌博和一般政治历史问题被定为坏分子,送法院判决管制 3 年。蒋被处理后一直不服,多次向中央、省、地、县申诉,要求复查。信访部门会同政法部门、镇(公社)党委,深入群众调查了解,又查阅了有关档案,对照政策,认为蒋某家庭是地主成分,但本人

1945—1959年均在上海市胜洋旅行袋厂做工，其成分应是工人。为此，向县委、县政府汇报，并写信与厂方联系，由原单位给蒋某平反并恢复工作，拖延十几年的错案得到了解决。

在经济体制改革深入发展的新形势下，人民群众来信来访所涉及的内容发生很大变化，越来越多的人从要求解决个人问题逐步转向对改革中遇到的新问题提出看法和意见。1982—1985年，群众通过来信来访，对经济体制改革和发展农村商品生产等方面提出了600多条建议和意见，信访部门分门别类地将这些建议和意见向有关领导和部门作了汇报和反映，对经济体制改革和精神文明建设起了促进作用。

在打击刑事、经济犯罪活动方面，1982—1984年信访部门共收到群众的检举揭发信605件，有的信件为打击刑事、经济犯罪活动提供了重要情况和线索，信访部门均及时交有关部门进行查处。

第四节　优　抚

解放后，县人民政府民政科根据“思想教育，扶持生产，群众优待，国家抚恤”的优抚工作方针，认真落实优抚政策，广泛开展拥军优属活动，切实做好拥军、优属、抚恤和安置等工作。

每年“八一”建军节和春节等，县人民政府都举行报告会、座谈会、军民联欢会，总结推广拥军优属的先进经验和模范事迹，表彰立功军人和家属；向驻军、烈军属、残废、复员、退伍、转业军人发慰问信，赠送光荣匾、春联和年画等；并逐级召开拥军优属会议，赠送慰问品，各级领导干部亲自带队向烈军属拜年、慰问、祝贺。

一、牺牲、病故及失踪人员抚恤

民政部门主管的牺牲、病故人员抚恤对象是：现役军人，人民警察，国家机关工作人员，中国人民解放军队列编制、无军籍的正式职工，由国家财政补助的党派团体工作人员，参战的民兵民工。他们牺牲、病故后，民政局(科)凭死者生前所在团(县)级以上单位填发的牺牲、病故证明书(或死亡证明书)，按规定标准发给其家属一次性抚恤金。关于失踪军人的抚恤，凭失踪者所在团级以上单位证明，发给其家属与牺牲、病故人员同级同等抚恤金。至1985年年底止，全县共抚恤牺牲、病故人员606名。

1953—1985 年扬中县抚恤情况表

表 179

年　度	抚恤金额（元）	年　度	抚恤金额（元）	年　度	抚恤金额（元）	年　度	抚恤金额（元）
1953	17944	1960	9645	1967	92140	1981	141000
1954	1880	1961	27990	1968	97000	1982	116000
1955	1329	1962	41089	-----	-----	1983	167682
1956	13560	1963	42970	1977	51651	1984	165000
1957	14342	1964	45974	1978	60542	1985	205100
1958	15784	1965	48551	1979	84849		
1959	12612	1966	50216	1980	13050		

说明：缺 1969—1976 年资料

二、残废抚恤

根据国家规定，残废抚恤对象是：工农红军、八路军、新四军、中国人民解放军以及中国共产党领导的其他人民武装的革命残废军人，参战和因公负伤的人民警察，参战民兵民工，革命残废工作人员。凡残废者，由团（县）级以上单位分别发给“革命残废军人抚恤证”“民兵民工残废抚恤证”“人民警察残废抚恤证”和“工作人员残废抚恤证”。县民政局凭证按规定标准给予抚恤和优待。

在外地因战、因公负伤痊愈返县后伤疾复发而致残和在县内因公负伤致残者，由民政局根据其致残、丧失劳动能力程度评定残废等级，报地（市）、省民政局（厅）核准后发给“抚恤证”。

残废抚恤金的标准，根据中央 1950 年颁布的全国统一的《革命残废军人优待抚恤暂行条例》和 1978 年全国五届人大制定的新《宪法》，对残废抚恤优待工作的新要点确定的。同一残废等级享受同一标准抚恤待遇，唯不同残废原因和情况者，其享受抚恤待遇亦有所不同。因战致残高于因公致残，在乡高于在职，对生活上确有困难的特等、一等、二等残废者，则根据其实际情况分别给予特殊优待。至 1985 年止，全县享受残废抚恤者共有 222 人，1984 年全年发放残废抚恤金 43800 元。对其中行动不便的 4 人，配给手摇三轮车，每月发给生活护理费 36 元，还给 3 名残废者安装了假肢。

1950—1985年部分年份扬中县残疾人员抚恤情况表

表180

年份	合计（人）		其中												发放抚恤费（元）		
			特等（人）		一等（人）		二等甲（人）		二等乙（人）		三等甲（人）		三等乙（人）				
	在职	在乡	在职	在乡	在职	在乡	在职	在乡	在职	在乡	在职	在乡	在职	在乡	合计	在职	在乡
1950	32	57			1	1	2	6	12	12	11	20	6	18	缺资料		
1955	40	89			1		3	8	14	13	14	30	8	38	缺资料		
1959	44	118			1	1	3	9	18	32	14	38	8	38	缺资料		
1969	48	120			3	2	4	10	19	35	14	31	8	42	28610		
1979	48	122		1	3	2	4	10	19	35	14	31	8	43	21740	2380	19360
1980	82	139		1	6	2	4	12	30	38	26	36	16	50	26500	2400	24100
1981	82	142		1	6	2	4	12	30	39	26	38	16	50	25900	2790	23170
1982	86	144		1	4	2	3	11	29	43	28	39	22	48	27900	4000	23900
1983	87	145		1	3	2	3	11	30	44	28	39	23	48	41300	4700	36600
1984	87	145		1	3	2	2	10	30	44	28	40	24	48	43800	5400	38400
1985	86	146		1	2	3	2	10	30	44	28	40	24	48	60200	5400	54800

三、定期定量补助

1959年开始对优抚对象实行定期定量补助，其目的是为了解决烈属、病故及失踪军人家属和部分复员、退伍军人生活上的实际困难，使其不低于当地一般群众的生活水平。1966—1977年因“文化大革命”而中断优抚工作。1979年10月，根据中共中央(78)66号文件精神，将定期定量补助对象适当放宽，凡无亲属抚养或虽有亲属而无力供养的烈士、病故及失踪军人的未成年子女；丧失劳动能力而其子女无力供养的烈士、病故及失踪军人的父母和配偶；带病回乡不能参加生产劳动，生活特别困难的复员、退伍军人均可享受，因而优抚对象增加到577户，其补助标准亦有所提高。

1959—1985年扬中县定期定量补助情况表

表181

年度	户次	金额（元）	年度	户次	金额（元）	年度	户次	金额（元）
1959	144	683	1964	193	8814	1981	315	25760
1960	158	963	1965	193	8814	1982	500	60420
1961	166	6640	1978	288	37800	1983	516	63600
1962	190	8704	1979	298	31610	1984	576	75828
1963	193	8814	1980	304	24230	1985	577	98202

此外，国家财政每年拨给民政部门的社会救济经费，其中三分之一用于帮助优抚对象解决临时性的困难。

四、群众优待

凡家住农村的革命烈士(包括病故及失踪军人)家属、革命残废军人、带病复员和退伍军人、现役军人家属，由所在地区的农村群众给予优待。

解放后，农村群众优待烈军属的形式是随着农村经济体制变革而变更的。1956年前，农村经济体制逐步走上互助合作道路，其优待形式主要是对烈军属的田地予以义务代耕代种。1956年，农业生产实行合作化，对烈军属优待由代耕改为优待劳动日制，以保证优抚对象不低于当地一般群众的生活水平。1982年农村实行联产承包责任制，对烈军属的优待改优待劳动日为支付现金，其标准是：对现役军人的家属优待至少不低于当地一个整劳动力收入的70%；其他优待对象要达到或略高于当地群众的一般生活水平。

1950—1956年，全县农村烈军属享受群众代耕代种的8414户(次)，土地11036亩，优待劳动日32064个。1957—1985年，全县农村烈军属享受群众优待的有26043户(次)，优待金(包括劳动日折现金)2021万元。

第五节　安　置

1951年冬，成立“扬中县转业建设委员会”，下设安置办公室。各区、乡也相应建立退伍安置领导小组，具体办理复员、退伍、转业军人的安置工作。

1950—1957年，共接受复员、退伍、转业军人1032人。根据国家安置政策和扬中县具体情况，先后安置在工厂、机关、学校及企事业单位工作的388人(内含城镇兵35人)，推荐到外地厂、矿企事业单位的97人，自谋职业的60人，做木、瓦匠手工业的123人，回乡参加农业生产的364人。

1955年2月7日，第一届全国人大常委会修改、公布了《中华人民共和国兵役法》(草案)，实行义务兵役制。1958年后，复员、退伍军人逐年增多，安置工作日趋艰巨。因此，本着“从哪里来回哪里去”的安置原则，将安置的重点放在农村。对少数家住农村而生活、生产上确有困难者，特别是住房困难者，则本着“自力更生、集体帮工、国家补助”三结合的原则予以解决；对二、三等残废，带病回农村，孤、单复员、退伍军人(含保卫南疆的退伍军人)，则优先安排到县、社、队企业工作；对城镇的复员、退伍军人，则按政策规定，妥善安置。

1958—1985 年，共接受退伍军人 6338 人，其中先后安置在机关、学校及企事业单位工作的 890 人(含城镇退伍军人 188 人)，社(乡镇)办企业 936 人，大队(村)办企业 896 人，担任乡、村干部 205 人，顶替的 29 人，自谋职业的 89 人，参加农业生产的 3293 人。

第六节　社会福利

一、社会福利厂

1.县办社会福利厂　1958 年，县民政科为解决城镇缺乏正常就业条件的烈军属、困难户和伤残人员的实际问题，于三茅镇创办“扬中县烈军属社会福利厂”，内设制鞋、竹器、芦篾、蔬菜等组，以后又增设小五金等车间，全厂职工 93 人。通过整顿，至 1964 年剩 50 人，固定资产 3.5 万元，流动资金 3 万元，全年工资总额 2 万元，当年盈余 1.8 万元。同年，经省商业厅、民政厅批准，性质属全民企业。1958—1964 年经营中自给有余，逐步添置固定资产和大型生产工具。1965 年 12 月 7 日划归工业局。

1985 年，为解决优抚对象中的特殊困难户，支持福利事业，兴办“扬中县五金厂”，内设五金、塑料两车间，职工 20 人。当年产值 9.9 万元，利润 2.1 万元。

2.乡、镇办社会福利厂　1983 年秋至 1984 年，全县 12 个乡(镇)先后分别办起社会福利厂，共有职工 2245 人，其中“四残”(盲、聋、哑、四肢残)人员有 781 人，占全县“四残”人员中有生产能力者 57.72%。主要生产橡胶、五金、化工、电热器、云母、电表、眼镜、冷冻机配件、鞋帽服装等 40 种产品，年产值 1086.4 万元，利润 212.69 万元。通过生产，增加收入，以厂养敬老院，并帮助解决部分无生产能力的“四残”人员和五保老人的生活费用，为全县发展其他社会福利事业打下基础。

二、敬老院

1958 年 9 月，县民政科于三茅镇港东十七圩埭西首创办全县第一所敬老院。全院一正两厢，共有瓦屋 7 间，共收养孤寡残废老人 20 人，包括精神病 3 人，烈属 2 人，孤老残废 2 人，儿童 3 人，配备院长、炊事员各 1 人。1969 年 1 月因“文化大革命”被迫停办。

中共十一届三中全会以后，全县各乡、镇从 1983 年起先后办起 10 个敬老院，共有瓦屋 97 间，各院均配有院长、医师、服务员，共收养孤寡残废老人 130 人(男 60 人、女 70 人)。各院在成立时，县民政局赠送电视机、缝纫机、洗衣机、收录机，有关部门亦赠送礼品，总计赠送 2623 件。还有不少集体单位和近 3 万名干部群众向敬老院捐献现金，总计 33 万余元。各院还先后办起福利厂，组织有劳动能力的孤寡残废老人做力所能及的工作，增加经济收入，既改善老人们的生活，又减轻国家负担。

三、育婴

解放前，扬中人民为生活所迫，弃婴者甚多。

清光绪年间，旅沪富商筹资兴办老郎街保婴局，资助贫民抚养婴儿。后在文昌宫(今新坝镇治安村)、太平庵(今三茅镇建中村)内设育婴堂，收养弃婴，抗日战争爆发后停办。

解放初期，因遭受严重自然灾害，时有弃婴现象发生。1949—1970 年，全县共收容婴儿 143 名(其中男性 2 名)，分别找人领养或转送镇江育婴堂收养。实行计划生育后，亦有少数人重男轻女，先后有 16 名女婴被弃，民政部门收容后，均落实领养人。

第七节　社会救济

解放后，县民政科(局)全面贯彻执行依靠群众、依靠集体力量生产自救，辅以国家必要救济的方针，认真做好救灾、救济工作，切实解决灾民、五保(保吃、保穿、保住、保医、保葬)户和困难户生产、生活上的困难。

一、灾害救济

解放前夕，江堤因遭受国民党军队挖战壕、筑碉堡的严重破坏，丧失抗洪能力。1949 年夏季，全县决堤数十处，71668 亩稻田遭受不同程度的洪涝灾害，受灾 6932 户，灾民 26219 人，淹死 17 人。同年秋，扬中县成立生产救灾领导小组，领导全县生产救灾工作。除组织灾民进行生产自救外，及时发放救济款 4.12 万元(已折新币，下同)，救灾粮 53.11 万公斤；组织群众兴修水利，发放以工代赈大米 46.85 万公斤。

1954 年 8 月 17 日，全县发生特大水灾，死 31 人，受淹面积达 10 万余亩，受灾 19574 户，灾民 72660 人。县党、政领导和生产救灾委员会成员深入灾区，帮助灾民到邻县邻乡进行安置，发放救灾款 44.6 万元，及时解决灾民衣、食、住方面的困难，并组织灾民生产自救，重建家园。

1975 年 5 月 30 日，幸福、八桥、油坊、长旺、三滧、三茅等 6 个公社、47 个大队，遭受冰雹灾害。受灾三麦、油菜等夏熟作物 5700 余亩，毁坏房屋 2000 余间。1977 年 4 月 23 日，兴隆、长旺、三滧、永胜、三茅等公社又遭受冰雹灾害，24 个大队、267 个生产队的 8000 余户受灾，灾民 29542 人，毁坏三麦、油菜、绿肥 1.3 万亩，毁坏落谷秧田 2700 余亩，两次雹灾后，政府均及时组织群众生产自救，及时调拨供应粮、煤，并发放救灾款 15 万余元。

1949—1984 年部分年份扬中县发放救灾款、粮食、物资(折合金额)情况表

表 182

年度	折合金额(元)	年度	折合金额(元)	年度	折合金额(元)	年度	折合金额(元)
1949	41200	1962	158450	1972	30000	1979	120000
1954	3710890	1963	171575	1974	10000	1980	89000
1956	23300	1964	138826	1975	44000	1981	708000
1957	104050	1965	52181	1976	62000	1982	100000
1960	50000	1967	51826	1977	106022	1983	252132
1961	186601	1971	20000	1978	121372	1984	181000

说明:1949—1950 年另加发放大米 46.85 万公斤,1964 年另加发放木材 500 立方米,1967 年另加发放木材 150 立方米,1977 年另加发放木材 20 立方米、平瓦 12 万片、砖 36 万块

二、贫困救济

农村的社会救济,主要是对五保户、困难户的救济和对贫困户的扶持。解放初,由各乡、村将生活贫困的孤老幼残者和困难户的情况查实上报民政科,主要由民政科给予赈济,并辅以群众互助互济。

农业合作化时期,以集体补助为主,国家救济为辅。全县五保对象 1790 户、1980 人。由集体按人均口粮 240~290 公斤供应。少数社分配水平偏低,则由民政局给予适当照顾。

1982 年,农村实行联产承包责任制后,政府对五保对象的赡养尤为重视,逢年过节,各级领导多登门看望,发现问题及时帮助解决。1985 年全县共有孤、幼、残 549 户、580 人。已有 130 人住进乡镇敬老院,过着安定生活。其余虽分在各村,口粮烧草由集体供给,并发给每人每月零用钱 5~8 元。

1981 年,中共扬中县委、县人民政府对农村贫困户进行全面调查分析,发现贫困家庭的主要原因是:主要劳力死亡或长期生病;人多劳力少,经济负担重;遭受意外不幸事故等。县、社均成立扶贫领导小组,负责扶贫事宜。县由民政局牵头,会同农业银行、农业、粮食、对外贸易、供销合作和多种经营等部门,共同扶持贫困户。根据“自力更生为主,国家、社、队帮助为辅”的方针,教育贫困者积极参加生产劳动,并拨款扶持发展家庭副业,走勤劳致富的道路。至 1985 年,共发放扶贫款 19.25 万元,扶贫 5298 户。脱贫 3399 户,其中有 83 户成为专业户和重点户。有 494 户新建了瓦房,共建 1641 间,另有 90 户已备齐建房材料,其中准备建楼房的有 2 户,并有 52 户“双扶”(扶贫、扶优)对象受到省、市、县、乡的表彰。

1949—1985 年扬中县发放社会救济款情况表

表 183

年度	金额(元)	年度	金额(元)	年度	金额(元)	年度	金额(元)
1949	1429	1959	35542	1969	305126	1979	293000
1950	8128	1960	114000	1970	276090	1980	231618
1951	2197	1961	209458	1971	283644	1981	341000
1952	2169	1962	202115	1972	245965	1982	253000
1953	20542	1963	273159	1973	289731	1983	417707
1954	26744	1964	243313	1974	312681	1984	350000
1955	19869	1965	207936	1975	294950	1985	257000
1956	56957	1966	316339	1976	313177		
1957	118180	1967	277108	1977	293499	合计	7470117
1958	39421	1968	276000	1978	261323		

三、退职职工困难补助

根据 1965 年国务院《关于精减退职的老职工生活困难救济问题的通知》,对 1957 年年底以前参加工作的退职老、弱、病、残职工,按原工资标准的 40%发给补助费,医药费补助三分之二。1965 年 10 月下旬完成试点工作。全县符合按月享受原工资 40%补助的 240 人,月支出 5628 元;一次性救济的 1323 人,支出救济款 54336 元。

1981 年 7 月 3 日,成立扬中县 60 年代初精简老职工调查领导小组,下设办公室。调查结果,符合按月定期补助的 101 人,月支出 1212 元;补助原工资 40%的 332 人,年补助总金额 117161 元;临时救济的 493 人,救济总金额 63839 元。年支出补助三分之二医药费款 11987 元。同年,又对 493 名精简老职工发放临时性补助费 63839 元。

第八节　殡葬改革

解放前,扬中丧葬习俗为木棺土葬,乡村有义冢地,专葬婴孩与外籍人。较大的义冢(乱葬坑)亦有数处:上洲有十八亩(今新坝镇民众村),占地约 18 亩;中部有合济街(今兴隆镇红星村),占地约 20 亩;下洲有黑鄷城(今油坊镇万安桥),占地 40 余亩。扬中人多地少,坟地日益增多,占用耕地的现象越来越显得严重。改革殡葬制度,比地广人稀地区尤为迫切。县政府大力提倡火化,宣传殡葬改革的意义,旧有义冢地、坟地亦逐步平为农田或作住宅地使用。

1968 年 8 月,县民政局于三滧公社长春大队第七生产队兴建扬中县火化场,1969

年秋建成,占地 2.8 亩,建筑面积 1036 平方米,设有煤用火化炉 2 座,共有工作人员 3 名。

1983 年,火化场 1 名工人被评为先进工人,出席省拥军优属、拥政爱民大会。1984 年,该场被评为先进集体单位,并评出先进工作者 1 人,出席镇江市“双拥”先进代表大会。

1984 年 3 月 1 日,扬中县人民政府颁布《关于实行殡葬改革的布告》,提倡普遍实行火葬。当年火葬率即为 100%。

是年 12 月 30 日,火化场改称殡仪馆,工作人员 12 人(其中馆长、会计各 1 人)。配有运尸船 1 艘,运尸车、殡葬车各 1 辆,有半自动火化炉 4 座,立式 6 具尸体冰箱 1 只,还备有发电机组等。

1969—1985 年扬中县殡葬改革情况表

表 184

年度	死亡数(人)	火化数(具)	火化率(%)	年度	死亡数(人)	火化数(具)	火化率(%)
1969	1440	10	0.69	1978	1794	1465	81.66
1970	1517	83	5.47	1979	1754	1367	77.93
1971	1881	105	5.58	1980	1777	1451	81.65
1972	1778	450	25.31	1981	1627	1021	62.75
1973	1818	600	33.00	1982	1712	1441	84.17
1974	1855	950	51.21	1983	1817	1698	93.45
1975	1879	1200	63.86	1984	1904	1904	100.00
1976	1951	1300	66.63	1985	1951	1951	100.00
1977	1910	1613	84.45				

说明:在外地火化数未统计在内

第九节　收容　遣送

处理游民是安定社会秩序的一项重要工作。解放后,扬中县未建立游民收容、遣送机构,根据上级指示,在县人民政府领导下,由民政部门主管,公安部门协助,共同做好收容、遣送工作,对社会治安综合治理起了积极作用。

1949—1985年部分年份扬中县收容、遣送人数情况表

表185

年度	收容（人）	遣送（人）	年度	收容（人）	遣送（人）	年度	收容（人）	遣送（人）
1949—1956	831	829	1963	49	49	1983	10	10
1957—1960	98	96	1964	17	17	1984	5	5
1961	107	104	1978—1981	63	63	1985	0	0
1962	102	102	1982	25	25			

第十节　移民及支援边疆

扬中县解放初期，人均土地约1亩。1954年遭受百年罕见的洪涝灾害，沿江土地受洪水冲坍较为严重，兴修江堤时又挖废土地1万余亩，致使1100户、4500人失去耕地，生活受到严重影响。1955年，经省生产救灾委员会批准，县政府先后动员沿江一带农户分5批迁往溧阳、金坛、句容等县安置，共迁出459户、2068人。另外通过亲友关系迁往武进、丹阳、昆山等县的400余户、1600余人。

1959年，扬中县动员组织一批青壮年农民到新疆维吾尔自治区木垒哈萨克自治县等地定居，支援边疆地区建设。7月下旬报名者1.2万余人，经审查，批准1019人（其中有公社党委书记1人，公社管理区干部11人）。8月29日，支边人员启程赴疆，县人民政府派干部和医务人员护送。后又组织支边人员家属进疆与亲人团聚。1963年，进疆家属56人，1964年进疆家属44人。后有部分支边人员自己返回原籍，县人民政府给予妥善安置。

第五章　公安 司法

第一节　公　安

一、机构沿革

解放前状况　扬中县建置前，属四府六县分治，地方治安由地保管理，地保属分管县的巡检管辖。

1904 年，建太平厅抚民府，结束分治局面。抚民府设保甲总局，管理治安；实行洲董制，由洲董调解民事纠纷。

清宣统三年(1911)10 月，废厅设太平县。县民政长公署下设五课，由警务课掌理地方治安，兼管典狱。八桥、老郎等地驻有省水上警察队与镇海庵水师营，共管沿江水域安全。

民国 17 年(1928)，县设公安总局，重要集镇设分局。三茅镇设一分局，由总局兼任。另设分驻所于太平庵内，共有警员 65 人。总局另编警察中队，队员 28 人。

民国 23 年(1934)，改公安局为公安科，下设督察、庶务两室。

民国 27 年(1938)2 月，日本侵略军侵犯扬中，公安科员警逃散。

民国 29 年(1940)7 月中旬，扬中县伪警察所及警察大队成立。同年年底，增设二墩港警察分驻所。在镇江组成女警队，派到扬中执勤。

民国 30 年(1941)，扬中县伪警察所改为警察局。

民国 31 年(1942)年底，扬中县伪警察局增设特高组。

民国 32 年(1943)3 月，扬中县伪警察局改称警察区署。成立县警备队，编为 5 个分队和 1 个水上巡逻队，购置小型水上巡逻快艇 1 艘，巡查全境长江水域。

民国 33 年(1944)，伪县警备队改称县警察大队，编为 3 个中队，分别驻新坝、公信桥、三茅集镇。

民国34年(1945)5—7月,伪县保安大队成员向抗日民主政府投诚,或被抗日民主政府歼灭。伪县保安大队覆灭。

民国35年(1946)1月,扬中县国民政府设侦缉队代行警察事务。2月,县政警队成立。12月,县警察局成立。

1949年4月20日,解放前夕,国民党扬中县警察局员警全部逃散。

解放后状况　1949年4月,扬中县人民政府的公安局在扬州组成,待命渡江。局长李普凡,侦察科长张湘山,工作人员4人。解放后,各区设公安股(福星区缺),三茅镇设派出所。同年10月,基本完成建制,有正副局长各1人。下设调查、执行、治安、秘书四课。看守所附属在执行课内,年底,干警增至20人。12月,废课改股,设社会股、行政股,看守所(股级)独立建制。

1950年4月,增设东新港水上派出所,1个班武装驻守,1952年撤销。沿江改设4个检查站,每站管理10余港口。同年9月,恢复东新港派出所。

1953年,增设政治协理员,负责全局政治思想工作。

1956年,中共扬中县委设政法工作部,统管公、检、法工作。

1958年,成立人民公社,公安局改为政法公安部,设秘书、政保、批捕起诉、审判4科,对内合一,对外仍保留公、检、法名义。

1966年上半年,干警增至39人。“文化大革命”开始,在“砸烂公、检、法”的口号下,政法部门处于瘫痪状态。公安人员将档案材料几次转移,才保存完好。

1967年3月—1968年3月,中国人民解放军6410部队军管公、检、法。1968年4月,6410部队撤出,由县人民武装部军管,成立公、检、法军管会,下设办事、办案、定案、治保4组。1973年11月撤销军管,公、检、法恢复正常工作。

1980年,增设政工办公室和车辆管理所。

1982年,实行一社(公社)一所(派出所),取消公安特派员称谓。

二、执法班—武警中队

扬中解放初,县公安局设执法班。1949年年底,发展至20人。1950年1月,执法班与县警卫排合编为警卫队,有3个排,计90人,属县和镇江专署公安处双重领导。

1952年紧缩编制,县警卫队改称中国人民解放军江苏省扬中县公安队,有48人组成,分4个班,专事执法看守。1956年又紧缩为20人,编为3个班,改称民警中队,划属扬州专署民警大队领导。1957年有干警16人。

1958年1月1日,实行集体转业,改称人民武装警察,有干警20人。1959年又称公安队。

“文化大革命”期间,公安队属县人民武装部领导,改称县中队。军管结束后,又划归公安局管辖,复称县公安队。

1983 年,公安队改为武警中队,干警 35 人,编为 3 个班。

三、户政

民国 23 年(1934),扬中县实行保甲制,全县划分为 53 个乡(镇)、348 个保、3583 个甲。

民国 32 年(1943),日伪进行“清乡”,实行保、甲连坐,印发“良民证”,控制人口流动。

民国 34 年(1945)年底,县国民政府民政科下设户政股,重新编划乡、保、甲,全县有 5 个区、53 个乡(镇)、345 个保、3544 个甲。其中有寺庙 62 座,船民 282 户、858 人。

1949 年 4 月,扬中县解放,废除保甲制,建立区、乡、村政权,计 4 个区,58 个乡(镇)、527 个村、49100 户、17.99 万人。其中非农业人口 8304 人。县、区公安机构管集镇和特种户口,农村户籍由民政部门掌管。

1953 年,全国第一次人口普查,全县总户数为 49375 户,18.2525 万人,其中非农业人口 2227 人。

1956 年 3 月,农村户籍移交公安局,逐渐完善出生、死亡、迁入、迁出四项人口变动登记制度。同年,非农业人口 7321 人。

1957 年,全县非农业人口增至 10960 人。根据江苏省有关规定,开始控制农业人口盲目流入城市,县、社、队三级管理,切实执行四项变动登记制度,每年两次核实。对被管制人员亦进行公开监督。

“文化大革命”期间,户政管理较为混乱,直至 1981 年才恢复正常。

四、治安

1.治保组织　扬中解放后,在乡、村政权中陆续配齐治保人员。1949 年年底,在人武部门配合下,成立冬防委员会,组织民兵,建立治安组和群众性的情报网,对稳定社会秩序、巩固政权起到一定作用。

1950 年,对全县 14 个渡口、98 只木船建立治保组织。

1953 年,乡(镇)建立治保委员会。通过普选,选出主任、副主任 65 人,委员 379 人。1952 年、1953 年、1956 年均召开治保人员会议,总结经验,布置任务,依靠群众力量,顺利完成“镇压反革命”“抗美援朝”“土地改革”运动中的治安工作任务,为农业合作化高潮创造条件。1956 年,高级农业合作社均建立治保会或治保小组。

1958 年,治保、调解两组织合并,成立治调委员会。1960 年有治调委员会 309 个,治调小组 931 个,成员 3330 人。1963 年,治调组织又分设。1964 年 5 月,召开治保积极分子会议,出席代表 183 人,43 名先进个人和 1 个先进集体受到表彰。

“文化大革命”期间,治调组织被“造反派”所废弃,治安工作濒临停顿,直到1975年才恢复活动。

1977年年底, 县召开解放以后规模最大的治保积极分子会议, 出席代表400余人,表彰了35个先进单位、43名先进个人。

1980年,对全县371个治保组织进行整顿,宣传和贯彻《中华人民共和国刑法》《中华人民共和国刑事诉讼法》和《中华人民共和国治安管理处罚条例》,集中打击一批严重破坏社会治安的犯罪分子,处理一批违反治安管理的人和事。1983年推行治安安全合同责任制。1984年全面推广综合治理岗位责任制。乡、村共有治保会230个,小组1306个,治保干部4028人。

2.剿匪肃特　解放初期,县境内少数暗藏的敌人内外勾结,试图进行武装捣乱。“黄旗会”“一贯道”等反动会道门活动猖獗。1950年4月,沿江发现被害浮尸17具。6月24日深夜11时许,武装匪船两只与东新港水上派出所接战后逃窜。同年,县公安人员共侦破政治和经济武装匪特案件7起。其中有中央反共苏南直辖第一支队7人,京沪侦警队爆破、暗杀组2人,京沪行动纵队丹武行动支队直属丹北小组4人,东南人民反共救国军镇、丹、常、扬行动纵队28人(涉及到百余人),扬中县模范大队匪徒10人,长江股匪周富广等7人,长江股匪华荣富等6人,共计捕获54人。

3.水上民主改革　1953年1月,成立民船民主改革工作委员会,由公安、航管、银行、工会、民政五单位组成工作组,先后分三批,历时7月余。对全县489只货船、渡船、渔船的管理工作,进行民主改革。参加改革的船只有479只,占98%。其中货船297只,渡船65只,其余为渔船,分布于14个港口。船民总人口1440人,参加改革的1104人,占76.8%,结束了地霸、水霸、渔霸统治的局面。

4.车辆管理　解放前,民用自行车为数极少。解放后,随着人民生活水平的提高,自行车辆逐年增多。1970年全县为3300辆。1981年增至21688辆。1985年达52490辆。为加强车辆管理,于1980年增设车辆管理所,负责发照、年检等事宜。

20世纪50年代后期,县内始有机动车,至1985年共有大小型汽车362辆。其中客车36辆,货车207辆,特种车辆7辆,小型客、货、特汽车分别为88辆、22辆和2辆。另有挂车9辆,三卡28辆,摩托车99辆,轮式拖拉机43辆,手扶拖拉机351辆。机动车属交通局管理,年检、交通维持和事故处理,由公安、交通两局负责。

5.禁烟　禁烟是指禁止吸、贩鸦片和吗啡。据民国18年(1929)《扬中施政纲领》载:“筹设戒烟医院,附设救济院内。”1935年,扬中设戒烟委员会,县长洪康燮兼委员长,责令吸烟者分批分期限时到戒烟所报到戒烟。借词拖延者,则实行强制。并经常“调验”烟民,以防弊端。在戒烟所施戒不成者,即送监狱勒戒。

1940年2月,扬中县抗敌委员会设禁烟科,严禁吸毒、贩毒。顾仙痴、周广发、顾秉琪、李学才等均为吸毒、贩毒的主犯。

1946年,扬中县国民政府于“六·三”禁烟节,以演讲、漫画形式大力宣传戒烟,高呼“肃清烟毒,复兴中华”等口号。但其官佐吸毒、贩毒者仍为数不少。

解放后,扬中县人民政府采取多种措施,严厉打击吸毒、贩毒者。根据中央禁毒命令,成立禁烟办公室。1952年7月14—31日,首先对三茅、新坝两镇进行侦查,紧接着对油坊、八桥、西来桥等镇以及全县农村实行全面侦查。破吸毒、贩毒案18起,捕4人,集训3人,判刑3人,罚劳役1人,管制3人,经教育有悔改表现免予处理的17人。1956年后,禁止私种罂粟,违者依法惩处。此后,全县未发现吸毒、贩毒者。

6.禁赌　解放前,扬中民间赌博成风,甚至官方也开设赌场,从中牟利。日伪统治期间,顾秉琪等人办赌场,以供伪军政人员玩乐。解放后,人民政府十分重视禁赌工作。每年春节前,均张贴布告,宣传禁赌,做到家喻户晓。1957年,集中打击、捕办惯赌分子12人,拘留7人,当众坦白的60余人。1958年在“扫残”和“肃反”运动中,全县没收赌具965件,赌风有所收敛。1962年起,赌风又有所抬头。1964年,公安局、商业局联合通知,禁售赌具。1980年,又集中打击一批赌棍、赌徒,受不同处罚者130多人。1981年1月19日,在县城召开3000余人的禁赌大会,捕主犯2人,拘留14人,罚款6人。同年4月,破获永胜88人的赌博团伙,拘留9名骨干,处以警告和罚款的4人。1983年11月—1984年12月,全县共捕办惯赌犯12人,判处管制5人。

7.取缔反动会道门　解放前,扬中县反动会道门有“一贯道”“天仙道”“同善社”“红三教”等。

“一贯道”又名“崇华慈善堂”。1946年由常州传入,道徒以福星、八桥两地为多。设分坛1个,小坛5个,家庭佛堂30多个,徒众约1050人。

“天仙道”又名“龙华堂”。民国32年(1943)由常州天宁寺传入,设龙华堂1处。堂主朱文量(朱世云)自称皇帝,下设天、地、人三才,左右丞相、六部大臣,十八罗汉。曾三次摆驾,刺血申表,设誓加封。“龙华堂”原设于长旺乡1村,后迁三茅区厚生乡3村,改名“八宝堂”,有52个小堂,引见师7人,传道师1人,点传师1人。道徒分布于三茅、兴隆、福星3个区,共有道徒420人,以福星区为最多。

“同善社”“红三教”的活动亦颇为频繁。同善社分文武两班:文为孔孟道,武为黄旗会(即大刀会)。黄旗会于民国28年(1939)由丹徒传入,会首姚九如,依附反动势力,多次对抗抗日武装。解放后又与武装匪特相勾结,刺探情报,制造谣言,扰乱社会治安。1950年以后,同善社、红三教相继被政府取缔。

1953年,天仙道道首朱世云等被镇压,对骨干分子亦分别判处徒刑。全县设7个自动退道登记处。1951—1953年,退道者共2826人,交出道具1982件。其中有龙袍、旗幡,并有金戒指10只,金耳环4副,银元337枚,各色布料9丈余,大米3石,子弹9粒。县公安局将收缴的道具、物资配以漫画与文字说明,于1953年在全县主要集镇巡回展出，历时 20 余天，观众达 36288 人次。继又捕获隐藏在地窖里达一年之久的道首顾正春。

1957 年，反动会道门企图复辟，为首分子被逮捕法办。

1960 年，又一次进行取缔反动会道门的补课教育。

1968 年 11 月 8—25 日，再次取缔反动会道门，逮捕先天道道首 1 人，判以管制的骨干分子 7 人，登记退道者共 222 人，缴获道具 695 件。

1983 年 9 月，红三教再次复辟，逮捕教首 3 人，勒令退教者 20 人。

五、消防

解放前，全县的消防工作，政府未予过问，由群众自筹资金，置办“土水龙”、火搭之类作消防用具，俗称水龙局或水龙会。

解放后，人民政府积极扶持和组建群众性的消防组织，逐步置办消防设备，提出以防火为中心的防火、防特、防盗、防毒“四防”要求。从 1951 年起，县政府将“四防”纳入治保组织的专管内容，采取多种防范措施，预防火灾发生，特别是夏秋收获季节和冬令时期，治保干部组织民兵加强巡逻，发动群众户户订防火公约。

1958 年，县、乡成立消防委员会，基本上完善消防体系，训练一批骨干，开展群众性的安全月活动。机关、企事业单位自备太平桶、太平缸、灭火机等。

1960 年，贯彻江苏省消防会议精神，开展消防工作的县与县、社与社的大检查、大整顿。全县添置太平桶 12429 只，太平缸 9326 个，灭火机 244 只，整修土水龙 194 部，建立义务消防队 475 个，有队员 6888 人。

“文化大革命”十年中，放松消防工作，全县火灾灾情增多。据不完全统计，较大火灾约 320 起。

1976 年 10 月，以退伍军人为主体，成立企业专职消防队，配水罐车 1 辆。

1977 年，县公安局对消防组织进行整顿和加强。农村建立义务消防组织达 131 个，人员 2972 人；乡、镇消防组织 215 个、1490 人，并配有专职安全员 12 人；县直机关消防组织 27 个，441 人。对新建住宅、机关、厂房，按消防要求进行设计和施工，并配有安全员 50 人，消防栓 36 个。

1980 年 3 月，县建立公安消防中队，干警 18 人。1982 年，置轻便消防车 1 辆。1984 年 10 月，县保险公司赠送公安消防中队轻便消防车 1 辆。

1981 年，县政府贯彻国务院《关于民用爆炸物品管理条例》，加强对烟花、爆竹生产、储存、销售和化工工业管理后，基本杜绝了恶性爆炸与伤亡事故的发生。

1983—1985 年的三年中，全县未发生麦场火灾事故，被评为省、市消防先进单位。

附录　解放后重大火灾纪实

1958年冬，三茅乡民主7队一盲聋老人煮猪饲料不慎，将火种掉在脚下，火苗乘风蔓延，全队18户、50余间草房全部焚毁，损失逾万元。

1963年6月25日凌晨。新坝祥顺米厂发生重大火灾，烧毁机米车间瓦屋14间，整套加工机械设备，粮食6000余公斤，损失3.92万元。

1979年3月5日，县渔业社新建的海洋捕捞船队停泊于沙家港码头，渔民文必正在船上生火做饭，饭后炉内余火未灭，即关闭舱门到24号渔轮聊天。锅内水干，烧红铁锅，木质锅盖着火，酿成火灾，直至下午7时才发现，驾驶台及贵重仪器尽被烧毁，损失1.45万元。

1980年2月29日上午10时零5分，城镇纸盒电器厂因电器车间线路超负荷，引燃油毛毡，酿成火灾。烧毁简易厂房10间，尽毁生产成品及原材料，是解放后全县最大的一次火灾，损失达6.77万元。

(说明：缺解放前资料)

六、监狱 看守所

民国2年(1913)，县署设在下八桥镇，有简陋监房数间。

民国3年(1914)，县署迁至三茅市，利用文明桥东北侧梓潼庵(又名眼香庙)改建成监狱。

民国20年(1931)8月5日，县长毕静谦主持召开扬中县监所协进会第三次会议，决定修缮监狱。当年，增砌东、西、南三面砖墙，高1.2丈。门顶上端刻有“监狱署”三字。县长洪康燮任内，再次召开监所协进会。决议于监所东新砌瓦屋两间，供接待、看守、执勤之用；西侧新砌瓦屋三间，供炊事和犯人劳作(竹器编织、缝纫)之用。监房内除以砖墙相隔外，东、北、西三壁和地面，均铺设木板，南以木栅挡隔。

民国25年(1936)2月1日，召开监所协进会第八次会议，由秦其垠报告捐助收入和修缮(监所)情况，推杨爱人、陆如理、戴实夫3委员负责计算，书送县政府核销。

日伪侵占期间，一般案犯仍押此监。被捕的新四军军政要员则押在94号(日特机构代号)和日本侵略军司令部。1945年7月15日(农历六月廿三日)，日伪军逃离扬中后，抗日民主政府发动群众拆除日伪监狱。同年12月，县国民政府利用原伪县政府西侧1间瓦屋，临时关押被捕的共产党地下工作者和革命群众。不久，又以遏云楼底层为监狱。

解放初，人犯很少，县人民政府利用民房数间作临时监狱。遏云楼底层也曾作短期监房。1949年9月，公安局迁至江洲西路26号，建7架梁平房7间作为监狱，隔成5个号室，地面铺设木板，每间屋面均开有老虎窗。

1951年6月，司法科看守所并入，扩大浴室、厨房面积。1957年年底，征用新华书店平房三间，改成监狱。1971年，新建平房9间为监室，另有3间作拘留所。到1985年年底，共有监房12间，地面均铺木板，宽敞整洁。建有专用浴室、厨房、放风场地。炎夏，监内备有电风扇等防暑设备，监所条件逐步改善。

第二节 检 察

一、机构设置

解放前，扬中县未设检察机构，由县知事(1927 年改称县长)兼理检察工作，承审员审理案件。

解放后，于 1950 年 6 月，设扬中县人民检察署，配专职干部 1 人。1954 年 12 月成立扬中县人民检察院，配干部 10 人，设刑事、审判、监所、监督 4 个组，承担审查起诉、审查批捕、侦查监督、审判监督、一般监督和监所监督等任务。

“文化大革命”期间，检察院被迫中止工作，检察任务由公、检、法军事管制小组(后改为中国人民解放军江苏省扬中县公检法军事管制委员会)掌理，原检察院工作人员仅留 1 人，余均下放或调离。

1978 年 11 月 8 日，根据中共中央(78)2l 号文件规定，重建扬中县人民检察院，设办公室、刑事、经济、法纪、监所、控告申诉检察股等 1 室 5 股。后改股为科，并设立“检察院检察委员会”。至 1985 年，全院共有工作人员 35 人。

二、刑事检察

县人民检察院建立后，对刑事案件审查批捕、审查起诉、出席法庭支持公诉以及对公安机关的侦查、人民法院的审判是否合法进行监督。

20 世纪 50 年代初，刑事检察工作配合建立和巩固新生的人民政权，积极参与剿匪反霸、土地改革、镇压反革命、“三反”“五反”等运动，配合公安机关侦破、起诉了一大批反革命案件和刑事犯罪案件。为打击反革命和不法地主、富农的破坏，巩固政权，纯洁革命队伍，保障社会主义改造的顺利进行，发挥了职能作用。

1957 年“反右”运动中，公、检、法三家联合办公。刑事检察工作仅限于配合公安机关办案，实行“下去一把抓，上来再分家”的做法，失去相互制约的作用，使刑事检察的审查批捕、审查起诉工作流于形式。

1978 年 11 月 8 日，人民检察院恢复原来办案程序。1979 年 6 月，增设刑事检察股，1980 年 5 月改为检察科。同年 7 月 1 日，全国人民代表大会通过了《中华人民共和国刑法》《中华人民共和国刑事诉讼法》，使刑事检察工作有法可依。在审查刑事案件中，根据 1980 年 7 月最高人民检察院的《刑事检察工作试行细则》规定，贯彻“个人审查，集体讨论，检察长决定”的办案原则，有效地防止冤、假、错案的发生。

1983 年 9 月以后，县检察院配合有关部门，坚决贯彻五届全国人大常委会《关于严惩严重危害社会治安的犯罪分子的决定》，依法从重从快惩处了一批刑事犯罪分子，摧毁流氓犯罪团伙1个，依法审查起诉了上级检察院交办的可能判处死刑、无期徒刑的大案、要案，并负责死刑案件的刑场监督任务。

三、经济检察

1978年建立经济法庭，受理经济案件。1979年12月15日，最高人民法院、最高人民检察院和公安部颁发《关于执行刑事诉讼法规定的案件管理范围内的通知》，明确规定，检察机关受理贪污、行贿受贿、偷税抗税、挪用抢险救灾物资、假冒商标、盗伐滥伐森林6种经济案件。

1982年3月8日，第五届全国人大常委会第22次会议通过并颁发《关于严惩严重破坏经济的罪犯的决定》。同年4月13日，中共中央、国务院又颁布《关于打击经济领域中严重犯罪活动的决定》。检察院根据这两个"决定"精神，深入开展打击经济犯罪活动的斗争，先后抽调3名干部配合经济检察科办案，并由县委组织部从外单位抽调24名干部，依法任命为助理检察员、书记员，发给任命书、工作证，协助办理经济案件。

1979—1984年12月，立案侦查的经济案件共48件、54人，向人民法院起诉的34件、39人。查处经济案件，有力地打击了经济领域里的严重犯罪活动，为国家和集体经济组织追回经济损失22万余元。

四、法纪检察

1954年9月，全国人大常委会颁布《中华人民共和国人民检察院组织法》规定，人民检察院"对地方各级国家机关的决议、命令、措施是否合法，国家机关和公民是否遵守法律实行监督"。县人民检察院根据法律赋予检察机关的"一般监督"职权，设一般监督组。检察院在全县机关、工厂、城镇、农村聘请检察通讯员，发给聘请书，这对"一般监督活动"起了一定作用。

1979年颁发《中华人民共和国人民检察院组织法》，改"一般监督"为"法纪检察"。同年6月，设法纪检察股(后改科)。根据上级对县检察院自行侦查案件管辖范围的规定，法纪检察直接受理刑讯逼供、诬告陷害、破坏选举、非法拘禁、非法管制、非法搜查、非法侵入他人住宅、侵犯通讯自由、泄露国家机密、玩忽职守、枉法追诉裁判、私自开拆隐匿毁弃邮件、重大责任事故、重婚等16种案件。1980—1985年，共受理法纪案31件，其中依法追究刑事责任的2件，共3人，其他案件作一般处理。

五、监所检察

1954年，全国人大常委会颁布的《中华人民共和国人民检察院组织法》规定，监所检察工作由人民检察院审判监督组兼管。

1959 年 12 月 9 日，县公安局在雷公嘴建立收管“劳动教养对象”的芦篾场，陆续收容 100 余“人犯”。该场管教干部对被收容者非法使用酷刑，折磨致死、致残者多人。事发后，在省、地、县委直接过问下，县检察院进行实地调查，行使监所检察权。1961 年 4 月，对负有直接责任的管教员 3 人依法逮捕、起诉，分别判处无期徒刑和十年以上徒刑，对县公安局有关领导分别给予开除党籍、撤职和留党察看处分。

1978 年 11 月，县检察院复建，监所检察工作由县检察院刑事检察科掌理。一方面对看守所中在押人犯进行认罪服法教育，同时要求看守人员按国家政策给予在押犯罪嫌疑人及在押犯人人道主义待遇，不允许徇私枉法，并实行监督。

六、控告申诉检察

1950 年 6 月，县设人民检察署，未设控告申诉检察机构。由检察署办公室负责接待来信来访，不承办案件。

1952 年，县检察署在三茅、兴隆、油坊、八桥、西来桥、新坝六大集镇，设置控告检举意见箱，定期开箱，受理群众控告检举信件。

1982 年 8 月，检察院设置控告申诉检察科。三年中，共受理来信来访 885 件(次)。其中立案侦查的 150 件，涉及 158 人；接受犯罪人及其家属申诉的案件 102 件，涉及 102 人。对来信来访控告检举者做到有登记、有查核、有交代。

1984 年，控告申诉检察科深入乡村进行专题社会调查，分析研究社会动态，向上级党委和检察长报告情况，提出综合治理社会治安的意见。

1950—1985 年扬中县人民检察院检察长、副检察长情况表

表 186

姓　名	籍　贯	职务	任职时间
夏森荣	江苏丹阳	检察长	1955.05—1957.10
郑文会	江苏宝应	副检察长	1956.05—1957.06
郑国华	江苏淮安	副检察长	1957.08—1959.10
		检察长	1959.10—1967.04
张国融	江苏扬中	副检察长	1959.10—1963.04
			1978.11—1981.04
孙传礼	江苏扬中	副检察长	1979.01—1980.12
蒋茂军	江苏扬中	副检察长	1980.12—1982.07

续表 186

姓　名	籍　贯	职务	任职时间
张国融	江苏扬中	检察长	1981.05—1984.04
常永根	江苏扬中	副检察长	1982.07—1984.03
顾其荣	江苏扬中	副检察长	1983.08—1984.04
张国龙	江苏扬中	副检察长	1984.03—
顾其荣	江苏扬中	检察长	1984.05—1985.11
张恒信	江苏扬中	副检察长	1985.08—
郭定荣	江苏扬中	代检察长	1985.11—

第三节　审　判

一、机构沿革

1.解放前司法机构　民国初年，全县民事、刑事诉讼案件由太平县民政长兼理。

民国 3 年(1914)，司法事务由县知事兼理，承审员协助。

民国 16 年(1927)，民事、刑事诉讼由县长兼理。设书记官。看守所长兼监狱长，另设法警若干人。

民国 30 年(1941)，汪伪政府设镇江地方法院扬中分庭。

1942 年 1 月，扬中县抗日民主政府设司法科。

民国 34 年(1945)12 月，扬中县国民政府县长兼理司法及军法事务，军法审理政治、军事案件；司法审理民事、刑事案件。

民国 38 年(1949)4 月 20 日，原司法处人员获悉中国人民解放军即将渡江南下，纷纷逃离扬中，司法档案大部分被销毁。

2.解放后法院机构　解放初，扬中县人民政府接管县民国政府司法处、看守所，由民政科、公安局兼管民事、刑事案件。1949 年 11 月，扬中县人民政府设司法科。

1950 年 11 月 10 日，成立扬中县人民法庭，设正副审判长。审判长由县委书记刘汉清兼任，第一副审判长由县长陈忠廉兼任，第二副审判长由司法科副科长赵金荣担任。全县设立五个分庭，分庭审判长由各区委书记兼任，民政助理兼任审判员。

县人民法庭及其分庭直接受县人民政府领导，并成立审判委员会，实行巡回审判制。

1951 年 11 月撤销审判委员会，恢复司法科。

1953 年 5 月 1 日，成立扬中县人民法院，由原司法科科长赵金荣任副院长，配审判员 5 人，书记员 1 人，办事员 4 人，法警 3 人。同年，法院设审判小组。小组成员由院长提名，县人民政府任命。同年 6 月，根据选举法规定，成立普选法庭，赵金荣任庭长，印士康任副庭长。下设三个分庭：上片分庭辖新坝、三茅区；中片分庭辖兴隆区；下片分庭辖八桥、福星区。

1954 年夏，县法院建立一个巡回法庭，两个巡回审判站。巡回法庭设在八桥镇，辖八桥、福星两区 19 个乡；第一巡回审判站设在新坝镇，辖新坝区 12 个乡；第二巡回审判站设在兴隆镇，辖兴隆区 13 个乡。庭、站均受县法院和当地区委双重领导，其任务为审理民事、刑事案件，领导所辖区内的调解委员会工作，并通过宣判进行法纪宣传和教育。同年，《中华人民共和国宪法》和《中华人民共和国法院组织法》公布实施。法院行使独立审判权，实行人民陪审制，陪审员由各乡人民代表大会选举产生。在审判中坚持公开审判、辩护、合议等制度和程序。

1956 年，扬中县委设政法工作部，管理公、检、法三个单位。1958 年改称政法公安部，公、检、法三单位联合办公，由侦察员、检察员、审判员组织审判组，携卷下乡，对犯罪嫌疑人就地预审、查对、起诉、审判。这种审判方法因失去公、检、法的相互制约，办案质量较低，出现了一些冤、假、错案。1961 年废除这种审判方法，恢复原有审判程序。

1967 年 3 月开始，法院工作由县公、检、法军事管制小组掌理（后改为中国人民解放军公、检、法军事管制委员会），军代表行使公、检、法职权。1969 年 5 月，法院只留 1 人，其余皆“下放”劳动，审判委员会被迫停止工作。

1973 年 10 月，撤销军管，恢复县人民法院。

1979 年 1 月，法院复设民事、刑事两庭，设正副庭长各 1 人。1981 年 4 月，法院增设经济审判庭，设庭长 1 人。1983 年 9 月，建立八桥人民法庭，设正副庭长各 1 人，主要审理幸福、八桥、油坊、永胜 4 个乡镇的民事及轻微刑事案件。同年，根据修改后的《中华人民共和国法院组织法》，法院审判案件由审判员组成合议庭或审判员和人民陪审员组成合议庭。依照《中华人民共和国刑法》《中华人民共和国刑事诉讼法》《中华人民共和国民事诉讼法》（试行）等各种法规审理，办案效率和质量日益提高。

1949—1985 年扬中县人民法院院长副院长情况表

表 187

<table>
<tr><th>姓　名</th><th>籍　贯</th><th>职务</th><th>任职时间</th><th>备　注</th></tr>
<tr><td>孙启龙</td><td>江苏扬中</td><td>副科长</td><td>1949.11—1949.12</td><td rowspan="3">1949 年 11 月，扬中县成立司法科，行使法院职责</td></tr>
<tr><td>方绍本</td><td>江苏溧水</td><td>代理科长</td><td>1949.12—1950.04</td></tr>
<tr><td rowspan="4">赵金荣</td><td rowspan="4">江苏丹徒</td><td>副科长</td><td>1950.04—1951.04</td></tr>
<tr><td>科长</td><td>1951.04—1953.04</td><td rowspan="3">1953 年 5 月，成立扬中县人民法院</td></tr>
<tr><td>副院长</td><td>1953.05—1953.12</td></tr>
<tr><td>院长</td><td>1953.12—1958.10</td></tr>
</table>

续表 187

姓名	籍贯	职务	任职时间	备注
郑国华	江苏淮安	副院长	1955.01—1957.07	
兰勤	江苏扬中	副院长	1955.05—1958.02	
郑文会	江苏宝应	副院长	1955.12—1956.05	
		院长	1956.02—1956.05	
何坚	江苏宝应	副院长	1958.03—1958.10	
		院长	1958.11—1959.04	
虞兴诗	江苏扬中	副院长	1959.04—1959.10	
		代院长	1959.10—1962.01	
		院长	1962.01—1967.04	
秦恒华	江苏扬中	副院长	1960.02—1963.02	
郑国华	江苏淮安	院长	1973.10—1983.06	
王光佩	江苏扬中	副院长	1973.11—1976.10	
李荣福	江苏扬中	副院长	1980.11—1983.07	
徐新华	江苏扬中	副院长	1983.05—	
李荣福	江苏扬中	代院长	1983.08—1984.05	
孙启林	江苏扬中	副院长	1983.12—	
李荣福	江苏扬中	院长	1984.05—	

二、刑事审判

抗日战争前，国民党主政时期，刑事审判主要是打击盗匪犯和吸毒者。抗日战争时期，扬中沦陷，司法机构成为日伪对人民专政的工具。抗日民主政府成立后，为维护人民利益，对民愤极大的日伪分子、土匪劣绅依法进行严惩。抗日战争胜利后，县国民政府设司法、军法两庭，对革命者实行反革命专政，疯狂审判、杀害共产党员和革命群众。1946 年 1 月—1949 年 4 月，共杀害共产党员和革命群众 71 人。解放后，刑事案件由县人民法院（庭）、人民检察院、公安局分工负责。1950 年 10 月，县法庭贯彻《中华人民共和国惩治反革命条例》，及时惩处了一批土匪、特务、恶霸、反动会道门头子和反动党团骨干。

1957—1965 年，审结刑事案件 858 件。其中反革命案 230 件，破坏经济建设侵吞国家财产案 65 件，破坏统购统销案 17 件，破坏农业合作化案 2 件，偷窃案 193 件，妨害家庭、破坏军婚案52件，其他刑事案299件。

“文化大革命”期间，刑事审判由公、检、法军事管制委员会办案组审理，因执行“左”倾路线，判决的“反革命”案件绝大部份属于错案。

1982—1985年，县人民法院与有关部门配合，坚决贯彻执行全国人大常委会《关于严惩严重破坏经济的罪犯的决定》，依法惩处一批严重经济犯罪分子，共审结经济犯罪案76件，判处罪犯89人，追缴赃物、没收财产9万余元。

1983年9月，贯彻执行中央“依法从重从快”的方针，惩处一批严重危害人民生命财产安全、扰乱社会秩序的罪犯。至1984年，共审结刑事案件292件，对触犯刑律者依法判刑，社会秩序明显好转。

三、民事审判

解放前，民事审判主要审理土地、界址、房产、婚姻等纠纷。

解放后，人民法院审理民事案件，坚持“依靠群众，调查研究，着重调解，就地解决”的方针，审理案件以调解为主，在调解无效时依法作出判决。共审理7000余件民事案件，调解结案的占90%以上。

四、申诉复查

1953年11月25日，县人民法院设人民接待室，负责处理简易民事纠纷和轻微刑事案件，对人民群众解答有关政策、法律、司法业务方面的疑难问题。通过处理信访，进行法纪宣传教育活动，“文化大革命”期间一度中止。1979年恢复信访接待室，配专职干部1人。

1978年，根据中共十一届三中全会关于“平反假案，纠正错案，昭雪冤案”的精神，县法院与有关部门协同配合，按照党的政策和国家法律，坚持“实事求是，有错必纠”的原则，对“文化大革命”期间判处的政治刑事案件，进行全面复查。至1984年，共审结“反革命案”85件、120人，其中全错的74件、90人，部分错的4件、4人；普通刑事案件477件，其中全错的8件，部分错的17件。

第四节　司法行政

一、机构设置

1949年11月，扬中县人民政府设立司法科，1953年5月1日，成立扬中县人民法院，取代司法科。

1981 年 1 月 22 日，成立扬中县司法局，接受镇江行署司法局、扬中县人民政府双重领导。全县 12 个乡(镇)相继配备司法助理员。

1983 年 2 月，司法局下设司法行政股、法制宣传教育股。至 1985 年，全局共有工作人员 25 人。

二、司法人员培训

1981—1985 年，县司法局为农村行政村、工厂、企事业单位等人民调解委员会培训和配备人民调解员 3618 名。在经济体制改革中，协助工业局、乡(镇)企业管理局举办两期《中华人民共和国经济合同法》培训班，为各乡(镇)、场和企事业单位培训企业管理工作人员 150 名。

三、法制宣传

1981—1985 年，县司法局大力开展《中华人民共和国宪法》《中华人民共和国刑法》《中华人民共和国刑事诉讼法》《中华人民共和国婚姻法》《中华人民共和国治安管理处罚条例》《中华人民共和国经济合同法》《关于打击经济领域中严重犯罪活动的决定》《关于严惩严重破坏经济的罪犯的决定》等法制宣传工作。举办各种专题广播 39 讲，上法制课 120 场次，受教育群众 2.5 万人次；放映法制宣传幻灯片 122 场，观众 5.1 万人次；编印《法制宣传》专刊 34 期、1.21 万份；编发《司法简报》16 期；出法制宣传橱窗 51 期；制作流动宣传图版 110 块，摄制典型案例照片 55 套，在全县展出，受教育人数达 8 万多人次。

在经济体制改革中，针对少数“两户一体”在经营中的违法行为，广泛宣传国家税收、物价、经营、承包等政策，帮助他们理解和教育他们正确处理国家、集体、个人三者之间关系，依法劳动致富。

四、律师业务

解放前，扬中县律师极少，1947—1948 年间，仅八桥初级中学教师章泽英为律师出身，在八桥镇挂律师牌，参与法律诉讼的辩护工作。

1957 年，成立扬中县法律顾问处，有律师 1 人，隶属于县人民法院领导。1 个月后顾问处撤销。

1981 年 7 月，恢复法律顾问处，隶属于司法局领导，有律师 1 人。至 1985 年 6 月，共办理刑事辩护案 110 件，民事代理案 34 件，经济代理案 127 件，从外地追回债款 341 万余元，代写法律文书 223 件，接待来访和解答法律咨询 2326 人次，并应聘担任

12个企事业单位的法律顾问，在解决购销合同纠纷中，共避免经济损失达220余万元。

五、公证业务

1981年7月，成立公证处，隶属于县司法局。至1985年，共受理国内公证397件，结案357件；涉外公证4件，结案4件；接待群众来信来访373人次。

六、民事调解

1952年，配合土改复查，全县各乡建立人民调解委员会，村建立调解小组。

1957年撤区并乡，调整基层调解组织，以乡建立调解委员会，农业生产合作社建立调解小组。

1958年人民公社化，全县治保、调解两组织合并，共有治保调解委员会89个，治调小组458个。

1963年1月，全县治保、调解两组织分设。

“文化大革命”初期，基层调解组织自行消失。

1970年建立“三位一体”的治调、消防、民兵组织。

1974年1月，全县12个公社、176个大队恢复调解委员会，2280个生产队恢复调解小组。县属工厂、居民委员会亦相继建立调解组织，全县形成调解网络。1981—1984年，全县调处各类民事纠纷和轻微刑事案件11608件，防止发生非正常死亡事件98起。

第六章　劳动 人事

解放初期,扬中县人民政府人事劳动工作,由民政科兼管。1952年11月11日,县人民政府设人事科。1956年6月5日，县人民委员会设劳动科,1957年9月29日撤销。1959年4月22日,中共扬中县委设劳动工资部。1962年精简机构,人事、监察工作合并,改称人事局。县委劳动工资部并入县计划委员会,设劳动科掌管劳动工资工作。“文化大革命”开始,人事劳动机构瘫痪。1968年3月,县革命委员会成立,人事工作由政工组负责;劳动工资方面的工作由生产指挥组分管。1970年6月,人事、民政、知识青年上山下乡办公室和下放人员办公室合并,成立人事局。1975年5月,县革命委员会复设计划委员会,劳动工资方面的工作仍由计划委员会分管。1979年5月4日,县革命委员会设劳动局。1984年3月,劳动、人事两局合并改称劳动人事局。

第一节　干　部

一、干部编制

解放初期,扬中县、区两级行政干部编制共360人。其中县委、县人民政府、群众团体为262人,5个区政府计98人。区政府干部编制中,新坝区20人,三茅区20人,兴隆区20人,八桥区22人,福星区16人。

1956年,县、区行政编制为383人,其中县级行政编制319人,区级行政编制64人。

1962年,根据中共中央批转的《中央领导小组关于精简国家机关、党派、人民团体行政编制的建议》,开展精兵简政工作。县级机关由原来的46个部门撤并为30个,行政编制由492人减为334人。其中县人委203人,党派、人民团体131人。全县258个企事业单位由3238人减为2583人。

1965年,全县行政编制为387人,其中县级机关218人(县人委155人,党派、群众团体 63 人),各人民公社(镇)共 169 人。

1981 年,县行政编制为 736 人,其中县人民政府 400 人,党派、群众团体 106 人,人大 8 人,政协 4 人,各人民公社(镇)218 人。

1984 年,县级机关行政编制总数为 499 人(不包括 32 个行政单位企事业编制的人数)。其中县人民政府 25 个部门编制为 351 人,党派、群众团体 16 个部门编制为 129 人,人大 11 人,政协 8 人。12 个乡(镇)未核编,实有 204 人。其中,党委口 62 人,政府口 119 人,群众团体 23 人。

二、干部构成

解放初期,全县干部队伍主要由渡江南下的干部和坚持地下革命活动的干部组成。他们是整个干部队伍的骨干力量,其特点是出身好,但文化程度偏低。在土改及各项社会主义改造中,吸收大批青年积极分子充实干部队伍。

1953—1962 年,一部分大专院校毕业生分配到县,另从工人、农民、民校教师中吸收部分优秀分子充实干部队伍。

“文化大革命”期间,党的干部路线和管理制度遭到破坏,选拔干部以阶级出身好、社会关系好、政治历史“清白”、对“敌”斗争立场坚定的工人、农民、知识青年、退伍军人、工农兵大学生为主,同时也有少数“造反派”进入干部队伍。

中共十一届三中全会后,许多老同志恢复工作,优秀知识分子进入各级领导班子,同时吸收一批年纪轻、文化程度高、有实践经验的新干部,接受和安置了一批军队转业干部,大专院校毕业生分配亦逐年增多。尔后老干部陆续退离休,干部队伍中年龄偏高、文化偏低的状况逐步改变,逐渐趋于革命化、年轻化、知识化、专业化。

1952—1985 年部分年份扬中县干部年龄结构情况表

表 188　　单位:人

年份	干部总数	25 岁以下	占%	26~30 岁	占%	31~45 岁	占%	46~60 岁	占%	61 岁以上	占%
1952	228	81	35.52			144	63.16	3	1.32		
1954	393	145	36.89	181	46.06	50	12.72	17	4.33		
1955	330	113	34.24	162	49.09	44	13.33	11	3.34		
1956	688	221	32.12	215	31.25	233	33.86	18	2.62	1	0.15
1957	607	101	16.63	212	34.93	266	43.82	26	4.28	2	0.34
1963	758	50	6.60	164	21.64	463	61.08	78	10.29	3	0.39
1964	780	43	5.51	151	19.36	502	64.36	81	10.38	3	0.39

续表 188

年份	干部总数	25 岁以下	占%	26~30 岁	占%	31~45 岁	占%	46~60 岁	占%	61 岁以上	占%
1981	2621	283	10.80	182	6.94	1159	44.22	957	36.51	40	1.53
1984	2912	441	15.14	290	9.96	1183	40.63	974	33.45	24	0.82
1985	3141	565	17.99	331	10.54	1226	39.03	990	35.51	29	0.93

1952—1985 年部分年份扬中县干部文化结构情况表

表 189　　单位：人

年份	干部总数	大学	占%	高中中专	占%	初中	占%	高小	占%	初小以下	占%	文盲	占%
1952	228	3	1.32	32	14.04	82	35.96	65	28.51	45	19.74	1	0.43
1954	393	5	1.30	70	17.80	200	50.90	72	15.70	46	11.90		
1955	330	4	1.21	49	14.85	16.9	51.21	66	20.00	41	12.43	1	0.30
1956	688	9	1.31	101	14.68	254	36.92	234	34.0	90	13.08		
1957	607	8	1.32	89	14.66	263	43.33	217	35.74	30	4.95		
1963	758	43	5.67	135	17.81	344	45.38	210	27.71	26	3.43		
1964	780	50	6.41	156	20.00	348	44.62	202	25.90	24	3.07		
1981	2621	521	19.88	1163	44.37	700	26.71	90	3.43	147	9.04		
1984	2912	807	27.71	1274	43.75	831	28.54						
1985	3141	852	37.13	1531	48.74	758	24.13			758	5.50		

1952—1985 年部分年份扬中县干部参加工作时间情况表

表 190　　单位：人

年份	干部总数	1937.7 以前	1937.8—1945.8	占%	1945.9—1949.9	占%	1949.10—1957.12	占%	1958.1—1966.4	占%	1966.5—1976.10	占%	1976.11 以后	占%
1952	228		15	6.58	29	12.72	184	80.70						
1954	393		29	7.38	125	31.81	239	60.81						
1955	330	1	21	6.36	110	33.34	198	60.00						
1957	607		52	8.57	138	22.73	417	68.70						
1963	758		74	9.76	137	18.07	468	61.74	79	10.42				
1964	780		76	9.74	125	16.03	486	62.31	63	12.00				
1981	2621		52	1.98	158	6.03	884	33.73	559	21.33	498	19.00	470	17.93
1984	2912		8	0.27	88	3.02	648	22.25	686	23.56	610	20.95	872	29.94
1985	3141		5	0.16	62	1.76	701	22.32	686	21.84	745	23.72	942	29.99

三、干部管理

解放初期,全县未建立完善的干部管理制度。1956 年 9 月,根据江苏省组织工作会议精神,按照管少管好和分级管理的原则,对干部管理范围、调配、任免等作了规定。

1. 管理范围 1956 年,县所属局级以上或相当这一级的正职,属省、地委管理的干部;县副局级或相当这一级的干部,属县委管理。其他一般干部分别由县委各分管部门管理;凡不属县委管理的干部,如县人委各科(局)的干部由行政业务部门(人事部门)管理。

1984 年干部管理权限继续下放,原省、地委管理的干部一律由县委组织部统管,凡政府科员、办事员和企事业单位的行政管理人员均由县人民政府人事科管理。

"文化大革命"期间,由于极"左"路线干扰破坏,党政不分、政企不分的现象普遍存在,干部管理工作比较混乱。

1981 年 5 月,扬中县革命委员会改称扬中县人民政府,政府的委办局正职属地区(市)管理,副职由县委管理。正副科(股)长由组织部任免,公社(镇)正副主任(乡长、副乡长)均通过人民代表大会选举产生,其中正职属地区(市)管理。企事业单位中,凡设党委、党总支的工厂的正副厂长、完中正副校长均由县政府任免。

2. 干部调动权限 本系统内一般干部由系统自行决定;跨系统的由组织、人事部门审批,并办理手续。调进或调出本县的干部以及大、中专毕业生分配均由人事局审批办理。县党群部门、乡干部以及组织部管理的干部调动,由组织部办理。

3. 管理形式 管理形式一般采取任免制和选举制。

四、支边援外

支边 1959 年 6 月 1 日,中共扬中县委副书记雍立信调西藏,担任日喀则市委副书记。1961 年 12 月,在日喀则市委书记任上去世,后被追认为烈士。

1976 年 6 月,幸福中学教师姚烽调西藏林芝八一中学(西藏农牧学院附中)任教两年,1978 年 7 月调回镇江。

1977 年 4 月,八桥医院医师殷良智调西藏拉萨工人医院工作,1979 年 4 月调回。

1980 年 7 月,教师黄翔、耿兴伟调西藏,分别在加查县、扎朗县中学任教,1982 年 8 月回县。

援外 为支援第三世界国家,扩大对外联系,1970 年 3 月,县人民医院妇产科医师符大玲至坦桑尼亚的桑给巴尔地区弃巴医院任妇产科医师,1973 年 3 月回国。

1978 年,扬中县选派扬中饭店孙华贵参加援助伊朗德黑兰医疗队任厨师。原拟援外 2 年,因伊朗发生政变,1979 年 3 月提前回国。

五、福利

1953 年,福利费主要用于全县包干制工作人员的家庭困难补助。这年,共拨福利费 4297.18 元(折新币,下同)。

1956 年,福利费按干部工资总额 5%提取,全县统一使用。

1959—1961 年,扬中县处于三年困难时期,干部身体健康受到影响,有的因病不能正常工作。1960 年对患病的干部给予照顾和疗养。1961 年拨困难补助费 8408 元,共补助 280 人次,受助人数占干部总数的 52.81%。

1962 年,干部福利费提取标准为干部工资总额的 2.5%。1965 年起,原规定每人每月 1 元 4 角的福利费,改按 1 元 6 角提取,主要用于慰问病员、儿童统筹医疗、独生子女保健、办机关幼儿园、干部困难补助等。

六、老干部工作

1980 年 11 月,中共扬中县委组织部设老干部科;1981 年 6 月,改设老干部局;1984 年 2 月,机关体制改革,撤销老干部局,复于县委组织部内设老干部科。1985 年,县人民政府劳动人事局增设退休干部服务股。

1.医疗 1984 年,县人民政府拨款 4 万元,将县人民医院原外科病房整修为老干部病房,设 20 张床位,安装暖气、卫生等设施,并开辟娱乐室。

2.文化娱乐 1984 年,县人民政府决定拨款 25 万元建造老干部活动室,1985 年 7 月 1 日正式开放,内设阅文(件)、电视、书法、棋类、牌类、阅览、健身、接待、会议等 9 个室。至 1985 年,各乡(镇)均建立老年活动室,共有房屋 39.5 间、1250 平方米。

3.参观学习 1983—1985 年,各乡镇相继成立离休、退休党支部 14 个,老年协会 11 个,并建立学习、组织生活制度。

县老干部局(科)多次召开各乡(镇)老干部党支部负责人会议,汇报、交流学习活动情况,反映好人好事,定期安排学习内容和各类活动。

1982—1985 年,共组织离退休干部外出参观 428 人次。离、退休干部中有不少人受聘在不同岗位上继续工作,发挥余热。

第二节 工 人

解放前,全县工商业不发达,职工人数较少,多属半工半农性质。解放后,工商业得到恢复和发展,职工人数逐年增加。1949 年为 473 人(不含城镇个体户)。至 1985 年,增至 25599 人(含国家干部 3141 人),为 1949 年的 54 倍。女工增长比例更大。

解放初期,职工中文盲、半文盲所占比重较大。随着职工教育的开展,职工文化水平有所提高。"文化大革命"后,对老职工采取分期分批培训,对新招收的工人采取先培训后就业以及在职进修等办法，职工的文化水平普遍提高，促进了劳动生产率的提高。全县全民所有制工业企业全员劳动生产率，1949 年每人 1322 元，1985 年每人 11876 元；1985 年集体企业全员劳动生产率每人 8715 元。

1985 年，全县全民所有制单位职工 10098 人，其中机关团体 1523 人；城镇集体所有制单位职工 15501 人，其中工业企业职工 8008 人。

1949—1985 年部分年份扬中县全民所有制单位年末员工人数情况表

表 191　　单位：人

部门＼年份	1949	1952	1956	1961	1966	1976	1980	1985
工业部门	65	107	687	850	445	1370	2242	3771
农林水利气象部门		30	76	223	207	204	312	353
交通运输邮电部门		25	40	103	65	100	179	416
商业服务物资供销部门		309	793	984	1122	1589	2624	1815
城市公用事业部门						1	30	124
文教卫生和社会福利部门	123	653	848	1150	1082	1293	1654	1861
金融部门		109	79	72	86	78	127	199
机关团体	285	353	580	660	586	578	874	1523
其他						4		36
合计总人数	473	1586	3103	4042	3593	5217	8085	10098

1952—1985 年部分年份扬中县城镇集体所有制单位年末员工人数情况表

表 192　　单位：人

部门＼年份	1952	1956	1961	1966	1971	1976	1980	1985
工业	40	473	517	696	2054	3305	3723	8008
建筑业	17	50	86	86	254	404	859	1003
农林牧副渔业	93	287	505	499	137	198	335	1169
运输邮电业		122	345	509	574	851	983	1011
商业服务业	320	488	416	554	432	513	572	2372
文教卫生事业	65	52	196	370	713	1427	1539	1635
金融业							98	181
城市公用事业								97
其他	17	21	29	60	48	59	27	25
合计总人数	552	1472	2094	2764	4212	6757	8136	15501

1949—1985 年部分年份扬中县机关企事业单位员工情况表

表 193　　单位：人

年份\类别	职工人数合计	其中		年份\类别	职工人数合计	其中	
		全民	城镇集体			全民	城镇集体
1949	473	473		1968	6829	3722	3107
1650	848	848		1969	7495	4200	3295
1951	1044	1044		1970	7169	3713	3456
1952	2138	1586	552	1971	9131	4919	4212
1653	2270	1564	706	1972	10256	5263	4993
1954	2577	1675	902	1973	10361	4926	5435
1955	3003	1851	1152	1974	10864	4956	5908
1956	4575	3103	1472	1975	10988	5035	5954
1957	4560	2981	1579	1976	11974	5217	6757
1958	7784	6090	1694	1977	13405	5407	7998
1959	6905	5087	1818	1978	14788	7655	7133
1960	7493	5542	1951	1979	15325	7666	7659
1961	6136	4042	2094	1980	16221	8085	8136
1962	5303	3489	1814	1981	18217	8734	9483
1963	6190	3027	3163	1982	19969	9852	10117
1964	5888	3209	2679	1983	20161	9712	10449
1965	6422	3342	3080	1984	21408	9226	12182
1966	6357	3593	2764	1985	25599	10098	15501
1967	6653	3722	2931				

第三节　精简下放

1958 年“大跃进”中，搞“大炼钢铁”，放松农业。城镇劳动力盲目增长，各经济部门比例失调。针对这一严重问题，1960 年以后的几年中，县委根据“缩短战线，保证重点，加强农业第一线”的指示精神，开展精简下放干部、职工运动。至 1963 年，全县共精简下放 4797 人。其中干部 201 人，公社企事业单位职工 134 人，县属工厂工人 4262 人。同时还接受来自全国各地下放人员 4923 人。

1964 年，县委、县政府开始动员知识青年上山下乡。至“文化大革命”结束，扬中农村(农场)累计接收下乡知识青年1051人。其中县内592人,外省市区338人(主要来自上海市),省内外地市121人。外地知识青年多系回原籍投亲。

第四节　就业安置

扬中从解放到“文化大革命”时期,城镇劳动力很少,凡有工作能力的都安排了工作。随着工业、服务业的发展,还不断到农村招用劳动力作为补充。1974—1979年间,凡是在1960—1963年下放到农村的人员均由原单位调回安置。

1972—1973年,大部分知识青年由劳动部门安排了工作。

1974—1979年,回城知识青年428人。

1978年起,遵照中央、省委指示精神,城镇应届初、高中毕业生不再动员下乡,对尚在农村的下乡知识青年,本着“国家关心、负责到底”的精神,在发展生产的基础上,分期分批调回就业。到1983年年底,经招工、顶替、升学、入伍等途径,全县下乡知识青年的就业安置工作基本结束。

1972—1976年,全县新增加职工1258人。其中复员转业、退伍军人79人,接受分配的大、中专毕业生167人,城镇初、高中毕业生及其他劳动力157人,落实政策安排的30人,从农村招工587人,其他人员238人。

至1985年,全县职工总数达25599人。

第五节　工资改革

解放初期,国家干部供给制与工资制并存。1952年改供给制为包干制,1956年实行工资制。1956—1984年,先后调整工资8次。1978—1985年,调整工资4次。干部工资收入增长幅度较大。1985年人均年工资991.07元,比1956年人均年工资净增627.75元。1985年人均年工资是1956年的2.7倍。

解放初期,全县工商业较少,为了便于接管,稳定秩序,对职工工资一般以本人解放前3个月的平均工资为标准,按照当时物价,折合实物,以人民币支付。

全县职工调资升级工作,从1952年开始至1984年,共进行两次改革,10次调整。

通过改革和调整,全县职工工资收入逐年提高,1985年全民所有制单位职工的年平均工资达963.26元,是1949年160.67元的5倍;集体所有制单位职工1985年人均年工资834.95元,是1952年363.41元的2.3倍。

第六节　干部职工退休离休

一、干部职工退休(职)、离休

1.退休退职　全县干部退休、退职,均按国务院规定办理。至1984年,共办理干部退休(职)605人(内含教师174人)。其中1978年前办理的68人。

2.离休　1983—1985年,全县先后颁发老干部离休荣誉证4次,办理离休手续的共231人。其中享受司(局)级待遇的7人,享受县(处)级待遇的80人。

二、工人退休

1958年2月,国务院发布《关于工人退休、退职暂行办法》等文件,1968年又发布《关于工人退休退职暂行办法》等文件。根据文件规定,地方国营、集体企业的部分职工办理退休、退职手续,退休养老费由企业行政负担。“文化大革命”中曾一度停办退休、退职手续。

1979年起,全县大量的工人办理退休、退职手续。到1984年年底,退休工人总数为1755人。其中全民1148人,集体607人。退休人员仍然享受公费医疗。工人退休后,原单位可招收其1名符合招工条件的子女参加工作,名曰“顶替”。

第七章 军事

扬中地处江中，非舟莫渡。建置前，为丹徒、丹阳、武进、江都、甘泉、泰兴六县分管。建置后属四等小县，历来不为兵家所重。自太平天国革命至抗日战争爆发，仅民国17年（1928年）发生过一起战事，江阴红军游击队一部，夜袭老郎街公安分局。至于人民反抗官府、豪绅剥削和压迫的自发斗争，先后有10余起。

抗日战争期间，新四军在茅山开辟革命根据地，扬中亦为抗日游击根据地之一，成为新四军驰骋大江南北的“江中跳板”。

1913—1933年扬中农民斗争情况表

表194

年份	地点	主要领导人	斗争原因与对象	简况
民国2年（1913）	八桥镇	包景松等	抗税 县知事林立山	焚县署（八桥县署）劫狱
民国2年（1913）	浮玉山庄	李天祥 蔡恒登等	抗租 金山寺	焚毁庄房
民国10年（1921）	三茅镇	第一区民众	抗税 县知事李哲昌	捣毁县公署大堂房屋
民国17年（1928）	三茅镇	戴雨香等	索取二五库券 县长茅迺封	捣毁县政府办公用具、焚毁文卷
民国18年（1929）	三茅镇	许自由 胡元山等	要求减租 金山寺	捣毁县政府大门
民国19年（1930）	玉皇庙镇	林志瑞等	拒缴购枪捐	捣毁第四区保卫团团部

续表 194

年　份	地　点	主要领导人	斗争原因与对象	简　况
民国 20 年（1931）	三茅镇	四乡民众	政府不愿修圩堤 建设事务所	捣毁建设事务所
民国 22 年（1933）	东新港	朱春晖等	拒征土地 大通轮船公司	捣毁公司房屋
民国 22 年（1933）	下洲	三、四、五区乡民	拒交田赋附加税 官府豪绅	烧毁地主张元乔、张子诚等七家房屋

第一节　武装建制

清初，驻京口旗营在德兴洲北部（今丰裕乡西北部），圈地 3800 亩养马，并建营房驻兵守卫，营房港即由此得名。

清同治四年（1865），在团沙（今油坊镇中滩村）建水师游击衙署，备有炮船巡查于镇江至江阴之长江水域。

清光绪三十年（1904），太平厅设保甲总局于三茅镇。

清宣统三年（1911）10 月，太平县民政长公署设警务课。

民国 2 年（1913），太平县知事公署设警佐室。

民国 17 年（1928），扬中县政府建立保安队。

民国 18 年（1929），扬中县县区两级建保卫团。

抗日战争期间，扬中县伪政权建警察大队和保安中队。

1940 年 2 月，扬中县抗日民主政权设军事科。3 月，建常备队。12 月，扩编为警卫连。1941 年 7 月，扩编为县警卫营。1945 年 7 月，扩编为县独立团。11 月，扬中县留守处建武工队。

民国 34 年（1945）12 月，扬中县国民政府设军事科，建县保安队和自卫总队，各区、乡均建自卫队。

1949 年 5 月，扬中县人民政府建县武装总队，下辖三个步兵连和五个区中队。7 月，县总队改为县大队，后又缩编为县中队。

1951 年，设扬中县人民武装部，下辖五个区人民武装部。

1954 年 10 月，扬中县人民武装部改称扬中县兵役局，下设五个科。

1959 年，扬中县兵役局复称扬中县人民武装部。

1966—1975 年，扬中县中队归人民武装部建制。

1975 年后，县中队改称中国人民解放军武装警察部队，归公安局领导。

1951—1985 年扬中县人民武装组织历任部(局)长情况表

表 195

年　份	姓　名	职　务	备　注
1951	何万荣	大队长	1950 年 5 月建县总队,7 月改称县大队
1952—1954	李　达	部长	1951 年设县人民武装部 李达后改名为李盟
1955—1958	滕国兴 张序贵	局长 局长	1954 年 10 月,县人民武装部更名县兵役局
1959—1971	张序贵	部长	1959 年 12 月县兵役局更名县人民武装部
1972—1973	王学堂	部长	
1973.11—1981.11	刘湘玉	部长	
1981.11—1983.07	张彬洪	部长	
1983.07—1985	王桂生	部长	

1953—1985 年扬中县人民武装组织历任政治委员情况表

表 196

项目 年份	姓名	职务	备注
1949~1959	刘汉清 刘荣光 陈忠廉 卢春仲 宋大庆 朱维中 董　良	政委	
1959~1966.8	朱维中 朱　理	政委	地方干部兼职
1966~1981.7	李明远 周成明 夏秉勤 缪国成	第一政委 第一政委 政委 政委	地方干部兼职 地方干部兼职 1971.3~1978.10 1976.10~1981.7
1981.7~1985	孙国柱 胡文友 沙荣盛 黄树贤 周秀德 胡子江	第一政委 政委 第一政委 第一政委 第一政委 政委	地方干部兼职 1981.7~1983.7 地方干部兼职 地方干部兼职 地方干部兼职 1983.7~1985

第二节　主要战事

一、抗日战争时期

为了执行党中央关于新四军向北发展的战略方针，江南抗日义勇军挺进纵队一支队在郭猛、张震东的率领下，于 1938 年 10 月 6 日，分两路攻打驻扎在扬中的贾长富部，占领了老郎街、八桥镇等地，共俘敌 20 余人，缴枪 10 余支。10 月 9 日，根据陈毅的指示，挺进纵队一支队主动转移至江南姚家桥一带。

1939 年 4 月，新四军第二团一营和五营两个连配合江南抗日义勇军挺进纵队一、二支队再次攻打扬中，全歼贾长富部。挺进纵队占领扬中，扬中遂成为新四军向北发展的跳板。挺进纵队司令部设在老郎街。

1939 年 4 月 11 日，驻守三茅镇的挺进纵队二支队参谋长倪健，追随方钧，背叛革命，突然解除挺进纵队战地服务团的武装，并将团长王子清杀害于三茅镇桥东。15 日，在新四军二团的配合下，挺进纵队司令员管文蔚率部在新坝、公信桥等地讨伐叛军，倪部大部分被缴械，倪本人逃至溧阳后被逮捕正法。

1939 年 8 月 10 日，挺进纵队第五支队一连一排三班战士在老郎街用步枪击伤日本侵略军侦察机 1 架。飞机坠落在板儿沙江边，后被一连指战员炸毁，两名日机驾驶员负隅顽抗，被当场击毙。

1940 年 3 月 9 日，挺进纵队四团一营三连连长张罗、指导员王详率全连战士在青龙桥附近伏击油坊镇抢粮的日伪军，毙敌 3 人，俘敌 7 人，缴步枪 3 支。当夜王详又率 1 个排袭击八桥镇日伪军据点，俘敌 4 人，缴步枪 3 支，手枪 1 支。次日，日伪军押着运送他们抢来的粮食的小车队从八桥镇返回三茅镇，张罗及王详率部分别在三义阁、虹桥等地阻击，日伪军丢下粮车 12 辆，鼠窜而去。此役，毙伤日伪军 11 人，缴步枪 6 支。

1940 年 9 月 22 日，中共扬中县委书记李中，县抗敌委员会主任朱永山等在斧头街部署对敌工作，和伪警察崔振华中队遭遇，李中就地隐蔽脱险，朱永山突围时溺水牺牲。

1941 年 8 月上旬，中心沙黄旗会会长张玉槐与驻泰兴县伪十九师勾结，聚集百余会徒进行反革命暴乱，捕杀革命者。抗日民主政府副县长王言率县警卫营进行镇压，缴获大刀百余把，活捉张玉槐及其秘书，押至惜字洲处决。

1941 年 9 月 16 日，伪警察大队长周广发率部二三百人至黑木桥、荫沙口等地，企图袭击驻中心沙的扬中县抗日民主政府干部和警卫营。苏中五分区司令员韦永义率新四军五十一团、五十四团和苏南第四保安司令部特务大队成员，在扬中、武进两县警卫营配合下，一举全歼周广发部，缴获机枪 1 挺，长短枪 100 余支。

1942 年 8 月 28 日，路北特委敌工委员会书记王龙，率部袭击二墩子港伪据点，俘虏伪军 20 余人，缴枪 20 余支，炸毁汽艇 1 艘，击毙伪艇长殷明法。

1942 年 8 月，新四军五十一团参谋长胡品山率部，袭击泰兴县七圩港伪军据点，击毙伪军多人，俘虏 100 余人，缴枪 100 余支。

1944 年 5 月 3 日上午，县警卫营在王家埭附近阻击从三茅镇前往老郎街的伪三师八团三营十连,伪军仓惶逃入兴隆镇。此役,俘伪军 20 人,缴枪 20 支。下午 1 时左右,县警卫营袭击由老郎街前往三茅镇的伪三师八团一营和三营计 300 余人。伪军受重创后,狼狈溃逃。此役,毙伤伪连长以下 20 余人,缴轻机枪 1 艇,步枪 10 余支,伪币 170 余万元,辎重数十车。

1944 年 6 月 11 日深夜,为了击毙汉奸顾秉琪,军事科长印世庸率县警卫营一部,在日本侵略军据点外佯攻掩护,由突击队员董瑞良、朱奎生等 4 人潜入伪县政府,与伪军岗哨遭遇。顾秉琪闻声逃跑,顾妻被击毙,并炸死伪警察 1 人,炸伤数人,活捉伪警察 3 人。

1944 年 11 月 19 日,丹北独立团两个连,在县警卫营及驻老郎街原伪三师八团十连连长罗云高所率起义部队配合下,一举攻克老郎街、油坊桥、八桥镇、大泡子、兴隆港等 5 个敌伪据点,并在兴隆镇击退日伪军两次增援,解放了兴隆镇以南地区。击毙日警备队长寺田贞一,班长田中以下日军 20 余人,伪军 3 人;俘虏伪连长以下官兵 200 余人,缴获轻机枪 2 艇,步枪 200 余支,短枪 10 余支,子弹数万发,各种军用品五六十担;平毁各据点的工事、碉堡和营房。苏中五分区司令员韦永义授予罗云高部"扬中游击大队"番号,任命罗云高为大队长。

1945 年 5 月 12 日,新四军苏中五分区作战参谋严肃率特务一团两个连,在扬中县警卫营干部战士配合下,围困新坝伪据点。由于事前县抗日民主政府对伪中队长乐晓东做了争取工作,该据点和平解决,伪保安队 60 余人主动缴械,计轻机枪 1 挺,步枪 68 支,驳壳枪 3 支,手榴弹 18 枚,子弹 3000 余发。伪据点的碉堡和其他军事设施悉被平毁。次日,又从逃散的新坝据点伪军手中缴获长短枪 19 支,枪弹筒 6 个,子弹 2000 余发。

5 月 17 日,新四军苏中五分区司令员韦永义指挥特务一团部分战士,在扬中、武进两县警卫营配合下,攻克北泡子、南泡子、西来桥 3 处日伪军据点,击退来自小河方面的日伪增援军,解放了中心沙,击毙伪中队长以下 10 余人,俘伪军 100 余人,缴机枪 4 挺、长短枪近百支、子弹 2000 余。

5 月 25 日,新四军苏中五分区司令员韦永义率两个连,在县警卫营配合下,攻击伪县政府,活捉伪县长章谋,俘敌 60 余人,缴获长短枪 70 余支,掷弹筒 1 门,同时攻下二墩子港伪据点。

1945 年 6 月 28 日, 苏中五分区特务一团和县警卫营在思议港与日本侵略军遭遇,由分区政委金柯(后叛变)、参谋长刘德胜、团参谋长胡俊杰和县长施光前指挥,先后在公济桥、唐家桥激烈交战。从清晨持续到傍晚,计毙敌 25 人,生俘 1 人,缴六九式机枪 1 挺,三八式步枪 20 余支,掷弹筒 1 门,望远镜 1 架,指挥刀 1 把。庆隆乡民兵大队长徐志本在唐家桥战斗中牺牲。

抗日战争时期扬中县城区日伪封锁线示意图

民国 29—34 年(1940—1945)

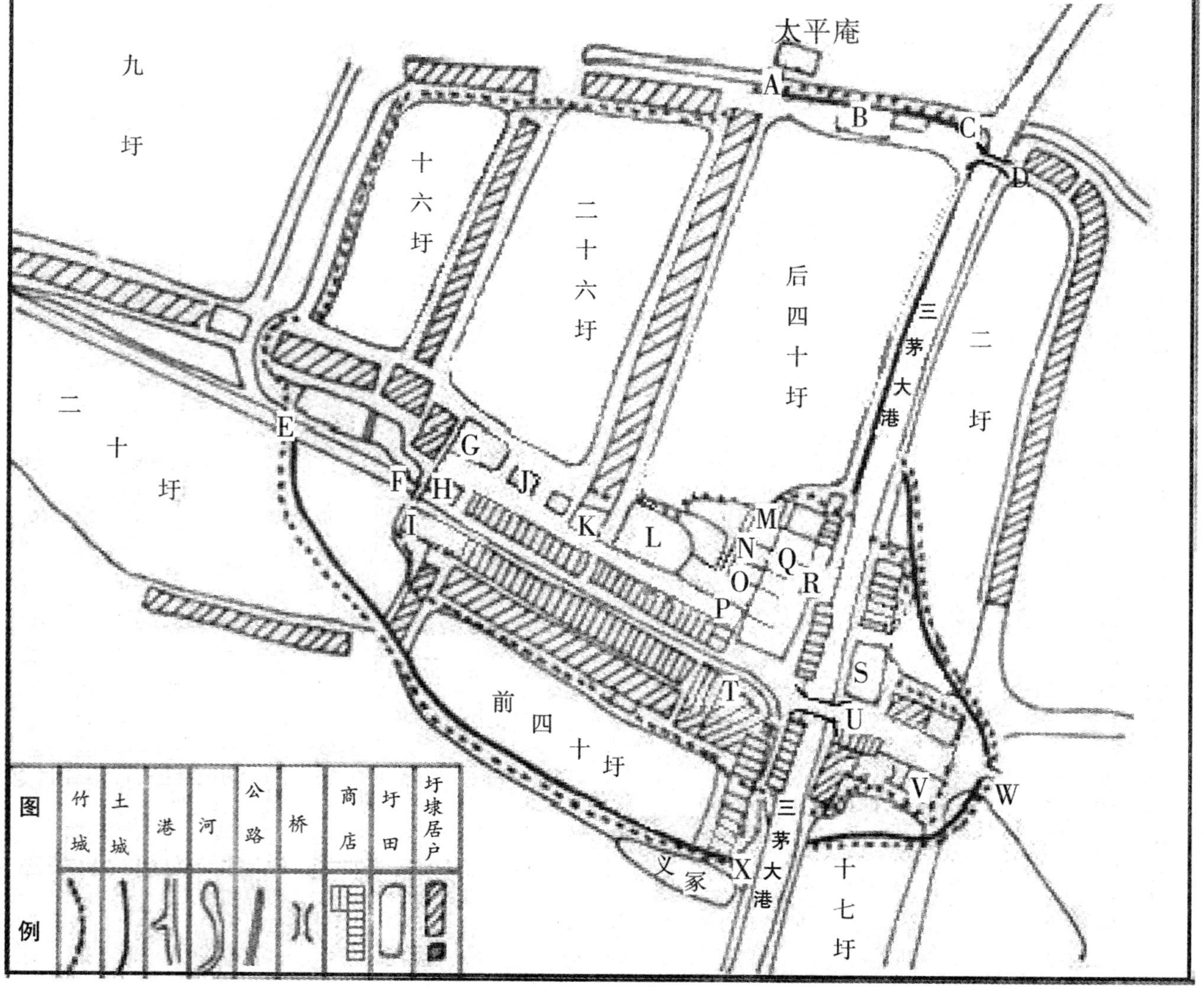

A 太平庵档子
B 警察署
C 北档子
D 当舖桥
E 西档子
F 西门圈
G 日军司令部
H 日军特工队
I 一区公所
J 侦辑队
K 伪七团团部
L 操场
M 县党部
N 法庭
O 田赋处
P 保安大队部
Q 伪县政府
R 日军联络处
S 监狱
T 民众教育馆
U 文明桥
V 警察局
W 东档子
X 南档子

附录　日本侵略军在扬中的暴行(根据县档案资料记载)

屠杀224人，其中干部63人；强奸妇女336人，其中致死4人；无故殴打11828人，其中致残24人；烧毁房屋860间；砍伐树竹6034万斤；抢去粮食110.3万斤，鱼580担，牲畜2556头，家禽10.83万只，禽蛋6.82万只，衣服2432件，布匹1248尺，金戒指27只，白银1296两，银元22块，煤油180公斤。

二、解放战争时期

1945年10月下旬，根据丹北中心县委指示，中共扬中县委、县政府召开留守工作会议，宣布成立扬中留守处，由张恒柏、张建新(黄万余)、朱松华三人组成，张恒柏为负责人。刘晓阳、姚六小、王永宝及短枪班的耿龙富、张茂华、唐长贵、李茂富、高天赐、韩九龄等参加留守。扬中留守处属江南留守处(即中共丹北中心县委会)领导。

11月5日，扬中县独立团、县直机关和部分区乡干部600余人，在县委书记吴翼、县长施光前的率领下，从新坝万福桥及其附近港口渡江，北撤至兴化县。行前，县独立团发布《告扬中同胞书》，重申共产党的和平建国方针，激励群众消除悲观情绪，增强革命斗志，并警告坏人安分守己，不准危害革命群众等。同日，张恒柏在猫儿沙新圩村朱松华家召开第一次留守人员会议。会议决定，全县分三个区，三滧镇以上为一区，由张建新负责，刘晓阳协助；兴隆镇、老郎街、油坊桥周围部分地区为二区，由朱松华负责；油坊(大部分)、永胜、八桥、中心沙为三区，由张恒柏负责。留守处成立武工队，由耿龙富任队长，张茂华任副队长。会议还决定，留守人员一律转入地下活动，任何人不得在公开场合露面，各区负责人与留守处负责人采取单线联系。在斗争策略上，为保存革命力量，以政治斗争为主，不搞军事上的硬拼。

12月14日，中共扬中县委书记吴翼、县长施光前根据华中二地委决定，率党政干部朱尊华、吴中、钱汉珊、刘震东、丁文龙和战士等40余人返回扬中。15日凌晨宿营封头坝，5时左右与护送国民党扬中县长孟治等到扬中建立政权的四十九军二十六师七十八团的先头部队发生遭遇战。因不明敌人虚实，为保存力量，吴翼、施光前率部转移到泰兴县永安洲。留守处成员坚持地下斗争。

1946年5月5日，张建新、刘晓阳、李茂富、唐长贵等留守人员在德云乡莫家埭活动。因张玉明告密，扬中县保安大队长申炳权率县保安大队和三区自卫队于上午10时分四路包围莫家埭。激战中，张建新、李茂富不幸牺牲。刘晓阳、唐长贵突围成功。刘晓阳突围负伤，转移到泰兴县治疗，伤愈后又回扬中坚持斗争。

1946年10月6日，朱尊华、刘晓阳等，在齐家乡袭击国民党扬中县五区自卫队，击毙自卫队员吴坤福，击伤自卫队员欧阳政，缴获步枪1支，活捉收税员戴仲庆父子，并押往苏北处决。

1947年2月1日，刘晓阳及警卫员姚盛余在德云乡二圩埭活动，由于叛徒姚锡五告密，遭敌三区民众自卫队包围。激战中，姚盛余牺牲，刘晓阳负伤被捕。

1947年2月2日，朱尊华、姚六小在在我乡十九圩塘活动。因赵学诗告密，遭申炳权率领的县保安大队包围，激战数小时。最后，朱尊华等三人因弹尽而被捕。姚六小于同月10日在八字桥镇被敌人杀害。朱尊华等五人于1948年6月19日被敌人杀害于驼子桥。

1949年4月21日22时30分，中国人民解放军第三野战军(简称“三野”)二十军五十九师一百七十七团在得胜港、铁匠港地段突破江防，打退敌人连续反扑，巩固了滩头阵地；一百七十五团一营攻占东新港、五渲镇，歼敌近1个团。

22日上午，“三野”二十军五十九师一百七十五团攻占三茅镇，“三野”二十军六十师一百七十八团攻占老郎街、油坊桥、八桥镇、思议港、六圩港等地，俘敌军第一一三师三三七团、三三八团、三三九团官兵计2000名。中国人民解放军二十军五十八师亦于当日在万福桥等处登岸，向栏杆桥推进。23日拂晓，“三野”二十军六十师一百七十八团歼灭轮船沙守敌1个连，中心沙敌军闻风而逃。至此，扬中全境解放。

第三节　民兵建设

一、民兵组织

民国29年(1940)4月，扬中县抗日民主政府成立后，以1个乡或2个乡为单位，成立民兵大队，并组成基干队和游击小组，以配合主力部队或地方武装，与日伪军进行斗争。民国34年(1945)12月，国民党进入扬中后，全县民兵转入地下活动。

解放后，中共扬中县委、县政府大力从事民兵的组织建设。1951年，全县5个区均建立人民武装部，共57个民兵乡队部，14个民兵中队部，有民兵干部150余人，基干民兵1220多人。1985年，全县有人民武装专职干部31人，基干民兵排270个，民兵排以上干部2061人，基干民兵6053人。

1970—1985年扬中县民兵组织情况表

表197

年份	民兵人数(人)				民兵建制数(个)				
	合计	其中							
		普通民兵	基干民兵	排以上干部	师	团	营	连	排
1970	77837	27106	45150	5582		15	47	186	2462
1971	76011	27639	42533	5839		15	24	179	2415
1972	74727	27378	42000	5349		15	24	180	2373
1973	78616	29304	43373	5939		12	36	189	2438
1974	78283	28312	44572	5399		12	37	187	2463
1975	81060	31446	43458	6156	1	12	54	192	2534
1976	80903	32863	41948	6092	1	12	44	194	2484
1977	81463	32981	42561	5921	1	12	68	201	2692
1978	81594	33986	41864	5722	1	12	60	196	2594
1979	81344	33561	41449	6334	1	12	75	194	2614
1980	79830	34155	40385	5290	1	12	72	192	2615
1981	32322	26811	5511	2817		1	6	13	234
1982	32324	26279	6045	2817		1	6	13	233
1983	33230	27177	6053	2140		1	5	12	247
1984	31893	25840	6053	2007			5	12	270
1985	32890	26837	6053	2061			6	12	270

说明:1970—1980年,普通民兵+基干民兵+排以上干部=民兵总数
1981—1985年,普通民兵+基干民兵=民兵总数

二、民兵训练

抗日战争期间,限于客观条件,民兵训练主要是结合战斗实践进行。着重训练战前准备、战时配合、战后处理及日常通讯、岗哨监视等。

解放后,民兵训练贯彻思想政治教育与军事技术教育相结合、劳动与武装斗争相结合、分散和集中相结合的原则,开展官教兵、兵教官、兵教兵的群众练兵运动。1984年,建成县民兵训练基地,采取集中训练的形式,每期集训150多人,军事训练逐步转向专业化。至1985年,共集训两期,训练专业技术民兵300多人。

三、民兵活动

抗日战争期间,全县民兵在保卫地方治安,配合新四军和地方抗日武装在打击、歼灭日伪军方面,起了较大作用。

1941 年冬,在三区区委领导下,活捉土匪施绍咸等 6 人。

1943 年春,积极参加反"清乡"斗争,破坏敌人的竹障工事,在敌伪据点附近建立军事情报点,破坏敌人的交通,切断敌人的电话线,经常以小型武装活动,扰乱敌人。

1944 年 5 月 4 日,武力围追在普济庵一带抢劫的 30 余名伪军,迫使伪军弃物而逃。8 月 10 日,围追到玉皇庙镇抢物抓人的武进县钟六巴等 20 余名匪徒。

1945 年 2 月 21 日,福德、雷观、如意三乡武装民兵 20 余人,在大队长石广林率领下,袭击泰兴县龙梢港伪据点,俘虏伪军 50 余人,缴获步枪 52 支、冲锋枪 1 支、掷弹筒 2 门、子弹千余发。5 月 3 日,围追在三区德隆乡抢劫的伪侦缉队及日军 40 余人。7 月 15 日,二区民兵,袭击由扬中二墩子港向苏北逃窜的日伪军,获长短枪数支。

1949 年 4 月,民兵程广法等驾驶 19 条民船,突破封锁线,驶往长江北岸,配合中国人民解放军渡江作战,受到中国人民解放军二十军军部的奖励。

解放初,全县民兵积极参加剿匪肃特、抗美援朝、土地改革等运动。在社会主义革命和社会主义建设的各项工作中,民兵均发挥了保卫革命政权、保卫建设事业的积极作用。

第四节　兵役　伕差

一、募兵制

清代实行募兵制,北洋军阀政府时期,仍沿袭清代募兵制度。

二、征兵制

民国 25 年(1936),国民政府《征兵令》规定:"男子年满十八岁之翌年一月一日起服役"。民国 25 年(1936),扬中县开始征兵,采用抽签方式,实行"三丁抽一(兄弟三人应征一人)、五丁抽二(兄弟五人应征二人),独子、学生、残废者不征"的办法征兵。

民国 35 年(1946)10 月,国民政府颁布《兵役法》,规定年满十八至二十五周岁之男性青年为常备兵役和补充兵役壮丁。凡未入伍之十八至四十五周岁之男性青年为国民兵。征集仍沿用抽签方法。当时,适龄青年普遍厌战,纷纷背井离乡,或自伤致残。民国 36 年(1947),扬中县国民政府采用强制性的"抓壮丁"办法,完成征兵额。

据扬中县国民政府档案记载:1946 年秋,征兵 100 名(三日内完成);1947 年夏,征兵 100 名;1948 年应征入营 1016 名(包括省保安团 54 名在内);1949 年,征兵入营 256 名。

三、志愿兵役制

抗日战争爆发后,全县数十名有志青年出于爱国热情,至丹阳参加管文蔚所领导的抗日武装。1940 年,扬中县抗日民主政府成立后,开展参军运动,青年自愿报名应征,经审批后入伍。

解放后的 1949—1954 年,仍为志愿兵役制。1950 年,开展“抗美援朝,保家卫国”运动,全县有 477 名青年被批准参加中国人民志愿军。

四、义务兵役制

1955 年,国务院颁布《中华人民共和国兵役法》,实行义务兵役制。

1978 年,国务院、中央军委发出《关于兵役制问题决定》,实行义务兵和志愿兵相结合的制度,并对义务兵的服役年限适当延长。

1984 年 5 月 31 日,全国第六届人民代表大会第二次会议通过《中华人民共和国兵役法》,实行义务兵役制为主体的义务兵和志愿兵相结合、民兵和预备役相结合的兵役制度。

1960—1985 年,扬中县应征入伍青年共 7389 名。其中女性 7 人,飞行员 5 人。

五、佚差

民国 16 年(1927),联军孙传芳部梁鸿恩师白宝山旅溃军经过扬中县境,强拉民佚军运。

抗日战争时期,县汪伪政权和解放战争时期县国民政府,强征大批民工修筑防御工事等。

附录 水上秘密交通

扬中县地处江中,是江心跳板。抗日战争期间,陈毅视察扬中时曾说:“扬中是渡江最理想的地方”,“有了扬中,我们过江就容易了”.并指示:“这块跳板一定要守住,不能丢失!”

1942 年,中共苏中十地委成立长江交通工作委员会,俞迺章、张志强、郦琴等负责扬中至靖江、四圩、江阴等地水上秘密交通,秘密接送党的干部,传递文件、情报、刊物,运送军需,有秘密码头 9 处。又成立水上交通站,站长蔡志柏,继任站长陈绍堂、姚焕文。

1945 年,新四军北撤后成立分区地下交通联络站,姚焕文任站长,设站点 6 处,有船百余艘(包括渔船)。设中共船民支部 7 个,有秘密党员 102 人,坚持斗争,直至 1949 年扬中解放。

抗日战争时期抗日民主政府秘密交通渡口或交通线情况表

表198

乡　别	交通渡口或交通线	负责人	备　注
邻丰乡	头墩子港南北交通	朱松华	
鸣凤、和合交界	镇海庵	孙伯钧	
和合乡	太平港段家桥	陈履春	
阳太乡	六圩港南北摆渡	陈恒有	
齐家乡	小泡子渡口	于明伦	
轮船乡	摆渡至天星桥	王敬亭	
南阳乡	中心沙(今幸福)荫沙口至龙梢港南北交通	冯慕龙　林守祥	此为重要渡口之一
开沙乡	开沙至泰兴的七圩、六圩、四圩港	王明泉　张绍志　陆之龙	
雷观乡	东新港摆渡去天星桥等处	黄树森　朱桂生	

链接　中国国民党地方组织

1927年，中国国民党派员到扬中开展组织活动。直至1949年4月，扬中全境解放，中国国民党及其所属机构在扬中的组织全部解体。

一、中国国民党扬中县组织

从1925年起，中国国民党江苏省党部先后在东方公学、省六中等校吸收扬中籍学生田向瑞、虞清、刘祯祥等10余人为中国国民党党员。

民国16年(1927)，中国国民党江苏省党部派赵柏诚为特派员，率田向瑞、夏全伦、吴宗源等到扬中组成"中国国民党江苏省扬中县特别委员会"，吴宗源为常务委员，夏全伦为组织部部长，田向瑞为宣传部部长，"特委"组成后，赵柏诚回省。

国民革命军抵达南京后，军阀孙传芳不甘失败，组织反攻，令梁鸿恩师取道扬中南进，吴宗源、田向瑞等去南京。中国国民党江苏省党部又派夏全伦、张庆城为执行委员，石云鹏为监察委员，回扬中坚持工作，组织"中国国民党江苏省扬中县临时执监委员会"。

梁鸿恩至扬中后，以捉拿国民党人为由，大肆搜捕，"扬中县临时执监委员会"尚未开展工作，即奉令回省。委夏全伦为保管员，其余委员均暂撤销，为恢复特别委员会作好过渡工作。

民国17年(1928)7月，中国国民党江苏省党部派党务指导员杨厚培(镇江人)到扬中组成"扬中县党务指导委员会"，吸收一批士绅和知识分子参加国民党。全县设5个区分部，各区分部设委员3人，主持基层党务工作。

民国18年(1929)3月"扬中县党务指导委员会"改称"扬中县执监委员会"，推杜祥兴、单勋、刘余琳、陆伯英、田向瑞为执行委员，鄂振声、张裕盛为候补执行委员，姚安良为监委，祝焕章为候补监委。

因委员会内部意见不一，纠纷迭起，党务无人过问，省党部乃派孙丹泉为保管员，其余委员均暂撤销，保留区分部。不久，省党部又派汪伟等3人到扬中组成"扬中县党务指导委员会"。张子诚、刘越石、虞清为执行委员，田向瑞为候补执行委员，刘祯祥为监委。

民国23年(1934)3月，省党部决定"扬中县党务整理委员会"改称"中国国民党江苏省党部扬中县直属区区党部"，原执委人选不变，另补张元乔、韦承霖为候补执委，张礼祥为候补监委，直到民国27年(1938)2月，日本侵略军第一次侵入扬中，直属区区党部与政府同时解散。

民国28年(1939)5月，江苏省国民政府派潘炳英到扬中任县长。同时，江苏省党部派虞清为扬中县党部书记长，成员有张逸山(主任干事)、刘越石(干事)、李焕文(助理干事)等，在龙王庙与县国民政府合署办公，腊月初三日(1940年1月11日)，因日伪军入侵而解散。

民国29年(1940)春，国民党江苏省党部派安霖生为扬中县党部书记长，安仅到新坝地区活动过一次。

民国34年(1945)11月，江苏省党部派凌绍志接替安霖生为扬中县党部书记长。同年12月，凌到扬中，派苏士淦(新坝)、陆如理(三茅)、何本良(兴隆)、姚卓(八桥)、何玉卿(油坊)为区党务筹备员。

民国36年(1947)夏，国民党扬中县党部正式成立，选举孟治、凌绍志、刘余琳、郝迪先、王允怡为执行委员，凌为书记长，姚卓为秘书。下辖14个区分部(以大乡为单位)。

民国38年(1949)4月，扬中解放，中国国民党在扬中的组织全部解体，不复存在。

二、中国国民党中央调查统计局扬中县室

民国34年(1945)12月，成立中国国民党中央调查统计局扬中县室。首任县室主任章治中。下辖行动组，组长先为薛加常，后为朱春林，成员有颜文安、朱宏恩、房仁杰、许俊等四五十人。1946年2月至1949年4月，县室主任更换频繁，先后有蒋裕坤、李萍、周宇尘、赵成荫等人。

民国38年(1949)4月，扬中全境解放，国民党扬中县党部及下属机构全部解体。

三、中国三民主义青年团扬中组织

民国34年(1945)冬，扬中县始有三民主义青年团组织，首任区队长为卢芝田，副区队长朱春林，共有32名团员，分3个分队，隶属于三民主义青年团江都县分团。

民国36年(1947)4月，卢芝田被撤职。5月，三民主义青年团江苏省支团派嵇学诗来扬中，成立扬中县团务筹备室，整顿发展组织。8月24日，三民主义青年团扬中分团正式成立，嵇学诗任主任，朱春林任副主任。各乡成立区队，各区队下辖3~20个分队不等。同年12月，国民党第六届中央委员会第四次会议决定党团合并。扬中县成立党团合并委员会，凌绍志任主任，嵇学诗任副主任。1948年4月，凌、嵇弃职离开扬中，由娄祖舜、朱春林办理党团合并事宜，不久，三青团独立活动宣告结束。

四、汪伪国民党扬中县党务

民国29年(1940)1月，汪伪国民党扬中县党部主任委员由顾仙痴兼任，下分三茅、新坝、兴隆、油坊、八桥5个区分部。不久，县党部主任委员由王明春担任。1943年3月，县党部主任委员由赖钫知接任。汪伪政权为了适应“清乡”的需要，将全县5个区分部改为三茅、新坝、老郎、油坊4个区分部。1944年春，县党部主任委员由王长星继任。不久，又由王明春接任，至日本投降时全部解体。

文 化 编

目 录

第一章　教育

扬中建置前的教育由六邑分管。清康熙年间，泰兴知县宋生在太平洲建立“义学”1所(今永胜乡红光村王家埭)，三间五架梁平瓦房，门楼镌刻“太平义学”。光绪前“义学”早废，房屋保存至1951年，被拆用于建造八桥中学。清同治五年(1866)，六邑共建“太平书院”于龙王庙(今长旺中心小学处)，太守李仲良经建，院有匾额三块：一为“太平书院”，巡抚李鸿章书；一为“学海观澜”，总督曾国藩书；一为“六邑观摩”，太守李仲良书。共拨圩田2274亩、滩地1404亩，以供活动经费。书院后改称“太平校士馆”，民国初期活动废止。田产由县收作学产。1940年1月11日，龙王庙与书院同被日本侵略军焚毁。清光绪三十年(1904)，上洲富绅田佩绅在太平禅寺(今人民小学)创办蒙学堂1所，教授新学，此为扬中新学教育之始。清末时期，扬中私塾教育遍及全邑，两三自然埭(圩)即设私塾1所，共有私塾300余所，就读学生7000余人。教授《三字经》《百家姓》《千字文》、“四书”“五经”等。在清末的科举考试中，应考中式者，有文举人何士俊，武举人郭万松，秀才30余名。

民国初，县设立教育管理机构。民国4年(1915)，开始官办新学。但因经费、师资及习惯势力等影响，新学发展十分缓慢。民国20年(1931)，江苏省编《扬中概况一览》称：“地方风气未开，教育极形幼稚，经费人才两感缺乏。总计完小两所，初级小学亦仅27所，中等教育尚付阙如；而私塾则鳞次栉比，亦足以妨碍教育之进行；然民间信仰私塾，反较学校为甚。”是年，全县学龄儿童数25229人，入校学生仅1068人，占4.25%；入塾学生达8550人，占33.5%。

民国23—26年(1934—1937)，洪康燮任县长。主政期间，增收、增拨教育经费；主张“废私塾，兴学校，推行义务教育”；在各学校设立“强迫识字班”，开展民众识字教育；采取自办塾师讲习班、师资培训班及委托代培等办法，加速师资队伍建设。这一时期为解放前扬中教育事业发展的兴盛时期。至民国26年(1937)抗日战争爆发，全县公办小学及改良私塾共413所，学生10453人。学龄儿童入学率为41%。

抗日战争时期,教育事业遭受日伪严重破坏,农村学校停办,私塾恢复旧观,学生人数锐减。民国28年(1939),县国民政府在镇海庵创办中学生补习团。民国29年(1940),抗日民主政府组织"文教抗日联合会",恢复农村学校,抵制奴化教育,并于民国34年(1945)创建八桥初级中学。此外,还在广大农村举办各种成人学习班,进行识字和抗日救国教育。

解放战争时期,全县学校教育有所发展。民国37年(1948),全县有公立初级中学1所,学生135人;中心国民小学及国民小学109所,私塾218所,学生共17104人。扬中学龄儿童入学率近60%。

解放以后,全县教育事业发展较快。幼儿教育,1949年前是空白;1985年全县有幼儿班216个,入园幼儿(5~6岁)7636人,入园率达87.9%。小学教育,1949年年初,公办小学的学龄儿童入学率约33%;1982年小学教育达到国家规定的普及要求,学龄儿童入学率为99.9%。中学教育,1949年仅有初级中学1所,3个班,学生106人;1985年全县有初中23所,完中10所,共有班级288个,在校中学生13605人,为1949年在校学生数的128倍。小学毕业生升学率达92%,初中毕业生升高中的比例达30.38%。中等专业教育也相应发展。其中师范教育,至1985年共办师资训练班9期,初等师范2班,中等师范3班,先后培训小学教师728人;1958年起,开办农业中学,1965年全县有农中31所,在校学生1155人;1980年起,实行中等教育结构改革,兴办职业技术教育,1985年中学有职业技术班13个,学生521人。成人教育,20世纪50—60年代以扫盲为主,1975年,全县已完成国家规定的青壮年扫盲任务;1982年转向以科技教育为重点,至1985年,各类文化技术学校学员4050人,电视大学在籍学员234人。

由于教育事业发展,人民群众的文化程度逐步提高。1964年第二次人口普查,每万人中,有大学生12人,高中生113人,初中生457人,小学生1198人;1982年第三次人口普查,每万人中,大学文化的为29人,高中704人,初中2131人,小学3920人。1977—1985年,全县普通中学为大专院校和中等专业学校共输送新生2654人。

第一节　管理机构

民国元年(1912),太平县建置后始设学务课管理教育,第一任课长姚湘。民国7年(1918),改设劝学所,受县知事公署监督。民国14年(1925),改组劝学所,设教育局。原视学改称督学,下设学区教育委员,分理教育事宜。民国22年(1933),裁局设科,县国民政府设第三科掌理教育行政事务。民国27年(1938),日本侵略军入侵,县国民政府机构解散。民国28年(1939),重组的县国民政府,设教育科。民国29年(1940),汪伪县政府设教育局(初由第二科兼管),分学区设教育委员,强制推行奴化教育;抗日民主政府设文教科，以行政区设文教助理或干事，在广大农村地区和部分集镇学校，开展抗日教育活动。民国 34 年(1945)，县国民政府设教育科管理全县教育。

解放后，县人民政府设文教科，管理全县文化教育。1950 年，各行政区增设文卫助理，在科、区双重领导下，掌理具体文教工作。1951 年，县成立文教委员会。1955 年 7 月，文化、教育分设两科。1957 年 9 月，又合并为文教科，科内增设小学教学研究室。1958 年，撤销各区文卫助理，其工作由各乡中心校代管，并以大乡(片)设文教辅导员。中心校以乡建立中共党支部，加强党的领导。1960 年 2 月，改文教科为文教局。1966 年受“文化大革命”冲击，机构瘫痪。1967 年 3 月，军管会下设文卫组。1969 年年初，中小学下放大队，由贫下中农管理。1971 年 3 月，扬中县革命委员会教育局成立，公社建立教育革命委员会。1977 年改教育局为文教局，设专人管文化。1978 年秋，公社撤销教育革命委员会，配备文教干事。1981 年建立乡(镇)人民政府后，改设文卫助理。1984 年秋，在联合乡进行教育体制改革试点，成立乡办学委员会，实行“地方负责，分级管理”。1985 年全面推开，各乡(镇)均成立办学委员会，文化、教育事业由县乡(镇)分级管理。

第二节　幼儿教育

1949 年前，扬中县无幼儿教育班、园。1949 年春，三茅等 4 所小学始收幼稚生 123 人。秋季，全县 34 所小学共招收幼稚生 751 人，均与其他年级混合编班，称为半年级。

1952 年，三茅小学正式附设幼儿班 2 个，招收幼儿 70 人，配备教养员 2 人。

1954—1957 年农业合作化时期，农村部分地区兴办幼儿班。全县入园幼儿近 200 名。

1958—1959 年，幼儿教育大发展，农村生产队普遍建立托儿所(组)。1958 年，全县有 491 个托儿所(组)，入托幼儿 14482 人；1959 年为 800 个，入托幼儿 8911 人。这些托儿所(组)，设备简陋，无正式教养员，大多数是由弱劳力的妇女看管幼儿。

1960—1962 年三年困难时期，仅存新坝公办幼儿班 1 个，县级机关全托班 1 个，共收幼儿约 90 人。1970 年，因“文化大革命”干扰，全县停办幼儿园(班)。

1974 年，全县农村、工厂办起幼儿班 61 个，收幼儿 1091 人。1977 年，全县幼儿班发展到 221 个，入园幼儿 7888 人，占幼儿总数的 49%。

中共十一届三中全会以后，幼儿教育逐年发展。1979 年，县实验小学和全县 12 所中心小学，各附设 1 个公办幼儿班，县玉雕厂和电子仪器厂也各建 1 个幼儿园。1980 年，县直机关幼儿园新建幼儿教育楼 1 幢。1985 年，油坊、丰裕、八桥均先后建成幼儿园校舍。至此，教育部门开办的幼儿园共 13 个班，乡(镇)、村办幼儿园 173 个班，县机关、工厂、企事业单位办幼儿园 30 个班。全县幼儿教育形成多层次办学结构。1985 年,全县入园幼儿 7980 人,占应入园幼儿(3~6 岁)的 52%。

幼儿教育的管理工作,由县妇联、卫生局、文教局共同负责。文教局和各乡中心小学配有幼儿教育辅导员,负责教学管理和幼师培训等工作。1977 年后,幼儿班的教学内容恢复省规定的课程,设故事、唱歌、游戏、图画、手工、识数、生活常识等课;但限于师资水平,一般偏重于识字、计算。1982 年后,县乡加强辅导工作,教育内容根据全国统编教材和教学大纲要求,开设语言、数学、常识、音乐、体育、美术、游戏等 7 门课程,注意开发智力,培养能力,教养并重。

1985 年扬中县幼儿教育情况表

表 199

地区别	单位	幼儿园数	幼儿班数	教养保育员数	学额情况			
					3~4 岁		5~6 岁	
					总数	入园数	总数	入园数
乡镇	新坝镇		20	20	609	57	676	645
	联合乡		15	15	490		709	548
	丰裕乡	1	14	15	780		868	710
	三茅乡		26	26	720	68	865	799
	三茅镇		5	6	203	16	201	158
	三滘乡		16	16	690		868	710
	兴隆镇		12	12	426		438	418
	长旺乡		13	13	422		727	618
	永胜乡		15	15	760	37	814	721
	油坊镇	1	24	24	450		713	653
	八桥镇	1	13	13	566		745	632
	西来桥镇		12	12	323		486	412
县城	实验小学		2	2				66
	县级机关	1	5	15			250	190
	轻工局		1	1				10
	交通局		1	1	5	5	9	9
	商业局		2	2	30	26	22	22
	电镀厂		1	2	28	10	38	38
	农机厂		1	2	18	16	12	8
	染织厂		3	5	18	18	21	21

续表 199

地区别	单位	幼儿园数	幼儿班数	教养保育员数	学额情况			
					3~4 岁		5~6 岁	
					总　数	入园数	总　数	入园数
县城	砂轮厂		1	1	2	2	13	13
	化肥厂		1	1	6	6	15	15
	塑织厂		2	3	24	18	35	25
	印刷厂		1	1	13	13	5	5
	农药厂		1	1			4	4
	服装厂		1	2	10	7	24	19
	玉雕厂	1	3	4	18	18	36	36
	电子厂	1	2	3	9	4	52	52
	电机厂		2	2	15	15	23	22
	标准件厂		1	2	8	8	10	10
合　计		6	216	231	6643	344	8689	7636

第三节　普通教育

一、小学教育

扬中小学教育始于光绪三十年(1904)。上洲(今新坝镇)富绅田佩绅创办的蒙学堂,招收学生40余人,教学国文、算术、体操、音乐等科。田氏向镇江府申报买下乐生洲雷公嘴泥滩339亩,栽植芦苇,收入用作办学经费,学生免费入学。民国2年(1913)蒙学堂改为四年制初级小学校,至民国16年(1927),由县教育局接受为公办。

民国4年(1915),县知事公署在三茅镇东关帝庙创建"扬中县第一高等小学堂",招收已读过数年私塾的少年20余人入学。民国11年(1922)迁镇鱼巷弄西南侧,次年又迁镇东庄家弄(今民主村大北圩)石氏宗祠内,易名"扬中县高等小学校",学生增至50余人,教师4人。学校开设修身、国文、英文、算术、历史、地理、农业、体育、音乐及图画等科,慕名而来寄宿求学者逐年增多。

至民国7年(1918),全县创办国民初级小学校8所;次年,又增办4所。学制4年,均为单班(复式)独教。开设国语、算术、常识等科。

民国23年(1934)前,全县小学教育发展缓慢,仍以私塾为主。据省督学冯策《视察扬中教育报告》云:"查该县现有县立完全小学2所,初级小学30所,共计学生38级,校数、级数,较前略有增加。不合格教师只有四十一分之十三,亦较前稍为减少。此均进步之点。惟各级学生仍不足额,校舍仍多私有。稍大村镇,几为强豪私塾所垄断,排学校于村镇之外。现计全县私塾,共有339所之多,其势力实远为学校教育所不及,而行政方面,终未有管理改良之切实计划,俾纳于正轨,殊憾事也。”

民国23—26年(1934—1937),县长洪康燮主政,推行义务教育。利用庙宇、祠堂等房屋,先后增办公立小学53所;相继开办塾师讲习班,训练并检定合格塾师,在各保设立改良私塾,在县府第二科设塾师咨询处。县府还制定《扬中县政府分区举行乡立小学会考办法》(经呈省教育厅备案),于每年6月、12月以区集中学生,举行会考。考试科目为国语、算术、常识。按成绩评定学校优劣,予以奖惩。列甲等者,给物质奖;列乙等者,给名誉奖;列丙等者,免予论处;列丁等者,予以取缔。如有借故规避情事,即予取缔。至1937年抗日战争爆发前,全县公立小学发展至85所,学生5326人。公立小学中,有三茅、八桥、鸣凤3所完小。1937年,鸣凤完小聘请笪教贤担任校长。笪原在丹徒县小学任教,办学经验丰富,故全县高小学生纷纷慕名前往寄宿就读。该校因抗日战争爆发而中途停办。另有改良私塾328所,学生5127人。规定用部颁“审定课本”教学。

民国27年(1938),扬中遭受日本侵略军第一次侵犯后,社会极不安宁,全县学校及改良私塾停课,师生流散,部分地区恢复旧私塾,教授古书。

民国28年(1939)8月,抗日民主政府在老郎街第一次成立县“文教抗日联合会”,并在下洲各区建立“儿童抗日团”,开展抗日救亡活动,恢复、改造农村小学教育。

民国29年(1940),日本侵略军第二次侵犯扬中,建立汪伪政权后,全县只有日伪军占据的新坝、三茅、兴隆、老郎、油坊等集镇办了公立小学,规模大减,使用伪“国定课本”教学。是年冬,农村大多数私塾在抗日民主政府领导下,恢复“文抗会”“儿抗团”等组织,增教抗日教材,并建立抗日通信网,为隐蔽在各校、各私塾以教师为公开身份的共产党员、革命干部传递情报,运用多种形式配合抗日民主政府开展抗日斗争。至民国34年(1945),全县农村私塾逐步得到改造,除传授文化知识外,还强调抗日救国的思想教育。但因群众自费办学,校舍及设备简陋,学生数也比抗战前少。

民国35—37年(1946—1948),小学改称“中心国民学校”和“国民学校”。全县小学逐步发展。民国35年(1946),中心国民学校5所,国民学校52所;民国36年(1947),城区中心国民学校1所,乡镇中心国民学校4所,国民学校95所;民国37年(1948),中心国民学校发展至10所,国民学校发展至99所,学生8772人,教职员149人。学制为6年,实行“四、二”分段。开设国语、算术、常识(高级分自然、历史、地理)、音乐、美术、体育、劳作等科。

1949年4月扬中解放时,全县有公立完全小学16所,初级小学88所,在校学生6190人,教职员159人。另有私塾178所,学生6521人,塾师185人。县人民政府文教科接管了全部学校与私塾，贯彻“维持与改造”“向工农开门”的方针，恢复和发展教育事业。是年秋，将公办小学整顿为76所。其中建立完全小学23所，扩充班级与学额，学生增至9860人；规定私塾改教学校课本，教学要求亦与学校相同。至1952年春，在原有公办小学中增班54个，另外增办公立小学4所，并先后在私塾中择优77所转为公办小学，其余私塾撤并于附近小学。至此，全县结束了私塾教学。

1953—1956年，县人民政府拨款，地方集资，新建、扩建小学校舍，重点发展完全小学，建立、健全中心小学辅导区。这一时期，虽发生1954年的大水灾，受灾学校达50%以上，但在中共和人民政府的正确领导下，依靠群众克服困难，维持了正常学额和教学秩序，全县小学教育仍然稳步发展。1956年，小学增至149所、336个班，学生18587人，教职工532人。学龄儿童入学率达76%。

1958—1959年，执行“两条腿走路”的办学方针，加速小学教育发展，增办民办小学班50个，学龄儿童入学率达89%。1960—1963年，三年困难时期，入学率下降到57%，流生达15%。为使教育适应经济基础，政府及时进行调整，压缩班级，精简教职工32人，削减粮食定量供应人口400多人。1964年，进一步贯彻“两条腿走路”的办学方针，全县办起半日制耕读小学（又称简易小学）112所，学生2893人。1968年耕读小学大部分并入附近小学，少部分改为民办小学。

“文化大革命”期间，小学一度处于混乱停顿状态。1969年，小学下放给大队办，本县教师绝大多数被调回本公社或本大队任教。

1978年以后，重视抓学龄儿童的入学率和入学后的巩固率、合格率，并逐年调整农村小学布局，增设复式班级，加速小学教育普及。自1982年起，连年检查入学率、巩固率和合格率，全县普及小学教育已达到教育部规定的要求。1984年，经江苏省教育厅检查验收合格，报请江苏省人民政府批准，颁发了“普及初等教育合格证”。

1985年，全县有小学158所、770个班级，在校学生26547人，教职工1226人，校内外学龄儿童总数19053人，已入学的19049人（其中招收一年级新生3857人）。入学率99.9%，巩固率99.2%，毕业率98%，普及率99.2%。

1985年扬中县小学（158所）校名一览表

表200

乡镇	学校名
新坝镇（18所）	中心校　五一　民众　向阳　秋登　长虹　新生　十三圩　新安　丰乐桥　上新桥　老甸　新江　流芳　新桥　文昌　治联　上八桥
联合乡（13所）	中心校　联丰　新胜　公信　新民　联合　永治　联治　红福　永平　红胜　红联　渔业社

续表 200

乡镇	学　校　名
丰裕乡(11 所)	中心校　东风　永固　中华　长兴　五星　朝阳　永新　革新　永丰　光华
三茅乡(23 所)	中心校　大众　东方　五星　板沙　博爱　东升　圌东　滨江　南屏　沙港　新联　新扬　三桥　指南　前进　群英　团结　河南　建中　同心　钟灵　友好
三茅镇(4 所)	中心校　民主　建设　县实验小学
三滄乡(14 所)	中心校　年丰　石城　五滄　恒平　三圩　长乐　普济　庆收　永勤　普丰　长江　长春　新港
兴隆镇(10 所)	中心校　兴无　码头　红专　日新　乐源　东新　东方红　燎原　和合
长旺乡(11 所)	中心校　振兴　猫沙　积善　老郎　高兴桥　头墩子　邻丰　新圩　二圩港　下五圩
油坊镇(22 所)	中心校　良善　虹桥　振华　老桥　晨光　如意　新光　阳泰　六圩　九圩港　万安　和平　太平　镇海　鸣凤　七墩子　新华　四墩子　同乐　同德　长沙
永胜乡(12 所)	中心校　干劲　红光　永革　永前　永丰　红旗　永进　胜利　永兴　合兴　得胜
八桥镇(9 所)	中心校　同胜　石桥　利民　齐桥　长胜　新农　齐家　创新
西来桥镇(11 所)	中心校　北胜　大兴　福星　新华　南旺　南阳　东进　双三　新生　曙光

1949—1985 年扬中县部分年份小学教育情况表

表 201

年 份	学校数(所)	班级数(个)	学生数(名)	毕业生数(名)	教职工数(名)			备 注
					总 数	公 办	民 办	
1949	76	146	9860		159			公办学校数
	178		6521		185			私塾学校数
1953	142	328	17222		465			
1956	149	336	18587		532			
1958	148	381	17717		510			
1959	137	386	18748		510			

续表 201

年份	学校数（所）	班级数（个）	学生数（名）	毕业生数（名）	教职工数（名）			备注
					总数	公办	民办	
1966	201		29120		831			
1978	141	885	37855	6493	1056	356	700	
1979	162	890	36272	6385	1082	373	709	
1980	164	889	34026	6152	1146	413	733	
1981	172	847	31418	6076	1226	463	763	
1982	169	817	29341	5691	1258	474	784	
1983	169	768	26817	5775	1202	445	757	
1984	160	764	26538	3602	1167	425	740	民办含合同教师 37 人
1985	158	770	26547	3508	1226	472	754	民办含合同教师 75 人

二、中学教育

民国 28 年(1939)秋,县国民政府在镇海庵内创办中学生补习团,1 班 2 级,开设初中课程。杨植(中共党员)任主任,有教职员 5 人,学生 50 余人。民国 29 年(1940)1 月 11 日,日本侵略军侵占扬中,2 名学生惨遭杀害,该团解散。

民国 34 年(1945)8 月,抗日民主政府拆除三茅镇伪县政府的房屋,材料运至八桥镇广善堂旧址,建造下八桥初级中学,校舍 12 间。竣工前,县抗日民主政府奉命北撤,转托扬中旅沪同乡会徐中和、凌云超承办,定名为“私立八桥初级中学”。民国 35 年(1946)9 月,招收初中一年级新生 1 个班。次年 2 月,县国民政府将该校收归公办,更名为“扬中县立初级中学”。

1949 年 4 月,解放接管时,该校有 3 个班级、106 名学生,10 名教职员。

是年 9 月,下八桥初级中学改名扬中县初级中学。1952 年县人民政府在县城南新建扬中县初级中学,原下八桥初级中学改为县初级中学分部。1955 年 9 月,八桥分部改为扬中县八桥初级中学,与扬中县初中脱离隶属关系。

1956 年,新建新坝、兴隆(初名老郎街)初中 2 所。县初中招收 2 个高中班,改名扬中县中学。

1958 年,新建丰裕、三浖　、同德、幸福等初中 4 所。八桥初中招收 2 个高中班,发展为完全中学。

1960 年,新建联合初中 1 所。至此全县有初中 7 所,完中 2 所。初、高中共 62 个班级,在校学生 3309 人,教职工 217 人。

1961 年,全县 9 所中学的初、高中班级共 74 个,学生 3920 人,教职工 252 人。

1962年，贯彻“调整、巩固、充实、提高”的方针，缩小普通中学规模，减少新生招收人数，高中减3个班，初中减2个班；1963年再减高中3个班，初中2个班。三年困难时期，许多学生迫于生活困难而弃学。1963年，全县初、高中流生共812人，占在校中学生数的32.5%。1964年，全县初、高中班级调整为55个，在校中学生2552人，教职工219人。

“文化大革命”期间，学校教学秩序混乱。1969年县中停办，校舍改作县电子仪器厂厂房，教学仪器和设备全被各公社中学分掉。1971年年底，县委决定恢复县中，将县城农机厂的“五七”学校改为县中。1971年，提出普及初、高中教育，以片(几个大队为一片)办初中，以公社办完中。初、高中均以推荐办法招新生。学校废止学业成绩考查，学制改为“二、二”制(即初、高中各二年)，完小“戴帽”设初中班。1977年，全县“戴帽”初中为67所，完中24所。由于中学剧增，师资缺乏，不得已层层提拔教师和大量吸收民办、代课教师，教学质量降低。据1977年统计，全县中学教职员工990人，其中民办、代课教师401人。

中共十一届三中全会后，县教育部门从实际出发，对中学布局逐步进行调整，撤并“戴帽”初中班，建立独立初中，高中相对集中。1981年，建成县中新校舍，实行县中与城镇中学分设。至1985年，全县完中调整为10所，初中22所，“戴帽”初中仅1所。1980年后，初、高中学制逐步恢复为“三、三”制，教学质量显著提高。从1977年到1985年，全县初中毕业生37897人，高中毕业生13278人。他们大部分直接参加工农业生产，考取大专院校的1440名，考取中等专业学校的1214名。

1977—1985年扬中县考取大专院校、中等专业学校学生数情况表

表202

年份	录取人数			年份	录取人数		
	大专院校	中等专业学校	合　计		大专院校	中等专业学校	合　计
1977	36	65	101	1982	194	90	284
1978	159	141	300	1983	222	162	384
1979	50	153	203	1984	191	201	392
1980	155	117	272	1985	293	204	497
1981	140	81	221	总　计	1440	1214	2654

三、扬中县中学

1949年9月，扬中县八桥初级中学改名扬中县初级中学。该校位置偏下洲，加之教育事业发展需要，1952年春，县人民政府确定在县城三茅镇南关帝庙，征地60亩，兴建县中学。当年夏，建成校舍 80 间，秋天正式开学，共 10 个班。其中初一年级新生 5 个班；初二年级 1 个班，由三茅小学的初中补习班并入；初三年级 1 个班，由八桥初中转来。另附设小学师资速成班（学制 1 年半）1 个，初级师范班（3 年制）2 个。在校学生共 571 人，学校定名为扬中县初级中学。原下八桥初中改为县初级中学分部，设初一、初二 6 个班，在校学生约 300 人。1955 年 9 月，八桥分部独立建制，改名扬中县下八桥初级中学。1956 年，县初中增设高中班，发展为完中，改名扬中县中学，建立中共党支部。

1958 年，县中规模扩大，拥有 20 个班级，学生 1000 余人，教职员工约 100 人。学校成立校务委员会和 6 个学科教研组。开展勤工俭学活动，办砖瓦厂、砂轮厂、种粮种菜养猪的农场。校内设有浴室、理发室、缝纫室和文具供应点。是年 9 月，在“大跃进”高潮中，学校停课炼焦、炼钢铁。同时在丹徒县五峰山下建立分校，作为勤工俭学基地。至 1960 年，先后有 500 名学生到分校参加劳动。

1959 年，附设小学师资速成班 2 个，学生 80 余人。1960 年上半年，被评为江苏省教育工作先进集体。同年暑期，6 名品学兼优高中毕业生被中共中央办公厅录取培训后分配在机要部门工作。1963 年，贯彻《全日制中学暂行工作条例》（草案），进一步建立健全学校各项管理制度。

“文化大革命”期间，县中遭受严重挫折。1969 年年初，县中被撤销，校产设备被分光。校舍变成厂房，校园变成菜园；学生全部回公社中学就读，大部分教师分派到公社中学，一部分转到县农机厂“五七”学校。1971 年年底，县委决定恢复县中，将农机厂“五七”学校改为扬中县中学。

1978 年暑期，文教局将民主、建宁、英雄 3 所小学附设的初中班并入县中，合成 20 个班级，同时调进一批骨干教师，以加强县中的教学力量。

1979 年，扬中县委执行国务院“退还校舍”的指示，拨款重建县中校舍。选择金星路东侧为校址，先后建成教学楼 1 幢，学生宿舍楼 2 幢，实验楼 1 幢，教师宿舍楼 1 幢，总建筑面积 8297 平方米，造价 123.51 万元。其中实验楼，主要由华侨凌云超捐赠港币 25 万元、人民币 3000 元建成。为纪念凌云超关心家乡教育之义举，命名为“云超实验楼”。

1979 年，江苏省教育厅确认县中为首批办好的重点中学，下拨仪器设备费 10 万元。1981 年暑期，高中部迁入金星路校舍，初中部留在原处，后改名城镇中学。1985 年，县中有高中班 12 个，学生 660 人；初中体育班 3 个，学生 50 人；教职员工 95 人，其中专职教师 50 人。

1952—1985 年，县中共培养初中毕业生 4600 人，高中毕业生 3450 人。

1985年扬中县普通中学分布情况表

表203

乡镇名	初中		完中	
	校数(所)	校名	校数(所)	校名
新坝镇	2	万太中学　新桥中学	1	新坝中学
联合乡	2	红旗中学　陈三中学	1	联合中学
丰裕乡	2	丰裕中学　永固中学		
三茅乡	4	群英中学　中林中学 东方中学　三茅中心校附设初中	1	三茅中学
三滧乡	2	五滧中学　普济中学	1	三滧中学
兴隆镇	1	红星中学	1	兴隆中学
长旺乡	2	长旺中学　头墩子中学		
油坊镇	4	解放中学　光华中学 鸣凤中学　迎江中学	1	同德中学
永胜乡	2	永胜中学　永丰中学		
八桥镇	1	八桥第二中学	1	八桥中学
西来桥镇	1	南阳中学	1	幸福中学
三茅镇			2	城镇中学 扬中县中学(高中)
合计	23		10	

1949—1985年部分年份扬中县普通中学教育情况表

表204

年份	学校(所)			班级(个)			学生(名)			毕业生(名)			教职员工(名)
	合计	初中	完中	合计	初中	高中	合计	初中	高中	合计	初中	高中	
1949	1	1		3	3		106	106		31	31		10
1956	4	3	1	27	25	2	1459	1359	100	243	243		73
1958	8	6	2	50	40	10	2623	2154	469	399	399		146
1961	9	7	2	74	58	16	3920	3102	818	1129	884	245	252
1964	9	7	2	55	46	9	2552	2131	421	699	475	224	219
1971	46	34	12	150	128	22	7114	5887	1227				290
1976	87	63	24	307	239	68	17117	13174	3943	4399			767
1977	91	67	24	394	292	102	21338	15505	5833	5972	4722	1250	990

续表 204

年份	学校(所)			班级(个)			学生(名)			毕业生(名)			教职员工(名)
	合计	初中	完中	合计	初中	高中	合计	初中	高中	合计	初中	高中	
1978	77	62	15	371	264	107	19596	13481	6115	9005	6570	2435	972
1979	57	44	13	340	249	91	17110	12244	4866	8460	5419	3041	964
1980	44	31	13	311	266	45	15409	13042	2367	6118	3417	2701	970
1981	39	29	10	297	267	30	14281	12842	1439	5411	4020	1391	1131
1982	38	29	9	305	265	40	14633	12751	1882	3413	3124	289	1058
1983	36	27	9	304	265	39	14996	12920	2076	3836	3468	368	1040
1984	34	24	10	300	252	48	14835	12316	2519	4479	3638	841	1038
1985	33	23	10	288	238	50	13605	10992	2613	4026	3197	829	1091

说明:从 1971 年起,初中校数含完小“戴帽”学校

第四节　专业教育

一、师范教育

扬中师范教育始于委托外地师范学校代培师资。民国 18 年(1929),委托镇江黄墟师范在扬中招收 20 名学生,学制 4 年。扬中教育局负担一部分办学经费和学生的半数膳宿费。民国 22 年(1933),有 14 名毕业生回县任教。是为首批自己培养的扬中小学教育的骨干力量。

民国 23—24 年(1934—1935),县政府前后办塾师讲习班 5 期。每期 1 个多月,设注音符号、数学、教材教法等科。受训塾师 430 名。复于民国 24 年(1935)12 月及民国 25 年(1936)1 月,先后两次举行塾师检定,计检定合格塾师 328 名,分配各保任改良塾师。

民国 25 年(1936),扬中县国民政府出资,委托省立栖霞乡村师范学校代办一年制师资速成班,22 名初中以上文化水平的青年(大多系青年改良塾师)参加学习。学业完成后回县,分配在各乡小学任教。

民国 26 年(1937)秋,创办“县立师资训练班”1 所。校址在龙王庙(今长旺中心校处),主任徐守伯,教职员 10 余人,学生 72 人,学制 1 年。开班 3 个月后,因日本侵略军侵华而解散。1939 年夏,县国民政府决定恢复师资训练班,校址迁至扁担沙庆善公所,复学生 47 人,新招插班生 19 人,共 66 人。主任束禹功,教职员 10 余人。校中有中共党支部 1 个,党员 24 人。是年年底,因日军侵犯扬中而解散,一部分学生走上教育

岗位,一部分走上抗日第一线。

1945 年 7 月,扬中全境光复。抗日民主政府为培养基层干部,在高兴桥(原师资训练班校址)设简师 1 所,取名“扬中县培根简易师范”,以纪念革命烈士、原抗日民主政府县长李培根。由抗日民主政府县长施光前兼任校长,教职员 10 余人,虞文俊为队长,王坚为指导员。学生 60 多名,是从基层干部、党员、小学教师和社会上的进步青年中选出的。师生中的共产党员约 30 人,建立支部 1 个。学习内容主要是时事政治和革命人生观。原定第 1 期学习时间 3 个月,后因奉命北撤,提前于 9 月底结束,大部分学生随军北撤。

民国 35 年(1946),县国民政府开办师资训练班 1 所。校址在三茅镇桥东,学生 56 人,教职员 15 人。主任由县长孟治兼任,副主任张子诚。学习时间 1 年,毕业后分配各小学任教。

1949 年 9 月,八桥中学附设师资训练班、简师班各 1 个。师训班学员 40 人,半年结业,分配各小学任教;简师班学生 50 人(其中女生 5 人),学习一年后转栖霞师范继续学习半年,分配到小学任教。

1952 年春,在中八桥关帝庙,举办小学教师训练班(又名师资速成班)1 个,招收社会知识青年和小学毕业生 66 名。学习半年后,更名扬中县初级中学附设班。1953 年夏,46 人结业,任小学教师的 22 人,至镇江师范继续学习的 24 人。

1952 年夏,在扬中县初级中学内设立独立建制的初师班两个,招收学生 120 人,学制 3 年。后因领导、教师、设备与县中难以分开,于 1953 年取消独立建制,作为县中的附设班。学生于 1955 年暑期毕业分配工作,不少人后来成为扬中县教育领域内的骨干。

1959 年春,县中附设两个速成师资班,学生 80 余人,专职教师 3 人。学习半年,30 多人结业,分配到小学任教。

1960 年夏,在县城东的民主村开办中等师范班 2 个,择优录取本县初中毕业生 99 人,配备领导与教师,成立师范建制。初名“培根”师范,后更名“扬中县师范学校”。另附设一年制速成师资训练班 1 个,招收初中毕业生 41 名,1961 年夏结业,分配到小学任教。师范学生由于学习基础较好,教师精心设计,两年授完三年课程,学生成绩优良,本拟于 1962 年夏提前毕业分配,但因国家经济困难,师范解散,学生全部回乡,自谋出路。直至 1984 年才落实政策,承认学历,并分配工作。

“文化大革命”期间,为解决小学教师的紧缺问题,县文教局于 1970、1971、1972 年,先后举办过 3 期“红师班”,进行短期培训。一、二期培训 1 个月,第三期培训半个月。第一期办在农机厂“五七”学校,学生 42 人。第二期学生 180 多人,第三期学生 80 多人,均设在八桥中学内。学习内容以政治为主,辅以业务知识。

1979年，扬中县教师进修学校附设“镇江师范专科学校扬中大专班”1个，为数学专业。主要招收扬中学生，录取学员40人(其中丹徒县5人)，代培民办教师10人。开设数学、物理、政治、中学数学教材教法、教育学、心理学等课程。专职教职工10人，兼职教师5人。修业两年，学生于1981年1月全部毕业，分配到中学任教。

1985年9月，镇江师范学校在扬中县教师进修学校内，设立“镇江师范扬中班”1个，招收初中毕业生45人(内有镇江润州区10人)，按中师教学计划开课，学制3年。专职教师4人，兼职教师6人。

二、农业中学

1958年春，贯彻“两条腿走路”的方针，要求办好普通中学的同时，办好农业中学。幸福乡首先办起农业初级中学，接着全县出现兴办“农中”的高潮。到夏季，全县共办起农初中32所，农高中1所。1959年，建立农业中学校务委员会，每个公社办好1所农中(全县计11所)，由公社党委书记兼任校长，另配专职副校长主持学校工作。

1961年，贯彻“调整、巩固、充实、提高”的方针，全县保留农中3所，其余8所实行“四八”制，即4个月农闲学习，8个月农忙劳动。1962年，“四八”制农中，改成业余学习小组，由教师定期辅导。至1963年，全县仅保留三茅农业初中1所。

1964年，国家主席刘少奇重新提出“两种教育制度”，“农中”又得到恢复和发展。至1965年，全县共有31所农初中，3班农高中(新华农高中1个班，八桥中学附设两个班)。后因弃学流生较多，至1966年减为29所。

“文化大革命”期间，教育事业遭受严重破坏，农初中全部停办，农高中3个班坚持到1968年学生毕业。

农业中学实行半耕半读制度，主要课程有语文、数学、农业生产知识。半天上课，半天参加农业或手工业劳动。学生一度食宿在校，并自种实验田。

1958—1965年扬中县农业中学办学情况表

表205

年份	学校数(所)		班级数(个)		学生数(人)		毕业生数(人)		教职工数(人)
	计	其中高中	计	其中高中班	计	其中高中生	初中	高中	
1958(春)	1		1		42				2
1958(秋)	33	1	33	1	1851	30(约)			70(约)
1959	11		28		1308				67(约)
1960	11		46		1471		35		81
1961	11		34		1053		393		40

续表 205

年份	学校数(所) 计	学校数(所) 其中高中	班级数(个) 计	班级数(个) 其中高中班	学生数(人) 计	学生数(人) 其中高中生	毕业生数(人) 初中	毕业生数(人) 高中	教职工数(人)
1962	3		8		287		120(约)		15
1963	1		2		32		90(约)		3
1964	4		6	八中附设 1	140	32	30		12
1965	31	1	35	八中附设 2 新华农高中 1	1155	130			64

说明:1. “文化大革命”中濒于停顿、自流,于 1969 年将所剩农中改为普中民办班或并入普中;

2. 八中附设的两个农业高中班,64 届于 1967 年毕业,28 人;65 届于 1968 年毕业,44 人。新华农高中 1 个班,于 1968 年毕业,54 人

三、职业中学

1980 年,扬中县开始进行中等教育结构改革。新坝、八桥、联合、三茅、同德、兴隆、永胜、三渞、县中等 9 所中学,先后开设财会、农技、电工、建筑、幼师、园艺、水产、机械、电器、体育等 10 个专业班,以培养具有一定专业知识的初、中级技术人才,为乡镇企业及农村经济建设服务。至 1985 年,全县有 13 个专业班,在校学生 521 人,已毕业学生 404 人。三茅中学 3 个建筑班独立建制,定名三茅建筑学校。联合、永胜、同德、三渞4 所中学每年规划招收职业班新生入学。

职业班学制起初 2 年,后改为 3 年,开设文化知识课和专业知识技能课。共有专职教师 8 人,余为普中教师兼任,并聘请其他单位专业人员兼任课务。

1980—1985 年扬中县职业技术学校(专业班)办学情况表

表 206　　单位:个、人

学校(专业班) \ 年份及项目	年级	1980 年 班级数	1980 年 学生数	1980 年 毕业数	1981 年 班级数	1981 年 学生数	1981 年 毕业数	1982 年 班级数	1982 年 学生数	1982 年 毕业数	1983 年 班级数	1983 年 学生数	1983 年 毕业数	1984 年 班级数	1984 年 学生数	1984 年 毕业数	1985 年 班级数	1985 年 学生数	1985 年 毕业数
三茅建筑学校(建筑)	高一							1	48		1	48		1	47		1	41	
	高二										1	48		1	48		1	47	
	高三													1	48	48	1	48	48

续表 206

学校（专业班）＼年份及项目	年级	1980年			1981年			1982年			1983年			1984年			1985年		
		班级数	学生数	毕业数	班级数	学生数	毕业数	班级数	学生数	毕业数	班级数	学生数	毕业数	班级数	学生数	毕业数	班级数	学生数	毕业数
联合中学（电机、园林、水产、财会）	高一				1	44		1	35		1	28		1	46		1	29	
	高二							1	44		1	35		1	28		1	46	
	高三										1	44	44	1	35	35	1	28	28
永胜中学（幼师）	高一				1	30		1	30					1	23		1	25	
	高二							1	30		1	30		1	30		1	23	
	高三										1	30	30	1	30	30			
同德中学（机械）	高一														1	56		1	60
	高二																	1	56
	高三																		
兴隆中学（电工）	高一										1	52							
	高二													1	52				
	高三																1	52	52
八桥中学（农技）	高一					1	45												
	高二								1	45									
	高三											1	45	45					
新坝中学（会计）	高一	1	44																
	高二				1	44													
	高三							1	44	44									
三渲中学（电器）	高一																1	54	
县　中（体育）	高一																1	12	
合　计		1	44		4	163		7	276	44	9	360	119	11	443	113	13	521	128

1985年
扬中县普通中学
职业学校　中心小学
分布示意图

第五节　成人教育

一、农民文化教育

民国时期,农民文化教育称为民众教育。

民国 15 年(1926),创建“农民教育馆”。馆址在龙王庙,教职员 8 人,常年经费 150 元。至民国 23 年(1934),改名“扬中县民众教育馆”;民国 25 年(1936)3 月,改为“中心民众学校”,直至民国 26 年(1937)抗日战争爆发而停办。

民国 24—25 年(1935—1936),县长洪康燮积极推行成人识字教育。全县各公立小学及改良私塾,都设“强迫识字班”,规定 16~35 岁不识字者都须参加,每日午后学习两小时,教《三民主义千字课本》。每期 3 个月,考试及格发毕业证书。好多妇女通过学习脱掉文盲帽子。据记载,民国 25 年(1936),全县有识字班 371 个,入学民众 17246 人。第 1 期 2 月 12 日开学,5 月 19 日考试,毕业人数 11750 人,共拨公费 2805 元。

抗日战争时期,抗日民主政府施行成人教育,全县除日伪控制区域外,都举办成人识字班,发动广大不识字或识字不多的男女青年,在农闲时的每日中午或夜间,入校学习 1~2 小时,男班称“民兵学习班”,女班称“妇女学习班”,革命干部家属称“抗属训练班”。教学抗日识字课本和抗日歌曲等。中共苏中五地委机关报——《前进报》民国 34 年 4 月 14 日版,载有关于扬中的报道:“民兵开展学习运动,决定每天上课读书。朱小根没人带去上课,他父亲认为极大耻辱。”

民国 35 年(1946),县国民政府于三茅镇设“扬中县立民众教育馆”,工作人员 3 人,由政府拨给经费。但教育馆未做实际工作,成人识字班亦未开办。《三十六年度政绩比较表》载:“……扬中失学成人数男 12948 人,女 35832 人。”

1949 年,扬中解放后,人民政府重视农民文化教育,大力扫盲,大办冬学民校等,努力提高农民的政治思想和文化知识水平。

冬学是利用冬闲时间组织农民学习政治、文化的好形式,1949 年冬开办,后因转入常年学习,改称民校。

20 世纪 50 年代,民校以扫盲为主。1952 年推广祁建华速成识字法,至 1953 年 3 月,全县扫除文盲 6000 人。1955 年,各乡普遍建立扫盲队,以识字班、识字组、包教包学等多种形式教学,在校学员共 42013 人,占文盲、半文盲的 79.8%。1958 年开展突击扫盲运动,当年扫除文盲 10516 人,扫盲率达 33.8%。20 世纪 60 年代前阶段,民校增设政治、技术、珠算等课程。“文化大革命”开始,全部停顿。1975 年恢复,仍以识字为重点。年终统计,共扫除青壮年文盲、半文盲 16329 人,扫盲率 91.9%。

1979—1981 年,以巩固扫盲成果,举办初等教育为重点,共办初小班 105 个,学员

2564 人。1982 年，农民文化教育以科技教育为重点。各乡办起农业技校和中央农业广播学校教学小组，同时有 68%的村办起科技班。全县乡、村共办各类文化科技班 266 个，学员 11900 人。1985 年，共办综合文化技术学校 138 所，251 个班，学生 6225 人。办技术短训班 134 期，13758 人受训。

1985 年，乡镇企业办成人教育中心 8 所，文化技术学校 4 所。共有扫盲、初中、高中、农业广播大学等 109 个班，学员 4050 人。另送外地代培 220 人，其中读大专的 154 人。

1985 年乡镇企业成人教育情况表

表 207

项目 类别	班数（个）	学员人数（个）	项目 类别	班数（个）	学员人数（个）	项目 类别	班数（个）	学员人数（个）
扫盲	1	32	农业技术	13	476	农业广播大学	6	99
初中	11	375	副业技术	15	627			
高中	3	122	工业技术	19	976	其他	10	340
文化技术	27	796	电大	4	84	合计	109	4050

二、职工文化教育

1951 年冬，县人民政府在三茅小学内成立“扬中县机关职工业余文化学校”，首届学员 30 余人。

1955 年 10 月，县政府开办干部文化补习班，学员 27 人。其中乡干部 23 人，学习时间 5 个月。多数人经过学习能识 2000 字左右，能写 500 字左右的短文。

1956 年春，县工商联合会创办“三茅镇职工业余文化夜校”，学员 60 多人，学习初中语文、数学。1958 年夏停办。

1956 年，县政府制订《扬中县 1956—1957 年职工教育计划》，要求县、区企事业单位自办职工业余文化补习班，以提高职工的文化水平。

中共十一届三中全会以后，职工教育受到普遍重视，发展较快。1982 年 12 月 3 日，县成立职工教育管理委员会，设职工教育办公室，配备专职管理干部 4 人，县财政每年拨给活动经费 6000 元。1982 年 12 月 18 日，扬中县委、县人民政府颁发《关于进一步加强职工教育的意见》的文件。各部门各企事业单位根据文件精神，相继建立职工教育管理机构，配备专、兼职干部，采用脱产、半脱产、业余等形式，对本系统、本单位职工进行政治、文化、技术等方面的补课和培训。在全县范围内，初步形成一个多层次、多渠道、多规格、多形式的职工教育体系。

1982年起，各企事业单位主要任务是对1968—1980年期间初、高中毕业的青壮年职工，进行初中文化补课和初级技术补课，由县职工教育办公室组织考核。至1985年，全县举行5次考试，参加初中文化考试的职工共3785人，获合格证书的3174人，合格率达83.86%；参加初级技术考核的职工共3365人，合格者2220人，合格率达65.91%。两项均达到上级下达的指标要求，其中职工初中文化补课提前一年达到中央的指标要求，受到镇江市表彰，被评为职工教育先进县。

1985年，其他各级各类职工教育也均有发展，全县参加中等专业教育学习的职工有471人，毕业或结业75人；参加高等教育学习的职工有405人，毕业或结业58人；参加中级技术培训的工人有172人，结业99人；参加高级技术培训的工人有9人，结业3人。县总工会职工学校除进行初中文化、初级技术补课、培训外，还开办业余高中文化班3个，学员128人；成人中专考试复习班1个，学员60人；成人高考文科补习班2个，学员90人，补习3个月，考取大专院校的有48人。

全县至1985年，有县总工会、县联社、县农行、卫生局建立的职工学校4所，共有专职管理干部4人，兼职教师30余人，成为县属部门职工教育的基地。另有30多个较大的企业单位，都设有职工教育班，主要开展技术培训工作。

三、教师进修学校

1956年3月，创办扬中县小学教师业余进修学校，附设在扬中县初级中学内，配专职教师1人，在全县招收不足初师水平的小学教师98人，拟用4年时间授完初师语文、数学、教育理论等课程。先开语文课，在全县设新坝、三茅、兴隆、油坊、八桥、幸福6个教学点，每周巡回面授辅导，寒暑假全县学员集中进行复习考试。经过两年时间，授完初中文学和汉语1—4册。1957年年底，因任课教师被错划为右派，并被赶出学校，初师进修随之中断，扬中县小学教师业余进修学校也随之停办。

1956年下半年，扬中县划属扬州专区，扬州师范学校函授部在扬中县小学教师业余进修学校设中师函授辅导站，招收中师函授学员约100人。开设必修课语文和教育学，选修数学和史地。在全县设若干个教学点，每月巡回上辅导课1次。学员平时以自学为主，假期到扬州集中听课、复习考试。当课程即将结束时，扬中县复归镇江专区管辖，扬州师范学校函授部与镇江师范学校未能办理交接手续，致使函授学员未能取得毕业证。1985年，扬州师范学校根据江苏省教育厅(85)217号文件规定及原函授部保存的学员档案，给予补办毕业手续，有70余名学员拿到中师函授毕业证书。

1959年9月，恢复扬中县小学教师业余进修学校，校址仍设在县中，招收不足初师水平的在职小学教师100余人，设点面授辅导。镇江师范学校函授部于1958年在扬中招收的中师函授学员数十人，其函授工作亦纳入“扬中县小学教师业余进修学校”正常工作内，则进修学校同时负责中师函授与初师函授。1960 年夏，校址迁至扬中县师范学校新校舍内。后因国家经济困难，初师函授停办。1961 年，中师函授经过整顿，增收学员 100 余人，编成语文班和数学班，采取单科教学。1961 年下半年，“扬中县小学教师业余进修学校”改名“扬中县教师进修学校”，1963 年下半年，又改称“扬中县文教局中师函授辅导站”，1964 年年初，在全县各公社设中师函授辅导区，聘请专人负责管理该区教师进修工作。同年夏，中师函授语文和数学班分别授完规定课程，考试及格者发给学科结业证书。1964 年秋，中师函授语文、数学班转科学习。1966 年夏，“文化大革命”开始，中师函授停办，学员未能毕业。1962—1963 年，开办小学教师训练班，组织文化偏低、教学有困难的小学教师 40 余人脱产学习 1 年，开设语文、数学两科。

1977 年夏，恢复扬中县教师进修学校。初在文教局内办公，后借八桥中学校舍办班。1981 年秋，部分教师迁至民主小学(原扬中师范学校校舍)办公。1983 年，在三茅镇江洲东路建成教学楼，进修学校遂迁入新校舍。1977 年下半年至 1979 年上半年，开办初中教师、小学教师函授、进修班。1979 年下半年，对函授学员进行整顿，正式举办南京师范学院高师函授和县进修学校中师函授。至 1982 年夏，第一期高师、中师函授学员毕业。1982 年秋，招收第二期高师函授学员，由镇江教育学院接办，中师函授由丹阳师范接办。1985 年夏，县进修学校附设镇江师范中师班 1 个。

扬中县教师进修学校于 1983 年得到江苏省教育厅承认。1985 年有教职员工 27 人，其中教师 12 人，校舍 1582 平方米。拥有图书 8000 余册，有幻灯机、电子计算机、放像机、钢琴、风琴等教学设备。从 1977 年夏复校到 1985 年，共培养高师专科函授毕业生 194 人，中师函授毕业生 166 人，举办各种短期进修班、培训班 20 期，参加学习的计 1287 人次。

四、广播电大班

1979 年 9 月，县设电大管理站，管理广播电视高等教育事业。至 1985 年，县、乡机关企事业单位共举办农村江苏广播电视大专班 11 个，招收学员 340 人，分机械、电子、工业企业管理、工业会计、商业企业管理、商业会计、金融、工程建筑、化工、党政、文秘、档案、法律、汉语言文学等 14 个专业，有脱产、半脱产、自学三种形式。至 1985 年，参加学习学员 234 人，已毕业 84 人。毕业生由江苏省广播电视大学发给毕业文凭，享受大专院校毕业生待遇。

五、高等教育自学考试

1977 年，县招生办公室成立后，兼管高等教育自学考试事宜。至 1985 年，组织参加高等教育自学考试4次，单科及格人数447人。其中1983年下半年为46人，1984年上半年为121人，1984年下半年为125人，1985年上半年为155人。

第六节　教师队伍

民国7—8年(1918—1919)，全县有小学教师12人，全为原塾师经省教育厅小学教员检定合格者，其中正教员5人，代用助教员7人。民国15年(1926)，小学教员22人，其中师范毕业生2人。民国23年(1934)，小学教员41人，其中黄墟乡村师范毕业生14人。民国25年(1936)，全县小学教师增至94人，改良塾师(经培训检定合格)328人。以后逐年增加乡师、县简师毕业生以及初、高中毕(肄)业生任教，至民国37年(1948)，全县149名小学教员中约半数具有简师、初师水平。此外，有初中教员12名。

解放后，随着教育事业的发展，教师队伍不断扩大。1949年年初，县人民政府接收了原有小学教师159名、塾师185名、中学教师10名。随后陆续开办师训班(简师、初师、中师)，培养了一批师资。国家又逐年分配一些初师、中师、大学专科和本科毕业生，充实了教师队伍。此外，各地还选荐了大批民办教师。至1985年，全县小学教职员工共有1226人，为1949年的3.5倍；中学教职员工1091人，为1949年的109倍。

在教育事业发展中，人民政府重视提高教师的文化业务水平。1949年和1950年暑期，组织中小学教师100余人，分别参加镇江、苏州暑期教育研究会学习。1950年选送9名教师参加苏南行政公署栖霞教育研究班学习。随后又以区中心校成立“星期学校”，帮助教师提高政治和文化业务水平。自1956年起，相继建立教师进修学校和教研室，不断组织教师参加初师、中师、高师函授进修和教学研究活动，并分期抽调教师和学校行政人员参加各种短期培训班学习。此外，每年还选送教师和学校行政人员分别到省、市教育学院参加专科、本科学习或短期培训。至1985年，全县小学专任教师中中师或高中毕业以上学历者占73%，初中专任教师中专科毕业以上学历者占45%，高中专任教师中高等院校本科毕业学历者占45.7%，职业中学专任教师中专科毕业以上学历者占75%。

第七节　教育经费

民国时期，教育经费来源于四个方面。(1)学田租息。据统计，1947年全县有学产田2012.091亩，埂354.54亩，滩379亩等。(2)政府机关筹划。如田赋代征、所得税附税、特捐等。(3)热心人士捐助。如新坝乡富绅田佩绅，买滩339亩，作为“蒙学堂”基金；

幸福乡教师常革非，用自己的田产，举办“贫民乡校”；扬中旅沪同乡会徐中和等捐资兴办“八桥初级中学”“新坝十三圩小学”等。(4)学生家长自筹。如当时所有改良私塾，都是学生家长自筹经费；公立学校，一般也收部分学费或由学生家长供应教师膳食。总体上，解放以前教育经费紧缺，教师工资低，并且经常不能按时发放，严重影响教师的生活。

解放后，教育经费主要来源于国家、县财政拨款，其次为社队集体筹款、校办厂缴款，以及集体、群众捐资赞助。

解放初期，国家、地方财政都比较困难，政府号召群众办学，多数校舍和设备，主要靠私人集资解决。当时县内各市镇商民和扬中旅沪同乡会中热心教育的人士，都曾资助支持教育事业的发展。

1977 年后，中小学勤工俭学积极开办工厂，县文教局成立学校工业办公室。至 1985 年，共有校办厂 98 家，累计获利 1160.06 万元，其中一部分用于扩大再生产，一部分补助学校经费之不足。全县主要靠校办厂的利润新建教学楼，改善办学条件的，中学有丰裕、联合、长旺、永胜等校；中心小学有八桥、三滧、三茅等校；完小有三茅镇的建设小学等。新建校舍的总面积为 11262 平方米。

1985 年兴隆、长旺、油坊、永胜等乡镇共集资 4.75 万元，资助兴隆中学建造教学楼。新坝镇集体、私人集资近 6 万元，资助新坝中学建造教学楼。

1953—1985 年部分年份扬中县教育事业经费、修缮基建费投资情况表

表 208　　单位：万元

项目／年份	事业经费数				修缮基建费		
	总计	其中			总计	其中	
		小学	中学	其他		小学	中学
1953	30.18	18.10	2.13	9.95	2.57		2.57
1954	34.25	20.07	11.08	3.10	4.57		4.57
1957	41.49	26.96	12.36	2.17	4.03	1.00	3.03
1958	50.43	27.81	18.89	3.73	5.97	1.43	4.54
1961	54.97	26.31	21.18	7.48	8.07	7.34	0.73
1962	57.80	27.67	19.90	10.23	4.02	3.59	0.43
1965	62.44	30.04	22.05	10.35	1.72		1.72
1966	71.70	38.62	24.22	8.86	7.49	4.12	2.47
1977	104.90	26.06	50.81	28.03	14.83	2.31	12.52

续表 208

项目 年份	事业经费数				修缮基建费		
	总计	其中			总计	其中	
		小学	中学	其他		小学	中学
1978	120.06	28.23	52.17	39.66	10.24	3.41	6.83
1983	275.90	93.96	97.37	84.57	88.38	36.39	23.09
1984	297.30	116.20	115.70	65.40	75.40	47.60	27.80
1985	365.84	129.00	152.00	84.84	66.98	35.63	31.35

第二章　科　技

第一节　管理机构

1958 年 10 月，成立扬中县科学委员会。1959 年 3 月更名扬中县科学工作委员会,配专职人员 13 人。同年 10 月,改称扬中县科学技术委员会,专职人员增至 15 人。1962 年 4 月撤销县科研管理机构。

1971 年 11 月,扬中县革命委员会生产指挥组根据镇江专区科技部门要求和经济发展需要,配备 1 名专职干部分管科技工作。1975 年,县革命委员会计划委员会设科技组,工作人员 3 人。

1978 年 5 月,恢复扬中县科学技术委员会。1985 年,有专职人员 12 人。

所属机构有:

扬中县科学研究所,1958 年 10 月成立,专职干部 1 人。1959 年 3 月撤销。

扬中县农业科学研究所,1959 年 3 月成立,专职干部 4 人。1962 年 4 月撤销。

扬中县医学科学研究所,1959 年成立,未开展活动,自行停止。

扬中县农具研究所,1960 年 11 月成立,1961 年 12 月撤销。

扬中县天然气工作队,1960 年 11 月成立,工作人员 16 人。1962 年 12 月撤销。

扬中县计量检定队,1959 年 12 月成立,1960 年 9 月撤销。

扬中县计量管理所,1982 年成立归商业局,工作人员 5 人。同年划归县科委管理。

第二节　科研队伍

1978 年以后,扬中县科研队伍日益壮大,至 1985 年,科技人员达 1050 人。这些人才,来源于国家分配、招聘引进、定向培养和自学成才四个方面,分布在工业、农业、卫生等各个系统。

工、农业系统科技人员共510人。其中大学生122人,大专生90人,中专中技生241人,高中生25人,高中以下32人。技术职称为高级工程师的1人,工程师、农艺师、畜牧兽医师等中级职称的37人,助理工程师、助理农艺师等初级职称的257人。

卫生系统科技人员共540人。其中主治医师14人,医师146人,医士78人,护士77人,助产士77人,中药人员37人,西药人员42人。

1978年恢复成立扬中县科学技术协会后,相继建立所属教育、农业、水利、机械、医学、水产、林蚕、畜牧兽医、土木工程9个系统的学会和“青少年科技辅导员”“柳竹工艺品创新”两个协会以及幸福、八桥、油坊、永胜、长旺、兴隆、三滧、三茅乡、三茅镇、联合、丰裕、新坝12个乡镇科技协会,共20多个群众科技团体,有1000多名会员。

第三节　科研成果

一、社会科学研究成果

安徽大学中文系教授、古典文学专家周中明(新坝镇人),20世纪50年代初期在《新观察》《南京文艺》等刊物发表作品,其中《褪色》被收入作家出版社出版的《小品文选集》;1963年在《延河》《安徽文学》发表《悲喜映照及其他——学习(红楼梦)的艺术辩证法札记》《红楼梦的语言美》等论文;1982年编著《红楼梦的语言艺术》一书,30万字,由漓江出版社出版。

中国形式逻辑研究会会员、中国逻辑与语言研究会会员、江苏逻辑学会副会长李名方(八桥镇人),于1981年撰写的《晋文公年岁考》,被收入《中国古代史论丛》(福建人民出版社);1982年主编《文章的逻辑分析》一书,由河北人民出版社出版;《论形象思维的逻辑形式和逻辑规律》,刊载于中国人民大学《文艺理论》1982年第20期;《论语言描述与形象思维的关系及其规律》,发表于《南师大学报》1984年第2期。

二、自然科学研究成果

中国科学院长春光学精密研究所副研究员范朝来(新坝镇人),于1976年发明50吨全自动缩管机,为世界上独一无二;1983年发明新型遥控仿生载重步行机器人,达到国际先进水平。

1971—1978年,全县共落实科研项目175项,完成160项,成绩显著的有35项。1978—1985年,科委下达科研项目271项,完成247项,已投产产生效益的153项,效果显著的29项。

上述科研项目中经省级鉴定获奖的有：

1. 扬中县电子仪器厂研制的“SR-101 示波器”,1980 年经省级鉴定获省三等奖；

2. 扬中县电子仪器厂研制的 “ST-16 双踪通用示波器”,1985 年经省级鉴定获省四等奖；

3. 扬中县水泥厂科研课题“粉煤灰在水泥工业上的运用”,1984 年获省四等奖；

4. 扬中县化工仪表配件厂研制的“标准真空发生器”,1982 年经省级鉴定获省三等奖；

5. 扬中县无线电厂研制的“激光油丝粘接机”,1979 年经省级鉴定获省三等奖；

6. 扬中县化工仪表配件厂研制的“标准差压发生器”,1985 年经省级鉴定获省三等奖。

第四节　地震测报

一、地震办公室

1975 年春,按省、地区防震会议部署,扬中县开始进行防震工作,由县科技组兼管,配 1 名专职干部负责。

1976 年 7 月,河北唐山大地震后,扬中县革命委员会成立防震领导小组,下设办公室,工作人员多至 10 人。全县各社队也普遍建立防震组,派专人日夜值班,人不进屋,夜宿防震棚。两三个月未见震情,人心始定。各地防震组织和值班制度渐次废止,县防震办人员亦相应减少。

1978 年 7 月,改防震办公室为地震办公室,隶属于县科委,工作人员 4 人。1981 年 7 月,工作人员减为 1 人。1983 年 9 月撤销地震办公室,原工作人员留科委,继续进行防震管理工作。1984 年 5 月,根据镇江市地震办公室决定,县防震工作暂停。

二、地震测报

1975 年 5 月,在县气象站和八桥、幸福、新坝、丰裕等中学设 6 个微观测报点,并在县良种场、八桥宏图农场、三茅东进农场设 3 处宏观哨。微观点是用“四土”(土地电、土地倾、土地磁、土地应力)仪器探测震情;宏观哨是通过猪、羊、狗、鱼等动物的异常表现预测震情。由技术人员、中学师生、农场职工等组成百余人的测报队伍。1981 年精简为八桥中学、丰裕中学两个测报点,1984 年仅留八桥中学 1 个测报点。

1976 年 11 月 2 日,盐城、兴化分界处的大纵湖发生一次 4.5 级地震。震前月余,扬中县气象站土地电即出现临震突跳异常现象,得到防震领导部门的重视。(见省地震

局编的《1974—1977 年江苏省震例总结汇编》)

三、震感

扬中县境内历史上虽未发生过地震，但因邻近地区地震波及而出现的震感为数不少，惜无书面记载。

1974 年 4 月 22 日 8 时 30 分和 1979 年 7 月 9 日 18 时 57 分，江苏省溧阳县上沛地区，先后发生两次地震，前次为 5.5 级，后次为 6 级。扬中县受其波及，房屋微动，悬物晃荡，人坐或立均有明显的颠簸感。

1984 年 5 月 21 日午夜 23 时 39 分，南黄海易南沙发生 6.2 级地震，全县均有明显震感。

第三章　文化艺术

扬中县民间文艺活动历来较为活跃，逢年过节，歌舞演唱，颇为热闹；玩花船、耍狮子、舞龙灯、唱麒麟等均是传统的民间文艺活动形式。

解放前，县无文化领导机构，亦无公办文艺团体。

解放后，党和政府重视文化事业的发展，建立文化领导机构，先后办起新华书店、文化馆、文化站、图书馆、影剧公司、影剧院等文化企事业单位，以及剧团、电影队、乡镇业余文艺宣传队，并创办《俱乐部》等文艺刊物。文艺队伍逐步壮大，素质亦相应提高。1985 年，全县各乡镇均建立文化中心，群众的文化生活日益丰富。

第一节　机构及设施

解放初期，全县文化工作归县文教科管理。1955 年 7 月，设文化科专管。1957 年 9 月，文化科与教育科合并为文教科。1960 年 6 月，改名文教局。

一、文化馆

1950 年 3 月，建立“扬中县人民教育馆”，同年 10 月改名“扬中县人民文化馆”，1953 年改为“扬中县文化馆”，馆址几经迁移。1976 年，在江洲西路文化路口建成新馆，房屋总面积 1240 平方米，分设小会堂、展览、图书阅览、棋类 4 个活动室。1985 年有工作人员 13 名。

解放初，文化馆工作主要是阵地活动和辅导业余教育。1953 年后，以辅导群众文化活动为主。“文化大革命”期间，主要任务为编辑《红色文化》、辅导群众文艺活动和定期举行各公社毛泽东思想文艺宣传队会演。

1976 年后，恢复正常工作，定期更换宣传橱窗，举办展览，培训文艺骨干，举行文艺会演调演等。

1977—1985年,6次参加省、市文艺演出,共演戏曲14个。其中歌曲《小桥》,由省电视台录像。1984年黄梅戏《春花二月》,参加省小戏调演,获演出二等奖、创作三等奖。

1981年,县文化馆被文化部授予"全国农村文化艺术工作先进集体"称号。1982年又被评为"江苏农村文化工作先进集体"和"镇江地区农村文化艺术工作先进集体"。

二、文化站　文化中心

乡镇(公社)文化站　1950年,全县5个区各建1个农村俱乐部。1953年更名文化站,1958年更名文化馆。全县有区文化馆3个,公社文化馆8个。1977年,全县各公社均建1个文化站,计12个文化站。乡镇文化站的经常工作是组织辅导文娱宣传,举办展览,培训骨干,提供宣传材料,定期更换黑板报和橱窗宣传内容,组织乡镇文艺会演等。

文艺宣传队　乡镇文化站组织领导的业余文艺宣传队伍,以配合中心工作自编自演文艺节目为主。20世纪50年代称"剧队""业余剧团"。60年代定名为"文艺宣传队"("文化大革命"期间,每个大队都有一支毛泽东思想文艺宣传队)。原来队员流动性较大,1979年以后,各乡文艺宣传队相继独立办厂,以厂养队,宣传队人员趋于稳定。1985年,全县12支文艺宣传队,队员共270名。

文化中心　1981年8月,永胜、联合、兴隆三个农村集镇,首先建成文化中心。1983年年底,全县10个农村集镇均相继建成文化中心,成为全省第一个普及文化中心的县。1985年,全县有文化中心11个,阵地活动专职管理员11名,业余体育队24个、408人。共有活动室57间、面积1710平方米,图书17897册,电视机11台,乒乓球桌11副,

1982年,永胜文化中心被评为镇江地区先进集体;1984年9月,镇江市文化局组织文化中心验收评比,永胜乡获一等奖,八桥乡获二等奖;同年,永胜文化中心被镇江市委、市政府命名为"文明单位"。1985年,永胜乡蝉联市一等奖,油坊镇、丰裕乡获市二等奖。

三、俱乐部

俱乐部是工农群众进行文艺、体育等娱乐活动的场所。

1956年,全县共建成277个俱乐部。建有俱乐部的农业社占全县农业社总数的67%。"文化大革命"期间,俱乐部易名文化室。1976年后,恢复原名,活动逐渐正常。至

1983 年年底，全县 178 个村均建有俱乐部，计有活动室 320 间、8900 平方米，电视机 150 台，图书 2.6 万册，乒乓球桌 50 副。

1962 年，工厂建立俱乐部 4 个，1984 年发展为 16 个。其中，图书阅览、资料阅览、电视、棋类、球类等 5 项活动功能齐全的俱乐部 6 个。

四、影剧公司及演出场所

扬中县电影管理站　扬中县电影管理站于 1978 年建成，位于三茅镇西街文化路。1982 年 12 月改名扬中县影剧公司，管理全县影剧院和放映队。

扬中县人民剧场　1956 年于三茅镇江洲东路建成扬中县人民大会堂。1985 年 2 月改名扬中县人民剧场，兼营电影放映业务。

扬中县影剧院　扬中县影剧院位于三茅镇江洲西路，1976 年 4 月开工建造，4 年建成，投资近 80 万元，于 1980 年 5 月 1 日开场放映。

集镇影剧院　从 1950 年起，三茅、八桥、长旺等集镇先后建成简易剧场。1985 年，全县乡镇建成影剧院计 11 个，其中兴隆影剧院为 16 毫米座机的正规影剧院，此外还建有迎江（联合乡）、双三（西来桥镇）两个村影剧院。

电影放映队　1953 年，扬中县建立放映队。1974 年起，各公社亦相继建立放映队。

县队。1953—1956 年，先后建立 4 个使用 16 毫米手提式放映机的放映队。1964 年 9 月，建立使用 35 毫米放映机的流动式城镇放映队。1977—1983 年，县放映队（计 5 个）相继撤销，人员转入影剧公司。1985 年 2 月，建立县人民剧场 16 毫米双机放映队。

分队。1974—1976 年，先后建立长旺、八桥两个公社 16 毫米机的放映队和新坝等 9 个公社 8.75 毫米机的放映队。至 1985 年，新坝、联合、三茅、兴隆、油坊、长旺、西来桥等乡镇共有 8 个使用 16 毫米机的放映队。

村队。1983 年，八桥同胜村、油坊阳泰村、新坝丰乐桥村建村放映队，县渔业社、县总工会建单位放映队。至 1985 年年底，新坝丰乐桥村、八桥同胜村放映队仍在放映。

全县影剧院的放映设备与光源逐年更新。1985 年年底，全县 14 座影剧院的放映机，使用 35 毫米座机的有 6 个，使用 16 毫米机的有 8 个。光源，16 毫米机由溴钨灯改用镅灯光源，35 毫米机由碳光源改为氙灯光源。影剧公司添置示波器、失真仪、毫伏表等修理设备。

1960 年 3 月，扬中县电影队的代表出席江苏省电影工作会议，在会上介绍放映纪录性艺术片配合生产的体会；1978 年，永胜公社电影队出席江苏电影系统先进集体、先进个人表彰会；1983 年，油坊镇电影队的幻灯片《透过窗口的灯光》，获镇江市调演一等奖，江苏省调演二等奖；1984 年油坊镇电影队被评为江苏省电影系统先进集体。

1985 年县乡村影剧院(场)情况表

表 209

名　称	管理单位	建造时间	座位(个)	舞台面积(平方米)	性质
扬中影剧院	县影剧公司	1980 年 5 月	1543	560	全民
新坝影剧院	镇政府	1957 年	763	150	镇办
联合影剧院	乡政府	1965 年	803	150	乡办
丰裕影剧院	乡政府	1958 年	696	150	乡办
兴隆影剧院	镇政府	1982 年 9 月	1176	350	镇办
三滧影剧院	乡政府	1983 年 2 月	1190	350	乡办
油坊影剧院	镇政府	1974 年	1243	350	镇办
八桥影剧院	镇政府	1973 年	1160	150	镇办
永胜影剧院	乡政府	1975 年	1123	250	乡办
迎江影剧院	村委会	1976 年	796	100	村办
双三影剧院	村委会	1984 年	866	136	村办
人民剧场	县政府	1956 年	880	150	县办
长旺大会堂	乡政府	1958 年	713	100	乡办
西来桥大会堂	镇政府	1958 年	600	100	镇办

说明：剧院、剧场及会堂除放映电影外，亦为剧团演出场所

五、新华书店

1949 年下半年，镇江市新华书店在扬中三茅镇鱼巷弄口设门市部，发行书刊，有职工 2 名，并在农村设流动书摊。

1956 年 4 月，成立江苏省新华书店扬中支店，店址在三茅镇西街，有职工 8 名。是年起，先后在农村集镇供销合作社等商业部门设立图书专柜、经销、代销点计 22 处，扩大了图书发行量。1958 年县书店迁于中街友谊弄口。1982 年，在江洲东路建成 4 层大楼 1 幢，面积 1044 平方米。自此新华书店分东西两个门市部，计有职工 23 名。

1977 年，扬中新华书店被评为江苏省农村图书发行工作先进集体。1985 年，全县图书销售总额为 89 万元，其中农村发行额为 31 万多元。

六、图书馆

清末，三茅镇“三茅宫”前的“遏云楼”上有藏书室一间，收藏古旧书籍千余册，供官绅阅读。民国 24 年(1935)成立县图书馆，藏书 3000 余册。民国 27 年(1938)，日军侵

犯扬中时散失。

民国36年(1947),国民党县政府在民众教育馆内设图书室,藏书数百册,供政府工作人员及学生阅读。1949年解放前夕散失无存。

1950年年初,县文化馆内设图书阅览室,有图书493册,报刊24种,供群众借阅,并在三茅镇附近乡村设流动书站6处。

1958年年初,成立扬中县图书馆,馆址设于“遏云楼”,房屋3间,藏书8700余册。1961年并入文化馆。“文化大革命”期间,图书馆停止开放。1976年3月恢复图书馆,有职工3人。

1976年,在三茅镇西(今文化路3号)新建馆舍,于1978年春节落成开放。有楼房两层9间,平房9间,分设外借、阅览、资料、采编4个室和基本藏书、农村图书流通2个书库。1981年5月, 增辟少儿阅览室2间,100座位。1984年又扩建外借室2间。1985年统计,县图书馆面积为835平方米,职工8人,藏书75976册,发放借书证2362份。1979年后,共举办图书管理员培训班6次,培训了学校、工厂、农村基层图书管理员120人。1982年5月,县图书馆被评为江苏省农村文化工作先进集体。

1985年扬中县图书馆所藏古旧书籍情况表

表210

书名	著者	板刻年代	册数	书名	著者	板刻年代	册数
太平广记	李昉等	道光丙午年木刻本	64本	左传		同治甲子年木刻本	16本
类腋	姚培谦	清妙轩雕刻本	20本	六经		乾隆癸未年木刻本	23本
康熙字典		道光七年木刻本	40本	字汇	梅膺祚	清木刻本	6本

第二节　文艺团体

一、专业文艺团体

扬中县京剧团　1955年10月,接受邵麟奎率领的民间职业京剧团,定名为“扬中县新扬京剧团”,有成员20余人。1958年6月改为“扬中县京剧团”,有成员73人。先后曾在本省及上海、安徽、湖北等城乡演出,受到好评。1960年春,并入镇江地区京剧团,有6人参加了苏州市京剧团。

扬中县戏剧学校　1959年10月1日开办, 旨在培训京剧演员, 共招收新生52人,大多选自艺人子女和部分中小学生,年龄均在16岁之内,当时称“小京班”。1960年7月,改名“扬中县少年文工团”。以后又根据学员年龄情况,改名为“扬中县少年京剧团”“扬中县青年京剧团”“扬中县京剧团”“扬中县东方红京剧团”。1979年6月撤销。

扬中县锡剧团　原为1950年成立的“无锡市宜光锡剧团”。1957年8月接受扬中县领导，定名“扬中县红旗锡剧团”。该团当年以《楼台会》《双珠凤》《孟丽君》三剧，参加扬州地区会演，获演出奖。1957年改名“扬中县锡剧团”，成员48人。

1956年上半年，蔡江编的《春在扬中》，受到镇江地区巡回观摩团的赞赏，《江苏戏曲》对此剧发表评赞文章。以后有自编自演历史剧《林则徐》和现代剧《贾奶奶》《江洲火案》等。1965年年初，该团撤销。

1979年6月，县京剧团撤销后，复组锡剧团，至1985年，成员41人。1981年8月锡剧《一家人》参加镇江地区专业剧团会演，4人获演员奖。1982年12月，锡剧《狐媳》参加镇江地区调演，得奖金3000元，其剧本发表于镇江市《文艺丛刊》。

1956年和1958年，花旦演员徐冬英先后参加扬州地区专业剧团、江苏省专业剧团会演，均获优秀演员奖，1980年当选为扬中县人大代表、人大常委委员；1981年，花旦许莺参加镇江地区青年剧团会演，获表演一等奖，1983年当选为镇江市政协委员。

二、业余文艺团体

扬中县青年剧团和八桥话剧团　抗日战争时期，在扬中县抗日民主政府领导下，全县各地一些进步教师、学生和知识青年，组织业余剧团，宣传抗日革命道理。其中影响较大的有扬中县青年剧团和八桥话剧团，团员均有二三十人。剧团除在县境八桥、龙王庙、三茅、新坝等地多次巡回演出外，还应邀至泰兴演出，深受群众欢迎。1945年11月，新四军北撤时解散。

扬中县教工业余剧团　1951年7月，为配合抗美援朝和镇压反革命运动，县文教科利用暑假，调集全县教师40人组成业余剧团，排演《宝山参军》《保家卫国》《不拿枪的敌人》等剧目，在全县巡回演出30余场次。同年9月解散。

扬中县文工团　1959年下半年，在全县各公社宣传队员和在校学生中招收演员29名，于1960年3月建成县文工团，共排出5台戏，在全县和邻县作过多次演出。1961年4月解散。

三、民间文艺团体

木偶戏。清末，有斧头街、小虹桥、封头坝、陆家墩子、公信桥等数处私人建立的杖头木偶戏班。其中以斧头街木偶戏班演出历史较长，全班有艺人8~10名，生、旦、净、末、丑角色及文场俱全。先后演出《失空斩》《三娘教子》《徐策跑城》等二三十出戏目。不仅闻名全县，还常去江南、江北演出。解放后，该戏班仍演了三四年才解散。

第三节　民间文艺

一、传统的民间文艺活动

舞狮子　分3种形式:一为“九狮图”,始于清道光年间,创始人钱广庆,流传永胜乡得胜港一带,九人各舞狮1只,一人执球,伴锣鼓,并配武功能手,舞蹈动作变化多,技巧高超,场面精彩,流传百余年,深受群众欢迎。1982年12月,参加过江苏省民族民间舞蹈调演。二为“大狮子舞”,用篾扎成狮子头、尾,饰以剪纸彩毛,缀以七八尺长的彩布作狮身,各由一人分执头尾,舞出“摆头”“伏步”“立步”“翻身”等多种动作。舞时只需一面大锣配合。三为“小狮子舞”,用篾、纸、布等制成长约3尺的彩色小狮,头尾各支小棍,由一人两手分执。舞时一般为两狮对舞,动作多变化。

舞龙灯　用篾分节扎成,彩布饰为龙形。一般为7~13节,每节能点灯,每节支一根竹(木)棍,一人执舞,舞姿有站、跪、仰数种,招式有“盘宝塔”“穿龙门”“龙翻身”“龙打招”等多种变化。

玩花船　竹扎纸糊,周身饰以彩图和纸花的小船。舱内站一女子(有时男扮女装),船外有两男子,一人在船旁划浆,一人在船头与舱中女子对唱和问答。旧时演唱多属调情小调,抗日期间及解放后,多为宣传党的政策和表现劳动人民生产、生活的小调小曲。

挑花担　由一女子肩挑花篮(人工制成),用各种技巧,表演出劳动人民挑担的美妙身姿。技巧表现在晃(扁担波浪)、转(换肩连续旋转)、步(秧歌步、云步、折步等多种步法)等动作。歌唱内容与玩花船一样,不同时期迥然不同。表演形式已发展到男女对挑,说唱相和,内容更加丰富多彩。

走马灯　一群儿童,各人腰系竹制纸(或布)糊的马体形灯,手持马鞭,表现牧马生活,有穿梭跑,滑连叉,学马叫等动作。

唱麒麟　用一只竹扎纸糊的麒麟,配合锣鼓,春节期间至各家门前演唱,一人唱众人和。抗日战争期间,革命者利用这种形式广为宣传抗日道理,深受群众欢迎。三滧乡普济村人魏天宝(文盲农民)是全县闻名的唱麒麟能手,能够即景生情、随机应变地唱出各种内容的麒麟调,可以长时间连唱,内容不重,而且唱词生动形象,音韵和谐动听。

踩高跷　用两根木棍装上脚踏,两脚踏上,手扶棍头行走。这是古代的一种体育活动。解放初雨雪天道路泥泞,常有人不穿胶鞋,用高跷短距离行路。

跳大头娃娃　纸糊的大头娃娃像,套在头上,表演各种折子戏,如《唐僧取经》《吕布戏貂蝉》等。三茅乡文化站宣传队将传统剧目改编为《采茶拍蝶舞》《拔萝卜》等节目。

跳歪歪精(蚌舞)　由化装的河蚌姑娘和一名渔夫双人表演。蚌壳用篾扎和纸糊成。姑娘身裹蚌壳,表演闪躲、追逐、嬉戏等动作。新坝镇五一村年年春节均有此节目表演,三茅乡宣传队曾改编为《蚌珠舞》。

拼七巧　旧时庙会用若干块几何形立体布框,每人拿1块,拼成各种形状,供人欣赏娱乐。后来成为儿童喜爱的文艺节目。

其他　此外还有"茶担""钟铃担""双推车""流动秋千""叠罗汉"和带武术形式的"单刀""飞镖""马叉队"等舞艺,旧时庙会场或乡村多有表演,后逐渐失传。

二、民间工艺美术品

扬中县传统的艺术产品较为丰富精彩,如剪纸、刻纸、木刻、木雕、玉雕(俗称洗玉)、镌石、刺绣、编织等等,深受群众欢迎。八桥镇黄贤彬的刻纸产品,畅销苏州、江阴、溧阳等地。

三、 民间歌谣

扬中人民在生活、劳动和斗争中创作了很多歌谣,有歌曲、小调、劳动号子等,表现了热爱祖国,热爱生活,热爱劳动的思想感情。抗日时期此类创作尤为丰富,因无书面记载,多数失传。

附录　扬中部分民间歌谣

八段景调

祸根德国已完蛋,盟国的军队马上就登岸。形势虽然好,还要自己干,中国人民才能把身翻,奋发求上进,改掉老习惯,想靠别人不算是好汉。

乌云退出马上出太阳,城镇同胞也要有主张。要过好日子,要靠共产党,快快起来努力求解放,组织人民军,团结有力量,齐心协力赶走小东洋。

梳妆台调

提起新政府,从来没有过,想主意,帮百姓,处处讲民主,省吃俭用为什么,不忍看老百姓日子过得苦。

再说新四军,来自老百姓,有种的出来干,从来不抽丁,讲情讲理的是打鬼子,打走了鬼子兵,大家享太平。

儿歌巴巴掌

巴巴掌，打个正月正，家家人家挂红灯。人家红灯没得我家好，我家红灯赛金宝。
巴巴掌，打个二月二，家家人家带女儿。能带女儿发财户，不带女儿穷鬼儿。
巴巴掌，打个三月三，野菜花儿赛牡丹。摘朵花儿头上戴，唱支歌儿心里甜。
巴巴掌，打个四月四，元麦芒，好挑刺。田里粮食收成好，合家大小笑嘻嘻。
巴巴掌，打个五月五，裹粽子，过端午。尝了五红雄黄酒，门插蕲艾和菖蒲。
巴巴掌，打个六月六，家家人家晒红绿。我家没得红绿晒，箱笼橱柜光秃秃。
巴巴掌，打个七月七，买只西瓜桥头上吃。你一口，他一口，抢吃西瓜不怕丑。
巴巴掌，打个八月八，夏布衣服穿得不是法。蚊子大得象只鸭，打它三扁担，嘴还咂(jüe⁵)三咂。
巴巴掌，打个九月九，采菊花，浸烧酒。欢欢喜喜庆重九。
巴巴掌，打个十月朝，糯米饭，肉汤浇，嘴里吃，心里笑。
巴巴掌，打个冬月冬，麻布裤子好遮风。伢儿冬天不怕冷，太阳底下暖烘烘。
巴巴掌，打个腊月腊，腊梅花，金灿灿。吃了腊八粥，又吃豆豆饭，家家准备过新年。

儿歌　萤火虫

萤火虫，夜夜红，公公挑水浇菜虫，婆婆捻麻糊灯笼，舅舅做郎中，舅母拔牙虫。

儿歌　麻雀子

麻雀子，沿路滚，只怪哥哥不买粉；买了粉，不会搽，只怪哥哥不买麻；买了麻，不会绩，只怪哥哥不买笔；买了笔，不会写，只怪哥哥不买马；买了马，不会骑，只怪哥哥不买犁；买了犁，不会耕，只怪哥哥不买针；买了针，不会掳，只怪哥哥不买锁；买了锁，不会开，只怪哥哥不上街；上了街，死卖呆，看见一口大棺材。

儿歌　一条界坎九个弯

一条界坎九个弯，每个弯上九棵树，每棵树上九个鹳子窠，每个窠里九个蛋，算一算，一共出多少个小鹳子。

民谣　佃农苦

今也苦，明也抓，积两个劳钱上夷沙(八桥镇长胜、同胜村原是江中的一个小沙洲，名叫夷沙)，佃几亩沙田便养家，打几颗粮食送东家(地主)，饿着肚皮捞鱼虾，遇到淹潮吃浪花，挑起箩担回老家(指原住处)。

说说真急人，有事要请人，事情成不成，先办四洋盆(指求人办事请吃，实际不止用四只盆装菜)。

渔家女

娘啊娘啊，拿（把）我把（嫁）啊渔船上啊，头顶芦腔脚踏舱啊，眼泪汪汪烧锅腔啊，划了多少回桨啊，喝了多少浑水汤啊（指穷苦的渔民用混浊的江水烧汤）。

新婚仪式歌

解放前婚姻礼俗中有“送房”仪式，即“闹洞房”。由一个或两个主持人，用固定的曲调（见曲谱）边数边唱，以增添喜庆的热闹气氛。选录片段。

铺新房

新人今日喜洋洋，主家请我来铺房；
两头铺的金丝草，中间又铺子孙堂。

挂帐子

锦帐本是丝织成，里面照见外面人；
一对鸳鸯交头宿，还比嫦娥美十分。
新挂帐子四角方，根根纱线配成双；
白绫挂在金钩上，早生贵子状元郎。
新挂帐子四角齐，好比当年郭子仪；
生下五男并二女，都在朝中保登基。

摊布被

红绫被里花粉香，主家请我摊在床；
和合二人初相会，百子千孙福寿长。
红绫锦被七尺长，我今摊在牙床上；
今日娶了新娘子，来年生下状元郎。

敬天地

此酒斟来喜连连，小子虔诚先敬天；
时沾雨露恩非浅，风调雨顺乐安然。
此酒斟来笑嘻嘻，小子虔诚后敬地；
太平世界人民安，国泰民安家又齐。

敬父母

为人最重是父亲，扶养成人费尽心；
今将喜酒来奉上，报答昊天浩荡恩。
父亲饮酒笑盈盈，我今前来把酒斟；
今宵饮了杯中酒，富贵荣华万代春。
我有一言劝新人，母亲恩情似海深；
今将喜酒来奉上，报答提携养育恩。
母亲饮酒笑开颜，我今前来把酒筛；
今宵饮了杯中酒，千代儿孙乐满怀。

送房曲谱　E 3/4

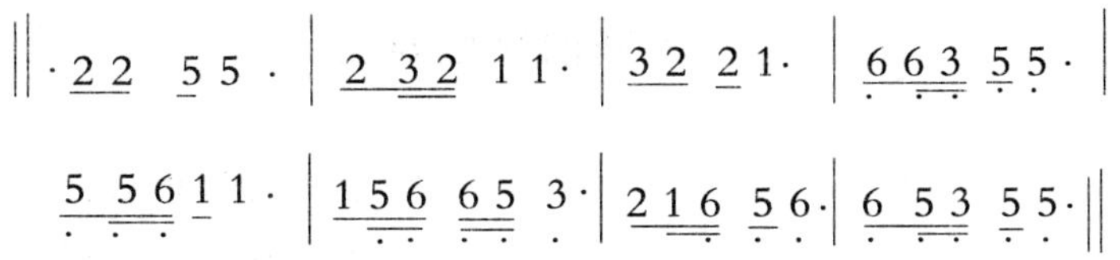

对酒歌

1. 一只螃蟹八又八只脚，两只大钳一呀一只小圆壳，拈又拈不起，剥又剥不开，手把银壶把酒筛（罚酒）

2. 二只螃蟹十呀十六只脚，四只大钳两呀两只小圆壳，拈又拈不起，剥又剥不开，手把银壶把酒筛。

3. 三只螃蟹二呀二十四只脚，六只大钳三呀三只小圆壳……

（每人轮说，数字不能说错。如果说错，就罚酒一杯）

农　谣

郭哥郭哥（布谷鸟叫声），麦黄草枯；弯刀割麦，笋子搅肉（指用笋、肉一起清炖，味道鲜美）。一斩一烧，吃完再抄（从锅里盛到碗里）。

正月看晴天

七人八谷九豆十棉花。

（意即初七晴天人太平，初八晴天五谷丰登，初九晴天豆类丰收，初十晴天棉花收成好）

看穿星

七穿八看上角仓仓满，下角水淋淋。

（意即初七初八看穿星在月亮弯的位置，穿星在上角预示丰收，穿星在下角预示有水灾）

情歌麻雀子

麻雀子，看（kān 啄）桃花，一看看到丈母家。丈母丈人不在家，推开门来望见她，小小脚，一抹抓（旧时小脚），大帮鞋子满帮花；瓜子脸，黑头发，胭脂花粉脸上搽。小桃花，抬头看见小冤家，低下头，脸上飞红霞。端张凳，敬杯茶，悄悄说句话：请婆妈，早点备花轿，把我接回家，百年好合享荣华。

新旧婚姻对比

1　我今年年纪已经五十多了，
不大也不小
旧社会婚姻我都明了。
年青的妇女们，
你们不知道，
咿呀呀得油，
听我往下表。

2　旧社会的妇女们没得把头抬，
苦苦的活挨挨，
未曾那个谈婚姻，
姑娘先躲起来，
还要找个瞎先生来（指请算命先生），
咿呀呀得油，
要把八字排。

3　前王庄上有个财主名字叫个张老九，
家产倒不丑，
十七八亩还有大小两头牛。

叫人家拿我谈了把他做老婆，
咿呀呀得油，
他是一个拐小伙。

4 苏北有个户头名字叫苏北佬，
财产刮刮叫，
十几部机器还有大小两张窑；
他就是屋不好，盖的是烂稻草，
咿呀呀得油，
他摆子(指患疟疾病)打昏了。

5 城门外有个地方名字叫观音堂，
大老板本姓王，
房子倒有楼上楼下十七八间好瓦房。
我娘去察访，
要把我做补房，
咿呀呀得油，
娶家去做他的娘!

6 城门外有个财主名字叫个贺老五，
开的是裁缝铺。
要我把他做老婆，
我想想不合算。
他今年六十五，
我才一十九，
咿呀呀得油，
大小四十多。

7 谁知道世上的媒人都是一般坏良心。
到我家里来说亲，
他们口口声声说我丈夫人品好，
才学高，
生得又聪明。
我躲在房里听，想想倒放心，
咿呀呀得油，
确实真开心。

8 哪知道我爹爹妈妈章程主意不曾拿得好，
访也不曾去访，
瞧也不曾去瞧，
帖子被他们骗去了，
没得法子想，
咿呀呀得油，
讲都不敢讲。

9 亲事刚刚谈好后，
媒人把礼门上挑。
米是十六担，
糕是一百条，
鸡子和肚肺，
鱼肉海参鳔，
整个三一担，
一点不能少，
咿呀呀得油，
喀吱喀吱往我门上挑。

10 三月四月过去了，
五月就来到，
端午节来到了。
几十个咸鸭蛋，
黄鱼倒有几十条，
粽子倒不少，
他妈妈一个都不曾吃得了。
咿呀呀得油，
好大险咽死了。

11 六月七月过去了。
八月就来到，
中秋节又到了。
月饼倒有几十个包，
麻饼也不少
咿呀呀得油，
怎呀吃得了。

12 九月十月过去了，
冬月腊月就来到，
媒人直朝我家跑，
催我家把亲订订好。
我妈妈问他要一顶花花轿，
轿衣还要好；
问他要副金环子，
衣裳要全毛料，
咿呀呀得油，
同意来拎糕。

13 冬月腊月来到了，
家家过年忙，
杀猪又宰羊。
我家的嫁妆已打好，
忽听得门外来了一班小伙子同我拨嫁妆

(即抬嫁妆),
穿的是新衣裳,
扁担肩膀上扛,
咿呀呀得油,
倒像扛的一杆枪。
14 我爹爹妈妈对这班客人招待真是快,
请他们坐下来,
香烟把他们叼起来;
一条糕两盘子装,
圆子和馒头满满盘子朝上装;
有的包的菜,
有的包的芝麻糖,
咿呀呀得油,
吃得喜洋洋。
15 最好吃的圆子要算脂油拌洋糖,
会吃的朋友,
一咬直是吃,
没得油往外淌;
不会吃的大木瓜,
一咬油直滴,
味道不曾有得尝,
新衣倒弄脏,
咿呀呀得油,
实在出洋相。
16 茶那个吃好后,
中饭那个不曾煮得好,
没得心思想,
桌子拉中央,
坐下来叉麻将,
咿呀呀得油,
好像个赌死鬼。
17 厨师在厨房里忙得不得了,
薄刀(即菜刀)笃笃刨,
锅铲劈咧吧啦炒,
端盘的打杂的,
忙得汗直冒,
筷子哗啦响,
停止叉麻将,
媒人坐首席,
倒像老卵像。
咿呀呀得油,
就把中饭上(指将午饭端到桌上)。
18 凳子桌子四面放,
拿酒桌子上,
菜也紧跟上,
共计九碗菜,
说给你们略尝尝:
第一碗上的是呀是花生,
是呀是花生,
有牙齿搭老酒,
没牙齿带呀带点走,
带啊把儿孙;
第二碗上的是我说真稀奇,
是呀红烧鱼,
鱼大真好吃,
小鱼上来把嘴嘬;
第三碗上的是呀是金针,
浇头肉香喷喷,
有牙齿呱吱呱吱吃,
没牙齿囫囵吞;
第四碗上的是呀剁肉圆,
这碗菜最公平,
每人抓两个
没得来混沾;
第五碗上的是花片肉里边飘,
先吃的弄几块,
后吃的不曾抢得到,
拼命在碗底下捞;
第六碗上的是粉丝,
这碗菜真好玩,
筷子一叉舞龙灯;
第七碗上的是红呀红烧肉,
没良心的抢精肉,
有良心的拖老肥;
第八碗上的是肠子肉喷喷香,
先吃的拖几块,
后吃的没法想,
只好喝点肠子汤;
第九碗上的是海呀海带汤,
每人叉一筷,

又得精大光,
碗里还有点饭,
只好饭泡汤,
咿呀呀得油,
九碗吃得精大光。
19 中饭吃好后,
爹妈还要发嫁妆,
拿绸腰捆嫁妆;
每人三个蛋,各人放身上,
他们抢了叽巴罗嗦乱吵嗓,
咿呀呀得油
一齐都抬光。
20 嫁妆抬走后,
催我走上轿,
没得人来搀,
我只好往轿里跑;
又要泼凉水,
还要把筷子撂,
咿呀呀得油,
鬼关目(指花样、名堂)真不少。
21 轿子抬出门,
我坐在里面倒逍遥,
只听得劈哩叭啦轰,
放的是鞭炮,
哥弟姐妹亲戚朋友为我来送轿。
腰鼓咚咚敲,
比留巴啦吹得好听得没得了,
威风没得了,
咿呀呀得油,
活像来开吊。
22 哪知道那些抬轿的都是促狭佬,
我坐在轿子里倒像坐监牢,
大便没处大,
小便没处小,
咿呀呀得油,
半路上来止轿。
23 止轿之前一路慢慢地跑,
止轿之后小伙抬啊就跑,
尽大步子跨,
一跨又一跳,
轿子冒得老高,
把我的头颠昏了。
我想开口骂,
他又骂我脸皮老,
我若不开口骂,
这个罪受不了,
我不好老了脸开口骂:
狗子日的促嗒痨,
咿呀呀得油,
赶回去上头刀!
24 轿子到了场上忙得真热闹,
只看见汽油灯又到二梁高。
来了两个姑婆妈妈青衣又小脚,
搀我跨火盆,
一跨马鞍桥,
咿呀呀得油,
鬼关目真不少。
25 我正准备往房里跑,
遇到两个促嗒痨,
眼睛往我脸上瞟;
真是活甩子,
还要伸手摸我的腰,
还要抢我手里的糕,
咿呀呀得油,
不曾把他摸得到。
26 不曾吃夜饭又有人来闹新房,
要香烟又要糖;
弄楝树果来掷我,
实在吃不光,
我躲又没处躲,
让又没处让,
咿呀呀得油,
婆婆奶奶来同我挡。
27 夜饭吃好后,客人都散了,
我准备来睡觉。
我左眼偷郎看,
右眼偷郎瞧,
不见倒也罢,
一看呀吓一跳,
咿呀呀得油,

死形样子要不了。
28 我一看我倒霉的丈夫十三拳头高，
躲在门缝里鬼头又鬼脑，
两个耳朵朝前招，
鼻子里黄脓冒；
一头鸡屎瘌，
十七八根毛；
又是一个吊眼梢，
眼屎巴巴往下抛；
脸上大麻子，
好像瘌葡萄；
一手罗爪疯，
好做笊扒去划草；
一张蒲包嘴，
臭气往外冒；
前头走腕子，
后头凸多高；
拦腰大克颈，
又是个水蛇腰，
一肚子水臌胀，
好像水泡泡；
浑身大癞皮，
屑子到处飘；
左脚是拐子，
右脚不大好；
又是烂膀腿，
膏药绑多高，
咿呀呀得油，
臭的没得了。
29 我一看我倒霉的丈夫终身被他误掉，
睡到半夜三更起来把便小，
章程主意想想好，
他的东西我不要，
我的东西打成一个包，
轻手轻脚把房门开，
直接往外跑。
三十里天不亮，
麦田躲躲好，
等他找不到，
咿呀呀得油，
不准备跟他了。
30 第二天拜堂新娘子不见了，
敲锣子到处找。
他找到三茅街，
我已经溜到东岳庙；
他找到兴隆镇，
我溜到长旺桥；
有人找到沙家港，
我已经到镇江；
镇江乘火车直接往上海跑，
咿呀呀得油，
上海去逍遥。
31 旧社会的婚姻制度实在真不好
爹娘做主不准哪个来参考，
结婚之后两人感情又不好，
他向我瞪眼，
我跟他把嘴吵，
多少年轻人跳河又上吊！
男子不顾家，
女人跟人家跑，
闹出意外事，
家庭折散了，
咿呀呀得油，
旧社会不公道。
32 新社会婚姻法真是刮刮叫，
爹娘不作主，
二人谈谈好，
再请媒人来介绍。
两人共平等，
不得来懊恼，
同心又协力，
咿呀呀得油，
生活更美好。

十房媳妇十枝花

一房媳妇一枝花，料理田务要算她，
那块田里种黄豆，那块田里种芝麻，
人家田里收成孬，她家田里好庄稼。
二房媳妇二枝花，劳动生产要算她，
每天五更清早起，天天下田种庄稼，
寻草挖泥挑担子，车水栽秧又耥耙。
三房媳妇三枝花，敬重丈夫要算她，
夜上同郎一起睡，日上同郎去玩耍，
玩到娘家吃个茶，手挽手儿转回家。
四房媳妇四枝花，锅头灶脑要算她，
里锅洗洗煮白粥，外锅烧水带早茶，
她到厨房走一走，九碗八碟手中拿。
五房媳妇五枝花，嘴硬不过要算她，
叫她撵鸡她打狗，叫她做事她归娘家，
公婆丈夫说几句，她就一家一句的骂。
六房媳妇六枝花，妖妖怪怪要算她，
头上常把花来戴，脸上胭脂粉来搽，
身上的衣服时式新，脚上的鞋子高跟靴。
七房媳妇七枝花，勤俭节约要算她，
每年夏天忙捻麻，冬天月下纺棉花，
身上的衣服家机布，浑身上下不穿花。
八房媳妇八枝花，孝顺公婆要算她，
每天吃饭是六碗，早上还有鸡蛋茶，
倘若公婆说几句，她笑脸相迎喊妈妈。
九房媳妇九枝花，污糟躐蹋要算她，
头发常常结个饼，眼睛上眼屎有豌豆大，
身上污垢有寸把厚，头上的虱子动把抓。
十房媳妇十枝花，无用不过要算她，
各种事情不会做，缝补针线不会拿，
她到外面还摆嘴，属牛属猴不如她。

三十六码头

正月梅花报立春，文武百官出北京，
当铺朝奉徽州出，油榨师傅出长辛。
二月杏花月里头，仙山桥上出绵绸，
石门箬布桐乡出，纱帽细席出苏州。
三月桃花处处红，珍珠玛瑙出广东，
珊瑚玳瑁南海出，福建出的好响铜。
四月蔷薇一根藤，陈年老酒出绍兴，
金华火腿兰溪卖，山东出的好面筋。
五月石榴是端阳，钢锉锯子出南阳，
丝草凉鞋藤桥出，细花凉帽出丹阳。
六月荷花透水飘，泰州灯笼古元桥，
白铜烟袋云南出，杭州出的好剪刀。
七月鸡冠红稀稀，青皮甘蔗出广西，
大红茶果徐州出，天津出的大鸭梨。
八月桂花真正香，扬州出的美娇娘，
小脚姑娘村村有，大脚婆娘出凤阳。
九月菊花盆里黄，梅溪出的好火缸，
细巧瓷器江西出，丁山窑货做得光。
十月芙蓉赛牡丹，赤砂洋糖出台湾，
鸡脚黄莲四川出，有名人参长白山。
十一月里雪花飞，山羊皮货出陕西，
湖南枣子长三寸，湖北秋梨重半斤。
十二月腊梅冷清清，细丝蚕种出天津，
绉纱包头双林出，湖州出的好藏青。

泗洲调

E 2/4

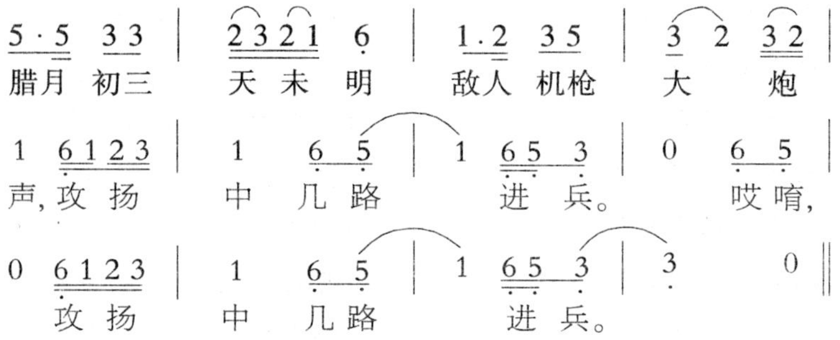

革命小调　劝老乡

叫老乡(伪军)呀,你可曾想一想呀,可曾想一想,家中还有老婆和孩子,还有爹和娘,何必替鬼子卖力把命丧!我的老乡哎——,你们赶快放下枪!

叫老乡呀赶快的想一想呀,快快地想一想!武装反正有活路,赶快来投降!保证不杀你,送你盘缠(指路费)回家乡!我的老乡哎——,千万不能再彷徨!

麒麟唱词

锣鼓一打招又招,老板家的鱼肉挂得高,平常无事都不吃,买田置地作酒肴。

锣鼓一打招又招,老板家的烟筒砌得高,底下烧的灵芝草,上头蒸的馒头糕。

锣鼓一打招又招,两个宝宝一样高,一个叫作全福寿,一个叫做福寿高。

锣鼓一打排又排,主家大门朝南开,上头雕的龙和凤,斗大元宝滚进来。

附录　麒麟唱曲谱　F4/4(叙说般)

第四节　文艺创作

一、创作队伍

1985 年,全县有文学艺术业余创作骨干 68 人,参加江苏省文学艺术协会和学会的 4 人,其中摄影协会 1 人,书法协会 1 人,美术协会 1 人,音乐协会 1 人。参加安徽省摄影协会的 1 人。参加镇江市各文学艺术协会 30 人,其中摄影协会 4 人,戏剧曲艺协会 6 人,文学协会 8 人,书法、美术协会 8 人,美术研究会 1 人,音乐舞蹈协会 3 人。

二、文艺作品

1953—1985 年,发表于省级以上报刊的文学作品有:历史故事 1 篇,故事 2 篇,短篇小说 4 篇,诗歌 15 首,散文 5 篇,剧本 1 部。其中戴闻编著的纪实文学《江洲火案》和集体创作的小说《水上交通站》均被改编成剧本上演。

1963—1985 年,参加省级以上展览或发表在省级以上报刊杂志的书法美术作品 26 幅,摄影作品 2 幅,歌曲 9 首。其中季成富的《雪天奋战》参加 1977 年中国摄影展览,并在 1978 年《中国摄影》第二期上发表。

第五节　文物古迹

扬中县原有 60 多座庵、庙、宫、阁以及清同治四年(1865)建立的水师衙门等古建筑,后大都在战争动乱年代被毁,文物也多数散失。中共十一届三中全会后,重视对文物的收集、整理和保护。1980 年,县成立文物管理委员会,建立文物陈列室 3 间。1984 年,全县开展文物普查,发现流散在民间的各类文物共 2130 件,其中文献 804 件,字画 111 件,陶瓷器 373 件,铜锡器皿 83 件,钱币 644 件,杂品 115 件。部分精品选送县、市、省展览,计送县 232 件,送市 43 件,送省 4 件。1985 年公布县级文物保护单位 7 处。

一、碑刻

全县已发现碑刻 30 块,已征集收藏于县图书馆的 19 块,乡镇就地保存的 11 块。

乐生洲圩岸修筑丈尺碑刻　清乾隆四十八年(1783)立。略谓乐生官洲坐落圌山之下,逼近海口,迎送洪潮,故应将圩岸筑高一丈二尺,面宽二丈,脚宽十二丈,永为定则,自备工本,夯筑坚固,抵御江潮,以免冲決而保田畴。

德兴洲旗兵庄房碑刻　清嘉庆十五年(1810),兵部尚书、都察院右都御史、总督江南江西部堂杜立。略称将德兴洲充公召变芦地(实际已是良田)7900余亩,卖给驻防京口蒙古八旗官兵,每亩地价银0.607两。

育婴洲重整洲规泐石　清道光二十四年(1844)立。略谓育婴洲田5380余亩,租息银额原为夏租300文,秋租600文,延三十年无异。至道光二十二年,因英夷入境,田畴蹂躏,故酌予豁减200文,以抵送租到堂费用。嗣后每亩700文,夏交300,秋交400,不得拖欠。

福善、仁寿桥碑刻　2块,清咸丰六年(1856)立。略述在我洲地理位置,福善、仁寿桥成因,并有"溯太平洲起自宋绍兴间"的字句。

乐生官洲岁收租息银两碑刻　规定岁收租息每亩1两。

宝晋洲田碑刻　清后期,略以宝晋洲8000多亩水影,改为宝晋新洲,悉归镇江府宝晋书院执管。

戏台石柱　一对。清后期所建三茅镇"遏云楼"前柱,高3.01米,宽0.34米,刻有阳文对联:"请看忠臣孝子童叟眉扬方信人心不泯;堪嗟巧计奸谋贤愚发指乃知古道犹然。"

二、寺庙

全县原有大小寺庙60多座。至1985年仅存下东岳庙、文昌宫两处。

下东岳庙　坐落三滧乡跃进村,清康熙时始建,道光二十年(1840年)重修。原有40多间平瓦房,现存6间大殿,砖木结构,深8.8米,宽25米。1985年列为县级文物保护单位。

文昌宫　坐落新坝镇治安村,清光绪三十一年(1905)建。原有18间瓦屋,现存5间大殿,砖木结构,深7.8米,宽20米。1985年列为县级文物保护单位。

三、水师衙门遗址

清同治四年(1865)建,坐落油坊镇中滩村。有瓦屋99.5间。门前有石狮一对,当门用吊桥进出。四周壕沟,内栽荷花、养鱼。原驻防炮艇一艘,官兵270余人,大小船只舢板200余只。1942年秋,日伪军将房屋拆光,并将建材运往三茅镇建伪县政府,原址即成废墟。

四、古银杏树

全县列为文物保护的银杏树共三株。一株在兴隆镇红星村,一株在三茅镇建设村,一株在三滧乡普济村。前2株系清乾隆年间植,后一株系清道光年间植。

五、革命故址

陈毅住所　1939年夏秋间，新四军第一支队司令员陈毅住老郎街王祝三家一月左右。原屋已于1983年拆除。

“挺纵”“江抗”会师广场　1939年10月26日，中国共产党领导下的，由管文蔚率领的江南抗日义勇军挺进纵队，与由叶飞率领的江南人民抗日义勇军在下八桥广善堂广场会师。原会师广场在八桥中学内，已立纪念碑，为县文物保护单位。

抗日民主政府故址　1945年7月15日，扬中光复。扬中县政府临时设在黄子彬家内，县直各机关驻于长旺乡念八圩埭群众家，同年11月北撤离开。

培根简师故址　坐落长旺乡高兴桥，1928年建，原为庆善公所，有前后两进10间和两侧厢4间，砖木结构。1939年秋，将原设龙王庙的师资训练班迁此。1945年秋，抗战胜利，为培训革命干部和纪念扬中首任抗日民主政府县长李培根烈士，在此办“培根简师”。现原屋无损，内办高兴桥小学。该屋为县文物保护单位。

六、烈士墓碑塔

全县烈士墓、碑、塔共有8处，其中以扬中县烈士纪念塔和王龙烈士墓规模较大。

扬中县烈士纪念塔　坐落三茅镇英雄村七组，1958年县人民政府建。塔高12米，正面为“死难烈士万岁”六个大字。周围遍植松柏，四季常青，为县内主要革命烈士纪念地之一。

王龙烈士墓　坐落兴隆镇码头村五组，墓身呈圆形，直径6米，高1.8米。4株柏树，分列前后，冬青环绕其间。1985午，为纪念王龙烈士牺牲40周年，县人民政府重修墓基，重立墓碑。

1985年扬中县革命烈士墓、碑、塔情况表

表211

名　称	坐　落	面积（亩）	高度（米）	宽度（米）	建成时间	备注
码头纪念碑	兴隆镇码头村五组	0.05	3	1.72	1957年	
扬中县烈士纪念塔	三茅镇英雄村七组	3.2	12	3	1958年	1985年重建
三烈士碑	油坊镇振华村七组	0.5	2.4	1	1970年2月	
王龙烈士墓	兴隆镇码头村七组	0.6	1.8	6	1945年9月	1985年建碑

续表 211

名　称	坐　落	面积（亩）	高度（米）	宽度（米）	建成时间	备 注
李培根烈士墓	长旺乡二墩子村六组	0.3	2.45	5	1984 年	1984 年重建
张日华烈士墓	长旺乡三墩子村	0.3	3	5	1941 年 9 月	同上
严桂珍烈士墓	八桥镇石桥村	0.2	1.4	1.2	1981 年	同上
七烈士墓	永胜乡战胜村八组	0.5	3	5	1949 年	1985 年修建

七、馆藏文物

1985 年年底，扬中县图书馆共收藏文物 355 件，其中革命文物 202 件。

革命文物主要有：1939 年 10 月底叶飞所率“江南人民抗日义勇军”与管文蔚所率“江南抗日义勇军挺进纵队”在扬中下八桥会师合编为新四军挺进纵队的历史照片，陈毅、管文蔚在扬中的合影，管文蔚与挺进纵队政治部战地服务团部分工作人员合影，中共苏中五地委机关报——《前进报》等，以及王龙、李培根、杨明、张日化等烈士遗像 20 余幅，烈士遗物 30 余件。

第六节　档　案

扬中县建置前，档案分属丹徒、丹阳、武进、江都、甘泉、泰兴六县管理。建置后，档案工作始设专人负责。抗日战争前的档案资料，因县衙几次被焚，加之政权变更频繁，所存甚少。

一、档案管理

解放初期，档案工作由中共扬中县委、县人民政府（人委）秘书室（办公室）兼管。1959 年 7 月 21 日，建立扬中县档案馆，配备专职人员 1 人。1965 年，档案馆事业编制 3 人。“文化大革命”期间，档案由县革委会政工组负责。

1978 年 12 月 21 日，复建扬中县档案馆。1980 年 9 月 6 日成立扬中县档案局，局、馆合署办公。1982 年，由财政拨款 29.5 万元，兴建县档案资料库房 1356 平方米，采用三油两毡、旋回走廊、钢门钢窗结构，增强了密封性能，质量较高。1984 年 3 月竣工启用。是年，局、馆编制增至 12 人。

1978—1984 年，全县已建立文书档案室 77 个，科技档案室 96 个，有专（兼）职科技档案工作人员 95 人。已整理归档，可提供利用的科技档案共有 32566 卷（册、袋），收集存档的底图66947张。

1984年5月18日，成立镇江市档案学会扬中县中心组。至年底，全县已发展江苏省档案学会会员6名，镇江市档案学会会员20名。

1984年11月12日，县政府决定建立城建档案室。1985年9月4日，召开全县财会档案工作会议，并开始设置名人、专业、声像等档案，进行档案的学术研究。

1984年年底，馆藏文书档案11083卷，专业档案23卷，声像档案35册(盒)，土改档案744卷，革命历史档案332件。其中《群众导报》刊有陈毅为该报写的题词和司令员管文蔚的形势报告等。旧政权档案1500余卷，各种资料4300余卷(册)，并搜集保存了清光绪、宣统、民国及汪伪时期的部分历史档案。

二、档案利用

1982年，开始对破损的土改档案和旧政权档案进行修复整理工作，使档案的利用率有所提高，为经济建设、落实政策，处理人民来信来访、民事调解、编史修志等提供了大量的档案资料。1980—1985年8月，共接待查档人员4095人次，提供档案资料7308卷(册)。

第四章　卫　生

扬中县建置前,无医药卫生机构;建置后,较长时间内亦仅有少数民间医生,个人挂牌或走村串户行诊。直至民国24年(1935),始有私人在天后宫镇开设的遂生医院1所,医护人员3人,病床5张。

民国35年(1946),由私人集资在三茅镇开设"扬中县卫生院"1所,属当时的县政府管理,有医护人员3人,病床2张。另外全县有中医70余人,西医6人,在民间挂牌行诊。

解放后,党和人民政府重视医药卫生工作,设立医药卫生机构,增拨卫生事业经费,改善医疗、防疫设施,培训医务人员。在广大医务人员的共同努力下,贯彻"预防为主"的方针,广泛开展爱国卫生运动和妇幼保健、防疫、医药、医教等工作,先后消灭了天花、霍乱等烈性传染病,血吸虫病亦得到有效控制,白喉等疾病的发病率亦大大降低,人民健康水平不断提高。人口死亡率由1949年的28.36‰下降至1985年的7.48‰。1985年,全县共有医院13所,医疗保健站22个,卫生防疫站1个,共有病床537张。职工682人,其中卫生技术人员520人。医疗器械也逐年增加和改善。

第一节　机构设置

解放前,国民党县政府未设专门卫生管理机构,卫生工作由第一科兼管。

1951年6月,县人民政府设卫生科。

1967年3月—1968年3月,卫生工作由县军事管制委员会文卫组掌理。

1971年3月,县革命委员会改卫生科为卫生局。

第二节　医　疗

一、医疗单位

解放前,县内的中、西医均为私人开业行医。民国35年(1946),三茅镇设民办官管卫生院,主要任务是为当时政府检验壮丁的健康状况和勘检刑事伤亡案件。医护人员3人,设备简陋。直至解放前夕,未有改变。

扬中县人民医院　院址在三茅镇港西南路。1949年8月建立,初名扬中县人民政府卫生院,后更名扬中县卫生所、扬中县人民防治医院,1979年4月定名扬中县人民医院。1985年全院职工162人,其中卫生技术人员135人,有主治医师5人。是年,医院建筑总面积10003平方米,分设门诊部、住院部。住院部设内科、外科、妇产科等5个病区,有病床170张;门诊部设医疗科室7个,医技科室8个。

扬中县卫生防疫站　站址在三茅镇建设桥东。1951年8月建立,初名扬中县血吸虫病防治站,1958年改名扬中县卫生防疫站,1969年曾与扬中县人民医院合并,1970年3月又分设。1985年,有建筑面积2786.8平方米。是年,全站职工36人。其中卫生技术人员29人。站内设寄生虫防治、结核病防治、防疫、卫生、检验、宣传、总务七科和一个医务室。

扬中县妇幼保健所　所址在三茅镇东街,建筑面积190平方米。1953年11月创办,1968年撤销,1975年5月恢复。1985年,全所职工9人,设妇女保健、儿童保健两个门诊室。

扬中县精神病防治院　附设在兴隆中心卫生院内,1977年设立,属大集体事业单位。1982年,地、县拨款9.5万元,新建楼房1幢,1985年竣工。有专职医护人员6人。1985年,收治精神病患者80人次,治愈率达80%。

中心卫生院　全县有八桥、兴隆、新坝三个中心卫生院。1985年,共有职工138人,病床133张。建筑面积共8400平方米。

乡、镇卫生院　全县有丰裕、联合、城镇、三茅、三渲、油坊、长旺、永胜、西来桥9个乡镇卫生院。1985年,共有职工251人,病床222张。建筑面积共11634平方米。

村级卫生室　全县178个村均设立卫生室,每个村卫生室有2~3名卫生保健员(赤脚医生)。县、乡、村三级卫生网基本形成。

二、医疗设备

解放前,县卫生院只有听诊器、体温计、注射器等简单器具。

解放后，县人民政府重视卫生事业，每年县财政预算均专列卫生事业经费。医疗机构逐步完善，医疗设备逐年增加，至1985年，县人民医院已有各类x光机、显微镜、九孔无影灯、万能手术床、培养箱、救护车、心电图机、电泳仪、卧式高压消毒器、超声波诊断仪、病理切片机、三用冰箱、纤维胃镜、人工呼吸机、电动流产吸引器、心脏监护器、“B”型超声波等医疗设备。

中心卫生院和乡、镇卫生院亦有x光机、显微镜、超声波诊断仪、万能手术台、九孔无影灯、电动流产吸引器、电冰箱、高压消毒器等医疗设备。

1953—1985年部分年份
扬中县卫生事业经费支出情况表

表212

年　份	金额(万元)	备　　注
1953	5.186	
1956	12.602	
1966	19.425	
1978	65.414	
1982	84.100	
1983	113.909	含省拨自来水建设费
1984	136.900	含省拨自来水建设费
1985	88.900	

三、医疗技术

随着医疗机构齐全、规模扩大，医务人员素质提高和医疗设备的增加，医疗技术水平亦不断提高。1985年，县人民医院分10科。

内科　能较正确地诊断和治疗各种常见的呼吸、消化、泌尿等病和传染病；对白血病也能作出较正确的诊断，能作腹膜透析。

外科　能作肝、胆、胃肠、甲状腺、骨外科等手术。

妇产科　能作子宫全切、剖腹产、子宫脱垂、输卵管吻合和计划生育四项手术；对产后大出血和羊水栓塞的抢救也积累了经验。

眼科　对角膜、泪道、视神经、眼底病能作出较正确的诊断，能作白内障、眼球摘除等手术。

五官科　能作鼻息肉、扁桃腺摘除和食道异物取出等手术。

中医科　能开展内、儿、妇科疾病的诊断和针灸等。

中医伤科　能作下颌、髋关节复位和骨折的整复、固定。

放射科　能作食道、胃肠透视及摄片、四肢摄片、胸腹平片、肺断层片等。

病理科　能作涂片、组织切片病理检查。

检验科　能作血清脂类、血清酶类测定，血液及其他生化检查，药物敏感试验等。

药剂科　能作各种预备制剂的配制；制剂室能制作大输液等。

各中心卫生院和乡(镇)卫生院，除能诊治常见疾病外，还能作腹部和计划生育四项手术。

第三节 保 健

一、公费医疗

解放后,国家机关、全民事业单位的干部、职工均享受公费医疗。县成立公费医疗实施管理委员会,具体管理和执行公费医疗有关规定和制度,经费由国家及地方财政支付。1981 年 10 月 1 日,实行公费医疗经费按系统分单位包干使用的办法。

1952—1985 年扬中县享受公费医疗人数和实用经费情况表

表 213

年 份	享受人数(人)	实用金额(元)	年人均数(元)	年 份	享受人数(人)	实用金额(元)	年人均数(元)
1952	1038			1971	2370	52611	22.20
1953	884	28344	32.06	1972	2185	70046	32.06
1954	1187	21365	18.00	1973	1992	91856	46.11
1955	1105	19656	17.79	1974	2572	85972	33.43
1956	1318	27182	20.62	1975	2240	82004	36.61
1957	1446	38695	26.74	1976	2156	88719	41.15
1958	1278	23936	18.73	1977	2216	96000	43.32
1959	4478	38155	8.51	1978	2301	115400	50.15
1960	2299	54038	23.51	1979	2574	153000	59.44
1961	2063	52856	25.62	1980	2720	173000	63.60
1962	1493	44668	29.92	1981	2900	244000	84.14
1963	1494	45869	30.70	1982	3005	194000	64.56
1964	1549	47207	30.48	1983	3627	248658	68.56
1965	1642	47256	28.78	1984	3754	312000	83.11
1966	1625	42794	26.33	1985	3876	430000	110.94
1967	1629	51008	31.31				

说明:缺 1968、1969、1970 年资料

二、合作医疗

1958 年,部分农业合作社与当地医疗单位建立医疗保健关系,社员看病只收药费和材料费,免收诊疗费,有的农业社医药费全免,从生产队公益金中列支,但实行时间不长。

1965年，生产队设卫生员，大队设卫生室，配备2~3名卫生保健员(半农半医)，负责医疗业务，由公社卫生院进行辅导和培训。至1969年，全县培训赤脚医生402人，普遍实行合作医疗，分半保健和全保健两种形式，费用从生产队、大队公益金中支付。

1976年6月，全县合作医疗形式发展为队办社管、社队联办和社办三种，经费由个人、生产队、大队、公社四级负担。参加合作医疗的社员，凭卡就诊，药费全免或部分减免，住院1次，一般报销不超过90元。部分公社规定对独生子女和“五保”老人的药费报销幅度放宽。

1980年，全县参加合作医疗的社员，占农村人口的90.76%。

1983年，省卫生厅提出多种形式办合作医疗。全县178个村，其中合医合药128个，合医不合药19个，收费保本21个，有医无药4个。仅有4个村无医无药，2个村为个体开业。

三、劳保医疗

20世纪50年代开始对县属工厂(场)职工逐步实行劳动保护医疗制度。职工因病或工伤所需医疗费用全部或部分报销。实行劳保医疗制度的单位，一般调拨职工工资总额的5%左右作为医疗经费。至1985年年底，全县有12个工厂(场)建立了保健室或医务室，共有医务人员23名。

四、妇幼保健

解放前，妇女不懂孕期及产期卫生知识，采用老法接生，产妇、婴儿死亡率均较高，对各种妇女病和幼儿传染病，无法防治，任其流行，严重威胁着妇女和幼儿的健康和生命。

解放后，建立妇幼保健机构，推广新法接生，对妇幼进行健康检查和疾病防治。1950年，县卫生院配两名助产士和一名妇幼医师专职从事妇幼保健工作；1952年，设妇幼保健组；1953年，县成立妇幼保健所；1958年年底，各公社先后建起妇幼保健站，共11个。

从1951年起，县卫生科开始举办接生员训练班，到1957年，共办45期，培训接生员226名。同时在全县各地建起10个接生站，实现社社(乡)有接生站，队队(村)有接生员。20世纪50年代末，基本普及新法接生。1980年开始实行科学接生，住院分娩，同时推广“三五四”(怀孕三月建卡、产前检查五次、产后访视四次)孕产妇系统管理办法。到1984年，住院分娩率达75%，对高危孕妇实行专例护理，住院分娩率100%。全县产妇死亡率，由1958年前的2.5‰，下降到1981年的0.26‰。新生儿破伤风，由1958年前的7‰，下降到1981年的0.26‰。1982—1984年连续三年，未有产妇死亡和新生儿患破伤风病例。

妇女保健 1959年7月,在全县妇女中查出子宫脱垂患者1306人,及时予以治疗。1962年在三茅公社成立治疗组,对I°Ⅱ°子宫脱垂病人采用手术治疗,至1980年,共治疗2330例。1959年,在三茅镇9个工厂78名女工中,查出和治疗了13个阴道滴虫病患者。1978年,全县开展妇女病普查普治工作,共查25685人,受检率63.8%,患者11053人,患病率42.6%。此后,每年组织普查普治,复查复治,妇女病患病率逐年下降。1955年,全县提出"妇轻活"的口号,兴修水利做到孕妇不上堤。1958年提倡妇女"四期"(月经期、孕期、产期、哺乳期)挂牌,推行"三调三不调"(月经期调干不调湿、孕期调轻不调重、哺乳期调近不调远)。部分县属工厂设孕妇休息室,照顾工间休息1小时,并建立女工卫生室,防止妇女病传染。

儿童保健 从1952年起,每年"六一"儿童节前,对三茅镇及附近小学的学生进行一次健康检查,后来扩大到检查各公社幼儿班的儿童。1983年后,则普遍检查全县所有7岁以下的儿童。1984年,共查儿童21141人,受检率达88%。患病1334人,患病率为7%。还对1岁以上儿童进行查蛔、驱蛔。从1953年起,每年都办农忙托儿所,保护儿童安全。1982年6月,县妇幼保健所和各乡医院,开设儿保门诊室,对儿童进行体格检查、智力测验和向家长宣传科学育儿知识。

第四节 卫生防疫

一、爱国卫生运动

端阳节烧蕲艾、洒雄黄酒消毒杀虫,腊月掸尘等是民间流传的卫生习俗。民国26年(1937)5月18日,县国民政府在三茅镇召开700余人的卫生动员大会,县长洪康燮发表演说,他以五区年过百岁的冯匡氏素爱清洁卫生的事例,说明爱卫生能享高寿,人人讲卫生,全民健康,国家自然强盛的道理。会后他亲自带领机关人员打扫三茅镇,全县曾一度出现爱清洁讲卫生的好风气。

解放后,党和政府反复宣传讲究卫生,提高健康水平的道理,广泛开展爱国卫生运动。1951年,县成立"爱国卫生运动委员会"。1954年,又先后成立区、乡"爱国卫生运动委员会"8个。除负责对群众进行科学、卫生知识的宣传教育外,还帮助群众制订卫生制度,发动群众开展爱国卫生运动和进行爱国卫生检查等。各时期还根据具体情况确定卫生工作重点。

1952年进行粪缸管理,要求搭棚加盖,离开水源。1956年,开展群众性捕鼠灭蚊蝇运动。

1957 年 3 月，县人民政府颁布《饮食卫生管理暂行办法》，1983 年县人民政府颁布《关于加强集镇卫生管理的暂行规定》，县爱国卫生运动委员会均积极宣传贯彻。在宣传《中华人民共和国食品卫生法》中，对食品单位经常进行检查，对不合卫生要求者，吊销其“卫生许可证”，食品从业人员中的传染病患者则立即调离，要求饮食业人员严格执行“五四”制度。

附录　食品加工、销售、饮食卫生“五四”制度

1. 由原料到成品实行“四不”：采购员不买腐烂变质的原料；保管验收员不收腐烂变质的原料；加工人员（厨师）不用腐烂变质的原料；营业员（服务员）不卖腐烂变质的食品。（零售单位不收进腐烂变质食品，不出售腐烂变质食品，不用手拿食品，不用废纸污盒包装食品。）

2. 成品（食物）实行“四隔离”：生与熟隔离；成品与半成品隔离；食品与杂物、药物隔离；食品与天然冰隔离。

3. 用（食）具实行“四过关”：洗，刷，冲，消毒（蒸气或开水）。

4. 环境卫生采取“四定”：定人，定物，定时间，定质量，划片分工，包干负责。

5. 个人卫生做到“四勤”：勤洗手、剪指甲，勤洗澡、理发，勤洗衣裤被褥，勤换工作服。

县人民政府一贯重视群众饮水卫生，宣传、实行饮水消毒。一度提倡饮用井水，后因井水含砷较多而停止。为解决饮水卫生问题，1974 年，县兴建自来水厂，于年底向城镇、三茅、联合、三滧4 个公社供水。1979 年，丰裕、永胜、新坝、油坊、长旺、八桥、幸福、兴隆 8 个公社，先后建起自来水厂。1985 年年底，全县有 80%的住户饮用自来水。三茅、联合、丰裕等乡镇自来水已基本普及。

二、传染病 地方病防治

血吸虫病　解放前，扬中县血吸虫病甚为流行，严重危害人民的健康和生命。如西来桥镇的长春村，90 户、357 人中，有 100 多人死于血吸虫病，20 余家绝户，72 个青年妇女被血吸虫夺去丈夫。新坝镇向阳村，三年中死于血吸虫病的 274 人。该村祝大娘，前后两个丈夫，3 个子女及其本人，均死于血吸虫病。

解放后，人民政府十分重视消灭血吸虫病工作，组织人员查螺、查病。全县查出钉螺面积 21.02 平方公里，血吸虫病患者 4.20 万例，病牛 528 头。钉螺遍布全县 12 个乡（镇）的 128 个村（占村总数的 71.9%），836 个村民小组（占组总数的 34.8%）。沿江地带，螺情、病情较内地严重。

1956 年，县“血吸虫病防治领导小组”和“灭螺指挥部”成立后，区设灭螺大队，乡设灭螺中队，开展群众性“血吸虫病防治”工作，采用土埋、药物和火焰等灭螺方法，共投入 500 多万个劳动日，灭螺面积累计 105.16 平方公里。钉螺分布，从 128 个村缩减

到7个村,实际面积只剩下原来的1.2%。土埋灭螺,结合农田水利建设,扩大了耕地面积3000余亩。1972年后,基本杜绝急性血吸虫感染。

在粪便管理上,除制订陆地粪缸规格、管理制度外,还大力抓水上粪便管理工作。1957年,成立水上粪便管理委员会,并与镇江、丹徒建立联络组织,配备专管人员。全县有237条船添置有底马桶,11个主要港口设倒粪站。在查治病人方面,1951—1956年,共培训医务化验人员百余名。1972年,变公社查病为县查病,又分期集中培训查病队伍,查出病人,按病情分别由大队、公社、县防疫站三级治疗。1978年起,变单一查病为综合性查病。到1983年止,完成全县178个行政村综合查病任务,随查随治,当年治完。全年累计粪检608.4万人次,治疗12.3万人次,治愈率90.4%。血吸虫病人,从42030人减少到1984年的261人。到1970年止,耕牛粪检计4571头次,治疗528头次。1979年全县36头耕牛粪检,均无阳性反应。

丝虫病　1958—1960年三年调查累计116611人,发现患者92人,治疗76人。后于1961年和1971年,共查1万余人。1980年开展丝虫病流行病学调查工作,抽查了丰裕公　社的五星、三滧公社的跃进、八桥公社的石桥3个大队,计2574人,受检率达93.2%,均未发现丝虫病患者。

钩虫病　全县钩虫病流行普遍且较严重。解放后,历年查治,发病率均在10%~20%左右。1983年,在三茅乡同心、群英两个村进行钩虫病科研调查,受检1504人中,患者320人,阳性率达21.3%。

1958—1985年部分年份扬中县钩虫病查治情况表

表214

年份	检查人数(人)	患病人数(人)	感染率(%)	治疗人数(人)	年份	检查人数(人)	患病人数(人)	感染率(%)	治疗人数(人)
1958	59577	9955	16.2	7676	1966	77915	11311	14.5	7367
1959	236668	8937	3.8	4176	1967	51594	7749	15.0	5086
1961	31894	3774	11.8	2861	1983	1504	320	21.3	217
1965	21639	3408	15.7	2203	1985	1544	44	2.2	352

天花、霍乱　解放前,全县每年都有天花、霍乱流行,严重危害人们的健康和生命。1941年农历五月,三茅乡沙家港一带,流行霍乱,7天内,17人发病,16人死亡。朱小四一家七口就死去3人。解放后,重视传染病防治,开展爱国卫生运动,各种传染病逐步得到控制。1950年以后,天花、霍乱已经绝迹。

麻疹　1959—1965年,全县流行过三次,每次发病都在千人以上,1959年死于麻疹者44人。通过逐年防治,病情得到控制。1980—1985年连续六年,无一人死于麻疹。

疟疾　俗称“打摆子”。1960 年,全县 4 万多人发生间日疟。1963 年,65 人发生恶性疟,死亡 2 人。卫生治疗单位积极采取治疗、预防措施,控制疟区人员流动,采血检查,进行三次全民预防服药和灭蚊防蚊工作,控制病情扩展。1975 年起,每年在抓好现疟病人和疟疾休止期病人根治的基础上,又增加“两复”措施,即上半年的病人,下半年进行阶段清理复治;流行季节的病人,下月定期复治。又以“压高峰”办法,在 7、8、9 月份流行季节,对重点人群预防服药。到 1978 年,疟疾发病率降到 1.08%,1982 年降到 0.18%。1985 年,全县间日疟患者仅 165 人。

麻风病　1971 年、1972 年、1973 年和 1980 年,四次普查麻风病,计查出患者 193 人。采取在院与门诊相结合的治疗方法,至 1983 年年底,已治愈 130 人,尚有 63 个病人转至镇江市麻风病院治疗。

浮肿、消瘦病及青紫病　1960—1962 年,粮食严重减产,群众营养不良,全县发生很多浮肿、消瘦、青紫病人。1961 年为高峰期,全县浮肿病患者 14922 人,死亡 52 人;消瘦病患者 1249 人,死亡 9 人;青紫病患者 152 人,死亡 15 人。对此,中共省、地、县委非常重视,采取抢救措施。县、公社、大队层层建立抢救组织,动员全体医务人员参加防治,并下拨经费和粮、油、食糖等物品,给病人增加营养。通过治疗、营养、休息三结合的方法,较快地控制了病情,患者亦逐步恢复了健康。

癌症　1977 年,县成立肿瘤防治领导小组,下设办公室,统一认识,统一方法,统一要求,对扬中县 1973—1977 年恶性肿癌死亡情况进行回顾调查。

1973—1977 年,全县实际死亡人数为 9646 人,其中死于恶性肿瘤者 3404 人,五年平均癌症死亡率为 274.27/10 万,居各类死因的首位。男性恶性肿瘤死亡率略高于女性,比值为 1.03。男性前五位恶性肿瘤依次为胃癌、食管癌、肝癌、肠癌、肺癌;女性依次为食管癌、胃癌、肝癌、肠癌、宫颈癌。从年龄分布看,男女性恶性肿瘤死亡平均以 0~4 岁组为最低,以后逐渐上升,30 岁组开始迅速上升,45~64 岁组癌症死亡占全部死因的 50%以上,50 岁组竟高达 61.30%。

通过几年的反复多次调查证明,扬中县是恶性肿瘤高发区,做好肿瘤防治工作是刻不容缓的任务。

1950—1985 年扬中县传染病发病情况表(一)

表 215　　单位:人

年份	白喉		流行性脑膜炎		百日咳		腥红热		麻疹		流行性感冒		痢疾		伤寒及副伤寒	
	病	死	病	死	病	死	病	死	病	死	病	死	病	死	病	死
1950	22	3							105				134		37	
1951	16								73				123		29	

续表 215

年份	白喉		流行性脑膜炎		百日咳		腥红热		麻疹		流行性感冒		痢疾		伤寒及副伤寒	
	病	死	病	死	病	死	病	死	病	死	病	死	病	死	病	死
1952	16	5							103	3			41		34	3
1953	24	1							58				36		30	
1954	75	3			16				211				456		47	
1955	676	33			27		2		339	9			343	3	24	
1956	224	30	4		84		4		778	34			40		32	
1957	16	2	87	9	68				410	18			12		5	1
1958	29	1	35	1	84				329				151	1	7	1
1959	134	7	407	17	292	1	3		1958	44	95		144	2	34	
1960	136	2	72	2	48		2		126	2	7		21	1	21	
1961	73	11	37	5	28				306	7	1048		43		19	
1962	23				246				270		24				50	
1963	79	1	197	13	358				1014	31	7		49		54	2
1964	56	2	340	7	48				718	9	20		35		30	
1965	30		330	16	291				1063						31	
1966		1	343	5	168				171						15	
1970			4		7				5							
1971			27		152				163		17				6	
1972	1		13	1	126				421		19				5	
1973			2		22				178						10	
1974			6	1	78		7		115		35				7	
1975	15	1	13		48		1		204		8				2	
1976	14	1	33	1	20				170	1	35				2	
1977	2		242	3	109				29	1	497				1	
1978			104	1	13		1		263	1	87		183		6	
1979			235	4	9		132		34		3		97	2	23	
1980			21	1	40		17		318		4		154		21	
1981			13		30		5		67	1			87		30	
1982			8		17		7		44		4				26	
1983			16	1	15		50		9		8		239		35	
1984			5		41		222		2				205		37	
1985			19		44		179		1				426		33	

1950—1985 年扬中县传染病发病情况表(二)

表 216　　单位:人

年份	传染性肝炎		脊髓灰质炎		乙型脑炎		疟疾		流行性出血热		恶性疟		初诊肺结核	
	病	死	病	死	病	死	病	死	病	死	病	死	病	死
1950							214							
1951							171							
1952							197							
1953							125							
1954							198							
1955					11		1683							
1956					23		126							
1957			2	1	3									
1958					18									
1959			4		36	2	8337							
1960					7		41693							
1961					16		24799							
1962					5									
1963	1		1		33		7672				65	2		
1964	6		4		37	2	4089		3	1	5			
1965	2		16		98	13	3705				2			
1966			2		72	10								
1970							18958		2	1				
1971	38		2		106	10	18978							
1972	95				112	6	34405		1	1				
1973	42		1		6	1	24989		8	3				
1974	116		3		39	4	27770							
1975	125				18	1	21839							
1976	101		1		27		3919		1					
1977	92				40	1	5725		4					
1978	123				5		2723		2					
1979	131				9	3	2229		13	1	1			
1980	209				6	1	1715		20	2				

续表 216

年份	传染性肝炎		脊髓灰质炎		乙型脑炎		疟疾		流行性出血热		恶性疟		初诊肺结核	
	病	死	病	死	病	死	病	死	病	死	病	死	病	死
1981	113				32		659		13	2				
1982	128				6	1	461		12					
1983	103				11		303		10					
1984	97				7		215		6		4		10	
1985	182				3		165		11		226		121	10

说明：缺 1967—1969 年资料

三、预防接种

1950 年，县、区、乡成立防疫委员会，在群众中开展卫生防病知识的宣传和实行预防接种。当年接种牛痘苗 31407 人，霍乱苗 21401 人，伤寒、副伤寒菌苗 73131 人。

1966—1973 年，开展霍乱预防注射工作，八年中共注射 237531 人次。

从 1975 年始，全县对十五岁以下的儿童进行卡介苗普种工作。至 1985 年年底，共接种 202438 人次，降低了肺结核的发病率。

1976—1979 年，为控制和扑灭副霍乱的发生和流行，对流行区域的人群注射副霍乱菌苗 113398 人次。

1978 年起，按照国家颁布的卡介苗、麻疹疫苗、小儿麻痹糖丸、“白百破”三联、流脑菌苗、乙脑菌苗 6 种疫苗实施方案，对七岁以内的儿童，实行计划免疫。

1981 年起，鉴于天花已在全世界绝迹，全县停止接种牛痘苗。

1984 年起，全县有 8 个乡、125 个村实行计划免疫接种日，每月一次按“国家规定免疫程序”为儿童进行预防接种。

四、工厂和学校卫生

工厂卫生　1978 年，对全县的县、社、队办工厂进行工业“三废”污染情况调查，开始建立档案资料。

1979 年和 1980 年，对接触苯、铅、铬、酸等有毒物质的职工，进行健康检查。车间空气采样 62 个，测定结果全部超过国家卫生标准，其中铬超过 35.5 倍，苯超过 24.7 倍，甲苯、二甲苯超过 30.2 倍，铅烟超过 31 倍。

1984 年，对 66 名铅作业工人进行健康检查，未发现有铅吸收及慢性铅中毒病人，尿铅及白细胞含量正常。对 64 名接触粉尘作业工人进行摄片检查，查出石棉肺 I 期病人 1 人,0—I 期 1 人,重点观察对象 5 人。对全县工厂企业基本状况进行调查和建档工作。全县县属工厂 29 个,接触粉尘作业工人 6700 人,接触各种毒物工人 824 人,接触其他有害因素包括物理因素工人 1028 人。乡镇工厂企业已调查 10 个乡(镇)、241 家,接触职业危害工人 7042 人,占职工总人数的 21%。其中接触物理因素危害的 4367 人,接触粉尘工人 1343 人,接触各类毒物的 1247 人。

学校卫生　1981 年,对扬中县中学、城镇中学、八桥中学、兴隆中学、实险小学等 9 所学校 5000 名 7~17 岁的中、小学生进行调查,项目有身高、坐高、体重、胸围、血压、脉搏、视力等 7 项生长发育指标。同时对全县重点中小学 35 名保健教师,进行学校保健知识培训。

1982 年,对县中、城中及实验小学、城镇幼儿园进行照度调查。照度最高的是县中,达 245LUX;城镇中学只有 20LUX,采光系数 1:10。1982 年,对县中、城镇中学、实验小学、新坝中学、八桥中心校等 8 所中、小学的学生视力进行抽查。1983 年、1984 年对这 8 所中小学的学生又进行视力追踪调查。1984 年调查学生 5828 人, 其中小学生 2442 人,初中生 1910 人,高中生 1516 人。调查结果,学生视力减退。减退率随学龄增长而上升,小学生约在 20%~30%,初中生约在 40%,高中生约在 80%左右。

第五节　中　医

解放前,全县有中医 70 余人,均是私人开业。其医学技术有来自祖传,有从师学得,仅张绍轩、田济民、黄寿彭等人毕业于中医院校。知名中医尚有陆荣道、夏长昆、郭绍祖、王午桥、黄鹤年、叶子春等人。新坝韩氏,母子圩奚氏中医外科,兴隆李氏伤科,均相传数代,闻名全县。此外尚有蛇医黄万益,属苏州韩门派,为韩门第九代传人。1965 年,黄万益参加在广州召开的全国蛇医工作者会议。

县人民医院、乡镇卫生院均设中医门诊部。1985 年,县人民政府批复同意建立县中医院。是年,全县共有中医人员 63 人,其中主治医师 4 人。

第六节　药　业

解放前,全县有中药店 40 余家,中药基本齐全,并能炮制各种丸散膏丹。20 世纪 30 年代后,亦间营少数西药。中药店较大的有新坝"顺和堂"、三茅"恒元堂"等三四家,最大的为兴隆"松柏堂"。"松柏堂"系许氏兄弟——许德元、许子清开设,原设丹阳城,太平军起义时迁至县境兴隆镇东北约一里许的范家埭。它以"货真价实、童叟无欺、热情服务”的经营作风,赢得群众的信任。

解放初期,蒋祥瑞在新坝首创一爿西药店。因多数西药靠进口,价格较高(1 支青霉素近 1 石米钱),营业不佳,不久闭歇。1956 年,对私营工商业进行社会主义改造时,全县药店合并为 18 家。“松柏堂”与“太山堂”合并,改称“兴隆药店”,1983 年,恢复“松柏堂”原名。

一、医药经营

1956 年 6 月,成立中国药材公司江苏省扬中县公司,职工 5 人,经营中药品种约 200 种左右。1958 年 4 月,更名中国医药公司江苏省扬中县公司,增营西药。同时将新坝、三茅、兴隆、油坊、八桥、西来桥 6 大镇“国药号”改为医药公司门市部,其他乡镇药号均改为该乡镇卫生院的配方部。1959 年 3 月,将油坊、八桥、西来桥 3 个医药公司门市部,改划属公社卫生院。

1962—1966 年,医药商业发展较快,中西药经营品种增至 2000 余种,工作人员增至 19 人。

“文化大革命”期间,未有发展。1976 年后,医疗用药和化工、电子工业的化学试剂、医用玻璃器皿等需求量不断增加, 药业进入大发展时期。1977 年销售额上升到 145.7 万元,公司人员增至 35 人,门市职工增至 26 人。

1983 年 2 月,公司增设门市部经营西药、中成药、化学试剂、医用器械、医用玻璃器皿等。

1984 年,公司进行整顿、调整,设置行政、业务、财计物价、生产收购 4 个股和 1 个加工场,制订和完善各项制度,如岗位责任制、经营责任制、工作岗位连锁责任制、各级管理制度等 51 项、345 条。12 月 24 日,经市公司和县有关单位验收,由省公司颁发了“企业整顿”合格证。

1984 年,全公司有干部、职工 77 人,其中大学生 1 人、中专生 2 人、高中生 14 人、初中生 42 人、高小以下 17 人、电大生(脱产)1 人。营业品种 3669 个,其中药材 586 个,成药 578 个,西药类 2505 个,包括药品 1222 个、器械 957 个、化学试剂 326 个。

二、中药生产和供应

县医药公司成立后,即发动群众利用零星隙地种植药材,又租借雷公嘴滩地 6 亩种植药材。引种成功的有佩兰、紫丹参、黄芪、芍药、元胡、红花、银花、大力子、决明子、壳苡仁、杜仲树、萸肉树等 20 多种,年产总量 2 万~3 万公斤(包括养殖地鳖虫在内)。1985 年,全县有杜仲树 3000 余棵,萸肉树 2000 余棵。

医药公司每年均向群众收购野生药材,收购品种有鳖甲、地鳖虫、佩兰、蒲黄、芦根片、枇杷叶、人中白、大力子等72种,并收购蟾酥、乌蛸蛇等。

1959年,建起中药饮片加工场,从手工发展到机械操作。1966年扩展重建。1985年有职工8人,切药机3台,自动磨刀机1台,电烘房15平方米。

药材供应,基本满足全县医疗、保健及工农业生产的需要。紧缺药材,公司组织人员到外地采购,1961年组织16人到远僻山地采到丹参、南沙参、桔梗等药材近500公斤。

第七节　医学教育

解放前,全县医学教育除祖传和自学成才的儒医外,历来承袭传统方式——以师授徒。

解放后,县内医学教育主要有中医带徒、中药学徒、短期培训班、在职自学、离职进修、学术讲座及临床实习等形式。

一、中医带徒、中药学徒

20世纪60年代前后,陆荣道、叶子春、黄寿彭、黄鹤年、高承松五位老中医被县卫生科批准带徒,共带20多人,学习期3~5年,经考试考核全部合格,由卫生部门分配工作,后多数成为乡镇卫生院的骨干医师。中药学徒,一般为3年,采取边做边学的方法,主要随师学习识药、撮药和加工炮制各种丸散膏丹。

二、短期培训班

1951年,县卫生科开始举办接生员训练班,至1957年共办45期,培训新法接生员226人。

1951—1956年,县血吸虫防治站共培训化验人员100余名。

1965年,各大队设卫生室,配备2~3名保健员(赤脚医生),由公社卫生院进行辅导和培训。至1969年,全县共培训大队保健员402人。1980年,镇江地区统一考核村保健员,全县337名大队保健员参加考试,合格的276人,占考试人数的81.6%。1983年11月,为提高中药人员的业务水平,县卫生局举行为期4个月的中药人员培训班。参加学习的13人,经考核全部合格,发给结业证。1984年,全县182名村保健员参加省统一考试,取得保健医生证书84人。

三、在职自学

解放后,政府大力提倡中西医结合。全县中医通过自学,大多能掌握西医理论和西药性能，能开一般的西医处方。在诊病用药时，常辅以少数西药；西医也自学中医理论，一段时间后也能开一般中药处方。

四、离职进修

1980—1985年，县卫生部门选派青年医务人员60名到省、市医院进修。进修科目有医疗、医技、医药、卫生防疫、妇幼保健、医院管理等。离职进修期限半年至两年。

此外，尚有临床实习和不定期的学术讲座。

第八节　卫生行政

一、医政

解放前，医政由县政府直接管理，办理医药人员登记、考核、资格审查等事项。民国35年(1946)，办理官管民办的“扬中县卫生院”开业执照。

解放后，医政由县卫生行政部门负责。

1951—1957年，县卫生科根据中央卫生部《关于组织联合医疗机构实施办法》的规定，先后批准成立18个联合诊所，医务人员89名。

1958年，八桥、兴隆、新坝3个卫生所扩建为地区医院。原联合诊所合并为8个公社医院。

1962—1963年2月，根据省卫生厅《关于调整、精减卫生机构和基层卫生组织》的指示，全县卫生系统精简118人。

1962年，县卫生科根据上级有关规定，将公社医院的“三权”(人权、财权、管理权)下放给各人民公社。因弊端较多，1974年10月，县卫生局收回“三权”。

“文化大革命”期间，医院秩序混乱，医疗质量下降。

中共十一届三中全会后，对卫生系统的冤假错案进行清理，并得到纠正。

1979年10月，经过考试，将集体医疗单位中的5名医务人员转为全民性质。

1979—1982年，遵照卫生部《卫生技术人员职称及晋升条件(试行)的规定》精神，对全县卫生技术人员进行考核，先后评定和晋升职称的有140人。

1979年以后，各公社卫生院建立院务管理委员会，提拔了20名业务骨干担任院行政领导。

1983年12月，全县13名个体医生，经考试合格，领到开业执照。

1984年，为20世纪60年代停办的大、中专等医校肄业生24人安置工作，为13名中医学徒确定学历。

二、药政

解放后,政府加强药品管理,对药品质量严格监督和检查。

1951年,县卫生科向群众宣传国家有关法令,严禁贩卖、使用麻醉剧毒药品。

1956年,经过对私营工商业改造,各私营药店全部实行公私合营或合作。

1958年11月,全县中药店划归卫生部门领导。

1960年,县卫生科下达《关于加强药政管理工作的通知》,对药品质量实行群众性监督。

1963年7月,县卫生科下达《关于加强麻醉药品管理严防流弊的联合通知》,对麻醉药品、剧毒药品规定专人保管,凭卡供应。并规定具有麻醉处方权医务人员的条件,以防流弊。

1963年开始,本县严禁私种罂粟。县卫生科会同公安局等部门,深入全县各地检查,发现私种罂粟,不管成片、单株,均予连根拔起销毁。

1971年,为巩固农村合作医疗,全县推广采、种、制、用中草药。

1979年1月,建立"扬中县药品检验所",加强对药品生产、经营、使用的检查监督。

1980年,全县各乡镇卫生院均设中药房。

1981年,整顿、调整县内几个医院的制剂室,并进行部分翻建,调整部分制剂人员,添购制剂设备,制剂质量得到提高。

1982年10月,根据卫生部《关于淘汰127种药品的通知》,全县医疗单位清理出近100种属淘汰品种和规格的药品,牌价3万多元,当众销毁。

1984年4月,县卫生局增设药政股。8月,根据卫生部指示,对全县城乡经营药品的集体、个体户进行审查,规定售药品种和地点。卫生局会同公安、工商部门,检查、严惩游医、药贩的不法行医和售药活动。

同年10月,全县12个医院的中药房经整顿,领到镇江市颁发的"中药调配许可证",并在整顿过程中添置必要设施,包括新建房屋15间,增加储药缸900余只,储架18张,柜台3张,烘箱8只。

1985年7月,扬中各医院药房全面实施《中华人民共和国药品管理法》。

第五章　新　闻

第一节　广播 电视

一、有线广播站

1.机构及设备 1952年6月，扬中县建立收音站。1953年4月，县发给新坝、三茅、八桥、兴隆、幸福5个区文化站收音机各1台，建立全县收音网。同年，三茅镇装置高音喇叭2只，开始转播中央和省广播电台的广播节目。

1956年8月1日，成立扬中县有线广播站，购置50瓦直流扩大机1台，开始用电话线传输广播讯号，全县共有广播喇叭150只。1957年、1958年，先后增250瓦扩大机、钟声牌录音机、远程牌收音机各1台。1959年广播喇叭发展到2000余只。1960—1962年三年困难时期，人员精简，广播线和喇叭失修，广播事业受到损失。1965年广播事业得到恢复和发展，喇叭增至3800余只，实现社社队队通广播。新坝、油坊、永胜公社建立广播放大站。1966年年底，有线广播站为“造反派”控制，改为“扬中县革命造反司令部东方红广播台”。1968年春，与新华书店、文化馆、电影队、锡剧团五单位联合成立“扬中县毛泽东思想宣传站革命委员会”。对外广播时，呼号用“扬中县毛泽东思想广播站”，1970年改为“扬中县人民广播站”。

1969年开始，全县架设广播专线。1970年，各公社都建立起广播放大站。至11月，除幸福公社因夹江阻隔外，全县架线40.9杆公里，52.4对线公里，喇叭53057只，入户率达66%，原竹木杆全换成水泥杆。有新型GYZ×275瓦C型扩音机1台，配有GK84-1型立体声广播控制台。较新型的苏州221录音机2台，L601型录音机6台，

L603型录音机5台,手提录音机2台,采访录音机2台,h403收音机1台,调频收音机1台,调幅载波机1台,无线电调频机3台(用于八桥至西来桥输送讯号)。全县各公社共有扩音机15台,各公社广播放大站均有录音机、电唱机、发电机。全县生产大队共有扩音机200余台。规模较大的县属工厂亦有扩音设备。

1978年建立广播事业局,1984年机构改革,撤销广播事业局,改名广播站。

1984年春,在三茅乡同心村一组建成楼房两幢。广播楼3层21间,建筑面积780平方米。电视楼15间,建筑面积560平方米。另有铁塔1座,高53米。全站干部职工41人,设编播、事业、行政3个组和电视转播台、广播、电视服务部。广播站自办两个附属工厂,有干部、职工50余人。县广播站管理全县12个乡镇广播放大站,各站工作人员共计39人。

2.广播节目　广播站建站初期,每天早、中、晚各播音1次,共3小时30分钟,内容有"气"(天气)、"戏"(戏剧、歌曲)、"时"(对时)、"事"(国内外大事、本县新闻),宣传党的方针政策、全县中心工作及先进典型,传播科学文化知识。中共十一届三中全会以后,除转播中央及省、市广播电台节目外,还举办本县新闻、江洲之声、党的生活、科技与生活、广播书场和报刊文摘等节目。1981年收稿4000多篇,用稿2800多篇。按照改革精神,坚持"新"(内容新)、"短"(文稿短)、"快"(速度快)、、"活"(形式多样)、"强"(思想性强)的要求,用稿量大为增加。既丰富了广播节目的内容,又提高了写稿人的积极性。1982年来稿8100多篇,用稿4000余篇,向省以上新闻单位投稿200多篇,被录用60多篇。1982年、1983年,各有1篇广播稿获省二等奖。1984年,有2篇广播稿获镇江市一、二等奖,1篇获江苏省一等奖。《县长做广告》一稿被收入1984年江苏省《报纸、广播、电视优秀作品》。1985年,有1篇广播稿获镇江市一等奖,5篇获二等奖。《盼望》一稿获江苏省一等奖,被收入1985年度江苏省《报纸、广播优秀作品》。是年,编播组、事业组成绩显著,分别被镇江市广播局评为先进集体。

二、电视

1980年8月1日,县电视差转台正式转播。差转台先购置华中工学院1台50瓦电视差转机(质量差、实际功率只有10瓦),辐射半径不足4公里,仅可供县城地区群众收看。1982年,从北京广播器材厂购回50瓦电视差转机1台,辐射半径可达8公里,约有16万人可收看。1983年2月,省批准增设11频道,又从北京购回50瓦电视差转机1台,于1984年1月6日正式转播。从此电视转播台可转播两套节目。一套收镇江台5频道,发8频道,转播中央电视台第一套节目;一套接受泰州电视台微波信号,发11频道,转播上海或江苏电视台节目。至1985年年底,据统计,全县有电视机

8500 余台。

1984 年,电视发射台成绩显著,1985 年 3 月,获江苏省广播电视厅奖励。

第二节 报 刊

一、解放前的报刊

1.**《扬中民报》** 1930 年元月创办,为国民党扬中县区党务整理委员会主办,赵友培任社长兼总编辑,张子诚曾任编辑部主任。八开两版,每周三、六出版,镇江明星印刷公司代印。抗日战争爆发后停刊。1947 年复刊,发行人凌绍志,编辑孙观成。1949 年 2 月 10 日,与《扬中正气报》《扬中新闻》出联合刊,为 16 开两版日报,社址设在正气报社。解放前夕停刊。

2.**《群众导报》《中流报》《前进报》** 1939 年夏,江南抗日义勇军挺进纵队创办《群众导报》,报社设在二圩港(现长旺乡二圩港村)群众黄子棠家。主编赵良斌,八开二版,石印,报头为陈毅题写。1940 年 1 月,日伪侵犯扬中,短时停刊。1940 年春,在扬中县抗日民主政府领导下,由原报社工作人员组织复刊,更名《中流报》,刊印数期。1940 年 11 月与澄西《前进报》合并,为中共京沪路北特委机关报《前进报》。1945 年 9 月,由石印改为铅印。1945 年 11 月,新四军北撤,该报停刊。扬中现存 3 份,收藏于文物陈列室。

3.**《青年》半月刊** 创刊于 1938 年春,十六开油印本,刊址在长旺公胜桥小学,由王德文(即王代文)、袁明福等发起创刊,并负责编辑、刻印、发行等工作,经费亦由办刊者自筹,内容为号召抗日和揭露日伪军、土匪罪恶。后扬中"青年抗日团"成立,该刊成为"青年抗日团"的刊物。1939 年夏,编辑王德文等入"扬中师资训练班"读书,该刊停办。

4.**《大众报》** 1943 年日伪"清乡"期间,伪县长丁雨霖创刊、发行。编辑孙桴。四开三日刊,铅印,因不受群众欢迎,发行不到一年停刊。

5.**《扬中正气报》** 创刊于 1947 年 4 月,1948 年年初经国民党内务部核准,登记出版,主办人张子诚。该报社分编辑、营业、印刷三部。新闻纸八开二版三日刊,先油印,后改为石印、铅印。解放前夕,与《扬中民报》《扬中新闻》合刊数期后停刊。

6.**《扬中新闻》** 创刊于 1948 年"双十节"。发行、主编刘吉祥、刘呈祥。报头系国民党元老吴敬恒(稚晖)题,八开二版三日刊,铅印。解放前夕,与《扬中民报》《扬中正气报》合刊数期后停刊。

7.**《正义月刊》** 陆如模创办的"正义学社"的刊物,主编陆如模,三十二开铅印本。仅出了三四期,解放前夕停刊。

8.《激流》月刊　创刊于1946年,为扬中县旅外学友会主办,爵火任编辑。十六开油印本,1948年停刊。

9.《江声报》　1948年9月26日试刊,10月10日创刊,八开二版三日刊,铅印。经理孙春荣,采访主任王春棠,记者李啸天。社址设在镇江新马路13号,1949年2月迁至扬中县三茅镇。解放前夕停刊。

10.《民声报》　发行人王筱伯,油印八开二版日刊。扬中县档案馆现藏有该报民国35年(1946)11月19日、12月21日两份,创、停刊时间不详。

二、解放后的报刊

1.《扬中报》　中共扬中县委机关报,1956年11月27日和12月16日,分别发过试刊号。经省委批准,正式创刊于1957年元旦。该报宗旨是对农民进行社会主义教育,主要读者对象是农民、基层干部。文章短、字体大、语言通俗。原八开二版五日刊,后经几次增刊,需扩版面。1959年1月1日,改为四开四版隔日刊。发行量由每期1000份发展到2292份。工作人员10人,毛家宝负责。1961年停刊。

2.《干劲》月刊　中共扬中县委机关刊物,于1958年创刊,铅印32开本。阅读对象为农民和基层干部,内容是宣传总路线、大跃进、人民公社化。1959年停刊。

3.《扬中科技报》　创刊于1983年4月15日,县科委、科协主办,铅印八开二版半月刊,内容主要是提供、交流科技信息,普及科技知识。

4.《俱乐部》　创刊于1953年,县文化馆主办。1958年停刊。

5.《扬中文艺》(“文化大革命”期间改名《红色文化》)　通俗性群众文艺刊物,1958年创刊,县文化馆主办。出版期、油印、铅印不定,印数从数百到数千不等。主要登载反映形势、配合中心工作的小型文艺节目。多由各文化站负责发行,不收费,并与全国各地文化馆、站进行交流。

6.《幼苗》　创刊于1958年,县文化馆主办的文学刊物。刊登小型诗歌、小说、散文等文学作品。三十二开本、油印。共出四期后停刊。

7.《江洲》　1979年10月,为庆祝新中国成立30周年,县文化馆和县文教局创作组联合编印,三十二开本,100余页,10万多字,发表县内作者的文学作品及评论文章。以后,县文化馆用《江洲》为刊名,不定期刊载县内的文学作品。

第三节　报　道

新中国成立后,中共扬中县委宣传部设通讯干事1人,负责新闻通讯工作,向省报和省人民广播电台发稿。后县委办公室设通讯秘书1人，负责通讯报道工作。1970年，县革命委员会政工组设通讯组，有组长1人，成员2~4人，向省、地新闻单位发稿。县委宣传部成立后，设专职干部1人负责通讯报道工作，后划归县委办公室，主要任务是采写县内重要新闻和典型报道。

第六章　体　育

第一节　机构设置

清道光年间，扬中境内虽有传统武术流行民间，但无体育管理机构。民国10年(1921),扬中县始建民众体育场,占地10余亩,设场长1人。抗日战争开始后,体育场停办。民国35年(1946),恢复县体育场,归三茅民众教育馆管理。

解放后,全县体育工作由县文教科负责。1956年5月6日,成立扬中县体育运动委员会,设正副主任各1人,文教科配专人负责具体工作。“文化大革命”初,体委停止活动。1968年体育工作由军管会负责,同年3月由县革命委员会文卫组负责,1970年改由文教局负责。1972年5月,恢复县体育运动委员会,并建立办事机构。1985年规定县体委编制11人,其中行政编制4人,事业编制7人(包括体育场人员)。

第二节　学校体育

民国12年(1923),南京体育专科学校有4名扬中籍学生毕业,其中2名回县,在三茅镇高等小学校任教。民国22年(1933),又有2名扬中籍学生从上海一私立体育学校毕业回县,其中1人任县体育场场长,1人先后在三茅、镇海庵等小学任教,扬中县的学校体育工作即由他们开创。

民国35—37年(1946—1948),县国民政府举行过几次中小学生运动会及棋类、篮球等小型体育竞赛活动。解放以后,党和政府重视人民体育事业,各学校均辟有体育活动场地,设早操(或课间操)、体育课,并逐年增添体育设施,配备专职或兼职体育教师。1966年,全县有专职体育教师6人(中学5人,小学1人);1984年,全县中小学专职体育教师增至44人,是1966年的7倍,但师资数量和质量仍不能适应学校体育事业发展的需要。

1951 年,全县各中小学普遍推行第一套广播体操,一般每天 1 次。1956—1960 年,推行《劳卫制》体育锻炼标准,1956 年先由县中、下八桥初级中学试行。1958 年扩展到新坝、兴隆中学,以后又推广到小学。1957 年参加《劳卫制》锻炼的中学生 1140 人,经测定达少年级的 35 人, 一级运动员 62 人,1958 年达到锻炼标准的占学生数的 30%,1960 年达《劳卫制》标准的 4195 人,其中小学生 864 人。

1960—1962 年,贯彻劳逸结合原则,适当控制活动量大的体育活动和竞赛活动,但球类活动未间断。1963 年后,每年春秋两季,县举行青少年田径运动会,经常性的比赛活动有篮球、排球、乒乓球等。“文化大革命”初,体育器材遭到严重损坏,体育活动暂停。1970 年和 1971 年,举行过两届军体田径运动会。1972 年恢复县体委后,除每年举行中小学生田径运动会外,还开展射击、航模,无线电报务等军体活动。

1977 年后,全县中小学逐步推行《国家体育锻炼标准》。1980 年,镇江地区对全区学生达标进行检查评比,扬中县获团体总分第三名,达标率为 29.68%。重点中学组,扬中县中学获第一名, 达标率为 52.52%。1985 年, 全县有 23990 人达标, 达标率增至 74.4%。

1979 年,全县中小学贯彻中央两部一委(教育部、卫生部、国家体委)《中、小学体育工作暂行规定》(试行草案),各校实行“两课两操两活动”(每周两节体育课、两次体育活动,每天两次广播操)。1981 年推行国家体委公布的第六套广播体操,1983 年又推行第六套儿童广播体操。

1979 年,为培养德、智、体全面发展的优秀体育人才,在县体育场建立少年儿童业余体校,配正副校长各 1 人,教练员 3 人,招收运动员 18 人。1981 年该校向省体育运动学校输送优秀运动员 1 名。因师资力量不足,教学秩序不够正常,学生文化学习受到影响,县政府于 1982 年同意将体校归并扬中县中学,成立扬中县中学初中体育班。自此,体育班学生的文化学习和体育训练得以正常开展,成绩显著提高。至 1985 年,先后有 23 人创 65 项县田径纪录,向高一级学校和社会输送了一批体育人才。

1959 年 5 月,在扬中县第三届青少年田径运动会上,八桥中学学生赵桂兰在女子少年组 60 米竞赛中以 8"6 的成绩破省纪录,平全国纪录。1984 年,八桥中学学生蓝习凤在省中学生运动会和省秋季中长跑竞走比赛中获女子青年组 800 米、1500 米、5000 米竞走第一名。1983 年,蓝习凤参加中日友好城市田径赛。

1981 年,县开始创建体育传统项目学校活动。1983 年,经省、镇江市体委及教育厅、局批准,确定省级传统项目的有新坝中心小学的排球;市级传统项目的有县中的田径、排球,八桥中学的田径,油坊中心小学的足球,八桥中心小学的足球。

1972—1985 年,全县为中等和高等学校体育专业共输送新生 64 名。

随着幼儿教育事业的发展,1980 年后,各幼儿园(班)根据幼儿年龄特点,因地制宜地开展各项幼儿体育运动。1984 年 4 月,全县分片举行“幼儿体操游戏会”。是年,永胜乡幼儿园举行“小小运动会”。

第三节　群众体育

民国前,县内群众体育活动主要是以强身、自卫、娱乐为目的的武术表演。遇节日或集会,舞龙灯、狮子、大刀和玩石锁、石担、刀、剑、马叉的人,为数不少。早在清代道光十五年前后,钥匙头(今永胜乡得胜村)的钱长庆等人创建体艺结合的九狮舞一直流传至今。

民国期间,群众中自发的球类、棋类等现代体育活动逐渐兴起。1946 年,举行象棋比赛,王笃志获冠军。1948 年正德乡(今三滧乡)建立“发扬”篮球队,中心沙(今西来桥镇)组建“江涛篮球队”,同年 12 月 29 日,在中心沙西来桥举行篮球比赛。

解放后,群众体育活动蓬勃发展。20 世纪 50 年代,篮球、乒乓球最为活跃。全县有洪流队(机关干部篮球队)、曙光队(三茅职工篮球队)、青锋队(八桥教工篮球队)、公安队(公安干警篮球队),经常与泰兴、丹徒、镇江、常州等县、市举行友谊比赛,直到“文化大革命”才停止。此外,机关干部、工人、教师中的乒乓球锦标赛,也经常进行。

1952—1985 年,县共举办十届全民体育运动会,特别是一、二、六届,均有民间体育传统项目——武术表演,永胜乡秦其武的玩石锁、舞长剑等项目,深受群众欢迎。

1952 年 10 月,福星区南阳乡(大兴圩)女子龙灯和永胜乡民间武术运动员周本华的石锁表演,参加苏南区第一届民族形式体育表演大会,得到观众好评。

1956—1957 年,全县先后成立体育协会 15 个,发展会员 1763 人。

“文化大革命”开始,体育活动处于停顿状态。军管时期,重新组建篮球、乒乓球队。其间,丰裕公社开过数次农民运动会。1972 年始,为纪念毛泽东畅游长江,县体委、人武部、工会于每年 7 月 16 日组织群众进行游泳活动。1977 年 7 月 16 日,在沙家港组织数百人横渡西江的游泳活动。

1976 年后,每年均举行职工乒乓球、篮球、象棋比赛和冬季中长跑比赛。

1984 年,县职工田径代表队参加镇江市第二届职工运动会,获得金牌 30 枚,占金牌总数 60%(总数 50 枚)。

1984 年 4 月,县成立气功辅导站,先后举办 8 期训练班,培训 143 人。另外,还成立“棋类协会”,协会有委员 13 人,会员 192 人,棋室设在县文化馆。1984 年暑期,举办围棋训练班,为期 15 天,对城镇地区 30 多名中、小学生进行围棋培训,并先后举行三县一市的象棋邀请赛，县象棋、围棋选拔赛，中小学生象棋对抗赛等活动。

全县群众体育工作逐步做到组织落实，专人负责。县总工会，县属工厂和各主管部门都有领导干部分管体育，并配有兼职体育干部。工会和共青团组织设有文体委员。乡镇群众体育工作由县文化馆及各乡镇文化中心负责。文化中心均辟有棋类、乒乓球等体育活动室，经常举行小型竞赛活动。至1985年，乡镇文化中心已举行小型竞赛67项次，参加比赛的达3300人次。

第四节 体育比赛

民国37年(1948)10月22—25日，县国民政府在县立初级中学(今八桥中学)举行秋季中小学联合运动会。比赛项目有田径、球类等。

解放后，截至1985年，全县共举行全民运动会10届，中小学田径运动会21届。省、地、市举行的各种竞赛、运动会，县内均选拔运动员参加。

1951—1982年扬中县全民体育运动会情况表

表217

运动会名称	时 间	地 点	参加对象	运动员数(人)	比赛项目
第一届人民体育运动会	1951年5月6—8日	县民众体育场	机关干部、驻军部队战士、职工、教工、农民、学生	约80人	田径 球类
第二届人民体育运动会	1952年11月1—4日	县初级中学操场	学生组、公开组、机关组	约300人	田径(除标枪外) 国术石锁、长剑表演
第三届人民体育运动会	1955年10月29—31日	县中操场	工人、农民、机关干部、教师、店员、学生	568人	田径、农民负重走、挑担竞走及县中广播操、新扬京剧杂技表演
第四届人民体育运动会	1956年11月10—12日	县中操场	农民、机关干部、教师、店员、中小学生	770人	田径及农民负重走等项目，还有中学生的广播操表演
第五届人民体育运动会	1957年11月2—3日	县中操场	职工、农民、学生、干部	632人	分工农男女、公开男女、高中男女、初中男女组等14个组20多个田径项目

续表 217

运动会名称	时　间	地　点	参加对象	运动员数（人）	比赛项目
第六届人民体育运动会	1958 年 12 月 4—6 日	县中操场	工人、农民、机关干部、教师、学生	899 人	田径共 30 多项，其中自行车、射击、自由体操，5 项全能等项均属首次
第七届人民体育运动会	1959 年 11 月 6—15 日		公社、机关、工厂、农中、中小学	862 人	无资料
第八届人民体育运动会	1960 年 9 月上旬	县中操场	公社、学校、工厂、机关		田径、篮球、射击
第九届人民体育运动会	1973 年 10 月 1—4 日	八桥中学操场	各条战线民兵和在籍学生	532 人	田径
第十届人民体育运动会	1982 年 1 月—3 月	县体育场	公社、工厂、学生、机关	591 人	田径、篮球、排球、乒乓球、中国象棋、射击

说明：第七届人民体育运动会比赛期间因天雨，休息 6 天，实际比赛 3 天半

1957—1985 年扬中县中小学生运动会情况表

表 218

运动会名称	时　间	地　点	参加对象	运动员数（人）	比赛项目
扬中县中小学生运动会	1957 年 5 月 4—5 日	县中操场	三茅、兴隆、新坝、八桥、县中、八桥中学	645	田径
第二届青少年运动会	1958 年 5 月	县中操场	各中学、中心小学	400 多	田径
第三届青少年田径运动会	1959 年 5 月 1—3 日	八桥中学操场	普通中学、速师班、农中、中心小学	521（其中中学生 284，小学生 237）	田径
第四届中小学生运动会	1960 年 3 月 26—29 日	八桥中学操场	中学以校、小学以乡为单位，小教轮训班	每单位运动员总数不超过 30 人，完中不超过 50 人	田径 篮排球 乒乓球

续表 218

运动会名称	时　间	地　点	参加对象	运动员数（人）	比赛项目
中学生春季田径运运会	1963 年 5 月 4—5 日	县中操场	各中学	136	田径项目 男子:18 项 女子:15 项
中学生秋季田径运动会	1963 年 11 月 2—3 日	八桥中学操场	县中、八中、同中、幸中、联中、兴中、新中、三中	172	田径
春季田径运动会	1964 年 5 月 1—3 日	县中操场	各公社中小学生、各厂职工，共分 4 个组：高中组、初中组、小学组、职工组	348	田径项目共 17 项
江苏省中学生田径通讯赛	1964 年 10 月 30—31 日	八桥中学操场		134	田径
中小学生春季田径运动会	1965 年 5 月	县中操场	各中学、中心小学		田径
学生第二届军体田径运动会	1971 年 5 月 4—5 日	兴隆中学操场	各公社中小学、县农机厂“五七”学校代表队	255	径赛:7 项 田赛:4 项
中学生运动会	1972 年 4 月 5—7 日	兴隆中学操场	县中、各公社中小学代表队	418	径赛:8 项 田赛:9 项
少年田径运动会	1974 年 4 月 1—4 日	八桥中学操场	县中、各公社中小学代表队	316	径赛:10 项 田赛:9 项
中小学生田径运动会	1975 年 4 月 12—14 日	八桥中学操场	县中、各公社中小学代表队	456	少年男子甲组：18 项 少年女子甲组：14 项 儿童男子组：11 组 儿童女子组：10 项

续表 218

运动会名称	时　间	地　点	参加对象	运动员数（人）	比赛项目
中小学生田径运动会	1976 年 5 月 4—7 日	八桥中学操场	各公社、县中、城小代表队	494	少年男子甲组:17 项,乙组:15 项 少年女子甲组:14 项,乙组:12 项 儿童男子组:11 项,女子组:10 项
中小学生运动会	1977 年 4 月 14—18 日	八桥中学操场	各公社中小学代表队	494	男子甲组:18 项 乙组:16 项 丙组:11 组 女子甲组:15 项 乙组:15 项 丙组:10 项
中小学生运动会	1978 年 4 月 28—5 月 2 日	八桥中学操场	各公社、中小学、县中代表队	442	男子甲组:18 项 女子甲组:14 项 男子乙组:15 项 女子乙组:14 项 男子丙组:10 项 女子丙组:10 项
中小学生田径运动会	1980 年 4 月 17—21 日	县体育场	各公社中小学、县中	377	青年组:8 项 少年男女甲组:17 项,乙组:14 项 中心校男女乙组:14 项 儿童组:10 项
中小学生田径运动会	1981 年 3 月 24—29 日	县体育场	各公社中学、中心校、县中	336	同上届
中小学生田径运动会	1982 年 11 月 16—22 日	县体育场	各公社中学、中心校、县中、实小	331	中学男子甲组:15 项 女子甲组:11 项 小学男子甲组:9 项 女子甲组:9 项 小学男女组:8 项

续表 218

运动会名称	时　间	地　点	参加对象	运动员数(人)	比赛项目
中小学生田径运动会	1983 年 11 月 22—27 日	县体育场	各完中、中心校、县中、实小	447	高中甲组:9 项 乙组:13 项 初中甲组:9 项 乙组:11 项 小学甲组:8 项 乙组:6 项
中小学生田径运动会	1984 年 10 月 20—24 日	县体育场	各完中、中心校、县中、实小	421	青年组:15 项 甲组:17 项 乙组:13 项 儿童甲组:9 项 乙组:9 项
中小学生田径运动会	1985 年 10 月 20—22 日	县体育场	各完中、中心校、县中、实小	496	青年组:11 项 少年甲组:14 项 少年乙组:9 项 儿童甲组:4 项 儿童乙组:4 项

说明:1959 年,八桥中学学生赵桂兰,60 米以 8"6 的成绩破省纪录,平全国女子组纪录。100 米以 14"1 的成绩平省纪录;

1964 年,县中学生耿昌兰,破 100 米县纪录,平省纪录;教师蒋冠芳,100 米以 11"9 的成绩接近国家二级田径运动员达标成绩 11"8

第五节　体育设施

县民众体育场　民国 10 年(1921),在三茅镇(现县人民政府西侧)建立扬中县民众体育场,占地 10 余亩。开始无设备,民国 20 年(1931)后逐步设有篮球架、单双杠、浪木、平梯秋千、木马、滑梯、翘翘板、简易沙坑、跳高架等。抗日战争爆发后,场地无人管理,一片荒芜。

县灯光球场　1963 年,在三茅中心小学(今城镇中学西侧)西操场兴建灯光球场,面积 450 平方米。1967 年划为城镇小学活动场地。

县人民体育场　1975 年施工,1979 年竣工,面积 31.25 亩。场内有 6 条 400 米跑道，田赛场1块，篮球场3面，司令台1座。另有少年儿童体育学校校舍31间。自1980年开始，县级田径运动会均在此举行。

溜冰场　1985年，县体委在江洲西路新建溜冰场和灯光球场，占地2910平方米，并配有辅助设施。

乡(镇)体育设施　1985年，全县有篮球场82面，排球场12面。各乡镇文化中心均开设体育活动室，有棋室29个，乒乓球室84个；村级有棋室43个，乒乓球室104个。各中小学共有田径场11块。

人 物 编

目　录

第一章　传记

何士俊

何士俊(1842—1908),字吉人,扬中县五十八圩(今三茅乡同心村)人。幼年失怙,家境贫寒,读书刻苦。清同治十二年(1873)中秀才。光绪六年(1880)中举人,诰授奉政大夫,诰奉朝议大夫。光绪十一年(1885)任浙江嘉兴府宣平知县。该县重男轻女,有溺女婴陋俗,何设育婴堂以收养弃婴。何离任时,民众燃放爆竹,亦有跪地送行者。光绪二十四年(1898)任浙江建德知县,为政清廉,民众赞其"两袖清风"。光绪二十五年(1899)奉办江苏海盐船局兼保甲总巡。光绪二十六年(1900)因丁忧返乡守孝。

光绪三十四年(1908)病逝,安葬于五十八圩西高岸,墓前碑刻记其生平事略。

郭国兴

郭国兴(1884—1923),扬中县新坝区养性乡坝上圩(今新坝镇立新村)人。幼年失怙,家庭贫困,14岁始学竹器编织技艺。

民国初年,新坝乡董田佩绅欲以精制竹席销往海外,雇郭编制,郭以每寸21根之细篾编成长220厘米、宽147厘米之竹席。席面为单色,有图案"二龙戏珠",鳞爪清晰,在云间盘曲腾飞,矫健活泼,抚之平滑如镜。神思妙构,精美玲珑,观者无不赞赏。郭生前编制的1顶竹篾凉帽,精细美观,亦属珍品,"文化大革命"中被焚毁。

据传,巴拿马举行万国博览会时,省、县政府拟选送工艺精品展出,田佩绅又令郭编竹席应展,郭以每寸24根之细篾,编就一竹席,上有图案"丹凤朝阳"。参展后,郭获奖章1枚,田亦获中国政府"嘉禾勋章"1枚。

郭生前编制的竹器精品,现仅存食盒1件,盒呈圆形,高26厘米,有一提把,图案为“卐”字形。

姚　湘

姚湘(1862—1937),字月波,扬中县雷观乡安乐桥(今永胜乡得胜村)人。

清光绪七年(1881),中泰兴籍秀才,后授朝诰二等。

姚湘早年从事私塾教学,颇有声名。朱宝鎏、戴实夫等皆出其门下。

民国元年(1912),姚湘任太平县民政长。在任期间,能体察民情,关心民间疾苦,有公正清廉之名。邑人刘氏在宜兴做裁缝,归途夜宿时遇盗贼抢劫民财,刘仓惶逃跑,失落所带针线包一只。宜兴县某乡民据针线包而指控刘氏为盗,扭送县衙,刘屈打成招,被判死刑。刘氏家属竭力叫冤,姚湘遂亲赴宜兴查核,得宜兴县民政长相助,协同调审,终于查明真相,使刘氏获释。后不久,真盗被捕。

姚事亲至孝,好善乐施,退居乡里后,对贫苦乡亲常有救济,乡人赠以“孝廉方正”金字匾额。

1934年,国民政府派洪康燮到扬中主政,洪常以县事咨询。1936年姚73岁高龄,着手撰写《太平洲始末记》。据传,手稿共线装4册,10万字左右,未及刊印,姚即于1937年病逝。该手稿于“文化大革命”中散失,现仅存他人抄录的数节文字。

王子清

王子清(1911—1939),原名宝鉴,扬中县八桥镇石桥村人。出身于贫苦农民家庭。曾入私塾读书,喜诵“天下兴亡,匹夫有责”句,并爱好武术。

1938年年初,日本侵略军侵扰扬中,县国民政府解散,王联络地方有志之士,搜集枪支,组织八桥镇商会联防队保家抗日。不久又与陈广德、王详、王炎、陈履仁、陈寒等至泰兴县参加苏鲁皖边区游击总指挥部抗日宣传训练。同年参加江南抗日义勇军挺进纵队,任挺纵队战地服务团团长。10月加入中国共产党,在姚家桥建立战地服务团党支部,王任支部书记。11月奉挺进纵队司令部之命,至驻守在苏北江都县嘶马、大桥一带的挺进纵队二支队(方钧部)工作。以“三民主义青年服务团”名义开展活动。后任方钧部第一支队副司令。

1939年1月王随方钧部去扬州西山活动,在江都县张纲与日伪军遭遇,两军展开战斗,互有伤亡。

1939年4月,挺进纵队一、二支队第二次攻打驻守在扬中的顽军贾长富部,全歼贾部两个营。挺进纵队二支队方钧部参谋长倪健率部驻三茅镇,王子清率部驻八桥镇。方钧本人仍驻在江都县嘶马镇。4 月 11 日,妄图随方钧投靠国民党顽固派的倪健乘王子清回江都县经过三茅镇之机,将其诱捕,并加以杀害。

朱永山

朱永山(1906—1940),字静卿,参加革命后化名筱鲁。扬中县东新港(今三滧乡新港村)人。1933 年黄墟师范学校毕业后回扬中工作,先后任镇海庵、油坊桥小学校长。1938 年 3 月在泰兴与李培根、赵良斌等组织苏南抗日同盟会,曾几次返回扬中宣传抗日。

1938 年 10 月参加江南抗日义勇军挺进纵队战地服务团, 不久加入中国共产党。1939 年任扬中县农民抗敌委员会主任,中共扬中地区工作委员会委员。1940 年,任扬中县抗敌委员会副主任委员兼民政科长。

1940 年 9 月 22 日,在斧头街与敌遭遇,突围时不幸溺水牺牲。

张日化

张日化(1910—1940),原名精伟,又名精慧,浙江诸暨县人。小学毕业后至上海做工。"八一三"事变以后回家乡,不久加入中国共产党,任诸暨县江东区委组织委员。后受党的派遣,考入"政工队",分配在"江东区队"负责三都、白门一带工作,积极组织民众抗日及建党工作。

1939 年参加中国共产党东南分局第二期党员干部训练班学习。学习未结束,即被派往苏北做新区开辟工作。途经扬中时被江南抗日义勇军挺进纵队党委留下,先后担任中共扬中地区工作委员会委员、中共扬中工作委员会组织科科长、中共扬中县委组织部部长等职。

1940 年 6 月 4 日晚,在六墩乡参加一个中共支部会,因特务告密,于镇海庵丁家埭遭日伪军包围逮捕。被捕后,受尽酷刑,敌人用铁丝穿透他的双手手心,张大义凛然,表现了共产党人的坚贞不屈。同年 6 月 18 日在三茅镇南街英勇就义。

戴实夫

戴实夫(1864—1940),又名存真,字乃诚,号世清,扬中县油坊镇六墩村人。少有学养,为人耿直,喜种植花木,栽桑养蚕;一生酷爱书法,功力较深,书法苍劲老练,闻名乡里。

1933年“火烧七大家”事件发生后，被烧房屋的土豪劣绅伙同官府借此对土地业主和广大自耕农敲诈勒索，加害于民。戴与黄植三等仗义执言，与官僚劣绅进行诉讼，使事态未致进一步扩大。戴一生中多次伸张正义，为民请命，被地方人士尊为“公正士绅”。戴七十寿辰时，地方绅商学界赠其“齿德俱尊”匾1方。

抗日战争期间，戴积极拥护中国共产党的抗日救国主张，热情称赞中国共产党领导的抗日军队为“王者之师”。

1940年1月24日病故。

王明高

王明高（1915—1941），扬中县永胜乡永胜村人。原任小学教师，1937年考入扬中县师资训练班。1938年参加苏南抗日同盟会，同年冬加入中国共产党，在学生中从事建党工作。1939年春任万福乡乡长。1940年年初任扬中县抗日民主政府一区区长，后任四区区长。1941年2月9日清晨，被伪警察中队长季广根逮捕，杀害于老桥（今永胜乡永兴村）。

王　鑫

王鑫（1893—1941），字振铎，扬中县八桥乡石桥村人。父王全寿，母李氏，生四子，鑫排行第四。鑫少年失怙。受业于清末秀才吴献庭，后考入江苏第一师范学校。毕业后，任同善桥初级小学校长。1927年调任八桥镇高级小学校长，办学认真，治校有方，深得群众敬仰。1930年其母八十寿辰，乡人为表彰其母贤德，赠送于右任手书之“陶母遗徽”匾额。

王为人正直，不畏强暴，数次为乡民伸张正义，与争夺滩田的土豪发生诉讼，曾因此而遭土豪陷害。

抗日战争爆发后，王出于爱国热忱，鼓励独子王炎、媳姚忠、侄王子清、王详、婿梅苑等于1938年先后参加新四军抗日救国。王子清、梅苑先后牺牲，王详、王炎后来均在党政军方面担任重要职务。

1938年11月，王参加革命，担任江南抗日义勇军挺进纵队司令部秘书。1939年，新四军进驻扬中，王鑫任挺进纵队副官处主任。同年3月，任扬中县国民政府教育科督学。

皖南事变后,王鑫于1941年2月22日被当时的扬中县抗日民主政府误杀。1984年11月10日,扬中县人民政府予以平反昭雪,恢复名誉。《平反决定》中写道:"王鑫同志一生中先是同情革命,后支持革命,后直接参加革命"。王鑫生前为抗日战争、为革命事业做出了一定的贡献。

李培根

李培根(1910.4—1941.1),名荣明,扬中县德云乡李家埭(今兴隆镇和合村)人。

父早逝,家贫,读书聪明,能文善诗。少年应试"存粹文社",撰论文《漂母饭韩信》,内有"秦汉之世,侠风甚炽,安知此母非侠而隐于漂者乎"等精辟之句,阅卷者评谓"立志不凡"。李性格刚毅,出言不俗,乡人颇重其才。

1931年至沪学商,因徒友受店主虐待而出面抗争,遭店主报复,李愤然返扬做私塾教师。

1936年,江苏省国民政府在扬州举办公民训练师资养成所(又称扬州军校),培训壮丁教官,李和左光华、冷瑞麟等前往报考。受训3个月结业,回扬中任三滧等乡壮丁军事训练教官、校长。

1938年,扬中县国民政府解散。一时盗贼猖獗,李忧心如焚,与张克勤、朱永茂、冷瑞麟等义结金兰,共商抗日大计,誓云:"国家兴亡,匹夫有责,大敌当前,坚决抗击,患难与共,互济危急,斗争到底,决不妥协。"民族正气,溢于言表。同年4月,偕义兄弟至苏北投张松山部(张为国民党驻泰兴军队头目),李见张以抗日名义招兵买马,实为扩充个人实力,并无救国诚意。于失望之际,即在泰兴组织苏南抗日同盟会,秘密进行抗日活动。同年夏李参加江南抗日义勇军挺进纵队,任一支队秘书、民运股股长。同年秋,加入中国共产党。

1939年5月任挺进纵队战地服务团团长。1940年2月,扬中县抗敌委员会成立,李任主任委员。4月,县抗敌委员会改称扬中县抗日民主政府,李任县长。李在任期间,率领军民屡挫敌寇,截击日伪运粮队,迫使敌人弃车逃跑;在石家埭与敌交战,击毙日伪军十余人。

李执法如山,大义灭亲,对为害乡民的堂弟亦毫不姑息,坚决镇压。

1940年8月,李带领扬中县抗日武装力量全歼叛军第一别动大队薛德裕部。

1940年冬李调任镇江县抗日民主政府秘书长,代行县长职权。

1941年1月24日(腊月二十八日),李与警卫员投宿于镇江县五区伏源乡富贵墩一中医家,因汉奸告密,凌晨驻姚家桥伪军偷袭包围。李奋力抗击受伤,寡不敌众,举枪自尽未果，被伪军抬至姚家桥。终因身负重伤，流血过多，于25日壮烈牺牲。

杨　明

杨明(1917—1941)，原名钱伏曦，浙江省人。早年在上海读过中学，当过工人。

1940年8月任中共澄西县委书记。

1941年6月调任中共扬中县委书记。

1941年9月4日，在扬中县中心沙遭日伪军逮捕，受尽酷刑。在关押中，乘敌不备，拉响伪军身上的手榴弹，欲与敌同归于尽，结果炸伤两名伪军，自己亦受重伤。被敌送医院后，仍继续向医护人员宣传抗日救国道理。

1941年9月11日，被敌人杀害于泰兴县。

吴伯让

吴伯让(1918—1942)，原名振金，扬中县玉皇庙施家埭(今永胜乡合兴村)人。

吴青年时期阅读进步书籍，接受革命思想。抗日战争爆发后，积极宣传抗日救国，不久加入中国共产党。1939年在扬中师资训练班学习。1940年2月，主持成立雷观乡党支部，任支部书记。后先后任扬中县抗日民主政府第四区、第五区区长。同年12月，任扬中县农民抗敌委员会(农抗会)主任。

1942年2月某日，在丹徒县朱家圩被敌包围，吴冲出包围圈，泅渡夹江，登上扬中县长旺乡地段的江岸。但因泅渡时受寒严重，于同年2月27日病逝。

徐锡同

徐锡同(1908—1942)，扬中县长旺乡徐家埭人。幼年家贫，无以为生，曾随母乞讨。12岁至江南替人家放牛。

1940年徐为救一名被日本士兵侮辱的妇女，奋力打死日本士兵1人。在日军四处搜捕下，徐得中共地下党组织的指引，投身革命。徐任段家桥至江阴西部地下交通员时，以弹棉花为掩护。一次在荫沙遭日伪特务逮捕，受尽酷刑，徐坚不招认，后乘隙逃出敌据点。

1942年春，任扬中县抗日民主政府施光前县长的警卫员。同年秋天某日清晨，在太平港江边与日伪军遭遇，与县委书记陈西光的警卫员朱学明同被敌人逮捕。伪县长顾仙痴亲自审讯。虽毒刑拷打，徐、朱坚不招认。8月15日夜间，敌将徐、朱押至三茅镇南街，强令徐、朱挖坑，拟将二人活埋。徐挖坑时，乘敌不备，举起铁锹与敌人拼搏，掩护了朱学明的脱逃，自己则壮烈牺牲，充分表现了一个共产党员的高尚品德。

张献之

张献之(1877—1942)，原籍丹徒县。岳父徐功甫，扬中油坊中滩乡绅。张靠岳父资助，于中滩围垦长生、长兴、珠滩三个圩。圩里土壤沙质，栽桑70多亩。世亲殷金文在丹徒黄墟设蚕种制造场，兄张佩之在姚家桥开设茧行，基于这些条件，张于鸣凤乡中滩开设“江东蚕种制造场”。

1930年，制造场有房屋3进40多间，其中蚕室10间，还有附属室、地下室、冰库等。有显微镜3架，雇佣工人40多名，培育蚕种采用“瀛文”交“洽桂”春制春；“诸桂”交“华五”春制秋等，开始生产原种25张，制种3000张，后发展至6000张，商标定名为“长寿牌”。生产的蚕种除满足当地蚕户饲养外，还销往苏州、无锡等地。

张献之创办改良蚕种制造场，对扬中县发展养蚕事业作出了可贵的贡献。

张热心教育，关心公益事业，曾创办镇海庵小学，资助扩建鸣凤完小，并先后出资建造了中滩桥、五登桥、镇海桥、福寿桥等，以方便群众交通。人们称张为开明实业家。

张献之1942年病逝。

王渊鉴

王渊鉴(1913—1943)，扬中县长旺乡头墩子村人。王幼读私塾，后至上海某商店学徒。抗日战争爆发，失业回扬后积极参加抗日活动。1938年加入中国共产党。1941年至1942年先后任抗日民主政府第三区、第二区军事助理。

1942年11月上旬，王至三滧镇头圩埭参加会议，途中被日伪军逮捕，监禁于三茅镇。受尽酷刑，仍坚贞不屈。

1943年1月1日晨，日本侵略军集合上操，王乘日军疏于防范，忍着伤痛，爬到关押室门口，取下日军枪架上的一枝枪，找了适当位置，将枪对准门口。当日军进门时，王开枪射击，敌人仓皇躲避。敌人无奈，爬上屋顶，揭去屋瓦向屋内投掷烟幕弹，乘机将王抓住，并押至三茅镇南街，用刀乱戳，王英勇牺牲。

赵良斌

赵良斌(1910—1943),扬中县杨家高滩赵家埭(今兴隆镇红专村)人。

赵幼入私塾,1929年考入黄墟师范,1931年转学至黄渡师范。1933年师范毕业,至丹徒县大港小学任教,一年后任镇江市磨刀巷中心民校校长。

抗日战争爆发后,返回扬中。1938年春担任扬中县青年抗日团副团长。1939年参加江南抗日义勇军挺进纵队战地服务团。同年4月加入中国共产党。1940年先后任扬中县抗敌委员会文教科科长、扬中县抗日民主政府文教科科长。1942年调苏南第四行政专署任文教科科长。

赵平易近人,生活刻苦,任专署文教科科长时,虽配有通讯员,但赵总是自背背包,自洗衣服。1943年春,日伪军在苏南"清乡",赵身体较弱,不适宜在恶劣环境中与敌周旋,党组织安排他到上海隐蔽。到上海后,因叛徒出卖,遭敌逮捕。敌人威胁利诱,严刑拷打,无所不用其极,赵坚贞不屈,视死如归。同年7月22日被敌人枪杀于上海江湾,遗体被敌人投入硝酸缸中。

王　龙

王龙(1908—1945),原名隆恩,参加革命后曾化名黄农。扬中县定和乡翁家塘(今兴隆镇码头村)人。父王声甫是塾师,生三子一女,王龙幼时过继给伯父王伯川为嗣。

王龙自幼读书勤奋,文笔甚佳,参加存粹文社,作文比赛常名列前茅。1927年迁居码头街嗣父家,做私塾教师。

1933年,扬中发生"火烧七大家"事件,王龙因与同该案有关的戴实夫、黄植三过从较密而被官府通缉,不得已至靖江县执教。叔祖父逝世,亦未能回家参加丧礼。

"七七"事变后,土顽贾长富部骚扰扬中,民不聊生。王龙得悉管文蔚在丹阳访仙桥组成"丹阳抗日自卫总团",遂与耿文模等前往请求出兵扬中。回扬中后即遭贾部逮捕,幸经祝尧三营救而获释。

1939年,王龙赴溧阳参加新四军,不久加入中国共产党,任新兵站站长。1940年12月至1941年10月,先后任扬中、山南、武进等县抗日民主政府县长。

1941年11月起,先后任中共京沪路北特委敌伪军工作委员会书记,中共丹北中心县委敌工部长,中共苏中五地委敌工部长。

1945年8月,日本侵略军无条件投降,王任镇江市市长。9月7日在丹徒县丹徒镇江边接受一部分伪军投降时，与另一部分伪军遭遇，不幸牺牲。

罗云高

罗云高(1901—1945)，原籍河南，出身贫苦家庭。逃荒来到江苏，曾在南通大生纱厂当过门警，后在国民党韩德勤部任连长，后又编入伪军三师八团。

1942年年初，罗率部驻丹徒黄墟镇，受到中共京沪路北特委敌伪军工作委员会和铁道工委关于民族大义的教育，开始懂得抗日道理。

1943年3月调驻扬中老郎街后，中共扬中县委和县抗日民主政府派人与之联系，罗与共产党和新四军关系日益密切。

1944年11月19日，中共丹北中心县委决定由丹北独立团在扬中警卫营的配合下，对扬中的日伪军发起进攻。罗接受中共地下组织指示，毅然率部起义，里应外合，老郎街、油坊桥、八桥镇三个日伪据点被一举拔除。罗率部起义后能主动接受中共的团结、教育、改造政策，并带领部下学习新四军英勇作战、以天下为己任、为中华民族的独立和解放而奋斗的革命精神，受到表扬和奖励。新四军苏中第五军分区司令员韦永义授予罗部“扬中游击大队”称号，并任命罗为大队长。

1945年，罗任新四军苏中第五军分区特务三团三营营长。同年8月26日在武进县小新桥与日伪军激战中不幸牺牲。

朱宝鎏

朱宝鎏(1871—1946)，字元堃，号悟生，扬中县三滧乡五滧村人。30岁中泰兴籍秀才。

朱受康有为、梁启超维新思想影响和辛亥革命启迪，在家乡带头剪辫子，改习新学。后应三滧乡士绅邀请，开办学馆，在教育界颇有声望，曾被推为县教育会长。1922年，朱倡办扬中县第一高等小学。民国年间，朱批改推荐学生优秀作文17篇，被选载于上海崇文书局印行的《全国学校国文成绩文库》(乙编)中。

1924年朱与祝尧三等人创办存粹文社，朱任主笔。李培根、王龙等革命青年，曾为文社成员。

1933年“火烧七大家”案发生后，一些土豪劣绅欲借此加害于民，朱仗义执言，奔走于苏州、上海，呼吁旅外同乡，支援家乡义民。

1937年抗日战争爆发，朱鼓励其次子朱忻投笔从戎，参加抗日斗争。

地方士绅及朱的弟子曾赠送匾额予朱，题曰："时雨均霑""品端学粹"。

1946年病逝。

严桂珍

严桂珍（1896—1946），女。因夫家姓贾，人们称她贾奶奶，住扬中县轮船沙广盛圩（今八桥镇长胜村）。

1944年加入中国共产党。抗日战争和解放战争期间作党的秘密交通员，多次冒着生命危险掩护同志，传送情报。

1946年7月28日，因掩护中共地下党员，遭国民党反动派逮捕，受尽酷刑，坚贞不屈。同年7月31日，被敌人杀害于老郎街和合桥。

张建新

张建新（1902—1946），原名黄万余，扬中县长旺乡二十一圩埭（今长旺乡邻丰村）人。

1939年4月加入中国共产党，历任扬中县积善乡党支部书记，三区、六区、五区、一区区委书记。

1939年，在中心沙（今西来桥镇）组建党支部。

1942年奉命至泰兴县永安洲开辟新区，建立"清乡"隐蔽点，并建立永安洲第一个党支部，属扬中二区区委领导。

1943年至1945年，任中共扬中县一区区委书记。

1945年11月，扬中县民主政府随新四军北撤，张留守扬中，从事地下工作，为留守负责人之一。

1946年5月5日，张在德润乡莫家埭（今三涫 乡年丰村）进行革命活动时，因特务告密，被国民党县保安队包围，激战中壮烈牺牲。

1958年，新坝人民公社将张建新生前战斗过的地方，命名为"建新大队"（今新坝乡建新村），以资纪念。

王亚平

王亚平（1916—1946），原名王锡恩，定和乡（后并入兴隆镇）翁家塘人。

1939年在其堂兄王言的影响下，参加革命工作，1940年加入中国共产党，任扬中抗日民主政府财经科科长。他廉洁奉公，深得组织信任，1942年被调至苏中党校学习。结业后被分配至江都县杨桥区从事民运工作。杨桥区位于江都、泰兴、泰县三县交界处，日伪据点多，流氓地痞多，土匪势力大。王亚平不畏艰险，深入群众，宣传抗日，组织民兵，正确执行党的统战政策，该区抗日斗争形势趋好。1944年6月，王亚平任杨桥区区长。任职期间，他兢兢业业，紧紧依靠党组织和人民群众，无论是武装对敌斗争，还是地方政权建设都取得一定成绩。1945年春被调到刚成立的樊川区当区长。他团结区里一班人，组织区队武装，打击下乡抢粮之敌；带领群众抗旱灭蝗，帮助群众抢收庄稼，抢运抢藏粮食。他在樊川区工作时间虽短，但给地方干群留下了深刻印象。

1945年8月，抗日战争胜利，王亚平被调到曹王区任区委书记。1946年2月，国民党背信弃义，撕毁停战协议，大举向解放区进犯，先后占领江都县嘶马、大桥、曹王等地。同年3月15日，江都县县委副书记高扬在曹王区刘家堡召开各区区委书记和区长、组织科长紧急会议，遭到国民党整编二十五军所属二营部队偷袭。突围时，王亚平、高扬等同志不幸壮烈牺牲。牺牲时，王亚平年仅30岁。

朱尊华

朱尊华（1915.11—1948.06），原名朱锦殿，三滧乡五滧村人，兄弟7人，他排行第四，故又称朱老四。

1931年“九一八”事变后，朱锦殿更名朱尊华，表示维护中华民族尊严之意。经人介绍，朱尊华到五滧小学任教。他怀着热切的救国愿望，积极推进私塾改良，改变单纯传授“四书”“五经”等古文的做法，大胆地进行语文、算术、史地等课程教学，深受学生及其家长的赞同。

1939年，受邻村朱永山（时为江南抗日义勇军挺进纵队战地服务团团员）的影响，投笔从戎，参加扬中地区工作委员会组织的青年工作队，开展抗日活动，不久加入中国共产党。后历任扬中县抗日民主政府二区文抗会主任、文教干事，县文教科员、文教科科长、二区区长、三茅市市长等职。

朱尊华积极宣传共产党的抗日主张，注意团结一切力量共同抗日，多次到大地主杜三家做工作。经动员教育，杜三的大儿媳杜四娘不仅对共产党领导的抗日活动给予援助，还支持其女儿参加新四军。杜三的3个堂侄也在朱尊华的引导下，先后冲破家庭羁绊，走上革命道路。

朱尊华善于利用有利条件打击日伪军。1945年2月15日，朱获悉泰兴县龙梢港伪据点中被争取过来的部分伪军已做好内应准备后，主动向县抗日民主政府请求承担攻打据点的任务。2月21日晚，他挑选了20多个民兵骨干，配合县警卫营战士乘船过江，直奔龙梢港。经过20分钟的交战，攻克了伪据点，缴获了大批武器弹药，俘获数十名伪军。

1945年11月，朱尊华随新四军北撤。1947年1月中旬，组织决定朱尊华、钱汉珊、刘晓阳等回扬中坚持斗争，并指定朱尊华临时负责全县工作。2月2日，由于反动保长赵学诗告密，国民党反动军警包围了三滧乡十九圩塘朱尊华住处。朱尊华与姚小六等英勇抗击，终因寡不敌众，弹尽无援，负伤被捕。

朱尊华身陷囹圄后，在重庆国民党电台任职的本家兄弟朱锦璐回扬中保释他，条件是要他去重庆参加国民党。朱尊华严词拒绝。他在给父亲的遗书中写道："在儿本身只痛苦一时，死而已矣。"充分表现了视死如归的革命精神。1948年6月19日，朱尊华等人被国民党反动派从三茅镇押到驼子桥乱葬坑杀害。牺牲时年仅33岁。

附录　1947年朱尊华在狱中写给父亲的信

父亲：

关于儿被难之事，使父亲及整个家庭受累，此总是我昼夜极感不安的。但迄今时已九月有余，尚未获得解决，长此拖下去是会增加困难。万一生命危殆，对整个家庭及亲友，尤其是对父亲及妻女是抱歉万分，赧颜无地。在儿本身只痛苦一时，死而矣已（已矣）。自问对国家、民族与人民是无愧，聊以自慰的。

但在未死之前，如有办法想，应尽一切力量设法营救，所谓尽人力以待政府处理。万一毫无办法可想，绝无希望，只有听天留命罢了！尚希父亲等勿为儿去事过于忧虑，保重身体至要！肃此奉禀，敬请

金安

儿　尊华谨上　十一月十三日

印世庸

印世庸(1914—1948),参加革命后曾化名姚平,扬中县西来桥镇北胜村人。

1939年参加扬中县青年抗日团。1940年4月加入中国共产党。先后任扬中县抗日民主政府新六区军事助理,第二区区长。1941年8月,任扬中县抗日民主政府军事科科长,后兼任县警卫营营长。1945年9月任扬中县独立团参谋长。11月北撤。次年春回江南坚持斗争。

1948年,任镇江县副特派员,协助镇江县特派员戎政工作。4月17日夜晚,印与戎政等4人在丁岗开会,住宿在丁家村道士庙内,因奸细告密,被敌人包围,激战中壮烈牺牲。

左治平

左治平(1918—1949),原名左济生,参加革命后化名王峰、杨森。扬中县兴隆镇兴隆村人。9岁读书,15岁辍学去上海谋生。1936年考入洛社师范。抗日战争爆发,左失学回乡,积极寻求救国之路,曾到苏北参加抗日训练。

1939年春,江南抗日义勇军挺进纵队进驻扬中,左毅然参加革命,不久加入中国共产党。1940年6月任中共扬中县三区区委书记。以教师身份作掩护,开展革命工作。

1942年后,左先后担任中共扬中县委宣传部部长、组织部部长、江镇特区区委宣传部部长、北洲区委书记、江都县委委员等职。

1945年11月,随新四军北撤,不久又返回江南坚持斗争。

1947年8月,任镇(镇江)、丹(丹阳)、扬(扬中)工委委员。在镇、丹、扬工委工作期间,分管镇江越东区、王郑区的工作。

1948年3月24日,左在江南雀梅墩子(今属丹阳县)活动时,遭国民党驻胡家桥保安队的包围而被捕。敌人以酷刑逼供,左坚贞不屈。

1949年年初,被押往南京审讯,解放前夕被秘密杀害于常州。

陈广生

陈广生(1911—1952),扬中县油坊镇长沙村三圩埭人。幼承父业,习画连环画。青年时代,在上海以画连环画为生。1937年抗日战争爆发后,回扬中参加抗日斗争。

1938年春至1939年夏,先后任扬中县青年抗日团创办的《青年》半月刊和挺进纵队创办的《群众导报》美术编辑。1940年《群众导报》改名为《中流报》,又改名为《前进报》,陈为《前进报》负责人之一。

1945年11月新四军北撤后,陈调至苏中二分区《人民报》社,为报社负责人之一。1946年年初任高邮新华书店经理。同年夏又调回《人民报》社。1948年下半年调中共华中工委工作。

1949年江南解放后，陈先后任《苏南日报》经理部经理、报社秘书长。其间，曾利用业余时间画出两本连环画在上海出版，个人得到一些稿费。1952年反贪污、反浪费、反官僚主义运动中，陈因此受到冲击，加上妻子病逝，悲痛与屈辱交加，遂萌轻生之念而离世。

秦茂兰

秦茂兰（1892—1954），字国香，扬中县长旺乡南泡子埭（今头墩子村）人。出身富裕农民家庭，兄弟4人，茂兰居长。

秦少时读书勤奋刻苦，常受师友称赞。秦擅长书法，1933年积善坛制作"积善堂""功媲杏坛""善与人同"三块横匾，悬挂于积善公所，均为秦手书。秦能画兰、竹、牡丹等写意画。

秦长期执教于私塾，除教授四书五经外，还教学生学作诗词和对联。秦文思敏捷，一次，有人让他书写对联，他漫不经心，下笔写了一个"花"字，发现写错后，即将错就错，重拟联语，写成"竹荫覆几琴书润，花气薰窗笔砚香"。1938年夏，扬中青年抗日团主办的《青年》半月刊，办公地点就设在他家村头。他给《青年》半月刊作对联："办半月刊，用半月功，后半月当胜前半月；报一天仇，雪一天耻，这一天莫待那一天。"

秦在教书之余，坚持参加农业劳动，会干多种农活，是个不脱离体力劳动的知识分子。

解放后，秦继续从教，1954年因头部患恶性肿瘤而逝世。

祝尧三

祝尧三（1887—1955），字家安，号宪成，扬中县三滧乡三圩埭人。幼年从父三如先生读书，后考入江苏第九师范，毕业后任国民党扬中县教育局视学。曾加入国民党，拥护孙中山新三民主义政策。因与县里一些当权者政见不合，被贬任三滧乡国民义务小学校长。

1924年与朱宝鎏等发起结社会文，创"存粹文社"于达兴庙。1933年为抵挡低圩水患，率众封筑林家坝，同年参加抗缴附加税斗争。"火烧七大家"案发生后，祝被列为42名要犯之一，受到通缉，幸得旅沪同乡会和浙江刘某大力营救，未遭迫害。50寿辰时，地方各界合赠"道德干城"金字匾额1方。

1938年2月因日军侵犯，扬中县国民政府解散，社会秩序甚为混乱，祝以帮会形式收王龙、耿光阴、高礼本、左济生、张绍轩等人为徒，组织地方势力，对抗盗贼地痞。其后，门徒大都参加了抗日队伍。日伪统治期间，祝在兴隆镇开设南山寿药号，暗中进行抗日宣传。1943 年日伪“清乡”，不少革命人士被捕，祝多次出面保释。抗日期间祝募集物资，慰劳新四军，受到扬中县抗日民主政府表扬。1944 年 7 月 7 日，以扬中开明士绅代表身份出席苏中行政公署各界人民代表会议。

1945 年 11 月，扬中县民主政府随新四军北撤。祝奉民主政府之命，隐藏枪支及其他物资。1947 年事泄，被国民党逮捕，经扬中县旅沪同乡会及唐怀生等营救获释，被罚交国民党政府大米百余石，南山寿药号因此关闭，祝被迫避居上海，至 1949 年 4 月扬中解放，始得返乡。

解放后祝曾任扬中县各界人民代表大会秘书长，并当选为苏南区各界人民代表会议代表，又任扬中县中苏友好协会会长。

1955 年 1 月 24 日病故。

陈爱棠

陈爱棠(1891—1962)，原名履仁，又名凤仁，扬中县福德乡(今兴隆镇东新村)人。

陈自 1933 年至 1945 年，历任扬中县国民政府、日伪扬中县政府财政科科长，主持田赋征收等工作。

1933 年，扬中发生“火烧七大家”事件，陈爱棠家为被烧户之一。在扬中县国民政府支持下，被烧户向农民实行倒算，大肆搜刮民脂民膏，很快盖起新瓦房。惟陈爱棠家未向农民敲诈勒索，且放弃老家宅基，搬到三茅镇居住。

陈在日伪县政府任职期间，经抗日民主政府争取教育，对共产党领导的抗日斗争，能由同情到给以力所能及的支持，表现了一定的民族觉悟。

1941 年后，陈经常向抗日民主政府打入敌伪机构的共产党地下工作者提供敌情，并暗地协助抗日民主政府营救被捕的革命干部和积极分子。

1943 年为了对敌斗争的需要，抗日民主政府将陈开设在三教庵的同兴茧行拆除，陈能顾全大局，未表异议。

敌伪“清乡”期间，抗日民主政府发到城镇的宣传品，大多先运送到陈的住处，由陈相机散发。

1945 年 5 月 25 日，苏中五分区一部及扬中县警卫营一连在韦永义司令员统一指挥下攻打三茅镇，陈以伪财政科长的有利条件，积极配合，让突击组短枪队员隐藏在自己家中(陈家距伪县政府很近)，最后活捉了伪县长章谋。

1945 年年底，国民党进驻扬中，由于陈与共产党的联系已经暴露，为免遭不测，陈转移到苏州居住,直至 1949 年解放才返回扬中。1962 年 11 月病逝。

陆如常

陆如常(1906—1963),扬中县八桥镇团沙村人。父陆盛福生有 3 子,如常居长。幼读私塾,后在八桥镇摆设布摊。1933 年兄弟 3 人在八桥镇租房开设永丰祥布店。

陆为人正直,热心地方公共事业,1940 年任扬中县抗日民主政府八桥镇保长,并负责通讯联络工作。时民主政府人员与警卫营战士常在其团沙家中住宿。1942 年夏,民主政府派他携款往常州购置军服布料,至西夏墅遭歹徒抢劫,险遭杀害。

1945 年 11 月,扬中县民主政府随新四军北撤。国民政府进驻扬中后,陆被逮捕关押于四区区公所,虽受到严刑拷打,但能坚持革命气节,后由商民保释。

1949 年 4 月扬中解放,各大集镇成立商会,陆被选为八桥镇商会主任。1951 年 11 月扬中县工商联合会成立,当选为副主任委员。1953 年 3 月、1955 年 3 月,先后当选为扬中县工商联第二届、第三届副主任委员。1956 年,带头接受对私营资本主义工商业社会主义改造,将永丰祥布店实行公私合营。1957 年当选为扬中县工商联第四届委员会主任委员。此后又连任第五、六届主任委员。

1953 年 7 月,当选为县人民代表。1956 年 10 月,在扬中县第二届人民代表大会上,当选为扬中县副县长。嗣后,在扬中县第三、第四届人民代表大会上继续当选为副县长。1962 年夏,大汛期间,带领群众昼夜护堤。因劳累过度,于 1963 年 2 月 6 日不幸呕血而逝。

施显鉴

施显鉴(1894—1964),字镜甫,扬中县八桥镇人。自幼酷爱书法,少年时即为乡民书写春联。一生以擅长书法名闻乡里,书体端庄浑厚,秀雅宜人,有晋王遗风。曾任扬中县知事公署录事(文书),南通县政府书记(文书)及法院书记官。抗日战争期间,在八桥镇附近任私塾教师,后改业经商。

1947 年当选扬中县候补参议员。施从商后仍潜心于书法,求书者不绝于门。

1964 年病逝。

洪康燮

洪康燮(1889—1965),字福卿,号佛青,江西婺源县人。毕业于安徽法政学堂。民国 23 至 27 年(1934—1938),任扬中县国民政府县长。

洪康燮在扬中任职期间,常微服私访,考察政情民意,并能积极采取措施,惩治腐败,压抑豪强,减轻赋税,兴办教育,缓解群众疾苦。

1936 年,洪主持、修筑了扬中历史上的第一条公路。主干线上自新坝镇,下至下八镇。支线从油坊桥分岔,西达镇海庵江边,共长 30 多公里,路面宽丈余,使全县交通大为改观。

扬中四面环江,常遭水灾,洪以民办官助的办法,发动群众,加修江堤,疏通港道,以减少水患。洪亲临现场,参加修堤浚港劳动,深得群众好评。

其时扬中赌博、吸毒之风较盛,全县吸毒者约有数千人。赌博更烈,游民以赌为"业",官绅以赌为"乐"。洪特设游民习艺所拘禁专事赌吃玩乐,不务正业者,实行强迫习艺,使其戒毒、戒赌,自食其力。

洪重视兴办教育,提倡文明。到任后即积极增办公立小学,并实行私塾改良,培训师资。对 16 岁以上 30 岁以下的文盲,特别是妇女,一律"强迫"进识字班学习文化。禁止妇女缠足,不准男人赤膊外行,连露天粪缸也要求搭棚加盖。

民国 27 年(1938)2 月,日本侵略军侵犯扬中,县国民政府解散,洪遂离任而去。抗日期间,洪住上海以律师为业,生活清贫。

1949 年夏,扬中县八桥中学附属小学筹建校舍,前往上海募集资金,洪无其他资财,特变卖文房四宝以捐助。

1965 年,洪在上海闸北病逝。

倪思文

倪思文(1889—1966),字仕文、号慕周,扬中县联合乡永平村人。辛亥革命时,在广州受到新思潮的影响。

抗日战争前,倪在泗阳县经商,并担任过泗阳县商会会长。1938 年其子倪凤奎死于日本侵略军飞机轰炸,倪怀着国恨家仇回到扬中。此后在中国共产党的指引下,做了许多有利于抗日、有益于人民的工作。

1942—1945 年,扬中县抗日民主政府开展减租减息运动。倪因认识金山寺霜亭、妙华二法师,受新坝区政府指示,前往镇江金山寺宣传抗日民主政府的"二五减租"政策,使金山寺住持同意将扬中的 2 千多亩寺田实行减租,推动了全县的减租减息运动。

1945 年年初,倪受抗日民主政府的委托,协助劝说驻新坝镇的伪军中队长乐晓东弃暗投明,使他在新四军包围据点后率部投诚。解放战争期间,倪在镇江居住,继续掩护地下工作者进行革命工作。解放后参与创办润东轮船公司,并担任副总经理。

1966 年 7 月病逝。

耿光阴

耿光阴（1913.4—1968.3），原名耿昌贵，出生在三滧长乐乡一个农民家庭。1934—1935 年在张家埭小学教书。1936 年秋至 1937 年夏，在江苏栖霞乡师训班学习。1937 年秋至 1939 年春，在定和乡初小教书。1939 年春，新四军挺进纵队占领扬中，耿光阴遂参加抗日救亡运动，并于同年 5 月加入中国共产党。他一边教学，一边积极从事党的工作，发动、组织群众参加各种抗日组织——农抗会、青抗会、文抗会等。1940 年 1 月，日本侵略军进犯扬中，在敌伪疯狂“扫荡”的恶劣环境中，耿光阴不畏强暴，坚持战斗，积极协助区委和区政府工作。1942 年秋，任扬中县抗日民主政府三区区委书记。1943 年 2 月，为了粉碎敌伪“清乡”阴谋，根据县委指示，耿光阴打入敌伪内部为党工作。他机智、勇敢地周旋于汪伪人员中，利用伪国民党三区区分部主任委员的合法身份，开展统战工作，分化、瓦解敌人，营救被捕战友，出色地完成党的任务。

1945 年春，遭县伪侦缉队长顾秉琪怀疑而被捕入狱。顾秉琪为了从耿光阴口中得到扬中党组织机密，对其施用各种酷刑，但耿光阴坚贞不屈，既没有暴露自己的身份，也没有泄露党的机密，表现出一个共产党员的气节。后经党组织多方工作，身患重病的耿光阴被营救出狱。

出狱后，组织安排其治疗休养。不久，随县机关北撤至苏中地委所在地高邮县，任货管局督导员兼党支部书记。后随部队转战鲁南、鲁中及胶东一带，出生入死，为夺取解放战争胜利而奋斗。1947 年奉命渡海到大连。

中华人民共和国成立后，他先后担任大连建新公司宏昌厂人事科科长、工会主席、副厂长兼党总支书记，建新技术学校副校长兼党总支书记，大连二专副校长，大连化工学校（后为大连化工学院）党委书记等职。

“文化大革命”中耿光阴横遭迫害，于 1968 年 3 月 16 日含冤离世，年仅 55 岁。1979 年 4 月 22 日，大连化工学院为其平反昭雪，恢复名誉。

黄万益

黄万益(1910—1969),扬中县八桥镇利民村人。以善治蛇伤而闻名全县,苏南、苏北邻近县市亦有前来就医者。

黄原为篾匠,30 多岁始拜师学习捉蛇，医治蛇毒伤。解放前在外地过着流浪生活,1950 年回到家乡,为附近群众医治毒蛇咬伤,疗效显著。蛇伤病人经黄治疗者,多能转危为安。

1956 年,黄应八桥联合诊所之聘,专治蛇伤。

1958 年,八桥医院成立,黄正式成为国家医务人员,并享受高级知识分子待遇。

1965 年,黄先后参加在南通、广州召开的江苏省蛇病工作会议和全国蛇病工作会议,同季德胜等与会专家同行一起切磋医术,交流经验。

黄医治毒蛇咬伤,擅长切开伤口引流排毒,同时配以草药治疗。用半边莲、七叶一枝花、全蝎等碾制药丸,或内服,或外敷,或两者并用。

每年春天,黄均到外地采集药草。其医治蛇伤的秘方,至去世前才传给儿子黄年贵。

张绍轩

张绍轩(1912—1971),名长顺,号永祥,扬中县三滧乡长乐村张家墩子人。

张幼入私塾,国学基础较厚。成年后,立志学医,拜圌东乡母子圩(今三茅乡圌东村)老中医奚龙章为师,学习中医 3 年。后师从常州朱容棠学西医 1 年。回扬后,在兴隆镇南山寿药号开设中西医诊所，后又参加天津名中医汤世彦及上海名中医丁济万主办之中医函授班函授结业。

抗日战争期间,张以医生身份参加抗日救国活动,他家就是新四军秘密交通站。1939 年加入中国共产党,张为革命传递信息,转送地下抗日人员,并秘密抢救抗日军民伤病员多人。

解放后,张组建兴隆镇联合诊所,并任所长。后考入南京中医学院进修 1 年,回县后,任扬中县人民医院副院长,为中医主治医师。

张长于治疗湿瘟、伤寒等时令病和妇女病,并善于运用中西医结合法,为患者治疗疾病。医术高明,医德高尚,深得群众敬佩。

张于 1949 年被选为扬中县各界人民代表会议代表,1950 年出席苏南行署各界人民代表会议。1971 年年底因肾病复发逝世。

戴爱棠

戴爱棠(1904—1973),名耀南,扬中县联合乡新民村人。其父为塾师,工书法,重礼教，戴自幼即受熏陶。

1932年，戴任国民党扬中县二区区长，国民党扬中县党部曾多次劝其加入国民党，戴均婉言谢绝。

1939年，戴受任国民党扬中县第二区区长，积极参加抗日救亡运动，宣传抗日道理，并能动员爱国青年参加中国共产党所领导的抗日工作。

1946年，"扬中旅沪同乡会"成立，戴在上海被推为理事，对家乡地下党有求于同乡会者，均尽力予以襄助。

解放战争期间，扬中县国民政府曾函请戴出任二区区长，戴婉言推辞。

解放后，戴仍在上海居住，直至1973年病逝。

徐中和

徐中和(1902—1974)，扬中县公信桥(今联合乡红灯村)人。1917年往无锡学徒，后在无锡开店。1922年，在上海开办洋伞厂。1929年与他人合股创办四达橡胶厂。抗日战争胜利后，四达橡胶厂改名大孚橡胶厂，徐任经理。

1946年，与凌馥康(即凌云超)等人发起组织"扬中县旅沪同乡会"，徐任理事长。后又积极参加以镇江、丹阳、金坛、溧阳、扬中五县旅沪同乡会名义欢宴旧友华罗庚博士赴美。

1948年10月，协助改组扬中县旅锡同乡会，并捐助该会全部经费和扬中旅沪同乡会的日常用费。

抗日战争时期，扬中县抗日民主政府给养困难，派人赴沪求助，徐不仅出资，且设法购置西药和军需品转运扬中，支援抗日军民。

1946年，扬中县国民政府军警特务大肆搜捕原县抗日民主政府人员，徐以扬中县旅沪同乡会理事长的身份，奔走联系，出面营救。

徐一贯关心和支持家乡教育事业，1944年在上海中山北路独资兴办"中和义务小学"，以方便旅沪同乡的子女就读。1945年7月，抗日民主政府于八桥创办初级中学，同年11月北撤时，民主政府嘱李友之等保护学校。1946年年初，扬中县国民政府查封八桥中学，李等赴沪向旅沪同乡会求援，徐等以"扬中县旅沪同乡会"名义向扬中县国民政府交涉，终以改名"私立扬中县八桥初级中学"的做法而保住学校，并于1946年招收新生。旅沪同乡会组成校董事会，徐任董事长，并募集款项(大部由徐负担)，为学校购置图书、教具等。次年徐以个人名义赠送八桥中学全体师生每人1双球鞋。

家乡一些小学因经费困难而去沪向旅沪同乡会求助者，徐率先解囊。乡人至沪谋生，有求助于徐者，亦无不尽力相助。得徐资助的求学青年，亦有多人。家乡兴办公益事业，徐总是当仁不让，出资出力。三茅镇北当铺桥年久失修，徐捐30石米的现金建桥。新桥建成，曾以“中和桥”命名。1949年斧头街沿江陡坍，徐亦慷慨捐款用于止坍。1949年扬中遭受水灾，1950年陈忠廉至沪募捐赈济灾民，徐与旅沪同乡捐款折合大米百余石。

1950年，大孚橡胶厂与苏南军区后勤部合资经营，成为公私合营企业。

1952年“三反”“五反”运动中，徐被捕入狱，并被判处有期徒刑7年，于1957年提前获释。1974年在上海病逝。

朱松华

朱松华(1903—1976)，扬中县长旺乡新圩村人。出身贫苦农民家庭，早年做过篾匠，打过短工。

1940年加入中国共产党，任兴隆乡民主政府乡长，兼党支部书记。

1944年—1945年10月间，先后任扬中县二区区委副书记、书记。

1945年新四军北撤，朱奉命留守，任兴隆区区委书记。并至镇江、丹阳等县开展地下工作。

解放后，朱历任兴隆区委副书记、书记、扬中县委第一副书记、镇江市委书记处书记、扬中县委副书记等职。

1965年任镇江地区视察室驻扬中县视察员。

1976年1月13日病逝。

江正康

江正康（1896—1980），新坝镇民众村人，从事酿酒和水产购销。由于其胆略过人，且善于经营，家产颇丰，有高低田60余亩，房屋20余间，并有运输船。日伪、国民党统治时期，他支持抗日战争，同情人民革命，曾做过许多有益的工作。

1939年12月，陈毅带领韦永义及新四军挺进纵队第四团驻扎在新坝镇万福桥一带。江正康将后院比较隐蔽安全的单独三间草房打扫得干干净净，让陈毅和警卫员住居，且一日三餐，悉心照料。十多天后，陈毅离开江家去江都县嘶马镇。

中华人民共和国成立后，江正康以开明绅士的身份当选扬中县人民委员会委员和扬中县第二届、第三届人民代表大会代表。1980年因病逝世。

金文彬

金文彬(1905—1984),扬中县永胜乡永前村人。出身地主家庭,在泰兴县永安洲有祖田百余亩。金青年时代耽于游乐,不事生产,祖产几被卖尽。33岁时开设槽坊,因经营得法,家道复兴。

1931年与李培根结识,相交甚厚。受李影响,倾向革命。抗日战争时期,积极支持抗日民主政府的抗日斗争。1939年后,金住所成为抗日民主政府的地下联络点。1940年春,金捐赠新四军挺进纵队留守扬中的焦勇营50石大米,解决部队给养困难。并带头实行“二五减租”。金为抗日民主政府购置枪支弹药,深得中共扬中县委的信任。

1941年,至丹徒县姚家桥开设油坊。1942年春因伪镇长告密,被日本侵略军拘捕,关押镇江监狱,后经多方营救获释。

1945年11月新四军北撤,金协助抗日民主政府掩藏物资(解放后交还)。后即外出经商。1947年9月,至江阴与中共地下交通站姚焕文取得联系,从事地下联络工作。1949年4月扬中解放时,随扬中县人民政府副县长陈忠廉回到家乡。

解放后,金在八桥镇开设油坊。土改中被误定为地主分子,加以管制。中共十一届三中全会后始获平反,恢复名誉,并享受退休待遇。

1984年病逝。

黄美善

黄美善(1914—1984),扬中县八桥镇幸福村人。祖辈皆为贫苦农民。黄精于农耕,对三麦种植,尤有经验。解放后,加入中国共产党。先后担任农业互助组组长、农业合作社社长、高级农业社社长、扬中县良种场场长、扬中县农协委员、县政协委员等职。

1951年荣获江苏省三麦丰产劳动模范光荣称号。

1957年出席全国劳动模范代表大会。

1984年12月13日病逝。

冯　骏

冯骏（1933—1985），原名冯柏年，曾用名范飞鸿，西来桥镇人。

1945年，随上海纱厂做工的姐姐到上海中纺公司第四员工子弟小学读书，后考入上海育才中学。求学期间，受进步思想影响，追求革命。1948年秋被组织秘密派往苏北华中工委，并分配至华中大学学习。

华中大学毕业后，冯骏在松江地委秘书室工作，1950年10月在嘉定县加入中国共产党。后历任县委宣传部干事、区委副书记、地委办公室秘书、江苏省委组织部秘书、华东局组织部秘书等职务。“文化大革命”前夕调安徽省任全椒县委副书记。1970年后，历任全椒县革委会副主任，滁县地区革委会政工组组长，滁县县委书记，滁县地区行署副专员、地委委员，后调任安徽省第二轻工业厅厅长、安徽省工业厅厅长。

1983年7月，冯骏任蚌埠市委书记、蚌埠军分区第一政委。任职期间，他坚持改革开放，推进干部人事制度改革；试行厂长经理负责制；大力发展外向型经济。1985年2月，蚌埠市被列为国家甲类开放城市，并被国家体改委确定为全国城市综合改革试点城市。是年12月，冯骏当选为中共安徽省第四届委员会委员。

1985年年初，冯骏被发现患有癌症。他仍以革命的乐观主义精神，一边工作，一边同疾病作斗争，直至生命最后一息，给蚌埠市领导干部和人民群众留下深刻印象。是年6月22日病逝，终年52岁。

凌云超

凌云超(1914—1985)，原名馥康，后改名则刚，字云超，号云斋主人、鲤砚斋主，扬中县八桥镇人。祖籍武进县孟河。

凌幼年失怙，家贫，八桥小学毕业后，投考吴江师范，未被录取。18岁至上海富贝康化工厂当记账员兼文墨工作。工余入上海立信会计学校学习。毕业后，投国学耆宿蒋维乔(即因是子)学文学，又投书法家李仲乾学书法，继投张大千居士学书画。

1947年春，凌南迁香港，继续商务活动，并投香港简琴石学甲骨文及篆刻。凌潜心临写历代名家书法，功力不凡，颇具盛名，先后在新加坡、日本、中国台湾和香港等地举行个人书展，并应邀至印度尼西亚大学、香港中文大学举行书法讲座。所著《中国书法三千年》在香港、台湾发行。1987年南京大学出版社出版该书校订本。赵朴初为该书题词：“博学深思，笃行远瞩，论书观史，汲古溉今”。

凌长期旅居印度尼西亚雅加达，曾任日里登牙膏厂有限公司、荷乐登化学制品厂有限公司、印尼爱芬化妆品厂有限公司、优利塑胶软管厂有限公司董事长。并担任香港中国书道协会会长、新加坡中华美术研究会名誉会长、香港东南亚研究所顾问、雅加达苏浙同乡会会长等职。

凌旅居异国,心怀故土。1985 年以古稀之年,偕夫人冯毓莹女士回乡,捐款资助扬中县中学建造实验楼,为表示纪念,扬中县中学特将该楼命名“云超实验楼”,并勒石以记其事。

1985 年 8 月 20 日,凌云超病逝于印度尼西亚雅加达寓所。

季广根

季广根(1911—1942),又名如彬,扬中县庆隆乡 392 圩埭(今八桥镇庆丰村)人。

季广根秉性顽劣,少时即是当地无赖。20 岁始学中式裁缝,后去上海做西式服装。季到沪不久即与上海滩的流氓、地痞鬼混,拜帮会头子为师。

1937 年,季广根从上海回到扬中,先投奔惯匪薛德裕,后加入伪军,当上扬中县伪警察中队长、大队长。季广根任伪职后更肆无忌惮地敲诈勒索、烧杀抢掠,无恶不作,人民恨之入骨。

1940 年 8 月 22 日,季广根带领日伪军纵火焚毁民房 21 间。1941 年春在铁匠港拦劫酒船 1 条,船上 6 人尽被杀害,其中 1 名妇女被季强奸后抛入江中淹死。同年 2 月 9 日季广根亲手杀害抗日民主政府四区区长王明高,并将其头颅砍下,悬挂于八桥镇街头示众。塾师吴聘芝愤于季广根草菅人命,曾书写诉状,控告其罪行。季广根得知后,带领打手,将吴聘芝绑押至江边芦滩内,先断其手指,再剖其腹,拉出肚肠,最后抛尸江中。

1942 年 5 月,中共苏中五地委敌工部和扬中县抗日民主政府,巧施反间计,借日本侵略军之手枪杀季广根,扬中人民无不拍手称快。

顾秉琪

顾秉琪(1910—1945),扬中县永胜乡红旗村人。

顾秉琪生性顽劣好斗,曾至上海十六铺学习鞋匠,因赌博成性,不务正业,被店主开除。

顾秉琪回扬中后,恶性不改,纠集乃兄秉良、堂兄秉祥、秉洪一伙,进行盗窃活动。1934 年潜入丰裕乡朝阳村张家,抢走张家少女(15 岁),私藏 45 天,任意凌辱,并敲诈银洋数百元。知情人孙某向政府告发此事,顾秉琪得知后,将孙某秘密杀死。县国民政府县长洪康燮查实其事,将顾秉琪逮捕,判处无期徒刑,予以监禁。抗日战争爆发后,扬中县国民政府解散。顾秉琪乘机越狱,抢走枪支,纠集散兵游勇、地痞流氓以及越狱死囚等亡命之徒,杀人越货,为非作歹。

1940年1月日本侵略军入侵扬中,顾秉琪甘为鹰犬,当上伪侦缉队长,后又兼自治实验区区长,更加疯狂地杀害革命干部和无辜群众,敲诈勒索,无恶不作。

1945年5月,伪军唐德池团撤离扬中。顾秉琪畏罪潜逃至泰兴。不久,泰兴又告光复,扬中县抗日民主政府派军事科长印士庸至泰兴将顾秉琪捉拿归案。同年9月19日,县抗日民主政府于龙王庙召开公审大会,宣判顾秉琪死刑,未等得及执行枪决,顾秉琪即被愤怒的群众拉下审判台,乱刀剐死。

顾仙痴

顾仙痴(1900—1952),原名先知,字根山,扬中县三茅乡人。

顾仙痴出身地主家庭,1915年到南京读中学。毕业后凭藉金钱,巴结权贵,成为扬中县大地主杜三的智囊人物。

1926年至1929年,先后任扬中县国民政府教育局教委,县屠宰税征收处主任。

1938年,顾仙痴到镇江与日本侵略军勾结,回扬中组织地方治安维持会,自任会长。

1940年1月,日本侵略军第二次侵犯扬中,顾仙痴任扬中县地方自治委员会委员长。随后又任伪扬中县知事、县长。

顾仙痴无视农民疾苦,横征暴敛,劳役无度,伙同日本侵略军疯狂反共,杀害共产党干部和革命群众。1943年卸职去上海。

解放后,扬中县人民政府将顾仙痴逮捕归案。1952年12月29日公审枪决。

第二章　革命烈士英名录

该章收录601名烈士，其中女性6名。烈士姓名以扬中县民政局烈士英名录为准，有异名或同音异字，均用括号加注。烈士出生和牺牲时间一律采用公元纪年。

新坝镇

匡长稳　男　1908年出生　1941年在丹阳县因战牺牲
田永富　男　1933年出生　1951年在抗美援朝战争中牺牲
陈明龙　男　1920年出生　1945年病故,1956年追认
杜少清　男　1922年出生　1952年在抗美援朝战争中牺牲
张有龙　男　1932年出生　1951年在抗美援朝战争中牺牲
李元德　男　1928年出生　1953年在抗美援朝战争中牺牲
苏芝荣　男　1928年出生　1952年在抗美援朝战争中牺牲
金贵保　男　1929年出生　1950年在抗美援朝战争中牺牲
卞来福　男　1929年出生　1952年在抗美援朝战争中牺牲
严福根　男　1925年出生　1950年在镇江病故,1956年追认
田举法　男　1940年出生　1965年在浙江省黄岩县路桥镇牺牲
顾发祥　男　1916年出生　在启东县因战牺牲
张祥林　男　1926年出生　1951年在抗美援朝战争中牺牲
陈良庆　男　1931年出生　1951年在抗美援朝战争中牺牲
周义福　男　1927年出生　1947年在盐城县因战牺牲
冷华国　男　1926年出生　1945年在兴化县因战牺牲
孙道恒　男　1908年出生　1949年在福建省因战牺牲

耿志清　男　1927年出生　　1953年在抗美援朝战争中牺牲
乐德富　男　1922年出生　　1948年在泰兴县黄桥战斗中牺牲
孟华富　男　1921年出生　　1946年在扬中县牺牲
赵书柏　男　1923年出生　　1947年在江都县邵伯因战牺牲
田象道　男　1932年出生　　1954年在福建省因公牺牲
周学余　男　1912年出生　　1948年在淮海战役中牺牲
徐连生　男　1926年出生　　1952年在抗美援朝战争中牺牲
杜发宏　男　1922年出生　　1947年在盐城县南门因战牺牲
张甫政　男　1905年出生　　1945年在兴化县因战牺牲
王孝芳　男　1922年出生　　1951年在抗美援朝战争中牺牲
孙有福　男　1931年出生　　1951年在抗美援朝战争中牺牲
叶新根　男　1951年出生　　1972年在山东省蓬莱县因公牺牲
孙国治　男　1924年出生　　1945年在武进县孟河因战牺牲
戴良富　男　1955年出生　　1979在对越自卫反击战中牺牲
蔡纪保　男　1919年出生　　1946年在江都县邵伯因战牺牲
贾立根　男　1924年出生　　1946年在江都县邵伯因战牺牲
袁茂财　男　1925年出生　　1944年在武进县小河因战牺牲
朱纪明　男　1928年出生　　1951年在抗美援朝战争中牺牲
钱朝富　男　1922年出生　　1945年在宝应县因战牺牲
郭全才　男　1929年出生　　1952年在朝鲜失踪,1984年8月追认

联合乡

包芝山　男　1923年出生　　1947年在江都县邵伯因战牺牲
王道义　男　1920年出生　　1944年在扬中县新坝因战牺牲
张有全　男　1934年出生　　1952年在抗美援朝战争中牺牲
蔡成龙　男　1921年出生　　1945年在泰县姜埝因战牺牲
王金才　男　1922年出生　　1941年在皖南因战牺牲
艾亮小　男　1928年出生　　1952年在抗美援朝战争中牺牲
田义泰　男　1925年出生　　1952年在抗美援朝战争中牺牲
倪凤奎　男　1911年出生　　1938年在安徽省因战牺牲
朱锦华　男　1930年出生　　1951年在广西土改工作中牺牲

张天寿　男　1921年出生　1941年在江都县邵伯因战牺牲
徐广才　男　1927年出生　1948年在淮海战役中牺牲
芦春官　男　1926年出生　1946年在溧阳县因战牺牲
孙方荣　男　1929年出生　1952年在抗美援朝战争中牺牲
王纪庚　男　1925年出生　1947年在江都县邵伯因战牺牲
冷文银　男　1923年出生　1951年在抗美援朝战争中牺牲
葛玉良　男　1924年出生　1951年在抗美援朝战争中牺牲
丁连芳　男　1924年出生　1952年在抗美援朝战争中牺牲
王广发　男　1923年出生　1956年在四川省因战牺牲
温纪林　男　1930年出生　1952年在抗美援朝战争中牺牲
郭连祥　男　1911年出生　1947年在宝应县因战牺牲
顾昌龙　男　1925年出生　1947年在宜兴县因战牺牲
郭立仁　男　1919年出生　1952年在抗美援朝战争中牺牲
马有根　男　1923年出生　1948年在山东省孟良崮战役中牺牲
朱长保　男　1929年出生　1950.年在抗美援朝战争中牺牲
于庆才　男　1931年出生　1951年在朝鲜失踪,1984年8月追认
冯谦林　男　1911年出生　1946年在扬中县何家大桥牺牲

丰裕乡

朱兰芬　男　1921年出生　1947年在江都县周庄镇因战牺牲
王和年　男　1918年出生　1949年在兴化县因战牺牲
陈家富　男　1922年出生　1945年在扬中县三茅镇因战牺牲
张荣保　男　1933年出生　1952年在抗美援朝战争中牺牲
韩天佑　男　1923年出生　1945年在扬中县三茅镇因战牺牲
吴长发　男　1924年出生　1953年在抗美援朝战争中牺牲
张明竟　男　1917年出生　1951年在抗美援朝战争中牺牲
王道银　男　1925年出生　1946年在江都县邵伯因战牺牲
徐君财　男　1921年出生　1947年在兴化县因战牺牲
瞿坤义　男　1929年出生　1952年在抗美援朝战争中牺牲
冷福根　男　1929年出生　1951年在抗美援朝战争中牺牲
陆廷甲　男　1931年出生　1951年在抗美援朝战争中牺牲

唐　彪　男　1922年出生　1948年在高邮县因战牺牲
耿兴义　男　1926年出生　1948年在兴化县因战牺牲
何加才　男　1928年出生　1946年在江都县邵伯因战牺牲.
管其龙　男　1958年出生　1978年在山西省大同市因公牺牲
王道林　男　1925年出生　1950年在抗美援朝战争中牺牲
张兆成　男　1921年出生　1948年在高邮县因战牺牲
施广林　男　1922年出生　1949年在上海因战牺牲
陈昌仁　男　1911年出生　1952年在抗美援朝战争中牺牲
童荣山　男　1921年出生　1946年在江都县邵伯因战牺牲
王永宽　男　1919年出生　1946年在江都县邵伯因战牺牲
马德林　男　1924年出生　1947年在泰县溱潼因战牺牲
蒋根保　男　1928年出生　1951年在抗美援朝战争中牺牲
钱吕文　男　1924年出生　1946年在高邮县因战牺牲
管长根　男　1919年出生　1944年在兴化县因战牺牲
祝文春　男　1917年出生　1948年在苏北失踪,1984年8月追认
王祥龙　男　1920年出生　1939年在丹阳县延陵镇失踪,1984年8月追认
王后良　男　1931年出生　1947年在如皋县失踪,1984年8月追认

三茅镇

何家玫　男　1952年出生　1974年在甘肃省兰州市因公牺牲
吉庭香　男　1917年出生　1945年在扬中县三茅镇牺牲
杨中元　男　1927年出生　1953年在抗美援朝战争中牺牲
王雅平(王亚平)
　　　　男　1913年出生　1946年在江都县因战牺牲
何道生　男　1902年出生　1945年在扬州牺牲
顾　礼　男　1928年出生　1947年在兴化县因战牺牲
肖德贵　男　1915年出生　1945年在兴化县因战牺牲
周玉南　女　1927年出生　1946年在江都县邵伯因战牺牲
朱兴德　男　1923年出生　1947年在河南省因战牺牲
王允静　男　1925年出生
张明哲　男　1926年出生　1951年在朝鲜失踪,1984年8月追认

董钦佩　男　1931年出生　1971年在部队营房牺牲

三茅乡

陈文章　男　1927年出生　1951年在抗美援朝战争中牺牲
朱银山　男　1925年出生　1948年在江阴县因战牺牲
顾发华　男　1926年出生　1948年在泰兴县因战牺牲
戴正敖　男　1918年出生　1947年在淮安县因战牺牲
王笃才　男　1921年出生　1946年在江阴县因战牺牲
陈兴龙　男　1931年出生　1947年在江都县邵伯因战牺牲
刘永明　男　1933年出生　1953年在抗美援朝战争中牺牲
刘德保　男　1925年出生　1946年在溧阳县因战牺牲
陈春林　男　1928年出生　1949年在宜兴县因战牺牲
魏则桂　男　1915年出生　1948年在淮海战役中牺牲
蒋福荣　男　1933年出生　1951年在抗美援朝战争中牺牲
蒋于棋　男　1926年出生　1947年在盐城县伍佑因战牺牲
秦恒海　男　1928年出生　1945年在兴化县因战牺牲
冯发广　男　1925年出生　1946年在泰兴县因战牺牲
陈伯才　男　1924年出生　1947年在山东省莱芜战役中牺牲
奚义章　男　1918年出生　1947年在山东省孟良崮战役中牺牲
高天保　男　1925年出生　1947年在大别山牺牲
宦道生　男　1925年出生　1945年在兴化县因战牺牲
张广福　男　1926年出生　1951年在抗美援朝战争中牺牲
陈桂林　男　1929年出生　1953年在抗美援朝战争中牺牲
姚盛发　男　1924年出生　1945年在山东省因战牺牲
莫昌茂　男　1929年出生　1953年在抗美援朝战争中牺牲
柏正贵　男　1922年出生　1947年在江都县邵伯因战牺牲
张生才　男　1920年出生　1951年在抗美援朝战争中牺牲
胡三保　男　1956年出生　1979年在对越自卫反击战中牺牲
吴宝银　男　1927年出生　1955年在浙江省一江山岛因战牺牲
任寿春　男　1930年出生　1953年在抗美援朝战争中牺牲
祝明清　男　1926年出生　1951年在抗美援朝战争中牺牲

陆廷扬　男　1929年出生　1947年在山东省莱芜战役中牺牲
陈岳林　男　1929年出生　1947年在盐城县因战牺牲
张加太　男　1918年出生　1946年在扬中县北固乡牺牲
陆大裕　男　]931年出生　1951年在抗美援朝战争中牺牲
黄恒银　男　1923年出生　1949年在如皋县林梓牺牲
郭意太　男　1915年出生　1944年在扬中县因战牺牲
蔡兆福(蔡兆富)
　　　　男　1931年出生　1951年在抗美援朝战争中牺牲
黄锦标　男　1924年出生　1945年在扬中县思议港因战牺牲
陈宗发　男　1932年出生　1951年在抗美援朝战争中牺牲
王惠隆　男　1925年出生　1946年在泰兴黄桥因战牺牲
金桂才　男　1920年出生　1948在江都县邵伯因战牺牲
朱士章　男　1927年出生　1951年在抗美援朝战争中牺牲
奚有章　男　1918年出生　1947年在山东省孟良崮战役中牺牲
黄礼华　男　1909年出生　1944年在扬中县板儿沙牺牲
陆大松　男　1924年出生　1951年在朝鲜失踪,1984年8月追认

三滧乡

张德富(张德福)
　　　　男　1925年出生　1946年在泰兴县因战牺牲
姚茂泉　男　1924年出生　1948年在北胡营镇因战牺牲
印兆安　男　1924年出生　1944年在扬中县西来桥因战牺牲
殷纪林　男　1924年出生　1948年因战牺牲
张小怀　男　1928年出生　1945年在宜兴县被捕牺牲
朱锦怀　男　1915年出生　1942年在苏南因战牺牲
朱锦桂　男　1921年出生　1950年在抗美援朝战争中牺牲
朱春桃　男　1920年出生　1942年在丹阳县因战牺牲
薛家驹　男　1921年出生　1941年在扬中县老郎牺牲
薛加连　男　1921年出生　1948年在淮海战役中牺牲
蔡明安　男　1921年出生　1951年在抗美援朝战争中牺牲
夏顶春　男　1927年出生　1953年在抗美援朝战争中牺牲

印红根(曹红根)			
	男	1926年出生	1950年在抗美援朝战争中牺牲
王明珠	男	1925年出生	1947年在山东省大汶口因战牺牲
任祥泰	男	1920年出生	1950年在抗美援朝战争中牺牲
严陆小	男	1918年出生	1944在苏南因战牺牲
于太茂	男	1922年出生	1943年在南京因战牺牲
于太奎	男	1922年出生	1943年在南京因战牺牲
于太荣	男	1920年出生	1945年在泰兴县因战牺牲
巫昌恒	男	1922年出生	1967年在福建省福州病故,1967年10月追认
徐存荣	男	1923年出生	1943年在高淳县漆桥因战牺牲
王纪寿	男	1921年出生	1945年在安徽省牺牲
朱尊华	男	1914年出生	1948年在扬中县三茅乡驼子桥牺牲
凌佩金	男	1916年出生	1943年在湖北省因战牺牲
陈志坚	男	1925年出生	1948年在淮海战役中牺牲
耿太富	男	1913年出生	1945年在高邮县因战牺牲
吴荣琪	男	1931年出生	1953年在抗美援朝战争中牺牲
周春洪	男	1916年出生	1941年在泰兴县七圩港因战牺牲
耿大保	男	1931年出生	1953年在抗美援朝战争中牺牲
张明福	男	1924年出生	1958年在青海省因战牺牲
杨恒寿	男	1924年出生	1946年在涟水县因战牺牲
林成明	男	1919年出生	1947年在兴化县东鲍因战牺牲
耿龙锦	男	1934年出生	1953年在抗美援朝战争中牺牲
林志文	男	1921年出生	1946年在扬中县牺牲
何述仁	男	1921年出生	1949年在盐城县因战牺牲
陈志兴	男	1924年出生	1946年在高邮县因战牺牲
蔡承根	男	1928年出生	1952年在抗美援朝战争中牺牲
朱光成	男	1934年出生	1959年在上海因公牺牲
蔡连云	男	1926年出生	1948年在泰县溱潼牺牲
何乃清	男	1920年出生	1947年在江都县因战牺牲
薛德武	男	1923年出生	1948年在淮海战役中牺牲
王天祥	男	1921年出生	1948年在淮海战役中牺牲
何尔玉	男	1929年出生	1965年病故,1965年3月追认

左有明 男 1929年出生 1951年在抗美援朝战争中牺牲
王明义 男 1920年出生 1941年在丹阳县因战牺牲
张圣洪 男 1925年出生 1947年在涟水县因战牺牲
袁桂林 男 1922年出生 1943年在宜兴县因战牺牲
何宇荣 男 1928年出生 1945年在盐城县牺牲
孙尚贵 男 1923年出生 1947年在江都县因战牺牲
李明永 男 1925年出生 1946年在阜宁县益林镇因战牺牲
陈小双 男 1945年出生 1965年在吴县因公牺牲
孙祖怀 男 1926年出生 1947年在镇江县老洲因战牺牲
李德宏 男 1921年出生 1944年在苏北因战牺牲
王明根 男 1900年出生 1941年在扬中县东新港牺牲
蔡成明 男 1926年出生 1949年在淮海战役中牺牲
张裕荣 男 1930年出生 1950年在抗美援朝战争中牺牲
张英兰 男 1927年出生 1945年在泰兴县因战牺牲
陈太安 男 1924年出生 1947年在泰县溱潼因战牺牲
蒋纪福 男 1929年出生 1946年在苏北因战牺牲
周华龙 男 1927年出生 1949年在苏南因战牺牲
黄锦华 男 1924年出生 1948年在盐城县因战牺牲
陶吉俊 男 1928年出生 1951年在抗美援朝战争中牺牲
朱永山 男 1906年出生 1940年在扬中县斧头街牺牲
张英文 男 1922年出生 1948年在盐城县因战牺牲
赵有坤 男 1915年出生 1945年在江阴县因战牺牲
宦大金 男 1929年出生 1945年在扬中县公济桥因战牺牲
张向文 男 1927年出生 1946年在海安县因战牺牲
祝文山 男 1909年出生 1946年在扬中县牺牲
戴兰清 男 1919年出生 1946年在扬中县牺牲
吴昌庆 男 1965年出生 1985年在对越自卫反击战中牺牲
张振国 男 1965年出生 1985年在对越自卫反击战中牺牲
李明元 男 1918年出生 1946年在扬中县兴隆乡牺牲

兴隆镇

范文杰 男 1922年出生 1946年在高邮县因战牺牲

范　勇	男	1924年出生	1946年在高邮县因战牺牲
范明华	男	1900年出生	1960年在扬中县三茅病故,后追认
王　龙	男	1908年出生	1945年在丹徒县丹徒镇江畔牺牲
高成玉	男	1922年出生	1946年在苏北因战牺牲
赵兴桂	男	1926年出生	1951年在抗美援朝战争中牺牲
左胜万	男	1918年出生	1945年在丹阳县埤城牺牲
左　彬(左冰)	女	1924年出生	1960年在上海病故,1960年追认
左治平	男	1915年出生	1949年在常州牺牲
刘震东	男	1914年出生	1948年在扬中县三茅乡驼子桥牺牲
毛志福	男	1927年出生	1952年在抗美援朝战争中牺牲
朱元喜	男	1920年出生	1944年在苏南因战牺牲
朱元根	男	1925年出生	1948年在淮海战役中牺牲
张茂才	男	1918年出生	1946年在苏北因战牺牲
蒋伯君	男	1927年出生	1949年在福建省大陈岛因战牺牲
丁文龙	男	1911年出生	1947年在南京雨花台牺牲
耿太春	男	1924年出生	1952年在抗美援朝战争中牺牲
顾礼纯	男	1924年出生	1947年在盐城县因战牺牲
耿四元	男	1914年出生	1940年在苏北因战牺牲
黄鹤年	男	1919年出生	1948年在兴化县因战牺牲
肖成中	男	1929年出生	1948年在泰兴县黄桥因战牺牲
倪其明	男	1915年出生	1945年在浙江省天目山因战牺牲
王有根	男	1919年出生	1945年在兴化县牺牲
赵良斌	男	1910年出生	1943年在上海被捕牺牲
刘国良	男	1910年出生	1947年在扬中县兴隆镇牺牲
刘晓阳	男	1920年出生	1948年在扬中县三茅乡驼子桥牺牲
季广贤	男	1923年出生	1953年在抗美援朝战争中牺牲
曹正龙	男	1927年出生	1951年在抗美援朝战争中牺牲
季茂泉	男	1928年出生	1948年在淮海战役中牺牲
钱纪保	男	1927年出生	1945年在兴化县因战牺牲
戴金保	男	1913年出生	1946年在苏北因战牺牲
秦永明	男	1928年出生	1947年在苏南因战牺牲

李培根　男　1910年出生　1941年在镇江县伏元乡富贵墩牺牲
唐祥太　男　1922年出生　1942年在苏北因战牺牲
蒋万喜　男　1927年出生　1947年在苏北因战牺牲
姚胜如(姚盛余)
　　　　男　1923年出生　1947年在扬中县兴隆因战牺牲
苏开明　男　1927年出生　1948年在淮海战役中失踪,1984年8月追认,

长旺乡

丁加法　男　1906年出生　1940年在扬中县三茅镇牺牲
杨学林　男　1926年出生　1945年在兴化县因战牺牲
何尔成　男　1911年出生　1945年在扬中县油坊桥牺牲
周明伦　男　1925年出生　1949年在浙江省舟山因战牺牲
朱元清　男　1925年出生　1951年在抗美援朝战争中牺牲
陈锡林　男　1916年出生　1940年在扬中县三茅镇牺牲
何光金　男　1930年出生　1953年在抗美援朝战争中牺牲
刘纪明　男　1935年出生　1951年在抗美援朝战争中牺牲
冷祥玉　男　1921年出生　1940年在泰兴县黄桥因战牺牲
张开基　男　1926年出生　1947年在山东省莱芜牺牲
王允保　男　1922年出生　1947年在扬中县中心沙因公牺牲
方正国(方正鹄、张恒柏)
　　　　男　1915年出生　1948年在上海因公牺牲
王渊鉴　男　1913年出生　1943年在扬中县三茅镇牺牲
方　峰　男　1930年出生　1953年在抗美援朝战争中牺牲
高天赐　男　1912年出生　1948年在扬中县长旺乡头墩子牺牲
陈太林　男　1926年出生　1946年在江都县邵伯因战牺牲
何美琴　男　1914年出生　1947年在扬中县龙王庙牺牲
毛根林　男　1921年出生　1945年在扬中县唐家桥因战牺牲
吴道明　男　1906年出生　1944年在扬中县猫沙港因战牺牲
陆朝林　男　1924年出生　1946年在山东省泥哥村因战牺牲
冯太根(冯泰庚)
　　　　男　1916年出生　1944年在丹阳县巴斗山因战牺牲

冯太寿 男 1918年出生 1944年在苏南因战牺牲
方三元 男 1925年出生 1944年在徐州因战牺牲
张华荣 男 1925年出生 1943年在丹阳县因战牺牲
常登贵 男 1914年出生 1940年在皖南因战牺牲
左桂根(左桂林)
男 1924年出生 1946年在溧阳县因战牺牲
何美道 男 1922年出生 1947年在江都县高桥因战牺牲
倪长友 男 1928年出生 1946年在高邮县因战牺牲
施仁浩 男 1907年出生 1942年被日伪杀害于姚家桥与长旺乡间的长江中
陆朝进 男 1910年出生 1945年在扬中县兴隆乡牺牲
朱春江 男 1912年出生 1941年在扬中县三茅镇牺牲
李跃华 男 1930年出生 1946年在山东省掖县因战牺牲
徐亮根 男 1907年出生 1945年在扬中县兴隆乡牺牲
蔡立阳 男 1916年出生 1944年在丹阳县巴斗山牺牲
张建新(黄万余)
男 1902年出生 1946年在扬中县三滧乡莫家埭牺牲
刘如会(刘余惠)
男 1925年出生 1948年在淮海战役中牺牲
黄子恒 男 1907年出生 1945年在武进县寨桥牺牲
杨忠仁 男 1932年出生 1951年在抗美援朝战争中牺牲
温顺宏 男 1924年出生 1951年在抗美援朝战争中牺牲
王允平 男 1916年出生 1943年在丹阳县白龙寺因战牺牲
王福全 男 1927年出生 1952年在抗美援朝战争中牺牲
李茂富 男 1925年出生 1946年在扬中县三滧乡莫家埭牺牲
王允祥 男 1925年出生 1946年在江都县邵伯因战牺牲
黄希文 男 1927年出生 1945年在武进县小新桥因战牺牲
韦恩庆 男 1917年出生 1945年在镇江县新老洲牺牲
侯有根(侯有庚、侯大有)
男 1913年出生 1946年在扬中县龙王庙牺牲
王笃善 男 1921年出生 1948年在淮海战役中牺牲
范荣财 男 1931年出生 1950年在抗美援朝战争中牺牲
张昌和 男 1925年出生 1953年在抗美援朝战争中牺牲

徐义福　男　1923 年出生　1945 年在盐城县因战牺牲
施荣康　男　1931 年出生　1952 年在抗美援朝战争中牺牲
何尔生　男　1915 年出生　1946 年在苏北因战牺牲
朱珍林　男　1927 年出生　1952 年在抗美援朝战争中牺牲
朱多林　男　1914 年出生　1945 年在山东省兖州因战牺牲
施荣浩　男　1929 年出生　1953 年在抗美援朝战争中牺牲
张发和　男　1927 年出生　1948 年在淮海战役中牺牲
姚士境(张士境)
　　　　男　1902 年出生　1940 年在扬中县三茅镇牺牲
周本富　男　1924 年出生　1945 年在镇江县谏壁因战牺牲
陈道发　男　1929 年出生　1951 年在抗美援朝战争中牺牲
朱兆龙　男　1927 年出生　1949 年在上海江湾因战牺牲
傅同福　男　1918 年出生　1948 年在盐城县因战牺牲
张恒龙　男　1927 年出生　1949 年在上海因战牺牲
陈廷军　男　1933 年出生　1953 年在抗美援朝战争中牺牲
陈太荣　男　1931 年出生　1953 年在抗美援朝战争中牺牲
韦恩龙　男　1920 年出生　1943 年在溧水县因战牺牲
何　明　男　1933 年出生　1952 年在抗美援朝战争中牺牲
韦炳山　男　1933 年出生　1947 年在东台县因战牺牲
徐锡同　男　1908 年出生　1942 年在扬中县三茅镇牺牲
黄振金　男　1926 年出生　1946 年在江都县邵伯因战牺牲
黄克烈(黄克立)
　　　　男　1921 年出生　1946 年在茅山地区党训班病故
殷双寿　男　1916 年出生　1940 年在扬中县三茅镇牺牲
孟纪龙　男　1964 年出生　1985 年在对越自卫反击战中牺牲

永胜乡

秦保如　男　1923 年出生　1947 年在盐城县因战牺牲
蒋相臣　男　1911 年出生　1946 年在常州牺牲
于发堂　男　1917 年出生　1946 年在常州牺牲
杨国祥　男　1916 年出生　1947 年在苏北因战牺牲

施光忠　男　1918 年出生　1948 年在淮海战役中牺牲
黄王氏　女　1908 年出生　1947 年在扬中县中八桥牺牲
陆恒生　男　1926 年出生　1947 年在兴化县因战牺牲
张兴福　男　1926 年出生　1945 年在武进县因战牺牲
张德凤　男　1914 年出生　1944 年在浙江省杭州市天竺因战牺牲
唐伯山　男　1925 年出生　1949 年在渡江战役中牺牲
何纪文　男　1921 年出生　1946 年在泰兴县黄桥牺牲
施光林　男　1928 年出生　1951 年在抗美援朝战争中牺牲
冯阳天　男　1922 年出生　1940 年在泰兴县黄桥牺牲
吴伯让　男　1917 年出生　1942 年在扬中县长旺乡牺牲
施光寿　男
施光银　男　1917 年出生　1946 年在江都县邵伯因战牺牲
韩守相　男　1927 年出生　1946 年在泰兴县黄桥因战牺牲
何建根　男　1927 年出生　1948 年在泰兴县黄桥因战牺牲
奚元献　男　1917 年出生　1946 年在高邮县因战牺牲
冷祥顺　男　1930 年出生　1946 年在江都县邵伯因战牺牲
于有章　男　1924 年出生　1949 年在泰兴县牺牲
周纪才(周济才)
　　男　1921 年出生　1946 年在泰县溱潼病故,1956 年追认
姚顶圣　男　1924 年出生　1948 年在辽沈战役中牺牲
于习龙　男　1928 年出生　1952 年在抗美援朝战争中牺牲
冷祥根　男　1926 年出生　1947 年在湖北省汉阳二区因战牺牲
李德章　男　1918 年出生　1946 年在句容县因战牺牲
季成洪　男　1923 年出生　1950 年在抗美援朝战争中牺牲
徐炳龙　男　1920 年出生　1952 年在抗美援朝战争中牺牲
范选道　男　1918 年出生　1942 年在扬中县老郎街因战牺牲
石高才　男　1924 年出生　1946 年在镇江县新老洲因战牺牲
蒋长富　男　1918 年出生　1946 年在高邮县因战牺牲
杨张氏　女　1913 年出生　1947 年在扬中县油坊乡虹桥牺牲
杨周氏　女　1914 年出生　1947 年在扬中县油坊乡虹桥牺牲
张生元　男　1926 年出生　1946 年在启东县汇龙镇牺牲
王明高　男　1915 年出生　1941 年在扬中县老桥牺牲

宫道章　男　1923 年出生　1948 年在湖北省枣阳因战牺牲
孙桂伍　男　1931 年出生　1952 年因公牺牲
陈道高　男　1922 年出生　1944 年在扬中县于夹港牺牲
陈道生　男　1924 年出生　1949 年在渡江战役中牺牲
杨振亚　男　1923 年出生　1949 年在山东省苍山因战牺牲
丁昌福　男　1925 年出生　1951 年在抗美援朝战争中牺牲
朱恩权　男　1925 年出生　1951 年在抗美援朝战争中牺牲
丁开荣　男　1925 年出生　1946 年在泰兴县宣家堡因战牺牲
郭义祥　男　1919 年出生　1946 年在靖江县因战牺牲
张德元　男　1911 年出生　1941 年在兴化县因战牺牲
陆广智　男　1924 年出生　1951 年在抗美援朝战争中牺牲
魏帮友　男　1922 年出生　1946 年在盐城县因战牺牲
黄礼贵　男　1914 年出生　1940 年在上海青浦因战牺牲
薛安贵　男　1927 年出生　1953 年在抗美援朝战争中牺牲
祝文学　男　1920 年出生　1945 年在丹阳县黑木桥因战牺牲
吴龙宝　男　1930 年出生　1953 年在抗美援朝战争中牺牲
彭金山　男　1927 年出生　1952 年在抗美援朝战争中牺牲
顾圣兵　男　1920 年出生　1945 年在苏北因战牺牲
季广富　男　1925 年出生　1952 年在抗美援朝战争中牺牲
朱永贵　男　1929 年出生　1952 年在抗美援朝战争中牺牲
姚根宝　男　1928 年出生　1951 年在抗美援朝战争中牺牲
施乾政　男　1911 年出生　1938 年在扬中县油坊镇因战牺牲
李松林　男　1903 年出生　1941 年在扬中县铁匠港牺牲
姚六小　男　1921 年出生　1947 年在扬中县八桥镇牺牲
姚焕章　男　1915 年出生　1938 年在扬中县油坊镇牺牲
姚小四　男　1917 年出生　1946 年在江都县因战牺牲
施光明　男　1920 年出生　1946 年在江都县邵伯因战牺牲
施光圣　男　1919 年出生　1941 年在兴化县因战牺牲
张祥钱　男　1919 年出生　1948 年在昆山县因战牺牲
魏帮寿　男　1925 年出生　1946 年在兴化县因战牺牲
张德仁　男　1889 年出生　1938 年在扬中老郎街牺牲
朱恩荣　男　1918 年出生　1950 年在西藏失踪,1984 年 8 月追认

吴进才　男　1934 年出生　1952 年在朝鲜失踪，1984 年 8 月追认
蔡恒元　男　1922 年出生　1950 年在厦门失踪，1984 年 8 月追认
范明友　男　1919 年出生　1945 年北撤时失踪，1984 年 8 月追认
张安震　男　1925 年出生　1948 年在河南失踪，1984 年 8 月追认

油坊镇

朱锦章　男　1929 年出生　1952 年在抗美援朝战争中牺牲
陆福如　男　1911 年出生　1940 年在江阴县郎山因战牺牲
包智生　男　1916 年出生　1946 年在兴化县临宝镇战斗中牺牲
严伟清　男　1904 年出生　1946 年在如皋县因公牺牲
梅存富　男　1923 年出生　1949 年在渡江战役中牺牲
魏耀山　男　1924 年出生　1946 年在江都县邵伯因战牺牲
芦国庆　男　1922 年出生　1946 年在阜宁县因战牺牲
丁启成　男　1924 年出生　1949 年在上海因公牺牲
袁圣贵　男　1926 年出生　1945 年在扬中县东新港因公牺牲
郭纪友　男　1924 年出生　1945 年在镇江县新老洲因战牺牲
施光林　男　1928 年出生　1944 年在泰兴县宣家堡因战牺牲
张正仁　男　1914 年出生　1942 年在扬中县西来桥因战牺牲
杨怀元　男　1913 年出生　1940 年在扬中县兴隆镇牺牲
于圣茂　男　1908 年出生　1945 年在镇江县新老洲因战牺牲
曹福根　男　1927 年出生　1944 年在江都县邵伯因战牺牲
包礼合　男　1926 年出生　1952 年在抗美援朝战争中牺牲
陈小良　男　1921 年出生　1942 年在兴化县因战牺牲
何帮根　男　1900 年出生　1938 年在扬中县老郎街因战牺牲
丁武珍　男　1914 年出生　1944 年在扬中县东新港牺牲
陈发龙　男　1924 年出生　1945 年在高邮县因战牺牲
邵荣发　男　1932 年出生　1953 年在抗美援朝战争中牺牲
刘大财　男　1913 年出生　1940 年在高淳县黄甫桥因战牺牲
冷瑞林(冷瑞麟)
　　　　男　1912 年出生　1940 年在扬中县道士庙牺牲
朱庆年　男　1926 年出生　1947 年在江都县邵伯因战牺牲

黄春年　男　1927 年出生　1946 年在盐城县上岗镇因战牺牲
蒋龙财　男　1929 年出生　1951 年在抗美援朝战争中牺牲
黄步其　男　1907 年出生　1942 年在扬中县油坊镇牺牲
孙家其　男　1901 年出生　1946 年在扬中县油坊镇牺牲
沈明仁　男　1924 年出生　1942 年在武进县魏村因战牺牲
龚施亮(龚世亮)
　　男　1912 年出生　1947 年在扬中县三茅镇牺牲
许小龙　男　1928 年出生　1949 年在常州因战牺牲
陈恒龙　男　1928 年出生　1942 年在兴化县因战牺牲
徐纪根　男　1944 年出生　1968 年在溧阳县河口码头因公牺牲
张洪亮　男　1919 年出生　1946 年在盐城县上岗镇因战牺牲
王玉清　男　1922 年出生　1942 年在镇江县姚家桥牺牲
陈子和　男　1916 年出生　1945 年在镇江县新老洲因公牺牲
陈广顺　男　1929 年出生　1946 年在盐城县因战牺牲
蔡孝贵　男　1925 年出生　1948 年在淮海战役中牺牲
马国民　男　1924 年出生　1946 年在盐城县上岗镇因战牺牲
陈吕荣　男　1928 年出生　1948 年在淮海战役中牺牲
李松才　男　1927 年出生　1965 年在溧阳县因公牺牲
杨福年　男　1924 年出生　1948 年在淮海战役中牺牲
梅鹤年　男　1923 年出生　1949 年在福建省金门岛因战牺牲
孙小田　男　1901 年出生　1941 年在泰兴县毛鱼港牺牲
张家发　男　1912 年出生　1945 年在扬中县油坊镇牺牲
朱秀山　男　1932 年出生　1953 年在抗美援朝战争中牺牲
徐子华　男　1923 年出生　1953 年在海南岛因战牺牲
耿昌富　男　1926 年出生　1953 年在抗美援朝战争中牺牲
黄银年　男　1936 年出生　1953 年在抗美援朝战争中牺牲
龚纪生　男　1925 年出生　1947 年在苏北沙庄因战牺牲
朱广荣　男　1926 年出生　1946 年在盐城县上岗镇因战牺牲
张纪龙　男　1933 年出生　1952 年在抗美援朝战争中牺牲
林守本　男　1925 年出生　1950 年在抗美援朝战争中牺牲
黄万荣　男　1921 年出生　1939 年在句容县因战牺牲
陈太祥　男　1937 年出生　1957 年在上海因公牺牲

王明根 男 1900年出生 1938年在扬中县三茅镇被捕牺牲
朱洪文 男 1921年出生 1946年在高邮县因战牺牲
王朝林 男 1916年出生 1949年在浙江省舟山因战牺牲
方理贵 男 1929年出生 1946年在东台县因战牺牲
奚道洪 男 1910年出生 1940年在扬中县病故,1956年追认
司礼洪 男 1927年出生 1950年在抗美援朝战争中牺牲
陈家如 男 1929年出生 1946年在镇江县新老洲因战牺牲
张庆高 男 1895年出生 1945年在扬中县油坊镇牺牲
马国珍 男 1925年出生 1946年在泰兴县黄桥因战牺牲
张纪顺 男 1921年出生 1940年在扬中县八桥双龙港因战牺牲
戴玉明 男 1921年出生 1946年在扬中县油坊镇牺牲
蔡金高 男 1925年出生 1945年北撤时失踪,1984年8月追认
冷广珍 男 1925年出生 1946年在高邮县失踪,1984年8月追认
陈守昌 男 1910年出生 1945年北撤时失踪,1984年8月追认
陈顺大 男 1910年出生 1940年失踪,1984年8月追认
徐本余 男 1919年出生 1943年在兴化县失踪,1984年8月追认
陆朝显 男 1916年出生 1940年失踪,1984年8月追认

八桥镇

陈惠明 男 1927年出生 1946年在如皋县鬼头街因战牺牲
陈永和 男 1909年出生 1942年在扬中县三茅镇牺牲
朱韶栽 男 1909年出生 1946年在涟水县因战牺牲
李名寿 男 1913年出生 1953年在抗美援朝战争中牺牲
杨怀龙 男 1923年出生 1944年在苏南因战牺牲
季广法 男 1921年出生 1951年在抗美援朝战争中牺牲
徐子本(徐志本)
男 1913年出生 1945年在扬中县唐家桥因战牺牲
金有余 男 1923年出生 1941年在江都县邵伯因战牺牲
张照麟 男 1922年出生 1946年在宝应县汜水因战牺牲
祝　林 男 1921年出生 1946年在如东县汤家园因战牺牲
李建洪 男 1923年出生 1943年在高邮县因战牺牲

朱礼贤　男　1924 年出生　1946 年在阜宁县因战牺牲
戴正文　男　1918 年出生　1946 年在兴化县因战牺牲
严桂珍　女　1896 年出生　1946 年在扬中县老郎街牺牲
杨怀礼　男　1914 年出生　1943 年在溧水县南井港因战牺牲
张庆福　男　1905 年出生　1945 年在扬中县八桥乡因公牺牲
陆廷章　男　1928 年出生　1946 年在高邮县因战牺牲
王子清(王宝鉴)
男　1908 年出生　1939 年在扬中县三茅镇牺牲
刘开其　男　1914 年出生　1945 年在扬中县牺牲
戴正长　男　1923 年出生　1943 年在高淳县因战牺牲
项光正　男　1910 年出生　1942 年在高淳县漆桥因战牺牲
朱永琳　男　1920 年出生　1940 年在扬中县八桥乡牺牲
戴正邦　男　1926 年出生　1946 年在高邮县因战牺牲
陆如常　男　1904 年出生　1963 年在扬中县病故,后追认
陈永寿　男　1917 年出生　1942 年在扬中县三茅镇牺牲
季汉如　男　1919 年出生　1945 年在南通因战牺牲
祝启坤　男　1917 年出生　1953 年在抗美援朝战争中牺牲
张圣法　男　1915 年出生　1942 年在宝应县因战牺牲
刘国旺　男　1921 年出生　1942 年在苏北因战牺牲
黄万祥　男　1926 年出生　1948 年在安徽省大别山因战牺牲
苍开泰　男　1916 年出生　1945 年在靖江县因战牺牲
曹正宽　男　1919 年出生　1945 年在浙江省天目山因战牺牲
潘廷阳　男　1920 年出生　1947 年在山东省因战牺牲
姚广法　男　1908 年出生　1945 年在兴化县因战牺牲
蒋长明　男　1923 年出生　1944 年在苏北因战牺牲
郭祥顺　男　1915 年出生　1947 年在苏北因战牺牲
朱恒章　男　1918 年出生　1946 年在泰县大白米因战牺牲
曹道贵　男　1917 年出生　1946 年在盐城县因战牺牲
郭纪祥　男　1920 年出生　1947 年在苏北因战牺牲
严加寿　男　1921 年出生　1952 年在抗美援朝战争中牺牲
张连生　男　1916 年出生　1943 年在扬中县开沙牺牲

韩九高(韩九皋)

男　1916年出生　1944年在泰兴县天星桥乡战牺牲

张茂华　男　1925年出生　1948年在丹阳县双庙巷因战牺牲

王正海　男　1904年出生　1946年在扬中县老郎街牺牲

徐青兴　男　1925年出生　1951年在抗美援朝战争中牺牲

蒋大龙　男　1947年大丰县白驹因战牺牲

马文才　男　1929年出生　1942年在金坛县因战牺牲

唐宝寿　男　1932年出生　1947年在山东省孟良崮战役中牺牲

奚章甫　男　1917年出生　1944年在扬中县八桥乡因战牺牲

张克和　男　1921年出生　1953年在抗美援朝战争中牺牲

朱怀青　男　1924年出生　1950年在抗美援朝战争中牺牲

张祥田　男　1921年出生　1947年在江都县邵伯因战牺牲

田加元　男　1920年出生　1945年在北撤时失踪,1984年8月追认

陈兴高　男　1916年出生　1945年在泰兴县黄桥因战失踪,1984年8月追认

羊韦章　男　1927年出生　1951年在福建省失踪,1984年8月追认

张小来　男　1896年出生　1946年在扬中县八桥乡牺牲,1985年3月追认

施周约　男　1917年出生　1945年在扬中县三茅镇牺牲,1985年3月追认

梅成章　男　1920年出生　1938年在扬中县观音庵牺牲,1985年3月追认

兰小才(蓝小才)

男　1965年出生　1984年在对越自卫反击战中牺牲

陶小龙　男　1964年出生　1984年在对越自卫反击战中牺牲

西来桥镇

黄万鹏　男　1905年出生　1945年在武进县小河牺牲

夏　萍　男　1922年出生　1952年在浙江省杭州病故,1952年3月追认

李昌府　男　1920年出生　1944年在武进县夏溪因战牺牲

陈金保　男　1925年出生　1948年在扬中县三茅镇牺牲

袁根章　男　1924年出生　1945年在阜宁县因战牺牲

束所珍　男　1930年出生　1953年在抗美援朝战争中牺牲

朱昌坤　男　1923年出生　1948年在淮海战役中牺牲

许天保　男　1922 年出生　1944 年在溧阳县牺牲
马安山　男　1911 年出生　1946 年在泰兴县牺牲
蔡文贵　男　1922 年出生　1946 年在泰兴县黄桥因战牺牲
奚文德　男　1917 年出生　1938 年在江阴县阴阳桥牺牲
何尔伦　男　1915 年出生　1943 年在泰兴县天星桥牺牲
孙广富　男　1932 年出生　1951 年在抗美援朝战争中牺牲
包智文　男　1932 年出生　1952 年在抗美援朝战争中牺牲
张德荣　男　1907 年出生　1939 年在扬中县思议港因战牺牲
耿龙富　男　1906 年出生　1947 年在丹阳县因战牺牲
王永富　男　1919 年出生　1949 年在丹阳县因战牺牲
金元胜　男　1931 年出生　1948 年在淮海战役中牺牲
姚茂春　男　1921 年出生　1943 年在泰兴县黄桥因战牺牲
钱太根　男　1924 年出生　1950 年在抗美援朝战争中牺牲
吴万寿　男　1917 年出生　1945 年在丹阳县界牌因战牺牲
毛兴春　男　1923 年出生　1942 年在武进县小河因战牺牲
倪正龙　男　1925 年出生　1945 年在溧水县因战牺牲
胡学江　男　1914 年出生　1940 年在扬中县西来桥因战牺牲
何建余　男　1923 年出生　1948 年在山东省因战牺牲
王明泉　男　1923 年出生　1948 年在扬中县西来桥牺牲
常长登　男　1918 年出生　1945 年在扬中县西来桥牺牲
蒋云生　男　1914 年出生　1945 年在扬中县西来桥牺牲
丁开坤　男　1901 年出生　1945 年在扬中县西来桥牺牲
瞿福寿　男　1928 年出生　1945 年在泰兴县黄桥牺牲
印士庸　男　1914 年出生　1948 年在丹徒县丁岗因战牺牲
于国成　男　1920 年出生　1946 年在东台县张家舍因战牺牲
蒋龙兵　男　1923 年出生　1948 年在丹阳县因战牺牲
高礼福　男　1922 年出生　1946 年在苏北吕四港因战牺牲
梅存珠　男　1919 年出生　1945 年在淮南津浦路黄疃庙因战牺牲
姚纪珍　男　1926 年出生　1944 年在苏南因战牺牲
包和圣　男　1928 年出生　1945 年在丹阳县因战牺牲
陈太贵　男　1924 年出生　1945 年在安徽省牺牲
宋明康　男　1914 年出生　1940 年在东台县因战牺牲

姚喜高	男	1915年出生	1940年在江阴县焦溪因战牺牲
张加本	男	1918年出生	在苏南因战牺牲
何尔林	男	1912年出生	1943年在武进县西夏墅牺牲
冯有之	男	1915年出生	1945年在扬中县西来桥牺牲
施光庆	男	1924年出生	1945年在扬中县西来桥牺牲
王国富	男	1924年出生	1970年因公牺牲
冯银生	男	1916年出生	1946年在扬中县西来桥南阳牺牲
秦恒高	男	1921年出生	1971年在无锡疗养院病故,1979年12月追认
石玉前	男	1919年出生	1945年北撤失踪,1984年8月追认
李福明	男	1920年出生	1943年失踪,1984年8月追认
印宏伟	男	1965年出生	1984年在对越自卫反击战中牺牲
唐友龙	男	1964年出生	1984年在对越自卫反击战中牺牲
李国民	男	1910年出生	1942年失踪,1984年8月追认
王顶芝	男	1920年出生	1948年失踪,1984年8月追认
王国发	男	1920年出生	1945年北撤失踪,1984年8月追认
张　四	男	1886年出生	1941年在扬中县西来桥护送干部过江时牺牲

地址不明及非扬中籍者

杨恒清	男	1925年出生	1946年在涟水县因战牺牲
浦姚仁	男		1946年在涟水县因战牺牲
葛季荣	男	1927年出生	1946年在涟水县因战牺牲
张树根	男		1948年在淮海战役中牺牲
顾立树	男		1948年在山东省文登县因战牺牲
张有荣	男	1928年出生	1952年在抗美援朝战争中牺牲
陈道德	男		在山东省惠民县因战牺牲
孙同桂	男		1947年在山东省孟良崮战役中牺牲
季春宜	男	1922年出生	1944年在安徽省广德县因战牺牲
张日化	男	1910年出生于浙江	1940年在扬中县三茅镇牺牲
杨　明	男	1917年出生于浙江	1941年在泰兴县牺牲
罗云高	男	1901年出生于河南	1945年在武进县小新桥因战牺牲

赵惠东　男　1918年出生于丹阳　1941年在扬中县西来桥牺牲

高　松　男　1909年出生于江都　1941年在扬中县三茅镇牺牲

雍立信　男　1924年出生于宝应　1961年在西藏去世

社 会 编

目　录

第一章　人　口

宋代,扬中地域已形成30多公里长的带状沙洲群。相传,扬中各姓祖先均为南北邻近县来沙洲垦殖的贫民,少数来自盐阜地区。扬中县的《郭氏家谱》有元代至正年间郭世贤迁居当江沙郭家港的记载。清代乾隆年间,有湖北省汉阳县渔民,于春汛时,来扬中县的长江水域捕鱼,春来秋归,后有在今新坝镇刘、戚二港等地定居者。其中以文、熊二姓居多。清代咸丰年间,太平天国定都南京(时称天京),太平军与清军交战频繁,太平洲地处江中,幸无战事干扰,故前来沙洲居住者数以万计,据云太平洲即因此而得名。

解放前,扬中县早婚、早育、多生现象比较严重,人口出生率高。但由于生活贫困,疾病流行,天灾战祸频仍,人口死亡率也高,人口增长缓慢,甚至出现人口减少的现象。清光绪五年(1879)全境人口18万人。民国2年(1913)太平县人口总数162561人。1949年为179900人。

解放后,随着生活、医疗卫生条件的改善,加之生育无计划,人口增长很快。1962年,人口出生率高达42.76‰,自然增长率高达32.46‰。1962—1970年,年平均自然增长率为25.02‰。1970年后加强计划生育工作,人口出生率逐渐降低。从1973年开始,年人口出生率未超过20‰,自然增长率未超过10‰,是全省第一个自然增长率控制在10‰以内的县。1985年,人口出生率为8.84‰,自然增长率为1.35‰。是年,全县人口260794人。全县人口规划,20世纪末控制在29万人以内。

第一节　人口规模

一、人口数量

清光绪五年(1879),县境内有18万人。《江苏省通志稿》载,光绪三十二年(1906)有“丁(男)86144人”。

民国3年(1914)11月,江苏省内务行政报告节载:民国2年(1913)太平县人口总数162561人。民国10年(1921)、民国20年(1931),扬中县两次遭洪灾,人口数略有减少。江苏省《内政年鉴》载:民国20年(1931)扬中县总户数为31939户,男79093人,女71434人,合计150527人。民国32年(1943)扬中县有40418户,181391人,其中男94316人,女87075人。民国35年(1946)扬中县的施政计划报告载:扬中县52乡,345保,3575甲,39678户,男89442人,女87492人,合计176934人(不包括幸福乡人口)。《江苏省民政厅统计室各县市户口》载:民国36年(1947)12月,扬中县44074户,总人口192685人,其中男97349人,女95336人(包括幸福乡人口)。

1953年全国第一次人口普查,扬中县49375户、182525人,总人口比1949年末179900人增加了1.46%,年递增率0.36%。1964年全国第二次人口普查,扬中县54907户、202867人,总人口比1953年增加了11.14%,年递增率0.96%。

1982年第三次人口普查,全县总人口为257911人,比1949年末增加78011人,增长了43.36%,年递增率1.20%;比1953年第一次人口普查增加了75386人,增长41.30%,年递增率1.19%;比1964年第二次人口普查增加了55044人,增长21.34%,年递增率1.34%。

1985年年末,全县计有77660户,260794人,平均每户3.36人,平均每平方公里1140人(按陆地面积计,下同。按水陆总面积计则为每平方公里786人)。全县各乡镇中以县城三茅镇人口密度最高,平均每平方公里4482人,丰裕乡最低,平均每平方公里918人,其余各乡镇均为1100人左右,分布比较平衡。

1949—1985年扬中县人口情况表

表219

年份	总户数		总人口			农林牧副渔劳力数
	合计(户)	其中农业户	合计(人)	其中		
				农业人口	非农人口	
1949	49100	47376	179900	171596	8304	68112
1950	49350	47855	179193	173693	5500	68602
1951	49500	48338	179447	175447	4000	70107
1952	49278	48826	180950	179028	1922	70347
1953	49375	48823	182525	180298	2227	70671
1954	48455	47610	180826	175118	5688	69420
1955	48720	47935	182192	176399	5793	69854
1956	50464	48503	184709	177388	7321	69181
1957	50717	49898	190116	179156	10960	69668

续表219

年份	总户数		总人口			农林牧副渔劳力数
	合计（户）	其中农业户	合计（人）	其中		
				农业人口	非农人口	
1958	50648	47763	186326	176750	9576	68767
1959	50045	49372	188245	174714	13531	67545
1960	51460	49375	185591	174348	11243	75512
1961	53644	51949	189284	178996	10288	79274
1962	54777	53674	192314	189437	7877	79142
1963	56084	55285	202802	195188	7614	85897
1964	59907	52199	206506	199681	6825	90525
1965	56672	55140	210494	203298	7196	93495
1966	56890	55508	215534	207423	8111	94333
1967	56518	55548	218010	211718	6292	97087
1968	56950	55846	228700	221578	7182	105976
1969	56756	56376	230614	223531	7083	111004
1970	58004	57347	236153	230017	6136	113560
1971	59051	57862	240313	232830	7483	113898
1972	59580	58710	243027	235991	7036	113722
1973	60588	59232	245416	233312	12104	113822
1974	61363	60206	247419	239001	8408	115606
1975	62294	60865	249836	241470	8366	113694
1976	63616	62036	250824	242240	8584	115033
1977	65381	63453	252250	243460	8790	115410
1978	66365	64320	253550	244248	9302	115677
1979	67881	65314	254472	243924	10548	117192
1980	69257	66421	255568	244671	10897	119212
1981	71329	67705	257572	246219	11353	122176
1982	73580	69052	260403	245506	14897	126187
1983	74106	69103	260883	245081	15802	76560
1984	74983	69157	260899	245506	15393	67235
1985	77660	69906	260794	241405	19389	49551

二、人口自然变动

扬中县1949—1985年,人口增长出现两次高峰。1953—1957年为第一个增长高峰,年平均出生率39.73‰,死亡率为19.86‰,自然增长率19.87‰;1959—1961年,因"大跃进"失误和三年经济严重困难,人口下降,年平均出生率20.13%。死亡率20.99‰,人口自然增长率为-0.86‰。1962—1969年为第二个人口增长高峰期,年平均出生率34.25‰,死亡率为8.88‰。,自然增长率25.37‰。

1970年后,加强计划生育工作,人口出生率、自然增长率逐年降低,1971—1985年年均出生率14.70‰,死亡率7.24‰,自然增长率7.46‰。1973—1985年,全县每年人口自然增长率均未超过10‰。1985年比1984年人口自然减少103人,人口自然增长率为-0.39‰。

1985年比1949年增加了80894人,增长了44.97%,年平均增长率为10.37‰。

1949—1985年扬中县各时期人口增长速度情况表

表220

时　　期	人口增长数(人)	年增长率(‰)
三年恢复时期　(1950—1952)	1050	1.9
第一个五年计划时期　(1953—1957)	9166	9.9
第二个五年计划时期　(1958—1962)	7198	7.5
三年调整时期时期　(1963—1965)	13153	21.7
第三个五年计划 时期　(1966—1970)	25686	23.3
第四个五年计划时期　(1971—1975)	13683	11.3
第五个五年计划 时期　(1976—1980)	5732	4.5
第六个五年计划时期　(1981—1985)	5226	4.1

1949—1985年扬中县人口出生、死亡、净增情况表

表221

年份/项目	出生		死亡		净增	
	人数(人)	出生率(‰)	人数(人)	死亡率(‰)	人数(人)	净增率(‰)
1949	5864	32.60	5102	28.36	762	4.24
1950	5820	32.41	5432	30.25	388	2.16
1951	6040	33.68	5743	32.03	297	1.65

续表 221

项目 年份	出生		死亡		净增	
	人数(人)	出生率(‰)	人数(人)	死亡率(‰)	人数(人)	净增率(‰)
1952	5982	33.20	5100	28.30	882	4.90
1953	6837	37.62	4937	27.17	1900	10.45
1954	6192	34.14	2876	15.86	3316	18.28
1955	5537	30.51	3044	16.77	2493	13.74
1956	5434	29.62	2258	12.31	3176	17.31
1957	8270	44.13	2689	14.35	5581	29.78
1958	6607	35.10	1527	8.11	5080	26.99
1959	3818	20.39	3286	17.55	532	2.84
1960	4906	22.31	5901	26.83	–995	–4.52
1961	2576	11.68	2595	11.77	–19	–0.09
1962	8265	42.76	1990	10.30	6275	32.46
1963	7771	38.80	1603	8.00	6168	30.80
1964	7922	38.30	2214	10.70	5708	27.60
1965	7647	36.60	2158	10.30	5489	26.30
1966	7239	33.99	1950	9.16	5289	24.83
1967	5582	25.75	2098	9.68	3484	16.07
1968	6344	28.40	1439	6.44	4905	21.96
1969	6691	29.13	1459	6.36	5232	22.77
1970	6699	28.30	1517	6.30	5182	22.00
1971	6177	25.93	1881	7.89	4296	18.04
1972	4939	20.44	1778	7.36	3161	13.08
1973	4188	17.15	1818	7.44	2370	9.71
1974	4101	16.64	1855	7.52	2246	9.12
1975	3922	15.77	1879	7.56	2043	8.21
1976	3285	13.12	1951	7.79	1334	5.33
1977	3462	13.76	1910	7.59	1552	6.17
1978	3819	15.10	1794	7.09	2025	8.01
1979	3429	13.50	1754	6.91	1675	6.59

续表 221

年份＼项目	出生		死亡		净增	
	人数	‰	人数	‰	人数	‰
1980	3029	11.88	2029	7.96	1000	3.92
1981	3958	15.43	1627	6.34	2331	9.09
1982	4143	15.99	1712	6.61	2431	9.38
1983	2810	10.78	1817	6.97	993	3.81
1984	2175	8.34	1904	7.30	271	1.04
1985	2307	8.84	1953	7.49	354	1.35

三、人口社会变动

1.人口迁移　扬中县解放前的人口迁移情况无统计资料。

1954年,水涝灾害严重,部分地区坍江,一些农户生活无着。1955年春,县人民政府动员沿江困难农户459户、2068人,移居溧阳、句容、金坛等县,后又有400多户、1600多人,迁至武进、丹阳、昆山等县。1959年8月又有1094人,响应政府号召,到新疆维吾尔自治区木垒县支援建设。1960—1984年,除正常迁移和自然增长外,全县人口无其他变动。

2.人口外徙　1985年统计,在香港、澳门、台湾的扬中籍人共664名,多数是解放前外出谋生或因政治原因而迁出的,解放后经政府批准去香港定居者30多人。他们中多数从事服装业,少数经商。在台湾的扬中籍人有461名,绝大多数是解放前夕随国民党军队和政府去的。有的在军政界任职,有的经商,有的务工,也有从事文化教育工作。

中共十一届三中全会后,在台湾的扬中籍人,与家乡亲人通信和绕道回乡探亲者逐渐增多,亦有回乡定居者。

1985年统计,扬中县有华侨和外籍华人212人,分布12个国家,以美国、日本、新加坡为多。他们中有著名的实业家、书法家、教授、博士10多人,其余多数从事服务业。他们身在异国,对家乡建设仍多方支持,为家乡建设做出了一定贡献。

第二节　人口构成

一、民族

扬中县人口绝大多数为汉族。1982年第三次人口普查,全县人口总数257911人,其中汉族257884人，回族18人，壮族4人，蒙古族3人，满族1人，苗族1人。

1985年统计，全县人口为260794人，除汉族外，少数民族仅24人，其中回族14人，壮族4人，蒙古族4人，满族1人，苗族1人。少数民族人口中有农民7人，工人5人，学生5人，教师4人，干部1人，医生1人，会计1人。

二、性别

扬中县人口性别比例历年相差不大。民国20年(1931)，男79093人，女71434人，性别比例为110.72（以女性为100)。后因战争关系，男性减少，1949年性别比例为85.66。1949—1985年均为女多于男，性别比例均在85~98之间，然总的趋势是男性逐年增多，1985年性别比例为97.91。

1982年第三次人口普查，婴儿中男性比例偏高。0~4岁婴儿男9388人，女8770人，性别比例为107.05；5~9岁儿童男10013人，女9129人，性别比例为109.68。

1943—1985年扬中县部分年份人口性别比例情况表

表222　(性别比例中女=100)

年份	男(人)	女(人)	性别比例	年份	男(人)	女(人)	性别比例
1943	94316	87075	108.32	1965	101868	108599	93.80
1946	89442	87492	102.22	1970	113669	122484	92.80
1947	97349	95349	102.10	1975	121373	128463	94.48
1949	83000	96900	85.66	1980	125108	130460	95.90
1953	85122	97403	87.39	1982	128379	132024	97.24
1957	89810	100306	89.54	1983	128705	132178	97.37
1958	80599	105727	76.23	1984	128951	131948	97.73
1962	93040	104274	89.23	1985	129018	131776	97.91

三、年龄

解放后社会安定，人民生活水平提高，医疗卫生条件改善，人的寿命延长，长寿老人增多。20世纪70年代实行计划生育后，人口出生率降低。以1964年与1982年两次人口普查情况对比，1982年，0~4岁婴儿、儿童占总人口比例比1964年下降了17.13%；而老年人口(男60周岁及以上、女55周岁及以上)上升了2.77%。1982年，老年人口比1964年增长了69.35%，人口趋向老年化；1982年，青年人口、兵源人口分别比1964年增长了47.53%和154.14%。

1964 年和 1982 年扬中县人口年龄结构情况表

表 223

序号	年龄结构	第二次人口普查(1964 年)		第三次人口普查(1982 年)		82 年比 64 年±%
		人口数	占总人口(%)	人口数	占总人口(%)	
1	总人口	202867	100.00	257911	100.00	+27.13
2	不满周岁婴儿	7089	3.49	4297	1.67	-39.64
3	学龄前儿童(1~6 岁)	30290	14.93	21011	8.15	-30.63
4	学龄儿童(7~11 岁)	27648	13.63	23534	9.12	-14.88
5	少年儿童(12~14 岁)	41804	20.61	42782	16.59	+2.34
6	青年(15~25 岁)	39793	19.62	58707	22.76	+47.53
7	兵源(男 18~22 岁)	9014	4.44	22908	8.88	+154.14
8	育龄妇女(15~49 岁)	49304	24.30	72274	28.02	+46.59
9	劳动力人口 男(16~59 岁) 女(16~54 岁)	102057	50.31	154959	60.08	+51.84
10	男 60 岁女 55 岁以上老年人口	16886	8.32	28598	11.09	+69.35

参照国际通用的人口类型划分标准和人口再生产类型划分标准，扬中县人口类型 1964 年为“年轻型”，1982 年已转变为“成年型”；人口再生产类型 1964 年为“增加型”，1982 年已转变为“静止型”。

1964 和 1982 年扬中县人口年龄类型情况表

表 224

项目	国际通用人口年龄类型标准			扬中县情	
	年轻型	成年型	老年型	1964 年普查	1982 年普查
0~14 岁人口比例	40%以上	30%~40%	30%以下	39.03%	26.40%
65 岁以上人口比例	5%以下	5%~10%	10%以上	3.58%	5.68%
老少比(注)	15%以下	15%~30%	30%以上	9.18%	21.52%
年龄中位数	20 岁以下	20~30 岁	30 岁以上	19.26 岁	26.57 岁

说明：“老少比”中，“老”指 65 岁及以上，“少”指 15 周岁及以下

1964 年和 1982 年扬中县人口再生产类型情况表

表 225

项　目	人口再生产类型标准			扬中县	
	增加型	静止型	减少型	1964 年普查	1982 年普查
0~14 岁人口比例	40%	26.5%	20%	39.03%	26.40%
15~49 岁人口比例	50%	50.5%	50%	47.42%	55.92%
50 岁以上人口比例	10%	23.0%	30%	13.55%	17.68%

四、文化程度

清代扬中只有私塾。清末,应试中式者有文武举人各 1 名,秀才 30 余名。一般居民中男孩读数年私塾者较多,女孩甚少。民国 7 年(1918)开办小学,至民国 35 年(1946)始办初中(正式)。民国 37 年(1948)在校学生:初中 135 人,小学、私塾 17104 人,全县居民大多数为文盲、半文盲。

解放后,扬中县文化教育事业迅速发展,人民文化程度逐步提高。据 1964 年与 1982 年人口普查资料对比,有文化人口比例大幅增长,文盲、半文盲比例显著下降。

1964 和 1982 年扬中县部分人口文化程度情况表

表 226

项　目		统计人数		1982 年男女比例		千人拥有数(人)		
		1964 年	1982 年	男(%)	女(%)	1964 年	1982 年	1984 比 1962 年±
统计人数		108414	231813					
有文化人口	合计	36116	174961	59.22	40.78	333.13	754.76	+421.62
	大专以上	248	745	84.70	15.30	2.29	3.22	+0.93
	高中	2299	18148	71.41	28.59	21.21	78.29	+57.08
	初中	9268	54964	61.99	38.01	85.49	237.11	+151.62
	小学	24301	101104	55.33	44.67	224.15	436.14	+211.99
文盲、半文盲		72298	56852	17.20	82.80	666.87	245.25	−421.62

1982 年,全县具有小学以上文化程度的"有文化人口",比全省同年平均水平高 7.56%。全县每千人中拥有大专以上文化程度人数,比全省少 3.52 人;高中文化程度的人数,比全省多 0.56 人;初中文化程度的人数,比全省多 12.61 人;小学文化程度的人数,比全省多 65.91 人;文盲、半文盲的人数,比全省少 51.37 人,比全国少 14.57 人。文

盲、半文盲中女性多于男性，约为男性的4.8倍；在有文化的人口中男性多于女性，约为女性的1.5倍，小学差别较小，愈向上差别愈大。

五、职业

解放前，扬中人民以务农为主，兼营其他行业。解放后，经济发展，就业面扩大，各行业专业人员不断增加。改革开放以后，乡镇工业快速发展，务工人员迅速增加。

1982年7月1日零时全县总人口为257911人，其中15岁以上在业人口为158479人，占总人口的61.45%。扬中县在业人口中，占比第一的是从事农林牧渔业（主要是种植、养殖业）的人口，占在业人口总数的50.98%，但比全省66.2%低15.22%。占比第二的是生产、运输业工人（主要为乡村企业工人），为36.93%，高于全省比例。占比第三、第四的是各类专业技术人员和商业人员，分别占在业人口总数的4.06%和3.53%。从事农林牧渔业人口中，女性占63.02%；从事生产、运输业工人中，男性占55.38%。普查时尚未安排工作的待业人口有22人。

1982年扬中县在业人口职业结构情况表

表227

职业类别	在业人口（人）	其中		占在业总人口(%)	性别构成(%)	
		男(人)	女(人)		男	女
1. 各类专业技术人员	6431	4752	1679	4.06	73.89	26.11
2. 机关党群组织团体企事业单位负责人	2821	2709	112	1.78	96.03	3.97
3. 办事员和有关人员	1236	1071	165	0.78	86.65	13.35
4. 商业工作人员	5598	4975	623	3.53	88.87	11.13
5. 服务性工作人员	3020	2328	692	1.91	77.09	22.91
6. 农林牧渔劳动者	80790	29879	50911	50.98	36.98	63.02
7. 生产、运输业工人	58531	32414	26117	36.93	55.38	44.62
8. 其他人员	52	41	11	0.03	78.85	21.15
总计	158479	78169	80310	100.00	49.32	50.68

1982 年扬中县各种职业人口文化程度情况表

表 228

职业类别	合计人数	大学、专科		中专高中	初中	小学	文盲半文盲
		毕业	肄业				
总计	158479	663	53	16066	41411	61751	38535
1. 各类专业技术人员	6431	503	32	3033	2070	781	12
2. 机关党群组织团体企事业单位负责人	2821	101	9	581	1111	1001	18
3. 办事员和有关人员	1236	29	1	418	497	287	4
4. 商业工作人员	5598	1	5	808	2175	2360	249
5. 服务性工作人员	3020	2	1	235	686	1630	466
6. 农牧副渔人员	80790	2		3723	13696	30770	32599
7. 生产工人运输工人和有关人员	58531	18	5	7252	21157	24914	5185
8. 不便分类的其他人员	52	7		16	19	8	2

六、婚姻家庭

解放前，扬中县大家庭居多，数世同堂，引以为荣。民国 20 年(1931)全县 31939 户、150527 人，平均每户 4.7 人。民国 32 年(1943)每户 4.5 人。民国 36 年(1947)降为每户 4.3 人，1949 年降为每户 3.66 人。解放后历年平均每户在 3.5~4.1 人之间，1985 年平均每户 3.36 人。

1982 年，全县 15 岁及 15 岁以上人口 189821 人(男 91782 人，女 98309 人)，占当年总人口的 73.6%，其中未婚 52507 人（男 30009 人，女 22498 人），占同龄人口的 27.6%，性别比例为 133.39;有配偶者 121090 人(男 57558 人，女 63532 人)，占同龄人口的 63.8%，性别比例为 90.60；丧偶者 15508 人(男 3725 人，女 11783 人)，占同龄人口的 8.17%，性别比例为 31.61;离婚者 716 人(不包括再婚，男 490 人，女 226 人)，占同龄人口的 0.38%，性别比例为 216.84。未婚人口中性别比例有失调现象。

第三节　人口控制

一、晚婚晚育

清代、民国时期，扬中县青年大多早婚，婚龄一般男 18~20 岁，女 16~18 岁。解放后，1950年5月1日，《中华人民共和国婚姻法》公布，青年一般能按法定年龄（男20周岁，女18周岁）结婚，但早婚现象仍然存在。

20世纪60年代，提倡晚婚晚育，青年结婚年龄较婚姻法规定年龄推迟1~2岁。70年代，晚婚渐成风尚，男25岁以上，女23岁以上结婚者渐多。1975年晚婚率男78.9%，女79.67%；1979年为男81.82%，女85.2%。1981年县革命委员会提出晚婚年龄男25周岁以上，女22周岁以上；晚育年龄男25周岁以上，女23周岁以上。1982年又提出，按1980年公布的《中华人民共和国婚姻法》规定的年龄推迟3年以上，即男25周岁，女23周岁以上结婚为晚婚，女24周岁以上生第一胎为晚育，对晚婚晚育者给予奖励。群众逐渐认识到晚婚晚育的好处，自觉执行，晚婚晚育率提高。

1975—1984年扬中县晚婚计划执行情况表

表229

年份	初婚人数			符合晚婚年龄			晚婚率%	
	合计	男	女	合计	男	女	男	女
1975	2872	1436	1436	2278	1134	1144	78.9	79.67
1976	3391	1678	1713	2472	1175	1297	70.0	75.70
1977	3056	1528	1528	2375	1141	1234	74.67	80.76
1978	3612	1830	1782	3293	1634	1659	89.29	93.09
1979	3702	1851	1851	3086	1509	1577	81.82	85.2
1980	3670	1835	1835	3445	1696	1749	92.43	95.31
1981			2929			2815		96.11
1982			3216			3059		95.12
1983			2487			2420		97.37
1984			1715			1657		96.62
1985			2081			2003		96.25

说明：1981年起改变统计口径，初婚、晚婚人数只统计女性

二、计划生育

1. 计划生育组织　1955年，扬中县开始计划生育工作，由县卫生科和妇幼保健所兼管。1971年县正式设立计划生育机构后，从县到生产大队建立了计划生育的四级网络组织。

1974—1981年，县设立计划生育领导小组，均由县委副书记兼任组长，下设计划

生育办公室。各公社设公社计划生育领导小组,建立由1~3名专职人员组成的计划生育工作小分队。各生产大队设大队计划生育领导小组,由党支部书记兼组长,大队妇联主任具体负责计划生育工作,各生产队建立计划生育指导小组。县级机关部、委、办、局和各工厂、企事业单位都有1名负责人分管计划生育工作。

1981年,县革委会改称县人民政府后,县计划生育工作由1名副县长分管。

1982年10月,县计划生育办公室改称计划生育委员会,各公社、大队原有组织不变,生产队增聘妇女代表任计划生育信息员。

2. 计划生育技术队伍　1955年,全县卫生医疗单位有妇产科医师、助产士、妇幼保健员15人,其中只有县人民医院少数妇产医务人员能作结扎、绝育、流产、放环四项手术。经过培训,至1965年,八桥、兴隆、新坝三个中心卫生院的妇产医务人员大多能作计划生育"四项"手术。1983年9月,全县在新坝、丰裕两乡进行结扎试点,县卫生局抽调技术水平高的医务人员,组织医疗队边实践边进行技术指导,培训了30多个妇产医务人员。1984年4月,县卫生部门派外科医师张正斌去成都学习男性粘堵术。1985年,全县各乡镇卫生院的妇产医务人员都能作计划生育"四项"手术。

3. 计划生育实施　扬中县1955年开始实施节制生育,由县人民医院承担男性结扎手术。1957年8月,县妇幼保健所在三茅镇进行避孕工作试点。

1962—1964年,三茅镇实施人工流产、放环、结扎等四项手术1180人次。1965年3—4月,开展计划生育运动,全县接受男女节育手术2289人次。经过宣传教育,自觉采取节育措施的人增多,人口出生率下降,1962年出生率为42.76‰,1966年降为33.99‰,1970年降为28.3‰。

20世纪70年代初,政府提倡每对夫妇最好生一个孩子,最多两个,杜绝第三胎,全县绝育、节育人数增多。1975年全县节育率为82.3%,1978年为86.46%。

1979年7月,省革委会苏革发(79)106号文件提倡一对夫妇只生一个孩子,县革委会要求已生一个孩子的育龄妇女上环,已生两个孩子的育龄妇女实行绝育,严格控制两胎,坚决杜绝多胎;育龄妇女生育须符合有关计划生育政策规定,安排生育计划,领取准生证方可生育;对独生子女实行奖励,对违反计划生育政策者采取处罚措施。这些措施推动了计划生育工作,节育率、计划生育率、独生子女领证率、一胎率逐年上升,生育率、人口出生率不断下降。1980年,节育率为89.2%,1985年升为92.86%;1982年,计划生育率为82.15%,1985年升为99.35%;1979年,独生子女领证率为87.1%,1985年升为99.61%;1982年,一胎率为82.15%,1985年升为92.41%;1979年,人口出生率为13.44‰,1985年降为8.84‰。

4. 荣誉　1984年,扬中县计划生育工作进入县、市先进行列,成为省、镇江市先进单位。1985年,县计划生育委员会主任黄克进被评为全国计划生育工作先进个人,受到国家计划生育委员会的表彰。

1975—1985年扬中县落实节育措施情况表

表230

年份	已婚育龄妇女人数	已落实节育措施人数					节育率%
		合计	其中				
			男扎	女扎	上环	其他	
1975	34349	28273	465	5062	18522	4224	82.30
1976	34901	30371	433	5462	21007	3469	87.20
1977	35084	30841	313	5387	21898	3243	87.96
1978	36736	31763	299	5587	22831	3046	86.46
1979	37194	32925	255	5760	23828	3082	88.52
1980	37698	33627	172	5506	24760	3189	89.20
1981	39844	34195	576	4776	25714	3189	95.40
1982	42016	37227	118	4965	28837	3307	97.04
1983	43106	40022	122	12467	25033	2400	92.00
1984	43501	41150	63	12523	25919	2645	94.16
1985	46323	43017	72	12328	27983	2635	92.86

1983—1985年扬中县计划生育率及出生胎次情况表

表231

年份	出生总数	计划内生育					计划外生育				
		生育数	计划生育率%	一胎		二胎(人)	生育数	计划外生育率%	一胎(人)	二胎(人)	多胎(人)
				人数	一胎率%						
1983	2729	2537	92.96	2513	92.09	24	192	2.04	16	164	12
1984	2175	2138	98.3	2105	96.78	33	37	1.70	0	35	2
1985	2307	2292	99.35	2132	92.41	160	15	0.65	0	15	0

1980—1985年扬中县独生子女领证情况表

表232

年份	有生育条件的只有一个子女的夫妇数(对)	已领独生子女证夫妇数(对)	领证率%	年份	有生育条件的只有一个子女的夫妇数(对)	已领独生子女证夫妇数(对)	领证率%
1980	9983	8606	86.21	1983	17223	16779	97.42
1981	11621	10046	86.45	1984	19604	19398	99.97
1982	14688	13847	94.27	1985	21329	21246	99.61

1974年开始进行对计划生育手术后遗症、并发症的鉴定处理工作。1981年由县计划生育办公室、卫生局、人民医院会同镇江地区医院有关人员组成“病残儿鉴定小组”和“计划生育手术后遗症、并发症鉴定小组”，对全县病残儿和计划生育手术后疑难病患者进行鉴定处理。1984年又调整充实两个小组，组织会诊鉴定，对病人作出不同处理，提出治疗意见。至1985年，对病人给予精神安慰的48人，予以经济补助的24人，给予治疗的36人。

附录　扬中县计划生育政策规定

根据党中央、国务院制定的计划生育政策和《中华人民共和国宪法》《中华人民共和国婚姻法》中有关计划生育条款及省、市下发的计划生育文件精神，结合扬中县的实际情况，县制定了若干具体规定。

一、鼓励晚婚晚育的规定

1981年3月18日，扬中县革命委员会颁发的扬革发(81)43号文件的第一条规定晚婚晚育年龄。提倡男25周岁以上，女22周岁以上。晚育年龄：男25周岁以上，女23周岁以上。对实行晚婚晚育者，给予鼓励和表扬。

1982年9月10日颁发的《中共扬中县委、扬中县人民政府关于进一步做好计划生育工作的意见》即扬发(82)119号文件第二条第一款规定：男女青年按法定婚龄推迟三年以上(即男25周岁，女23周岁)结婚为晚婚。妇女24周岁以上生第一胎为晚育。夫妇双方均系晚婚者可增加婚假10天(必须办理结婚登记手续)；晚育者(不包括未婚先孕)由女方单位增加产假30天。如生育者在产假期间又打报告领取独生子女证，所在单位可再增加产假20天。在增加的婚假、产假期间，职工工资照发(包括临时工、合同工、代课教师在雇用单位工作一年以上的人员及社、队办厂工作的工人)，有关劳保福利待遇照常享受，不影响全勤评奖(超产奖除外)，社员工分照记(按同等劳力靠)。

二、鼓励一对夫妇只生育一个孩子的规定

1979年为鼓励一对夫妇只生育一个孩子，贯彻执行苏革发(1979)106号文件，即：一对夫妇在生一个孩子后，表示不再生育并落实有效的节育措施，经单位核实，报县(市)计划生育部门审查，发给"独生子女证"。父母双方均系企事业单位职工的，每年发给儿童保健费40元；双方均系农村人民公社社员，每年发给儿童保健工分400分。

持有"独生子女证"者，在同等条件下，可优先入托、入园、入学、招工。

独生子女可吃成人的基本口粮，可按标准分得两个孩子的自留地和住房面积或住宅基地。

1982年9月10日扬发(82)119号文件规定：凡按规定领得"独生子女光荣证"的独生子女，每年可享受儿童保健费40元(自领证之年起，连续发到14周岁止)。独生子女父母年老退休时，应加发原工资的5%的退休金(已按工资100%发给的除外)；终身未婚未育以及独生子女夭折后又未领养子女的职工，经组织审核，退休金可按原工资的100%发给。终身未婚、未育以及独生子女夭折、而未领养子女的社员，在年老丧失劳动力时，应发给养老金，并给予退休工分，使其晚年生活略高于当地一般社员的水平。

大力提倡男到女家落户，男方享有与女方所在地群众同等的政治经济和其他一切权利，任何人不得刁难和歧视。岳父母和女婿可视为直系亲属，可享受女儿和女婿所在单位的劳保福利待遇，任何人都不得阻挠。

三、特殊情况照顾生育二胎的规定

1. 照顾生育二胎的条件。苏革发(1979)106号文件规定：若因第一个孩子严重病残，不能成长为正常劳动力者，可允许再生一个，但应收回独生子女证，停止享受独生子女待遇，不追回已发奖金。

根据苏计生办(79)36号文件，扬革发(81)43号文件规定照顾生二胎的三种对象是：

第一个孩子确系严重病残(遗传病除外)不能成长为正常劳动力，并持有县以上医院证明。

抱养一个孩子后又有了生育条件，而本人又有生育要求者。

重新组合的家庭，只有一个孩子，而且有一方是初婚者。

扬发(1982)119号文件规定，干部、职工、城镇居民符合以上三种条件之一者可照顾生二胎，农村可增加二种：农村中兄弟两个以上只有一人生育一个孩子，而其他兄弟(夫妇均系农村社员)均已丧失生育条件的(这种家庭如要求照顾再生一个孩子，必须由兄弟妯娌共同申请，并商定：当没有孩子的兄弟妯娌丧失劳动能力时，应由生育两个孩子的兄弟及其子女负责赡养)；农村中两代均系独生子女，而现在又只生了一个孩子的。(符合照顾生二胎的对象，需在第一个孩子满4周岁以后。)省委(1984)25号文件对照顾生二胎的对象放宽到11种。国家干部、职工和城镇居民6种：(一)第一个孩子有非遗传性疾病，不能成为正常劳动力的；(二)夫妇双方均系独生子女，只有一个孩子的；(三)婚后五年未育，经过批准抱养一个孩子后自己又怀孕的；(四)再婚夫妇一方原系丧偶，只有两个(含两个)以下，另一方系初婚或未育的；(五)再婚夫妇，一方婚前只有一个孩子，另一方系初婚或未育的；(六)归侨按国务院侨办(83)侨研字2号文件精神办理。

农村，除上述6种照顾对象同样适用外，再增加5种对象：(一)属于二等乙级以上革命残废军人，只有一个孩子的；(二)烈士的独生子女，只有一个孩子的；(三)夫妇一方两代均系独生子女，只有一个孩子的；（四）无儿有女户中，招婿只有一个孩子的；（五）兄弟两个（含两个）以上只有一个生育一个孩子，其他兄弟均终身丧失生育条件的。

符合以上条件，允许再生一个孩子的间隔时间一般为三年，对亦农亦城户，按农村一方的规定执行。

2. 照顾生二胎的审批手续。凡申请病残儿检查，必须是第一个孩子年满3周岁方可填报“病残儿童健康检查表”，并附上被检查儿童近期脱帽半身一寸以上照片一张，送县人民医院病残儿鉴定组鉴定。

凡符合照顾生二胎条件者，都必须本人申请，群众评议，经村民小组、村民委员会、乡（镇）或单位和上级主管部门签署意见（计划生育助理或专干审核签名后）加盖公章，由乡（镇）计划生育助理集中送县计划生育委员会审批，发给准生证后方可怀孕生育。

四、鼓励育龄夫妇实行避孕、节育、绝育手术的规定

干部、职工进行人工流产、安放节育环、施行绝育手术、住院等费用，一律由公费医疗和企业医药费内报销，农民则可以减免，由计划生育事业费中开支。施行手术后按规定安排休息、假期不扣工资，不影响全勤评奖。因节育措施失败而计划外怀孕主动进行人工流产或施行绝育手术者，由所在单位或乡、村给予营养补贴和误工补贴。

第二章　人民生活

扬中县虽为鱼米之乡，但解放前生产落后，加之天灾战祸、阶级剥削，广大人民生活十分贫困。

解放后，随着经济建设的发展，人民生活水平逐步提高。1949 年工农业生产总值 2417 万元，1957 年增至 3255 万元，增长 35%，人民收入相应增加，居民生活有所改善。1978 年工农业总产值 20348 万元，比 1957 年增长 525%，人均国民收入 395 元，居民生活基本温饱。中共十一届三中全会后，人民生活大幅度提高，1985 年工农业总产值 69970 万元，比 1978 年增长 243%；人均国民收入 1230 元，比 1978 年增长 211%，城乡居民生活温饱有余。

城乡社会福利事业也迅速发展，1985 年，全县有五保户 482 户、520 人，有敬老院 12 个，福利厂 13 家，安置残疾人员 995 人。全县贫困户 6154 户、25231 人，拨出扶贫经费 18 万元，年终脱贫 3403 户，占总贫困户的 57.27%。

第一节　船民生活

解放前，从事木船运输的大多是无田少地的农民和市镇贫民。他们受自然气候、兵祸、封建把头、盗匪之害甚深，生活贫困，被称为“船花子”“脚班”。

为谋求解放，船民积极参加中国共产党领导的革命斗争。抗日战争、解放战争时期，船民中的积极分子参加苏中五分区长江交通工作委员会组织的“水上交通站”“地下交通联络站”，成立船民党支部（有 7 个党支部，102 个地下党员），掩护革命干部过江，运送军需，传递情报。还成立船民江防分队，开展锄奸活动。他们为革命做出了贡献。

解放后，船民组织起来，先后组成“木船运输合作社”“渡船合作社”“运输公司”等，1973 年成立 “扬中县航运公司”，职工工资不断提高，1976 年全年人均工资 475

元,1985 年增至 961 元(最高 1189 元),增长 102%。

船民生活福利也不断改善。船民以船为家,船队均有卧室、食堂,陆上有船民住房。至 1985 年年底,航运公司、渡口管理所共建职工宿舍 104 间、2291 平方米,食堂 21 间、320 平方米。

1958 年起,木船运输合作社执行劳动保护条例,对工伤、妇女生育、医疗、休假、退休等作了具体规定,调动了职工的劳动积极性。1963、1973 年劳保待遇进一步提高,劳保福利费用大幅度增长,1980 年为 6.79 万元,1985 年增至 36.87 万元,增长 441%。为照顾女工,1954 年办了一所托儿所,1984 年又办了一所幼儿园。

1963 年,退休职工每人每月只发养老金 15 元,另予适当补助。以后退休职工待遇逐步提高。1975 年起,退休职工因病住院,医疗费、住院费允予报销,退休工资按原工资 75%发给,生活困难者另予补助。退休、退职人员费用逐年增加,1976 年 0.64 万元,1985 年增至 13.9 万元,为 1976 年的 21.7 倍。

解放前,船民大多为文盲或半文盲。解放后,相继聘请教师办扫盲班、业余夜校、初中补习班,选送优秀青年参加函授、上电大或中等专业学校深造。1985 年,航运公司、渡口管理所职工 588 人中,中专 2 人,高中 23 人,初中 154 人,小学 400 人,文盲、半文盲 9 人。

为丰富文娱体育生活,船民组织了各种体育运动队,参加县、市比赛,曾多次获奖。1977 年,游泳队参加县横渡长江比赛,获女子组第一名、第二名。各基层单位均建有电视室、图书室。

为职工防病治病,1972 年检查、治愈血吸虫病患者 50 人。至 1985 年,共检查 722 人,有血吸虫病患者 94 人,全部治愈。

第二节　渔民生活

扬中县本无专业渔民,在县境沿江捕捞的渔民都是来自宝应、扬州、江都、武进、苏州、湖北汉阳、江西湖口、安徽大通等地的湖区捕捞专业渔民,分成 9 个帮,各帮有帮头管理。秋去春来,后来逐渐有人定居下来,扬中则开始有专业渔民和副业渔民。

解放前,渔民受牙行、帮头盘剥和土匪、官府的欺压,生活十分贫苦。牙行与帮头勾结,控制水口,压价收购,欺压渔民。渔民捕鱼不得上街自卖,必须卖给牙行,只能获得实际价值的 50%,故有“鱼半段”之说。帮头还利用封建迷信骗取钱财,每年农历四月初八挂轴祭神,搭台唱戏,向每户渔民收米 2~3 斗,以中饱私囊。渔民常受匪害,1948 年,渔民张大洪、肖长元、肖长礼遭土匪抢劫,肖长礼被土匪打得身受重伤。

在革命战争年代,不少渔民积极参加革命斗争。文茂才、文必恒等经常利用渔船掩护地下党员刘晓阳、刘震东等进行革命活动。1945年新四军北撤时,熊玉祥、文茂才分别在吴家桥、陆家港运送新四军指战员安全北渡。1949年4月22日,徐官福、周志强驾舟运送解放军战士强渡长江,徐官福荣获苏北第一渡江司令部政治部颁发的“强渡功臣”奖状和长江工委的奖旗。

1953年起,渔民先后组成互助组、捕捞站、江洲渔业生产合作社等,1980年更名为“扬中县渔业社”,专业渔民数增加,生产条件改善。1953年渔民88户440人,专业劳动力220人,有渔船104艘,187吨位;1978年有179户812人,专业劳动力285人,有渔船78艘,487吨位,459马力;1985年增至300户992人, 专业劳动力442人,有渔船138艘,1338吨位,1331马力, 其中投入长江捕捞的有渔船95艘,570吨位,704马力。

生产发展,渔民收入提高,1984年全年人均收入463元,劳力人均收入1084元,最高达3100元。渔民生活也相应改善, 家庭高档商品增多。1984年渔民265户985人,有电视机39台,收录机24台,收音机245台,电风扇59台,自行车166辆,手表363只,缝纫机51架。

为提高渔民文化水平,1969年渔业社创办渔民小学1所。1984年,学龄儿童入学率达100%,渔民中初中文化水平以上的有113人,其中大学生1人,中专生4人,高中生25人,初中生83人。各渔业队均配有卫生员,渔民生病能及时得到治疗。

为帮助渔民发展生产,自1962年“扬中县江洲渔业生产合作社”成立至1985年,国家共支援渔民生产资金8万多元,同时支持渔民陆上定居费6万多元,木材200多立方米。

第三节　农村居民生活

解放前,扬中县占人口总数2.35%的地主阶级平均人占土地6.65亩,而占人口总数50.3%的贫雇农人均土地只有0.77亩,广大农民生活贫困。扬中农谣有“打的麦子吃不到栽秧,打的稻子吃不到下霜”,大部分农民过着“糠菜半年粮”的苦难生活。荒年则逃荒讨饭,甚至吃“观音土”充饥。“观音土”其实是一种地面上冒出雾气的地方的黏土,迷信传云,观音菩萨救世,烧此土代粮,赐给贫民,可食,以地面雾气为标志,故名“观音土”。多食者往往便结而死。农民衣着以自纺自织土(棉)布、夏布为主。居住多草屋,只有地主富农住瓦房。据幸福乡不完全统计,解放前全乡约2600户,靠讨饭为生的有354户,打短工做长工的有1264人,卖儿卖女的314人。全乡有楼房7户12间,平瓦房152户478间,大多为地主富农之家,住草房的2446户,均为贫苦农民,占全乡总户数80%以上。

解放后,农村经济发展,农民生活水平不断提高,中共十一届三中全会后更为显著。1957年农民人均纯收入55.56元;1978年增至139.56元,比1957年增长151%;1985年增至654.30元,比1978年增长368%,比1957年增长1077%。中共十一届三中全会后,农村实行联产承包责任制,农村劳力有条件从事工商建筑等其他工作,收入增加。1985年,农民从乡村企业得到的收入由1983年的人均45.5元增至242.10元,手工业收入由1983年的人均15元增至79.50元,建筑业收入由1983年的人均1.30元增至32.9元。由于农民收入增加,生活消费水平随之上升。1978年以前,农民家庭基本上维持温饱,很少讲究吃、穿、用和改善居住条件,用于吃的生活支出一般占60%以上,人们以吃粮食、蔬菜为主,荤食很少。人们衣着款式、色泽单一,一般年份购买衣着的支出人均15元左右。购买用品注重实用价值,"三转一响"(自行车、缝纫机、手表、收音机)为20世纪70年代农民家庭"富有"的象征。全县农民年消费总额1978年为1612万元,1982年为3290万元,1985年增至9732万元,比1978年增长503%;人均消费水平1978年为66元,1982年为134元,1985年增至462元,比1978年增长600%。家庭消费结构变化显著,主要表现在以下几方面:

家庭经营内容变化,经营费用支出中,农业生产支出下降,1983年人均51.2元,1985年降为35.5元;手工业生产支出增加,1983年人均2.8元,1985年增至40.6元。

食品消费由"吃饱"向"吃好"方向转变,副食品支出增加,1983年人均82.5元,1985年增至148.5元。

居住条件改善,建房支出,1983年人均82.5元,1985年增至148.5元。1982年人均住房面积15平方米,1985年增至19.5平方米,农民居住条件显著改善。西来桥镇1979—1984年有125户新建楼房446间,1731户新建瓦平房7084间。兴隆镇1985年全镇4399户,万元户占总户数的2.25%,楼房户占3.8%,瓦房户占89.2%。

文化娱乐用品费用也大幅度增加,1983年人均4.3元,1985年增至21.1元。各乡镇都建了电影院,成立了文化中心,农民文化生活日益丰富。

农民储蓄额增加,农户储蓄额1966年为28万元,1978年为398万元,1985年增至4616.3万元,为1966年的165倍,1978年的11.6倍。

农民对耐用消费品的需要由低级讲"实用"向高级讲"享受"发展,耐用消费品大量增加。

1983—1985年农民家庭人均收入情况表

表233

年份	全年总收入（元）	集体统一经营收入			家庭经营收入							其他非生产性收入		全年纯收入
		小计	其中		小计	其中						小计	其中从国家财政得到的收入	
			统一核算单位分配	从乡村企业所得		农业收入	手工业收入	工业收入	建筑业收入	运输业收入	商饮业收入			
1983	542.2	102.0	45.0	45.5	377.5	204.1	15.0		1.3	13.1		62.7	8.0	407.6
1984	663.0	141.6	29.9	103.9	456.9	238.6	12.4		27.5	19.8	2.5	64.5	17.1	494.0
1985	834.0	264.2	5.3	242.1	499.0	163.0	79.5	3.00	32.9	12.1	6.0	70.8	8.3	654.3

1983—1985年农民家庭人均支出情况表

表234

年份	全年总支出（元）	家庭经营费用支出			购置生产性固定资产	交纳税款	上交集体承包任务	生活消费支出							其他非生产性支出	年末人均存款余额
		小计	其中					全年生活费总支出	生活消费品支出					非商品支出		
			农业生产支出	手工业生产支出					小计	食品	衣着	住房	日用品及其他			
1983	529.1	117.7	51.2	2.8	2.3	6.5	2.2	380.3	371.8	221.7	29.4	82.5	25.1	8.5	20.1	37.6
1984	588.3	135.9	53.2	3.0	2.8	5.6	19.1	407.5	393.7	226.5	40.1	49.7	59.2	13.8	17.4	50.2
1985	773.7	160.3	35.5	40.6	2.4	4.4		599.8	568.6	280.5	59.0	148.5	60.6	31.2	6.8	156.1

1984年和1985年扬中县农民家庭每百户主要耐用品拥有量情况表

表235

年份	自行车（辆）	缝纫机（架）	钟表（只）	其中手表（只）	电风扇（台）	洗衣机（台）	大型家具（件）	电视机（台）	其中彩电	收录机（台）
1984	63	37	157	93	3		280	10		3
1985	113	37	285	207	37	2	328	27	2	17

第四节　城镇居民生活

解放前，扬中县城镇居民大多务农，有的兼营手工业或其他行业，城镇职工为数甚少。

解放后百废俱兴，就业面扩大，城镇职工、城镇居民人数也随之不断增加。1957

年,城镇居民平均每户家庭的就业面由 1951 年的 26.1%上升至 41.6%,平均每个就业者负担人口由 1951 年的 3.83 人下降为 2.4 人; 全民单位年末职工人数由 1951 年的 1044 人增至 2981 人, 城镇集体所有制单位职工由 1952 年的 552 人增至 1579 人。1957 年职工工资人均 401 元,比 1951 年增加 1.1 倍。

1957—1978 年职工工资增长较慢。1978 年,全县人均工农业总产值比 1957 年增长 3.6 倍,而职工人均工资 467 元,比 1957 年只增加了 66 元,增长 16.5%。

中共十一届三中全会后,多次调整工资,恢复奖金制度并发放各种补贴,1985 年进行工资改革,职工工资提高幅度较大。1985 年,全民所有制单位、城镇集体所有制单位年末全部职工人数 25599 人, 全年工资总额 2265.96 万元, 人均工资 834 元,比 1978 年增长 78%。

职工工资提高,消费水平也随之提高,非农业居民消费总额 1978 年为 190 万元,1982 年为 672 万元,1985 年增至 3137 万元,为 1978 年的 16.5 倍;人均消费水平 1978 年为 204 元,1982 年为 451 元,1985 年增至 624 元,为 1978 年的 3 倍。1985 年城镇居民主要耐用消费品百户拥有量(抽样调查)为:摩托车 2 辆,自行车 93 辆,缝纫机 21 架,电视机 40 台(其中彩电 7 台),收录机 26 台,照相机 1 架,洗衣机 9 台,电风扇 30 台,电冰箱 2 只。城镇储蓄金额 1957 年为 17.9 万元,1978 年为 206.14 万元,1985 年增至 1659 万元,为 1978 年的 8 倍。

第三章 风俗 民情

扬中县的居民原都是来自大江南北的移民,多因生活困苦,迁徙江中沙滩垦荒谋生,所谓“穷奔沙滩富奔城”。故扬中县人民具有勤劳节俭的传统美德,民风比较淳朴。因全县人口绝大多数为汉族,风俗民情,各地基本相同。

解放前,江中之岛扬中县与外界联系甚少,基本处于封闭状态,人们的封建道德观念、宗法观念较深,民间习俗有不少带有浓厚的封建色彩。

解放后,政府加强社会主义思想教育,普及科学文化知识,提倡移风易俗,破旧立新,明令兴革事项,群众社会主义觉悟提高,封建迷信的陈规陋习基本消除,社会主义新风逐渐形成,但许多民族的和地方的传统习俗依然存在。

第一节 时节习俗

辛亥革命后,国家改用公历,但扬中民间仍沿用农历。

正月初一称“岁朝”(现称春节),是新年的开始。清晨,人人穿戴一新,燃放爆竹,对长辈送果子茶。早餐后亲邻相互拜年,互致祝词,如“恭喜发财”“儿孙满堂”“万事如意”等。旧时拜年亦有磕头、作揖等礼节,民国时期已逐渐废除。旧时过年正月初一这天迷信禁忌甚多,如不能扫地,不能说不吉利的话等。解放前过年时,贫苦百姓常借唱麒麟、送苍龙、舞龙灯、舞狮子、玩花船等到富户门前表演乞讨。解放后,群众则利用这些文娱活动形式组成文艺宣传队,由乡村干部率领,于初一日到烈、军、工属家拜年慰问,这已成为拥军优属的一种活动形式。

正月初五日,财神日,祀财神,商店开门,市场开始贸易,又称“破五”。20世纪70年代起,各公社常借初五日开市时举行各大队春节文娱会演活动。

正月十三日至十八日为灯节,称“灯科”。十三日“交灯”,要吃糖圆子,十八日“落灯”要吃面条，俗称“交灯圆子落灯面”。在此期间，群众在当地土地庙前树旗杆，扎灯挂彩，敬神娱乐，小孩子玩兔子灯、马灯等。民国期间此习渐淡，解放后玩灯活动渐少。

正月十五日，上元节，即元宵节。习俗要吃圆子。女儿新婚后的第一个元宵节，岳家要送一对“鱼灯”给女儿女婿，祝他们“年年有鱼(余)”。

二月初二日“龙抬头”，小孩这天要剃头(理发)，以讨吉利。

二月初八日吃馄饨，菜馅要用十样菜，俗说“吃了馄饨十样菜，一年无病又无灾”。人们常以“韭”菜代表“九”样菜(取谐音)，再加一样菜就行。

二月十二日是“花朝”(又称百花生日)，这天，家家用红纸挂在果树上，表示庆祝，希望“果实累累，欣欣向荣”。

三月清明节，家家扫墓，修坟，换坟帽子。用蒿草嫩叶捣碎取汁拌在糯米粉里做成米团子敬祖宗。扫墓习俗延至现在。20世纪70年代推行尸体火化，建安息堂安置骨灰盒，不再建新坟，烧“纸”(迷信谓烧‘纸’作‘冥币’，供死者阴司使用)等迷信活动亦渐少。各学校、机关、团体则常于清明节组织祭扫革命烈士墓，介绍烈士生前事迹，进行革命传统教育。

五月初五日是端午节，家家吃芦叶或竹箨包的粽子，喝雄黄酒。门前插艾、菖蒲和桃条，表示镇邪除恶之意。插艾等活动解放后已少见。

夏至节，迷信敬田头菩萨，祈求“五谷丰登”。吃馄饨，谓夏天可不疰夏。解放后，随着科学种田知识的普及，敬田头菩萨的迷信活动逐渐减少，现已绝迹。

六月初六日，天贶节，吃馄饨。俗语有“六月六，家家晒红绿。”如当日天气晴朗，人们则将衣被等物晾出照晒，以防霉蛀。

七月初七日，七巧节，俗语有“七月初七看巧云”，天上云彩千姿百态，夜晚可看牛郎织女星相会。

七月半(十五日)，中元节，又称“鬼日”，家家敬祖宗。旧社会这天还做盂兰会，由村民集资请和尚或坛会成员放焰口，拜忏，吹、打、念、唱，烧钱化纸，超度孤魂野鬼。解放后盂兰会已废，敬祖之风仍有存在。

八月十五日，中秋节。这天称“团圆日”，家家吃月饼、麻饼、糯米粉包的糖馅饼。节前，亲友间还赠送月饼等礼品。旧俗这天夜晚人们以月饼、糖饼、菱藕等祀月，敬“月宫娘娘”，解放后已废。

九月初九日，重阳节，人们登高宴友，手工业、作坊开始做夜工。解放后二者均已废。

十月初一日，俗称十月朝，家家吃“糍粑”。糍粑用糯米饭团外面滚上糖拌芝麻碎屑而成。

冬至节祭祖，扬中县沿传“大冬”“小冬”之别，“小冬”即冬至前一日。扬中有的姓氏在“大冬”祭祖,有的姓氏在“小冬”祭祖。冬至祭祖之风今仍存在。

腊月初八日,俗称“腊八”,中午家家吃“腊八粥”,不茹荤。粥中除米外还有赤豆、蚕豆、杂豆、菜、白果、豆腐、百页等共八种成分。

腊月二十四日送灶,烧纸马,敬香,设供品,礼送“灶神”上天,祈求“灶神”“上天言好事,下界保平安”。吃赤豆饭。解放后送“灶神”之俗已废,是日起表示新年届临,各家开始“掸尘”(大扫除),忙“年事”。乡村干部在这一天敲锣打鼓,率众向烈军属送年礼,贴“光荣人家”牌,帮助大扫除,开展拥军优属慰问活动。

腊月三十日(小年腊月二十九日),除夕日,俗称“三十夜”,中午祀祖,晚饭称“年夜饭”,吃馄饨,敬神,放鞭炮,贴春联,喝利市酒,合家欢聚。长辈赠给晚辈压岁钱,老年人夜里点香守岁,睡得很晚。

第二节　婚丧喜庆习俗

一、婚姻

旧社会,扬中县男女婚姻须凭“父母之命,媒妁之言”,由父母包办。妇女地位低下,受封建礼教、封建婚姻制度的毒害很深。扬中县有以下各种封建婚姻陋习:

1.抢亲　原由两姓自幼订婚,后女方悔婚,男方则聚众劫持未婚妻至家,强行成婚。亦有未婚大男看中某女,女方不愿婚嫁,男方蓄意抢亲的;男方家贫,无力迎娶,只好对有婚约的未婚妻通过抢亲成婚的(有时还先得到女方的默契)。

2.换亲　双方儿子说不上媳妇,年龄已大,父母着急,以女儿互相对换为媳成亲。

3.冲喜　旧时迷信,在男方病重时办喜事,想借喜事以冲去不祥,以求患者病愈。

4.纳妾　封建社会时一夫多妻,民国时期始实行一夫一妻制,政府明令禁止重婚,但达官贵人或有妻而不生子的,则公然纳妾,扬中县也有少数纳妾的。

5.童养媳　童女家贫,不得已到男家生活,亦有卖给男家的,长成人后与男方成亲。凡做童养媳的妇女,一般地位很低,常受公婆、丈夫的虐待。童养媳俗称“小媳妇”。扬中领童养媳的较多。

6.守寡　妇女丧夫,须终生守寡。寡妇再嫁,须经族中尊长许可,且遭人歧视,再嫁时要“抱树”,以祛除不祥。

7.早婚　旧时扬中青年普遍早婚,一般男 18~20 岁,女 16~18 岁结婚。

8.入赘　俗称招女婿。多为男方贫困,无力娶妻,而女方无子,招男方入赘,改姓女方姓,为女方传宗接代。

解放后,贯彻《中华人民共和国婚姻法》,明令禁止纳妾、领童养媳,抢亲、换亲、冲喜亲等现象也逐渐杜绝。男女婚姻自主,大多是自由恋爱而结婚,父母包办婚姻已属少见。寡妇可以自由改嫁。政府还提倡男到女家落户，生下孩子的姓氏由双方商定。

旧俗婚姻程序亦带有较浓厚的封建色彩。男女配偶，须先由媒人介绍，将女方出生时间，俗称生辰八字，写在红纸帖上，俗称“庚帖”，由媒人将这种“庚帖”送往男家，再由男方家长请算命先生将男女双方出生时间比照合算，俗叫“合帖子”，不犯忌者方可成为配偶。双方父母同意结亲后，再请算命先生定个好日子“拎糕”(或叫押样)，即为“订婚”。结婚前，男方先请媒人“送年庚”，即告诉女方结婚的日期，女方亦通过媒人向男方索取“彩礼”(礼金、衣料、饰物、鱼、肉、香烟、糖等)，同时男方要“谢媒”(送钱物给媒人)。结婚的一天，男方派人去女方“抬嫁妆”，富裕人家用轿“迎亲”，请吹鼓手奏乐，鸣放鞭炮，接新娘子。将新娘子接到新郎家后，还有撒席、撒帐、送房、坐富贵、合卺等繁文缛节。婚嫁之日，男女双方家中均宴请亲友，亲友亦须送礼祝贺。结婚第三日，新婚女儿“回门”，岳家宴请新婚女儿女婿，请亲友作陪，称“待女婿”“待新亲”。新婚满月时“会亲”，婿家宴请女方至亲，表示从此认亲来往。贫困户则用小独轮车“迎亲”，诸事从简。

解放后，提倡婚事新办，算命合婚、择吉日结婚之俗渐废，选择春节、“五一”节、国庆节、元旦等节日结婚，已渐成风气。婚礼亦简化，坐轿、拜堂、送房、坐富贵等旧礼已革除。有响应政府号召举行文明婚礼的。团县委、县妇联于20世纪70年代曾筹办过几次集体婚礼。但请介绍人、拎糕、送年庚、索“彩礼”、抬嫁妆、迎亲等做法在部分地区仍普遍存在。

中共十一届三中全会后，人民生活改善，部分人家操办婚事趋向讲体面，讲排场，“彩礼”数额亦较大，且以“8”字为吉利之数，如礼金要608、808、1088、1888元不等，俗说“要得发，不离8”。陪嫁亦越陪越丰盛，有陪洗衣机、双卡收录机、彩色电视机、电冰箱的。富户陪嫁有数千元、上万元乃至数万元的。抬嫁妆时，女方所在生产队的群众要闹婿家的烟糖钱，有数十元、数百元的，还有要男方放电影的。酒宴规格也愈办愈高，酒宴菜肴多达10余道。政府虽一再宣传、提倡婚事简办，但扬中一般人都以陪嫁多、酒宴丰盛为荣耀，故婚嫁讲排场之风仍较盛。

二、丧葬

扬中旧习，死者多木棺土葬，丧葬礼仪较为繁琐。解放前扬中的丧葬习俗大体是这样的。

1.设灵堂　病人垂危，即去其床帐。既卒，家人设灵堂，将死者遗体置于棺材盖板上(木板、门板亦可)，点“材头火”，谓为死者照亮黄泉路。

2.铺路　在门前路口烧草把、纸钱，谓为亡魂开路。

3.向亲友报丧　亲友须请报丧者吃鸡蛋。妇女之丧，须报知其娘家而后入敛。

4.发孝　按男女、嫡庶、血统亲疏之别，孝服分“斩衰”“齐衰”“大功”“小功”“缌麻”五种，统称“五服”。扬中旧俗，死者子媳穿麻布孝服，鞋上蒙麻布，以稻草绳束腰，手中持孝竹棒。亲属着白布孝服，鞋上蒙白布。

5.开吊　稍富裕者，要举行公祭，亲友送“纸”、送礼吊唁，请吹鼓手奏哀乐、唱挽歌。有的开吊还印发讣文，请和尚放焰口、做佛事，以超度亡魂。死者女儿用豆油为死者点“七星灯”。丧家请吊唁亲友吃“豆腐饭”。

6.告庙　邻居敲锣、钹、木盆引死者亲属到当地土地庙设祭，拜告土地神。

7.出殡　亦称“出田”。富者要请阴阳先生（即“堪舆家”）看风水，选择安葬吉地吉时。出殡时鼓乐引导，丧属及亲友执绋相送。出殡回来，送葬者要跨过稻草烧的火堆，然后再进家门，其实带有消毒作用。有的人家如因某种原因未能将死者及时安葬，则将灵柩浮厝寺庙、家中或郊外，待以后出殡安葬。贫者则一切从简。

8.回丧、点净　安葬前孝子将墓坑中心的一块土兜回家中踹平，叫“兜宝”。请僧道在家中用竹子蘸洒清水、念咒，以驱恶神，谓之“点净”。

9.赶煞　谓出殡日亡魂由“无常”鬼带回家，必须赶出。

10.铺堂　死者亲属到三滧街东岳庙设供，烧纸钱，敬东岳庙神，祈求阎王赦免死者生前罪过，免去阴司刑罚。

11.烧七　死后家人每七天祭奠一次，叫“烧七”，共祭七次，头七要吃馄饨，“三七”要用女儿讨乞来的“三七米”做饭，“六七”全由女儿准备祭品。

12.脱孝　戴孝满三年，举行祭奠仪式，除去孝服。如下年闰年，须在闰年前脱孝。

祭奠时除烧“纸”（有的还有锡箔摺成元宝式样）外，还有的扎“库”（用芦材扎架以色纸糊贴成房屋、用具式样）焚烧，意谓给亡魂在阴司居住使用。

解放后，政府宣传破除迷信，提倡移风易俗，推行殡葬改革，丧葬习俗有所革新。1969 年建成“扬中县火葬场”，提倡遗体火化。1984 年起，遗体火化率达 100%，废除木棺土葬。1981 年起，各乡相继建“安息堂”（亦称“灵堂”），供群众存放死者骨灰盒，至 1985 年已建 30 余座，将骨灰盒入土埋葬建坟者渐少。

旧丧葬礼仪中，告庙、回丧、赶煞、铺堂、放焰口做佛事超度等活动，解放初即已废止，设灵堂、报丧、烧七、脱孝、烧“纸”祭奠等仍有存在。扎“库”焚化者渐少。披麻戴白孝已渐被佩黑袖章、小白花所代替。20 世纪 70 年代起，有的地方已将“开吊”活动改为开追悼会，至 80 年代，开追悼会祭奠者逐渐增多。

三、生育

孕妇临产前，娘家送桂元、鸡蛋、红枣、筷子等至婿家，谓之“催生”。枣子意即早生子，筷子意即快生子，取谐音。婴儿出生后，女婿送红蛋给岳父母及其他亲友，称为“报喜”。娘家为婴儿赶制新衣，并带鸡蛋、红糖、陈酒之类和婴儿尿布等至婿家，叫“分三朝”，亲友送“月子礼”。婴儿出生一月，外婆送摇篮、布被、蚊帐、披风来吃满月酒，舅舅替婴儿剃去胎发，产妇归宁。婴儿出生百天，外婆送婴车（又叫坐车）和烧饼（有的用糯米做）给婴儿“箍腰”。婴儿一岁生日称“抓周”，舅舅须送儿童衣帽鞋袜给外甥。

四、寿庆

寿庆一般自三十岁始，十年一庆。扬中有“做三不做四”之说，即三十岁时可庆寿，四十岁时则不庆寿（因“四”与“死”谐音，不吉利）。庆寿前一夜，亲友前来送礼，放鞭炮，称“暖寿”。庆寿正日，中面（中午吃面条）夜酒，款待宾客。寿礼一般为鱼、肉、寿桃（面或糯米粉做成）、寿面、鞭炮，还有送衣料、寿幛者。现渐有送生日蛋糕的。

五、建屋

民间建造新屋，旧习一般要请阴阳先生看风水，选吉地建房，选择吉日动工，选择吉日吉时上梁。上梁时有“暖梁”“抛梁”“祭梁”等仪式，敲锣打鼓放鞭炮，以示庆祝。是日，岳父母家或儿女亲家送金花、喜幛、鱼肉、馒头、粽子等礼物以表祝贺，主家摆宴席款待亲友。解放后仍沿旧习，20世纪70年代后请阴阳先生看风水的渐少。

第三节　生活习俗

一、发型、首饰

清代男子留辫，女子梳髮，以各式簪、钗束发为饰。簪钗质地有金、银、铜、木之分，用者视贫富而别。女子戴耳环，也有戴手镯。民国初年，政府限令男子剪辫。男子或剃光头（称“和尚头”），或剪平顶，或留“西装头”；女子除有的老人仍梳髮外，多结辫或剪齐耳短发，称“耳朵毛”。以各式发夹夹发，兼作装饰。未婚青年女子额上留齐眉短发，名“刘海”。

解放后，青年男子剃光头、剪平顶的很少，大多剪“西装头”“飞机头”；女子剪短发或结辫，仍以各式发夹为饰。20世纪70年代有烫发的。80年代，女子烫发成风，发型花式繁多，男子也有烫发的。老年男子大多仍剪旧式“西装头”，青年男子时兴留长发（少数有留小胡子的），难辨男女，人们戏称为“叔叔阿姨头”。

二、衣着

1.帽子　清末民国初，男子戴毡帽、西瓜皮帽。瓜皮帽顶缀各色丝绦顶、珠顶为饰。

老年妇女戴帽箍，中青年妇女扎头巾，称“首捏子”。20世纪30年代，男子兴戴礼帽、风帽、压发帽、“猴子帽”“汤罐头”等。40年代，男女均有戴绒线帽的。解放后男子戴解放帽、工人帽的居多，还有戴绒线帽的。至20世纪80年代，男女帽式多种多样，质地也越来越好。

2.服式　清末民国初，男子单衣为对襟短褂，长衫为大襟长袍，有的外罩马褂，并有绸带束腰。女子穿大襟短袄短褂，俗称“大袂头”。冬天，男女均加穿套裤(实为剪开的两只裤脚管)。20世纪20年代，女子穿旗袍的渐多。30年代，知识青年改穿中山装、衬衫的渐多。解放后，男子风行穿列宁装、青年装、学生装、中山装、棉大衣，多为蓝色或灰色。农村女子一般仍穿中装，青年女子亦有穿翻领西装、女式衬衫的。80年代服式变化较大，男女穿西装蔚然成风，茄克衫、拉链衫、两用衫、滑雪衫、喇叭裤、女子着连衣裙、旗袍裙、摺裙、筒裙、西装裙等等，款式新颖，色彩多样。

衣料质地也不断提高。解放前，大多用自纺自织的“家机布”“夏布”。解放后，家机布、夏布渐为棉布和化纤纺织品所取代。20世纪80年代，家机布、夏布已无人生产，丝绸、毛料、绒线衣服增多。1985年，全县人均购买棉布2.2米，化纤布5.2米，绸缎0.3米(以上均包括成衣)，毛线及毛线织品0.1公斤，尼龙衫裤0.2件，棉毛衫裤0.3件，卫生衫裤0.1件。

3.鞋袜　清末、民国时期，人们均穿布鞋，形式有鲇鱼头、大圆口、小圆口、尖口、方口等，棉鞋有两节头、“两片瓦”等。妇女穿绣花鞋。民国时期少数人穿皮鞋。20世纪70年代穿皮鞋的渐普遍，塑料鞋、胶底鞋也多起来。80年代，鞋子款式更多，旅游鞋、运动鞋等流行。旧时雨天多穿“钉鞋”(布制，上油防水，底加圆头铁钉防滑)，20年代后渐为橡胶套鞋所取代。1985年，全县人均购买皮鞋0.2双，胶鞋球鞋0.5双。

袜子原均为自制布袜，20世纪20年代渐穿“洋袜”(线织成)。70年代有丝袜、尼龙袜。女袜有短筒、长筒等式样。

三、饮食

扬中人民的主食为大米，面食次之。

扬中人民习惯一日三餐(贫者冬日有时两餐)，农忙时上午加一餐“二顿早饭”，下午加一餐“晚茶”。主食有米饭、面条、麸粥(元麦粉)、白麸粥(麸粥中加白米)、菜粥(大米中掺和瓜、菜、豆、芋等，以菜为主，亦称“酸粥”“咸的”)，还有加工而成的馄饨、馒头、包子、烧饼、油条、圆子、粽子、米糕(亦称“水糕”)等，副食有瓜、菜、豆类、豆腐、百页、鱼、猪肉、羊肉、禽、蛋等。

解放前，一般农户常年每天吃米饭者不多，大多吃麸粥、菜粥，贫者更以瓜菜代粮，平时很少荤食。如遇荒年，贫苦群众有吃“观音土”的。解放后，人民生活改善，食品结构变化很大。瓜菜代粮的渐少,20 世纪 70 年代已很少有吃麸粥的。80 年代有晚餐也吃米饭的,吃菜粥的也很少。副食品荤食增加,高档南货食品增加。1985 年,农民家庭人均主要食品消费量为粮食 306.2 公斤,蔬菜 80.8 公斤,动植物油 5.6 公斤,猪肉 13.9 公斤,家禽 0.9 公斤,蛋类 3.8 公斤,鱼虾 2.3 公斤,食糖 1.8 公斤,酒 7.1 公斤。

扬中人民时令节日食品因时而异(参见“时节习俗”节)。鬼节如清明、七月半、冬至,买鱼、肉、豆腐、百页烧“羹饭”敬祖宗。

扬中人民热情好客,待客饭食从丰。亲友初次上门要烧“蛋茶”(煎鸡蛋或煮鸡蛋)等。喜庆日宴客,解放前、解放初宴席以六碗菜为主,俗称“六大碗”。20 世纪 70 年代宴席日益丰盛,80 年代菜肴有冷盘、热炒、烧菜、汤等,每席菜肴多至 10 余道。

四、居住

扬中居民的祖先,大多是附近各县来沙洲垦荒定居的贫民。他们结茆为庐,以后逐渐建草房,少数富有者建成瓦房。至 1949 年,扬中县居民 80%以上的住房是草房。住房结构形式有:

1.草棚　称“滚铺楼”,以芦材、竹子搭架,“根根椽子到地”,山头开扉门。

2.草屋　树木、竹子为骨架,四周围芦笆或砌土垡为墙,屋顶苫盖稻草或麦草。大多为三架梁或五架梁,檐高五、六尺不等,常需换草苫盖。

3.楞摊瓦　以树木为梁、柱,树或竹子为椽,芦笆、土垡为壁,屋顶薄盖小瓦,大多为五架梁,檐高六、七尺不等。

4.瓦房　树、杉木为梁、柱、椽,砖墙,厚盖小瓦,有椽子上铺望砖再盖瓦的,富家考究者室内四周墙上均附有木板,隔墙亦用木板。有五架梁、七架梁,檐高 6~9 尺不等。上洲多“闷葫芦”式,四周砌墙,居中一间无敞步檐走廊;下洲多“锁壳式”,旧式锁形,居中一间有敞步檐走廊。有的正屋两边有厢屋(即“包厢”),称“两龙爪”。

房屋多按狭长形自然埭横排,屋前有小块场地,有道路、菜园、河塘,屋后为竹园、河塘。河塘两岸植树,菜园内种菜,有的还植桃、梨、杏、枇杷等果树。房屋一般三间一栋,左右各户均不相连。如兄弟二人析居,则“哥东弟西”,各居一间,中间堂屋合用,父母则多居厢屋。

20 世纪 50 年代草棚基本绝迹。以后草房逐渐改为瓦房。70 年代瓦房檐高有 9 尺、1 丈,甚至 1 丈以上的。70 年代后期,80 年代掀起建房热,新房鳞次栉比,楼房(大多为两层楼)日益增多,瓦平房日益减少。1984 年和 1985 年,扬中农民平均每人建房分别为 1. 2 平方米和 0.6 平方米;平均每人使用房屋面积为 18.8 平方米和 19.5 平方米。

五、文化娱乐

抗战前,扬中人民的文化娱乐生活较为丰富,除春节期间玩花船、唱麒麟、舞龙灯、舞小狮子等以外,平时还能看到春戏、秋戏(庆祝丰收)、青苗戏(祈祷庄稼生长旺盛)、庙会戏、开光戏(新塑菩萨或旧菩萨重塑谓之开光)、寿诞戏、禳灾戏(火灾、蝗灾、旱灾、水灾等)、还愿戏、渔汛戏等等。演出多为木偶戏班,大戏(即京戏)较少。20世纪30年代末,"滩簧"(又称文明戏)在扬中流行。演出时当农闲,多为日半本(当时盛行唱"本头戏",如《穆桂英挂帅》分上、下两本唱完)、夜半本,也有演夜戏"两头红"的,即太阳将落山开锣、演至次日晨太阳出。此外,还有走江湖做把戏的,多在逢集时演出于街头。抗战开始,文化娱乐日趋萧条。

解放前,三茅、八桥等大集镇始有简陋的戏院,常有外来戏班子演出。民间下象棋、拉二胡自相娱乐者不多。有的以赌为乐,搓麻将、扒纸牌、掷骰子。

解放后,赌风渐敛。各区乡先后建立农村俱乐部、文化站、文化中心,组织业余剧团、文艺宣传队,经常组织宣传演出。至1985年,各乡镇都建有文化中心(内设图书阅览室、乒乓球、棋类活动室等)、电影院,组织了文艺宣传队,放电影、演戏做到经常化,外县、外省剧团、歌舞团也常来演出。群众买收音机、收录机、电视机的日益增多。据抽样调查,1985年,城镇居民每百户拥有收录机26台,黑白电视机33台,彩色电视机7台;农村居民每百户拥有收录机17台,黑白电视机25台,彩色电视机2台。农民购买文化娱乐用品的支出也大幅度增长,1983年人均4.3元,1985年增至21.1元,为1983年的4.9倍。扬中人民的文娱生活日益丰富多采。

第四节　姓氏与宗祠

扬中居民姓氏约有200多个。根据联合、城镇、八桥3个派出所对1988年5月30日在籍人口姓氏统计,王、张、朱、陈氏人数居前列,分别占统计人口的7.59%、6.97%、5.94%、5.68%。

1988年5月扬中县联合、城镇、八桥地区部分姓氏人口情况表

表236

派出所	总人口(人)	姓氏(个)	同姓人数													
			王	张	朱	陈	孙	李	赵	黄	薛	杨	姚	方	金	仇
联合	22382	196	2073	1475	1542	857	1399	305	224	241	217	191	79	50	19	4
城镇	21185	242	1518	1563	1466	1319	439	448	287	580	101	639	314	234	51	25
八桥	18951	177	1154	1318	704	1376	106	512	140	637	161	697	409	275	238	1

解放前，男女姓氏有随婚嫁而更易的。女方嫁到男方，其姓改为男方姓氏，如女方婚前没有名字，婚后即在自己姓氏前面加上男方的姓，如“张(男姓)王(女姓)氏”“李(男姓)赵(女姓)氏”。男性入赘，男方亦有随女方而改姓，所生子女则用女方姓。

各姓子孙繁衍，逐渐分居而演为村、埭者，则其村、埭、圩的地名亦往往以姓氏命名。如郭家埭，田家桥，王家水圩，张家村，唐家弄，陆家墩子等。

又因各姓子孙多聚族而居，故宗祠多建于其姓氏集中处或其邻近地带。解放前，宗祠多用于办学或其他公共用房，有些从其他地方迁来的，虽几代繁衍但宗祠却仍在外地。解放前全县有宗祠 84 所。宗祠内供奉始祖和各房祖先的牌位，一般于清明节或商定日期开祠祭祖、拜祖。各宗祠均有为数不等的田产，收入用于办理族事。各宗祠设族长，管理祭祀、族产、编纂谱牒等族事，处理族中纠纷。

解放后，宗祠大多被拆毁或另作他用。

第五节　庙会集场

解放前，扬中县寺庙庙会与集场多为同时举行。农历二月十九日有太平禅院的观音会；三月二十八日有上、下东岳庙的庙会；农历四月初八日，有栏杆桥和观音庵的庙会；二月初八日，达兴庙、大帝庙亦举行庙会。最大庙会要推每年三月廿八日上、下东岳庙会。庙会期间举行迎神性质的文娱活动，如演戏文，耍龙灯、狮子，挑花担，踩高跷，叠罗汉，荡湖船，表演武术等，大多数人是到庙里来烧香或赶热闹的。

庙会期间的集市贸易相当兴旺，商贩云集，销售各种农具、日用品，会期一过，集场自行消失。

解放初期，商业物资部门常利用庙会举行商品物资交流会。

第六节　宗　教

解放前，扬中人多信佛教、道教。全县共有寺庙 23 所，宫观 6 所，神祠 29 所，有和尚 153 人，道士 21 人，还有少数尼姑。

佛教庙宇以下东岳庙为最大，道观以三茅庵为最有名。清末民国初，传入天主教、耶稣教，先后建教堂 3 所。天主教堂设在老郎街，辛亥革命后，丹阳县天主教会派神甫前来传教，每年春秋两季为传教时间，教徒 20 余人。抗日时期，教会活动停止。民国 33 年（1944），教堂被拆除。民国初年耶稣教会先至油坊镇传教，建教堂。民国 12 年(1923)，教堂迁至八桥镇南街，先后由张桐、童福庭及美籍人孔仁孝(改汉名)主持，星期日做礼拜,信奉者不多。1940 年,教会活动停止,教堂亦被拆除。

扬中县寺庙宫观神祠情况表(1984 年调查)

表 237

名　称	位置 (1984 年名)	兴建时间	房屋间数	沿　　革
太平禅院	新坝镇新宁村	无考	24	改建为小学
万寿庵	新坝镇中街	无考	20	改建为新坝供销合作社副食品批发部
如来庵	栏杆桥东	无考	10 余	解放后改建为永治小学,1971 年拆除
观音禅庵	新坝镇新春村	无考	22	改建为长虹小学
浮玉山庄	新坝镇新生村	无考	16	解放初改建为粮库,1958 年拆除
龙王庙	联合乡红灯村	清雍正年间	16	解放初改建为公信乡政府，现为联合乡粮库
如来庵	联合乡红胜村	无考	7	
新开庵	联合中学	无考	14	解放后改建为公信小学
文武庙	联合中心校	清道光三年	10 余	解放后改建为联合中心校
天后宫	联合乡天后宫	无考	11	改建天后宫供销站
准提庵	联合乡	清乾隆年间	20 余	“文化大革命”中拆除
下庙	联合乡	无考	3	为道士郭袁开所住
圆通庵	联合乡	无考	10 余	改建为民房
上庙	联合乡	无考	3	为尼僧郭同海所住
上东岳庙	三茅乡新扬村	清光绪年间	20 余	解放后为粮库,后拆除
小龙王庙	三茅乡博爱村	无考	3	“文化大革命”中拆除
地藏王庙	三茅乡河南村	无考	3	1958 年拆除
草庵	丰裕乡裕兴村	无考	8	解放后为改建学校拆除
三茅宫 (三茅庵)	今县政府所在地	无考	20 余 10 余	1939 年被日本侵略军焚毁
太平庵	三茅乡建中村	无考		
地姆庙	三茅乡中林村	无考		解放后改建学校
梓童庵	三茅大桥东	无考		民初改为监狱,1945 年拆毁
大帝庙	三茅镇东街	无考	27	抗战前后驻警察局,1945 年拆除
观音庵	三茅乡民主村	无考	10	解放后设三茅区政府,后改建大众五金厂
下天后宫	三茅乡沙家港	无考		解放后改建学校
关帝庙	三茅乡金星村	无考	10 余	1952 年改建县立中学

续表 237

名　称	位置（1984年名）	兴建时间	房屋间数	沿　　革
眼香庙	三茅乡中林村	无考		解放后改建小学
牛郎庙	三茅乡友爱村	无考		
下东岳庙	三滧乡跃进村	清康熙年间	44	
达兴庙	三滧乡长江村	无考	12	解放初设小学,1955年拆除
福寿庵	三滧乡三圩村	无考	10	解放后为小学,“文化大革命”中拆除
大帝庙	三滧乡新跃村	无考	12	抗日战争时期毁于战火
关帝庙	三滧乡年丰村		5	1958年拆除
道士庙	三滧乡年丰村		7	1958年拆除
眼药庙	三滧乡永勤村		5	解放后拆除
青鱼庙	三滧乡于夹港	清光绪年间	5	为三滧港渔民祭神之所,1930年左右拆除
大梓童庵	三滧乡石城村	无考	10	1973年全部拆除,建大队厂房
龙王庙	三滧乡新港村	1943年建	3	1950年拆除
观音庵	三滧乡恒平村	清嘉庆年间	21	1966年为改建三滧粮管所,后拆除
三教庵	三滧乡恒平村	无考	13	抗日战争毁于战火
竹窠庵	三滧乡五滧村			解放后设五滧小学,1969年迁校拆除
普济庵	三滧乡长征村	清乾隆年间	38	1946年设小学,1964年拆庙建供销合作社
龙王庙	长旺中心校	清道光八年	30余	1940年1月毁于日本侵略军纵火
老庙	长旺乡积善村	明正统十四年（1449）	9	现已拆除
大帝庙	长旺乡老郎街西	清道光年间	10余	解放后改建为茧站
镇海庵	油坊镇镇海村	无考	21	1958年拆除18间,余为僧人和保居住
观音庵	油坊镇七墩子村	清乾隆二年	20余	1961年为改建学校拆除
玉皇庙	永胜乡集镇	无考	20	解放后为改建学校拆除
道士庙（雷祖殿）	永胜乡得胜村	无考	14	1957—1960年拆除
尼姑庵（积善庵）	永胜乡万福村	无考	7	1958年拆除
观音庵	八桥乡齐家村	无考	10	解放后为改建学校拆除
三义阁	油坊镇光华村	无考	10余	解放初八桥区政府设在此处，后改为粮库,现已翻建为光华中学
德云庙	兴隆镇日新村	无考		已拆除

续表 237

名　称	位置 (1984 年名)	兴建时间	房屋间数	沿　　革
大庙	西来桥镇	无考		现改建为西来桥中心校
观音庵	西来桥镇	无考		已拆除
尼姑庵	西来桥镇	无考		已拆除
红土地庙	八桥镇先锋村	无考		已拆除
土地祠	八桥镇幸福村	无考		建小学,"文化大革命"中拆除建工厂
吕祖宫	八桥镇长胜村	无考		改建成小学

第七节　坛　会

坛会原是扬中县封建社团中有一定影响的群众性迷信组织。参加者皆为社会中、上层人士和知识分子。它起始于光绪年间。至解放初期,全县共有 13 个坛会。

坛会组织一般设正、副掌教各 1 人,负责内外坛务;有左、右乩手,誊判数人。

入坛者,称"坛友",并按"辈分"命名。

坛会所在地称"坛所",所内有一定格式的摆供。

坛会的活动经费有的靠固定资产收入,如公正坛、庆善坛、积善坛等均拥有良田十亩;有的靠地方或坛友捐助。

坛会的活动除例行坛会外,也应聘为人家念经拜忏。

例行坛会每年 3~5 次,一般以正月半、清明、七月半、十月朝、冬至等节日为会期,每次会期 1~3 天。届时,坛友齐聚,焚香点烛,设坛(用几十张方桌分 2~4 层拼搭成"品"字形)迎神,扶乩拜忏,以超度孤魂野鬼,祈求神仙保佑。每逢坛会,坛友"聚餐",全用素菜,均不饮酒。

由于坛会在民间有一定影响,原由和尚或道士做的经焰、斋醮及道场,往往由坛会代庖。主家欲"超度亡灵",则择日将"坛上人"请至家中念经拜忏,其规模大小,时间长短,视主家的地位和财力而定。主家对应聘坛友只供膳食,一般不给酬金。

在会期或应聘念经拜忏时,坛友多半要进行"扶乩"活动。开乩时由二位乩手扶着"十"字形的"木乩",十分默契地配合旋转动作,在铺有砂粒的乩盘中点、画出"字"来。左乩手口传"神赐"的字句,誊判则跪伏着笔录。扶乩开始,均报神仙或鬼灵之姓名,乩语以诗歌形式出现,每乩成诗一、二首和少量训示字句。这些诗和字句其实都是乩手事先打好腹稿的。其内容,有回答求问的;有阐明神道、宣扬封建伦理道德的;有强调因果报应、劝人为善的。

扬中县的坛会,在解放初期取缔反动道会门时自行解散。

解放前扬中县坛会情况表

表 238

坛名	坛所所在地	坛名	坛所所在地
公正坛	文昌公所(今新坝镇文昌小学)	积善坛	龙王庙(今长旺乡中心校内)
聚善坛	今联合乡公信桥	庆余坛	今油坊镇长沙村
西同义坛	今新坝镇新桥村	庆善坛	玉皇庙纯阳殿,后迁杨家埭(今永胜乡永利村一组)
东同义坛	沙家港		
迎善坛	三茅乡五十八圩下匡(今同心小学)	乐善坛	油坊桥黄天相家中
益善坛	西徒乡西十五圩埭(今三滧乡长江村)	吕祖坛	夷沙吕祖宫(今八桥镇同胜村)
庆善坛	高兴桥(今长旺乡高兴桥小学)	广善坛	八桥广善堂(原址今八桥中学内)

第四章　方　言

第一节　语　音

扬中方言，属北方方言中的江淮方言。

扬中县原先的居民多来自大江南北，其方言能区分 n、l，但没有浊音声母。方言内部也存有差异。新坝、联合南部一带的口音接近江南丹徒话；丰裕北部、西来桥北部的口音接近江北泰兴话；油坊、八桥西江边一带口音接近丹阳话。而县城三茅镇至八桥镇地带(扬中县的中部地区，约占总面积的三分之二，人口约 20 万)的口音为典型的扬中话，称此为扬中方言。

一、声母

扬中方言中有声母 21 个。

b	北步	p	泼平	m	末忙	f	服飞	v	物文
d	得洞	t	脱同	n	纳难	l	勒来		
z	资坐	c	雌搓	s	司梳	r	人容		
j	鸡尖	q	欺千	x	希先				
g	葛家	k	克康	ng	颜昂	h	黑好		
Ø	哀英								

扬中方言没有翘舌音声母 zh　ch　sh　r。声母表中的 r 不读翘舌音，而是 s 同部位的浊擦音，国际音标写作[z]，为了跟拼音字母 z 区别开来，我们把[z]写作 r。

扬中方言有舌根鼻音声母，即国际音标的[η]，为印刷方便，改写成 ng。

二、韵母

扬中方言中有韵母46个。

ï	支事	i	批基	u	父姑	ü	朱虚
a	巴沙	ia	佳夏	ua	瓜华	üa	抓靴
e	波哥疏	ie	秋有				
ai	排才	iai	阶且	uai	乖坏	üai	踩帅
ei	杯口	uei	规回	üei	追睡		
ao	包高	iao	飘跃				
o	盘南	io	专圆				
an	班三	ian	天仙	uan	关万		
en	奔灯	in	林印	uen	昆昏	üen	君允
ang	邦方	iang	将想	uang	光汪	üang	床
ong	风哄						
aˀ	托角	iaˀ	脚削	uaˀ	郭霍	üaˀ	捉戳
oˀ	百国	üoˀ	决说				
eˀ	不黑	ieˀ	历毕	ueˀ	骨忽	üeˀ	出术
êˀ	八瞎	uêˀ	刮豁	üêˀ	刷		

说明：ï韵母表示z、c、s后边的舌尖元音，拼写时写作i，如“资zi、雌ci、司si”。

e、ie韵中的e比普通话e舌位靠前、靠央，接近国际音标的[ə]。

ian韵的实际音值为(iL)，因为考虑到跟an、uan韵相配，所以标成ian。

入声韵收音时都有明显的喉塞音，用国际音标[ˀ]来表示。

aˀ　iaˀ　uaˀ　中的aˀ舌位偏后，相当于国际音标的[a]。

eˀ　ieˀ　ueˀ　üeˀ中的eˀ舌位靠央，相当于国际音标的[ə]。

êˀ　uêˀ　üêˀ　中的êˀ舌位偏低，相当于国际音标的[æ]。

三、声调

扬中方言有6个声调，分别为阴平、阳平、上声、去声、阴入和阳入。

代号	调类	调值	例字	代号	调类	调值	例字
1	阴平	21	刚、天、安	4	去声	33	变、大、利
2	阳平	45	陈、穷、才	5	阴入	3	笔、跌、各
3	上声	214	水、扁、马	6	阳入	5	别、笛、叶

说明：阴入、阳入收音时有喉塞音，都读短调。阳入收音时稍稍上扬，实际调值应为45。

为了印刷方便，标音的声调符号一律改用阿拉伯字母代号，标在音节的右上角，喉塞音(ʔ)也一律省略。

例如：

天 $tian^{1}$ 甜 $tian^{2}$ 舔 $tian^{3}$ 掭 $tian^{4}$ 笔 bie^{5} 别 bie^{6}

四、同音字表

Ï韵

z ①支肢枝资姿滋咨之芝知蜘 ③纸脂紫旨脂止趾址茝仔子 ④志痣至字智翅置治炅

c ①痴嗤雌疵兹眦 ②瓷池词辞慈糍磁饲驰迟持 ③齿此耻 ④次刺赐滞

s ①丝斯撕厮私司思施师狮似尸市诗是柿事 ②时鲥 ③死屎史使始驶 ④四肆试侍氏俟嗣祀示视士市矢恃嗜

i韵

b ①屄 ③比彼鄙 ④币闭毙蔽庇痺泌

p ①批披 ②皮疲脾啤琵 ③痞 ④屁皮

m ②糜靡迷弥谜 ③米

d ①低 ③底抵 ④地帝第弟递

t ①推 ②题提啼蹄堤 ③体 ④替涕剃

n ②泥尼 ④腻

l ②犁黎离篱璃梨狸 ③礼李里理鲤 ④例厉励丽隶荔痢吏

j ①基机讥鸡叽饥肌稽几(茶~) ③几(~个)挤己 ④寄系(~带子)际计继冀纪记忌既祭济技

q ①欺妻凄期栖溪蛆 ②奇骑歧祁其棋旗祈圌 ③启起岂企 ④汽弃气器砌契去

x ①希稀熙嬉嘻牺兮犀西尿 ③喜洗玺嬉徙 ④细戏系

∅ ①衣依医伊 ②宜仪沂 ③倚椅以已蚁 ④意艺义议易异忆毅勚

u韵

b ①铺(~开)孵 ③补 ④布部薄步埠

p ①铺(翻~) ②菩蒲(~草) ③谱普脯圃捕 ④铺(床~)

f ①呼父夫敷傅 ②浮扶湖胡壶弧狐糊蝴符芙 ③腐虎斧辅俯抚浒甫釜 ④妇户附富负讣赋付赴副护沪互

d ①嘟 ③赌睹堵肚 ④踱度渡杜

t ②涂途屠图徒 ③吐土 ④兔

l ①攎 ②卢芦炉庐颅 ③鲁卤乳汝

④路露赂
g ①姑孤箍辜菇 ③鼓股古估 ④顾故
k ①枯骷 ③苦 ④库裤
Ø ①乌鸣污巫诬 ②吴吾无 ③舞武午伍五侮鹉 ④误悟雾务焐

ü 韵

j ①居矩租朱猪珠铢蛛诸 ③组主煮 ④具俱巨拒踞炬惧句锯据注驻铸住聚
q ①区躯趋粗 ②渠徐除厨储殊 ④去趣处醋
x ①虚墟嘘须需虽苏酥输竖书舒枢 ③许 ④绪序叙胥婿素诉塑庶恕漱戍数树
n ③女
Ø ①遇于淤 ②余鱼子娱虞愚愉渔 ③雨宇羽禹语 ④喻御誉豫预寓愈

a 韵

b ①巴疤笆耙$_1$ ③把靶 ④爸罢坝霸
p ①趴 ②扒爬耙$_2$琶杷 ④怕
m ①妈 ②麻蟆 ③马码玛蚂 ④骂
d ①大$_1$ ③打 ④大$_2$
t ①他她它
n ②拿 ③哪$_1$
l ①拉 ③哪$_2$
z ①渣遮爹 ④炸
c ①叉差杈车 ②查茶搽 ③扯 ④岔茬
s ①沙$_1$莎纱痧砂 ②蛇 ③撒洒傻 ④沙$_2$(喉咙~)
g ①家加枷 ④架$_1$解$_1$(~货)
k ③卡
h ①哈 ②还
ng ③我$_1$
Ø ①啊$_1$ ②啊$_2$ ③啊$_3$ ④啊$_4$

ia 韵

d ①爹 ③嗲
n ③你$_1$
j ①加$_2$嘉佳枷 ③假姐 ④借嫁稼价架
q ②斜邪
x ①虾些夏 ②霞 ③写 ④谢下泻卸
Ø ①呀鸦 ②衙涯蚜 ③也$_1$雅野 ④夜亚

ua 韵

g ①瓜呱 ③寡剐 ④挂褂卦
k ①夸 ③垮侉 ④跨
h ①花划 ②划(~子)华 ④话画化
Ø ①蛙娃 ③瓦 ④洼凹

üa

j ①抓 ③爪
q ②瘸
x ①靴 ③耍

e 韵

b ①坡播(广~)波菠 ③播(~种)
P ①颇 ②婆 ④破
m ②磨(~刀)谋魔摩馍 ③亩某母 ④茂磨(~子)
d ③躲都(~去) ④惰
t ③妥椭 ④毻(鸡~毛)

n ③橹 ④怒糯

l ②锣箩罗螺骡 ③虏裸 ④摞

z ①邹 ③左走 ④做座坐助奏骤

c ①搓初 ②锄 ③丑 ④错锉凑

s ①搜飕馊梳疏蔬蓑梭唆 ③锁 ④瘦授绶售嗽叟

r ②柔揉

g ①哥锅 ③果裹 ④过个

k ①科窠棵 ③可 ④课

h ②和禾河 ③火伙 ④货祸

ng ②蛾讹 ③我 $_2$ ④饿

Ø ①屙窝 ④卧

ie 韵

j ①究鸠纠赳阄鬏舟周州洲 ③九酒久玖韭帚 ④救旧就舅咎臼纣肘昼宙皱咒

q ①秋丘邱蚯抽 ②求球俅囚裘绸稠筹仇酬 ③揪 ④臭

x ①休修羞收受 ③朽手首守 ④秀锈袖绣兽寿

Ø ①悠优幽 ②邮游油由犹尤 ③有友莠酉 ④又幼诱右佑柚

ai 韵

b ①掰 ③摆 ④拜败稗

p ②排牌 ④派呸

m ②埋 ③买 ④卖迈

d ①呆 $_1$ ③歹逮 ④代戴带黛殆怠袋待贷

t ①胎 ②台抬 ③大 $_3$ ④泰太钛态

n ③乃奶 ④奈耐

l ②来莱 ④赖癞

z ①栽灾斋 ③宰载者 ④债在再寨

c ①猜 ②才财裁豺柴材 ③睬彩踩采 ④菜蔡

s ①筛腮 ④社舍晒赛射

g ①该街秸 ③改 ④盖概丐溉

k ①开揩 ③凯慨楷 ④隑

h ①嘿 ②孩 ③海 ④害骇亥懈

ng ②捱癌挨呆 $_2$ ③矮

Ø ①哀唉埃 ④霭艾爱隘

iai 韵

j ①阶 ③解 $_2$(~放)

q ③且

Ø ③也 $_2$

uai 韵

g ①乖 ③拐 ④怪

k ③挎 ④快筷块

h ②怀槐淮 ④坏

Ø ①歪 ④喂

üai 韵

j ④坠

q ③踩 ④揣

x ①衰摔 ③甩 ④帅率

ei 韵

b ①杯卑碑悲 ④倍辈背备

p ①胚坯 ②培陪赔裴 ④配佩

m ②梅枚媒煤眉霉媚 ③每美 ④妹昧寐

f ①非飞妃 ②肥 ③匪 ④肺废费吠

v ②危维惟微圩 ③尾伟伪委 ④为味卫位未魏巍胃谓畏慰

d ①兜 ③斗抖陡 ④斗(~争)豆逗

t ①偷推₂ ②头投 ③腿 ④透退蜕

n ③你₂ ④内

l ②楼流刘留榴硫琉雷 ③搂蝼柳偏旅吕铝 ④漏陋溜累泪虑滤

g ①勾钩沟 ③狗苟 ④够构购彀

k ①抠眍 ③口 ④叩扣寇

h ②侯喉猴 ③吼 ④后厚

ng ③藕偶(~然)纽扭

Ø ①欧 ③呕殴 ④沤

uei 韵

g ①龟规归圭闺 ③鬼诡轨 ④贵桂刽跪柜

k ①亏窥盔 ②魁奎逵夔葵 ③傀 ④溃愧

h ①灰恢挥徽辉 ②回茴蛔 ③悔毁 ④会惠汇慧卉烩秽讳

üei 韵

j ①追锥 ④罪最缀坠赘醉

q ①吹炊崔催 ②锤捶棰槌随 ③取娶 ④脆

x ②随谁髓隋垂 ③水 ④税岁睡瑞碎隧

Ø ④锐

ao 韵

b ①包胞 ③保堡宝饱褓 ④报爆暴豹瀑抱刨

p ①泡(水~)抛 ②袍跑 ④炮泡

m ②毛矛茅锚猫髦 ③卯铆 ④帽冒貌

d ①叨刀 ③倒₁(打~)岛捣导蹈祷④到道盗稻倒₂(~水)

t ①滔掏 ②淘逃桃陶萄 ③讨 ④套

n ①孬 ②挠 ③脑恼 ④闹

l ②捞劳牢痨 ③老 ④涝

z ①招糟朝₁(~夕)昭遭沼 ③早找蚤澡爪 ④躁燥皂造罩照诏召赵兆

c ①抄操超 ②巢曹槽嘈潮朝₂ ③草吵炒 ④糙

s ①烧骚臊捎稍梢 ②韶 ③少扫嫂④绍邵

r ②饶 ③绕₁(~道) ④绕₂(~圈子)

g ①高羔糕膏教 ③搞稿搅 ④告酵窖校₁(~秤)

k ③考烤 ④铐靠犒

h ①薅哈(~麻味) ②豪毫嚎壕 ③好郝 ④耗浩好号

ng ①奥澳噢 ②敖熬 ③咬袄 ④傲拗

Ø ①二 ② 儿 ③耳

iao 韵

b ①瞟标膘镖彪 ③表裱

p ①飘漂₁(~流) ②瓢嫖 ④票漂₂(~白)

m ②苗描瞄 ③秒渺藐 ④妙庙

d ①刁雕貂碉叼 ③屌 ④调(~动)掉钓

t ①挑 ②条调(~整)笤 ④跳

l ②聊撩燎嘹缭辽疗嘹 ③了 ④廖料撂

j ①交蕉焦郊浇椒娇骄皎矫佼 ③绞搅缴较侥 ④觉教叫轿

q ①锹 ②桥瞧乔侨荞 ③巧 ④跷

撬翘俏

x ①宵硝箫萧逍销霄 ②淆 ③小晓 ④啸笑效孝校$_2$

Ø ①夭妖腰要$_1$(~求)邀 ②摇谣遥姚尧 ③杳舀 ④跃耀要$_2$(重~)

o 韵

b ①搬 ④半拌伴

p ①潘 ②盘 ④叛判

m ②瞒 ③满

d ①端 ③短 ④段锻断缎

t ②团坛

n ②男南楠 ③暖

l ③卵 ④乱

g ①官干肝冠$_1$(衣~)棺观 ③管敢馆 ④灌贯罐冠$_2$(~军)

k ①宽看$_1$ ③款坎 ④看$_2$

h ①欢 ②寒含韩桓 ③缓 ④汗换唤焕焊旱翰

Ø ①豌岸安按鞍庵 ②完丸 ③碗宛婉腕皖 ④暗案

io 韵

j ①专钻砖捐娟 ③卷 ④眷券

q ①穿川氽圈 ②传船椽全权痊泉拳颧蚕 ③犬喘 ④劝串窜纂篡

x ①酸宣喧 ②悬玄旋 ③选 ④算蒜楦

Ø ①冤鸳渊 ②园圆缘源元袁猿援辕 ③软阮远 ④院怨愿

an 韵

b ①班斑般瘢颁扳 ③板版坂 ④办扮

p ①攀 ④盼绊

m ②蛮 ③马(~上) ④漫慢

f ①番翻蕃 ②凡烦繁矾樊帆 ③反返 ④饭范泛乏犯贩

v ①弯湾 ②玩 ③晚挽 ④万

d ①丹单担(~任)耽 ③掸胆 ④旦但淡蛋诞石担

t ①贪滩坍摊瘫 ②谈痰檀弹潭谭 ③毯坦袒 ④炭叹坍探

n ②难$_1$(困~) ④难$_2$(患~)

l ②兰拦栏阑篮蓝 ③揽懒览 ④烂

z ③斩 ④赞站暂栈

c ①搀参 ②残惭潺谗馋 ③惨产铲 ④颤灿餐

s ①三删参衫杉山珊 ③散伞 ④散(~会)

g ①甘柑竿间 ③敢感橄赶 ④干

k ①堪刊铅看(~守) ③砍坎舰刊 ④嵌勘

h ①酣憨 ②咸函邯含 ③喊 ④旱$_2$捍焊$_2$汉$_2$汗$_2$翰$_2$撼罕榥

j ①艰奸 ③碱减 ④监鉴

ng ①淹 ②颜 ③眼 ④晏雁

ian 韵

b ①鞭编边蝙煸 ③贬扁匾 ④辨辩辫变便遍卞

p ①篇偏 ②便(~宜) ④片遍(一~)

m ①眠 ②棉绵 ③免勉娩 ④面缅

d ①掂颠 ③点典 ④店殿奠佃垫踮

t ①天添 ②甜田填滇 ③舔腆 ④掭

n ①拈 ②黏年严研 ③碾 ④念砚

l ①连莲联廉镰帘怜 ③敛脸 ④练

炼

j ①尖煎笺肩坚兼 ③展简剪 ④剑箭践战件贱饯键建见健腱荐牮

q ①千迁谦牵 ②潜钳钱乾(~坤)虔前蝉 ③浅遣 ④欠歉

x ①仙鲜掀先锨 ②贤弦 ③癣显险 ④线献扇现善膳

Ø ①烟腌 ②炎言盐阎檐延筵然燃 ③掩演 ④厌艳燕焰验谚宴堰

uan 韵

g ①关 ④惯掼贯

k ②环

h ②还 ④宦患

en 韵

b ①奔锛 ③本苯 ④笨

p ①喷 ②盆 ④喷(香~~)

m ②门们扪明$_1$(~道,即明天) ④闷焖

f ①分芬纷吩 ②坟 ③粉焚 ④愤粪奋忿份

v ①瘟温 ②文纹蚊闻 ③吻刎稳 ④问

d ①登瞪灯墩敦蹲 ③等戥 ④凳顿(一~饭)盾遁邓钝炖

t ①吞 ②疼腾誊藤豚臀 ③汆

n ②能 ④嫩

l ①楞 ②论(~语)仑伦沦轮 ③冷 ④论(讨~)

z ①真贞争侦针珍蒸臻斟征罾 ③整怎拯枕疹诊 ④正政镇振震阵证

c ①撑称(~呼)村 ②成诚辰晨丞承臣程呈城橙澄层逞陈 ④称(相~)剩趁衬

s ①生申伸牲甥升声参(人~)身深绅 ②神绳 ③省沈审婶 ④盛圣胜渗肾慎什

r ②人仁壬 ③忍刃 ④认任

g ①根跟耕更羹今 ③埂梗耿 ④更(~加)

k ①坑吭 ③肯啃$_1$恳垦 ④掯

h ①亨哼 ②痕恒衡 ③狠很 ④恨

ng ①恩 ④硬

in 韵

b ①兵宾槟彬斌冰殡鬓 ③丙饼禀秉 ④柄病并

p ①姘拼 ②贫频平凭坪瓶屏萍 ③品评 ④聘

m ②民闽鸣明$_2$名铭 ③悯敏抿皿 ④命

d ①丁钉疔叮 ③顶鼎 ④定锭订钉

t ①厅汀 ②亭停廷庭蜓 ③艇挺听$_1$ ④听$_2$

n ②宁凝 ④宁(~可)

l ②邻鳞磷麟灵零铃伶翎琳玲林苓 ③ 领岭 ④令赁吝

j ①津巾斤筋京金鲸精晶经睛 ③紧井仅景谨警锦 ④近劲竟境镜兢静进晋径颈净靖禁浸

q ①亲青清轻卿蜻氢 ②秦勤芹情晴琴擒寻 ③请寝倾 ④庆磬揿

x ①心芯辛新薪欣兴(~旺)星腥 ②形型刑行(~动) ③醒省(反~)笋 ④衅幸性姓信兴(高~)

Ø ①因姻洇殷应莺鹦樱婴英瑛缨荫 ②银寅迎盈赢萤营莹 ③引隐影饮 ④印映应(~付)

uen 韵

g ③滚磙绲 ④棍
k ①昆鲲坤 ③捆 ④困
h ①昏婚荤 ②浑魂 ④混

üen 韵

j ①君尊遵均军钧 ③准 ④菌俊竣
q ①春皴 ②群裙存 ③蠢 ④寸
x ①熏孙 ②旬循巡纯 ③损榫(~头) ④训汛顺讯舜殉逊
Ø ②云芸匀耘 ③允永 ④熨酝韵孕运闰晕

ang 韵

b ①邦帮 ③榜绑膀 ④磅蚌谤棒傍
p ②旁螃庞滂 ④胖
m ②忙芒茫盲氓 ③莽蟒
f ①方芳坊 ②房防床$_1$ ③访纺仿 ④放
d ①当$_1$裆 ③挡党档 ④荡宕当$_2$(~铺)
t ①汤 ②唐塘糖堂棠搪膛 ③淌躺倘 ④烫趟蹚
n n ②瓤
l ①晾 ②狼郎廊 ③朗 ④浪
z ①张章脏赃 ③长(~辈)涨掌 ④帐胀障丈仗葬
c ①昌猖娼仓舱 ②长(~短)肠场常嫦藏 ③厂敞 ④畅唱倡
s ①伤丧桑商墒裳 ②尝偿 ③搡嗓 ④上丧(~失)
r ③嚷壤 ④让
g ①纲刚钢缸肛 ③港岗讲(~经) ④杠
k ①康糠 ②扛 ③慷 ④炕抗囥
h ①夯 ②行绗航杭 ④项巷
ng ②昂

iang 韵

n ②娘 ③仰
l ②凉量(动词)梁粱粮良 ③辆两 ④亮谅量(重~)
j ①江将浆疆姜僵 ③讲奖蒋 ④酱降匠象犟
q ①枪腔呛 ②强墙详祥 ③抢 ④戗(~好了)
x ①香乡相箱 ②翔 ③响想享饷 ④象$_2$相像橡向
Ø ①央泱秧殃鸯 ②羊洋扬杨阳 ③痒养 ④恙漾样

uang 韵

g ①光 ③广 ④逛
k ①匡筐诓框眶 ②狂 ④况旷矿
h ①荒慌 ③谎幌 ④晃
Ø ①汪 ②亡王黄皇煌蝗簧 ③网 ④枉

üang 韵

j ①庄桩装妆 ③奘 ④壮状撞
q ①疮窗 ②床$_2$ ③闯 ④创
x ①双霜 ③爽摤

ong 韵

b ①崩绷 ④蹦
p ②朋棚蓬篷鹏硼彭膨 ③捧 ④碰
m ②蒙蠓濛朦萌盟 ③猛锰 ④梦孟
f ①风疯枫丰封峰烽蜂锋 ②逢缝冯

③讽 ④奉俸
d ①东冬咚 ③董懂 ④冻栋动洞
t ①通捅 ②铜同童瞳侗桐 ③桶统 ④痛
n ②农脓浓 ④弄₁
l ②龙笼聋隆 ③拢 ④弄₂
z ①中衷盅宗棕鬃踪终综 ③总种₁(~子)肿 ④纵众种₂(~树)
c ①冲聪匆葱 ②虫从崇重(~复)丛穷 ③宠
s ①松嵩凶洶胸 ③㧐 ④送宋颂讼诵
r ②绒戎茸融容熔溶雄 ③冗
g ①公工功宫弓恭 ③汞拱巩 ④共贡供
k ①空 ③孔恐 ④控空(~闲)
h ①烘轰 ②红洪鸿宏 ③哄
Ø ①翁嗡 ②横

a' 韵

b ⑤驳剥 ⑥薄
m ⑥膜摸幕
d ⑤沰(~雨)
t ⑤托
l ⑤乐(快~) ⑥落
z ⑤作着斫 ⑥着(~火)
s ⑤索 ⑥勺□(斜)
r ⑥弱
g ⑤角各咯
k ⑤壳
h ⑥鹤
ng ⑤恶

ia' 韵

j ⑤脚觉(~悟)甲 ⑥爵嚼
q ⑤确
x ⑤削 ⑥学
Ø ⑤约乐(音~) ⑥药

ua' 韵

g ⑤郭
k ⑤扩
h ⑤霍攉(打人巴掌)
Ø ⑤握

üa' 韵

j ⑤桌捉
q ⑤戳
x ⑤哷(~筷子)

o' 韵

b ⑤百北柏拨 ⑥白
p ⑤拍扑
m ⑥默木脉麦目
f ⑤福辐幅 ⑥伏
v ⑥活₂(~计)
d ⑤督笃 ⑥毒读
t ⑤秃
l ⑥陆录六绿
z ⑤足粥竹菊逐 ⑥轴局族簇
c ⑤触畜曲
s ⑤速肃缩蓄塾 ⑥熟赎续
r ⑤欲育玉 ⑥肉辱
g ⑤国啯谷
k ⑤哭酷

üo' 韵

j ⑤决绝撅
q ⑤缺阙掘倔撮
x ⑤血说

Ø ⑥月悦越役域

e? 韵

b ⑤不　⑥□(制做食品时避免彼此粘结用的粉)
p ⑤渤勃
m ⑥没
f ⑤弗拂沸　⑥佛
v ⑥物
d ⑤得德　⑥特凸
t ⑥突
l ⑥勒
z ⑤摘这　⑥贼只直
c ⑤尺
s ⑤湿　⑥十什(~锦)石拾
r ⑥肏
g ⑤革隔格蛇
k ⑤咳克刻
h ⑤黑　⑥核
ng ⑤扼　⑥额机

ie? 韵

b ⑤憋鳖逼壁璧笔毕辟哔臂必　⑥别鼻
p ⑤劈撇滗
m ⑤觅　⑥密蜜灭
d ⑤滴跌的　⑥笛
t ⑤踢剔铁
n ⑥捏孽
l ⑤历立粒栗列　⑥力裂
j ⑤急接即揭疾及折　⑥绝(~子~孙)
q ⑤切彻吃七漆
x ⑤析泄息熄吸雪习　⑥席
Ø ⑤一壹乙缢益邑绎抑翼亦逸益　⑥叶日热

ue? 韵

g ⑤骨
k ⑤窟
h ⑤忽

üe? 韵

j ⑤□(跳跳~~)
q ⑤出
x ⑤术

ê? 韵

b ⑤八　⑥拔
m ⑥抹
f ⑤发法　⑥罚伐阀筏
v ⑤挖　⑥滑袜
d ⑤答搭瘩　⑥达踏
t ⑤塌　塔榻獭　⑥遢
n ⑥纳
l ⑥瘌辣蜡腊
z ⑤扎眨　⑥闸杂铡
c ⑤插察擦
s ⑤杀煞萨刹
g ⑤夹挟　⑥轧
k ⑤掐
h ⑤瞎
ng ⑤鸭压押

uê? 韵

g ⑤刮括　⑥垡
h ⑤豁

üê? 韵

j ⑤□(咂的意思)
x ⑤刷唰

五、区域差异

扬中先民来自四面八方，因而扬中方言由多地方言融合而成，且上洲与下洲的方言还有一定的差异。

扬中虽四面环江，但对外交往频繁。由于通婚、通商，扬中方言受邻近地区影响较大。新坝、丰裕、三茅北江边一带，受到泰兴方言影响；新坝、联合南江边一带，则受到丹徒方言影响，尤其公信桥至天后宫一线，其方言与大路方言相当接近。而下洲油坊、八桥西江边一带，与夹江对岸的丹阳方言类似。

由于文化教育普及，扬中方言正在逐步消失，大家都说普通话，尤其是青少年学生。

扬中方言区域示意图

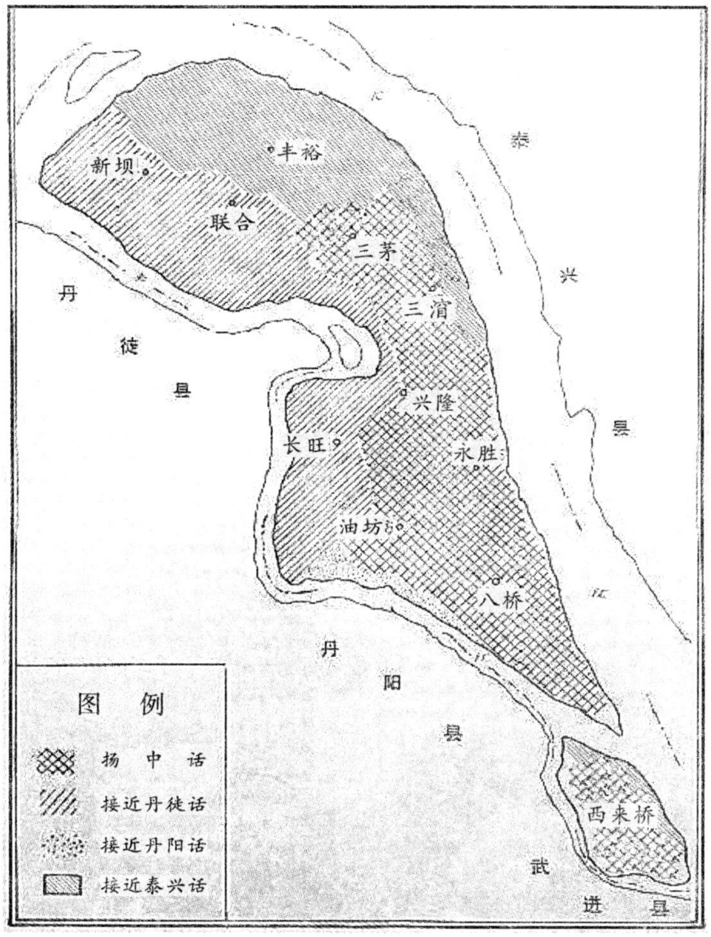

第二节　词　汇

1.该节以记录方言词汇为主，不作文字考证。个别字虽在《说文解字》《广韵》中有记载，但较生僻，一般人不易接受，则写同音字方便易懂，有时连同音字也没有就用“□”代替，加上注音。

2.注释中的“~”表示所注的字。如：磨，~刀。

3.字下加“＿”表示写的是同音字；字右上角加“*”表示该字读音特殊。

4.本节共收词和词组500余条，词和词组字音的读法不再标音，可以在《同音字表》中查到。词和词组大体上按意义分类排列。

一、常用词

亮月子:月亮

亮星夜:有月亮的夜晚

暗(黑)星夜:无月亮的夜晚

打霍闪:打闪

响雷:打雷

出鲎:出虹

烧霞:现云霞

时梅天:梅雨天

毒晒(脚)旺天:大晴天

变天:阴天

天作变:晴转阴雨

冻凌奆:冰凌

上暗光:天快夜

杠潮天:汛期的阴天

结冷汛:寒潮到来

阴毒天:寒冷的阴天

今(根)朝(刀):今天

明(门)朝(刀):明天

后朝:后天

当先:很久以前

昔子:前天

开头:从前,指前一个的

昨咯:昨日

一眼紧:一刻儿

哪昔过、多什板:什么时候

和劳(头):停一会儿

沿了:原来

打春:立春

杲昃:东西

洋名广:名堂

不相干:无关

骚羊:公羊

脚猪:配种公猪

仔猪:未阉割的小母猪

壮猪:肉猪

笋鸡:童子鸡

鬼头雀子:猫头鹰

丫雀:喜鹊

老沃:乌鸦

斑鸡:斑鸠

郭哥雀子:布谷鸟名

鹞鹰:老鹰

黄泥宝宝:黄莺

土狗子:蝼蛄

壁虎子

蜈蜂:黄蜂

假溜:蝉

杨柳港港:浅绿色的蝉发出“子曰”的叫声

禾蟮:蚯蚓

星星:蜻蜓

百脚:蜈蚣

畚屎郎:蜣螂

蛇蚤:跳蚤

鳖虱:臭虫

灶鸡子:蟑螂

蓑衣虫

蠓壳子:细小的飞虫

蛀虫

油蚰虫:蚰蝓

杨毛辣子:射工(辣毛虫)

花鱼:鲤鱼

甲鱼:鳖

鲚婆子:鳜鱼

鲫壳*(壳*头)子:鲫鱼

死王屁：鳑鲏鱼

鱼沿：鱼鳞

歪歪：河蚌

老官姐*姐*(ji^3)：长形小蚌

水獭猫：水獭

青骨郎：花鸡、青蛙

癞壳宝、癞宝：蟾蜍

偷瓜精、刺鱼团：刺猬

臭屄讨汉：黄鼠狼、天名精（一种药草名）

番芋、山芋：红薯

番瓜：南瓜

毕细：荸荠

秧草：苜蓿

高瓜：茭白

壳树：楮树

白果树：银杏树

鬼头杨：枫杨

青杨：杨柳树

爹爹、老子：父亲

亲爹爹：寄父、继父、叔父、伯父

阿*妈、姆妈：母亲

亲妈妈：伯母、寄母、继母

大*大*：伯父、伯母

表大*大*：表伯父母

小爷：叔父

小姨子：妻妹

老老、爷*爷*：祖父

太太：对曾祖父辈的称呼

奶奶：祖母

婶婶、娘娘：婶母

大*娘：大伯子的妻子，与自己是妯娌

姨爹：姨父

姨娘*：姨母

姑爹：姑父

姑、姑妈、姑姑：姑母

公公：外祖父

婆婆：外祖母

男匠、我*(nga^3)家的：妻子称丈夫

马马、女匠：已结婚的女人，也指妻子

舅大爷：妻兄弟

小伙：男孩

丫头：女孩

小伢、小把戏：小孩

乖乖、宝宝：对儿女的爱称

新妇：儿媳妇

讨债鬼、捺□(ken^2)子：辱骂或爱称

磕煞鬼、磕沙泥：谩骂

讨汉、婊子：对妇女的辱骂

活气数、半剥屄：讥讽人无能

捂头：为自己的孩子护短

骚士：一般讽刺成年妇女不懂事

勺哒、贱：没有修养

贱货：讽刺人没有骨气

作贱：撒娇

搗头：贬称吃

屄：什的~（骂人）、精液

憨筋：指没性子的人

恶狼头：出头干坏事的人

野鸡头：对养子的辱骂

闷声鬼、阴煞猴：平时不多说话的人

廿九郎、少年亡：咒人早死

急煞鬼：指性急的人

衣胞：无能的人

无二鬼：不学好的人

惑神:大炮式的人物
阴间秀才:阴谋诡计者
鬼眨眼:诡计多的人
大好佬:贬称或爱称
龟落头:妻有姘夫、外遇者
秋千:困难、不易
起讹腔、起雀头:找借口,挑衅
嚼舌头、说白话:胡说
嚎嗓子:哭
嘞:高声叫喊
镇:①用力排出②坚持
哇咕:懊恼
犟皮、钉刀的:要无赖
汪忙、汪忙色浅:横蛮
愣子:口吃
摸晒:磨洋工,工作时疲踏,不紧张
扁食:馄饨
二告粥:早饭、午饭之间的一餐简易饭
晚茶:午饭、晚饭之间的一餐简易饭
酸粥、咸的:菜粥
糗粥:元麦粉糊粥
白粥:大米稀饭
圆子:元宵、汤团之类
水糕:米粉调烂发酵蒸成的糕
粑粑、烧饼:大饼
斩肉、狮子头:肉圆
红板鸭:红萝卜干
恶水:泔水
水车:龙骨车
斗板:水车上囤水的板子
鹤子:水车上连接斗板的木制零件
洋龙:抽水机
锄耙*:锄头
弯刀:镰刀
薄刀:菜刀
料勺:粪勺
槐杖:槌衣的木棒
窝折:囤积谷物的竹芦制品
晒垫:晒谷的长而大的篾席
塌耙:翻谷物的木制用具
笊耙:划草或扒翻梳理谷物的农具
蒲锹:挖土用的工具
搅布:抹布
挑罾:方形鱼网
脚踏车:自行车
芒子:纸捻子
缸锅腔:通常指只安放一只铁锅的泥瓦灶
茅缸:粪缸
马子:马桶、便桶
汤罐:锅旁的小铁罐
斗六:斗
筛六:筛
小车子:两边可以坐人的木制独轮车
小狗头:独轮车前面用于穿过路面缺口的小独轮装置
讲究:毛病
腰门:后门、边门
后壁头:堂屋靠近后沿墙的部分
猪窠披:猪棚
锅门口:灶膛外
崩头崩脑:偏僻处
坟茔滩:坟茔较多的地方
猪汤粪:猪粪
羊窠灰:羊圈厩肥

沟头岸坎:沟岸边
绑身:紧身衬衣
腰裙:三十年代以前妇女的裙子
绑腿:穿在小腿上保暖的棉脚筒
兜包:兜肚
枷枷袋;小孩穿在前胸的罩衣
锄腰:系腰的宽布带
丈巾:系腰的丝织带
酒塘:酒窝
奶子:乳房
麻雀子、鸡巴:男生殖器
鬏:旧时女子留在脑后的发髻
顺手:右手
纪手:左手
下巴壳子:下颌
胴、畚箕:指纹的一种
肋身骨:肋骨
泥肚子:脚膀肚子
腋崩:腹股沟处
裤六裆:裤裆
拱脓:化脓
没得力:相当疲倦、生病的前兆
疰夏:苦夏
讲究:毛病
干血痨
小肠气、大卵泡:疝气
起痧:中暑
鼠疮:淋巴结核
埭:村落单位。如张家~、李家~
圩:水田分块的单位
涫:较大的河塘
墩:相当埭的村落单位,一般小于埭
垡头:泥块,可砌墙

揪:干
斫稻:割稻
掼麦、掼稻:农民用双手紧握麦秸、稻秸在特置的农具上使劲摔打脱粒
摘麦:麦收方式之一,用手拉断秸秆
摅:撒(撒灰、撒麦种)
薅草:锄草
寻草:割草
尿尿:小便
屙巴:大便
扯秧:拔小秧移栽
垩田:施肥
跑游秧:把浮游秧苗重栽
搂:搅拌,如~河泥浆子
跳:短时间炒,~小菜
煸:煎
督:督白粥,用温火慢慢煮熬
憨:软,不脆,或指人没性子
园:藏
耍耍、耍子、戏戏:玩
污糟:肮脏
旺燥:天气闷热
掰:用手把东西分开
㨃:~齐,动词
奓:张开
母:泡沫(母腊滋滋)
跐:滑动(一般指脚下滑动)
掞:来回移动,如~蟹洞
扢:砍,~树枝
抠:掏,挖,~洞
掭:~灯草
扽:拉,~直
掇:推

戗:将物体竖起来,依靠在其他物体上

啬掯:吝啬

花头精:花招

孵、登:停留

摞:叠

撂:摔(撂担子)

牮:把歪屋牮正

勚:磨损

迟鱼:去鱼鳞和鱼肚肠等

搡:猛力一抓,~黄鳝

攎:用手或工具将细小散物聚拢起来

撮方子:通常指买中药

拗磨:向石磨磨眼里添加粮食

毻:脱,~毛

嚣:~书,即边读书边翻页码

绲:~鞋口。做鞋时,用布条封好鞋帮边沿

汏:用肥皂洗过的衣物再放在清水里濯洗,~衣裳

壅:以土覆根部,如~芋头

猛:密

虏:缝

瘤堆、卯手:棘手

勒里勒得:脑子迟钝、不灵巧

富胎:胖

瘦精马骨:瘦

痴笨愣敦:动作迟钝不灵敏

窝比搭浅:说话不周全

毛脸丫头、毛头小伙:指缺乏经验的青年男女

鬼脔屄屄:小气、吝啬

做爱:孩子间吵闹、打架

起早:狗发情,找配偶

叫性:牲畜发情

毛手毛脚:小偷小摸

把细:小心谨慎

半个光脸半个毛脸:喜怒无常,翻脸不认人

烧火老头子：原指与儿媳有不正当两性关系者，现实中通常对已成为公爹之人的戏称

神眼神孔:神乎其神

就便就作

海概、一塌括子、一塌咕攎:全部

黑漆抹括:不白净,肮脏

神之无知、伢里八怪:不稳重、轻浮

六里六笃:笨拙的样子

夯里夯气

瓦里瓦气

傻里傻气

呆头哈浅

昏头六充

朦里懵懂

鸡巴罗嗦:说废话

干屁眼:收拾残局

不识相:不识时务

满落的:到处

万把钩:指私心重的人

百搭:跟任何人都合得来

糟糟呗:怎么得了、以后怎么办

甩、□(jüai²):逞能、出风头

邪:老人健壮,或指蛮不讲理

斜*:死

庹:两臂伸直,一~长

□(sa⁶):不正(歪头~脑)

做什的:做什么

哪开:哪里
怎丫的:怎么的
这歇个:现在
罗个、罗开:那个、那里
我(nga[3]):我家
你(nia[3]):你家
佼:表示复数,如我~、你~、他~
过嗒:难道不是吗,对不对
也:是的

二、熟语 谚语

该死该杀,黄面疙瘩
烂泥萝卜,揩段吃段
小和尚念经,有嘴无心
嘴里念佛,心里做贼
打了春,赤脚奔
春打五九尾,家家喝清水
春打六九头,家家都不愁
春雨贵如油
春冷冻死牛羊
清明要明不得明,谷雨要雨不得雨
二月八冻羊肉,清明冻小鬼
三月三,冻得把眼翻
三月沟底白,青草变成麦
八九的雪,样样瘪
立春下雨到清明,一日落,一日晴
惊蛰头上一声雷,地白雨来催
四月南风六月旱
立夏东风晓夜晴,时天(黄梅天)西风暂时雨
时梅天,蓑衣斗篷不离肩
吃了端午粽,才把棉衣送
小暑头上一个漏,拔掉黄秧种绿豆
处暑难逢十日阴,白露难逢十日晴
二八月,乱穿衣
秋天怕夜晴
重阳无雨看十三,十三无雨一冬干
八月十五云遮月,正月十五雪打灯
两春夹一冬,麻布裤子好遮风
腊月初三晴一晴,滴滴嗒嗒到清明
上看初二三,下看十五六
东南风,雨祖宗
未雨先风,有雨不凶
大风三,小风四
西风腰里硬,西风夜歇
西风连夜扫,明天不动草
早刮东风不下雨,涝刮西风不晴天
早西风,夜东风,天天好天空
南风吹到底,北风来还礼
四九南风六月干
逆风涨,落一丈
初三前,十八后(指一月中最大的潮汛,是在初三前一天,十八后一天)
天上钩钩云,地上雨淋淋
天上鲤鱼斑,明天晒稻不要翻
早有乌云盖,无雨风也来
霜后暖,雪后寒
霜后东风一日晴,霜后西风遍地干
春雾雨,夏雾热,秋雾凉风,冬雾雪
早雾晴,晚雾阴
久晴大雾雨,久雨大雾晴
大雾不过三,过三连着干
黄梅迷雾,雨在半路
落得早,不湿草
雨前蒙蒙没大雨,雨后蒙蒙没晴天
春寒多有雨,夏寒着地干

日出脂胭红,没雨也有风
日落胭脂红,半夜雨蒙蒙
真睛四面亮,假睛头顶光
好太阳不现中
早霞不出门,晚霞行千里
东鲎日头西鲎雨,南鲎北鲎干海底
东霍霍,西霍霍,明天还是干剥剥
东南风,雨祖宗
未雨先雷雨不大,已雨响雷雨更大
雷轰轰,雨不凶;雷哼哼,大雨生
南闪火门开,北闪大雨来
明星照烂地,天亮落不及
蚂蚁打坝,大雨要下
蜘蛛放网,天要晴朗
鱼向水面跳,大雨就要到
燕子低飞蛇过道,大雨就要到
蜜蜂迟归,雨来风吹
蚊子聚堂中,明天戴斗篷
蛇向树上游,一定有洪流(洪水)
狗猫上下翻,暴雨把田淹
猪啣草,寒潮到
盐罐还潮,大雨难逃
灶灰结成块,定有大雨来
水缸冒汗,雨大船翻
圌山戴帽,有雨就到
圌山青,落雨精
瓜瓠茄子有个种,有了好种产量丰
好树结好桃,好种出好苗
栽竹养鱼千倍利,种芦栽柳家家富
清明到,麦叫叫(麦拔节)
清明断薅,谷雨断浇(施肥)
寸麦怕尺雨,尺麦怕寸雨
麦有穿山之力,只怕烂泥盖顶
麦怕南风起,蚕老麦黄一复时(热风早熟)
人怕老来穷,麦怕老来风(热风)
芒种刀下无老少(青黄一齐收割)
小满节(麦节)枯
麦要抢,稻要养
稻上场,麦进仓,黄豆挑在肩膀上
人怕老来穷,秧怕小时干
浅水浑水好栽秧,清水深水不发旺
要吃稻,时雨涝
种田老汉不要夸,七月初三淹稻花(防汛)
宁种晏麦,不种湿麦
不怕天寒地冻,就怕手脚不动
不怕慢,只怕站
不怕穷,就怕天天睡到日头红
三勤夹一懒,不勤也要勤;三懒夹一勤,勤的变懒精
三早抵一工
穿不穷,吃不穷,算盘不到一世穷
家有千担谷,不吃鱼搭粥(指勤俭持家)
勤是摇钱树,俭是聚宝盆
坐吃山也空,不动就喝西北风
三百六十行,行行出状元
荒年饿不死手艺人
家有千金,不如薄技在身
穷没得穷根,富没得富苗
算盘打得精,麻布褂子改背心
冷是风冷,穷是债穷
娘有爷有,不抵自有
一钱逼死英雄汉
不当家不知柴米贵,不养儿不知父母恩
不要屙金屙银,只要见眼生情

巧媳妇难做无米饭,巧裁缝难缝无布衣

家无主,扫帚舞

父子一条心,黄土变成金

亲兄弟,明算账

好男不吃分家饭,好女不穿嫁来衣

上梁不正下梁歪,中柱不正倒下来

家不和,被邻欺,夫妻不和人家看不起

儿不嫌母丑,狗不嫌主贫

在家靠父母,出外靠朋友

宁愿上人讨饭,不让下代瞎眼(不识字)

舌头打个滚(对人打招呼),叫人不蚀本

亲帮亲,邻帮邻;邻居好,赛金宝(睦邻)

远亲不如近邻,近邻不如知情

害人不入己,入己不害人

人心不足,倒贴八百

小洞不补,大洞吃苦

一天省一把,十年买匹马

有志不在年高,无志空长百岁

从小一看,到老一半

桑条要从小扨(教育要从幼儿抓起)

浇花要浇根,教人要教心

把戏人人会做,各有巧妙不同

病从口入,祸从口出

种田人不离田头,撑船人不离船头

做贼打从偷青菜起,赌钱打从跌歪歪(掷河蚌壳比输赢)起

油多不坏菜,礼多人不怪

人情(送礼)不问厚薄,只要不漏落

一句话说得笑起来,一句话说得跳起来

只有懒人,没有懒地

一二分,一路哼;八九分,不做声

栽秧要趁早,教儿要趁小

人去留名,雁去留声

不听老人言,吃苦在眼前

五花肠子六花心,十样女儿十样嫁

一副肠子两头挂

三、歇后语

烘篮罩屁——不起作用

指着圌山卖磨子——说空话

碾坊里的尿杓——等屎(死)

屁股里夹大斧——斫屎(作死)

叫花子吃喜酒——坐等

四两棉花八把弓——细弹(谈)细弹(谈)。

吊死鬼搽粉——死要面子

外甥点灯笼——照舅(旧)

瞎子耥耙——拉倒

瞎子吃馄饨——心里有数

哑巴吃黄连——有苦说不出

酒端子量米——升(身)子有柄(病)

裹脚布做领枷——臭啊转过来

羊子攻竹窠——瞎转

掐掉大蒜头——假葱(充)仁(人)尖子

黄豆田里磨豆腐——就地取材

杨木桥的老师傅——能手(拿手戏)。语出永胜乡杨木桥一带。据传有一杨木匠造桥很有经验,称为能手,后辗转相传,流行全县,意为赞扬能干的人。

何福寿漂鱼花——冲掉八塘。长旺北三圩埭何福寿,漂养了八塘鱼花,完全死了。后比喻完全失败的意思

王奶奶补补丁——千针(真)万扎

(实)。一位王奶奶十分俭朴，穿了一件棉袄,补了又补。取千针万扎的谐音表示千真万确的意思

魏天宝唱麒麟——出口成章。魏天宝，普济人，每逢春节总要唱麒麟，他唱词流利,能随机应变,褒贬精当。后比喻为出口成章的人。

何乃成卖二胡——自拉自唱。十九圩塘何乃成自制二胡笛子出售，在街上自拉自唱,生意较好。后引申为自说自道,演独脚戏的意思。

茂丫头送苍龙——尽说好。旧时有一乞丐叫茂丫头,在春节期间送苍龙。她自说自道:“苍龙到——好”,“喜花开——好”,“粮食吃不了——好”,“金钱用不了——好”……后以此讽刺阿谀奉承、当面说好话的人。

小呆子送喜封——虚情假意。八字桥镇有个小呆子，遇人家婚丧喜庆红白事总要去讨吃。为了免遭主人驱逐,他用红纸包上十元八元，说是送人情。等吃完饭他走时,主人不敢领情,只好如数退还钱物。故人们以此比喻虚情假意

四、避讳语

寿器:旧时有人生前置好棺材,为避免“棺材”一词,称之为“寿器”,带有庆祝高寿之意。

老了人、过世、百年之后、天年以后:都是代“死”的避讳词。

跑掉了、走掉了:婴儿、小孩夭折,为避讳“死”字的说法。

发财的：春节期间叫化子上门总要说“恭喜”“发财”之类的吉利话。后借指叫化子为“发财的”以取吉利。

担啊身子:怀孕。

身上脏啊、身上来啊:女子月经期

五、谜语

1. 打一迷信物

一声不响,两眼无光,三餐不吃,四肢无力,五官不正,六亲不认,七窍不通,八面威风,九(久)坐不动,十(实)在无用,

谜底:泥菩萨塑像

2. 打铁匠用具

东风与西风，火神与关公，甲鱼咬住鳖,丈夫打老公。

谜底:风箱、火炉、钳子、铁锤

3. 打一水生动物

尖头坛,塌头盖,里头装的肉小菜,又好吃,又好卖。

谜底:螺蛳

4. 打炊事用具

拿起钢叉,吹起喇叭,上边黑天,下边红霞。

谜底:火叉、吹火筒、铁锅、灶堂

5. 打一灶上用具

一个老头九十九,天天起来喝冷酒

谜底:梚子(旧时木制舀水工具)

第三节 方言例句

（轻声不标调号）

1.nge^{3} tin^{1} nei^{3} xüo^{5} hua^{4} jie^{4} jiang^{4} iang^{2} zong^{1} ren^{2} bai?

我听你说话就像扬中人呗？

2.iai^{3},nge^{3} si^{1} iang^{2} zong^{1} ren^{2} ngao, ren^{2} ga de^{3} xiao^{4} nge^{3} jiao si^{1} iang^{2} zong^{1} gao^{3} zi^{4}

也，我是扬中人噢，人家都笑我佼是“扬中杲昃”。

3.gao^{3} zi^{4}, ze^{5} ie^{3} sen^{4} dei xiao^{4} tei^{2} lan ,nei^{3} ge^{4} xiao^{3} de^{5} sa? gao^{3} zi^{4} jie^{4} si^{4} dong^{1} xi^{1},dang^{1} xian^{1} ren^{2} xüo^{5} song^{4} tai^{4} iang^{2} si^{1} gao^{3}, tai^{4} iong^{2} la^{6} san^{1} si^{1} zi^{4} , qi^{2} se^{6} gao^{3} zi^{4} ha^{2} si^{1} ven^{2} fu^{1} ven^{2} fu^{1} dei hua^{4} lai!

“杲昃”，这有什的笑头来，你过晓得啥？杲昃就是东西，当先人说上太阳是杲，太阳落山是昃，其实杲昃还是文乎文乎的话来！

4.nei^{3} zai^{4} ga^{1} dei mang^{2} sen^{4} dei gao^{3} zi^{4} sa?

你在家的忙什的杲昃啥？

5.nge^{3} la^{3} si^{4} nei^{3} ē^{5}, nga^{3} ga^{1} dei ie^{5} tao^{4} vo^{6} ji^{4} za^{6} lan^{2} ngao ,ju^{3} ca^{2} lo^{6} fan^{4},tiao^{2} ju^{1} ba^{3} se^{6}, xi^{3} i^{1} jiang^{1} sang^{4}, ho^{2} fang^{3} mian^{2} hua^{1} xia^{4} jie^{5} ma^{2},tian^{2} tei^{2} sen^{1} vo jie^{4} be^{5} iao^{4} tan^{2} ngao.

我哪是你啊，我家的一套活计杂栏□，煮茶六饭，调猪把食，洗衣浆裳，寒纺棉花夏绩麻，田头生活就不要谈噢。

6.ai^{1}! zao^{1} zao^{1} hao^{3} a, nge^{3} dei gang^{1} bie^{5} ngai^{2} nei^{3} nang^{4} huai^{4} a lao!

哎！朝朝好啊，我的钢笔挨你弄坏啊唠！

7.la^{3} si^{1} nge^{3} nong^{4} huai^{4} a dia, be^{5} iao^{4} qi^{3} nge^{2} qang^{1} ba!

哪是我弄坏啊嗲，不要起讹腔吧！

8.a^{1} ia ia, ba^{3} tei^{2} guan^{1} pe^{4} a^{1} lo! zao^{1} zao^{1} bai^{1} ?

啊呀呀，把头掼破啊罗！朝朝呗？

9.nge^{3} gao^{1} nei^{3} dang^{1} xin^{1} nei^{3} be^{5} tin^{4},ge^{4} iao^{4} na^{2} tei^{2} tai^{2} ba tian^{1} sang pao^{2} lu^{4} sa!

我教你当心你不听，过要拿头抬把天上跑路啥！

10.ju^{1} zi ge^{4} cen^{2} ba^{3} a se^{6} ga^{1}?

猪子过曾把啊食嘎？

11.nei^{3} ze^{5} xiao^{3} nga^{2} ie^{6} sang pi^{2} bê^{5} pi^{2} si^{3} a?, he^{2} lao^{2} ia^{4} sang iao^{4} tai^{1} xi^{1} lao,sao^{4} dian qi^{4} sê^{5} zong xi^{1} zai^{4} sang^{4} fang^{2}

你这小伢日上皮八皮死啊，和劳夜上要胎尿唠，少点去撒张尿再上床。

12.nia^{3} nga^{1} tei de^{1} cen^{2} ban^{3} ba^{3} ren^{2} ga^{1} dei?

你丫头多辰板把人家的？

13.jie^{4} nian jie^{4} qüe^{5} ga^{5} men^{2} dao, i^{3} jin dai^{4} a sen^{1} zi,nong^{4} de^{5} be^{5} hao^{3} gen^{1} nian^{2} jie^{4} iao^{4} bao^{1} vai^{4} xüen lao!

旧年就出咯门叨,已经带啊身子,弄得不好今年就要抱外孙唠!

14.ge^{1} dei zo^{5} ha^{2} be^{5} cen^{2} do^{5} de nian^{2} he, zai^{4} ce^{4} ba he^{3} ge^{1} tang^{2} dei.

锅的粥还不曾督得粘和,再凑把火锅膛的。

15.ie^{5} ia^{4} ü^{3} la^{6} ha^{4} lai xiao^{3} iang^{1} de^{3} mo^{6} ga tei^{2},vei^{2} dei mo^{3} la^{6} dei de^{3} si^{4} xüei^{3}.

一夜雨落下来小秧都没嘎头,圩的满落的都是水。

16.ze^{5} gao^{3} zi nge^{3} nong^{4} be^{5} qi^{1} lai^{2} zen^{3} ga nong^{4}?

这呆昃我弄不起来怎嘎弄?

17.gai^{1} dang^{1} zen^{3} ga jie^{4} zen^{3} ga, nge^{3} be^{5} tong^{2} nei^{3} xi^{1} tang^{1} xi^{1} tang^{1} diao!

该当怎嘎就怎嘎,我不同你西汤西汤掉!

18.ta^{1} ze^{5} nga^{1} ko^{4} be^{5} qi ren^{2},be^{5} si^{4} nge^{3} ba^{3} ta^{1} nong^{4} qüe^{5} lai^{2}, ta^{1} dao^{4} la^{3} kai^{1} nen^{2} dang^{1} gan^{4} bu^{4} sa! ha^{2} cang^{3} zang^{3} jin^{1} li^{3} lai!

他这丫看不起人,不是我把他弄出来,他到拉开能当干部啥!还厂长经理来!

第五章　故事 异闻

第一节　故　事

“禾蟮”的来历

很久以前,在太平洲江对过的圌山顶上,有一座大庙。庙里和尚在后院种了一块青菜,长得又肥又嫩。

一天,小和尚听见菜地泥土中有“瞿瞿”的声音,象吹笛子那样,蛮好听的。他想看看是什么在叫,拿起锹就挖,挖出一对蚯蚓。他以为是毒蛇的儿子,就把它们从头部铲断。

蚯蚓被铲断后,身子还在动。恰巧老和尚来了,看见蚯蚓被杀伤,厉声训斥小和尚:“蚯蚓吃素泥,屙肥土,松土代耕,是善禾之虫,你杀生损道,作孽,作孽!”

小和尚连忙忏悔:“罪过,罪过!”

老和尚要他把蚯蚓救活。小和尚在后院门上撕了一条褪了色的春联纸,吐了一口唾沫,把蚯蚓的头颈接了起来,又放进菜地里。

蚯蚓活了,从此颈上多了一道粉红色的箍。它不再吹“笛子”了,也不愿住在山顶上。

过了些时,老和尚叫一个和尚到太平洲去化缘,吩咐他带一盆寿仙桃树,送给太平禅院的老和尚。

蚯蚓知道后,想到太平洲去。刚好这时蜜蜂来采菜花蜜,蚯蚓就问他:“太平洲好不好?”

蜜蜂说:“我常常飞过去采花蜜,那里花红柳绿,是世外桃源。”

于是,一对蚯蚓从寿仙桃树盆底下的小洞里钻了进去,被和尚带到太平洲。

太平洲水土肥沃滋润,蚯蚓繁殖很快,不几年洲上到处都有了,土地表层都有象乱馓子那样的蚯蚓屎。土肥禾丰,种田人知道是蚯蚓帮了大忙,把蚯蚓叫做“禾蟮”。

太平洲还有这样的谚语:“禾蟮屎,堆靠堆,稻和麦,双丰收。”“田里禾蟮多,仓里米麦多。”

蝗虫菩萨

世上的菩萨虽多,我们太平洲上还有一尊蝗虫菩萨,却是别处没有的。

老早先,太平洲上有个太平庙,庙里有一尊蝗虫菩萨的塑像。常年香火不断,烧香还愿的人接二连三,都祈求蝗虫菩萨降福消灾。人们对蝗虫菩萨为什么这样心诚呢?

过去,太平洲上的蝗灾特别严重。每逢春三二月之后,总有无数的蝗虫飞到太平洲糟蹋庄稼,而且,蝗虫飞到哪块,哪块地上就会生出成千上万的蝗虫。有一天,一大群蝗虫飞来,黑鸦鸦的乌了半边天。蝗虫飞到哪里,哪里的庄稼就被吃得一干二净,有的地方连树皮草根都被啃光了。

有一天,一个小姑娘正在高岸上放牛,她见一大群蝗虫飞到庄稼地里,眼看这片庄稼就要被啃光,她连忙从牛背上跳下来,脱下衣裳扑打蝗虫。她原来是想把蝗虫赶跑的,没想到,蝗虫越来越多。她扑打了一阵子,浑身没了力气,急得流下了眼泪,望着乱飞的蝗虫央求:“蝗虫呀、蝗虫,庄稼是老百姓的血汗换来的呀,是我们穷人的命根子啊,可怜可怜我们的父老乡亲吧,你们别再糟蹋庄稼了,要吃,就吃我身上的肉吧。”哪晓得她这么一祷告,这群蝗虫真的飞出稻田,全部落到她的身上,咬呀、啃呀,不到一袋烟的工夫,这位姑娘全身的皮肉都被啃光,只剩下一副骨头架子。这些蝗虫吃掉了姑娘身上的血肉,就全部飞走子。

小姑娘舍身救庄稼的事,很快传遍子太平洲,不少的人被感动得流下了眼泪。后来,人们为了纪念她,就用留下的骨头塑了一尊泥像,称她为蝗虫菩萨,还建了庙常年烧香敬她。

从此,每年蝗虫要来的时候,大家纷纷地到庙里敬香,求她保佑。说也奇怪,那些蝗虫尽管从庙前飞过,却再也不敢落下来祸害庄稼了。

后来呀,江南有个地方遭了严重的蝗灾,那里的人听说太平洲上有个蝗虫菩萨显灵,都赶到太平洲来敬香求菩萨,而且也是有求必应。这些人尝到了甜头,便私下合议:蝗虫菩萨这么灵验,我们何不造一座大庙,把蝗虫菩萨请回去?他们公众凑了些钱,砌了座庙。有一天夜里,趁太平洲上的人不注意,他们就把蝗虫菩萨抬走了,究竟抬到哪块去了,现在也说不清楚。

蝗虫菩萨的塑像被抬走之后,蝗虫又来糟蹋庄稼了,这可怎么办啊?

有一年春上,长江发大水,有人发现江面上淌过来一段木头,木头上有鼻子有眼睛的，有的人说象蝗虫菩萨，热心的人就把这段木头重新塑了一尊蝗虫菩萨的像。往后，每当有蝗灾时，人们只要前去敬上几炷香，祷告一番，这蝗虫菩萨竟跟以前一样会显灵。

这尊蝗虫菩萨的塑像一直保留到解放后。

九子不如石子

过去，有个人家夫妻两个，生了九个儿子，老头子天天跌个跟头抓把泥，为儿子当牛做马，一天忙到晚。

老人忙了几十年，给儿子都砌了房子，娶了老婆。哪晓得刚了了手，老伴又死了。老人住在茅草棚里，屋上漏，屋里潮，寒天还有风雪刮进去。一天三顿也不周全，日子不好过。

隔壁邻居看老头子很可怜，有子有孙，他们做手艺的做手艺，寻钱的寻钱，生活都过得蛮好的。虽说老头子儿孙满堂，可怜这么大年纪，一天三餐都忙不到嘴，也没得哪个送给他吃，衣食住行都没着落，恨不得急得要寻死。所以埭上的人也骂他的儿子媳妇不孝顺，都同情这老头子。

隔壁的张木匠，要帮他过点好日子，让他几个儿子都来服侍他，就想了个心思。张木匠对他的几个儿子说："你家是个大家人家，老头子同你们娶亲换室，忙得不错啊！不过，老头子还有存货，他那两只箱子里还有东西没有分哩。你们要想分这个家产，就要好好孝顺老头子啦！"

老头子哩，急得到江边想跳江寻死。一想，跳江寻死要惹人家说闲话，还是慢慢地挨。他又看到江边有不少石子，不如弄些回去，等自己死了，也好垫垫棺材底呀。于是脱了件坏衣裳包点石子带回家，往箱子里一摆，今天包一点，明天包一点，也积了不少。老头子怕人家看见笑话，就出门一把锁，进门一把锁，不管到哪个地方去，箱子和门都锁得好好的。

张木匠又对他儿子说："过是的！老头子一出去，门和箱子都锁得好好的，里面的金子、银子海啦！要想分他的家产，就要孝顺他，好好服侍他。不然，他的金子、银子就会送把别人去了。"

嘿！张木匠这话一说，还就灵哩。九房儿子、媳妇都动了心，都想得这批家产。你也把老头子接家去过，他也把老头子接家去过，大家抢着接。有几个精明的儿子、媳妇，还留老头子多过几天，鱼呀，肉呀，豆腐、百叶呀，硬掗把老头子吃。后来，望见老头子穿的旧衣裳，补补缀缀的不象话，这个媳妇说，"我这块有皮袄呐。"那个媳妇说，"我这块有鸭绒的哩。"另一个媳妇还说有更好的哩。都抢着把他穿。老头子身上也穿得滑滑滴滴的了。他们都想对老人服侍好一点，骗骗老头子，让自已独得这份家产。

过了一段时间，媳妇们就问："爹爹，你告诉我，那箱子里是什么？"实际上箱子里没有什么好东西，全是石子哎，老头子怎么好说哩。媳妇们见他不肯说，都以为他怕露富，就更加要骗住他，加倍奉承他。

后来，老头子得了重病，九个媳妇都围在床边上，一个也不肯离开。有个媳妇说："爹爹，趁你在世，把你箱子开下来，金子、银子啊，大家伙儿分分吧。"

这时，老头子确实不行了，他望着儿媳妇扫了一眼，哼了一声："九子不如石子，不如石子呵！"

媳妇们等老头子断了气，七手八脚，抢着把箱子打开一看，两箱子全是石子呵！

大干川—太平洲

有一年，江南大旱，田地里干得裂开了口子，庄稼颗粒无收，老百姓穷得咽草根，吃野菜，最后连树皮也啃光了，许多人活活饿死了。走投无路的灾民，只得扶老携幼，离乡背井，外出逃荒。

一天黄昏，一群灾民走啊走的，不知不觉中来到了长江南岸的圌山脚下，实在太疲乏了，便就地躺下歇息。朦胧中，那个领队的汉子，被一阵奇妙的音乐声惊醒，接着嗅到了阵阵清香，睁眼一看，只见一位银须皓首的老人，朝他含笑点头示意，然后在那石壁上划了几个字，又用龙头拐杖朝前指了指。逃荒的领头人正想问个究竟，只见老翁在烟雾中消失了。

领头汉子心想今天一定是遇上仙人，连忙唤醒众人，一齐往石壁前走去，抬头只见石壁上写着六个大字："一二三，大干川"。再往前走，没多久，一阵阵轻风中，隐隐约约传来低沉的波涛声。被干旱折腾够了的逃荒人，都感到生活有了希望，他们不约而同，一窝蜂似地奔向前，眼前是烟波浩渺的长江，眼尖的，趁着月色，还看到江中间那黑糊糊的沙滩。

于是，这群灾民中，有的留在江边定居，有的在那个领头人的带动下，砍树扎筏，渡过夹江，来到江心沙洲上。从此，他们摆脱了干旱的折磨，凭着勤劳的双手，围滩造田，创建家园。

"大干川"是什么意思呢？许多人百思不解其意。还是那个聪明的头头，经过一番苦思冥想之后，终于豁然开朗。他在这三个字上分别加上一点、二点、三点，便成了"太平洲"三个字；又因为这东南西北整块河滩都在江心水上，便给"州"字加上了"水"旁。于是成了"太平洲"。此后，"太平洲"的名字便渐渐传开了。"穷奔沙滩富奔城"，大江南北过往的船只常常在这里躲避风浪;穷苦的百姓也纷纷来到沙滩上,成家立业。

长旺桥和豆腐店

你晓得我们“长旺”这地名是怎么来的吗?说起来这里还有段故事呢!

那时清朝末年,地方上攒钱在这块造了座三节木桥。有了桥,人们都来桥上晃荡晃荡,大家说就叫“晃晃桥”吧!桥头村民徐侉子跑码头做生意赚了几个钱,就在家里开起一爿豆腐店。或早或晚,时时有人送几个小钱来,换碗热豆浆解渴养身。虽说如此,豆腐店的买卖总不大兴旺。

一天,有位妇女清早来做生意,徐侉子热情地招呼:“大姐姐,你带一块钱了吗?”妇女不懂他是什么意思:“我只搬几块豆腐,不曾……”“噢,这个大姐姐,你可晓得我这豆腐店有个规矩!每天,凡是头一个到我门上做生意的——”徐侉子眯着小眼睛,伸出食指,“头一个,只要付一块银元,就是说三百个铜板,可以尽你选货;不管多少,只要能拿走。随你挑也好,拎也好,扛也好,反正一个人一次能拿走。大姐姐,你今朝是头一个,好做做这笔便宜买卖啦!”妇女朝徐侉子望望,并没答话,半信半疑地搬了豆腐就走。

开先人们不会做广告。徐侉子豆腐店的特殊规矩好几天也没有哪个来点卯。这一天启明星还亮堂堂地挂在东边天上,徐侉子磨好豆腐压好百页,打开店门,这时来了个中年汉子,五尺五的大个子,一身藏青家机布衣裤;黑脸膛,络腮胡,那嘴巴好像咬得动铁,肩膀好像能扛得起山,拿一支又宽又厚的净木扁担,扁担头上绾着苎麻担绳。

“店家早!”大汉不亢不卑,打着招呼跨进店门,从身后裤带上的大皮夹里摸出一个黑布包,取出一块白里透青的银元,递给徐侉子。徐侉子一见银元,细眼睛眯得更细更长。“哦——大兄弟,你,今朝是头一个!”徐侉子接过银元,捏在手里,再托在手心,又瞥一眼,然后伸出大拇指,“头一个,好!我徐记豆腐店今朝开张!”他小跑步似地把银元送进里屋,又小跑步似地出来:“嘻嘻,大兄弟,你要点什么货?尽拿尽拿。我这块豆腐是五个钱一块,百页是十个铜板一斤,豆饼是二十个铜板一块——你……”“还有什呢?”“我这房子小,铺不开,就这三样,还……有时还卖点豆油,不过昨朝卖脱了……”大汉也不多话,拎起一块饼掂一掂,问:“多少重?”“十五斤,只多不少!”

大汉解开担绳准备捆扎豆饼。徐侉子也帮忙,搬到八块时,徐侉子又眯起眼:“大兄弟,八块就是一百二十斤,一担就是二百四,你挑几块?”大汉说:“不是尽管挑吗?”“是啊,只要一次挑走,二十三十,随你多少,我是怕……”徐侉子心里翻了:“要是这夯郎能挑二十块,就值四百个铜板,我可要蚀本一百个铜板呐!”

你晓得大汉这一担挑了多少块?二十四块,三百六十斤!讨了一百八十个铜板的便宜，徐侉子只好伸着舌头张着嘴，看着大汉把二十四块饼挑走。一块银元买三百六十斤豆饼，这件大便宜事一阵风似地传遍了七村八埭。

第二天蒙蒙亮，比昨朝还要早，徐侉子门外来了十几号人，有男有女，个个身强力壮，腰圆臂粗。徐侉子一开门，那群男女风似地拥进来，都说自己是第一个。争了半天，哪个也不肯让步。徐侉子到底是走江湖的，眉头一皱，就有了主意："各位兄弟乡邻，嘻嘻，承大家赏脸，到我店里头做生意，不要争，不要吵，我姓徐的说话算数，不亡大家的面子，今朝送各位每人二十块豆腐。还有，从今朝开始，我徐记豆腐店减掉一个钱价格：四个钱一块，怎么说，我姓徐的够交情吧？啊？哈哈？"那十几号人都讨了巧，像拾到一百个钱似的高高兴兴地散了。就这样，那个一块钱尽挑货的规矩也破了。徐记豆腐店在晃晃桥四周方圆几里从此也有了名气。不到半年，桥两岸又有几户人家凑上来做买卖，这下子晃晃桥成了龙地。

晃晃桥大姑娘似的又引起人们的话题。大家都觉得"晃晃"这个名字不太正派，要改。不知谁说道："晃晃桥，晃晃桥，晃晃桥不晃也不摇；打从有了这晃晃桥，这地方就兴旺起来了，倒不如就叫'兴旺'桥吧。"一个秀才模样的人一听，摇头晃脑地接了口："嗯，老弟高见：北面有'兴隆'，南边有'高兴'，东面有'永胜'，这不是'兴旺'成了一条线，'吉利'就是一大片了嘛！"另一个老者抹一抹胡子，不紧不慢地说："兴旺"这名字好倒好，只是—— 一时兴旺还不如长远兴旺好。"于是"晃晃桥"便改名"长旺桥"了。

告御状

明朝初年，细民洲一匡田都是徐达庄房的。每年夏、秋两季，西沙就有人乘了船来收租。

有一年庄稼遭了灾，麦子收成不好，老百姓恳求减租，收租的人不答应，还恶狠狠地说："徐元帅下令，交不起租就抽田。"

人们一边扒草一边谈论，个个气鼓鼓的。王福兴也在扒草，这位聪明过人、敢说敢为的少年小子越想越气。他把草一团，往泥里一揣，嚷道："徐达怎么样？仗势欺人，我到皇帝面前告他！"说罢，他蹬蹬蹬地跑回村子，跟几位年长的商量了一番，便带了状子上了路。

一个月后，王福兴回到家乡，笑嘻嘻地告诉人们：状子告成了，皇上赐名我洲叫细民洲。徐元帅当面告诉我，他家没有田在这儿。说着，他拿出了签着徐达名字的手谕："凡达田，皆豁税。"人们高兴得跳起来，嚷着要退租，王福兴领着大伙儿直奔徐达庄房。

收租的见人们拥来，吃了一惊，当知道大家的来意后，说："元帅答应了，我马上退租。话说回来,要是元帅火了,把带头闹事的砍了,可别怪我!”

王福兴哈哈笑道:“小爷刚从京城回来! 有徐达大元帅的手谕在此!”

那人做梦也没有想到泥腿子敢上京城。他一见徐达手谕,便吓瘫了,哀求道:“我该死,我该死! 我说实话,这庄房不是徐达元帅的,是我家徐老爷的……”

王福兴上前一把揪住那人的衣领:“好哇! 你冒名收租,该当何罪?! 走,到衙门去!”

那人像鸡子啄米似地连连磕头,说:“饶了我吧! 我退租,我退租!”

当天晚上,那人带着随从开着空船离开了细民洲。之后,西沙再也没有人来收租了。至于徐达手谕,谁也没有再见到过。

几年后,为了不忘告御状的王福兴的功劳,细民洲的人们便把徐达庄房改建成“达兴庙”,一直流传下来。

和尚圩为啥缺一角

北滩又长出了一块老大老大的滩来,人们围垦了一个新圩,取名和尚圩。不知怎的,打从新圩围好后,滩不但不长,反而开始倒坍。人们年年修,年年围,它也就年年倒,天天坍。

传说那儿来了一个扒沙姑娘。谁也没有见过扒沙姑娘是个什么样子,只知道她天天把滩下面的沙土朝江里扒,扒空了就坍。

一天,人们见新圩中间的菜田里一堆黑呼呼的东西,走近一看,是一只足有磨盘大的獭鼋,懒洋洋地躺在那儿晒太阳,那四只脚就像四把钉耙,厉害得吓人,看见的人只敢远远地呼喊,不敢靠近它。

獭鼋听见喊声,便慌慌张张地朝江里逃,那四条腿扒起来的泥土足有杨树顶高,泥块掉下来像落暴雨似的。那时正是秋忙,人们听见喊就随手操起钉耙、锄头、扁担、草叉,从四面围住獭鼋,将它打死了。

獭鼋肉好吃,但没人敢杀。据说獭鼋血滴到哪儿,地就要坍到哪儿,它的弟兄要来替它报仇的。

人们想了一个办法,将獭鼋抬上船,划到江中心杀了,再抬上来煨了吃。

从此,新圩再不坍了,但坍了的地方也长不起来。所以至今和尚圩还缺了一只角。

三鲜落网

鲥鱼、鲥鱼与河豚,是长江特产的三鲜。

传说,在很久很久以前,有一天,鲥鱼、鲥鱼与河豚一同前往金山寺拜佛。临行之前,东海龙王把它们三个召集去关照道:“听说你们同往镇江金山寺拜佛,这一去路途遥远,途中渔网密布,十分危险。特别是太平洲一带,你们可要倍加小心。”

鲫鱼、鲥鱼与河豚一听,吃惊不小,顿时露出畏难之色。龙王见状,马上宽慰道:“不过,你们也不必过于紧张。临行我送你们三句话:遇网而钻,遇网而缩,遇险莫慌。”

河豚当下俯伏在地:“请圣上明示。”

龙王捋胡须哈哈大笑,转身对鲫鱼说:“你呀,个子瘦小,一旦遇渔网,不可畏缩不前,要拼力向前撞去,从网眼中直钻而过。”它又面对鲥鱼:“你呢,个子肥大,网眼是钻不过去的,一旦碰上渔网,要赶紧往后缩,然后绕道而过。”最后,它又叮嘱河豚:“我晓得咯,你嘴小肚皮大,平时好生气,一旦遇上险情,要沉着冷静,切莫慌张,千万千万不能生气。”

鲫鱼、鲥鱼与河豚离开龙宫,日夜兼程。几天之后,它们已行程百里之多。这一日,鲫鱼突然跳起来叫道:“你们看啊,前面浮在江心的那块绿洲是什么地方?”

河豚顺着鲫鱼指的方向望去,若有所思地说:“对了,那可能就是太平洲了。临行之前,龙王曾一再关照,太平洲一带渔船星星点点,渔网密密层层,大家可要格外当心哪!”

“我不信,我不信!”鲫鱼的头摇得像个拨浪鼓似地跳了起来,哪晓得就在它一头栽下水的当儿,猛一下撞在渔网上,整个鱼头已钻进了网眼中。这一来,鲫鱼可慌了神,早把龙王的叮嘱忘了个净光。连忙朝后退缩,就这么一缩,腮下的两片划水已被网眼卡住,想进进不得,想退又退不了。

再说,鲥鱼一见鲫鱼拼命往后退缩,它想:“我与鲫鱼正好相反,它往后退缩,我肯定就是往前钻了。”想到这,它使出全身的力气,拼命朝前钻去。那晓得这一钻,整个头正好被结结实实地扣在网眼上。

河豚低头一看:哎哟,我的妈呀,鲫鱼、鲥鱼全上了网!它心里一急,小嘴这么一抿,大肚皮就气得鼓起来了。这时,它头发昏,脑发胀,昏昏花花的就一头撞在了渔网上。结果,它们三个一个也没有能赶到金山寺拜佛。从此,在太平洲(现扬中县)的老百姓当中,长期流传下来这么一句伴有嘲讽意味的口头禅:当钻的不钻,当缩的不缩,气死老河豚。

第二节　异　闻

一笋三头

三区德云乡第一保内,居民姚安才家有竹园一方,广约半亩,修竹猗猗(依依),颇为茂盛。近来园内新笋生长，讵有一株岔出三头，耸立园内。观者甚多，莫不称奇，记者好奇心所驱，到实地一观，果不虚传。

（载于《扬中民报》民国二十四年五月十八日）

奇闻“乌龟咯咯叫”

扬州人徐万高，在三茅镇开设理发店有年，以其性喜饲养家畜及鸟类，故家中猪、鸽、八哥等均有，每于业余时即着手料理饮食或到郊外放雀。伊据人云，饲猪之食料，须饲龟在内，以免猪食饲料后发生病症，故亦养大小乌龟数头。讵料昨晚，龟在猪料内“咯咯”叫声不绝，其时徐妻卧于床上，以为“鬼”叫之声，惊惧不已……燃灯以视究竟，燃灯后在屋内静听“咯咯”声，始于猪料内闻得，结果乃一龟伸颈“咯咯”不已。徐妻随即告邻人始末，顿使邻人争相观看，称奇不已云。

（载于《扬中联合报》民国卅八年四月十四日第二版）

两头蛇

1987 年 1 月 26 日，联合乡联合村农民樊兆林在挖建房地基时，挖到一条奇怪的两头蛇。

这条蛇满身红斑黑点，似“赤链蛇”，长约 25 厘米，粗细与普通钢笔差不多；头部长着两个头，呈火叉形状；两个蛇头上各有两只小眼睛，两张嘴。由于天气较冷，挖出时这条蛇仍处于冬眠状态。

后 记

编纂社会主义新方志，是社会主义物质文明和精神文明建设的一项重要工作。1984年10月，中共扬中县委、县政府决定成立扬中县地方志编纂委员会，分工我具体负责，要求在四至五年内完成编纂任务。

由于扬中县建置历史不长，前人没有留下完整的志书，解放前的资料又很少，可谓无前车之可鉴，无旧牍之可稽；加之县志编纂办公室仅有三名在编同志，人手严重不足，编纂工作困难确实较大。针对这一情况，我们在初步熟悉县志编纂要求的基础上，经过反复讨论、修改，拟定了县志编纂纲目，并采取众手成志的办法，召集各部门、各单位的负责同志，统一认识，明确分工，成立部门、单位编志小组；同时在广大群众中广泛宣传编写县志的意义和作用，使全县上下都关心和支持县志的编写工作。县志办的专兼职人员花费了一年多时间，到省、市、县及泰兴、苏州等地的档案馆、图书馆，查阅了大量案卷；走访了数百名当事人、知情者，摘抄记录了数百万字的资料。1986年，县志办的同志根据纲目要求整理出一百多万字的资料长编，经过反复修改，纂成近百万字的县志初稿。初稿打印后，分送各部门征求意见。1987年，根据征集到的意见，对初稿作了较大的修改，形成八十多万字的征求意见稿，再次分送县的所有领导和部门复审。1988年，打印出送审初稿。省、市地方志办公室的同志对送审初稿进行了认真详细的审阅，提出了许多宝贵的修改意见。根据所提意见，县志办再度修改、删节和补充，形成正式送审稿。1989年6月，镇江市地方志办公室主持召开了《扬中县志》审稿会，省、市志办的许多同志和南京师范大学、镇江师范专科学校的史志专家、教授，均到会发表了很好的意见。现经最后修改定稿，由江苏省地方志办公室验收合格，交文物出版社出版

回顾《扬中县志》的编纂，历时整整四年，先后修改六次，备极辛劳，自不待言。在整个编纂过程中，县委、县政府的领导给予了高度重视，切实解决编纂中的困难，在县财政相当紧张的情况下，仍保证县志编纂工作的必需费用；省、市地方志办公室的同志给予了许多具体指导；县的各部门负责人给予了大力支持；县志办公室的同志，在

人手少、任务重、时间紧的情况下，能同心协力，辛勤工作，以保证编纂任务的早日完成；文物出版社前任总编辑王代文同志、河北人民出版社前任总编辑王坚同志均为扬中县人，早年曾在家乡工作，对家乡县志的编纂都极为关心，并直接参加修改。在此，我作为《扬中县志》的主编，在县志出版之时，谨向所有关心和支持《扬中县志》编纂工作的各位领导、专家和同志表示深切的感谢。

《扬中县志》应该是记述扬中县有史以来政治、经济、军事、文化等方面情况的百科全书。一部成功的县志，应该做到资料丰富，叙事翔实，文字简练，以反映历史真实面貌的信史而传之后世，才能真正起到存史、资政、教化的作用。在编纂过程中，我们虽不敢苟简，每事均反复核实，所有数据亦请统计局及有关人员认真校正，我本人曾反复修改全稿，但因时间仓促，疏漏谬误之处，恐亦难免，还希各界人士惠予批评指正。

李 名 方

1989 年 6 月

修订后记

《扬中县志》(以下简称县志)为扬中成洲以来正式出版的第一部官修志书,主要记载扬中1985年之前的发展历程。县志凝聚了以原主编李名方为代表的老一代史志工作者的心血,受到社会各界关注和好评。

县志出版后,一批行业志、部门志和革命历史回忆录、人物传记等相继问世。这些史料丰富了人们对扬中历史的认识,也为县志的修订再版提供了条件。

2007年,经市委、市政府批准同意,市史志办公室决定对《扬中县志》进行修订再版。修订工作分两个阶段进行。第一阶段,完成县志修订的基础性工作。组织人员学习修志理论,逐字逐句研读原志。遇有疑问之处,或走访当事人、知情人,或查阅史料,包括到周边市县查阅档案、古志、谱牒等,逐一稽核、推敲。经过多年努力,县志修订的基础性工作基本完成。2010年,拿出修订初步方案,包括修订意见1144条、存疑待查161处。

由于集中精力编纂《扬中市志(1986—2006)》《中国共产党扬中历史》第二卷(1949—1978),县志修订工作一度中断。

2015年10月,市史志办重新启动此项工作,县志修订进入第二阶段,即实质性推进阶段。这一阶段,按照中国地方志指导小组《地方志书质量规定》要求,对修订意见逐一推敲,去粗取精,去伪存真,最终确定修订之处。文字修改方面,主要为规范和统一相关称谓,其次为纠正错讹之处,也有一些涉及到重大历史事件的修正和增补。对数据前后不一致之处,属于来源不同的，参照统计部门资料，采纳误差较小的数据；属于统计口径不同的，添加备注，维持原说。同时，对卷首图照予以翻新和增补。

为确保修订质量，采取边修订边核查的办法进行，最后由市史志办主任冯鸿鸣定稿。2016年9月，修订工作基本告竣，市史志办将初稿分送市委、市人大、市政府、市政协和机关部门（单位）、镇街区领导，离退休老干部和老史志工作者予以审读，并根据审读意见进行再度修改。此后，县志修订本进入再版程序。

年底，修订后的《扬中县志》（2016年版）付梓。县志修订再版，是众多史志工作者心血的结晶。市史志办原主任赵纪福是县志修订的发起人和参与者。张彦、蔡德才、严荣国、朱务清参与了第一阶段的修订工作。吴永荣、张茂荣、张大恒、倪昌国等为县志修订提出了宝贵意见。同时，也得到社会各界大力支持。在此，谨借县志再版之机，向所有关心、支持和参与此项工作的各级领导、专家学者和修订人员，一并表示诚挚的谢忱。

由于我们水平有限，错误和缺点或难避免，敬请读者批评指正。

扬中市史志办公室

2016年12月